U0576734

冯其庸先生纪念文集

瀚海梦痕

启功 敬题

【上】

主　编

张庆善　孙伟科

文化艺术出版社
Culture and Art Publishing House

图书在版编目（CIP）数据

瀚海梦痕：冯其庸先生纪念文集 / 张庆善、孙伟科
主编. —北京：文化艺术出版社，2018.12
ISBN 978-7-5039-6629-3

Ⅰ.①瀚… Ⅱ.①张… ②孙… Ⅲ.①冯其庸—纪念
文集 Ⅳ.①K825.6-53

中国版本图书馆CIP数据核字(2018)第286907号

瀚海梦痕
——冯其庸先生纪念文集

主　　编　张庆善　孙伟科
执行主编　胡　晴　冯幽若
责任编辑　梁一红　左灿丽
文字编辑　董　斌
书籍设计　姚雪媛
出版发行　文化艺术出版社
地　　址　北京市东城区东四八条52号　（100700）
网　　址　www.caaph.com
电子邮箱　s@caaph.com
电　　话　（010）84057666（总编室）　　84057667（办公室）
　　　　　　　　84057696—84057699（发行部）
传　　真　（010）84057660（总编室）　　84057670（办公室）
　　　　　　　　84057690（发行部）
经　　销　新华书店
印　　刷　国英印务有限公司
版　　次　2019年1月第1版
印　　次　2019年1月第1次印刷
开　　本　787毫米×1092毫米　1/16
印　　张　43
字　　数　680千字
书　　号　ISBN 978-7-5039-6629-3
定　　价　98.00 元 （全二册）

冯其庸先生（1924—2017）

![影留念纪业毕度年七十三校学修专学国锡无](full-width banner)

1948年无锡国学专修学校毕业照

1948年参加革命的冯其庸

1963年"四清"运动中于终南山下

上左：1981年4月，与日本红
学家松枝茂夫、伊藤漱平合影

上右：1975年在黄山留影

中：20世纪80年代，与王蘧
常先生交流书法

下：1984年12月,因列藏本
《石头记》率团出访苏联,
在圣彼得堡冬宫前留影

1988年6月，率团赴新加坡并与书法家潘受先生合影

20世纪90年代,与饶宗颐先生（右一）合影

2000年3月,在苏州拜访钱仲联先生

上：1993年，于旧居与刘海粟老挥毫泼墨

中：与朱屺瞻先生共同鉴赏手卷

下左：1995年，于西部调研途中留影

下右：1990年，在腾格里大沙漠考察

1998年8月24日，在帕米尔高原之徙多河畔，此为玄奘所经之河，急流如海倒河倾

1998年8月，在南疆与塔吉克族牧民合影

2001年4月，于"冯其庸书画摄影展"与徐邦达先生（左二）交流

2000年4月28日，最
后一次看望赵朴初老

与唐云先生在一起

与唐云先生（左一）、
周怀民先生（右二）在
瓜饭楼赏画

2002年7月，与启功先生
交流

2005年8月，与季羡林
先生交谈

2005年10月，在中国人民
大学国学院成立仪式上

上左：2005年，在中央电视台大型文化考察活动《玄奘之路》开启仪式上发言

上右：2005年8月，在海拔4700米的明铁盖达坂山口为玄奘取经东归古道立碑

中：2005年10月，在楼兰接受中央电视台采访

下：2005年10月，在楼兰考察魏晋遗址

2005年10月，杨仁恺先生来访瓜饭楼

2006年，与张颔先生合影

2006年，范敬宜先生出席"冯其庸先生书画展"

2006年四老聚会，从左至右为：许麐庐夫人、许麐庐、黄永玉、冯其庸、黄苗子

与黄苗子先生合影

在黄永玉的香港山之半居

与沈鹏先生在一起

2007年11月12日，与紫砂大师徐秀棠先生在一起

与紫砂大师周桂珍女士合影

2008年1月，与袁行霈先生在首届中国出版政府奖颁奖大会上合影

2008年12月8日，去国家图书馆参加中央电视台《大家》栏目座谈会，与任继愈先生合影

2009年9月，拜访杨绛先生

张庆善　冯其庸　李希凡

2010年8月，出席红楼梦学会成立30周年研讨会

2010年8月，于全国红楼梦学术研讨会上与作家二月河先生合影

2012年1月，与俄罗斯东方研究所副所长波波娃在一起

2011年1月，叶嘉莹先生来访并合影

2013年，与贺敬之先生合影

2011年12月17日，出席清华大学活动并与杨振宁先生亲切交谈

中共中央办公厅

冯老：

　　您好！10月8日来信收悉。您从教60年来，在多个学术领域都有着重要影响，尤其是红学研究成就突出，今已88岁高龄，仍带领中国人民大学国学院为国学新时期的发展、为促进中国传统文化的研究发挥着重要作用。您治学报国的精神，令人钦佩。希望您保重身体，健康长寿！

2010年10月12日

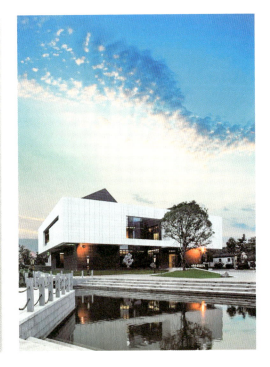

2010年10月，时任国家副主席习近平致信祝贺冯老从教六十年

2012年，冯其庸学术馆在无锡前洲落成

2010年10月，参加国学前沿问题研究暨冯其庸先生从教六十周年国际学术研讨会的学者专家合影

2012年10月，荣获"第六届吴玉章人文社会科学首届吴玉章终身成就奖"

2010年9月，与《瓜饭楼丛稿》审定会专家合影

2010年11月，中国艺术研究院首批终身研究员合影

与京剧艺术家袁世海先生

2011年12月，在"首届中华艺文奖"颁奖典礼上与戏曲评论家郭汉城先生交流

2011年12月，出席"首届中华艺文奖"颁奖典礼，与歌唱家王昆女士合影

2011年12月，荣获"首届中华艺文奖"终身成就奖

2011年12月，获奖者在"首届中华艺文奖"颁奖典礼上合影

上：2012年5月，"冯其庸九十诗书画展"开幕式

中左：国务委员马凯夫妇参观"冯其庸九十诗书画展"并合影

中右：国务委员刘延东参观"冯其庸九十诗书画展"并合影

下：时任文化部副部长王文章等参观"冯其庸九十诗书画展"并合影

2012年5月，与老友李希凡先生于"冯其庸九十诗书画展"

2017年1月，出版《瓜饭楼钞庚辰本石头记》

2015年10月，参加张家湾《红楼梦》学术研讨会

2017年2月5日，冯其庸先生告别会

冯其庸先生告别仪式

国务院副总理马凯慰问冯夫人夏菉涓女士

吊唁花圈

各种媒体的追思
报道（一）

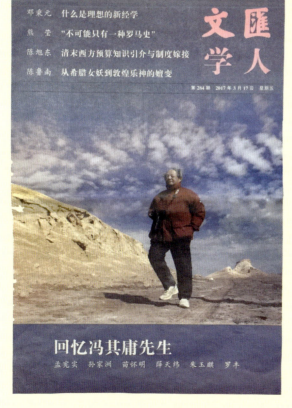

各种媒体的追思
报道（二）

2009年3月，于瓜饭楼海棠树下

2012年，由青岛出版集团出版《瓜饭楼丛稿》

2008年肖像照

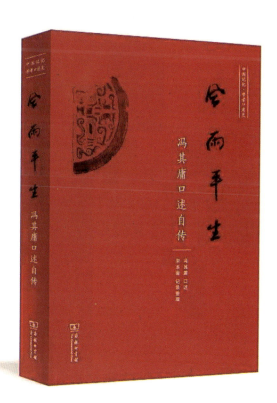

2017年初,由商务印书馆出版
《风雨平生——冯其庸口述自传》

目 录 / 上册

挽联 / 1

挽诗 / 11

文化自信　学术报国
　　——冯其庸先生追思会综述 / 26

"大师垂范大国学"冯其庸先生追思会在中国人民大学举行 / 32

一卷红楼万古情
　　——冯其庸先生追思会 / 35

一卷红楼万古情
　　——在无锡冯其庸先生追思会上的发言 / 张庆善 / 45

冯其庸先生逝世，社会各界纷纷缅怀 / 49

落叶归根　魂归故里
　　——冯其庸先生安葬故乡 / 53

为学求真　为艺求美
　　——记冯其庸学术研讨会暨冯其庸研究中心的成立 / 55

风雨长途　笔底乾坤
　　——追思冯其庸先生 / 吕启祥 / 61

毕生治学为报国 / 叶君远 / 66

传统国学与时代精神造就的一代大师
　　——追思冯其庸先生 / 孙逊 / 79

风雨纵横　五千年事
　　——读《风雨平生——冯其庸口述自传》/ 沈卫荣 / 87

"稻香世家" 的读书哲学
　　——读《风雨平生——冯其庸口述自传》/ 孟宪实 / 96

天风海雨饱曾经　又作轻舟万里行
　　——《风雨平生——冯其庸口述自传》读后 / 朱玉麒 / 100

道德文章谁为继
　　——写在向冯其庸先生遗体告别之际 / 屈全绳 / 106

行走于天地间
　　——缅怀冯其庸先生重实地考察的治学精神 / 雷广平 / 113

从贫苦农家走出的文化巨匠 / 叶君远 / 117

冯其庸先生与新时期红学
　　——深切悼念冯其庸先生 / 张庆善 / 122

大处落墨　曹红兼容
　　——冯其庸的大红学 / 吕启祥 / 130

冯其庸先生的红学研究 / 李广柏 / 138

冯其庸先生对《红楼梦》版本研究的贡献 / 陈熙中 / 162

昨夜大风撼户
　　——冯其庸先生与 "庚辰别本" 的一段往事 / 卜键 / 167

新时期红学与中国艺术研究院
　　——深切缅怀冯其庸先生 / 张庆善 / 174

求真务实　精益求精
　　——记我和冯其庸先生的学术交往几件事 / 张书才 / 177

悼念与学习 / 段启明 / 183

哲人远去　思念长存
　　——追忆冯其庸先生 / 朱淡文 / 185

悼念冯其庸先生 / 杜春耕 / 188

悼念冯老兼及红学二三事 / 沈治钧 / 193

红楼奥义隐干寻
　　——纪念红学大家冯其庸先生 / 孙伟科 / 200

点滴成波涛　浩荡若巨川
　　——冯其庸先生红学研究综论 / 段江丽 / 205

冯其庸先生"脂本"研究的继承与创新 / 曹立波　杨锦辉 / 221

数去更无君傲世，看来唯有我知音
　　——试析冯其庸《论红楼梦思想》一书之价值 / 邹玉义 / 236

梦里乾坤大　书中意味长
　　——品读冯其庸先生《瓜饭楼重校评批红楼梦》/ 董建国 / 244

冯其庸先生的《红楼梦》研究 / 胡文骏 / 252

冯其庸先生与《北方论丛》的"红楼梦研究"专栏
　　——从冯其庸写给夏麟书的信函谈起 / 曹立波 / 254

咬定青山不放松
　　——冯其庸"用马克思主义研究《红楼梦》"叙论 / 董志新 / 268

追忆恩师冯其庸先生 / 崔川荣 / 283

宽堂磊翁记 / 曾祥麟 / 292

我与冯其庸先生的几次相遇 / 詹丹 / 301

缅怀母校恩师、红学前辈冯其庸先生 / 赵建忠 / 304

一事难忘
　　——忆念冯其庸先生 / 萧凤芝 / 309

挽　联

沉痛悼念冯其庸先生

一生著述　奚止红学　纸贵洛阳成典则

千古文明　尽收玄珠　馆开洹上忆先河

　　　　　　　　　——中国文字博物馆敬挽

永远铭记老院长教诲

斯人已去文章在　一生著述　纬地经天　红楼夜雨垂万古

紫气虽西大道存　半世门墙　罗桃列李　春草秋风惠九州

　　　　　　　　　——中国人民大学国学院师生敬

夫子拜石来　无数珍藏归梓里

先生乘鹤去　几多绮梦绕红楼

　　　　　　　　　——冯其庸学术馆

宽堂先生千古

积文百年元气厚

红学沉潜出鸿儒

　　　　　　　　　——鲁迅美术学院敬挽

悼冯其庸先生

才高八斗　学富五车　一生事业红楼梦

仪范长存　德心永驻　四海声名儒者风

万仞高峰堪仰止　独不负一卷红楼　九旬龄梦

千秋德范励后昆　最可怀诗人襟抱　学者儒风

　　　　　　　——江苏省锡山高级中学人文课程基地敬挽

宽堂先生千古

锡山悼怀 学界含悲思泰斗

梁水潆洄 辽阳洒泪别师尊

———辽阳红学会敬挽

宽堂先生千古

二上高原山口 查明玄奘取经古道

遍寻荒墓石碑 定论雪芹先祖辽阳

———辽阳市委市政府敬挽

宽堂先生千古

翠柏垂旧颜 儒修学典 一梦红楼五十年 缥缃万卷香人间

博学伴灼见 沉潜穷源 相看白发已盈颠 东流遽萎振轩辕

———鲁迅美术学院中国画系

宽堂先生千古

瓜饭楼空 学博通今贯古成千秋德业 业见求真之功

世间满溢 华章四海纵横积百年元气 气见天地万象

———辽宁湖社书画研究会敬挽

铁肩担道义

妙手著文章

———无锡国学专修馆

冯其庸先生千古

有瓜代饭入红楼 一片痴心记石头

墨迹芸香收拾罢 且随玄奘再西游

———绵阳红迷会

冯其庸先生千古

心系红楼 情牵书画 著作等身称巨擘

功标青史 名满瀛寰 贤明垂首吊鸿儒

—— 铁岭中国手指画研究院敬赠

冯其庸先生千古

瓜饭记前尘 中道行宽 写梦红楼人共仰

天山连瀚海 西游乐极 植莲净土世同钦

—— 叶嘉莹敬挽

敬悼其庸先生

红学无涯 玄奘作灯 魂归大荒青埂下

黄沙万里 冰峰凭眺 一笑扬鞭夕照中

—— 后学吕启祥敬挽

宽堂恩师千古

小子何幸 四十年仰承謦欬 师恩深逾沧海愧难报

苍天无情 百千遍追忆音容 魂魄已归道山呼不回

—— 弟子叶君远泣挽

宽堂先生千古

超群脱俗

博大精深

—— 安徽王少石泣挽

冯其庸先生千古

读数千卷书 探赜中华文化担重任

行十万里路 弘扬玄奘精神获真经

—— 后学柴剑虹敬挽

冯其庸先生千古

神思连大漠　天与耆年酬学志

妙笔探红楼　人从巨著缅师风

——晚学品田泣挽

宽堂先生千古

仁心宽堂　成凌云文章立斯德　为红楼点灯

朗月清风　忆苍茫雄笔树典范　向宗师致敬

——中国艺术研究院孙伟科敬挽

梁摧星坠　哲人其萎

地老天荒　师德是瞻

——弟子邓安生敬挽

痛悼宽堂先生远行

大师小师乃大学之师

小文大著皆国专遗魂

——王运天、汪大刚、姚伟延、丁和、杨健、郭延奎哀挽

冯其庸先生千古

梦萦红楼　情牵西域　参同中西思国学

江南乡贤　学林芳草　献芹无计感斯文

——后学沈卫荣拜挽

其庸先生千古

文坛学界　昆玉辉耀　共千秋不朽

艺苑华堂　楚兰雅清　同百代弥香

——纪宝成敬挽

宽堂长者千古

紫塞觅前尘　西域新碑　喜有先生遗墨在

红楼寻旧梦　南冠故址　伤无逐客寄迹留

——谈锡永敬挽

其庸先生千古

百年铸经典　出神入化　红楼梦斯人为圣

万里渡流沙　含辛茹苦　玄奘路冯公是佛

横批：宽堂光大

——韩金科敬挽

宽堂先生千古

百年经典为百年铸经典

万里流沙为万里渡流沙

——韩金科拜上

哭冯其庸先生

识公三十年中　昔蒙大教　瓜饭楼前景历历

距地二千里外　今哭先生　瞿塘关口水苍苍

——魏靖宇敬挽

哭宽堂先生

国学还须大

红楼吊遗踪

——晚冯鹏生拜挽

学贯儒道禅　从红学史学书学乃至金石考据学　学高可仰　花果香飘启来者

心兼才识德　其恒心苦心童心或言赤子悲悯心　心旷而宽　天渊悬隔吊先生

——熊少华敬挽

心存儒业　魂绕红楼　诗赋意境全新　峦壑万千一纸
护宗礼仁　名垂国史　与圣人同修立　斯德日月同辉

——张继刚敬挽

沉痛悼念冯其庸先生

壮怀犹在风云上

书卷永留天地间

——辽宁大学胡胜敬挽

沉痛悼念冯其庸先生

提要钩玄　倾情文史　四十卷雄文昭日月
滋兰树蕙　奖掖后生　三千名弟子皆贤良

——沈阳师范大学书法所杨宝林敬挽

杖履幸常陪　诲谕音声犹在耳
学艺失重阵　撰述书画永流芳

——刘宗汉、李经国敬挽

冯其庸老千古

传经布道辞富山海

筑梦研红语精玉石

——朱永奎敬挽

恩师冯老其庸先生千古

梦里春秋伴清影　往昔已逝去　幸有万卷书
梦外纵横走天涯　而今又西游　恨无东归路

——学生崔川荣敬挽

冯其庸先生千古

壬午除夕　西山黄叶怀曹子

丙申腊月　东郊红烛悼冯公

—— 曹立波敬挽

宽堂先生千古

归梦亭边　千古雪芹得知己

论红坛上　百年显学失良师

—— 后学林正义敬挽

冯老夫子千古

红楼梦梦断　阅尽沧桑百年近

尺地堂堂宽　吟成痴绝万口传

—— 晚吴龙友敬挽

其庸先生千古

痛悼其庸先生　江河哽咽　群山无语

怀念国学泰斗　魂归故里　名垂青史

横批：冯门英杰

—— 江南文化报社冯军、冯道增泣血敬挽

宽堂恩师千古

木坏山颓　徒剩郪侯图史

风寒月暗　又隳鲁殿灵光

—— 受业何宗桓泣挽

宽堂恩师千古

诗笔兼画笔　海棠再发已无主

师恩亦亲恩　风雨对谈更有谁

—— 受业高海英泣挽

宽堂恩师千古

既严师亦慈父　昔年入室情同骨肉

微先生无纪峰　此日哭灵痛断肝肠

————丙申十二月廿七日弟子纪峰泣挽

宽堂先生千古

上下五千年且住京东　瓜饭著述岂徒内外篇　遽闻草堂岁晚梅苍落天惊石又破

纵横百万里神通天西　弟子问学曾得益损戒　谁悲沈水春迟缺月起父丧师亦归

————愚弟子孙熙春哭挽

宽堂恩师千古

无师亦无我　恩师教诲　昨日红楼成一梦

有画皆有您　花枝初成　今朝西游泪千行

————弟子凤嬛携夫王金亮泣挽

恩师宽堂千古

闻噩耗晴空惊雷　文坛学界巨星陨落

哭恩师痛断肝肠　品行著述世代弥香

————丁酉正月初五日弟子李保民泣挽

宽堂恩师千古

文章翰墨名中外

节操高风冠古今

————学生张涛敬挽

恩师宽堂先生千古

情笔不辍　耕耘一生　学识涵养名扬中外

淡泊利名　扶植后辈　高风亮节情冠古今

————学生张涛敬挽

宽堂恩师千古

师恩没齿难赎今生忝为弟子

教诲铭心刻骨来世还侍先生

——弟子刘辉敬挽

宽堂仁丈千古

十载趋庭 叨陪鲤对 尊前承训教

百年归梦 释惑析疑 何处问宗师

——受业任晓辉抆泪拜上

宽堂尊兄教授千古

禹甸文星 谦怀下士 焯见真知 等身著作 更多师德海心 拙集承公惠跋语

红楼梦卷 独具高论 旁征博引 抉微取精 尤能丹青传世 学林击节拜宽堂

——世愚弟周道南鞠躬敬挽

北往南来 清辉曾沐浴 平生何幸

鸿呼雁应 前辈旧风流 长念余音

——虞逸翁门生刘天柱、卜功元敬挽

宽堂世伯大人灵右

文章气节俱绝世

哲人其萎失薪传

——沐雨楼后人世侄杨柳青、杨蓉裳、杨健、杨小青、杨军哭挽

恩师冯其庸千古

大梦先觉 石头春草知雪痕 吟再论千年 经艺传国学

落花生香 瓜饭秋风集丹墨 据人心圣教 楷模授青襟

——学生王学龄敬挽

沉痛悼念冯先生千古

风云与悲　瓜饭书楼讬日月

桃李无言　雪域高峰传美名

——后学洛阳赵君平叩拜

痛悼冯老千古

德才表率

英名长存

——晚辈赵耀华敬挽

沉痛哀悼冯先生千古

云飞笔阵　德行双修　高山仰止传风范

雨散词林　才识兼旷　昊天曷极邀哲人

——孙女赵文成叩拜

挽　诗

悼念冯其庸先生 · 七绝七首
张书才

其一

忽报先生驾鹤归，无言呆坐独伤悲。

约期拜谒花开日，安得神灵唤复回。

其二

三十年前初识公，恭王府里话曹红。

别时谆嘱曹家事，述作孜孜辨浊清。

其三

廿四年前记忆新，先生亲至送奇文。

曹渊创始浑无据，当笑呢呢谀诞人。

其四

卅年红苑屡纷争，引领学人正路行。

不是神州无慧眼，惟公自省勇担承。

其五

十赴新疆圆凤梦，山川大漠总关情。

诗词书画碑文在，笑语欢歌万里行。

其六

风雨平生瓜饭楼，初心不改九三秋。

等身著作垂青史，笔底乾坤万古留。

其七

天南海北聚京城，瞻送先生返帝庭。

后学从来多自律，矢心圆梦慰英灵。

二〇一七年一月二十三日——二月五日初稿，三月二日修订、加注

哭宽翁

王少石

冯其庸先生，2017年1月22日12时18分，因病医治无效逝世于北京。噩耗传来，余23日晋京至先生灵前三跪而拜，老泪纵横。余与宽翁忘年之交三十八年，存先生与我书信二百余通，宽翁曾七过宿州客次黄石轩。往事如昨，以诗哭之！

世事风云飘不定，此生有幸拜宽翁。忽然噩耗传千里，恰似惊雷顶上轰。

闻说平静飞仙去，寒夜灿然多一星。来到灵前三跪拜，恍惚老眼泪纵横。

宽翁视我为知己，我敬宽翁师友朋。鱼雁往来飞不断，简札留有二百通。

三十八年堪记忆，梧桐夜雨听秋声。萧斋共谒许麐老，画印诗书兴趣同。

红楼印谱十年就，仰仗先生一臂功。讲学加州贴身带，曾经四序百题评。

戊戌五上黄山顶，我睡莲花第一峰。赐我睡庵呼雅号，今天犹在世间行。

考察亳州曹氏墓，斩蛇义地汉家兴。陈州老子传说处，画像南阳看不停。

楚汉相争疑待解，同游垓下霸王城。我家斗室不嫌小，黄石轩中七送迎。

瓜饭楼中难忘旧，宿州夜半话枪声。悲翁于此多一号，海雨天风度此生。

每上京华谒师友，宽堂谈吐沐春风。先生淡泊如清水，心地善良重义情。

而今不见故人面，唯有寒风吹泪干。枯草疏篱颜色退，院中奇石亦潸然。

古香万卷藏书在，全集卷分三十三。借得范宽山水笔，诗肠吟唱百千篇。

入世担当国学纛，离尘播种是精神。大荒山上曹侯待，笑语红楼解梦人。

东坡赤壁喜相逢，忙问乌台诗案情。勿见南宫石头拜，似曾相识醉痴同。

先生博学胸怀大，不露文章世也惊。或可遍游吴越地，太湖岸上遇青藤。

倘若遇见许麐老，一定去看白石翁。天上三公也缥缈，来来去去影无踪。

当今谁谓缺高峰，国学泰山有宽翁。塞北江南飞唁电，春潮滚滚送君行。

我哭先生思绪乱，纷纷往事绕胸间。声声字字辛酸泪，唯有哀伤诉不完！

二〇一七年一月二十四日于合肥悼迟轩中

丁酉正月初九告别冯其庸先生二首

王少石

　　2017年2月5日上午，数百名首都学术界、教育界、新闻出版界、文艺界、政军界和来自冯其庸家乡无锡及全国各地冯其庸先生的亲朋好友，在八宝山殡仪馆沉痛悼念先生。中共中央七个常委分别送了花圈，前任总书记、前任总理送了花圈，多名现任和前任的政治局委员送了花圈。四百多个单位和金庸等个人向冯其庸先生送了花圈，叶嘉莹等众多学者、艺术家敬献了挽联。予既有《哭宽翁》长诗，复得此二首为先生送行之。

之一

西天极乐足千秋，海雨天风有尽头。

万里流沙逐僧脚，一生解梦访曹侯。

狂来墨泼太湖水，醉后漫书瓜饭楼。

从此茫茫九重上，人间万事不知愁。

之二

中华上下送君行，正值乾穹万里晴。

天上未知何岁月？人间春色正还青。

京城再去故人少，氵丑上闲居石叟翁。

回首欣然堪一笑，人间尽话老迟公。

二〇一七年二月五日

丁酉寒食读冯其庸先生庚午清明所赠《芦蟹图》

王少石

尺幅京门饯我行，清明时节话清明。

挥毫漫写无肠物，泼墨还留风雨声。

六月芦花飞快雪，三更松柏送英灵。

而今唯酌一杯酒，寒食春风对九重。

二〇一七年四月一日

丁酉清明读冯其庸先生《四蟹图》并祭先生

王少石

大笔如椽泣鬼神，无肠君子丧朝门。

欧洲黑海暴风起，多瑙河边雷电奔。

自古是非归历史，从来公理属人民。

宽翁才气高八斗，诗画尽藏弦外音。

二〇一七年四月一日

冯其庸先生逝世周年祭

王少石

夜来枕上未能眠，心到通州芳草园。

欲拜先生叩门下，再临梅石怕茫然。

去年三哭灵前泪，今日杯酒雪后天。

云散月来君漫看，宽堂春色又新年。

二〇一八年一月二十一日

参加无锡市舜柯山公墓冯其庸先生魂归故里安葬仪式

王少石

烟花烂漫送宽翁，乡里乡亲与友朋。

两袖清风尘世走，一身正气大千行。

舜柯松柏故园意，湖渚春光父老情。

任尔桑田变沧海，家山依旧月长明。

二〇一八年三月二十八日

告别宽翁过无锡惠山区桃溪路

王少石

宽翁别罢过桃溪，一路芬芳处处奇。

他日悄然来入梦，清风明月故人稀。

二〇一八年三月二十八日

悼冯其庸先生

薛天纬

其一

京城几夕大风寒，高树琼枝已尽删。

今日阳和初眷顾，飘飘鹤驾竟升仙。

其二

红楼一帜耀中华，学海茫茫岂有涯。

试上昆仑高处望，大师身影过龙沙。

其三

文场顾盼不称雄，瓜饭楼头夕照红。

文集煌煌传后世，潞河岸上伴曹公。

丙申岁末挽冯其庸先生

朱玉麒

梦里红楼别样红，还从大漠识穷通。

我翁归去寻常事，走遍天西再向东。

沉痛悼念冯其庸先生

屈全绳

藤绕宽堂老树前，耄耋泰斗志弥坚。

魂牵玄奘回归路，心系昆仑解疑难。

七秩挥毫吟瀚海，华颠跋涉过楼兰。

八旬碑镌千古史，断梦红学有真传。

二○一七年一月二十二日于成都

哭冯师

邓安生

一

风雨兼程人百身，文章道德两昆仑。

求真十返新疆路，解梦半生红学人。

何惧浮云遮望眼，要于险处见精神。

鸿文巨帙通诸艺，祛惑析疑觉后昆。

二

梁摧星陨日无辉，凛凛严冬芳草腓。

夸父虞渊惜力尽，子规泣血望春归。

三年雨露恨樗木，卅载门墙慕紫葵。

人去楼空天欲堕，析疑请益今问谁？

二〇一七年一月二十二日

哭冯师

邓安生

凛凛严冬芳草腓，梁摧星坠日无辉。

虞渊夸父力终尽，啼血子规春不归。

雨露三年怜朴樕，门墙数仞望园葵。

庭空人去仪形在，解惑析疑更问谁？

二〇一七年十二月二十四日

追悼冯师

邓安生

岁暮寒风劲，萋萋芳草园。

百花俱零落，庭竹亦已瘅。

闻师病不起，我心如汤煎。

千里驱车赴，疾趋病榻前。

先生恢恢卧，仿佛正闭关。

多年积劳疾，难得半日闲。

闻声强睁眼，睁眼随哽咽。

先申思念意，再谢相探看。

称我《陶谱》好，仍旧鼓励言。

力疲音断续，气促句不连。

我悲难自持，未语鼻先酸。

执手情切切，侍座意拳拳。

众人向隅泣，一室尽黯然。

掩泪出门去，三步一回瞻。

二〇一八年二月二日

遥祭冯先生

王海清

　　惊悉著名学者，著名红学、国学大师，著名书画家、诗人冯其庸先生逝世后，我眼前即不断浮现出在山东大众日报社办公室工作时，多次按照领导指示，参与接待冯先生到访报社、指导工作的情景。先生伟大光荣的一生，先生的高尚情操、渊博学识、高师之道、大家风范和为国家、人民事业忠诚、求实、执着奋斗的伟大精神，都让我感佩不已，敬仰不已。今先生逝去，心语竟如泉涌流，遂将其连缀成行，奉献于先生灵前，以表达我无限崇敬和长歌当哭的送别之情。

一

惊闻先生驾鹤行，焚香斟酒泪纵横。

六尺白宣劳惠赠，一声红友亮高风。

教诲犹在耳畔响，笑貌已入心头凝。

感恩抱恙赐硕果，泪尽难酬大师情。

二

锦绣园边家乡行，锦绣文章若天成。

一生弄潮阔学海，万笔染翠众书峰。

几度佳作赋故土？多少墨宝寄情浓？

大师风采人称颂，无锡名人永有名。

三

忆得当年齐鲁行，豪情万丈催诗成。

陶醉沿海颂潮涌，心怡南山唱美容。

细察化石吟古史，车观梨槐咏今风。

足痕留处齐相送，山肃水默念恩荣。

四

难忘先生我社行，潇洒论报谈笑中。

经典指导书画义，非凡题书瓜饭情。

泾渭同流看世界，兰亭添彩傲泉城。

千禧祝福策骏马，扬鞭夕照今永恒。

五

提携叶子探索行，知时好雨总发生。

气馥当有一生读，临帖勿少十年功。

文章撰写循规练，书本实际紧融通。

博采众长径自辟，万千叮嘱为传承。

六

万卷诗书万里行，石癖求实史上惊。

六去辽阳寻真梦，十走西域觅旧踪。

世事洞明学问大，人情练达文章精。

等身著述传天下，文化巨擘逝犹生。

挽冯老

郭维峰

惊闻大师飞魂去，顿忆暮交瓜饭楼。

君留巨篇红楼注，贵有学子在后头。

惊闻冯其庸先生仙逝

曲润海

先生岂止红学家，考察玄奘走天涯。

夸父精神谁能比，炎黄博学实堪嘉。

奈何前海宝光院，桑榆荫下叹落霞！

二〇一七年一月二十三日

挽冯老

吴龙友

一

毓秀钟灵诞锡州，沧桑半世梦红楼。

暮年问道丝绸路，钻仰弥坚万众讴。

二

惊闻噩耗寒梅泣，却忆启居初拜公。

奖掖多年恩长在，仰祈鹤驾列仙蓬。

二〇一七年元月

悼冯其庸先生

马克章

并非望族名门后，风雨生平树达人。

瓜饭楼中立大业，国学苑地就师尊。

红楼卓见自一派，术业誉享诸多门。

且看汗青今续卷，碑林立处有斯君。

挽冯老

赵建忠

少年闻得纛师名，瓜饭楼头夜笔耕。

瀚海烟尘惊宇内，庚辰本论慰浮生。

由来恩怨无他顾，半隐江湖一水平。

正有高风和雁过，遥听云外起回声。

七律 · 悼红学泰斗冯其庸先生

任少东

噩讯惊闻泪挂腮，红坛巨擘步莲台。

生平家世精研得，版本遗存细考来。

辨识鉴查调理治，提携奖掖善量裁。

音容犹在哀难禁，千古文章未尽才。

挽冯老

任晓辉

庭前老梅树，寒夜催新枝。

分明寿诞日，秉烛守灵时。

七律 · 拜祭冯其庸先生

纪宝成

一代文史艺术大家冯其庸先生1月22日安详驾鹤西去。今天上午，我一行4人驱车专程前往通州张家湾冯府"瓜饭楼"拜祭。冯夫人夏老师反复对我说：老冯一直惦念你！我以"坎坷人生，辉煌人生，圆满人生"概括冯先生的一生，夏老师及其在场的二女儿皆深以为然。近十年来笔者因创办人大国学院一直与冯先生颇多交往，多次登门求教长谈，受益良多，敬仰、感激之情总是萦回于胸。

琢玉炼金瓜饭楼，书香剑气贯春秋。

并肩热烈人才计，促膝驰骋国学谋。

诗序洋洋情漫漫，梅图灼灼意悠悠。

水光山色先生在，星象烟云浩气留。

二〇一七年一月二十五日夜于北京百旺家苑乐斋

宽堂恩师千古

孙满成

北风哀号，云天低垂；物无光华，花无悦色；

百草凋枯，万木萧疏；恩翁仙逝，万众稽首。

古梅数棵，凌霜含苞；簇簇劲竹，挺拔昂首；

两棵劲松，常绿依然；先生音容，万世永存！

痛悼冯其庸先生

梅新林

江南雨沉沉，北国雪溆溆。

年前惊噩耗，节后祭宗师。

浩浩精气神，悠悠书画诗。

红楼千秋业，高山共仰之！

二〇一七年二月四日

感念冯老

王学岭

几曲红香寄大千，恒心十证访于阗。

曾经花落春归去，未觅西晴夜望穿。

待取文章邀碧草，清风爽朗在人间。

丁酉农历二月十二日

沉痛悼念良师冯其庸先生

北京大观园

惊悉良师正果成，腮边不禁泪花倾。

眼前迭现音容貌，耳畔犹闻謦欬声。

咳唾成珠垂教诲，流连存迹忆叮咛。

而今已化仙风去，一缕精魂慰吾生。

永远的怀念

——送别冯其庸先生

章慎生

2017年1月22日，蓝蓝的天空，天朗气清，祥云万里，守护在先生身边，心中祈愿先生能借转为安。12时18分，先生安息。我拥抱着先生，贴着他的脸颊，温暖依旧，面容安详。强忍悲伤，给先生穿好服装，这一次远行，将永远伴着我的怀念。

悲夜思无眠，凄泪浸双耳。三十年相伴，父子情谊，音容犹在，珍念永难消。累年往迹，谆谆教诲，铭感不忘，篇篇在目，字字寄哀思。

今天的阳光真好

先生说

我要去较远的地方

这一次

你在家不用一起远行

我知道

您的行程早已定好

这一去

时间终将很长很长

慢慢地

给您整理行李衣裳

泉涌的

泪啊早已成行成行

大漠孤城的大雁啊

你可知道我的悲伤

三十年的陪伴

就这样匆匆忙忙

历史的岁月

停不下您前行的脚步

天边的祥云

总会在您身边缭绕

二〇一八年一月二十二日晚

再送冯先生

王海清　叶兆信

一位伟大的学者 —— 冯其庸！

一位尊敬的师长 —— 冯其庸！

知道您今天就要远行，

我们魂赴京都，再恭送您最后一程。

哀乐，伴着我们心的颤动，

鲜花，载着我们意的虔诚。

瞻仰，让我们肝肠痛断，

鞠躬，让我们泪水纵横。

我们祝您一路走好，

我们祝您一路飞升。

您的山东学子和您的一个崇拜者，

且送且诉尽衷情！

好先生，我们再送您一程！

泪尽之处有新景：

天堂的祥云正在倾情聚拢，

太虚幻境的大礼即将举行，

曹雪芹正等您深情相拥，

十二钗已扮靓门外相迎。

苏东坡要与您同赏奇石，

唐玄奘还候您携手谈经……

所有生前的亲朋好友、良师知音，

都将与您交谈叙旧，共话憧憬。

一致推举您为首，

率领众仙舞长空。

生前鸿盟身后志，

定然是，佑助神州文化兴！

好先生，我们再送您一程！

您自名"其庸"实伟功！

诠释了万里学海广与博，

写就了千丈书山深与精，

实践了读书万卷行万里，

抒发了李杜苏辛诗样情。

多少次挥毫泼墨祖国颂，

多少次举机巧摄山水青。

点睛戏曲护国粹，

察史鉴物辨青红。

精神魅力无穷尽，

真可谓，大师光彩启后生！

好先生，我们再送您一程！

感恩学子铭心刻骨念师情。

叶子他，人品、画品您喜爱，

您辛勤提携恰如春雨润无声。

您的教诲是无价宝，

千车万船难载盛。

定学那高尚情操德为上，

不慕那热衷炒作图虚名。

一丝不苟、精益求精，

一生奉献为传承。

放心吧，好先生，
兆信早已践誓盟。
要让那"出类拔萃"多为师名添光彩，
要让那"无可比拟"多为师名挂彩虹。
博采众长径自辟，
高师引我永攀登！

好先生，我们再送您一程！
您光辉灿烂耀眼明。
昨日您是传统文化的倡导、示范者，
今日您是传统文化的引领、导航灯。
您可欣慰，好先生，
您当年的建议变行动。
中央文件已规定，
举国上下抓复兴。
您曾是文化自觉的先行者，
您更是文化自信的好支撑。
学习您，志在实现中国梦，
学习您，志在文化永传承。
学习您，风雨平生永奋斗，
学习您，圣世乐事颂太平。
但等那，中华文化满园春色惊天下，
定当是，年年珍馐佳酿祭师翁！

一位伟大的学者 —— 冯其庸，
一位尊敬的师长 —— 冯先生！
天堂的仪仗就要来临，
我们只能停步了，好先生！
永别了，好先生，
安息吧，好先生，
您永远是我们的好先生，
您永远是我们心头的星！

原载大众网二〇一七年二月五日

文化自信　学术报国

——冯其庸先生追思会综述

　　2017年4月10日上午，"文化自信 学术报国 ——冯其庸先生追思会"在中国艺术研究院第五会议室举行。本次会议由中国艺术研究院主办，时任中国艺术研究院院长、中国非物质文化遗产保护中心主任连辑，中国艺术研究院终身研究员、中国红楼梦学会名誉会长李希凡，中国作协副主席廖奔，中国红楼梦学会会长、中国艺术研究院原党委书记张庆善，原文化部艺术司副司长周汉萍，中宣部文艺局文学处胡友笋等出席了追思会。出席追思会的专家学者有中国人民大学国学院常务副院长乌云毕力格，商务印书馆总经理于殿利，中国艺术研究院研究员吕启祥，北京大学中文系教授陈熙中，中国第一历史档案馆研究馆员、《曹雪芹研究》主编张书才，首都师范大学教授段启明，中国艺术研究院建筑研究所原所长顾森，中国艺术研究院《美术观察》主编李一，中国艺术研究院红楼梦研究所副所长、中国红楼梦学会秘书长孙伟科，北京大学历史系教授朱玉麒，中国人民大学国学院教授沈卫荣、李肖、薛天纬、孟宪实，天津师范大学文学院教授、天津红楼梦研究会会长赵建忠，商务印书馆学术编辑中心文史部主任陈洁，无锡冯其庸学术馆馆长冯有责，雕塑家纪峰，紫砂壶制作家高振宇，等等。冯其庸先生的大女儿冯燕若、二女儿冯幽若代表家属出席了追思会。会议由中国艺术研究院常务副院长吕品田主持。

　　上午9点，院常务副院长吕品田宣布追思会开始，全体与会人员起立为冯其庸先生默哀一分钟。默哀后，与会者怀着崇敬的心情观看了记录冯其庸先生生平事迹的视频。

　　冯其庸先生是江苏无锡人，著名文史大家和红学大家，历任中国艺术研究院副院长、红楼梦研究所所长、中国红楼梦学会会长、《红楼梦学刊》主编、中国戏曲学会副会长、中国人民大学国学院院长、中国文字博物馆馆长、中央文史研究馆馆员等，1996年离休，荣获"中华艺文奖"终身成就奖和首届吴玉章终身成就奖。

　　放在时空的坐标上，冯其庸先生以94岁，将近一个世纪的生命长途，以行走天地间、遍历名山大川涉险求真的坚实脚印，造就了一个文化学术的传奇。其实仅有时空两个纬度还不够，最重要的是作为主体人的意志力和创造力，冯先生以33卷，逾千万字的著述和量多质优的书法绘画及摄影作品收乾坤于笔底，气象万千。冯老除以《红楼梦》研究著称于世以外，尚涉史学、国学、文学艺术、考古、文物鉴定收藏等诸多领域，其文章、专著、诗词、评批、文献整理，以及书信、收藏、绘画、摄影等均收入《瓜饭楼丛稿》和《瓜饭楼外集》。冯老先生自1986年开始担任院领导十余年，为中国艺术研究院在新时期的发展做出了历史性贡献。

本次追思会上，与会者多为与冯其庸先生生前交往深厚者，共有十几位专家学者发言，内容丰富，感情真挚，深切缅怀冯其庸先生，高度评价冯其庸先生的贡献。

李希凡先生首先讲话，他深情地追忆了与冯先生六十余年的交往，指出冯其庸"是一个文化艺术方面全才的人物，他不止是在学术研究方面成就卓著，在艺术创作方面也成为一代大家，他各个方面都了不起，非常有才"。他说："冯先生很多精神都值得我们学习，他的勤奋，他的执着，他研究一个问题一定要研究出结果来，我们应该发扬冯先生求实的学风。"

紧接着张庆善先生发言，他说："冯其庸先生是我极为崇敬的师长，是我多年的老领导，也是我走进红学领域的领路人。1979年冯先生把我从原文化部机关调到中国艺术研究院红楼梦研究所。近四十年来，我有幸追随冯老左右，受益匪浅。他渊博的知识，宽阔的胸怀，远大的视野，严谨的治学和百折不挠的精神，都对我有着很大的影响。冯其庸先生是中国艺术研究院红楼梦研究所第一任所长，我是第二任所长。他是中国红楼梦学会第二任会长，我是第三任会长，可以说我是冯老一手提携培养起来的。几十年来，正是在冯老的教育、培养下，才使我逐渐成长为一个研究《红楼梦》的学者。回想几十年里追随冯老左右的时光和经历，不禁感慨万千。"他说："我想今天我们举办冯其庸先生的追思会，既是表达我们对冯老的缅怀和崇敬，更是为了进一步认识冯其庸，继承他的遗产，发扬冯老百折不挠的精神，为弘扬中华民族优秀传统文化，推动红学事业发展做出我们应有的贡献。"

乌云毕力格先生在他的发言中谈到了冯先生的思想遗产问题，指出"冯先生不仅创建了中国人民大学的国学院，而且还提出了新时期第一个国学院的办学理念，同时也制定了国学院的课程教学体系，他的这两项工作正好体现了先生的国学思想和国学教育的思想，成为我们继承和发扬的非常重要的遗产"。

冯有责馆长的发言题目是"我是家乡人民培养成长的"，这是冯老常说的一句话。冯其庸先生对家乡有一种浓得化不开的深情，一直关心支持着冯其庸学术馆在家乡的建立，"冯其庸学术馆不仅是无锡市的一张文化名片，更是无锡地区弘扬优秀传统文化的一个阵地，这也是冯老留给家乡人民的精神遗产"。"冯老对他故乡的深情永远铭刻在家乡人民心中，家乡人民永远怀念着他。"

吕启祥先生在发言中回忆了与冯先生四十多年的共事与交往，并深情提到了两次难忘的通话细节，"一次就是在海拔 4700 米的达坂山口，他给我打了一个电话，我非常激动，因为高山缺氧，我说老冯你不要多说话了，很伤元气；还有一次是冯先生病危，在重症监护室给我打电话，也只说了几句话，他托付我，说有些事情你一定要做。这最高和最危的两次电话我是终生难忘的"，并强调冯先生身上有很多东西是过去所不曾深刻领悟到的，一个是学术报国，不分时段，不求回报，再一个就是转益多师，终身学习。最后他认为"对冯先生最好的评价是实事求是，因为他生前说过，什么泰斗、大师他不在乎这些称号。我们追思冯先生最好的方式就是做他没有做完的业绩，做他想做而不曾做到的事是对他最好的告慰"。

于殿利总经理介绍了冯其庸先生与商务印书馆最近二十年的交往。第一阶段是冯先生主编的《中国艺术百科辞典》，这个工程是 1998 年开始，2004 年出版完成的；第二阶段就是《瓜饭集》，这是冯先生的散文作品集，是励志之书，可供赏鉴之书；第三阶段我们跟冯先生的交往和出版越来越丰富了，包括《论红楼梦思想》《论庚辰本》《风雨平生 ——冯其庸口述自传》。还有一件事我们一直在做，也是冯先生生前跟我们谈论最多的一件事，就是《瓜饭楼外集》，一共 15 卷，在冯先生生前陆续修订和定稿完成了，我们会尽快安排出版。

顾森先生提到冯老是中国艺术研究院给予他影响最大的老师之一，他说："我觉得冯老的品格，最符合今天这个会的主题，就是文化自信、学术报国，在他身上充分体现了这一点。"他还提到了冯其庸先生投入大量精力研究的汉画以及为建立汉画学会所作的努力。他说："他对学术要求很严，而且他到国外讲学就是要宣传中国文化，这是基本原则。在汉画上他一直坚持一条，他认为汉画是比敦煌学还重要的学问，因为综合性研究很强。他始终想把这个做大，作为最重要的学术研究课题。"冯先生坚决顶住了那些要名要利的歪风。

李一主编也说，冯其庸先生是中国艺术研究院的老前辈，"我是中国艺术研究院的学生，追随冯先生三十年，长期聆听冯老的教诲，得到他的关爱，这是我一生的荣幸"。李一主要谈了与冯其庸先生在书法艺术方面的交流和得到的照拂关爱。最后他饱含感情地感叹："往事历历，旧情难忘，先生已去，我也临近退休之年，光阴荏苒，逝者如斯，回首来时路，几多欣慰几多感受，《兰亭序》有云：死生亦大矣，岂不痛哉。我只能沿着先生的路继续走下去，尽我所能为中国文化的复兴略尽绵薄，这也是先生所希望的吧。"

陈熙中先生说："我觉得冯先生除了是研究《红楼梦》取得很大成就的学者，给我印象更深的是对推动全国的红学活动他做出了无私的奉献，为了红学会能够发展，几十年举办了很多很好的学术活动，这些方面是非常值得学习的，他在这方面的贡献非常非常大。"陈先生认为最好的纪念就是学习冯先生的精神。

张书才先生也认为冯其庸先生在红学界的贡献，至少在四十年内是无人可替代的。张先生还赋诗四首以记录与冯先生的交往，缅怀其为人。有句为"忽报先生驾鹤归，无言呆坐独伤悲"，"三十年前初识公，恭王府里话曹红"，"风雨平生瓜饭楼，初心不改九三秋"等。

段启明先生认为，冯先生的一生有很多方面是令我们震撼的，可以说创造了奇迹。第一点，先生不是什么豪门弟子，而是一个耕读之家的子弟，他一生的成就都是他的才华和勤奋取得的。第二点，冯先生不是更早一代的，像陈寅恪他们那样有长期海外留学的经历，先生没有这个经历，但也正是在这种情况下他取得了另一方面的优势，就是对马克思主义的学习和运用。第三点，冯先生特别值得我们注意，他的学术成就是在最丰厚最全面的中国传统文化的基础上取得的。第四点，现在我们自己年龄也大了，垂垂老矣，特别感受到冯先生在高龄而做出那么大的成就，是非常令人感动的。

赵建忠教授是中国艺术研究院红楼梦研究所的首批研究生，他追忆了自入学到走上《红楼梦》研究道路以来，冯先生对他的深刻影响。其中尤其难忘的是对中青年的关怀。2015年在河南郑州举行的一次会议上，赵建忠在发言当中对考证认识不足，认为王国维照样写出了彪炳史册的《红楼梦评论》。冯先生当时提出了批评，认为如果不了解作者的时代和家世，研究《红楼梦》就隔膜得多。如果当年王国维了解考证，《红楼梦评论》会写得更全面。多年以后反思冯先生的话体会就更深刻了。

孟宪实教授以为，冯先生和他的坚持中国文化本位，在今天强调文化自信的时代背景下，具有十分重要的意义，冯先生的精神应该得到珍惜、尊重和继承。他认为冯先生提出的"大国学"的思想是一份珍贵的遗产，应该好好地研究和继承。

朱玉麒教授说："这么多年以来，很多学者渐渐去世，我们都会说最后一位大师走了，但实际上有很多其实配不上这个词，但冯先生配得上这个称呼的，至少在国学领域、在红学领域，我们确实觉得这是一位大师走了。就像刚才李希凡先生所说到的一样，我们不悲痛，因为这座大山一直在我们跟前。但是我们又很伤感，就是当我们在走进这座大山的领域的时候，我们发现这个领路人已经消失了。今天我们追思他，我们会沿着他的足迹踏上新的征程。"

沈卫荣教授追忆与冯先生的因缘交游，认为尽管冯其庸先生是江南才子，但是他的胸怀远远超越了江南，他晚年最大的一个贡献就是提倡了大国学的理念，这不单是为人大国学院的建立和发展起了决定性的作用，更是对中国学术的一个重大贡献，是名垂青史的，大国学理念无论如何要传承下去。

孙伟科在发言中说了三点：第一，对冯老的追思会，中国艺术研究院领导非常重视，反复开会布置工作，体现了对冯老精神的肯定；第二，非常感谢今天来的各位学者、专家和领导，有的老师早上七点钟就出发赶到这儿来，令人感动，他们对冯老的深情也在他们的发言中体现出来了；第三，还有一些专家学者没有发言，像李肖、薛天纬等，希望能把对冯老的追思和缅怀写下来，把文章发给我们。

冯燕若代表家属发言，她首先表达了冯先生的夫人夏菉涓老师对院领导和各位专家学者的感谢。她说，父亲的一生是读万卷书、行万里路，文化自信、学术报国的愿望非常强烈，我们应该学习他的这种精神。我们今天一定要有文化自信，做事情要有坚韧不拔的精神。冯燕若说，最后冯先生走的时候看到了他的书出来了，《风雨平生》总结了他一生的艰辛和努力。我想，对于今天大家对他的追思怀念，他会感到很欣慰的。

最后由连辑院长做了总结发言。他说为了表达对冯先生的崇敬，学习冯老的精神，我们计划从冯先生去世开始，持续一年左右时间，要用各种形式搭建各种平台，利用各种场合和媒体，深入系统地以回顾为基本方式，来全面展示冯先生一生的学术成就，包括他的思想、精神、境界等，便于更好地把握冯其庸其人。首先，关于冯先生的评价，归纳出了几句话：冯其庸先生是当代公认的文化巨匠、国学大师，对于中国传统文化的传播和发展做出了巨大的贡献，是卓越的红学家、文史学家和教育家，是杰出的文艺理论家、社会活动家、诗人、书画家、摄影家，他的学术成果及学术精神对于中华民族优秀传统文化的传播有重要的影响，是当之无愧的时代楷模。他充分肯定说，冯先生就是当代学术文化艺术的一座高峰，完全担当得起这样的评语，这就是为什么我们要从事一系列的追思活动，因为他是高峰，为什么是高峰，什么样的高峰，这高峰的内容是什么，含义是什么，他的精神是什么，这就需要我们通过一系列的追思来不断地丰富、完善他的内涵，通过这些内涵的揭示便可心悦诚服地认定冯先生的学术地位、社会地位。

其次，在座的专家有许多是他的同事，有许多是他的学生，讲了很多细节，这些细节也决定了这一次追思会的成功，光讲概念可能没有血肉、没有温度，缺少可信度。大家都是在几十年的学术生涯过程中陪伴他，或者受他影响，或者受他教育，或者受他熏陶成长，或者和他合作共同成就事业的一些人，你们跟他在一起从事学术工作的日日夜夜里形成了许多生活的、学术的，包括他们家庭的，包括他个人品质等方面的一些细节。这些细节的描述是极其重要的，这些细节能够让你们说的话有说服力、有可信度，这些细节可以让冯先生变得血肉丰满、栩栩如生。

再次，刚才大家谈了许多评价，概括起来谈，大概有这么几点值得认真学习：一是冯先生对传统文化的自信、忠诚和坚守；二是对中国传统文化的传承、创新和发展；三是中国知识分子的情怀、责任和良心；四是作为一个学者治学的态度、毅力和方法。

最后，连辑院长把刚才大家说的话归纳一下，形成一副对联，上联是"读万卷书行万里路学术报国"，下联是"吃百家饭穿百衲衣风雨平生"。

追思会上与会者发言踊跃，充满感情，对冯老的人格和治学精神给予高度评价，并用很多细节支撑起冯其庸先生有血有肉、生动光辉的形象，我们要学习这样的大学者，攀登学术研究领域的高峰，这次追思会是一个开端，今后大家还要将这个工作继续下去，沿着冯其庸先生开拓的道路继续前进。

本文原载于《红楼梦学刊》二〇一七年第三辑

"大师垂范大国学"冯其庸先生追思会
在中国人民大学举行

2017年2月25日下午，中国人民大学举行"大师垂范大国学"冯其庸先生追思会。来自全国人文学科教学和研究机构的专家学者、中国人民大学国学院师生代表、冯其庸先生的亲属等，怀着悲痛的心情，共同缅怀国学院创院院长冯其庸先生为"大国学"事业和国学院发展所做出的杰出贡献，追思他卓越的学术和艺术成就，颂扬他宝贵的道德和精神遗产。

在逸夫楼第一会议室庄严凝重的氛围中，全体与会人员为冯其庸先生默哀一分钟。大家共同观看了冯其庸先生生平纪录短片，回忆他生前学习、工作、生活的点点滴滴，共同表达对先生深切的感激和怀念之情。

中国人民大学国学院院长杨慧林教授主持追思会。中国人民大学党委常务副书记张建明追忆了冯其庸先生近百年的人生风雨和一甲子的治学生涯，认为冯其庸先生一生的成就无法用简单的词语来概括，他是红学家，是西域史地专家，是艺术史家，是诗人、画家、书法家、摄影艺术家，更是教育家。张建明常务副书记指出，冯其庸先生自三十而立到六十耳顺，与中国人民大学一同经历了中华人民共和国成立后的辉煌与苦难。2005年，冯先生以81岁高龄慨然出任中国人民大学国学院首任院长，将对国学、国运的毕生思考安放其中，为国学院确立了全新的教学体系，亲自推动了国学院西域历史语言研究所的成立，成为国学院重要的办学特色。2010年10月，人大国学院举行成立五周年庆典暨冯其庸先生从教六十周年国际学术研讨会，时任国家副主席的习近平同志给冯先生发来贺信，信中说："您从教60年来，在多个学术领域都有着重要影响，尤其是红学研究成就突出。今已86岁高龄，仍带领中国人民大学国学院为国学新时期的发展、为促进传统文化的研究发挥着重要作用。您治学报国的精神，令人钦佩。"张建明常务副书记表示，冯先生虽已离去，但他治学报国的精神将成为中国人民大学的重要精神财富，中国人民大学应继承先生遗志，为创建"人民满意、世界一流"的大学而努力奋斗。

中国人民大学国学院常务副院长乌云毕力格教授代表国学院对冯其庸先生的离去表示深切的哀思与怀念。他指出，冯其庸先生是一位伟大的学者，也是杰出的艺术家和教育家。先生终生追求学术真谛，在文学、艺术、历史、考古等领域成就辉煌；先生的书法、绘画独领风骚、名扬神州；先生教书育人，更为当代学人的道德与精神楷模。乌云毕力格教授强调，冯其庸先生提倡的"大国学"理念为中国学术思想留下了宝贵遗产，其对国学新的界定，超越了"华夷之辨"影响下的狭隘的民族观，倡导了符合统一多民族国家历史与现实的、基于中原汉族和边疆各民族历史文化的国学理论和体系，对正确树立中国的国家观、民族观，促进各民族携手建设共同的精神家园具有深远的积极意义。他认为，"大国学"是冯先生对其毕生研究经验的最为宝贵的理论总结，国学院将一如既往地坚持"大国学"的办学理念，向世界展示和推出中国历史上各民族创造的丰富多彩的文化遗产和民族精神。

曾与冯其庸先生一同为国学院的创办和发展而努力的学者们表示，冯其庸先生是当代中国的文化巨匠，是当今时代的纯正君子，是亦师亦友的宽厚学人。冯其庸先生凭借自身的学术声望，续接起在中国断裂了80年的国学教育，给予年轻人极大的支持和鼓舞，令人高山仰止。学者们回忆称，国学院在创办初期曾面临诸多质疑和困难，冯其庸先生在为学院确立办学宗旨、筹措资金、引进人才、建立"大国学"概念等方面身体力行，带领国学院踏踏实实走过了初创期的艰难岁月。

红学研究领域的学者们表示，冯其庸先生是新时期红学研究领域最重要的研究者和"主心骨"，他主持校注《红楼梦》、手抄"庚辰本"《石头记》、全力支持《红楼梦学刊》筹办，为红学事业发展做出了无私的奉献。与会学者们表示，希望通过举办追思会让大家更加深刻地认识冯其庸先生，感受先生胸怀宇宙、御风独傲的人生格局，继承先生的未竟事业和学术遗产，推动学术研究继续向前发展。

冯其庸先生的弟子讲述了冯其庸先生生前的点滴往事，认为冯先生堪称"大智之人""大德之人""大志之人""大度之人"，他具有敏锐的前瞻性，敢于坚持真理、是非分明，垂暮之年规划两部大书，其勤奋刻苦超出常人。冯其庸先生的道德文章足以垂范后世，他的人生境界令人钦佩。

冯其庸先生的同乡表示，冯其庸先生一生难以割舍乡情，为无锡的文物保护和文化发展做出了杰出贡献。2010年，无锡冯其庸学术馆奠基，冯其庸将其收藏的汉画石像连同自己的大量书画、摄影作品一并捐献给学术馆。学术馆也将继承先生遗志，继续做好文化推广工作。

冯其庸先生的女儿、中国人民大学校友冯幽若女士向与会的专家学者表达感谢。她表示，近期通过阅读对父亲的追思文章，让她重新看到父亲退休后的生活情况，加深了她对父亲的理解和认识。冯幽若女士称，在家人心中，父亲永远是宽厚随和的，父亲从来不说假话的做人原则，给予了她深刻的影响。

中国艺术研究院原党委书记、中国红楼梦学会会长张庆善，中国艺术研究院红楼梦研究所副所长、中国红楼梦学会秘书长孙伟科，中国艺术研究院研究员、中国红楼梦学会常务理事吕启祥，北京大学历史系教授、中国敦煌吐鲁番学会常务理事荣新江，北京大学历史系教授、中国古代史研究中心研究员朱玉麒，中国社会科学院学术委员会委员、民族研究所研究员史金波，中华书局党委书记、总经理徐俊，中华书局编审、汉学编辑室主任、中国敦煌吐鲁番学会副会长兼秘书长柴剑虹，无锡冯其庸学术馆馆长冯有责，中国人民大学老教授纪宝成，以及中国人民大学教授孙家洲、叶君远、沈卫荣、李永祜等先后发言，深情回忆了与冯其庸先生一起学习、研究的宝贵经历，表达了对冯其庸先生的真挚情感与深切缅怀。大家表示，冯其庸先生给后人留下了宝贵的学术和精神遗产，他坚持真理、治学报国的学人品格，他对"大国学"振兴事业的责任心和使命感永远值得学习纪念。

一卷红楼万古情

——冯其庸先生追思会

2017年5月13日，"一卷红楼万古情——冯其庸先生追思会"在无锡冯其庸学术馆举行，这次会议是由中国红楼梦学会和无锡惠山区人民政府联合举办的。来自北京、上海、河南、江苏等地和无锡前洲冯其庸先生家乡的学者和社会各界代表在追思会上先后发言。

追思活动分为三个环节：

一、全体默哀：三十多位专家学者全体默哀一分钟，表达对冯其庸先生的沉痛哀悼。

二、观看纪念短片：默哀结束后，众专家在冯其庸学术馆观看纪念缅怀冯其庸先生的视频，追忆冯其庸先生不平凡的一生。

三、参会人员发言。

活动由中国红楼梦学会会长张庆善主持，他首先指出：冯其庸先生是当代红学大师之一，特别是改革开放后新时期研究红学成就最大的红学家，冯先生生前主持了新时期以来诸多奠基性的重大红学工程，组建了红楼梦研究所，创办了《红楼梦学刊》，成立了中国红楼梦学会并主持召开了国际红楼梦学术研讨会，对《红楼梦》的传播，对红学研究的推动做出了巨大贡献，别人与之无法相比。

在追思活动中，参会人员分别从不同角度对冯其庸先生的治学精神、文化担当和学术影响力等方面进行了介绍。

惠山区副区长范良介绍了冯其庸先生的学术成果、学术精神及学术影响力。他说冯其庸先生是当代公认的文化巨匠、国学大师，是卓越的红学家、史学家、教育家，是杰出的文艺理论家、社会活动家、诗人、书画家、摄影家，是当代艺术文化史上的一座高峰，为坚定文化自信、建设文化强国做出了重要贡献。冯其庸先生对家乡始终充满着深情，十分关心家乡的教育和文化事业建设，2010年以来他倾尽毕生珍藏，以一所学术馆回馈桑梓，为后人留下了一笔十分宝贵的财富，如今冯其庸学术馆已成为无锡地区弘扬中国优秀传统文化的阵地。最后，他说："冯其庸先生是无锡人民的骄傲，也是广大后学之士的楷模。今天，我们在这里深切缅怀冯其庸先生，就是对冯老

'文化自信、学术报国'精神的继承、发扬和光大，要把冯其庸学术馆办得更好，促进地方文化事业的发展。"

上海师范大学教授、中国红楼梦学会副会长孙逊先生追忆了与冯先生交往的一些往事。他还列举了曾经在确定校勘底本过程中印象比较深刻的两个细节：一是关于黛玉外貌描写的两句名句；二是对黛玉和湘云凹晶馆联诗里的名句"寒塘渡鹤影，冷月葬花魂"的校定比勘的过程。孙逊教授说："冯先生是校勘注释工作的主心骨，他以深厚的校雠学功夫，为确保校勘的质量付出了辛勤的劳动。而在长期校勘《红楼梦》和手抄庚辰本过程中所积累起的大量知识储备，为他日后撰写《论庚辰本》《石头记脂本研究》等论著做了充分的资料准备。可以说，他能成为一位红学大师，正是从扎扎实实的校勘工作开始的。"孙教授还对冯先生的书画、诗词、鉴赏等方面讲述了自己所历几事，综以论明冯先生是传统国学与时代精神造就的一代大师。

中国人民大学国学院常务副院长乌云毕力格教授介绍了冯先生前后两度在中国人民大学工作的情形。冯其庸先生第一次到中国人民大学，从1954年直至1986年调离的32年间完成了许多重要工作，其中就有编写《历代文选》和在政治运动接连不断的"文化大革命"期间抄写"庚辰本"《石头记》；第二次是中国人民大学成立国学院，冯先生再次以极高的热情投入创建国学院的工作，在报刊媒体呼吁国学教育的必要性的同时，着手做起对新时期国学的定位、国学专业的设置和培养体系的建立等具体的理论性和实践性的工作。在新时期国学定位方面，冯先生又提出"大国学""新国学"理念，立足于新中国为多民族统一国家的本质和中国民族文化的多样性，主张"大国学"不仅应该既包含以汉族为代表的中原传统文化的研究，还要包括其他兄弟民族的传统历史文化的研究。冯先生把国学和国运紧密结合在一起，反对将国学狭隘化，提倡多民族大国的大国学，以此推动所有中国人的国家认同，共建美好和谐的民族家园。冯先生和季羡林先生还于2005年共同向党中央提交报告，提议"建立'西域历史语言研究所'，从事中国西部文化、历史语言、民俗艺术等方面，其中特别是西域中古时期的多种语言的研究"。在中央的批示和相关部门支持下，西域历史语言研究所于2007年正式成立，冯先生为研究所亲笔题词。乌云教授列举了冯先生除红学以外的中国文学史、戏曲史、艺术史、历史考古等多方面所取得的丰硕成果，指出冯其庸先生长期关注和研究中国大西部的历史文化艺术，极富战略眼光地创立西域历史语言研究所，其所著考证丝绸之路和玄奘取经之路的大型摄影图册《瀚海劫尘》，获得学术界的高度评价。除此之外，乌云毕力格教授更是提到，冯其庸先生生前把自己的部分图书和墓志收藏捐给了国学院图书资料室。当他卸任国学院院长之时，将所得全部聘用金捐赠给国学院，成立了"冯其庸国学奖学金"，令国学院的学子因此受惠。也正因冯先生的缘故，国学院和无锡惠山区前洲镇连在了一起。乌云教授说："前洲镇建立冯先生的学术馆，收藏先生的学术成果，展示冯先生的学术人生。该学术馆成为我们学院的永久性实习基地，国学院去年和学术馆共同成功举办了国际学术研讨会，将来也会更加紧密合作。我们将在先生创办的学院，也在他的家乡，把国学研究坚定地坚持下去。冯先生是中国人民大学的功臣，国学院的创始人，是我们尊敬的、亲爱的导师。我们永远怀念他。作为先生的学生，我们将会更加努力，愿以国学事业的繁荣回报先生对我们的栽培。"

中国艺术研究院研究员吕启祥老师多年来与冯其庸先生共事，参加红学研究、学术交流，亲历众多，她生动又深情地讲述了冯其庸先生作为文化使者与多个国家众多学者交往的过程，使以传统文化为依托的红学产生了良好的国际影响。吕老师又把冯先生在曹学与红学的研究中体现的兼容性、集成性概括为"大处落墨，曹红兼容"八字，让与会人员对冯其庸先生又有了深刻且全面的认识。

上海师范大学教授朱淡文在会上讲述了与《红楼梦》、与冯其庸先生结缘的过程，以及先生对她在红学研究方面给予的指点与扶持。她说："我的论文撰写中总是得到先生许多指导与帮助，每有文章完成寄请指正，他总在百忙中挤出时间详细审读，并提出中肯的意见或批评，供我参考、修正，这些真知灼见，给我学术的成长带来很多启迪，给我的红学研究指明了方向。先生为我阅稿、校读、复函等大多在晚间进行，有时直至深夜，耗费他许多时间和精力，先生不辞辛劳、甘为人梯，其胸怀何等宽广！先生爱才、惜才，凡后辈有点滴进步，都不吝提携、倾力扶持。"朱淡文先生更是讲述了自己在摔伤后，冯先生通过各种途径甚至向卓琳女士请求，帮助其度过病痛恢复的困难阶段。且冯先生在做这些事时都没有与朱淡文先生讲及，直至卓琳先生最后去世时冯先生所写的悼念文章《一位崇高而平凡的老人》文中提及，朱淡文才有所查知。朱先生所讲动人之处让听者感受到了冯先生为人的高尚与无私。

前洲街道党工委副书记、前洲街道办事处主任杨国忠在街道层面对冯其庸先生对家乡的关心以及冯其庸学术馆的运营情况做了详细介绍。杨主任提出，学术馆不仅拥有五个展厅，还配备了多功能厅、图书馆、多媒体等现代化建设和专门的学术会议楼，这些硬件设施不仅可以直观、形象、全方位地展示冯其庸先生"文化自信，学术报国"的情怀，更是让学术馆兼具了博物馆、图书馆的功能，具备了举办各类展览、开展文化交流和学术研讨会议的能力。开馆以来，在区委、区政府和街道党工委、办事处的大力支持下，学术馆已累计举办各类文化活动50多场次，接待各方来宾7万余人。2016年夏，中国人民大学国学院与惠山区人民政府联合在学术馆举办"国学与丝绸之路历史文化研究国际学术讨论会"，来自国际上8个国家以及北京大学、清华大学、中国人民大学、南京大学、浙江大学等专家、学者110余人参会，引起媒体与广大民众广泛关注并产生重大影响。冯其庸学术馆被评为国家AAA旅游景点，并被中国人民大学国学院授予"教学科研永久性实习基地"，同时还被当地政府授予"江苏省廉政教育参观点""无锡市社科普及示范基地""无锡市对台文化交流基地""惠山区爱国主义教育基地"等。学术馆还有独立的微信平台，创办近500期。杨主任指出，冯其庸先生把收藏的一些石刻文物、手稿、字画、著作、青花瓷、印章、西部摄影作品等无偿捐赠予学术馆，冯先生对故乡的深情永远铭刻在家乡人民心中。冯其庸学术馆不仅是无锡市的一张文化名片，更是无锡地区弘扬中华传统优秀文化的一个阵地。冯其庸学术馆会在各级政府以及各界人士的努力下，秉承冯老的愿望，愈加发挥它的文化传承、学术研究与教育引导作用。

原《河南教育学院学报》主编和"百年红学"栏目主持人闵虹，特别制作了一个短片《中州万古英雄气，也到红楼梦里来——深情怀念敬爱的冯其庸先生》现场播放，以表达她对冯先生的敬缅和感恩之情。她说，短片特别再现了冯先生出席"2005郑州全国中青年学者红楼梦学术研讨会"时的音容笑貌，是想让大家再一次重睹他12年前的风采。片中再现了冯先生当年在研讨会开幕式上的讲话，在研讨会上的发言，先生乘兴挥毫为红学家首度会聚中原纵论红楼而现场题写"中州万古英雄气，也到红楼梦里来"，在开封市、焦作云台山参观游览等情景，令人感动，引发现场曾经与会红学家共同的回忆。同时，闵虹用旁白的方式回忆了冯先生作为"百年红学"栏目的顾问，对其个人的信任帮助和对栏目开办后的支持指导，尤其是以常人视角追忆了与冯先生交往的片段，也令人为之动容。闵虹将刊载有冯先生的两篇文章和一篇访谈、祝贺先生从教60年纪念专辑，以及刊载"2005郑州全国中青年学者红楼梦学术研讨会"相关内容等的《河南教育学院学报》和当年为研讨会专门制作的全景式光盘，送给冯其庸学术馆留作纪念。

天津师范大学教授赵建忠作为红学后携和首届中国艺术研究院红学研究生，就冯其庸先生对他的奖掖关怀、对全国中青年《红楼梦》研究者以及天津市《红楼梦》学术活动的关心支持讲了许多往事。他曾多次请教冯先生，冯先生把他撰写的学术论文《红楼梦续书研究》推荐给《红楼梦学刊》并发表；冯先生在天津师范大学承办的首届全国中青年红楼梦研讨会中，针对《红楼梦》作者是所谓"墨香"的新说，提出了中青年《红楼梦》研究者应该具有什么学风的问题；冯先生在《红楼梦》作者确定上的严谨与强调考证的重要性；冯先生在曹雪芹卒年问题研究上尊重史实、与时俱进；对"庚寅本"的重视及对天津市红楼梦研究会促成了《石头记》"庚寅本"的影印给予肯定。冯先生对后学亦是严格，但更多是鼓舞。赵建忠会长最后说："冯其庸先生去世后，中国红楼梦学会会长张庆善先生发表谈话，指出他是'新时期红学第一人'，这个评价是符合红学史实际的。冯先生对于红学的贡献，其实远不止个人的等身著述，他是这个时代红学的组织者、推动者。他对红学的寄望，简言之，就是希望'求真务实、风清气正'。他临终前特别关注红学的基础工作，希望将他和李希凡先生主编的《红楼梦大辞典》再做一次认真修订，我们深信：冯先生这一美好心愿一定能实现。"

惠山区文体局符志刚局长也讲述了数年来因为家乡的文化公益事宜向冯老请益的过程。他提出，冯其庸先生不仅是国家的一座文化丰碑，也是家乡人民的骄傲，家乡的公益事业需求什么，他都不折不扣帮助解决。而作为惠山区的文化主管部门，一定要把冯老高山仰止的学术造诣宣传好，把冯老求真务实的精神和高贵的人格品质，以及热心扶掖后人的大家胸怀宣传好。他说："今后，我们一定会继续加大对冯其庸学术馆的扶持力度，让冯老更多的学生、朋友来学术馆传道授业、传经送宝，为惠山区这个乡镇工业的发祥地带来更多的文化财富。冯老对后世的影响将是深远的，我们一定要把冯其庸学术馆办得越来越好，让冯老的精神永远在这里生根发芽、开花结果！"

天津外国语大学教授郑铁生曾在2011年对冯其庸先生进行了访谈，并留下深刻印象：1.从1974年冯老抽调到原文化部《红楼梦》校订组算起，到1977年发表第一部红学著作《论庚辰本》，1980年完成《曹雪芹家世新考》，而后不断增订，创立了曹雪芹家世"辽阳说"，仅仅用了5年多的时间，就构建了他个人学术体系的核心，开创了当代红学研究的最新学术成果。2.冯老50岁以后短短数年学术成果像井喷一般，进入创造的高产期。60岁以后连续出版《脂砚斋重评石头记汇校》《八家评批红楼梦》《曹学叙论》《红楼梦概论》《论红楼梦思想》等，大部头的著作连续推出都是在85岁之前。这在当今学术界也是不多见的。3.1979年至1980年，不到两年时间他主持完成红楼梦研究所和《红楼梦学刊》的创建、成立中国红楼梦学会。郑铁生教授说，冯先生强烈的学术意识和勤奋的学术精神铸就了"大器晚成"，从红学专家到走在大国学路上，他的学者风范体现了一种对社会责任的担当。最后，郑教授说："冯其庸先生逝世了，而他创建的红楼梦研究所和《红楼梦学刊》与中国红楼梦学会三位一体的格局，对于红学事业的发展、红学人才的培养都起到了不可估量的作用，而且随着时间的推移，我们会愈来愈清楚地看到这种潜在的巨大的影响。"

中国艺术研究院红楼梦研究所副所长、中国红楼梦学会秘书长孙伟科就继承冯其庸先生学术求真的批评精神进行了发言。他提出：1.冯先生始终是站在学术前沿的。对红学作为学科建设、学术研究等许多基本问题进行研究，而且一直关注红学的前沿问题，对文化热点问题、争论的焦点，也及时给予了关注，并高屋建瓴地展开了批评。2.冯先生的一切批评都以学术为中心。学术进步离不开论争，但论争需要抓住问题的本质，论争需要平等地展开，论争需要拿证据说话。冯老坚持学术问题应还原到学术问题本身，实事求是、追求进步，才是唯一正确解决学术分歧的途径。3.冯先生为展开健康的学术批评做出了示范。他在历次的红学论争都为如何纠正学风、怎样展开学术批评做出了示范，而且都是建立在深厚的学术研究之上。最后，孙秘书长说："怀念冯老、追思冯老，他的学术批评精神值得我们仔细领会、品味、学习，更值得我们在新的实践中发扬光大。"

惠山区教育局副局长许燕云曾任前洲街道办事处副主任，更是冯其庸学术馆筹建负责人，她从冯其庸先生关注教育的角度进行了发言。她认为冯先生是一位杰出的教育家，"诲人一甲子，半生寄国学"就是对冯其庸先生的教育家形象生动的写照。她提到了冯先生对家乡教育事业的关心，多次对家乡的教育事业提出建议和希望。冯先生曾多次对家乡的领导讲，一个地方一定要重视教育，建好学校，同时要建好学校的图书馆，让学生在书本上学不到的知识，在图书馆里能学到。他在20世纪80年代后期，作为主要倡议者，倡导为"母校捐书"活动。惠山区的国学教育特别是经典吟诵也已形成了一大亮点和特色。江苏省锡山高级中学办了国学班，冯老还发来贺信。前洲中心小学还办了少儿国学班，阳山等中学对传承传统文化做了尝试。冯老对家乡的教育、文化场所以及书刊、报名的题词都欣然接受。她还提到了当年为学术馆布展时冯先生对每一张图片、每一段文字的严格把关，布展期间到现场进行亲自指导，让所有人体会到冯老做事认真、严谨，更有虚怀若谷的胸怀。最后，许燕云副局长说："冯其庸先生是家乡的骄傲，我们要发扬他学术报国的精神，传承好优秀传统文化，以冯老为标杆，使我们惠山区的教育和文化事业更上一个台阶。"

前洲中心小学孙琴芬校长讲述了冯其庸与家乡前洲小学的渊源。她说冯先生曾是前洲小学的校友，年轻时也在学校当过老师。后来，冯先生给前洲小学的学生写过一封信并赠送自己所著的《瓜饭楼丛稿》。冯先生在信中提道：一是要孩子们从小确立远大志向，二是要孩子们能吃苦，三是希望孩子们能关心他人，乐于助人。孙琴芬校长还介绍了学校在开展国学经典诵读活动中所获得的感受与成就，她说："我校老师将把先生诚挚的话语当作勉励和期待，教育学生把先生的嘱咐做好，绝不能辜负了先生的一片殷切期待。"

北京语言大学教授段江丽对冯其庸先生在红学方面的贡献谈了三点体会：第一，冯先生在红学领域每一个分支的研究都是从具体的、基础的问题入手，溯源求流、集腋成裘，然后为山为海，卓然成家。第二，冯先生所采用的学术方法是在王国维二重证据法的基础上加上实地、文物考察，亦即三重证据法。冯先生在学术生涯中贯穿始终的是严谨求实的科学精神。第三，在天赋异禀之外，冯先生令人肃然起敬的，是数十年如一日过人的勤奋。最后，她说："我们对冯先生最好的缅怀和致敬，就是以冯先生为楷模，光明磊落做人、严谨踏实为学，为红学事业以及祖国的文化事业发扬光大贡献自己的绵薄之力。"

上海师范大学教授詹丹从自己与冯其庸先生的文字缘细说了自己在中学期间有机缘阅读了冯其庸先生负责主编的《历代文选》；在上海师范学院中文系时又曾亲聆冯先生《论庚辰本》的讲座；在20世纪90年代初阅读冯其庸先生的《八家评批红楼梦》以及后来发现冯先生写的关于《红楼梦》人物醉态的《醉里乾坤大》等文对他学习、学术研究上有很大影响。他说："每一个人的学术工作，他留下的文字，都像是在圈里激起了一阵或深或浅的波纹，一些前辈大家们，虽然人已经离去，但他们激起的深厚波纹，还在持续发生着影响，并可以传递到很远很远。"

中国矿业大学教授高淮生说，缅怀冯其庸先生的最好途径是认真研究冯其庸先生留下的学术遗产，全面、客观、公正、合理地评价这些学术遗产。探寻他在红学发展过程中做出的可供借鉴的成果，从而对今后的红学发展产生有益的影响。高淮生说冯其庸先生在评点方面及新时期红学批评中的业绩，以及《红楼梦》新校本与《红楼梦大辞典》对于红学的普及和研究产生了重要的影响。他还认为：冯其庸先生在红学方面所做的工作，有助于我们进一步思考以下三个方面的问题：一是学术史，二是文献学，三是红学学科建设。从而为今后红学发展提供具有启示意义的经验和教训。

朱永奎先生在会议上娓娓讲述了多次到无锡冯其庸学术馆的事例，并回忆了自上个世纪80年代起，从第一次在北京张自忠路拜谒冯老开始，后又在恭王府、瓜饭楼、红庙数次向冯先生请教，从拜读冯其庸先生的《论庚辰本》开始，求购《曹雪芹家世·〈红楼梦〉文物图录》，研究"《红楼梦》与大运河"的课题直至从扬州把冯老邀请到泗洪县进行《红楼梦》讲座的前后四次交往过程。最后，他用所撰挽联"传经布道辞富山海，筑梦研红语精玉石"表达了对冯老的思念之情！

上海《红楼梦研究辑刊》崔川荣主编说："我与冯老相识始于1991年秋，是我先写信对他说有关曹雪芹生年的，没想到冯老给我回了信，并约见了我。在他的鼓励和指导下，我先后在《红楼梦学刊》发表了《曹雪芹生年被埋没的原因——辩"甲午八日泪笔"》《曹雪芹卒年被怀疑的原因——辩"前数月伊子殇"》等文章，还出席了几次红学会议，我深深地敬重他，感谢他。冯老曾几次邀我入京，到他家里去看北师大新发现的《石头记》复印本，顺便看看张家湾发现的曹雪芹墓石，我却因事脱不开身而没有前往，也没有在冯老生前去过通州芳草园二十五号，留下了一大遗憾。那段时间冯老身体时好时坏，平时大多电话联系，有一天冯老忽然来电话说：连续几个灯下，用庚辰本对照北师大本复印本看了八九回，越看越觉得北师大本的字迹特别眼熟，后来找出己卯本的复印本，里面有许多陶洙补抄的地方，经过比较才发现原来北师大本是陶洙整理出来的一个本子。至于曹雪芹墓石的问题，冯老还是保持原来的看法，认为不可能造假。但一度也有些纠结，只要病情有所好转便会跑到张家湾堆放众多石碑的地方，一一查看，总希望能找到新的材料。按理说，他的看法已经写完，身体又不太好，本可以就此打住。然而冯老并没有停下脚步，而是在继续思考继续搜求，其治学精神令人敬佩。我们今天所要学习的就是这种精神。"

萧凤芝讲述了在涉足红学研究前的一个典故，从庚辰本抄本上"十月一"与校注本上的"十月初一"的一字差谈及了北方节日风俗的特征，她写信请益冯其庸先生，而冯先生把此事非常重视地写进了自己的序言中。其间，萧凤芝又前后拜望冯先生，而在冯其庸先生的《风雨平生——冯其庸口述自传》中又一次提及此事。萧凤芝说："大师的严肃与厚意，虽是遗著，绵绵话意仿佛如生。我心底的滋味，已不是荣幸与喜幸，找不到合适词汇描述。大师的为人与为学，真的是我们学习的榜样，他对'十月一'的处理，多次书面和口头提及我的名字，反复谆谆，该是对后辈的一种帮助和鼓励。"

中国红楼梦学会副秘书长任晓辉在发言中说："与冯老问学最初的几年，我还很浮躁，文章也不成样子，先生不厌其烦，耳提面命，告诉我该读什么书，怎样构思文章，甚至亲自动手修改我写的文章。印象最深的有两次：一次是2005年10月，我陪同先生西部考察回来，应《艺术评论》约稿，以'与大师同行'为题，写了一路的感受，先生坚决反对'大师'的称谓，很严肃地批评：当代谁可称大师？遂改成'陪同冯其庸老师西部考察记'，交给杂志社，登出时仍冠以'国学大师'之名，先生看后甚觉无奈；另一次是2007年8月的'菊花诗'案，到底是曹雪芹还是董小宛等，谁先谁后，为此我到山西、上海、江西，一路走访相关当事人，以'寻访菊花诗'为题写出调查报告，不料冯老看后觉着没有力道，直接改成'曹雪芹窃诗之谜'，改好文章直接推荐给《文汇报》刊出。先生提携后进于此可见一斑，诲教之恩终身铭记。"

扬州市外事办公室副主任左为民因扬州红楼宴而与冯其庸先生结下深厚情谊。冯先生曾多次去扬州考证红楼人物的历史资料，而他的渊博学识和红楼文化给了在场成员潜移默化的影响和熏陶。左主任回忆了在红楼宴的研究和开发中多次请益冯先生的过程，在冯先生的启发和指导下，扬州先后三次承接红楼梦学术研讨会，用红楼宴款待中外红学家，而红楼宴也是中国著名宴席中诗词歌赋和唱最多的宴席之一；他们用红楼宴款待许多国家领导人和外国元首政要，深受好评。红楼宴已走出国门，在美国、英国、德国、比利时、荷兰、新加坡、日本、韩国、法国巡展大获成功。左为民主任深情地说："没有冯老，没有红学会，就没有扬州的红楼宴。今天追思冯老，我们更应该继往开来，把红楼美食，扬州红楼宴传承下去，发扬光大！"

冯其庸先生家属兼无锡冯其庸学术馆馆长冯有责讲了冯其庸先生生活中的两个小故事，其中一个提到2015年冯先生刚从医院出院不久，对他说的一段话，当年冯先生对侄儿冯有责说："我写了这么多的书，没感到自己有什么了不起，我还有很多不足的地方，如果有了了不起的思想，一个人还会前进吗？只要我身体尚可，我还要好好做事。"冯有责说："冯老走了，他的一切都是文化遗产。我们追思他，纪念他，就要学习他对中国传统文化的坚守、自信、忠诚，学习他的情怀、责任和良心，更重要的是要把他的精神发扬光大。我们学术馆要秉承冯老的遗愿，搞好各种文化交流活动，充分发挥文化育人的作用，真正把冯其庸学术馆办成无锡地区名副其实的文化阵地。"

追思活动持续近5个小时，虽还有几位没有来得及发言，也将准备的文稿发送给了主办方，如：中国艺术研究院红楼梦研究所编审张云、国家图书馆副研究馆员李晶、北京大观园管委会徐菊英、雕塑家纪峰、工笔画家谭凤嬛，以及冯其庸学术馆副馆长沈晓萍等。

活动最后，张庆善会长做了总结发言，他提出冯先生的一生不仅是在"风雨"坎坷中走过的一生，而且也是波澜壮阔、令人敬仰的一生。他在诗作、绘画、摄影等众多方面有如此大的成就源于他像玄奘取经一样百折不挠的精神。张会长还提出，冯先生对"大国学"的提出是对文化学术发展做出的一个十分重要的贡献。除此之外，他在新时期红学研究四大方面的贡献也真正凸显和成就了冯先生新时期红学第一人的地位，是新时期红学发展的主要推动者。冯先生的开阔心胸、远大视野以及强烈的使命感是今天的人们需要学习和继承的。这次举办的追思活动不仅是抒发对冯先生的缅怀，更是为了进一步研究和学习，为弘扬中华民族优秀传统文化做出贡献。最后，张会长以冯先生的诗作《读〈红楼梦〉有悟》诗句"一卷红楼万古情，天荒地老此长庚。姻缘木石终难合，啼血杜鹃夜夜心"结束了此次追思活动。

本文原载于《红楼梦学刊》二〇一七年第四辑

一卷红楼万古情

——在无锡冯其庸先生追思会上的发言

张庆善

各位朋友，凡是看过《风雨平生——冯其庸口述自传》的人，无不为冯老历经风雨的一生感慨、感动，而我们曾长期生活和工作在冯老身边的人，每读《风雨平生——冯其庸口述自传》，眼前都会浮现出冯老那亲切、慈祥、智慧的面容，心中都会涌起复杂的感情的波澜。说起感情的复杂，是因为我们曾荣幸地与冯老在一起，曾荣幸地受到他的教诲，但今天他却远离我们而去。我们为认识一位文史大家而荣幸，也为失去一位敬爱的师长而悲伤。

每个人都要走完人生的旅程，但人生历程却不是一样的。冯老的"风雨"人生是坎坷的、是波澜壮阔的、是令人敬仰的一生。与近现代一些学术大家不同，他不是出生于一个书香门第或贵族之家，一出生眼前就摆满了金银财宝和满架子的书，冯老不是，他是出生于一个贫苦的家庭，他是从前洲镇冯巷村里走出的一代文史大家。冯老的一生对书和知识有着非常强烈的追求，贫困没有阻断他对知识的追求，相反更加激奋他争取和努力。记得有一次我们聊天，谈到他的早年生活，他对我说，小的时候特别喜欢画画，但画画是要花钱的，没有钱买纸、笔和色彩，怎么能画画呢？他说不能画画就练字，在地里干完活，在地头上拿个小树枝就能在地上练字了。冯老的一生正是勤奋加天分，而成就了一代文史大家。

大家都知道冯其庸先生是蜚声中外的大红学家，或许是因为他在红学方面的成就太突出了，以致掩盖了他在许多方面的造诣。殊不知，冯其庸先生更是一位知识渊博、兴趣广泛的学者，是一位才思敏捷的诗人，是一位堪称一流的书画家。他除多部红学著作外，还出版有戏曲论文集、古典文学论文集、散文序跋集，以及《蒋鹿潭年谱考略 水云楼诗词辑校》《吴梅村年谱》《朱屺瞻年谱》，大型摄影集《瀚海劫尘》等。33卷《瓜饭楼丛稿》1700万字的著述，展现了冯老非同寻常的成就，说他著述等身、学富五车，并不是夸大之词。今天像冯老这样知识渊博、虚怀若谷、视野远大、多才多艺的学者真是太少了。

记得有一年在中国美术馆举办冯老的书法、绘画和摄影展览，那次启功先生去了，徐邦达先生去了，大家无不赞叹冯老的才华和成就。当人们看到八尺大幅山水画时，无不惊叹。人们都知道冯老擅长画葫芦、泼墨葡萄、花篮等，很少见到冯先生画山水，别说这么大尺幅的画了。记得他曾对我说过，展览之前，他曾把展品的照片给启功先生看，启老看后，极为赞赏。但启老发现冯老的画展多是花篮、葫芦、葡萄等作品，山水画比较少，尤其没有大幅山水画。启老说，在中国美术馆搞这么大的展览，没有大幅山水画是很难镇得住的，他深知冯老的艺术才华，知道冯老多次去新疆考察，对那里的山水有着非同寻常的感受，还拍了那么多的照片，所以他非常相信冯老能画好山水。冯老觉得启老的意见非常重要，据说他整整用了四个月的时间画大幅山水，当他把他的山水画拿出来的时候，人们无不为他山水画气魄宏大、意境高远和色彩的大胆而惊叹。李希凡先生就说过，冯老有一种精神，有一股劲，做什么事情，都能做出成就来。这靠的就是勤奋加天分，靠的是一种像玄奘取经那样百折不挠的精神。而像他这样能诗、能书、能画、能摄影，更能搞研究，而且研究领域开阔，涉及许多方面，并都能做出突出成就，今天能有几人？正如国学大家钱仲联先生在《题冯其庸教授书画摄影展》一诗云："红学专门众所宗，画书摄影更能工。何人一手超三绝，四海堂堂独此公。"

中国人民大学国学院成立，冯老是第一任院长，他为人大国学院的建立和发展所做出的贡献，乌云院长和国学院其他教授已经说得很多了。我认为冯老关于"大国学"概念的提出，是他对文化和学术发展做出的一个十分重要的贡献。过去，我对这个问题的认识很肤浅，没有认识到它的重大意义。冯老去世以后，看了一些怀念冯老的文章，特别是前两次追思会上一些学者的发言，对我的教育很大，对"大国学"概念提出的重要性有了新的认识。冯老说："我们今天来重新整理国学的时候，为什么不能够把我们民族发展的历史所形成的一个大的范围概括进去呢？"他的大国学，就是要把我们中华各民族的历史、语言、文化也吸引到国学里。冯老的视野比一般人更为宽阔，以这样的胸怀、视野研究中华国学，无疑具有深远的意义。

冯老去世以后，我应媒体的要求，写了几篇悼念冯老的文章，我在谈到冯老的贡献的时候，提出冯老是新时期红学第一人。对这个提法，或许有人会质疑，这样的提法是否合适？毕竟新时期红学与冯老比肩的大家还有几位，如周汝昌先生、李希凡先生等，但我反复斟酌，还是坚持这个提法，冯老确实是新时期红学第一人，他在新时期红学的发展中做出的贡献最大，谁也没有他的贡献大。这不是溢美之词，而是实事求是的评价。

冯老在新时期红学的贡献主要体现在四个方面：一是丰富的学术成果。冯其庸先生是以红学名世的，毫无疑问，冯其庸先生是当代最具代表性、最具影响力的红学大家，有关曹雪芹和《红楼梦》研究的著作就有：《论庚辰本》《石头记脂本研究》《曹雪芹家世新考》《曹雪芹家世·〈红楼梦〉文物图录》《瓜饭楼重校评批红楼梦》《梦边集》《漱石集》《论红楼梦思想》等。冯其庸先生在曹雪芹家世研究、《红楼梦》版本研究、《红楼梦》思想艺术研究等方面多有建树，他的许多著作文章都是新时期红学发展标志性的成果。二是主持完成一系列奠基性的学术工程，如《红楼梦》新校注本、《红楼梦大辞典》《脂砚斋重评石头记汇校》等。三是创建中国红楼梦学会、《红楼梦学刊》、红楼梦研究所。四是组织全国性和国际性的学术活动。可以说，新时期红学发展几乎所有重大的活动都与冯其庸先生有着密切的关系，他为弘扬中华民族优秀传统文化，推动红学事业的发展所做出的贡献是有目共睹的。冯其庸的名字已与《红楼梦》、与红学紧紧地连在一起。毋庸置疑，冯其庸是新时期红学第一人，他对新时期红学发展做出的贡献无人能比。

说冯老是新时期红学第一人，是新时期红学发展的主要推动者，丝毫没有排斥、贬低他人的意思，而是对新时期红学发展实事求是的评价，是对历史负责任的评价。

我们在追思冯老的时候，大家都有一个共同的感受，这就是冯老不是一个一般的学术成就丰富的学者，无论是大国学概念的提出，还是对玄奘归国古道的考察，以及主持重大的红学工程等，他都表现出开阔的胸怀、远大的视野，他都展现出非同一般的大家风范。特别是他的学术报国、不忘初心的家国情怀，表现得十分强烈突出。他做事、作文不是为了个人的名利，而是为了一个梦想、为了一种情怀。他总是怀着一种使命感、责任感在做事，所以他看得比许多人都远。为天地立心，为生民立命，为往圣继绝学，为万世开太平。冯老就是这样一个心胸开阔、视野远大、具有强烈使命感的文史大家。在冯老身上体现出的这种胸怀和精神，是极为可贵的，也是今天最缺少的，更是我们今天需要学习和继承的。

冯老是一个大写的人，他以其丰富的学术成就、学术报国、不忘初心的情怀，坚忍不拔、百折不挠的奋斗精神，虚怀若谷的大师风范，为我们留下巨大的精神财富。

今天我们举办冯其庸先生追思会，不仅仅是抒发对冯老的感情和缅怀，更是为了进一步认识冯老、研究冯老，学习和继承冯老留给我们的丰厚遗产，为弘扬中华民族优秀传统文化，为中国梦的实现，做出我们的努力和贡献。我以为这才是对冯老最好的缅怀和纪念。

最后非常感谢惠山区委、区政府领导对举办冯其庸追思会的高度重视，非常感谢你们在冯老的家乡建了冯其庸学术馆，这是了不起的文化建设，是对冯老的高度肯定。

今天追思会的标题是"一卷红楼万古情"，这出自冯老《读〈红楼梦〉有悟》一诗，最后，我就用冯老这首诗结束我的发言："一卷红楼万古情，天荒地老此长庚。姻缘木石终难合，啼血杜鹃夜夜心。"

本文原载于《红楼梦学刊》二〇一七年第四辑

本文作者：中国艺术研究院原党委书记、研究员、中国红楼梦学会会长

冯其庸先生逝世，社会各界纷纷缅怀

2017年1月22日（农历腊月二十五）中午12时18分，中国艺术研究院原副院长、终身研究员、著名红学家、文化学者冯其庸先生在北京潞河医院溘然仙逝，享年93岁。

2017年2月5日，冯其庸先生的告别仪式在八宝山殡仪馆举行，现场隆重肃穆，冯其庸先生生前亲友、学生、后辈以及众多学术仰慕者云集，向先生做最后告别。在冯其庸先生遗像正中摆放着冯其庸夫人夏涤涓的挽联："九十四载晨夕无间学术报国心已尽；六十二年风雨相随涓滴归源情永存。"党和国家领导人习近平、李克强、张德江、俞正声、刘云山、王岐山、张高丽等及前任总书记江泽民、胡锦涛，前任总理朱镕基、温家宝等献了花圈，并有多位现任、前任政治局委员也赠送了花圈。中共中央政治局委员、国务院副总理马凯，中共中央政治局委员、中共中央宣传部部长刘奇葆向冯其庸先生遗体告别并亲切慰问家属。

据初步统计有四百多家单位和个人向冯其庸先生敬献了花圈、挽联。献花圈的单位有：中共中央组织部、中共中央宣传部、中华人民共和国原文化部、中国艺术研究院、中国国家博物馆、故宫博物院、国家清史编纂委员会、中共无锡市委、无锡市人大常委会、无锡市人民政府、无锡市政协委员会、无锡冯其庸学术馆、北京通州区人民政府、扬州市人民政府、辽阳市委市政府、北京通州区张家湾镇人民政府、中国红楼梦学会、韩国红楼梦学会、北京曹雪芹学会、天津市红楼梦研究会、贵州省红楼梦学会、南阳市红楼梦学会、大同市红楼梦学会、辽阳市红楼梦学会、河南邓州市红楼梦学会、中国书法家协会、中国汉画学会、中国美术家协会理论委员会、中国戏曲家协会、中国人民大学、中国人民大学国学院、中国人民大学新闻学院、北京大学中国古代史研究中心、清华大学中文系、清华大学古典文献研究中心、上海师范大学文学院、上海博物馆、新疆大学、人民文学出版社、中华书局、商务印书馆、香港中华书局、香港大学饶宗颐学术馆、姚奠中国学教育基金会、上海古籍出版社、青岛出版集团、中国社会科学出版社、凤凰出版社、《文学遗产》编辑部、中国艺术研究院红楼梦研究所、中国艺术研究院戏曲研究所、中国艺术研究院话剧研究所、《美术观察》杂志社、《红楼梦学刊》杂志社、北京大观园管理委员会等。冯其庸的老朋友、中国红楼梦学会名誉会长李希凡献了花圈。文化艺术界学术界著名人士饶宗颐、金庸、叶嘉莹、袁行霈、张俊生、六小龄童、姜昆、凌解放(二月河)、王扶林、欧阳奋强等献了花圈。著名红学家蔡义江、张锦池、梅节、赵冈、胡文彬、吕启祥、张庆善、段启明、曾扬华、陈熙中、张书才、李广柏、梅新林、孙逊等献了花圈。韩国红楼梦学会会长崔溶澈、韩国红楼梦学会副会长高旻喜献了花圈。著名红学家朱淡文夫妇专门到无锡冯其庸学术馆吊唁。

就在1月，冯先生的口述自传《风雨平生——冯其庸口述自传》由商务印书馆出版。冯其庸先生一生治学严谨、著作等身、为人宽厚、奖掖后学，他的突然离去令身边的亲友悲痛，也在学术界乃至社会各界引起了震动。各类媒体均做出迅速反应，从不同层次、角度进行了报道。中央电视台、北京电视台、无锡电视台等都报道了冯先生离世的消息。《光明日报》、《人民政协报》、《中国青年报》、《中国文化报》、《法制晚报》、《新京报》、《北京晨报》、《北京晚报》、《南京日报》、《成都日报》、《江南晚报》、新华社、新华网、人民网、光明网、新浪网、凤凰网、中国新闻网、中国日报网、无锡新传媒、澎湃新闻网等各大媒体则纷纷发文，缅怀先生生平，寄托无限哀思。

获悉冯其庸先生离世的消息，社会各界以不同方式向这位德高望重的国学大师表达敬意，中国艺术研究院网站专门开辟了"怀念冯其庸先生"专栏，上海地铁公益广告亦打出"先生走好——向冯其庸大师致敬！"的标语，据中国新闻网报道，冯其庸先生逝世的消息传来，先生家乡无锡的市民陆续自发到冯其庸学术馆献花寄托哀思。另外，社会各界亦纷纷发来唁电，向冯其庸先生的家属表达自己的哀悼慰问之情，发来唁电唁函的单位有：商务印书馆、中华书局、上海古籍出版社、中国文字博物馆、辽宁省博物馆、中国红楼梦学会、中国人民大学文学院、清华大学古典文献研究中心、清华大学中文系、北京大学中国古代史研究中心、鲁迅美术学院、新疆师范大学、无锡市第一女子中学、中国汉画学会、中国书法家学会、新疆吐鲁番市文物局、吐鲁番学研究会、吐鲁番博物馆、中国敦煌吐鲁番学会、贵州省红学会、南阳市红学会、河南邓州市红学会、天津市红楼梦研究会、《北方论丛》、《江南文化报》、凤凰出版社、大众报业集团等。饶宗颐、梁步庭、林声、赵少华、熊光楷、李学勤、韦尔申、宋惠民、蔡义江、朱淡文、张庆善、崔溶澈、赵冈、张继刚、曹可凡、胥惠民等各界人士发来了唁电唁函。

　　《光明日报》1月23日发文《永不甘于平庸的精神和魅力——冯其庸的文化和学术人生》，高度评价冯其庸先生的成就："冯其庸先生1924年生于江苏无锡前洲镇，童年饱受苦难，几度失学，但凭着'虽万劫而不灭求学求真之心'的顽强意志，完成了学业，并通过不懈奋斗，终于在红学研究、文史研究、戏剧评论、书画艺术等诸多方面都取得了斐然成就，成为一代学术、艺术大家。""他的成长奋斗、求学治学之路，充满艰辛与坎坷，镌刻着时代印记，富于人生的价值与众多启迪。"另有《虽万劫而不灭求学求真之心——冯其庸的少时艰难求学路》《大哉乾坤内　吾道长悠悠——文史大家冯其庸与〈光明日报〉》等多篇文章追忆缅怀先生生平事迹。

　　《光明日报》2月7日又发表了中国红楼梦学会会长张庆善的文章《红楼内外的冯其庸先生——送别冯其庸先生》，张会长谈到了冯其庸先生与"《红楼梦》结缘四十多年"，在曹雪芹家世和《红楼梦》版本方面成就卓著，谈到了冯先生是"一位知识渊博、兴趣广泛的学者"，"是一位才思敏捷的诗人，是一位堪称一流的书画家"，达到了"诗、书、画融汇一体"，并引国学大师姚奠中赠给冯先生的联语，"此时先生正'胸怀宇宙，御风游遨'"。张庆善先生在2月6日的《人民政协报》上也发表了悼念冯其庸先生的文章《大哉红楼梦，再论一千年——深切悼念红学大师冯其庸先生》，深情回忆了冯其庸先生为红学事业奔走的点滴和对红学的卓越贡献。"冯老一生为《红楼梦》、为红学而奔波而著述，马瑞芳教授在她的文章中说，冯先生是新时期红学研究的'定海神针'。的确如此，冯老对新时期红学发展做出的贡献将永载史册。"

　　与冯其庸先生共事四十余年的红楼梦研究所研究员吕启祥先生撰文《风雨长途　笔底乾坤——追思冯其庸先生》，深情赞誉冯先生，"放在时空的坐标上，冯其庸先生以九十三岁将近一个世纪的生命长途，以'行走天地间'遍历名山大川涉险求真的坚实脚印，造就了一个文化学术传奇"。文末敬挽："红学无涯，玄奘作灯，魂归大荒青埂下；黄沙万里，冰峰凭眺，一笑扬鞭夕照中。"后又献一联："诗书画戏淫浸传统瓜饭换得文思健；评批考据醉心曹红宽堂引领学圃春。"

　　原国家清史纂修领导小组办公室主任卜键先生2月8日在《中国文化报》上发表文章《昨夜大风撼户——冯其庸先生与"庚辰别本"的一段往事》，讲述了冯其庸先生手抄庚辰本《石头记》的一段往事，文后附记中作者提到新岁一月十七日探望冯其庸先生，先生赠以《风雨平生——冯其庸口述自传》，谈笑宛然，"未想一别竟成永诀，痛曷匃哉"！

　　著名表演艺术家六小龄童通过光明网发表悼文《永远的冯老》，回顾与冯老的忘年之交，沉痛表示"冯其庸先生的去世是中国红学研究、文学艺术的重大损失"。中国艺术研究院研究员田青先生悼念冯其庸先生，手书："文承千载诗书画，足行万里海天沙。红楼绮梦原瓜饭，农家自古出大家。"中国人民大学教授张继刚教授撰文《久疑频报问迟庐——缅怀冯其庸先生》纪念冯先生，文末有挽联："心存儒业，魂绕红楼，诗赋意境全新，峦壑万千一纸；护宗礼仁，名垂国史，与圣人同修立，斯德日月同辉。"浙江工业大学党委书记、中国红楼梦学会副会长梅新林的挽诗是："江南雨沉沉，北国雪溅溅。年前惊噩耗，节后祭宗师。浩浩精气神，悠悠书画诗。红楼千秋业，高山共仰止。"

社会各界人士在各类媒体上发表的悼念文章数量甚夥，文章或推崇先生学术功绩、或追忆先生人生轨迹、或叙师生情、或谈萍水缘，篇篇情真意切，不禁让人感叹。冯其庸先生在近一个世纪的生命中，以他厚实的学术积淀与不凡的人格魅力曾经影响了许多人，照亮了无数的瞬间。限于篇幅，笔者在此不能一一缕述，挂一漏万，望乞谅解。另有众多单位及个人敬献挽联，言辞凄切，思悼之情力透纸背，此处略择一二以寄托对冯其庸先生的思念之情。叶嘉莹先生的挽联是"瓜饭记前尘，中道行宽，写梦红楼人共仰；天山连瀚海，西游乐极，植莲净土世同钦"。中国人民大学国学院敬挽为"斯人已去文章在，一生著述，纬地经天，红楼夜雨垂万古；紫气虽西大道存，半世门墙，罗桃列李，春草秋风惠九州"。冯其庸学术馆敬挽为"夫子拜石来，无数珍藏归梓里；先生乘鹤去，几多绮梦绕红楼"。鲁迅美术学院中国画系敬挽为"翠柏垂旧颜，儒修学典，一梦红楼五十年，缥缃万卷香人间；博学伴灼见，沉潜穷源，相看白发已盈颠，东流遽萎振轩辕"。纪宝成先生赠挽为"文坛学界，昆玉辉耀，共千秋不朽；艺苑华堂，楚兰雅清，同百代弥香。"叶君远教授赠挽为"小子何幸，四十年仰承謦欬，师恩深逾沧海愧难报；苍天无情，百千遍追忆音容，魂魄已归道山呼不回"。林正义先生赠挽为"归梦亭边，千古雪芹得知己；论红坛上，百年显学失良师"。

冯其庸先生能够以一介学人之身，对社会产生如此广泛而深沉的影响，令人敬佩，身后哀荣，亦是对先生一生成就的高度肯定。冯其庸先生一生致力发展振兴红学，有论"大哉红楼梦，再论一千年"，我辈后学将继承先生遗志，继续前行。

冯其庸先生走好！

本文原载于《红楼梦学刊》二〇一七年第二辑

落叶归根　魂归故里

——冯其庸先生安葬故乡

2018年3月28日，著名红学家、学者冯其庸先生的骨灰遵其遗愿，入葬故乡无锡市惠山区舜柯山墓园。中国艺术研究院院长连辑、中国红楼梦学会会长张庆善、中国人民大学国学院常务副院长乌云毕力格、中国人民大学国学院西域历史语言研究所所长沈卫荣、中国红楼梦学会副会长孙伟科、北京通州区张家湾镇组织部部长齐莉丽等生前好友及各界代表参加了骨灰安放仪式。

归葬仪式前，冯其庸学术馆举行了送别仪式，中堂内悬挂着冯老画像，家乡的群众及各界人士共同送冯其庸先生最后一程，献上一朵朵白菊寄托怀念之情。送别会上，惠山区副区长范良、中国艺术研究院院长连辑、中国红楼梦学会会长张庆善以及冯其庸先生女儿冯幽若先后致辞，从不同角度深切缅怀了冯其庸先生孜孜以求的学术生涯和在文化领域的卓越贡献。

中国艺术研究院连辑院长在发言中说："冯老上世纪80年代中期在中国艺术研究院任副院长，在他的领导下，中国艺术研究院取得巨大成就。中国艺术研究院科研立院有这样的基础，冯老做出了重大贡献，我们无限缅怀他。作为冯其庸先生的继承者，我们愿意在他的基础上，在艺术科研、创作、教育、非遗保护等方面做得更好。我们也将在无锡冯其庸学术馆建立中国艺术研究院'冯其庸学术研究基地'。研究冯其庸先生的学术理想、学术内涵、学术方法、学术贡献，服务于社会、服务于祖国的文化建设。"

张庆善会长在发言中回顾了冯其庸先生在中国红楼梦学会工作期间做出的卓越贡献，并表示继续深入研究、继承和弘扬冯其庸先生学术成果，为传承中华优秀传统文化做出积极贡献。

最后，冯幽若代表家属，向所有参加入葬仪式的来宾致谢，尤其对中国艺术研究院、中国红楼梦学会、中国人民大学、张家湾人民政府以及无锡市政府、冯其庸学术馆表示衷心感谢。

　　冯其庸先生生前曾说："我永远忘不了我的家乡。"如今，在家乡无锡最美的季节里，冯先生叶落归根，魂归故里，长眠于家乡的青山绿水之间。

本文原载于《红楼梦学刊》二〇一八年第三辑

为学求真　为艺求美

——记冯其庸学术研讨会暨冯其庸研究中心的成立

2018年6月23日上午，由中国红楼梦学会、张家湾镇人民政府联合举办的"冯其庸学术研讨会暨冯其庸研究中心揭牌仪式"在北京市通州区张家湾文化艺术博览苑举行。活动秉持"冯其庸先生文化自信学术报国的精神，丰富展现地方文化新景观"的宗旨，以合作共建"冯其庸研究中心"为基础，以集大成之作的《红楼梦》为内容，推动冯其庸研究，为实现优秀传统文化的创造性转化、创新性发展，为新时代文化建设添砖加瓦。

2017年1月22日，冯其庸先生于张家湾安详离世，享年93岁，社会各界在深切悼念冯其庸先生的同时，对其终生在传统文化领域"为学求真，为艺求美"的求索精神予以缅怀和赞扬。北京市通州区张家湾镇，是冯其庸先生晚年的居住地，他在离休后一直生活在这里。张家湾瓜饭楼见证了他二十多年学术著述的孜孜岁月，也见证了他书画风格自成一派、终成大家风范的艺术历程。冯先生与张家湾因曹雪芹而结缘，又在张家湾笔耕不辍，为张家湾打造出一片丰厚的文化空间。先生主张走出书斋，重视文献史料与历史遗存实物相结合的研究方法，提倡文史结合、知行合一的精神，值得新一代学人学习发扬。

前来参加此次活动的有：中国艺术研究院常务副院长吕品田，中国艺术研究院原党委书记、中国红楼梦学会会长张庆善，中国艺术研究院研究员、中国红楼梦学会学术委员会委员吕启祥，中国第一历史档案馆研究员、中国红楼梦学会学术委员会委员张书才，中国艺术研究院美术研究所所长、研究员牛克诚，中国艺术研究院《美术观察》原主编、研究员李一，中国艺术研究院红楼梦研究所副所长、中国红楼梦学会副会长孙伟科，天津师范大学教授、中国红楼梦学会副会长赵建忠，中国艺术研究院《红楼梦学刊》编审、中国红楼梦学会秘书长张云，北京语言大学教授、中国红楼梦学会常务理事段江丽，中国人民大学国学院副院长李萌昀，天津百花文艺出版社编审、中国红楼梦学会学术委员会委员任少东，中国传媒大学副教授朱萍，《中国文化报》理论部主任高昌，无锡冯其庸学术馆名誉馆长冯有责，无锡冯其庸学术馆馆长沈宏，河北正定荣国府管理处副主任杜立敏，河北正定荣国府红楼文化中心办公室主任金静，北京大观园管委会徐菊英，著名《红楼梦》题材画家谭凤嬛，著名雕塑艺术家纪峰，中国红楼梦学会副秘书长石中琪、任晓辉，中国艺术研究院红楼梦研究所的工作人员和部分博、硕研究生等出席了此次活动。冯其庸先生的女儿冯幽若代表家人参加了此次活动。

揭牌仪式由北京通州张家湾镇党委委员、组织部部长齐莉丽主持，中国艺术研究院常务副院长吕品田、中国红楼梦学会会长张庆善、张家湾镇党委书记聂玉泉分别致辞。吕品田说，冯其庸先生生前曾长期担任中国艺术研究院的领导职务，在艰苦的条件下，为中国艺术研究院的科研、教育、艺术创作、学术出版、国际交流等做出了卓越的贡献，是争创世界知名、国内一流学术机构而率先前行的典范。先生有广泛的学术交谊活动，是一个在文化创造方面十分活跃的社会活动家、组织者，是学术事业筚路蓝缕、以启山林的开创者。在先生带领下成立的中国艺术研究院红楼梦研究所、《红楼梦学刊》和中国红楼梦学会，自创立之日起便致力于伟大文学经典《红楼梦》的研究和传播，为我国社会主义文化事业做出了贡献。冯先生为学求真，为艺求美，笃学慎行，成就卓著。先生精深的造诣和杰出的学术贡献，不仅赢得了学界前辈的广泛认可，也受到了全社会的广泛尊重。成立冯其庸研究中心是我们发扬冯其庸先生文化自信、学术报国精神，走学术研究与民众文化需求相结合道路的表现，以实际行动追怀与继承冯其庸先生的人格风范和学术精神。

张庆善致辞说，冯其庸先生是我国当代最负盛名的红学大家之一，是中国艺术研究院终身研究员。先生对张家湾有着深厚的感情，也与张家湾的文化发展有着紧密的联系。在张家湾举办冯其庸研讨会、建立冯其庸研究中心是非常有意义的。此次活动，既是对冯其庸先生的纪念，更是对冯其庸学术研究的积极推动。

聂玉泉致辞说，冯其庸是当代公认的国学大师，对中国传统文化的传播和发展做出了重要贡献。先生晚年选择到张家湾居住、创作，是对张家湾的信任和厚爱。冯老之于张家湾，就好比伯乐相马，是当之无愧的领路人和文化大使。在先生逝世将近一年半的时间里，张家湾镇党委、政府认真秉持冯老遗愿，积极落实有关工作，就传承冯先生学术思想、保护冯先生遗留的文化典籍、建立冯其庸故居等事宜与冯老家人、有关人员深入交换了意见。召开冯其庸学术思想研讨会，成立冯其庸研究中心，是张家湾镇为保护传承冯其庸学术思想迈出的重要一步。在未来的日子里，张家湾镇党委、政府将持续关注，大力支持研究中心开展工作，努力推动冯其庸学术思想的继承与发扬。

揭牌仪式后，与会嘉宾们就冯其庸先生的学术思想与冯其庸研究中心的未来发展进行了热烈的讨论。张庆善说，冯其庸先生是我们这个时代少有的大学者，先生具有远大的视野、开阔的胸怀、渊博的知识、不懈的奋斗精神，所以他才能做出卓越的贡献，进而对一个时代的文化艺术发展产生重要的影响。冯先生虽以红学名世，但先生的事业、先生的研究领域、先生多方面的才华和艺术成就，不是"红学"所能概括的。先生对"大国学"理念的提出，对西夏学研究的推动，以及先生的书法、绘画、摄影等，都是非常了不起的。就红学而言，冯先生在四十多年的时间里，完成了大量有关曹雪芹和《红楼梦》研究的著作和文章，其中《曹学叙论》《论庚辰本》《石头记脂本研究》《论红楼梦思想》《曹雪芹家世新考》《瓜饭楼重校评批红楼梦》等都是新时期红学发展标志性的成果。尤其是《瓜饭楼重校评批红楼梦》，是冯先生花费五年时间完成的一部学术巨著，融合了先生对曹雪芹家世、《红楼梦》早期钞本、思想艺术以及人物研究的全部成果，还吸收了红学评点派的精华和其他红学研究成果，是先生红学研究的总汇，也是先生四十年研红心血的结果。冯先生认为，研究文学作品，离不开"知人论世"，因此要对曹雪芹家世的大起大落，曹雪芹时代的社会、经济、思想、风俗、制度等有一个全面的了解。而早期钞本因没有被后人篡改，更多保留了曹雪芹创作的原貌，是我们研究《红楼梦》思想艺术的重要文本基础，也需要特别关注。在先生的推动下，新时期红学有了重大发展，完成了《红楼梦》新校注本的出版，与李希凡先生共同主编了《红楼梦大辞典》，用十年时间整理出版了《脂砚斋重评石头记汇校汇评》，这些奠基性的学术工程，对红学发展产生了不可估量的影响。不仅如此，冯先生还是中国红楼梦学会、中国艺术研究院红楼梦研究所和《红楼梦学刊》的主要创立者，为红学发展培养了研究队伍，繁荣并推动了红学的普及和发展，在促进中外文化交流，弘扬民族传统文化方面，做出了重要贡献。建立冯其庸研究中心，研究冯先生的学术成果、治学方法和治学精神，设计学术课题，制订研究和发展计划，营造良好的学术氛围，树立良好的学术形象，在《红楼梦》的当代传播中，树立民族文化自信，努力实现传统文化的创造性转化和创新性发展，这是我们对他最好的纪念。

聂玉泉就冯先生与张家湾之间相互成就的深厚缘分进行了主题发言。张家湾得天独厚的历史条件为冯先生提供了更多的文物资料，也为先生创造了一个远离喧嚣，能够笔耕不辍的书斋空间。而冯先生在张家湾居住期间，经常做实地调研，为张家湾的文化事业发展，提出了很多富有建设性的意见和建议。他说，在未来的古镇开发建设中，红学文化是张家湾古镇一颗璀璨的明珠，要立足于冯先生留下的文化遗产及其严谨的治学精神，结合运河文化、民俗文化等主题，构建一个具有"中式、传统、商旅"风貌特色的文化古镇。

吕启祥说，冯先生的治学报国有其自觉性、实践性和前瞻性，这是先生所有学术活动的核心，也是习近平总书记在给先生的贺信中提到的。冯先生不是一个书斋型学者，先生的研究领域非常广阔，其学术思想绝不是红学一个领域所能涵盖的，先生是一位红学家，同时也是书画家、文物家。希望冯其庸研究中心能和无锡的冯其庸学术馆、中国艺术研究院红楼梦研究所和中国红楼梦学会一起，取长补短，共同推进对冯其庸先生学术思想和艺术成就的研究。

李一认为，文化名人可以带动一个区域的文化建设，如孔子、孟子，以及当代的冰心、莫言等著名作家对自己家乡的文化推动，张家湾更有文化优势，不仅有曹雪芹和冯其庸两位文化名人，还是京杭大运河的途经之地，是漕运文化的集中地。张家湾城市规划的发展，让我们有更好的空间来进行文化活动。希望以后几家单位能共同合作，做出一些有影响的项目，如冯其庸先生的书画展、收藏展、《红楼梦》艺术展、实景演出，以及与京杭大运河相关的艺术展等。

李萌昀说，冯先生是人大国学院的首任院长，设置了以经典研读为中心的教学体系，其中的游学、导师制和西域历史文化研究所，都跟冯先生有密切关系。2005年成立之初，冯先生为国学院提出的有学术操作性的建议，一直延续到现在。因此，也希望冯其庸研究中心能实现冯先生对人才培养的设想。希望中心未来的发展方向不仅是一个学术展览的空间，还是一所社区大学，与将来的人大新校区一起，为文化向心力的发展做出努力。

张书才的发言对冯其庸先生充满了缅怀之情，他说冯先生是新时期红学的代表，是典型的传统文人，不仅在诗书画方面，在对西部文化的研究和"大国学"理念的建设上，都有很多思考。因此，希望研究中心能够及时地培养出自己的人才，对冯先生的学术思想进行进一步研究和传承。

牛克诚认为冯先生很好地定义了"文人画"，是当代文人画的崇高典范。文人画不是藏拙的手段，冯先生的画具有高度的学术性。他的山水不是笔墨糊涂的文人画，而是有山水意识的，有诗意的营造，也有笔墨的精深度。因此，希望研究中心在冯先生本身的学术与艺术成就进行展示之外，对冯先生的故居以及冯先生的收藏与交游等，都能进行探讨，从而形成一幅文化图景的展示。

赵建忠在发言中说，冯先生作为新时期红学的领军人物，对于红学的贡献远不止于个人的等身著述。先生非常关注红学新人的培养，多次参加中青年红学研讨会。此次，在张家湾举行冯先生学术思想研讨会暨研究中心揭牌仪式，并不全因这里发现曹雪芹墓石，而是因为冯先生在这里居住很久并完成了很多有影响的学术著述。张家湾虽不算大，但它可以与无锡冯其庸学术馆南北遥相呼应，可以共同促进红学的发展。

来自冯其庸先生家乡的冯有责说，冯先生是一位大家，对传统文化做出了很大贡献，特别是先生将自己一生的经历转化为不同的艺术形式，为后人留下了丰厚的财富。如果说无锡前洲是先生学术研究的起点，张家湾则可以说是他学术研究的终点。一条大河将无锡冯其庸学术馆和张家湾冯其庸研究中心连在一起，南北互动，相互呼应，共同促进两个地区的发展。

来自河北正定荣国府管理处的杜立敏说，作为87版《红楼梦》的影视拍摄基地，正定荣国府经过30年的发展，一直围绕弘扬《红楼梦》的文化传承与影视基地的建设展开工作。希望以后能与各位专家和机构合作，继续推进对《红楼梦》的传播与普及。

段江丽说，研究中心要从学术研究与文化普及的角度来进行。具体而言，一是相关人才的培养与引进，二是研究课题要围绕冯先生的学术研究和张家湾两个关键词来进行，如《红楼梦》与张家湾、张家湾与漕运文化等。作为一个学术研究的基地，研究中心可以与高校合作，不仅成为学术传播的平台，也能够成为高校的教学基地、资料中心等。在学生实地考察的过程中，培养他们的学术兴趣。

任少东回忆了自己1983年在百花文艺出版社接到第一本书稿——《红楼梦学刊》的出版过程。他认为，冯先生对《红楼梦》研究有一个宏观整体的规划，对中国传统文化怀着一种宗教般的虔诚，为传统文化奉献了毕生的精力。

高昌认为，冯先生的成就是多方面的。除了影响很大的学术和书画艺术，先生的文学作品，如散文、诗词等，也都非常好。先生的诗词典雅严谨，有强烈的探索创新意识。冯先生的文学作品记录了他日常生活中的点点滴滴，从情感上离我们更近。因此，希望张家湾的研究中心在关注其学术成就的同时，也能走进并展示他的内心。

任晓辉曾经在冯先生晚年有将近十年的陪伴，对先生博大精深的学术研究有切身体会。他认为冯先生对学术有非常勤奋执着的追求，对自己关注的领域有不厌其烦的追寻。先生对后学的要求，是首先要了解前人的成就，然后再提出自己的见解。

朱萍认为，冯先生在《瓜饭楼重校评批红楼梦》中，曾经对其中的一处异文做过详细校勘，尽管只是一个不起眼的注释，却依然可以看到冯先生在校勘中庞大的工作量。研究中心提供了一个学习和研究的平台，希望早日见到成果出版。

最后，孙伟科对此次活动进行了总结性发言，对与会嘉宾提出的建设性、可操作性建议表示感谢。冯其庸先生是新时期红学第一人，对培养红学队伍、繁荣红学事业起到了不可或缺的纽带和推动作用，先生以文献史料的发现考证与遗存实物的发现调查相结合的方法，推动了《红楼梦》研究，提出了"大国学"的概念，倡导经典研读与历史考察相结合的教学方法。他说，中国艺术研究院对冯其庸研究中心的成立非常支持，希望大家群策群力，尽快完成《瀚海梦痕 ——冯其庸先生纪念文集》的出版。

当天下午，与会专家学者等参观了张家湾博物馆和"冯其庸与张家湾图片展"以及"纪峰雕塑展""谭凤嬛红楼梦人物画展"。

本文原载于《红楼梦学刊》二〇一八年第四辑

风雨长途　笔底乾坤

——追思冯其庸先生

吕启祥

今天中午，先生已远行。此文是先生生前所嘱的最后一件事。现略加改削，以为纪念。

放在时空的坐标上，冯其庸先生以93岁将近一个世纪的生命长途，以"行走天地间"遍历名山大川涉险求真的坚实脚印，造就了一个文化学术的传奇。仅有时空两个维度还不够，最重要的是作为主体的人的意志力和创造力。冯先生以三十三卷逾千万字的著述和量多质优的书法绘画及摄影作品，收乾坤于笔底，气象万千。向人们展现了一个全景式的冯其庸，丰富、正大、雄奇。

一

冯其庸是学问家、艺术家、旅行家，却又不止于此，三者往往是叠合的、交叉的，分割开来就失去了冯其庸。难怪人们觉得概括冯其庸的成就是个难题，哪个称号对他都不尽合适、容纳不下。究其实，是因为他具有大视野，常常跨学科。

他从江南农村走来，到县城，以后到了首都北京。三十出头就在大学里独立承担中国文学史的教学，从先秦一直贯通到明清，编注了《历代文选》和编写了《中国文学史稿》，受到好评。但他不是一个书斋式的学者，不仅在书本上熟悉那些优秀的作家作品，而且要实地印证和亲近。他到过湖北秭归的屈原故里、陕西韩城的司马迁墓，拍摄过陶渊明时代的墓砖，凭吊过李白捞月的安徽采石矶、杜甫出生的河南巩县窑洞，更寻踪白居易写《长恨歌》的陕西周至游仙寺和山东章丘的李清照故宅漱玉泉。晚年到海南更着意寻访苏东坡谪贬来此的遗迹故地，93岁还为海南东坡书院题了"儋阳楼"的匾。冯先生是教师、教授，但他绝不是局守三尺讲台的教书匠，而是引导学生去读天地间的大书。他曾带领研究生外出学术调查，历时两月，行经鲁豫苏皖川陕等七省近三十个县市，览江山胜景，觅历史遗迹，参观博物馆，更留意出土文物和碑碣石刻，使学生眼界大开，受益无穷。总之是要把书读活。这里还可举一个具体例子，他在江西干校时，一次找辛弃疾的墓地未果，却意外发现这地方的山都是倾斜的，像万马奔腾一样往前奔跑，辛词中"青山欲与高人语，联翩万马来无数"的句子是得自这里山的气势，不是原先读词认为是诗人的想象。类此情形很多，无论读《史记》、杜诗或其他作品，都可在实地得到印证和深化。

他说，"我是不管到哪里，都能跟做学问联系起来的"。"学问"是有生命、有温度的。先生的视线还超越了文学，直穿到远古，对原始文化有浓厚的兴趣。去陕西"四清"时，工作之余在长安县王曲地区发现了原始陶器的碎片，以后写成了这一地区新石器时代文化遗址的发现经过和文化遗存状况的调查报告，发表在专业的《考古》杂志上。他在这方面的兴趣和钻研持久而深入。"文化大革命"中，他还抢救了多件有价值的文物，无偿捐献给国家。他对于全国各地新的考古发掘和出土文物一直十分关注，尽可能地亲自前往察看。在广泛实地考察和综合研判的基础上，先生提出了中国文化起源于黄河流域的一元论不符合实际，应当是多元的，不仅有夏商文化、秦晋文化，还有荆楚文化、吴越文化、西蜀文化，都应属中华文化的源头之一。这样的见解得到学术界的认同。

实地考察还能纠正书本的失误，不论是外国学者的著作还是中国古籍都要接受事实的检验。当他七赴新疆时，至克孜尔石窟，翻越绝少人去的后山，寻找207窟即"画家洞"，几乎无路可走，只能在危岩绝壁上攀行，到达后仔细辨认壁画，感到日本学者羽田亨所著《西域文明史概论》所言不确，壁画所绘者不是武士是画工，腰间所悬的是笔盒而不是短剑，服饰发式的西化反映的正是古代吐火罗族的画工。十赴新疆穿越罗布泊到达龙城，此为典型的雅丹地貌，而《水经注》把龙城记为"胡之大国"是误解。类此，都见出冯先生不畏艰险，信服实证，追求真知的精神。

可见先生不仅治中国文学史，还治中国文化史。不止于此，人们知道他对汉画像深有研究，提出过汉画像是"敦煌以前的敦煌"，是中国艺术未受到外来佛教影响前的本真形态，这就是艺术史的课题了。我们难以一一认知先生所涉足而且深入的领域，但他的大视野、跨学科也由此可见一斑。

二

识其大，方能论其专；翻转来，专学的精深得益于大的依托。红学之于冯其庸，应作如是观。

冯先生以红学名世，他的诸多称谓中，红学家是人们最熟悉的。可以从下述方面来看他的红学贡献。

首先，是以一系列的著述确立了他的学术地位。这里先要回溯一件逸事，也几乎是个奇迹。"文革"初期，痛心于造反派抄走了家中的《红楼梦》，他在人身不自由、常被批斗、两派武斗的高潮中，于夜深人静之际，冒险秘密抄录了借得的庚辰本《石头记》，全书连正文带批语七十万字，全部用毛笔小楷精抄，历时七个月完成。此举恐怕是空前绝后的文化行为，出于先生对《红楼梦》的珍爱。冯抄本在今天也就成为一件有特殊历史意义的文献，成为珍贵版本和书法艺术的双璧。

为了知人论世，弄清曹雪芹的家世和籍贯，先生在深研谱牒、广稽文献、实地调查的基础上，写成了《曹雪芹家世新考》一书，论证了雪芹父祖的籍贯应为辽阳。此书经几度充实修订再版，一直出到第四版。同时，他对《石头记》的早期版本进行了系统的考察和研究，先有《论庚辰本》的发表，以后又及于他本，汇集成了《石头记脂本研究》一书。还有一本较早由香港三联出的《曹雪芹家世·〈红楼梦〉文物图录》，全由先生亲录，其中许多旧址今已不存，十分珍贵。这方面的成果充分体现了他富于实证精神和文献功底的治学特色。

然而先生并不满足于此，他对《红楼梦》的文学本体、思想意蕴、艺术创造同样下了很大功夫。除了《千古文章未尽才》等重要论文外，21世纪以来还有《论红楼梦思想》《红楼梦概论》（合著）两种著作。此后，更用五年多的时间完成了一百六十多万字的《瓜饭楼重校评批红楼梦》，此著有丰厚的学术含量，将自身和学界最重要的成果加以吸纳，从家世背景、历史文化，以至艺术结构、遣词用字各个方面尽力涵括，可称是曹红之学的集成之著。

其次，是以组织家和带头人的身份引领了一个时代的红学。如果要谈论新时期的红学，无论如何也绕不开冯其庸。这不仅因为在新时期之初，他会同学界前辈和同辈倡导成立了中国红楼梦学会，成为继吴组缃先生之后的第二任会长，还因为同时创办了《红楼梦学刊》和组建了红楼梦研究所。更重要的是因为他成为名副其实的学术带头人，实施和完成了一系列红学基础工程，如《红楼梦》的新校本、汇校本、汇评本、大辞典等。其中最重要的当数以脂本为底本的新校本，人民文学出版社1982年出版至今发行已超过500万套，拥有广大的读者。在这过程中带动和培养了一批红学的爱好者和研究者。此类基础工作其影响深远，当非个人著述所能比拟。在此期间，无论是俄藏本的洽谈，还是甲戌本的回归，都经先生参与鉴定；更不必说历次全国性的学术会议和海内外的讲学，都有先生的主导、参与、支持、身体力行。

红学是显学，是一个令世人趋之若鹜又避之不迭的领域，这里充满了争论、充满了挑战，各种问题少有定于一尊的结论，却有著书立说的空间。要在这一领域立足进而领航不是件容易的事，冯其庸以其广阔厚实的学术功底进入这一领域，并非要一统红学天下，而是以其持之有故言之成理的著述卓然成家。许多见解得到认同和呼应，而某些主张引起争论甚至反对亦不足为奇，如墓石，先生坚信不疑而学界有不同甚至否定意见。为此，先生编有墓石研究的"论争集"。在红学界，这似乎是一种常态，争论不断，也从某个方面彰显着活力。事实上，这一时期的红学远较过往多元多维，呈现繁荣景象。冯先生所引领的曹红之学或者也可以称之为"大红学"吧。

再次，不能不提到冯其庸的多才多艺、博闻广识对红学的滋养和渗透了。私见以为治红者在知识结构、艺术修养、生活阅历诸多方面越能追踪作家作品，则越有望进入治红佳境。冯先生的阅历修养显然具有天然的优势。这里只能略说一二：先生能吟咏、擅书法、喜绘画、精戏剧、好交友、识鉴文物，雅好收藏。手边文房四宝，均有来历，习惯用徽墨、湖笔、乾隆纸，曾得奇石凿砚，撰砚铭。往昔善饮，醉后作书画，竟臻上乘；精于茶事，种茶、炒茶、品茶，了然于胸。他对园林泉石、陶瓷紫砂，均有卓识；还懂家具制作、肴馔烹调。别忘了，冯先生指导的扬州红楼宴十分地道，名扬中外。

要之，红学和由此衍生的红楼文化，面宽水深，宜乎先生涵泳其中。他是一个不可多得的红学之舟的领航人。

三

最令人震撼也最难企及的当数十赴西域，探得玄奘取经之路。从1986年到2005年的20年间，冯先生十次去新疆，三次上帕米尔高原，登上喀喇昆仑山颠，寻瓦罕古道，穿越人称死亡之海的罗布泊，访楼兰古城，先生在古丝绸之路和取经之路上颠簸行进，绝尝艰辛，终于考得玄奘取经东归入境古道，并在明铁盖达坂山口树碑为纪。这是迄今为止最具说服力的玄奘行踪考察成果，它震惊了佛学界、敦煌学界以至整个文化学术界，中国佛教学会会长赵朴初先生闻知惊喜振奋，在医院专门写信给冯先生称赞"考实周详""功德无量"。

学界友人谓先生西行创造了吉尼斯世界纪录，以年逾古稀的高龄且有心脏疾病，在高原缺氧的条件下，涉流沙、登冰峰，上达4900米的世界屋脊红其拉甫国境线，下至海平面以下154米的吐鲁番艾丁湖。在荒漠之中野营七日，感受天地之大、星月之明。不仅纪录于文字，还拍摄了数以千计的照片。这在现当代中外学者中，恐怕没有第二人。

先生的西行，大多是在退休之后。他还提出了极富战略眼光的创立西域研究所的建议，得到了中央的批准。我以为西域学的实践和倡议是冯先生晚年即近二十年生命放出的异彩，犹如一道绚丽的晚霞。人道夕阳无限好，先生的夕阳何其壮丽，可与朝阳同辉。冯其庸西域学的开拓性贡献将产生深远的影响。

先生为自己的口述自传题名"风雨平生"，"风雨"二字十分确切、意味深长。童少年经历过日寇入侵的腥风血雨，正当盛年又遭遇了"文革"的疾风暴雨。这是言其大者，生死攸关；余者明枪暗箭、大坎小坷，如影随形。然而，先生从未灰心丧志，没有丝毫懈怠，历经风雨淬炼，为人为学更加纯粹、更臻成熟。

究竟是什么原因使冯先生能达到这样的境界呢？那是因为他心中有一个神圣的东西，就是对生养自己的祖国母亲、对中华传统文化的深沉挚爱和坚强信心。战乱、饥饿、失学使他投向革命、渴求知识；"文革"逆境中他独立乱流，默诵《正气歌》自励；别人卖书他买书，坚信文化不会灭绝。

传统文化之于冯其庸不是抽象的而是具体的，这点十分突出。在他的心目中，屈原、司马迁、陶渊明、李白、杜甫、苏东坡、岳飞、文天祥等一系列优秀人物，是他崇敬的对象，也是力量的源泉，不仅从书本上认识他们，也从实地去亲近他们。唐玄奘更是他自幼心慕的偶像，不辞万难的玄奘精神像一盏明灯，照亮了他西行的征程，照亮了他的人生。

对中华文化的坚强信念即文化自信，为冯先生终生恪守，亦足资后学永远追随。

在此，不计工拙，谨以如下联语敬挽：

> 红学无涯，玄奘作灯，魂归大荒青埂下；
> 黄沙万里，冰峰凭眺，一笑扬鞭夕照中。[1]

注释

[1]　下联嵌入先生诗句。

二〇一七年一月二十二日先生逝世后七小时

本文原载于《红楼梦学刊》二〇一七年第二辑

本文作者：中国艺术研究院研究员

毕生治学为报国

叶君远

一

    冯其庸先生有许多称谓：红学家、文学史家、戏剧评论家、诗人、书画家、文化学者，等等，但人们最熟知的是红学家这一称谓。先生在红学领域的研究成果的确最为丰硕，晚年结集而成的三十五卷《瓜饭楼丛稿》有三分之二都与红学相关。不过先生的红学研究实际上开始得很晚。笔者曾经听先生说过，早年在无锡工业专科学校读书时，范光铸先生见他酷爱诗词，劝他去读《红楼梦》，说"《红楼梦》尽是讲写诗的"，这是他第一次听说此书，遂借来一阅，本以为是教人如何作诗的，但不是，所以读了一部分就不感兴趣了。当时受《三国演义》《水浒传》影响，对那些琐琐细细、儿女情长的情节一点也提不起兴致。先生说自己当时实际上是读不懂，所以没读完。后来在无锡国专读书，刘诗荪先生讲《红楼梦》课，他只听了开头几节，就不听了，因为那时他正着迷于词学。但由此知道"红学"是一门专门的学问。他第一次通读《红楼梦》是在1954年，他已经30岁，刚刚从无锡调到中国人民大学工作。到北京不久就遇到意识形态领域的一件大事，即批判胡适、俞平伯的《红楼梦》研究。运动中，他认真阅读了此书，但当时他觉得自己功力不够，对那场运动也不能完全理解，就没有写文章。此后十几年间，他因为讲授文学史，反复细读这部小说，对这部伟大著作越来越感到亲切，用他的话说是"与曹雪芹快要成为朋友了"。待到"文化大革命"爆发，他遭受批斗、抄家等许多磨难，因而对曹雪芹的"一把辛酸泪"有了愈加深切的了解，心更加贴近了，愈加体认到这部小说无与伦比的思想与艺术价值。然而令他意想不到的是其所收藏的《红楼梦》一书被造反派当作黄色小说抄走，并当成他的罪状拿去展览。他痛心疾首，也焦急如焚，怕万一此风吹向全国，《红楼梦》就要遭受灭顶之灾，于是决心手抄一部。1967年年底，他悄悄借来一部庚辰本

《石头记》，设计好了，完全按照原书款式，小楷精抄。白天被造反派监视着劳动，夜深人静时便做这件"地下工作"。他必须要等到这个时候才可以动笔，因为如果被造反派发现，就会罪上加罪。从1967年12月3日开始，每天抄写到深夜，到1968年6月12日凌晨抄毕，历时七个多月。其间社会上十分混乱，他想到许多朋友熟人挨整后愤而自杀，常不禁掩卷而泣。最痛心的一次是人大校内两派红卫兵武斗，两个学生被长矛刺死，为了不忘记此事，他在书页的线框之外，用蝇头小楷写下："以上五月十二日钞，昨夜大风撼户，通宵不绝，今日余势未息。""大风"隐指武斗之风。这样的小字题记有好多条，如："以上四月二十四日钞，昨夜大风雨，冷，晨起重穿棉衣。""以上五月五日钞，昨夜大风撼户。"这几条也都是记的武斗。抄完了全书80回，在最后一页题记："一九六八年六月十二日凌晨，钞毕全书。"大功告成之日，他胸中涌动着无限感慨，曾题一绝："红楼抄罢雨丝丝，正是春归花落时。千古文章多血泪，伤心最此断肠辞。"这部产生于特殊时期的抄稿，书法隽妙，墨色烂然，精光四射，融进了太多的历史内容，今天已经成为红学史上具有版本和艺术双重价值的文物了。

1974年，先生的朋友、时任国务院文化组副组长的袁水拍找到他，商量在文化事业上可以做些什么事情。先生联想到不久前传达的毛泽东对《红楼梦》的一些讲话，于是建议校订《红楼梦》。袁水拍马上意识到这是一个非常高明的主意，于是请先生起草报告呈送国务院。很快获得批准，组成了《红楼梦》校订小组。在那个万马齐喑的特殊的历史时期，先生非常智慧地抓住了一个难能可贵的机会，可以堂而皇之地开展学术研究了。从这一刻起，他正式开始了红学研究之旅。那一年，他已经50岁。

二

虽然冯先生进入红学领域较晚，但由于有了前期对于《红楼梦》充分的阅读与思考，加以他丰富的人生阅历与深厚的学养，所以其红学研究起点很高，一出手就不同凡响，很快就推出了有分量的研究论著，在国内外红学界产生了巨大影响。

先生首先在曹雪芹家世的研究上取得重大突破。他发现了有关曹氏家世的一系列重要材料：

（一）《清太宗实录》卷十八：天聪八年甲戌（明崇祯七年，1634）条："墨尔根戴青贝勒多尔衮属下，旗鼓牛录章京曹振彦，因有功，加半个前程。"据此，人们得以确切知道曹雪芹上世的旗籍、军职和当时的具体情况。这是现存曹家史料中最早的一条材料。

（二）他发现了康熙二十三年（1684）未刊稿本《江宁府志》中的《曹玺传》。这是曹家史料中具有特殊重要意义的文献资料。举凡曹家的家世、籍贯、祖父的名字、入关后的官职、政绩，以及儿子的名字（曹寅、曹宣）等，都在这篇文章里有明确记载。特别是曹宣的名字，数十年来一直是被争论的问题，由于这篇传记的发现，才算得以论定。

（三）他发现了康熙六十年（1721）刊《上元县志》中的另一篇《曹玺传》。此传前半部分与康熙二十三年未刊稿本《江宁府志》中的《曹玺传》相同，后半部分又增加了康熙二十三年后曹家的情况。特别是在这篇传里，写明了"著籍襄平"，即祖籍是辽宁省的辽阳。同时还记到"孙颙，字孚若""仲孙……字昂友"等。以上这些，都是首次发现，也都是关于曹家的十分珍贵的史料。

（四）他发现了天聪七年（1633）由曹家的堂房上祖曹绍中递送的孔有德、耿仲明遣官乞降的满文本《乞降书》。由于这个文件的发现，揭示了曹家堂房上祖在明末清初的实际情况，也有力地证实了曹雪芹的上祖与辽东五庆堂曹氏确实是同宗，他们的籍贯确是辽阳。

（五）他重新找到了当时已告迷失的《五庆堂曹氏宗谱》，并且还找到了此谱更早的一个底本，以及附在原谱里的一张《曹氏谱系全图》。以上这两部《五庆堂曹氏宗谱》和一张《曹氏谱系全图》，虽然是曹雪芹堂房上祖所修的曹家的家谱，但里面都明确地记载着曹雪芹直系上祖的名字，一直记到曹雪芹的父辈曹颙、曹頫、曹頔和同辈曹天佑等。因此，此谱的重新被发现并由先生详加考订，证实了它的可靠性。这是一件在红学史上具有重大意义的大事。这份《五庆堂曹氏宗谱》也无疑是红学研究的珍贵文献。

（六）他发现了位于河北涞水县张坊镇沈家庵村的"五庆堂"曹氏茔地。这个五庆堂曹氏的墓地，始葬于顺治年间，一直到1977年由先生去调查后才发现。当时守墓人言凤林还在，坟墓也还基本保存着，并且还存留着墓地的界石。五庆堂墓地的发现，更加有力地证实了《五庆堂曹氏宗谱》的可靠性。今天，竟然还保存着与二百多年前我们的一位伟大作家曹雪芹有关的宗谱以及其堂房上祖的坟墓，这不能不说是文学史上的一件奇事。

（七）曹氏家世史料中非常重要的一个方面，就是在辽阳发现了"大金喇嘛法师宝记碑""重修玉皇庙碑"和"弥陀寺碑"，后来合称"辽阳三碑"。这三块碑上都记载着曹家上祖的名字，尤其是前两块碑都记载着曹雪芹的直系上祖曹振彦的名字和官职。

这三块碑是辽阳的同志发现的，但与冯先生却有着密切的关系。先是先生据《清太宗实录》和两篇新发现的《曹玺传》写了《曹雪芹家世史料的新发现》一文，文章末尾提出了曹雪芹上祖的籍贯不是河北丰润而应是辽宁辽阳。这篇文章发表后，就得到了辽阳的来信，告诉他辽阳有一块"大金喇嘛法师宝记碑"，在碑阴有曹振彦的名字。这样，先生即专门为此去辽阳调查，看到了原碑，碑阴确有曹振彦的名字。当时先生曾提出希望辽阳的同志做进一步的调查，看是否还能发现第二块碑。果然时隔不久，又得到辽阳文管所同志的来信，说又发现了有曹振彦题名的"玉皇庙碑"。于是先生又赶赴辽阳验看，不仅看到了残损特甚的"玉皇庙碑"（幸曹振彦题名未损），而且还看到了当时直立在小学门外的"弥陀寺碑"。先生爬到桌子上仔细察看了碑阴的题名，发现有"曹得选""曹得先"和"曹世爵"的题名，而这三个名字，恰好都是《五庆堂曹氏宗谱》上的名字。因而以上三块碑，共同证实了曹雪芹上祖的籍贯确是辽阳而不是丰润。

（八）他发现了康熙《甘氏家谱》抄本。此谱虽是《甘氏家谱》，但当时甘家与曹家是姻亲，甘家娶了曹家的女儿。有的研究者认为这个曹家的女儿是河北丰润人，并以此来证实曹雪芹上祖的籍贯应为河北丰润。但过去研究者从未见到过这部康熙年间的《甘氏家谱》。冯先生发现此谱后，居然查到了在"六世甘体垣"的名下，有"配曹氏，沈阳指挥使曹公全忠女"字样，与《五庆堂曹氏宗谱》的记载完全相合，从而十分有力地证实了《五庆堂曹氏宗谱》的可靠性。

由于以上这许多重要的历史文献相继被冯先生发现，并陆续据此发表了重要的专题研究论文，最后于1978年9月写成30余万言的《曹雪芹家世新考》一书，于1980年由上海古籍出版社出版。此书以大量无可辩驳的史料雄辩地论证了《五庆堂曹氏宗谱》的可靠性（同时又指出了它的少量谬误），考定了曹雪芹上祖的籍贯应是辽宁辽阳而不是河北丰润。

可以说，在曹雪芹家世的研究上，冯其庸先生大大超越了前人，做出了突出的贡献。

差不多在曹雪芹家世研究方面取得突破的同时，冯先生在《红楼梦》的抄本研究上，也取得了举世公认的成就。

1975年3月，他与吴恩裕先生合作研究新发现的三回又两个半回的《红楼梦》抄本，发现此三回又两个半回的《红楼梦》抄本，就是著名的《红楼梦》抄本"己卯本"的散佚部分，并发现了此抄本（包括未散佚部分）避"祥"字、"晓"字的讳，因而考证出了此抄本原是怡亲王允祥、弘晓家的原抄本，所以它的底本有可能直接来自曹家。因为怡亲王允祥与曹家的关系非同一般。先生据此执笔写成了《己卯本〈石头记〉散失部分的发现及其意义》一文，不久在《光明日报》发表。

在上述基础上，先生于1977年7月写出了《论庚辰本》。这是红学史上关于《红楼梦》抄本的第一部专著。在此书中，先生继续充分论证了"己卯本"的重要性，同时又进一步论证了"庚辰本"与"己卯本"的血缘关系，指出了现存"己卯本"残缺了将近三十八回，但它的原貌仍保存在"庚辰本"里。因此，他论证现存的《红楼梦》抄本"庚辰本"，是《红楼梦》

抄本中早期最接近完整的一个本子，是《红楼梦》抄本中的瑰宝。先生还驳正了有人对"庚辰本"的错误观点，如说"庚辰本"是四个本子拼抄的，"庚辰秋月定本"等题记是书商伪加的，等等。这些错误论断，大大贬低了"庚辰本"无可估量的价值，掩盖了"庚辰本"的光芒。《论庚辰本》一书脱稿后，先是在香港《大公报》连载数月，紧接着又由上海文艺出版社于1978年出版，从此确立了《红楼梦》抄本中"庚辰本"的特殊珍贵的地位。

《论庚辰本》和《曹雪芹家世新考》，在"文化大革命"之后不久相继出版，成为新时期红学的开山之作、扛鼎之作。它们体现出了一种完全不同于"文化大革命"期间"极左"思潮笼罩下无视基本文献资料信口雌黄的治学态度，体现出尊重真理、实事求是的科学精神，这对于后来红学的发展产生了积极的影响，可以说意义非凡。这两部高水平的研究著作立即引起国际学术界的重视，1980年美国举行国际《红楼梦》学术研讨会的时候，特来信邀请冯其庸先生参加。

此后数十年间，先生孜孜矻矻，锲而不舍，从未停止过对于《红楼梦》的探索，陆续发表了《梦边集》、《曹雪芹家世·〈红楼梦〉文物图录》、《八家评批红楼梦》（与陈其欣合作）、《曹学叙论》、《漱石集》、《石头记脂本研究》、《红楼梦概论》（与李广柏合著）、《论红楼梦思想》、《瓜饭楼重校评批红楼梦》、《敝帚集》、《解梦集》、《脂砚斋重评石头记汇校汇评》（与季稚跃合作）等一大批论著。这些红学著作，有的属于文献整理，有的是对于曹雪芹家世的研究，也有的是版本研究和对于文本的思想与艺术的研究，有的侧重于考证，有的侧重于理论和审美的探析，林林总总，几乎涉及红学所有最基本最重要的领域，其总字数少说也有上千万字了。如果把《红楼梦》比成一座蕴藏极其丰富的矿藏的话，那么，冯先生就像掘进不止的采矿工人和劳动不止的冶炼工人，不断发现新材料，并通过独立思考源源不绝地为社会奉献出高质量的学术成果。

现在，当我们回过头来去追踪和考察冯先生全部红学研究的历程，一定会发现其治学的一些重要特点，这首先就是他总是格外重视基础性的研究，并且总是从搜集、阅读和分析基本文献资料做起，"竭泽而渔"（指对文献资料穷尽性的搜集）是他的口头禅，"无一字无来历"成为他行文立论的铁律。他对于曹雪芹家世的探索就是明显的例子。前面提到的《曹雪芹家世新考》一书，初版时近30万字，之后他继续注意搜罗有关资料，1997年出版了此书的增订本，字数达到56万，资料增加了近一倍。有了这些无可动摇的历史证据，"辽阳说"得到了更为充分有力的证明。某些学者出于各种各样的原因仍然坚持"丰润说"，意欲驳倒他，他很幽默地说："谁也不可能改变历史事实，曹雪芹的祖籍是辽阳不是我说的，康熙二十三年、六十年所编纂的方志的传记里写得清清楚楚，曹家宗谱里也写得清清楚楚，我只是把人们没有看见的或者是看见了却不肯承认的资料公之于世而已，所以要推翻也不是推翻我，而是要推翻这些资料，你得有本领证明是曹雪芹的老祖宗自己搞错了祖籍，拿出有根有据的文章来，那我就相信了。可惜的是，到现在也没看到有谁能够写出推翻那些资料的文章出来。"

对于《红楼梦》早期抄本的研究，冯先生同样高度重视掌握第一手资料。他有一个经验之谈：版本研究，一定要接触原抄本，手摸眼观，纸张、装订、墨色、笔迹，一一用心揣摩，这样仿佛可以嗅到那个时代的气息，做出的判断也才比较准确。现在很多版本虽然有了影印本，但是毕竟"下真迹一等"，用影印本做研究，所获得的信息就会是有残缺的。他曾利用在美国开会机会借出"甲戌本"原本细细翻阅一个礼拜，曾赴苏联列宁格勒亲眼察看鉴定"列藏本"，"己卯本""庚辰本"更是长时间在手中研读，他自称有眼福。所以其版本研究成果，无不立论有据，每一篇出，都会引起红学界的重视。

冯先生还曾投入大量精力亲自做《红楼梦》文献的整理校订工作。20世纪80年代他就与人合作花了几年工夫编纂出《脂砚斋重评石头记汇校》一书，共5册。后来他再次与人合作，对此书所包含的十三种早期抄本，重新逐字逐句作了对校，增加了新见到的一种脂评本，并且将各脂本上脂砚斋的评语也汇入其中，成为名副其实的《脂砚斋重评石头记汇校汇评》，全书共30册，前后耗时十多年。为此，他特别发明了一种排列校法，预先设计了一种带表格的专用稿纸，将十三种《石头记》早期抄本逐字逐句列入其中，以庚辰本作为底本，用其他十二种汇校，汇校本与底本相同的文字不再重出，只列出异文。脂本上的评语，也按原位置录入。他自称此种校法是他的"杜撰"。正是这一杜撰，使得十三种脂本文字的异同可以一目了然，各脂本的血缘关系和近亲关系变得容易辨识，这给研究者带来极大便利。

从研究《红楼梦》之始，冯先生就在思考关于这部伟大小说的思想内涵与艺术成就的问题，并且撰写了一些论文。但是那时他将主要精力放在了作者家世、版本以及文献整理这样一些最基础的问题之上，年过70岁以后他才将研究重心逐渐转到思想内涵与艺术成就上来，由于有了扎实的基础性研究，这时再来探析《红楼梦》的思想内涵与艺术成就就变得游刃有余了。2002年他78岁，发表了《论红楼梦思想》，2004年80岁，发表了《瓜饭楼重校评批红楼梦》。

《论红楼梦思想》历时三年完成，系统地阐述了对《红楼梦》思想特质的见解。冯先生通过对小说产生时代的社会现实与社会思潮的考察，结合作者特殊的身世经历，提出了"曹雪芹是超前的思想家"这一论断。认为曹雪芹"在《红楼梦》里通过贾宝玉、林黛玉等人所表达的，就是一种强烈的反传统的初期民主主义思想"。小说中所描写的贾宝玉、林黛玉对"仕途经济"的嘲弄，对科举制度和八股文的憎恶，对忠君思想的揶揄，对封建等级制度的反对，无疑是对当时封建正统的叛逆。曹雪芹笔下的贾、林的爱情也与以往的所有爱情故事都有所不同，不是那种一见倾心式的，而是以共同的生活理想和社会理想作为基础的。他们都渴望摆脱封建礼法束缚，摆脱世间一切俗套，追求个性解放，追求无拘无束的自由人生。这种爱情已经是现代爱情的方式，至今真正做到这一点的还很少，而曹雪芹在二百年多年以前就提出了这一爱情原则，实在是了不起。曹雪芹还通过贾宝玉的口，发出了"女儿是水做的骨肉，男子是泥做的骨肉"这种重女轻男的强烈的呼声，这是男女平等的矫枉过正的呼声，对几千年来的男权社会是一次最强烈的地震，但却是人类必然要到达的前景。还有贾宝玉在人际关系中所持的平等博爱、真诚无私的态度也反映了曹雪芹的思想。冯先生在进行了上述深入详细的分析之后，充满激情地说："《红楼梦》是一部具有鲜明的历史进步性的伟大古典名著。在曹雪芹的时代，曹雪芹是属于反传统思潮的、反程朱理学的进步思想家行列里的重要一员，他是文学上的一个世界巨人。"

《瓜饭楼重校评批红楼梦》从酝酿到完成历时更长，是冯先生积数十年研究之功而成就的一部集大成式的巨著，是他对《红楼梦》文本研究的全面总结。书中尤其侧重探讨小说艺术，典型人物的塑造、环境的描写、场景的转换、人物语言上的成就，等等，一一论及。在具体写法上该书采用了评点这种灵活自由、包容性大的传统形式，同时又有所创新，全书之前撰写了一篇三万余字的长序作为导读，每回之后有回后批，几百字至几千字不等，另外还有大量的随文眉批和双行小字批，就是说，既有长篇大论、高屋建瓴式的宏观阐发，又有三言两语、烛幽抉隐式的微观剖析，细大不捐，步步深入地引领着读者进入《红楼梦》的艺术世界之中。作者的学术观点、艺术见解乃至丰富的学养阅历、不凡的襟怀气度都显示于其中了。此书体大思精，一问世就受到读者喜爱，被称为冯批《红楼》，一年多就印刷了四次。

"却顾所来径，苍苍横翠微。"现在，当我们回顾冯先生三十多年来对红学锲而不舍的研究和他为红学事业所做出的杰出贡献时，这两句唐诗蓦地涌上心来，其卓越的成就正像那耸立着的翠峰千叠，已经成为红学史和文学史上永远壮丽的风景了。

三

任何一个时代取得辉煌成就的某一个学术领域，都不可能是一两个人造就的，而必然是群体合力作用的结果。高原之上才会有奇伟的山峰耸出。冯先生深谙这个道理，所以他除了自己著书立说，也不遗余力地推动整体红学事业的发展。

从20世纪70年代中期开始，由他担任主编，与十多位专家协作完成了新校注本《红楼梦》，前后共经历了七年。《红楼梦》过去通行的本子，是以程乙本为底本的本子，而程乙本对《红楼梦》的原本来说，实在是一个删改本，与曹雪芹的原著有一定的距离。冯先生所主持的新校注本，是以《红楼梦》的乾隆抄本"庚辰本"为底本进行校勘并注释的。这是红学史上第一次以"庚辰本"为底本的校注排印本。从此广大读者就有了一部以曹雪芹的原著为底本并详加校注的《红楼梦》读本。此书1982年出版后受到学术界的很高评价。全国古籍整理组组长李一氓先生曾撰文指出，这个本子可以作为《红楼梦》的定本，他认为这个本子在校注两方面都做得十分认真和得当，可作为古典作品整理校注成功的一例。据人民文学出版社统计，几十年来，此本发行已达几百万部，可见其影响之大。

稍后，冯先生还领导红楼梦研究所协同所外专家编著《红楼梦大辞典》，前后经过了六年，1990年由文化艺术出版社出版。全书共一百六十万字左右，堪称红学知识的总汇。此书从提出构想，制定体例，到组织实施，参与写作，审读稿件，修改润色，甚至装帧设计，联系出版，先生事必躬亲，不知花费了多少工夫。红学界公认此书为《红楼梦》辞典中最为翔实完备的一部，是对阅读《红楼梦》大有裨益的一部工具书。

1979年，冯先生与热心的同道共同创办了《红楼梦学刊》，并担任主编达二十多年。这二十多年办刊遇到无数困难，特别是办刊经费，几度难以为继，全凭他绞尽脑汁想办法，苦力支撑。同时期创办的《红楼梦》学术刊物没有几年就都夭折了，而《红楼梦学刊》却坚持至今，已历几十个春秋，出刊一百五十余期。像这样的以一本书为研究对象的学术刊物办到这样长久，在期刊史上是空前的。没有当年先生殚精竭虑的奠基之功难以想象。

1980年，他参与创立了中国红楼梦学会，并从1985年起担任会长长达十五年。通过这样一个学术机构，组织召开了许多次大规模的《红楼梦》研讨会。

上述种种活动，对促进学术交流、培养年轻的红学研究者，加强红学界团结起到了积极作用。

冯先生还积极促进与国外《红楼梦》研究界的学术交流。他曾两度赴美，在著名的哈佛、耶鲁、斯坦福、伯克利和哥伦比亚大学讲过学，并得到富布赖特基金会颁赠的荣誉学术证书。他曾率团去新加坡、马来西亚访问，举办《红楼梦》文化艺术展并发表学术演讲。通过上述国际学术界的交流，冯先生与各国和地区的红学家如美国的周策纵、唐德刚、赵冈、余英时，英国的霍克斯，加拿大的叶嘉莹，德国的史华慈，俄国的缅希科夫（孟列夫）、李福清，日本的伊藤漱平、松枝茂夫，法国的陈庆浩，澳大利亚的柳存仁，韩国的崔溶澈等都建立了密切的关系，书信不断，交流频频，扩大了中国红学界在国际上的影响。

今天当我们回过头来巡视一百多年来的红学史，完全有理由说，新时期无疑是最辉煌的一个阶段，红学的各个领域都有了突破性的进展，而冯先生则无疑是这一阶段红学界的代表人物，像他这样在曹雪芹家世、版本、脂评、《红楼梦》的思想艺术等方面的研究上几乎是全方位地做出了卓越建树的学者是极少的，而且他在壮大红学队伍、培养红学骨干、普及红学知识、加强红学交流等方面也都发挥了巨大作用，因此有人称他为红学的"定海神针"，是红学之舟的领航人。他已经成为世所公认的一代红学大家。

四

笔者最初记住冯其庸这个名字，其实并不是由于他的红学论著，而是20世纪60年代他发表于《人民日报》《光明日报》等大报上的许多戏剧评论。当时笔者还在上中学，学校有报栏，经常驻足阅读。冯先生的文章明晰畅快，文采斐然，很吸引人，读多了，自然而然就记住了他的名字。

插队时，带到农村一册《历代文选》，没有下册，是有先生序言的上册，尽管边角已经褶皱，却珍若拱璧。先生那篇长篇序言可以说是一部中国古代散文简史，从源头讲到后来的千流万汇，清清爽爽而又气势如虹，我曾反复阅读，越读越有兴味。先生的大名遂更深深印在脑海中。

那时候，一直以为冯先生是一位老学者，不然，何以能如此学富五车、文笔老到？当然，后来知道了先生写作大量戏剧评论与《历代文选》序言时，才只有三十几岁；知道了先生当年就曾独立撰写了《中国文学史稿》，知道了先生1962年就已经成为中国戏剧家协会会员和中国作家协会会员了。

笔者有幸成为先生弟子之后，追随先生几近四十年，与先生之感情日深，对先生之了解也越来越深入了。感觉先生做学问，兴趣极广，涉猎极宽。他从不被当代学科畛域局限，纵横驰骋，自由挥洒，贯穿古今，只要发现了问题，发现了新材料，不管是什么领域，就钻进去，一穷其竟，直到解决了为止。除了上面提到的红学、戏剧评论、中国文学史研究之外，他经常跨出文学，走进古代史，例如本世纪以来他便连续发表《项羽不死于乌江考》《千百年来一座有名无实的九头山》《唐玄宗入道考》《〈大秦景教宣元至本经〉全经的现世及其他》等论文，每一篇都是一个新领域，一个新课题，均能发人所未发，引起很大反响。

先生还格外关注文化史和艺术史，举凡服饰文化、陶文化、茶文化、紫砂文化、舞蹈文化、新疆石窟艺术、古典园林文化等，他都有所思考，都写过文章。拿汉画像研究为例，他几乎跑遍出土过汉画像石、画像砖的汉墓，自己还收集大量汉画像拓片，后与人合作出版《汉画解读》一书。在此基础上，他撰文提出汉画像是"敦煌之前的敦煌"，是未受佛教文化影响的中华民族本土文化。"敦煌之前的敦煌"这一比喻形象生动，含意无穷，很快被学界认同，广为流传。正由于他对汉画像的渊博知识与卓异认识，因此被推选为中国汉画学会首届会长。再拿紫砂壶来说吧，其见识同样不同凡响。明代以来时大彬等名家之作，他虽未能尽阅，但经眼者很多，他自己还藏有一把清代制壶大家陈曼生的作品，于紫砂壶的历史，可谓了然于胸。他和当代紫砂壶大师顾景洲论交数十年，与顾老得意传人高海庚、周桂珍、徐秀棠等也往来频频。他还多次到宜兴去，为这些大师的作品题字。他撰写的《宜兴的紫砂艺术》《记陶壶名家顾景洲》《工极而韵，紫玉蕴光》等文章，对于紫砂艺术史侃侃而谈，绝对是行家的真知灼见。

先生的视线还穿越有文字记载的历史，投向原始文化。早在1964年至1965年在陕西长安县参加"四清"运动时，他曾与另一位老师一起发现了一处原始社会遗址，根据采集到的陶片、石器等，判断当属于仰韶时期文化遗存。他主笔写成《陕西长安县王曲地区新石器时代遗址调查》，"文化大革命"后不久在《考古》杂志发表。据《考古》编辑讲，在当时这是唯一一篇由非专业人士完成的考古调查报告。"文化大革命"之后，先生更是走遍各地，亲往原始文化遗址察看。在广泛的实地考察和综合研究的基础上，他撰写了《一个持续了五千年的文化现象》《关于中国文化史的几点随想》《关于傩文化》等文章，提出中华民族传统文化的起源是多元的而不是一元的，是相互吸收融合而不是兴此灭彼的，经历长期交融汇合之后，才形成了现在看到的光辉灿烂的中华文化。

冯先生步入花甲之年以后，又开始进入一个新领域：考察西域历史文化。他以心雄万夫的气概和老而弥坚的意志，十赴新疆，重点考察玄奘取经之路，兼及其他。凡玄奘经行、驻足之处，他都根据《大唐西域记》等文献，按迹寻踪，一段一段调查。地形地貌、历史遗迹、出土文物、民俗风情，一一进入他考察的视野。为了确认玄奘取经归来入境所走路线，他登上帕米尔高原，最高到达海拔4700米的明铁盖达坂。同行的年轻人有的出现了严重的高原反应，两眼冒金花，头疼呕吐，狼狈不堪。他虽然也有反应，但由于格外专注与投入，竟忘记了不适，他戏称自己是"高山族"。这里的发现，让他兴奋异常。亲自目验了"瓦罕通道"路标和公主堡方位，亲耳听到当地流传的波斯商人赶着一千头羊和骆驼，命丧于此的故事，还有"波谜罗川"（帕米尔）、揭盘陀等，无不与《大唐西域记》所记吻合，确凿无疑地证明了玄奘取经归来正是从这个山口下来的。之后不久，他写成了《玄奘取经东归入境古道考实》一文。赵朴初先生闻知后立即致信冯先生，请求优先在《法音》杂志上刊载，对冯先生说："这件事是中国佛教界想做而未曾做之事，而你居然做到了。"玄奘是在唐贞观十九年（645）从印度回国的，到冯先生重新发现并确认其入境的山口古道，已经过去1300多年。存疑千年的问题终于得到解决，先生自谓平生快事无有过于此者。

冯先生多方面的学术成就令人惊羡，因为一个人的精力有限，取得如此多的成就已属不易，但先生还以余力写作了大量诗词与散文。先生是一个极富诗人气质的学者，始终以诗人的心灵去感知世界，感受生活，言谈举止间，不经意地就会流露出诗人本色。他一生吟咏不辍，或诗或词，或长歌或短章，往往不加雕琢，很自然地从胸中流出。例如"文化大革命"中有人说他的文章都是大毒草，他就偷偷写下一首诗：

> 千古文章定有知，乌台今日已无诗。
>
> 何妨海角天涯去，看尽惊涛起落时。

"文化大革命"刚结束，他忽然收到著名古园林学家陈从周的来信，知道好朋友还活着，立即口占一绝：

> 思君万里转情亲，劫后沧桑剩几人？
> 海上幸余陈夫子，书来赚我泪沾襟。

至情至性，感人至深。

西域游历成为他诗词创作的高产期。登上嘉峪关后，他无比豪迈地赋诗言志：

> 天下雄关大漠东，西行万里尽沙龙。
> 祁连山色连天白，居塞烽墩匝地红。
> 满目山河增感慨，一身风雪识穷通。
> 登楼老去无限意，一笑扬鞭夕照中。

在高昌，他题诗云：

故宫断壁尚巍峨，双塔亭亭夕照多。

想见当年繁盛日，满城香火念弥陀。

到喀什，宿于疏勒，这里正是汉代定远侯班超当年之驻地，他感而有赋：

千山万水不辞难，西向疏城问故关。

遥想当年班定远，令人豪气满昆山。

由以上例子可略见其诗歌感情深挚、气势豪放、语言明快之风格特点。

冯先生结成集子的散文多达七册：《秋风集》《落叶集》《夜雨集》《墨缘集》《剪烛集》《瓜饭集》《人生散叶》。这些散文，叙往事，述友情，记游历，谈逸闻，情深而笔灵，且多富于知识性，是很典型的学者型散文。

冯先生还精书法，擅丹青，喜摄影。他很小的时候就喜欢写字画画，在无锡上学时，曾拜著名画家诸健秋为师。抗战胜利后一度考上苏州美术专科学校。后来主要精力用在学术上面，但只要有机会，就去观看书法展和画展，得空自己也挥毫遣兴。退休以后，有了整块时间，更经常沉潜于书法丹青的创作。从1998年起，他曾经在北京和上海举办过多次个人书画展，还出版了《冯其庸书画集》《冯其庸山水画集》。评论家认为他的书画具有浓郁的书卷气，誉之为真正的文人字、文人画。他还举办过"冯其庸发现考实玄奘取经之路摄影展"，出过《曹雪芹家世·〈红楼梦〉文物图录》《瀚海劫尘》两部摄影集，以极富人文内涵与学术气息的摄影创作给予读者不一般的感受。

总之，冯先生在传统文化领域可以说是罕见的全才，是一个真正的文人雅士。他之所以能够达至这样的学术境界、文化境界，除了天赋才华之外，主要靠的是刻苦自励、勤奋过人。读过先生口述自传《风雨平生》就会知道，他的求学治学条件并不好，少时家贫，复值日寇入侵，曾经几度失学。中年多坎坷，遭遇一波又一波的政治运动，更遭受"文化大革命"磨难。但是先生求学求真之心始终未尝稍懈，几十年如一日矢志不渝地读书、研究，终于修炼成一代文化巨匠。其所以能够如此，根源在于他对于我国传统文化无比深沉的热爱和承传意识的坚守与担当，"文化大革命"中"破四旧""砸烂封资修"，很多教授把书卖掉了，他却"把所有与研究有关的文史哲的书，包括政治的书，能买的我统统买回来"，钉了九个大木箱来装书，因为他坚信："这个国家不能没有文化"，"（以后）我还要读书，还要研究，还要用这些书"（《风雨平生——冯其庸口述自传》第188—189页）。

他在《逝川集·后记》中这样说:"我认为一个人生活在世界上,一辈子消耗了劳动人民创造的物质财富。对于我们这些从事精神劳动的人来说,应该把这些消耗的物质财富转化为精神产品。司马迁一辈子的消耗,转化成一部伟大的《史记》;杜甫一辈子的消耗,转化为一部《杜诗》;曹雪芹一辈子的消耗,转化为一部《红楼梦》。他们实在无愧于劳动人民的供养,他们为我们伟大祖国留下了不朽的精神财富和无穷的精神力量。"先生还有两句诗说:"平生无限铭心事,欲倾胆肝报国恩。"(《瓜饭楼丛稿·瓜饭楼诗词草》第408页《八七初度自题》)可见,先生是把司马迁、杜甫、曹雪芹等这样一些古代的文化巨人敬奉为效仿的偶像,誓将他们所创造的中华传统文化承传下去并使之发扬光大。他以毕生精力践行了这一庄严使命,为的就是报答伟大祖国,报答劳动人民。

本文原载于《红楼梦学刊》二〇一七年第四辑

本文作者:中国人民大学文学院教授

传统国学与时代精神造就的一代大师

——追思冯其庸先生

孙逊

冯其庸先生已经离我们而去，他是当今学界屈指可数的从传统国学教育中走出来，又在新式大学里卓然成家的一代知识分子的代表。两种不同教育制度的相辅相成，新旧两个时代的相激相荡，从根本上造就了像他这样一位既有浓郁的家国情怀和深厚的国学基础，同时又接受了新的时代洗礼，因而具有新的立场观点的一代文史大家。从这个意义上说，他的离去标志了一个时代的结束。

冯其庸先生的成就是多方面的，作为学问家、诗人、书画家、摄影家、鉴藏家，几乎每一个方面都有出色的表现；而仅就学问家，他又涉猎戏曲学、西域学、古代文学和红学等诸多领域，其中又尤以红学最为声名卓著。在他身上，传统的国学根底和敏锐的学术追求，作为学问家的严谨与作为诗人和书画家的才情，都达到了几近完美的结合。可以说，冯先生的学问和成就犹如一座大山，这里仅就个人所接触和感受到的一个角落来表达自己对先生的高山仰止之情。

一

1975年，因为偶然的机遇，自己被借调至北京的《红楼梦》校勘注释小组工作。去后才知道，当时是在国务院文化组工作的袁水拍同志给中央打了一份报告，建议专门成立一个工作小组，在《红楼梦》早期抄本的基础上校勘出一个更符合曹雪芹原作面貌的本子，并加以重新注释，出版一个《红楼梦》新校新注的可靠版本，以改变长期以来《红楼梦》通行本是以程乙本为底本的情形。在当时的政治文化气氛中，这是一项重要的具有政治意义的学术工作，于是很快获得批准，并从全国抽调了一批中青年学者，集中在北京工作。组长是袁水拍同志，但由于他在国务院文化组上班，工作既多且忙，实际工作由李希凡和冯先生负责；而由于学有专攻，具体校注业务冯先生承担得更多一些。当时小组从各地抽调来的学者有北京的沈彭年、沈天佑、吕启祥、胡文彬、林冠夫，吉林的周雷，山西的刘梦溪，广州的曾扬华，上海的应必诚和我，其中沈彭年兼支部工作和行政事务，是小组的内管家。冯先生去世时是93岁高龄的老一辈学者，当年也就五十出头，正是年富力强的年龄。我在小组里年纪最小，三十岁刚过，大家习惯叫我"小孙"，这一称呼一直沿用至今。

开始小组成员住在地安门附近的北京第二招待所，不久，搬到了前海西街17号恭王府前面的原中国音乐学院办公楼内，每人住一间琴房，另有两间较大的会议室。当时恭王府还没有整理开放，办公楼和恭王府连为一体，因此得以每天到恭王府里散步，只是后面的花园部分尚未打通。小组集中了当时能搜集到的各种《红楼梦》珍贵版本的影印本，我们每天的任务就是阅读、比勘各种版本。首先遇到的第一个重要问题是确定校勘的底本，这是古籍整理的第一步工作。前八十回选择相对比较接近曹雪芹原作面貌的早期脂本为底本，这没有什么分歧，因为成立小组的目的，就是为了改变长期以来《红楼梦》通行本是以程乙本为底本的问题。但究竟以哪一个脂本为底本？开始还是有不同意见。甲戌本、己卯本是早期比较珍贵的本子，但两个本子都严重残缺，用作底本有先天的不足；有同志主张用戚序本，因为比较完整清晰，但这个本子时间较晚，又后天不足；也有主张可以用不同的版本作底本，校成一个"百衲本"，但这有违校勘常理。冯先生力主用庚辰本，希凡同志也表示赞成，于是经过反复不断的讨论，大家也就慢慢地取得了一致：前八十回，以相对最为完整的早期脂本庚辰本为底本；后四十回，以最早问世的程甲本为底本。与此同时，确定了其他参校本"择善而从"的原则。

原则确定后，我们经过了一段时间的工作，很快就认识到了脂本优于程本之处，这也是我们工作的价值所在，如小说开卷第一回写到的"通灵神话"和"木石前盟"，在脂本中本是两回事：女娲炼石补天弃下的顽石——通灵宝玉是一回事，赤瑕宫里的神瑛侍者——绛珠仙草又是一回事。用甘露浇灌绛珠仙草使其修成女体的神瑛侍者因"凡心偶炽"，欲下世投胎为人（贾宝玉），绛珠仙草为把一生的眼泪偿还他，也跟随了下世为人（林黛玉），这就是所谓的"木石前盟"；而顽石变成的那块"鲜明莹洁的美玉"，则成为贾宝玉出生时嘴里衔下的"通灵宝玉"，这便是所谓的"通灵神话"。这块通灵玉从贾宝玉出生之日起，便一直跟随着贾宝玉，起着一种类似今天微型摄像机一样的录音和录像作用。"通灵宝玉"一路记录下的文字，便是我们今天看到的《石头记》，亦名《红楼梦》。这里，顽石——通灵宝玉、神瑛侍者——贾宝玉，这是两个同样浪漫但又角色不同的神话。可是到了程本里面，顽石和神瑛侍者合为了一人，所谓"只因当年这个石头，娲皇未用，自己却也落得逍遥自在，各处去游玩。一日来到警幻仙子处，那仙子知他有些来历，因留他在赤霞宫中，名他为赤霞宫神瑛侍者"云云，就是把石头和神瑛侍者合成了一人，因而顽石——通灵宝玉、神瑛侍者——贾宝玉也就变成了四位一体。也就是说，程本中石头（即神瑛侍者）一身二任，同时变成了贾宝玉其人和他出生时嘴里衔下的那块"通灵宝玉"，这就完全混淆了"通灵神话"和"木石前盟"两个神话的边界，可谓无知和不通之至。记得当时校勘到这里，冯先生和希凡同志都对程本没有厘清原作意思就肆意改篡的做法表示了讥笑和不屑，从而极大地增添了我们对校勘质量的信心。

但在实际工作过程中，"择善而从"的原则也并非想象的那样简单。印象比较深的有两个例子，一是第三回关于黛玉外貌描写的两句名句："两弯似蹙非蹙罥烟眉，一双似喜非喜含情目"，庚辰本原作"两湾半蹙鹅眉，一对多情杏眼"；甲戌本、甲辰本作"两湾似蹙非蹙笼烟眉，一双似喜非喜含情目"；己卯本作"两湾似蹙非蹙罥烟眉，一双似笑非笑含露目（其中甲戌、己卯本多有残缺涂改，但己卯本上半句为原抄）；戚序本作"两湾似蹙非蹙罩烟眉，一双俊目"（其中"罩"应为"罥"字形近而误）；列藏本作"两湾似蹙非蹙罥烟眉，一双似泣非泣含露目"；其他各本也多有不同。在这种情况下，底本显然不可取，但如何"择善而从"呢？可谓是几经推敲，反复比勘，最终以己卯、列藏本的上半句和甲戌、甲辰本的下半句校为正文，这应该是校勘过程中颇费斟酌而又比较成功的例证之一。

另一个例子是第七十六回黛玉和湘云凹晶馆联诗里的名句："寒塘渡鹤影，冷月葬诗魂"，庚辰本原作"冷月葬死魂"，"死"点改为"诗"；其他早期脂本缺这一回，有这一回的，甲辰本、列藏本作"冷月葬诗魂"，戚序本、蒙府本、梦稿本作"冷月葬花魂"。"花魂""诗魂"，究竟孰优孰劣呢？从用典讲，"花魂""诗魂"各有出典：前者用明代叶小鸾"戏捐粉盒葬花魂"典（叶绍袁《午梦堂集·续窈闻记》），后者晚唐已有，宋人用得更多，"鹤唤诗魂去"（宋·陈起《谒和靖祠》）是将"鹤"与"诗魂"联系得最紧的一句诗。从校勘学讲，庚辰本原作"死魂"（"死"又点改为"诗"），既可理解为"死"与"花"形近而误，也可理解为"死"与"诗"音近而讹。记忆中当时小组内有人主张"诗魂"，有人主张"花魂"，各执一词。记不清是不是因为少数服从多数的原因，当时定了"花魂"。所以人民文学出版社1985年5月第一版时用的就是"花魂"，并出了校记，断为"'死'疑与'花'形近而误"。但在后来修订时，则改为了"诗魂"（详见人民文学出版社2008年7月第三版），也同样出了校记，在客观罗列了各本异同后，断为"'死'或以为系'花'形讹，或以为是'诗'音讹。今从音讹说"。这就断得非常准稳。其中，冯先生就是力主"诗魂"并推动这一修订的推手。他在《风雨平生——冯其庸口述自传》一书中曾讲道："有的朋友坚持要'花魂'"，其实是没有理解曹雪芹的创作意图，"曹雪芹创造的林黛玉这个形象，并不是要创造一个绝世美人，而是要创造一个带有特殊个性的，带有诗人气质的这样一个美人，所以她不仅是美，她更重要的是有诗的气质。用'花魂'来形容林黛玉，不完全契合林黛玉的气质、个性"，"只能是'诗魂'才确切"。这样，就及时纠正了校勘本第一版的某些不足，堵住了可能拿"诗魂""花魂"来说事，说新校本还不如原来程乙本好的舆论（程乙本作"诗魂"）；同时，这也体现了实事求是的原则，不是说程乙本用了"诗魂"，我们就一定要和它不同。可见校雠之难，看似一字之差，其实大有讲究，不是随随便便就能下判断的。

类似这样的例子可以举出很多，在组内，冯先生是校勘注释工作的主心骨，他以深厚的校雠学功夫，为确保校勘的质量付出了辛勤的劳动。而在长期校勘《红楼梦》和手抄庚辰本过程中所积累起的大量知识储备，也为他日后撰写《论庚辰本》《石头记脂本研究》《瓜饭楼重校评批红楼梦》等论著做了充分的资料准备。可以说，他能成为一位红学大师，正是从扎扎实实的校勘工作开始的。

二

除了红学，冯其庸先生在戏曲学、西域学和古代文学研究方面同样取得了卓著的成就，受到最高领袖关注的《历代文选》的编撰和批判封建道德的文章就是最好的证明。只是这些还都是属于学问的范畴，展示的是冯先生作为学者扎实严谨的一面。其实除去学者，冯先生还是一位才华横溢的诗人和书画家。这也是冯先生和今天大多数学者不同的地方：很多学者都是学有专攻的专家，但囿于教育背景，很少有诗、书、画都拿得起来的多方面才能；研究古典诗词的学者做不了旧体诗，研究古典文学的专家不能写毛笔字，更遑论有绘画方面的才华。

冯先生则在诗、书、画三方面都有很高的造诣，他的旧体诗写得极好，即席题诗的本领特高。记得曾在上海《解放日报》上读到过他写的长篇歌行《明两老人歌》，是为他的老师王蘧常先生九十大寿而作，诗作起首就气势不凡："先生有道出羲皇，先生有笔迈晋唐。我拜先生五湖畔，维时日寇初受降。"在铺叙了当年受教的情景后，笔锋一转，由往及今："姑射仙子冰雪姿，千载令人轻王侯。绛帐春风违已久，眼看白日去悠悠。四十年间如过隙，公登大耄我白头。忆昔侍讲梁溪滨，先生挥笔取长鲸。退毫宛对陆平原，新颖初发王右军。"最后以师生情谊和诚挚祝愿作结："我侍先生四十年，直节堂堂气摩天。吟诗曾教鬼神泣，著书积稿埋双肩。至今仍好作榜书，挥毫犹如扫云烟。我颂先生寿而康，为留正气满坤乾。"读来气韵贯通，音节铿锵，情真意切，令人击节称赏，充分展示了冯先生在旧体诗写作上的过人才华。

冯先生的诗作大致可分四类，除上述怀人类外，还有题咏类、登览类和怀古类。因为冯先生擅长绘画，故而题咏诗数量可观。前面说到，冯先生即席题诗的水平特高，这里不妨略举一例：1993年11月，他率团赴香港举办《红楼梦》文化艺术展"，一天在刘海粟先生家，海粟老拿出一幅未完成的水墨牡丹，当场续画完毕，并题诗一首："清露阑干晓未收，洛阳名品擅风流。姚黄魏紫浑闲见，谁识刘家穿鼻牛。"冯先生应海粟老之邀，亦当场挥毫题诗一首："富贵风流绝世姿，沉香亭畔倚栏时。春宵一刻千金价，睡起未闲抹胭脂。"海粟老题诗也很精彩，但他应是有备而来，事先肯定有所考虑，而冯先生则是事先没有准备，真正是即席题诗。诗作将牡丹花拟人化，惟妙惟肖地写出了画中牡丹的姿态和色彩之美，其诗思之快和诗作之佳真是如有神助。在冯先生文集诗稿部分，搜集了不少这类诗作。相信应该还有遗漏，因为他这类诗歌数量既多，又很分散，搜集颇为不易。

登览诗是指先生在考察、游览途中所写下的诗作，这类诗作自有先生独特的视角和襟怀，和一般写景的山水诗并不相同。记得20世纪八九十年代，曾在四川绵阳举办过一次《红楼梦》讨论会，会后东道主组织了去黄龙山、九寨沟游览考察，一路上遇塌方，入高原，宿黄龙，过雪山，险象环生。但因为风景独异，冯先生诗兴大发，每到一处，便吟诗作词，抒写壮怀，其中《题黄龙寺》就云："人到黄龙已是仙，劝君饱喝黄龙泉。我生到此应知福，李杜苏黄让我先。"一句"李杜苏黄让我先"，顿时消解了时空的隔膜和距离感，使我们内心油然升腾起"李杜苏黄"都未能享受到的幸福感和自豪感。

由于冯先生对古人充满敬意，谙熟典故，又深怀同情之理解，因而其怀古诗作占了很多的篇幅。如他赴海南儋州所作的《儋州东坡歌》："东坡与我两庚辰，公去我来九百春。公到儋州遭贬谪，我来中和吊灵均。至今黎民怀故德，堂上犹奉先生神。先生去今一千载，四海长拜老逐臣。人生在德不在力，力有尽时德无垠。寄意天下滔滔者，来拜儋州一真人。"一句"公去我来九百春"，气势阔大，把作者和东坡的时空距离一笔抹平。两人仿佛在进行一场跨时空的对话，一古一今，大开大合，既深得古人之精髓，又洋溢先生之真情，体现了先生旧体诗写作的深厚功力。

除了诗歌创作，冯先生的书法绘画成就也是不可多得的。中国红楼梦学会自成立以来，学会的活动是所有古代文学学会中开展得最多和最正常的学会之一，其中一个重要的推动力便是冯先生。这种推动力不仅在于他组织学术活动的卓越能力，而且更因为他能够以自己的书画作品取得地方政府的倾力支持。扬州之所以成为举办《红楼梦》全国和国际学术会议最多的城市，就是因为和冯先生对扬州红楼宴的创意设计和具体指导，以及他和扬州这座城市的书画之缘分不开的。以至于时至今日，书画市场上已经出现了一定数量从扬州地区出来的仿冒冯先生的书画赝品，作伪者正是看准了冯先生和扬州的特殊缘分，故意制造一种来路可靠的假象以迷惑收藏爱好者。

上海红学会在20世纪90年代初曾举办过多次海峡两岸交流活动，其中1993年夏天举办的台湾"红楼梦文化之旅暨红楼梦文化艺术周"是规模最大的一次，当时邀请了冯先生和其他北京的学者。作为这次赠送给台湾师生的礼品，就是一把冯先生题有"红楼梦长"四个字的成扇，以及冯先生书写的一幅古典诗词的条幅。台湾的同行学者和一批年轻的大学生个个如获至宝，纷纷拿着扇子拍照留影。冯先生为书写这批礼品，和石静莲女士整整花了半天时间，累得满头大汗。现在冯先生已经作古，这份礼物更显得珍贵，相信台湾很多朋友和年轻学子一定保留了这份烙有时代印记的礼物。

冯先生绘画也极具特色，他早先擅长画葡萄、葫芦、荔枝、樱桃、芭蕉、牵牛花等，偏重写意一路，充满了文人画的意趣。我离开小组回上海时，他特意画了一幅水墨葡萄赠我，题了我的上款，和"时同校红楼梦也"一语，这成为我那段工作生活最美好的记忆。以后，偶有机会拜访先生，也往往会得到他惠赐的墨宝。先生晚年画风大变，创造了一种重彩山水画，用色大胆，尺幅巨大，题材多为西部地区绚烂壮阔的景象。也是偶然的巧合，当年自己正好去北京出差，办完公事后下午去中国美术馆参观，正巧是冯先生书画展当日，上午开幕式已完，冯先生已回去，但师母夏老师和其他朋友还在现场，自己得以一饱眼福，细细品尝了先生的书画精品。在高大宽敞的展厅里，这些大尺幅的重彩山水画给观众以强烈的视觉冲击，也给自己留下了深刻难忘的印象。我看后不禁在想：先生是生长在江南的一代才人，平时生活上保留了很多的江南习惯，性格中也随处可见江南人的特点，但出现在先生画作中的山水，却很少有江南的小桥流水，而大多是塞北的壮阔景色，这也从一个侧面反映了先生内心世界和情感的多样与丰富。

三

冯先生除了是大学问家和诗、书、画大家，同时还是一个鉴藏大家，他对书画和文物鉴定与收藏有特殊的眼光和癖好。在小组工作时，就曾听李希凡同志说起，20世纪五六十年代，他稿费颇丰，冯先生就建议他去荣宝斋买齐白石的画。当时市场上的赝品不像现在这么泛滥，加上有冯先生把关，他买了不少齐白石的精品。现在这些画不知增值了多少倍，由此可见冯先生有独到的眼光。上海博物馆的钟银兰老师是当代书画鉴定大师，也曾亲耳听她说起：现在活着能鉴定、题写书画的老先生已所剩无几，冯先生是屈指可数的一位。所以上海博物馆凡有新的重要收藏，都会请冯先生来一起品赏。我个人因为特殊的原因，在20世纪80年代末、90年代初迷上了收藏，在这方面也和冯先生结下了不解之缘。

大约是在1989年下半年，国内拍卖市场刚刚兴起，一个偶然的机会，我在一个小型拍卖会预展上看到了清初词人纳兰性德和顾贞观的书扇散页，其中顾氏所书即为其著名的以词代简的《金缕曲》两阕，当时是一堆乱纸，放在一个不起眼的角落。自己一眼瞥见，欣喜欲狂。第二天自己正巧有事，只好委托了一位朋友举牌，告之他志在必得。第二天朋友帮我如愿举到了这堆"乱纸"，狂喜之余，视此为上苍对自己的厚爱和馈赠。我随即将其装裱成册，视为珍璧，每次取出抚玩，如与古人促膝谈心。数年以后，一天突然接到冯先生打来的电话，专门询问我是否收到过这本册页，并仔细问了诗扇的具体细节。我电话中大致汇报了有关情况，他当即就说，这就对了。告诉我这是一件非常重要的藏品，希望有机会亲眼看一看。我说没问题，以后一定带给他亲自过目。不久，南京举办有关《红楼梦》学术会议，听说冯先生也来，我便带了这本册页前往。一天晚上，我到冯先生房间请他目验，他仔细看了以后，异常兴奋地对我说：这是一件非常难得的艺术品，纳兰性德和顾贞观是清初词坛双璧，他俩共同营救吴兆骞，被传为词坛佳话。他俩的墨宝传世甚少，能同时收到两人的真迹，真是太幸运了。他还告诉我，这是无锡老一辈画家胡汀鹭的旧藏，民国年间曾珂罗版印刷出版过，他藏有这份珂罗版影印本，影印本内只有两家题跋，现这本册页又多了好几家胡先生后来征集来的题跋，但原有的胡汀鹭先生画的《贯华阁图》没了。他嘱咐我好好保存，并说以后有机会他再补画一张《贯华阁图》。

我听了以后，更是兴奋不已，因为又有了冯先生的首肯。2006年夏，我把这套册页带到北京，请冯先生题写引首和跋语。冯先生当即俯允，让我过两天去取，并给我看了他藏的民国珂罗版影印本。影印本确只有两家题跋，但有胡汀鹭的《贯华阁图》，我现在这本则多出了八家题跋。我两天后到冯先生家取回，冯先生在引首留出的第二页空页，题写了"词坛双璧"四个字，又在册页拖尾的三页上，题写了他挥就的一首《金缕曲》词："一曲金缕赋？遍天涯，青衫泪湿，几人能诉？富贵玉堂真性在，读罢新词泪雨。洗沉怨、更谁为主？北极关山寒彻骨，憔悴损、南国真才虎。词笔竭，诗情枯。江南才子梁汾甫，为吴郎、千金屈膝，感深今古。举世才人皆痛哭，高义云天心剖。终换得、余生重谱。我住梁溪青山畔，数经过、忍草贯华楼。拜往哲，仰高羽。"词后又题长跋云："孙逊教授兄藏顾梁汾、成容若书扇真迹，原为吾乡胡汀鹭公旧藏，予尚藏其影本。昔梁汾、容若曾至吾乡青山湾贯华阁，去梯玩月填词。今贯华阁尚存，予曾登临。孙逊兄出此册属题，因为谱《金缕曲》一阕记慨。丙戌夏五宽堂冯其庸八十又四谱于古梅书屋。"冯先生是词人顾贞观、原藏家胡汀鹭的同乡，他对这本册页自然更多了一份情愫，从他的题跋中，我们不难看出他的乡情和才情。遗憾的是，我没有好意思再提出请冯先生画一张贯华阁图。后来听原小组成员吕启祥女士说起，冯先生还把这件事写进了日记，由此可见他对此事的重视。

2007年，我又把册页带到北京，请袁行霈先生在冯先生留出的前一页空页上题写引首，袁先生当即研墨挥毫，题写了"千古高义"四个字，正与后面一页冯先生题写的"词坛双璧"配成绝对。一年后，我又请刘旦宅先生题写了册页签条"容若梁汾书扇合册"。至此，这本册页完美收官，成为我心中永远的最爱。

2015年10月，我应邀参加了在北京通县举办的"曹雪芹与张家湾"学术讨论会，有幸再一次见到了冯先生。会议请冯先生第一个做主旨发言，考虑到他的身体状况，本说好冯先生只讲一刻钟，但他思绪打开后一时无法中断，整整讲了四十分钟。他主要讲了当年曹雪芹墓石发现的现场情况，包括墓石发现的时间、地点、当事人、最先看到的尸骨以及下面的墓石。他娓娓叙来，记忆清晰，思路敏捷，过程细节讲得非常具体，推断论证也让人信服。当时他的精、气、神都是那样饱满，除了行动有点不便，整个状态非常之好，怎么也没想到这竟是和冯先生的最后一次见面。会议期间，主办方还组织了实地考察，原址虽造了一座曹雪芹墓园，但周边全是一片新盖的居民楼，冯先生所描绘的当年场景早已荡然无存。只是凭栏远眺，借由想象，一股悲凉的历史沧桑感依然扑面而来，心头蓦然升起对一代才人曹雪芹的思慕之情。现在想来，冯先生晚年选择在张家湾居住，肯定是因为曹雪芹的原因。现在冯先生离我们而去，正好满足了他九泉之下与曹雪芹为邻的心愿。

愿冯先生与曹雪芹在同一片土地下相伴安息。

本文原载于《红楼梦学刊》二〇一七年第四辑

本文作者：上海师范大学文学院教授

风雨纵横　五千年事

——读《风雨平生——冯其庸口述自传》

沈卫荣

一

大概是 2008 年初，当我终于在北京有个家可以安顿下来的时候，冯其庸先生及时让朋友送来了已经装裱好了的他的两幅字画，为我暖宅。我欣喜万分，即刻把它们挂在寒舍客厅的墙上，顿时蓬荜生辉。转瞬之间已快十年过去了，冯先生当年惠赠的这两幅字画依然是我家中最出彩和最贵重的东西，而先生对我这位小老乡的关爱和情谊更是依然时时刻刻温暖着我。

冯先生这幅书法作品题写的是一首小诗，曰：

> 一枝一叶自千秋，风雨纵横入小楼。会与高人期物外，五千年事上心头。

这幅字就挂在我家客厅的正中央，早早晚晚，见则心喜。不知有多少次，我眼睛注视着这幅字，心中默念着这首诗，每每若有所思，亦若有所悟，却从来没有认真地去追究过这首诗的来历和它的确切含义。

后来，在冯先生不幸离开我们之后不久，当我捧读他的《风雨平生——冯其庸口述自传》时，才知道了这首小诗的来历，明白了它所要表达的确切含义。原来这是冯先生在"文化大革命"即将来临之际，有感于当时整个思想界的极"左"思潮而写的一首《感事诗》。对这首诗冯先生是这样解释的：

> "一枝一叶自千秋"就是我并不想做大官，发大财，做什么大人物，我就像一枝一叶一样过一辈子就行了，没想到这一点微小的要求也不行。"风雨纵横入小楼"，

风雨没头没脑地纵横地打过来，打到我的小楼里。"会与高人期物外"，可是我自己呢，尽管他们那么没头没脑地打棍子，我自己也要跟境界更高的人看齐，我不追求个人物质生活，为什么呢？"五千年事上心头"，五千年的国家发展的光荣历史，时时刻刻记在心上，要做对国家对人民有贡献的人。

先生写这首诗时才四十出头，有满腔的报国之心，但身处逆境，难以有所作为，故有此感慨；五十年后，平生风雨都已经成了过眼烟云，他又想起了这篇诗作，并专门对它做了上述解释，遂成为他总结自己一生的"夫子自况"。

冯先生出身寒微，一生素朴，但绝非一枝一叶的平庸之辈。他年少时，竟至食不果腹，以瓜代饭，更因交不起学费而时常辍学在家，然性好简文，天生是个读书人，耕作之余，搜尽江南民间可得之书而尽读之。冯先生平生最高学历不过是无锡国学专修学校的专科毕业生，但他毕生醉心诗书，百折不挠，以其过人的天赋和不懈的努力，终于获得了巨大的成就；他一生虚怀若谷，师事百家，见贤思齐，"会与高人期物外"，成为中国当代杰出的一代文化、艺术大家。冯先生是中国新时代《红楼梦》研究的开创者和领军人物，是"大国学"理念最早的倡导者和践行人，他曾经担任过中国红楼梦研究会会长、中国艺术研究院副院长、中国人民大学国学院创院院长、中国文字博物馆首任馆长、中央文史馆馆员等职务，这些荣誉于他自然是实至名归，但它们在他心头的位置则显然远不如他自己多达五十余卷的著作和他毕生关注的那"五千年事"，他为学问和艺术始终追求高尚、完美和卓越。

二

《风雨平生——冯其庸口述自传》一书，洋洋洒洒，长达439页，以十分平实和朴素的语言，详尽而又生动地讲述了冯先生一生"读万卷书、行万里路"时所经历的喜怒哀乐和风风雨雨。捧读是书，就好像是又回到了"瓜饭楼"中，坐在先生跟前，听他讲为学问、艺术、国家之一生的成败、甘苦、荣辱和得失，娓娓道来，读来兴味盎然，感慨万千。我与冯先生的交集不过是最近的十年，也即先生创办中国人民大学国学院，并出任首任院长之后的十年，国学院这十年的历史即使在中国人民大学，乃至在中国国学的发展史上都有其特殊和重要的意义，值得浓墨重彩、大书特书的，然而它在《风雨平生——冯其庸口述自传》中却被轻描淡写，只有短短两页的记载，即使加上冯先生自己对"大国学"理念的阐述和他对创办"西域历史语言研究所"之经过的记述，也才只有短短的八页，可见，先生仁者高寿，他一生的经历是多么的丰富，书中所记述的他的所作所为和切身感受虽然都是他个人的经历和感悟，但它们都有着非常鲜明的时代特色，我们完全可以把《风雨平生——冯其庸口述自传》当作反映百年来中国知识分子之艰难旅程和曲折心灵的一部历史书来读。

我和冯先生有同乡之谊，他是我父辈最有名望的乡贤、长者。先生的长相有鲜明的江南人特征，说话也带着浓重的乡音，每次见到他，乡亲之情就如春风般扑面而来。可事实上，像冯先生这样如此温润、儒雅、朴实、坚毅的江南读书人模样，在今天的江南早已是难得一见了，冯先生给我们留下的是对一个逝去了的时代的美好回忆。人说江南好风光，无锡更是驰名中外的"鱼米之乡"，可是冯先生年幼时生活的那个无锡，却曾经是一个十分贫穷和充满苦难的地方。冯先生幼年最早的记忆是慈母半夜因为忧愁"明天又要没饭吃了，一家人怎么活下去"而发出的哭泣声，而这哭声造成了先生终身的"心理痛苦反应"，以致他甚至不记得自己这辈子何时曾经放声大笑过。先生幼时，常常忍饥挨饿，一年间有很长一段时间要靠吃南瓜维生，又生逢抗战和内战长达十余年之祸乱，常常辍学在家，帮助父母操持农活，小小年纪便已练就了全套干农活的技艺，他完全可能一辈子就是一位"地地道道的农民"。

可是，冯先生天生就是一个读书种子，天生就是一位江南文人。虽然于兵荒马乱之际，断断续续，他甚至没有接受过从小学到高中的完整的基础教育，但他自小嗜书如命，有空就读书，还读了不少书，把通过各种方式能够搜罗到的所有书籍都一一读过。他晚年清楚记得的少年时读过的书就有《三国演义》《水浒传》《西厢记》《古文观止》《史记菁华录》《西青散记》《西青笔记》《华阳散稿》《宋词三百首》《白香词谱》《秋水轩尺牍》《雪鸿轩尺牍》《浮生六记》《古诗源》《唐诗三百首》《东莱博议》《陶庵梦忆》《西湖梦寻》等，这些书大概今天的大学生也未必都读过。除了读书以外，冯先生自小还喜欢书画，没有老师指导时，他找到一本《芥子园画谱》就自己学着画；他自小还痴迷戏剧，村里"猛将庙"中草台班演唱的京戏，变成了他自小所受教育的一个重要部分。

与同为无锡老乡的大学者钱锺书、杨绛先生完全不同，冯先生从来没有喝过洋墨水，甚至也没有在中国的任何名牌大学中上过一天学，他是地道的江南草根学者，他丰厚的学养无疑是从江南农村浓郁的古典文化传统中孕育出来的，他是已经逝去了的一代江南文人的杰出代表。冯先生一生的最高学历是无锡国立专科学校的专科毕业生，即使在他上专科学校期间，也因为经济或者政治的原因而时断时续，并没有完整地得到过全面的教育。可是，当年的无锡国专聚集了一批中国最杰出的古典文史和书画、戏曲艺术研究大家，例如王蘧常、唐文治、钱穆、钱仲联、周谷城、童书业、顾起潜、龙榆生、朱东润、吴白陶、陈小翠、赵景深、葛绥成等，都是当时的一代学术和艺术名师。冯先生毕生追随这些大师，广集众长，接受了他那个时代最好的中国古典文化、艺术和学术的熏陶，这为他日后在学术和艺术两个方面取得的辉煌成就打下了十分坚实的基础。

余生亦晚，我与冯先生年龄相差近四十年，我成长的年代与冯先生当年所经历的那个血雨腥风的年代已经完全不一样，但冯先生当年所经历的贫穷我也经历过，很多年前我也和冯先生当年一样，一年间有很长一段时间要以南瓜代饭，而邻居小朋友们甚至还吃糠咽菜，因饥饿而不得不辍学者。当时的学校教育自小学以后就基本停顿，初、高中期间以"开门办学"，学工、学农、学军为主，学业完全荒废，大部分时间下田耕作，同样早早练就了一套农家活的手艺。但是，远不如冯先生幸运的是，在我渴望读书的年代，在任何一本书到手都可以读个滚瓜烂熟的时候，江南之大，我们却完全找不到任何当年冯先生还能找到的那些古书。可以说，早先即使耕读人家也喜以诗书传家的江南读书传统，到了20世纪五六十年代就已经完全失传了。及至今天，冯先生的家乡无锡前洲再也不是"穷巷"了，它早已作为中国最早的"亿元乡"而远近闻名，是名副其实的鱼米之乡了。可是，冯先生当年所传承的文人传统却再难在江南重新恢复了，这实在是一件十分令人气馁和扼腕的事情。今日之江南，再难出现像冯先生这样有典型江南特征的诗书大家，这种传统的失去当是其中的一个根本原因。尽管冯先生从无锡走入京华，最终成了闻名海内外的一代名师，但从他的学术和文学作品中，我们还分明能看出几分沈复著述《浮生六记》时的那种江南文人情怀和瞎子阿炳演奏《二泉映月》时的那种悲凉气质。

三

1954年8月，正当而立之年的冯先生仅仅凭借其无锡国专专科毕业生的身份，就被中国人民大学聘为大学语文老师。请一位专科毕业生来当知名本科大学的老师，这事放在今天大概是不可能发生的，甚至是不可想象的。然而，令很多人吃惊的是，这位来自无锡的乡下青年，竟然很快就在专家、名师云集的北京城内崭露头角，并以诗书、文章名世。冯先生一生克勤克俭、孜孜不倦，以抄书、藏书、读书和写书为人生之至乐，虽各种磨难不期而至，"风雨纵横人小楼"，但他始终不改其乐，无怨无悔。冯先生今生在学术和艺术两个方面所取得的巨大成就，都令世人由衷地钦佩和敬仰。2012年，青岛出版社出版了他的《瓜饭楼丛稿》，洋洋大观，竟有三十五卷之巨；2015年，商务印书馆出版了他的《瓜饭楼外集》，又有十五卷之巨。当代文人、学者，有如此宏富之学术著作和艺术作品者，冯先生之外恐再难以找出第二人了。

冯先生是一位文史大家，他毕生的学术著作亦文亦史，既文学又学术，集文化、艺术和人文科学研究于一域，明显继承和发扬了无锡国专所集聚的一代学术大师们的学术风格和传统，这与当代人文学科各自严守其学术畛域、分野的风格完全不同。冯先生进入京华以后最早产生了较大影响的学术作品是他组织编写的一部教材——《历代文选》（中国青年出版社，1962年），其中有他写的一篇长篇导论，专讲中国散文发展的脉络。这部《历代文选》不但被长期用作大学语文教材，而且居然还得到了毛主席的赞赏，成为冯先生学术生涯之"初出茅庐第一功"。冯先生来北京后最初十年间所写的大量文章，大多数是戏曲评论类作品，皆刊载于《光明日报》《北京日报》《文汇报》和《戏剧报》等多家主流报刊上，十分引人注目。冯先生从小酷爱戏曲，对各种曲目均有涉猎，来到北京后则更是如鱼得水，可以观赏到从全国各地来到北京会演的各种戏剧和戏曲表演。观赏之余，他还用心体会，写下了很多别有新意的戏曲评论文章，引起了戏曲界和文艺界的广泛重视。冯先生撰写的这类评论文章别具一格，通常都是凭借他对这类曲目原著之文本、内容的精熟，以及他自己对这些故事情节的深刻理解。他可以对这些曲目的编剧、对原著的改编和演员表达某个具体情节时的得与失，作出十分精当和深刻的批评，令人心服口服。冯先生这些戏曲评论文章，后来结集为《春草集》出版。正是因为这些评论文章的发表，冯先生与演艺界和文学评论界的广大朋友们结下了深厚的友谊，赢得了他们的尊敬和爱戴。

冯其庸先生是举世公认的红学大家，1979年他在中国艺术研究院组织成立了红楼梦研究所，创办了《红楼梦学刊》，1980年又发起成立了中国红楼梦研究学会，并长期担任这些组织、学刊和学会的所长、主编和会长，是新中国红学研究名副其实的领军人物。而令人难以置信的是，冯先生的《红楼梦》研究竟然是从他在"文革"最高潮时（1967年12月3日至1968年6月12日）用十分讲究的纸、墨、笔，一字一句用工整的小楷抄写庚辰版（清乾隆二十五年）《石头记》时开始的。每当夜深人静之时，冯先生正襟危坐，开始抄写这部巨著，每天晚上从十点抄到深夜十二点、一点，半年多时间坚持不懈，从无间断。当他抄完这部巨著时，冯先生写下了这样一首诗："红楼抄罢雨丝丝，正是春归花落时。千古文章多血泪，伤心最此断肠辞。"他不顾"昨夜大风撼户"，坚持抄写完这部文学巨著的初衷是为了保留这部作品的一个最珍贵的版本，而抄完之后却"对《红楼梦》增加了不少新认识"，从此他的文学和艺术修为显然走上了一个新的台阶，而《红楼梦》研究从此便成为冯先生之学术人生的一个最主要和最精彩的篇章。经冯先生组织校订的《红楼梦》是迄今为止流传最广，也是最权威、最受欢迎的一个《红楼梦》校注本；冯先生撰写的一系列有关《红楼梦》研究的学术论文，早已经成为红学研究的经典作品；冯先生考订的《红楼梦》诸版本及其流传史和他对《红楼梦》作者曹雪芹家世以及墓葬地的考证，也都已经成为红学研究中的不刊之论。冯先生的《红楼梦》研究为新中国的红学研究奠定了坚实的基础，他以文献学家的功夫和历史学家的方法来研究《红楼梦》所取得的成就，为中国的红学研究打开了新视野、新局面，冯先生此生对红学研究所做出的巨大贡献是不可磨灭的。

由于冯先生是当代少有的一位对中国文人历来所推崇的传统六艺都非常精通且有非凡成就的大家，所以人们往往更加强调冯先生的文学才华和艺术造诣。实际上，只要有幸拜读过几篇冯先生的学术论文的人，都会对冯先生文史兼通的学术能力和将文本研究与实地调查完美地结合在一起的学术风格留下十分深刻的印象。毫无疑问，冯先生是当代一位十分难得的学术大师，他毕生倡导和践行"读万卷书、行万里路"的学术理念，秉持"实践是检验真理的唯一标准"的学术信念，始终坚持将文献研究与实地考察相结合的学术方法，平生真的是读了万卷书、行了万里路。他倡导的这种学术方法不但见之于他的红学研究中，并取得了巨大的成就，而且他也把这种方法出神入化地运用到了其他一些学术研究课题之中。例如，冯先生早年和他的老师钱仲联先生一起对吴梅村墓地的踏勘和考证，他在《项羽不死于乌江考》一文中结合古代文献记载对项羽败亡地点的实地考察，他十下西域对玄奘法师西行取经之古道交通的寻觅和考证，都是他的这种学术方法的集中体现和典范之作。尽管冯先生这些文章中所得出的结论和一些具体细节的描述或还会有值得做进一步商榷和讨论的余地，但他所秉持的这个学术理念和方法，则无疑是中国传统学术文化之精华，值得我们继承和发扬。

四

冯先生毕生都是一个读书人，"瓜饭楼"的藏书可与一家中国古代文化的特藏图书馆媲美，他晚年坐拥书城，读书、写书、编书，直到生命的最后一刻。但是，冯先生绝对不是一位只知死读书、读死书的人，相反，他的读书生涯总是与他对天下河山的热爱相关联，与他浓厚的家国情怀相伴随。2005年，冯先生以八十余岁的高龄，在光荣离休十年之后，再度出山，出任中国人民大学国学院的首任院长。随即，他又以其非凡的个人影响力，多方呼吁，以获得社会各界的广泛理解和支持，创建并培育了一个崭新的学术机构——"西域历史语言研究所"。冯先生晚年的这两项作为，集中反映了先生极其开阔和富有前瞻性的学术视野，以及他毕生对民族国家之"五千年事"的深切关怀。

我本人是受冯先生"大国学"理念的感召，才结束了长达十六年的留学生涯，回到中国人民大学国学院工作的。当我最初收到让我加盟新成立的国学院，并筹建"西域历史语言研究所"的邀请时，我既不明白国学院为何要建立"西域历史语言研究所"，也不明白身为红学大家的冯先生为何会对"西域历史语言研究"这样冷僻的学问有如此之高的热情。我带着这些不解和疑问，专程回国去"瓜饭楼"拜访冯先生，他向我解释了自己所倡导和秉持的"大国学"理念。冯先生说：

> 有一些学者认为传统的经史子集，传统的乾嘉以来的经学学派等等才是国学，其他的都不能算是国学。这是一种概念，这也是历史上存在过的概念。但是我觉得，今天情况发生了很大的变化了，国学要作为一个国家的一门专门的学问，固守传统的观念，已经不足以概括当前的实际情况了。我们五十六个民族，汉族的文化当然居主流，但是我们还有兄弟民族的文化。我们经史子集之外，还有其他很多的学问。所以，凡是我们民族的、自己的学问，都应该算国学，因为是我们国家以内的。国学是区别于另外国家，以这个作为概念，我们应该包括一切学问。我提出来的这个"大国学"的概念，要把我们兄弟民族的历史、语言、文化也吸纳到国学里。

先生这简单的一席话，令我茅塞顿开，让我立刻打消了对国学和在国学院建立"西域历史语言研究"这个专业的种种疑虑。

从20世纪末、21世纪初开始，国内学界、文化界就不断有人站出来呼吁要复兴国学传统，这反映出我们的国家随着经济的发展和国际政治地位的提升，也开始对自己的民族文化传统有了一定的自信心。然而，在我们热切地呼吁要复兴国学传统的时候，我们对国学这个概念本身实际上并没有十分清楚的思考。而对国学这个概念的定义和理解，不但反映出人们对古代中国之文化和传统的理解，而且也反映出眼下人们对自己的国家及其民族认同的定义和理解。如果将国学狭隘地定义为以"四书五经"或者"经史子集"为代表的汉族古代文化传统，这必然会使国学与作为一个多民族多元一体的中国的国家认同发生严重冲突，甚至会因而削弱中国各少数民族同胞对应该包括全中国各民族在内的中华民族的认同感，并助长汉族中心主义、汉族文化沙文主义，甚至狭隘的汉民族主义的滋生，国学势将变成李零先生所说的"国将不国之学"。然而，若将"国学"定义为一门研究和传承中国所有五十六个民族之语言、文化、经典和宗教传统的学问，将国学研究作为继承和维护中国各民族之优秀文化传统的重要举措，使国学与我们的国家认同紧密相连，这将有助于各民族之间的团结和交流，能够让它们如费孝通先生曾经倡导的那样，"各美其美、美美与共"，以建立起一个天下大同的和谐社会。从这个意义上说，对国学的讨论绝对不仅仅是一个学术问题，而且也是一件事关民族、国家利益的大事。在当时社会上更多人想当然地将对"国学"的倡导当成是对以"四书五经"为主要内容的汉族儒家文化的传承和复兴的情况下，冯先生独树一帜，率先提出了这个"大国学"的理念，它对国学的发展和国家认同的建构都具有十分积极和超越时代的意义。

冯先生所主张的"大国学"理念的最具体的实践，就是他全心全意地推动和支持了"西域历史语言研究所"的建立，并一贯地主张将"西域历史语言研究"这门学科作为国学院学科建设的一大重点和亮点来建设。为了这门学科的建立和发展，冯先生身体力行，向社会各界呼吁，以取得最大的道义支持和最多的学术资源，并不遗余力地提携后进，为他们创造更好的学术条件和学术环境，让他们专心致志地从事这些冷僻而又重要的学术研究，还鼓励青年学子投身于西域研究，不但要为我们的国家继承绝学，而且要在国际学界获得对西域研究的话语权。总而言之，冯先生晚年为"西域历史语言研究"这门学科的建立和发展呕心沥血，倾注了最大的热情。

作为一位典型的江南文人，冯先生此生最醉心、最热切关注的是中国广大的西域地区。他先后曾经十次亲历西域，沿着玄奘法师当年走过的道路，踏遍了西域的大部分地区。2005年9月，冯先生第十次，也是他今生最后一次去西域考察，这时他已经是83岁的高龄，但他却和年轻人一样，精神饱满地穿越了罗布泊、楼兰，一路查证了玄奘法师回归长安时所经过的最后路段，他题字树立的"玄奘取经东归古道"碑也可以说是冯先生为自己在"读万卷书、行万里路"之学术道路上树立的一块非常完美的里程碑。

冯先生对西域的热爱本来只是他对祖国之天下河山的热爱的一个部分，西域山河的壮丽给了他很多艺术创作的灵感，开阔和滋养了他的文学和艺术情怀，他的诗文、书画和摄影作品都充满了亮丽的西域特色，这也使得冯先生的文学和艺术成就远远超越了传统江南文人所能达到的境界。而冯先生对西域的热爱并没有停留在对西域壮丽山河的欣赏和赞美上，他对西域之民族文化传统的发现和研究倾注了更多的热情。冯先生很早就从阿斯塔那古墓中看到了伏羲女娲像，于是联想到汉族与新疆少数民族之间的文化交融原来是由来已久的事情，他还看到西域之丝路古道上出土的大量各种文字的文献和艺术作品，如今大部分流落海外，对它们的研究在西方代不乏人，而它们在我们中国却都很快就要成为绝学了，这让冯先生时时痛心疾首，所以他从很早就开始热情地支持国内年轻学者从事敦煌学研究，而在中国人民大学建立"西域历史语言研究所"最终为他实践和实现传承西域之绝学，以振兴"大国学"的夙愿和理想提供了一个可靠的学术平台。

本文原载于《中华读书报》二〇一七年五月三十一日

本文作者：中国人民大学国学院教授

"稻香世家"的读书哲学

—— 读《风雨平生——冯其庸口述自传》

孟宪实

了解冯其庸先生的人生故事，并不是仅仅因为这部口述史《风雨平生》，但读过这部书，更加深了曾经的印象。生活培育了教师，教师培育了学生，这个良性循环，在冯先生的人生故事中得到充分体现。

冯其庸先生的人生，可用"读万卷书，行万里路"来概括。他希望他的学生们也能够深明其理，所以亲笔为中国人民大学国学院的学生们写下这句话，至今高悬在国学院的图书馆里。

2005年，冯先生第十次探访西域，这一次他不仅再上昆仑山，而且首次突入罗布泊，在夕阳映照的楼兰三间房前，接受了中央台《大家》栏目的采访。当时，我站在远处，忽然心生无限感动。那一年，冯先生83岁。

以后，冯先生再没有进行过长途旅行。现在看《风雨平生 ——冯其庸口述自传》才知道，就是从那一年开始，他的腿出了点问题，行走变得越来越困难。然而，他依然像诗人一样豪迈："九十多了，也走过不少地方，没有遗憾了。"2012年，青岛出版社出版了冯其庸先生的三十五卷本《瓜饭楼丛稿》，其中三个部分分别是《冯其庸文集》十六卷、《冯其庸辑校集》七卷和《冯其庸评批集》十卷。如今，《瓜饭楼外集》十五卷已经提交商务印书馆。如此累累学术果实，如同闯过千山万水，当然是人生的傲人成绩。

一

冯先生是地地道道的农民家庭出身，后来他自己称为"稻香世家"。因为家贫，总是要借债交学费，经常面临辍学危机。为了抵御贫穷，即使年龄小，也知道拼命劳动。看看口述史中讲"三缩腿"，现在说起来似乎津津有味，其实当初不知道花费了多少苦力。

1937年，冯先生小学毕业，学校因为日本入侵，停办了。此后四年的辍学时间，一边劳动，一边自由阅读，读书成了他生活最重要的内容。一本《三国演义》读了好多遍，因为没有别的书可读，于是故事读完读诗词，诗词读完读点评。少年劳动者，被书中的字句所吸引，思想进入另外一个世界。身边的现实世界是苦难的叠加，满是劳累、辛苦和亡国奴的滋味，身上担子沉重，但书中的世界是美好的、诗意的，令人心生向往。读书成了慰藉，成了享受，读书在生活之上搭起精神瞭望台。

就这样，冯先生在劳动之余拼命读书，割草、挖泥、种地、放羊，他竟然都带着书，有空就读。特别是夜晚，那是冯先生完整的阅读时间。《水浒传》《西厢记》《古文观止》《史记菁华录》《唐诗三百首》《宋词三百首》《古诗源》《陶庵梦忆》等都是在这个时期阅读的。这个时期，冯先生还开始了绘画，照着《芥子园画谱》描就是他最初的功课。看戏也是一种快乐，江南的戏剧生活，即使民间也有丰富存留，少年冯其庸乐此不疲，对于后来的戏剧研究而言，这奠定了最初也是最牢固的基础。

冯先生17岁的时候，才有机会读初中，是那种半工半读式的。初中的老师有极好的国学修养，冯先生原名"奇雄"，教语文的方老师认为名字太露，于是改为"其庸"。毕业时蒋校长为冯先生留言"其名为庸，其人则非庸也"。这些师长对冯先生的成长，都发挥了积极作用。

1943年，冯先生入读无锡工业专科学校，相当于高中。在这所学校里，他开始迷上了作诗，参加了"湖山诗社"，跟随诸健秋先生作画，虽然只有一年时间，但赋诗、作画都有了很大提高。也正是在这所学校里，冯先生第一次接触了《红楼梦》，谁能想到，这位未来的红学大家，当时竟然根本不喜欢《红楼梦》，认为这种佳人故事完全比不上《三国演义》《水浒传》里的英雄好汉。冯先生并没有从无锡工业专科学校毕业，因为学费问题，他再次辍学。

初中毕业的时候，冯先生已经开始在无锡的报纸上发表作品，有诗词、有散文，这对当时那个"文艺青年"无疑是巨大鼓舞。抗战胜利前后，冯先生在无锡孤儿院小学教书。1945年抗战胜利后，冯先生还有过一年的苏州美专的学习经历，后来因为美专搬回苏州而再次失学。这个时期的冯先生，已经能够依靠教书生存，苦学逐渐改善了他的生活。口述史中，冯先生还清楚地记得这个时期买书的事，如《汤显祖尺牍》《浮生六记》等都是这个时期购买的。

读书作文，给冯先生带来新的人生高度。其实，此时的人生状态，对比从前的"稻香世家"，已经发生了太多的变化：完全能够体会书中的乐趣与精神，写作绘画也能赢得掌声，再也不用担心吃糠咽菜的生活降临。人生如此，是否应该满足呢？

二

从文艺青年到青年学者的变化，在冯先生是可以预见的，但归属于无锡国学专修学校，则有诸多偶然性。如果家境足够殷实，冯先生很可能追随苏州美专前往苏州，那样在无锡国专里就不会出现冯先生的身影了。

1920年开始创办的无锡国专，在民国时期的高等教育中独树一帜，学生人数不多，但社会影响巨大。抗战时期，无锡国专转移到内地继续办学，如今抗战胜利，他们需要凯旋故里。而正苦于无学可上的冯先生，迎来了人生最隆重的一次高等教育。

冯先生真正进入做学问的状态，是步入无锡国专之后。导师的学术引领，也是发生在这个时期。他至今记得国专的很多课程，如朱东润先生开设的《史记》和《杜甫》课，声情并茂的朗诵之外，就是各家观点的详细征引，自己的结论一定是在比较各种资料之后才能得出。王蘧常先生讲《庄子》，一个学期没有完成《逍遥游》一篇，但感觉却是惊人的，因为学生们真正体会到学问的深刻和博大。还有童书业讲《秦汉史》，所有的史料几乎都能背出来，让人看到了学问的境界，真是山外青山。没有证据，就没有结论，不穷尽资料，就没有发言权——这个学术真理，就是在无锡国专的时期深入冯先生的心底。也就是在这个时期，对于中国文化，他有了全面深刻的认识。很多年以后，在为刘桂秋《无锡国专编年事辑》作序时，冯先生总结国专对自己的影响，深情地写道："生我者父母，长我者母校也。"

在无锡国专，冯先生的另一个重大进步是在政治上，从积极分子到成为中国共产党的学生外围组织的一员，一步步向革命运动靠近。这个选择，从他的经历和出身上寻求解释并不难。他参加了无锡解放，奉命迎接解放军渡江，积极参军，成为革命队伍中的一员，一步步参与到新中国建立和建设的过程中。这一段，口述史讲述得很仔细，先生的口气中，充满自豪感。

三

冯先生至今听不得任何人的抽泣之声，因为早年他常常在母亲的抽泣中醒来。明天的粮食又没有着落，母亲躲在厨房里，独自一人难过。年幼的冯先生，心中不免一阵阵彻骨的疼痛。冯先生记得很多恩人的名字，在家里无米下锅的时候，他们送来了宝贵的南瓜。冯先生一直喜欢南瓜，旅行所到之处，如果遇到南瓜，他常常流连不已。在他的书桌上，常年摆放着南瓜，读书间歇，抬头就能看到。他的书斋号为"瓜饭楼"，是刘海粟为他撰写的，为的就是纪念"以瓜当饭"的岁月。汇集了他一生著述的文集，名为《瓜饭楼丛稿》，用意还是如此。

冯先生从苦难岁月走来，他不愿意忘记那些苦难，甚至有点"感恩"的念头。其实，让冯先生获得个人解放的是苦学，因此冯先生一直提倡自学，对于那些出身寒门的学子，总是充满同情理解并全力支持。苦难不是动力，克服困难的精神才是动力，人生难免遇风雨，怕的是缺乏抗击风雨的精神。

然而，冯先生这样的风雨人生，如今的学子是否还能理解？苦学，似乎是中国特有的文化传统，悬梁刺股、囊萤映雪，凡此等等，都是苦学的故事。用苦学克服人生苦难，这样的历史故事比比皆是，但是对于今人是否依然具有榜样作用？富裕起来的社会，饥寒已经逃离，读书几乎成了孩子们的唯一难题。新知是乐趣，发现新知是乐趣，个人成长是乐趣，而这一切，都要从读书始。时代变了，读书哲学却不一定要变。

本文原载于《人民日报》二〇一七年一月十七日

本文作者：中国人民大学国学院教授

天风海雨饱曾经　又作轻舟万里行

——《风雨平生——冯其庸口述自传》读后

朱玉麒

　　近两个月以来，习近平总书记《我的文学情缘》的口述文字在网络走红。他在"冯老给了我一个在正定建荣国府的理由"一节中，记述了他担任基层县委书记时，利用拍摄《红楼梦》电视剧的契机在正定县打造荣国府景区的事迹，让我们看到改革开放初期中国文化建设的一个缩影。习总书记当时的做法，并非盲目，而是聘请了《红楼梦》研究专家冯其庸先生前来论证。在那个章节中，他提到正值壮年的冯其庸先生，用了"英姿勃发"来做形容。2017年1月22日，93岁高龄的冯其庸先生在曹雪芹埋骨之地的通州张家湾，平静地走完了他的一生。就是在他去世前不久，明知垂暮之年，却老骥伏枥，在亲自编辑完成了自己的煌煌著作——《瓜饭楼丛稿》三十五卷、珍藏文物文献图录——《瓜饭楼外集》十五卷之后，又推出了《风雨平生——冯其庸口述自传》（以下简称《风雨平生》），作为其学术生涯的总结。

　　这部数十万字的口述自传，是在国家图书馆中国记忆项目中心历时三年的访问基础上，由宋本蓉女士进行了文字转化和整理，并经过传主冯其庸先生五易其稿的修改而定稿。口述史的写作方式，并非当代独创。孔子的《论语》由其弟子辑录，玄奘的《大唐西域记》也由辩机执笔，因为准确再现了口述者的思想和经历，被理所当然地作为传主孔子、玄奘的著作而传世。如今，拜受录音技术之赐，《风雨平生》在整理者忠实的还原下，惟妙惟肖地复原了冯其庸先生亲切的口吻；同时又经传主认真的删改，条理清晰地叙述了其一生的遭际。加上丰富的图录，这一认真负责的口述史资料协同工作程序，会成为一种当代口述史精品创作的范式而传扬；而《风雨平生》，也将是在这种范式下第一部"中国记忆·学者口述史"的传世精品。

刻画了近百年来中国社会的大时代

作为一代文史大家，冯其庸先生的口述本身即具有非同常人的历史意识。他将自己的一生编织在亲历的一个世纪的现代史中去回顾，为自己的口述设立了一个个既是自身历程也是历史进程的连环章节。我们在他的口述史中可以看到九十多年的历程分成的三个阶段。首先是在江南家乡的三十年。开篇的童年生涯像风俗画一样展开江南农村的家族记忆，勤劳的母亲、抽鸦片的父亲、分成了多个党派的堂房兄弟、南瓜当饭的饥饿岁月、农闲时节的草台班戏剧，这些个人生活的场景，是上个世纪初期中国农村普遍景象的写照。而日本侵略在其记忆里留下的最深刻的童年印象，也真实地反映了抗战时期中国的悲惨民生。他记录自己迎接解放、参加解放军、中学执教的早年生活，都体现了中华人民共和国成立前后民众盼望新生的积极心态。冯其庸先生在1954年的而立之年执教中国人民大学，从此在北京生活六十多年。在首都生活的前二十多年，是他人生历程的第二个阶段。他首当其冲地被卷入中华人民共和国成立以来所有的运动和事件之中：肃反、反右、三年困难时期、"四清"、"文革"、干校、"天安门事件"……冯先生的这些亲历口述，不仅是其人生风雨点点滴滴的深刻记忆，也是共和国史上风雨历程的早年记忆。他对于自己在这些运动中"暗中受诬""险成右派"以及遭到抄家、批斗的细节都有回忆，反映了政治运动给社会带来的灾难、给人性带来的摧残；同时，他也客观记录了在其受到迫害时实事求是处理问题的领导、暗中保护老师的大学生、"文革"批斗时探望他的马河滩老乡等感人场景，体现了中国社会民众良知的幸存。冯先生人生历程的第三个阶段，是粉碎"四人帮"特别是改革开放以来的生平。这个阶段，冯其庸先生主要提及了他在文化、教育事业方面的诸多作为，如《红楼梦》校注本的整理出版、促进红学的发展、玄奘取经之路的考察、中国艺术研究院的常务工作、中国人民大学国学院及其"大国学"概念的提出、安阳中国文字博物馆的成立，等等。与之前两个阶段的生平回顾比较，从他个人的成就上，可以看到近三十多年来中国社会走向全新建设之路的和平环境。

记录了一个中国学者上下求索的学术人生

冯其庸先生出身于底层的贫苦农民家庭，但是母亲坚持设法让他获得教育。对于子女的读书明理充满期盼，这种中国传统的文化理念是冯其庸先生在艰难困苦的岁月能够走上学术之路的起点。在这部口述自传中，冯先生追忆了其早年苦学不辍和转益多师的经历。传记的开篇，冯先生提及自己是"地地道道的农民"，但是江南农村的文化气息，却在小学时代能够找到的《三国演义》《芥子园画谱》以及农闲时节的草台班戏剧表演中熏陶了他未来的文艺爱好。与科举时代告别，中国高等教育在晚清建立伊始就发生的一个重要逆转，是实业救国论与民众追求生计的结合，导致几乎所有的中学生在家庭的要求下首选理工专业，这样的取舍其实到今天也没有改变。冯其庸先生最初的高等教育也从无锡工业专科学校开始。好在那个时代，那样的专科学校依旧配置了有相当水准的文学、艺术课程教师。冯先生得以在那里受到文史专业真正的启蒙，并在国文教师张潮象先生的引导下参加"湖山诗社"，写下了平生第一首诗歌："东林剩有草纵横，海内何人续旧盟。今日湖山重结社，振兴绝学仗先生。"诗歌清快豪迈，表达了对无锡东林党人读书救国人生的向往，确实令那些先生们对其早年苦读养成的悟性刮目相看。在传记里回忆更多的，是奠定其国学境界的无锡国学专修学校。无锡国专是以唐文治为代表的中国知识分子在现代化教育潮流中，坚持吸纳传统书院教育的精华，以研究中国传统文化为宗旨，而期于对世界文化有所贡献。对于这一鲜明特色的现代国学摇篮，近年已经多有系统的总结。现在冯先生口述自己在无锡国专的读书体验，可以更生动地窥见其在倡明中国优秀传统而与时俱进的办学理念。

总之，无锡国专的教育使他在传统文史领域得到系统训练，而广泛的兴趣又使他对于书画、鉴定多所涉猎。因此，在古代文学研究、书画艺术、古典诗词创作方面，他堪称是当代难得的全才。仅就古代文学一门而言，今天，当我们以"红学家"称道其最为突出的学术贡献时，更应该知道作为红学领军人物的冯先生在从事《红楼梦》版本整理和研究之前，已经做了这一研究长期而多方面的准备。1954年，他加盟中国人民大学，古代文学课程几乎在草创阶段，他亲自撰著的《中国文学史稿》、主编的《历代文选》，金针度人，体现出他古典文学训练的全面修养。在"文革"之前，《历代文选》这样一部古代文学的选本几乎一枝独秀，它在新的时期承担了过去《古文观止》的普及功能，而受到毛泽东的赞赏，这也是那时绝无仅有的文学建树。半个世纪以后的2005年，中国人民大学成立国学院，冯先生担任首任院长，无疑是实至名归。他为人大国学院设定的课程系统以及"大国学"概念的提出，承接中国传统文化而又照应时代，无疑延续了他学术生涯中早年求教的种种积累。

当然，对于《红楼梦》的研究者而言，这部口述史更是揭示当代《红楼梦》新校注本出版来龙去脉、当代红学研究活动和机构成立、冯先生个人红学研究经历和方法的第一手资料。从口述中可以了解到，冯先生1975年倡导并领命整理校注本《红楼梦》，他才真正走上专业研究的道路。而对于这部千古名著的整理与研究，冯先生确实可以说是呕心沥血，将传统学术中科学考据的方法运用到了极致。从版本的确定、作者家世的认定，他只信奉"实践是检验真理的唯一标准"的原则，一一从头验证，写出了《论庚辰本》《曹雪芹家世新考》等著作，从而为《红楼梦》底本的确定、校注工作的顺利展开，乃至后来《红楼梦》研究守正出新的蔚为潮流，确立了里程碑。从口述史中描述其在巨帙的《清实录》中找到曹雪芹祖上曹振彦入关的踪迹、在辽阳发现曹氏家族的相关碑刻，从而认定曹雪芹祖籍辽阳，这个过程如侦破案件一般，令人读来兴味盎然，随其谜底的层层揭开而兴奋。此外如对《红楼梦》版本先后的考证、曹雪芹墓石的认定，也都据实而论，剥茧抽丝，让阅读者感受到《红楼梦》这部大书，从考证开始就是一门引人入胜的真学问。而由其《红楼梦》研究的夫子自道，也可以领悟到从事中国文学其他领域值得借鉴的方法。

展示了中国文化史上近百年中的诸多人事

作为文化大家的冯其庸先生，一生交往多在文化艺术领域。在早年求学之路的江南，他记录了如二胡艺人阿炳的超凡艺术、无锡国专的国学教育等受教的人事，从侧面呈现了民国艺术史、教育史上的重要内容。如在我们普通读者的心目中，阿炳的《二泉映月》是执简驭繁的二胡名作，以其独特的情韵早已成为中国民乐的重要代表。读过《风雨平生》里"听阿炳演奏"的亲身经历，才知道阿炳的音乐天赋已经高超到不计琴弦粗细、乐器好坏而任意自如的境界，而无论是低回苍凉，还是慷慨悲凉的胡琴与琵琶之声，都是他在苦难的岁月里凝练出来的人生回响。

冯先生在定居北京以来的岁月，对于文化的广泛涉猎，又得以与多个领域的文化人有深入的交往。在他的叙述中，学者郭沫若、李一氓、俞平伯、启功、姚迁，作家袁水拍、田汉、王蒙、金庸，书画家许麐庐、黄永玉、张正宇、刘海粟、朱屺瞻，戏曲艺术家袁世海、陈伯华、赵燕侠、盖叫天、周信芳、厉慧良、俞振飞、关肃霜，工艺大师顾景舟、高海庚、周桂珍以及其在海外因为《红楼梦》而交往的俄罗斯、美国、欧洲的学者，这些因为不同的机缘而走到一起的文化大家，是一部当代文坛的点将录，他们交游的往事为中国传统文化的当代传承增添了不少重要信息。如其中关于看戏的回忆，冯先生说自己是"把中国的传统的戏曲作为我的一门课程来看待的"，他通过戏曲的评论来提高戏曲表演艺术家们的情节展示，而自己也从艺术家们的戏曲表演中体会古典文学的生动意蕴，是对舞台艺术与文学作品互动影响的深入体会。《春草集》是他四十年梨园交往过程中不自觉成为戏曲评论家的结晶，《精忠旗笺证稿》则反映了他参与新中国历史剧编写讨论后对于戏剧与历史关系的文本分析。又如他与诸多中国画家之间的友谊，也真实地反映了这些艺术大师们高超的艺术技巧和率真性情。他写"文革"期间被打倒的张正宇作为"黑画"的代表，在中国舞台美术设计方面的天才表现，栩栩如生；又写张正宇临终之前得知"四人帮"倒台消息之后的快慰心态，真实地还原了那个时代艺术家们期待重返自由的群体意识。他写自己为姚迁遭受诬陷而自杀冤案的平反经历，反映了改革开放初期拨乱反正的曲折过程，读来令人心酸。他写自己与武侠小说大家金庸的交往，竟然是从金庸的哥哥在患难之际冯先生曾经给予的仗义相助开始，渗透着并非大师之间而是普通人生的温暖回忆。

反映了一个中国学者对传统中国文化的执着与自信

《风雨平生》通过一个老人的娓娓而谈，展现了冯其庸先生九十多年风雨人生的欢喜悲忧。在他晚年的学术踪迹中，我们还可以看到其在年逾花甲之后十次前往西域调查的经历。"去西域探寻玄奘取经之路"是先生的夙愿，"他年欲作徐霞客，走遍天西再向东"，冯先生在西部的考察，是他对历史时期的中国文明在丝绸之路上影响的检验。十次考察，他走遍河西走廊、居延黑水，三上葱岭，数越流沙，玄奘所记、所历，堪称一一目验。对于玄奘西行走出今日国门的别迭里山口、东归经行的瓦罕走廊，他都不顾身老病痛，不至不归。2005年，他以83岁高龄最后一次前往西域，最终征服了罗布泊，在夕阳映照下的楼兰古城驻足行吟，圆满了他探寻玄奘之路在西域的所有踪迹。"玄奘取经之路"凝聚了他对中国文化兼容并包、交通东西的开放认识，也反映了他关注中国历史而形成的既定观念，即西域文明是中国文化的组成部分，二者之间是密不可分的血缘关系。

关注西部开发、关注丝路历史以及对大国学概念的倡导，无疑都是他对中国文化的包容性和凝聚力具有充分认识的体现。而他一生的坚定意志和人生成就，也都来自他对这种文化本身的浸润。从回忆里，他特别记述对母亲教导的遵循，反映出传统家教对于中国民众品格传承的重要性。除了早年的成长到处是他母亲的影子之外；到他在北京工作之后，母亲的影响依旧持续。回忆录"三年大饥荒"的章节里，特别写到母亲病重后他回乡看望，母亲嘱咐他一要照顾好在家乡的大嫂一家，因为大哥加入国民党而逃离大陆，造成了她们不良的成分，也影响了生计；二是中华人民共和国成立前借的高利贷不能因为改朝换代而放弃承诺、赖债不还。存在于民间的传统良知与所谓的"阶级斗争"发生冲突时，母亲的嘱咐为先生的人格形成给予了有力的支撑。从传统中吸取精神力量，是他能够不畏淫威而挺身乱世的基石。我们看到，经历批斗时，他以苏东坡的旷达自勉，赋诗"何妨海角天涯去，看尽惊涛起落时"；"文革"最激烈的年头，他抄写《红楼梦》，以防这一作品惨遭"革命"……这些都是他将中国文化作为人生支柱的信念所在。在漫长的回忆中，他一生处理人际关系、追求学术真理的轨迹，无不展示出中国文化中值得我们发扬的人性光辉，成为我们面对各种磨难而砥砺前行的明灯。

"天风海雨饱曾经，又作轻舟万里行"，正如冯先生的诗歌所吟唱的那样，《风雨平生》的阅读，一定会使我们坚信在风雨的历程之后，人生的轻舟总能乘风破浪、勇往直前！

本文原载于《光明日报》二〇一七年一月二十四日

本文作者：北京大学历史系教授

道德文章谁为继

——写在向冯其庸先生遗体告别之际

屈全绳

2017年1月22日，一位中国文化巨人的心脏停止了跳动 —— 冯其庸先生在北京溘然辞世。

冯老走了！他生命里蕴涵的国学能量再也不能释放出来。国学之大悲莫过于此，学人能不为之失声？天地能不为之动容？

顽强的生命终究不是岁月的对手，差5天就进入丁酉年的冯先生没有跨进93岁的门槛，生命永远在丙申年的腊月二十五定格。

尽管我对先生归寂已有预感，但噩耗传来的那一刻，脑子依然如同电击般沉重。放下电话，辛弃疾"道德文章传几世"的词句，又从记忆深处跳出来了——谁能比肩冯其庸先生，成为又一个登上国学巅峰的巨人？我四顾茫然，一时难觅！

2016年11月8日上午，我同李巍先生专程前往通州芳草园探望卧床不起的冯老，当时先生正在昏睡。握手时冯老睁开眼睛看了片刻，居然认出我们并说出了名字。这让我对冯老能享期颐之寿重生了希望。我当即同其夫人夏箓涓教授约定，除夕夜我会从成都打电话给冯老夫妇拜年！夏先生大声转告后，右耳失聪的冯老先是苦涩地笑着点点头，后又无奈地摇摇头，过了一会儿像是自言自语地说："好多事情来不及做了！有几本书正在校印，还不知道能不能看到。"这些话冯老几乎是一个字一个字说出来的。说完神情黯然，眼眶里噙满了泪水。这一刻我能感觉到冯老被我紧握的右手似乎在抖动，但传递给我的信息已经不是力量而像是诀别前的慰藉。我一时语塞，泪眼蒙眬。1993年冯老上帕米尔高原前，在我为他壮行时的豪言又在耳畔响起："人固有一死，或重于泰山，或轻于鸿毛。若能考实玄奘法师取经回归的入境古道，即使命绝昆仑也是有意义的！"说完将杯中酒一饮而尽。如今壮志已酬，夙愿了结，难道先生真的要撒手人寰？从这一天起，不祥之兆的阴影一直在我心头萦绕。

终于，先生没能等到雄鸡报晓的丁酉春节，我给冯老拜年的郑重承诺变成今生不能兑现的一句空话，而聆听冯老教诲只能是储存在记忆中的往事。可是，25年来冯老的形象和精神，已在我心底留下了永不磨灭的烙印。

烙印之一　求索不止

"路漫漫其修远兮，吾将上下而求索。"这是伟大诗人屈原遗世的励志名言，也是季羡林先生题写给冯先生的赠言，更是冯老终生笃行的格言。熟悉红学研究的人都知道，如果说胡适正本清源，把《红楼梦》的著作权还给曹雪芹，让冒名顶替者泉下有愧。那么冯老耗费20多年拨乱反正，让曹雪芹的家世得以在辽阳坐实，让他校点的《红楼梦》（庚辰本）能成为最贴近原著的版本而为专家和读者所肯定，其里程碑意义无可争议。

现在，人们都知道冯其庸先生以研究《红楼梦》的丰硕成果而享誉海内外，却并不十分了解冯老为此而呕心沥血的艰辛，这不能不说是一个遗憾。如果能将这个题材写成一部大书，对于提高时下乃至后人的道德文章水准的意义将是不可估量的。

苦心孤诣地发掘与殚精竭虑地考辨，终于使冯其庸先生登上红学研究的高峰。迄今为止，不仅国内上百所大学回荡着冯老讲授《红楼梦》的无锡乡音，就连美国的威斯康星、哈佛、耶鲁、斯坦福、夏威夷大学，新加坡、马来西亚、韩国的一些著名大学的讲台上，也留下了冯老的声音。而俄国、法国、德国的图书馆、博物馆里也留下了他考察的足迹。《红楼梦》及相关史料的信息，他的授课讲义和录音录像资料，将永远成为国内外一些大学图书馆的珍贵藏品。

冯其庸先生对《红楼梦》研究的主要贡献是作者家世考证、版本比较和文献整理，但当这些基础性的研究成果尘埃落定之后，年过古稀的冯其庸又逐渐将研究重心转到《红楼梦》的思想内涵与艺术成就上来。78岁时完成了历时3年的《论红楼梦思想》，80岁时他发表了沉淀10年的《瓜饭楼重校评批红楼梦》。这两部书稿的面世，无疑是红学的重大收获，不仅丰富了他原来关于《红楼梦》研究的成果，拓展了他在红学研究领域的深度、广度和高度，也进一步确立了他成为举世公认的一代红学大家的地位。这些殊荣并没有使冯老裹足不前。2007年5月，我陪冯老在第三军医大学西南医院查体时，冯老还说到，如果身体没有大问题，他还要去辽阳待一段时间，进一步发掘曹雪芹家族更多的实物和资料。

2008年6月27日，我在301医院病房向季羡林先生介绍冯先生十进新疆、三上帕米尔高原的壮举时，季先生慨然感叹："冯其庸这个人精神好，几十年都在爬坡！"季先生不愧是一代宗师，他对冯先生学术生涯"求索"和"爬坡"的概括，可谓提纲挈领，入木三分，贴切、生动而耐人寻味。

烙印之二　治学不苟

冯老从登上三尺讲台之日起，就奉"传道授业解惑"为圭臬，治学态度之严谨可谓一丝不苟。2007年3月，我在京参加全国人大会议，12日去芳草园看望冯老夫妇。话题不知不觉间转到李白的《峨眉山月歌》上。冯老说："我给学生讲过不少写峨眉山的诗词，我自己却没有上过峨眉山，讲来讲去都是就诗论诗，没有想象空间。虽说不是误人子弟，但毕竟没有感同身受的体验。"听到这里，我当即请冯老偕夫人夏先生春暖花开后去成都走走，把没有游览过的地方补上。先生欣然应允，并定于四五月成行。

五一前夕，冯老夫妇由学生任晓辉陪同来到成都。上山前医生为老人查体时虽没有发现大疾，但冯老毕竟是84岁的耄耋老人，我忐忑不安地送走冯老夫妇，在焦虑中等候他们登上金顶的消息。谢天谢地！在军区战旗报社南远景社长的精心照顾下，冯老夫妇峨眉山之行非常顺利。回到成都后冯老意犹未尽，侃侃而谈，对峨眉山的景观如数家珍。这时候我才知道，冯老在离京之前已经把上峨眉山的功课做过了。

晚饭后冯老兴致盎然，泼墨挥毫，吟诗作画，笑谈峨眉掌故逸闻，抒发心中感受。我见冯老精神矍铄，便乘兴请冯老抽空为军区机关同志讲讲《红楼梦》的主题思想和艺术成就。冯老听后没有马上答应，晚上睡觉前才告诉我："如果要给军区机关同志讲，还是讲讲边塞诗好。边塞诗充满了爱国主义和英雄主义，展示了那个威加四夷、万邦慑服时代戍边将士的精神风貌。今天读来仍动人心弦，发人遐思！"接着又提出，如果同意他讲，最好先确定时间，他还要准备准备。冯老是诗词大家，功夫深湛，造诣脱俗，长于吟咏名山大川，善于感悟历史典故，怎么还要"准备准备"？我以为冯老是谦辞，便请冯老不必客气，只要登台开讲，肯定会受到大家欢迎。

讲课时间定在第二天下午，上午冯老调整了原定参观金沙遗址的安排，闭门谢客，伏案备课，下午3点准时在小礼堂开讲。这是一堂难得的边塞诗词赏析课。冯老从边塞诗产生的历史背景、代表人物、辉煌成就、典型作品、激励作用及其对后世的深远影响，深入浅出地剖析了岑参、高适、李颀、王维、王昌龄等人的代表诗作，讲得荡气回肠，血脉偾张，令听众如痴如醉，激情燃烧。"长河落日孤烟直"的雄奇，"登阵常骑大宛马"的豪迈，"不教胡马度阴山"的气概，让听课的同志深切地感受到冯老的家国情怀和边塞诗词的深厚造诣。

后来我去北京参加全国政协会议，休会期间看望冯老。聊天中又谈到那次在军区讲授边塞诗的趣事，冯老谦和地说："王国维在《人间词话》中讲：古今之成大事业、大学问者，必经过三种之境界，'昨夜西风凋碧树，独上高楼，望尽天涯路。'此第一境也。'衣带渐宽终不悔，为伊消得人憔悴。'此第二境也。'众里寻他千百度，蓦然回首，那人却在，灯火阑珊处。'此第三境也。人老了不能倚老卖老，即使达不到这三种境界，也要向这个方向努力。如果边塞诗讲不出军人的尚武精神和文化内涵，那就欣赏不了'梦回吹角连营'的壮阔图景，感受不到'不破楼兰终不还'的豪气。"

后来，我从《师友笔下的冯其庸》和《冯其庸传》的文章中才知道，冯老一丝不苟的治学态度是一以贯之的。他的书和文章之所以两次得到毛泽东主席的欣赏与推荐，成为党内高级干部的必读书目和中央写作班子的参考文章，是与冯老严谨的治学态度分不开的。

烙印之三　诲人不倦

冯老一生弟子盈门，桃李芬芳，无论学生智商高低，慧愚不等，冯老坚持有教无类，一视同仁。即使不是嫡传弟子，他也招贤纳才，绝无二待。著名的藏学家沈卫荣教授就是在冯老的热心举荐下，由海外归国担任中国人民大学西域历史语言研究所所长的。

冯老对后学新秀的精心培育更是令人感动。现已名播海内外的雕塑家纪峰就是其中一例。出生于安徽界首农村的纪峰天赋好、人勤奋，十几岁时的雕塑作品已栩栩如生。1990年报考中央美术学院雕塑系，被学校录取前他去拜访冯先生，冯老见他传统雕塑的基本功比较扎实，便建议他发挥传统雕塑的优势，吸取外国雕塑的长处，形成自己独特的雕塑风格。纪峰被冯老说得热血沸腾，提出要拜冯老为师，学习传统文化，冯老见纪峰是个志向高远、脚踏实地的青年，便把他收在自己门下读书学艺。后来韩美林工作室需要人帮忙，冯老又把纪峰推荐给韩先生，平时纪峰给韩先生帮忙，周末跟冯老学画读书。冯老谆谆教诲纪峰，我国民族传统的雕塑方法，是以中国人自身的气质特征为依据的。要塑好中国人，必须深刻理解中国人的历史文化背景，深刻把握中国人的民族心理特征，深刻了解你所塑人物的历史文化和心理特征，只有这样去理解和观察，一个人内在的精神气质，才能表现到作品外在物化形象上。除了言传身教，冯先生还要求纪峰坚持读万卷书、行万里路的治学原则，鼓励纪峰外出考察游学，不断扩大视野，丰富知识。1993年8月，冯老考察玄奘东归入境古道时，就是带着纪峰一起去新疆的。在南疆军区期间，冯老向我介绍纪峰："他脑子灵，年纪轻，读书、做事舍得下功夫，将来会有大出息。这次带他出来，就是要他看看新疆的名山大川，了解西域的浩瀚大漠，开阔他的视野。"

纪峰不负冯老厚望，现在已是国内外知名的雕塑家，不仅为国内几百位大家名人塑造了惟妙惟肖、尺幅不等的各种材质塑像，有几个国家的国王也邀请纪峰为其塑像。纪峰两次告诉我，没有冯先生和韩先生的耳濡目染和及时点拨，他今天不可能有几百件雕塑作品为国内外专家和观众所喜爱。2013年12月，纪峰在无锡冯其庸学术馆举办了"纪峰雕塑作品展"和个人简况介绍，回顾自己的成长历程，表达了对恩师的敬仰和谢忱。

《贞观长歌》的小说和编剧作者周志方也是得到冯老指点的年轻人。1992年，从中国人民大学新闻系毕业的周志方刚踏进新华社军分社，就被分配到新疆军区记者站工作。当时我是新疆军区政治部主任，在同周志方聊天时得知他对文学创作兴趣更大，便鼓励他向杜鹏程学习，立足记者工作岗位，积累文学创作素材。孰料几年之后，这个才气横溢的年轻人便写出了《贞观长歌》这部热销长篇小说，接着又自己改编成82集电视剧在央视热播，创造了中国电视长剧的纪录。事后我才听说，当周志方以隔代再传弟子向冯老请教学问时，曾在人大新闻系教过文学的冯先生，每次都给予热情的指点。

如果说周志方得到冯老的指导有师生传承上的血缘关系，那么二月河与冯老的因缘际会则颇为传奇。原来二月河是把研究《红楼梦》作为创作历史小说的敲门砖，试着给《红楼梦学刊》投了一篇稿子并附信请指导，半年多却不见回音。心有不甘的二月河便给当时编委会成员之一的冯其庸写信"讨说法"。他没有想到，不到一个星期就收到了冯先生的回信。冯先生不仅推荐刊物发表了他的文章，还从中看到了二月河的文学才气。突遇贵人相助，二月河不知如何感谢，直到1982年全国第三次《红楼梦》学术讨论会在上海召开时，他才第一次见到冯其庸先生。冯先生赞扬二月河的红学论文"想象丰富，用笔细腻，是小说的笔法"。在冯先生的启示和鼓励下，二月河开始了小说创作，并经常写信给冯先生介绍他的写作情况。1984年5月，冯先生到南阳考察，专门去看望二月河，连续三个晚上浏览了二月河写成的书稿，读过之后嘱咐二月河坚持下去，一定能写出好的作品。冯先生返京后又给二月河寄了一些清史资料，对二月河的写作帮助很大。《康熙大帝》书稿写成后，冯先生又亲自联系出版社为其出书。从此二月河名声大噪，接下来《雍正皇帝》《乾隆皇帝》两部长篇小说出版，二月河成为全国闻名的小说家。二月河对冯先生的提携之恩感动不已，在接受记者采访时多次说过："我没上过大学，在当时也毫无知名度，冯其庸先生能如此帮助一个晚辈，体现的正是为师的高尚情怀。认识他是我人生的一个重要转折点。"作为学生，二月河认为仅仅感恩老师是不够的，还要倾尽自己的心血和力量为社会服务，才是对老师最好的报答。

冯老虽然不无遗憾地走了，但他的门下桃李正在绽蕾吐艳。他早年的学生有的已跻身大家行列，晚年的时俊正在冯先生架起的学术天梯上，朝着大国学的珠穆朗玛峰攀登。

烙印之四　壮心不已

了解冯老的人都知道，冯先生晚年的学术高峰，是在他退休之后拔地而起的。《玄奘取经东归入境古道考实》和《项羽不死于乌江考》，解开了无数学者想为而不敢为、想为而不能为的千古之谜，在国内外史学界、佛学界、考古界引起强烈反响。一位史学界的学者不无感慨地说："帕米尔高原不仅是生命禁区，也是精神高地。冯其庸先生不仅是探索学海深处的潜泳者，而且是学术高峰的攀登人。没有他的探索精神和实践方法，也许这两个千古之谜将继续成为悬案！"我在南疆军区任政委时，曾赞扬我们的高原官兵"缺氧不缺精神，吃苦不怕艰苦"。2012年，在无锡冯其庸学术馆落成典礼上，当我用这两句话赞颂冯老时，老人竟然谦虚地说："只有玄奘法师能同万山之祖上守哨卡的解放军相比，我做了一件自己应该做的事情，只不过辛苦了几趟！"

《项羽不死于乌江考》一文发表后，冯老告诉我，他很关注不同意见的文章，特别希望看到有新的考证文章和不同观点出现。但直到冯老仙逝，他也没有能看到他希望看到的文章。倒是冯老进一步发掘文献查实，项羽自刎乌江始于元代杂剧，在此之前的正史野史，都是沿袭了《史记》和《汉书》的说法。冯先生联系时下的学风说："现在戏说历史，乱说历史，甚至胡说历史的现象愈演愈烈，这是个很不好的现象！弄不好后人还会遇到'项羽自刎于乌江'这样的误说误导。"

冯老1964年至1965年在长安县参加过一年"四清"运动，对十三朝古都的历史遗迹兴趣非常浓厚。他知道我是西安人，多次希望我能陪他实地考察玄奘回来归长安后译经、讲经、弘法、圆寂的寺庙旧址，搜集流失在民间的有关文物，做些力所能及的考证和辨析。这样他就能在余年把玄奘回国之后的文章写出来。我为辅佐冯老完成这一宏愿，也做了些必要的准备，走访了与玄奘有关的七八座寺庙及遗址，然而因为体力不支，冯老关于玄奘的大文章最终未能动笔，参加"四清"运动期间收集的资料成了他遗愿的见证。"出师未捷身先死，长使英雄泪满襟。"文章未曾下笔，斯人驾鹤西去。我认为，冯先生就是带着这个遗憾而离开的。

冯其庸先生一生获得的荣誉无以数计，但对大师之类的高帽子却拒绝接受。他不止一次地调侃说："大师大师，大学老师而已！"但在我的眼里，冯其庸先生是当今名副其实的大师。

2012年，冯其庸先生荣获中国人民大学首届吴玉章终身成就奖。颁奖词是这样写的："冯其庸以文人意趣名世，通书画以涵养学术，兼文史而心性双修。其书法逸笔草草、气韵悠远；其画卷师法古人、洗尽铅华；其学术结集《瓜饭楼丛稿》三十五卷，以红学、西域学独领风骚，亦因所涉浩瀚而令人钦叹；其平生书破万卷，路行万里，追寻玄奘，十上天山。近年来冯其庸先生倡导国学，弘扬传统，身体力行，垂范后人。"

诚然，寥寥数语不失言简意赅，但却难以完全概括这位学冠同辈、艺竞群儒、著述等身、名播域内外的国学大师的学术生涯与学术成就。

冯其庸先生的"求索"精神和"爬坡"毅力，如同一个永不满足跨越高度的跳高运动员，一次次地升高横杆，一次次地跨越横杆，直到生命高度的终点。

我视野里的冯其庸先生走了，但我心中的冯其庸先生仍然活着！

二〇一七年二月二日

本文作者：成都军区原副政委、中将

行走于天地间

——缅怀冯其庸先生重实地考察的治学精神

雷广平

　　冯其庸先生一生治学除了对红学研究的巨大贡献外，最令人震撼的便是他晚年十赴西域探寻玄奘取经之路的壮举。从1986年的首次新疆之行到2005年9月最后一次穿越罗布泊、楼兰，考察玄奘回归长安的最后经由路段，那时冯老已逾80高龄。其间经常需要翻越海拔4000多米的高山，涉过没腰深的湍急河流，顶着大漠不时刮起的遮天盖日的风沙，承受着每天温差达四五十度的酷暑严寒，身处同等年龄的老人大都无法抵御的险恶自然环境，亦如唐僧取经般地克服无数艰难险阻，为的就是要亲身感受早年在传统文献典籍中习得的遥远西域，解开玄奘取经回归到底走的哪一条路线这个谜团。20年的漫漫追索，他的行程达十余万公里，所涉足迹，甚至要超过好多一生生活在新疆的当地人。他的西域考察当然是成果斐然：他提出了"玄奘归国古道"的概念，确认了玄奘取经回归是从瓦罕古道南边的明铁盖山口，并在山口立碑为纪；查证了玄奘回归长安的最后路段，认为并非是沿着昆仑山、阿尔金山北麓经敦煌至长安的传统说法，而是到了于阗后又往北顺着大漠到了泥壤，再经罗布泊（古时也称那缚波）、楼兰回到长安，与《大唐西域记》的相关记载基本相吻合；致力于《玄奘古道寻踪》纪录片的拍摄与播出，带动了人们对玄奘之路与玄奘精神的探求兴致；开创了"西域学"研究领域，并积极建议国家在中国人民大学设立"西域研究所"，继而将有志于西域研究的专家学者汇聚起来，形成合力，以"接继绝学、钩沉发微"，使西域研究不断获得新成果。

　　冯先生的十度西域之行，创造了他晚年学术事业的一个新高峰，同时也是他一生秉承走历史文献典籍研究与实地遗存考察相结合治学道路的成功范例。

　　"行走在天地间"，这是冯老辞世之前口述自传《风雨平生》一书中的一个专题，也是他对自己平生不拘于书本，乐于在大自然中寻求学术真谛的治学精神，乐观的浪漫式概括。从中可以看到，重实地考察是冯老从青年时代起就养成的良好的治学之风。

早在"文革"期间，冯老被下放到江西干校劳动改造，尽管那里的条件十分艰苦，劳动十分繁重，每天打石头手都震裂了，种水稻腰都累弯了，除了体力上的透支，还不时地要受到检查、反省、批斗等精神上的摧残。即使如此，只要能与大自然亲密接触，就能引发他浓厚的探寻隐秘的兴致。于是，一旦盼到每月少有的休息日，别人都忙着处理内务或去闲逛寻乐，他却提前打探好附近有什么历史文化遗迹，并计算好当天可以返程的时间路线，天不亮就独自启程，有时要步行一个多小时到最近的小火车站，乘火车去鹰潭江边考察那里悬崖峭壁上的古代悬棺，探究古代先民是如何将沉重的棺椁提升到距离水面几十米的高崖洞内的技巧；去铅山寻找诗人辛弃疾的墓葬，途中见到那气势磅礴向一面倾斜的铅山奇异景观，才领会了辛弃疾可能是在这里得到了灵感，因此有了"青山欲共高人语，联翩万马来无数"的绝唱；到庐山香炉峰，感受当年诗人李白所咏庐山瀑布那"飞流直下三千尺，疑是银河落九天"的意境。他还去星子县的落星墩，那是当年黄庭坚写《题落星寺四首》诗的地方……有时候考察兴致正浓，猛然想起该是返程时间了，如果不能按时回到驻地，在那视同劳改的干校里，所受的制裁是可想而知的。所以只好放弃未了的考察课题，寄希望于下一个休息日再度重来。冯老在书中说："我能够从实地调查跟我读的书结合起来，看到当时的历史地理和写诗的环境。"

不久后，冯老受命主持校订《红楼梦》，并因此步入专致于红学研究之路。原本搞校订就是在众多同类本子中选取一个合适的本子，再将相关文献资料收集起来，对照并遴选出可靠的材料来更正所选本子中的谬误，这完全是一种坐在研究室里完成的工作。然而冯老认为，新的校订本印行，首先要有一篇前言，而在前言里一定要交代清楚作者曹雪芹及其家世。此时何处是作者的祖籍尚无令人信服之说，于是他想起许多年前曾看到过展出的《辽东五庆堂曹氏宗谱》，继而发挥他治学之长，以曹雪芹家世考证为研究命题，开始了实地考察之旅。

冯老数度辽阳之行考证"三碑"。此前他首先在《清实录》中发现了关于曹振彦的记载，掌握了这位曹雪芹之先祖曾在多尔衮属下任职的史料。当时后金的政治中心在沈阳，之前在辽阳，那么曹振彦出现在多尔衮的麾下，说明曹家在这一带生活的可能性很大。几乎是同时辽阳传来发现一幢刻有曹振彦名字的石碑，即《大金喇嘛法师宝记碑》。于是，冯老星夜赶往辽阳，在文管所的配合下很快弄清了这块碑碑阴一连串名字当中镌刻着的教官曹振彦的名字。大喜过望中冯老认为，只要仔细调查了解，定会有新的发现。果然不到一个月，在辽阳又发现了第二块刻有曹振彦名字的碑，即《重建玉皇庙碑》。此时曹振彦的官职已由教官改为致政，在冯老的细心考察下，又同时发现了刻有多名曹氏先人名字的《东京新建弥陀禅寺碑》，其名字都在《辽东五庆堂曹氏宗谱》上有所登录。冯老认为，传统做学问，第一是"无证不信"，另一条是"孤证不立"，也就是说一件事要有两条以上的证据才能论实。他还说过"光凭人家一封信，不看到实物，我不放心"。就是这种求实的精神鼓舞着他先后在短时间内四次赴辽阳，三次登上千山，以不断的惊人发现将文献记载与实物证据相互印证，坐实了曹雪芹先祖曾生活在辽阳，曹家祖籍为辽阳的结论。随后出版的《曹雪芹家世新考》，成为他对红学研究领域的一大突出贡献。

张庆善会长在悼念冯老的文章中曾对他一生所秉持的治学特点做了这样的结论："冯先生从年轻时开始，就确定了走历史文献考证和地面遗存调查相结合的学术道路，一辈子也没有放弃这种坚持。"对此，我十分赞同并有切身感受。

我与冯老结识于1995年，他的这种务实求真的治学态度对我教益颇深。此前，他为了出版《曹雪芹家世·〈红楼梦〉文物图录》，弄清其中辽沈一章所涉曹振彦随多尔衮入关一节的相关资料，曾两次来到山海关实地考察，确定了距山海关东门外约两公里远的威远城及烽火台遗址，那里就是吴三桂受降的地方。同时还考察了两军鏖战的石河古战场。遗憾的是当时我尚未迁至秦皇岛，与冯老也还未曾相识，错过了与他相伴考察学习的机会。

然而在2007年深秋，我带车去西安办事，正巧冯老在西安参加纪念西安碑林落成920周年庆典。听说后我便通过与冯老随行的任晓辉先生问明了他们的驻地前去拜访，冯老听说我是带车来的，十分高兴，提出会后想去渭北一带考察唐代"安史之乱"期间诗人杜甫的避乱之处，然后经由太原回京，顺路到山西省博物院参观考察。看来这是他长久以来的心愿，我当然求之不得，欣然同意陪他前往。于是，便有了这次令人难忘的与大师同行的经历。

位于今陕西西安以北的富县羌村（现名大申号村），曾是唐代著名诗人杜甫为躲避"安史之乱"携家人栖身的地方，其间国破家亡的惨状和流离失所的困顿，时时引发着诗人的无限感慨，既而化作《述怀》《春望》《月夜》《北征》《羌村》等传世名作，其中的《羌村三首》更是脍炙人口。我们一行从西安出发，沿着当年杜甫避乱之路逶迤前行，第一站是白水县的仓颉庙，据传当年杜甫离开西安先是在郊外住了一段时间，仓颉庙就是其中的一处栖身之所。随后又经由南、北彭衙来到耀县，在耀县药王庙的玉皇阁，冯老登上临时搭起的三米多高的木梯仔细辨认着镌刻在一座铸铜大钟表面上的铭文，据介绍这是铸于唐贞观三年距今已有1380多年历史的国家一级文物。从耀县驱车来到富县，由县文管局长做向导，来到距县城约15公里远的古羌村。这里青山环绕，碧水中流，风景优美。这里也因杜甫避乱寓居于此约一年之久而著名。时至黄昏，冯老考察兴致丝毫不减，我们不仅找到了几乎已被蒿草埋没的"少陵旧游"摩崖石刻碑，还找到了位于村东不远的天宁寺遗址，这里曾是杜甫一家人栖息之所。废寺无存，唯有立于明成化年间的两块石碑依然在瓦砾中矗立着。一块是螭首、龟趺，高2.87米的《重修羌村天宁寺碑》，另一块是高1.51米的《重修羌村桥碑》，冯老认真仔细地辨认着碑文，反复测量、拍照，直到太阳落山天色渐暗方离去。我们又接着驱车一个多小时，来到距黄河壶口瀑布很近的宜川县住宿。或许是因为完成了他长久的夙愿，考察获得了预期成果，冯老特别高兴，提出晚餐要喝点酒。于是，我们寻了一处偏僻肃静的小店，将一瓶烧酒喝了个干净。这一天是10月26日，农历的九月十六，据报道说这一晚的月亮是九年来最大最亮的一次，想起杜甫的诗句"今夜鄜州月，闺中只独看……"而我今夜能陪伴冯老在鄜州境域共赏明月，真是终生之幸。次日上午，我们将越过黄河去太原，途中游览了气势磅礴的壶口瀑布，冯老抢先在地摊上穿起翻羊皮褂子，头上扎块白羊肚毛巾，手握长杆烟袋，俨然一副陕北老农形象，我见了也急忙学着装扮起来，与冯老紧靠着站在崖边，留下了一幅最为珍贵的合影。在太原，我还有幸随着冯老参观了博物院难得一见的珍稀文物。一路上不仅目睹他老人家实地考察中不辞辛劳、严谨求实、一丝不苟的作风，每到一处，还悉心聆听他对文物古迹、历史典故高屋建瓴般的解读，真是受益匪浅。

后来的这些年，冯老一直想再来秦皇岛山海关，让我陪他考察一片石李自成的大顺军越城偷袭清军的通道和敦敏、敦诚在渝关的活动遗迹，终因他要做的事情太多加之身体欠佳而未能成行，实为一大憾事。

"纸上得来终觉浅，绝知此事要躬行。"读书是获取知识的捷径，但书本上的东西毕竟是别人的实践所得，间接的接受终归觉得浅显，要想认识事物或事理的本质必须通过自己的实践。熟读经史的冯老早已参透了其中的哲理，凡事不仅要亲闻，更要亲历。从而养成了他那独具一格的重实践、重调查研究的治学之风。

与冯老相识相知20余年，几乎每年我都不止一次地去他的京东且住草堂拜访，他的谆谆教诲，他对我学术研究的指迷，他持之以恒的钻研精神，他那耿介忠直的品性，他那博大的胸怀、志存高远的气质以及由此凝聚而成的人格魅力，将永远感染着我、激励着我，成为我不断实现人生高尚追求的动力。

丁酉初夏写于枝叶斋

本文原载于《红楼梦学刊》二〇一七年第四辑

本文作者：中国红楼梦学会理事

从贫苦农家走出的文化巨匠

叶君远

《风雨平生——冯其庸口述自传》一书是冯其庸先生晚年所做口述自传，这项工作开始于2012年8月，那时先生身体已经相当虚弱，常病卧于榻上，录音断断续续，整理成文字之后，先生又支撑病体，亲自增删修改五次，前后历时四年方始完成。而一年半之后，先生便遽归道山，故此书成为先生最后的遗作。

先生用"风雨平生"作书名，可谓意味深长。从先生自述可知，他这一生曾历经风风雨雨，遭受许许多多磨难与坎坷。先生另有一篇文章，题目叫"渡尽劫波见光明"，"渡尽劫波"者，正此意也。

人生磨难从先生童年就开始了，那时家里贫困到经常吃不饱饭，青黄不接时只能以南瓜充饥。生活维艰，求学岂易？偏偏又遭遇日寇侵华，腥风血雨，家乡沦陷，学校关门。他小学五年级便失学，从此天天下地干活。几年后上了中学，念到高一再次失学。但先生并没有灰心丧志，上不成学，就自修；家里没书，就四处借阅；干活没时间，就利用深夜、清晨和劳作间隙苦读。几年里陆续读完了《三国演义》《水浒传》《西厢记》《古文观止》《史记菁华录》《古诗源》《唐诗三百首》《宋词三百首》《西青散记》《浮生六记》《秋水轩尺牍》《陶庵梦忆》等大量古籍。还找到一本《芥子园画谱》和几册有王羲之书法的《淳化阁帖》，照着画画写字。先生自述这一段时间非常难忘，说如果没有这一段时间的自学，自己的兴趣不会那样广。

中年以后依旧风雨相随。一次又一次的政治运动，先生几乎都受到冲击。"走白专道路""名利思想""个人奋斗"等一顶顶帽子被扣到头上。"文化大革命"中更被打成"反动学术权威"，遭到抄家和批斗。但先生一直非常清醒，坚信国家不能没有文化，人民需要学术研究。这时期堪称奇迹的一件事情足以证明其信念之坚守：造反派抄走了家里的《红楼梦》，当作黄色小说展览。先生痛心疾首，也心急如焚，担心此风吹向全国，这部奇书将遭受灭顶之灾，于是决心冒险重抄一部。从1967年12月3日开始，每天深夜以小楷精抄借来的庚辰本《石头记》，完全按照原书款式，80回，连正文带批语共70万字，到1968年6月12日凌晨抄毕，历时七个多月。先生自述这一段经历时语调平淡，但联系当时"破四旧"、批判"封资修"、两派武斗的混乱环境，和他人身不自由，一旦被发现就会被定罪、遭批斗的险恶，他这样做，该需要多大的勇气！没有对传统文化的挚爱和坚定不移的意志与毅力，绝难办到。如今，这部产生于特殊历史时期的"冯抄本"业已成为红学史上的具有版本和书法艺术双重价值的文物了。

正是凭借着这份对于传统文化的挚爱和传承文化的自觉意识，不管遇到什么样的风风雨雨，先生求学治学之心始终不曾稍懈，几十年如一日矢志不渝地读书、研究，终于修成第一等学问。红学、文史、戏剧，深研卓识，皆称大家；诗词、书法、绘画，并所擅长，皆臻妙境；园林泉石、陶瓷紫砂、汉代画像等，也广泛涉猎，修养深湛。通过这部口述自传，读者可以看出先生是如何从一个贫苦的农家子弟成长为一代文化巨匠的。这部书乃是一部自强不息、执着奋进的成才史，是一部足以使懦者立、嬉者戒、怠者起的人生启示录。

冯先生之所以能够在传统文化的诸多方面都取得非凡的成就，除了天赋与苦读的因素之外，还有两个方面不能不提，这就是"舟车行天下"与"交际得胜流"。

冯先生在自传中说："我认为一切讨论古代的文化历史的问题，最好是做实地调查"，所以他一有机会就走出书斋，"行走在天地间"。自传中好多章节讲到了游历。就拿"文化大革命"在干校的三年来说吧，先生每逢节假日辄外出，其足迹广至赣、苏、浙、鲁、豫、湘、皖、桂各省。不管走到哪里，他都能跟做学问联系起来。例如去星子县，特别去游览落星墩，因为黄庭坚为这个湖中小岛题写过四首诗；去铅山，寻找辛弃疾墓未果，但发现这里的山都是倾斜的，就像万马奔腾一样往前"奔跑"，于是体会到辛词"青山欲共高人语，联翩万马来无数"描写之妙；去镇江焦山，专门去观赏碑帖史上非常知名的《瘗鹤铭》原石……

"文化大革命"之后，先生更是纵意东西，各处行走，哪怕严寒凛冽、炎暑蒸人，劳碌饥渴，也乐此不疲。他不仅是要获得阅读纸本书籍所缺少的实感，更是要将所闻所见与书面文献互相印证，以解决学术问题。对于曹雪芹祖籍辽阳的考证，对于项羽死亡之地的考证，就都是运用这一互参法打破陈说取得突破的例证。

直到晚年，先生行走的脚步也没有停止。自传中专门有"十赴西域"一章，写他对于西部历史文化大规模的调查。其主要目的是考证玄奘取经之路，旁及其他。凡玄奘经行、驻足之处，他都根据《大唐西域记》等文献，按迹寻踪，一段一段调查。地形地貌、历史遗迹、出土文物、民俗风情，一一进入他考察的视野。为了确认玄奘取经归来入境所走路线，他登上帕米尔高原，最高到达海拔 4700 米的明铁盖。这里的发现，让他兴奋异常。亲自目验了"瓦罕通道"路标和公主堡方位，亲耳听到当地流传的波斯商人赶着一千头羊和骆驼，命丧于此的故事，还有"波谜罗川"（帕米尔）、揭盘陀等，无不与《大唐西域记》所记吻合，确凿无疑地证明了玄奘取经归来正是从这个山口下来的。2005 年 9 月，他又深入罗布泊、楼兰，经龙城、白龙堆、三垄沙入玉门关，证实了玄奘回归长安的最后路段。其中整整七天穿行于茫茫戈壁，风餐露宿，可以想得到有多么艰辛，但是在自传中，先生只讲获得新发现的快乐。

古人早就强调过"读万卷书"还需"行万里路"，像司马迁、李白、杜甫、苏轼、顾炎武……无不是"车迹、舟船半天下"，至于佛学大师玄奘、地理学家徐霞客更是足迹远至天涯绝域。在这方面，冯先生同那些古代先贤一样，也是真正的践行者。

"交际得胜流"，指的是与真正有学问有专长的第一流人物交往。冯先生喜交友，一生中和许多大学者、大艺术家交往不断。仅口述自传所提到的就有俞平伯、谢无量、郭沫若、唐兰、启功、季羡林、姚奠中、饶宗颐、翦伯赞、苏秉琦、卞孝萱、杨廷福以及海外的周策纵、余英时等一大批硕学鸿儒，书画界有刘海粟、朱屺瞻、张正宇、黄永玉、许麇庐、关良等大画家，戏剧界有田汉、周贻白、阿甲、祝肇年等剧作家和学者，也有马连良、盖叫天、李少春、厉慧良、关肃霜、袁世海、赵燕侠、侯永奎、王传淞、张娴、张继青、陈伯华等表演艺术家，此外还有红学家吴恩裕、李希凡，敦煌学家樊锦诗，古园林建筑专家陈从周，文博专家姚迁，西域考古专家王炳华，武侠小说家金庸，服饰专家黄能馥，古代家具专家陈增弼，紫砂工艺家顾景舟、高海庚、周桂珍、徐秀棠等，至于当年无锡国专的老师王蘧常、钱仲联更是请益受教几十年。如果看过先生另外两本书《墨缘集》《瓜饭集》，就知道这个名单可以开列得更长。冯先生和他们中的很多人成为挚交，建立了真诚持久的友谊。他们或因文字结缘，或因艺事相知，或因学问相慕，总之是精神与气质相投，爱好与意趣相合，品位与格调相契。先生曾写下这样的诗句："会与高人期物外，五千年事上心头"，可见先生希望与所钦佩的这些学者、艺术家们一起来切磋交流他们共同心心念念的传统文化，在非功利性的交往中享受境界提升、超脱凡俗的精神愉悦。

冯先生博闻广识、多才多艺，显然与他不断虚心地与那些学者、艺术家交流、广采博纳有关。就拿他与戏剧演员的交往来说吧，从口述自传可以看出他结识了众多的优秀演员，而且是倾心相交。戏剧演员一般文化程度不高，但先生却是把那些演员"作为优秀的老师来看待"，觉得"听戏曲演唱等于上戏曲史的课"。去看戏他常常带着剧本，与表演对照着看，认为"光看剧本，还是一个文字的、书面的，只有看到舞台上的演出，才是立体的，才是行动的，理解起来就不一样了"。先生的戏曲知识那么丰富，那么专业，周信芳、厉慧良、袁世海等戏曲大家都倾听过他的意见和建议，把他的评论看成切中肯綮的行家之言，由此也就不难理解了。

这部口述自传所记录的冯先生与那些学者、艺术家交往的逸事，不仅读来津津有味，而且给人很多的联想与启示，它们或将成为当代文化史上有趣且有意义的资料。

古人总强调"道德文章"，将道德与文章并提。这很对，一个人的道德境界会深刻影响其学术境界。上面已经讲到了冯先生许多方面的珍贵品德，如信念坚定、待人真诚、虚怀若谷等。这里想着重说说先生讲事实、说真话、敢于坚持真理的一面。

口述自传记录了这样几件事，一件事是三年困难时期他回老家看望重病的母亲，亲眼见到堂叔和小时候伙伴的母亲饿死，听到当地百姓的诉苦，心想家乡是鱼米之乡，怎么会饿死人呢？不正常啊。回到北京就写了一篇报告叫《回乡见闻》，把听到见到的都写进去了，上交给组织。在当时极"左"的气氛中，敢于直面现实，秉笔直书，该需要多大的勇气！"文化大革命"中，这篇《回乡见闻》被造反派当成先生反党反社会主义的罪状，要他低头认罪。他回答说："我讲的都是事实，你们可以跟我到我老家去调查，开农民大会，把我的报告念给老百姓听，让他们听听我讲的是谎言还是事实。如果你们不去调查、面对老百姓，那我绝不会认罪。"

再一件事是"文化大革命"中，"四人帮"搞"评法批儒"运动，先生受命为《李卓吾文选》撰写一篇序言，而且明确告诉他要写"李贽是法家"。他当时并不完全了解李贽，既然要写序，就把李贽的书全部买齐，从头到尾反复读了好几遍。读完之后，认为李贽绝对不是一个法家，不能为了附和"四人帮"硬把他说成法家，因为没有任何学术依据。但序言又不能不写，于是就照着自己的理解评论李贽，从头到尾都是根据李贽的原话得出结论，每提一个问题，都用李贽原话来证实，所以文章写得很长，但就是一个字都不提李贽是法家。结果文章送上去就被退回来，说不能用。先生心想这正中下怀。

口述自传中还说到另外一件事，"文化大革命"结束不久，极"左"思潮仍然禁锢人们思想。1978年5月11日，《光明日报》发表《实践是检验真理的唯一标准》一文，引发大讨论，吹响了思想解放的号角。大家都知道，这篇文章是胡耀邦同志安排发表的，为的是纠正还在禁锢人们思想的"文化大革命"余毒。后来别人发现，冯先生在10个月前出版的《论庚辰本》一书中就公开申明了这一观点，该书序言说："我坚信科学上的是非真伪，不能凭个人的主观自信而只能由客观实践来检验，只有实践才是检验真理的标准。"书的结尾讲得更加明确："究竟是谁的意见比较符合这些版本的客观实际情况，这要由客观实践的检验来加以鉴定。实践是检验真理的唯一标准，除此之外，不能有第二个标准。"年龄大一点的都知道，1977年，"两个凡是"的论调还统治着思想界。冯先生在这种政治气候下公开申明这样的观点，有人认为是先知先觉，实际上这是出于他一贯坚持真理之必然。

尊重事实，信守真理，绝不说假话，绝不做违心之论，为先生一辈子所坚持之准则，无论在学术研究上还是在待人处事上都是如此。先生的学术、艺术成就令我们景仰，其事业需要我们继承；而他的人格，他的道德，他的人生境界，更值得我们钦佩，更应当发扬光大。

本文原载于《中国图书评论》二〇一七年第十二期

冯其庸先生与新时期红学

——深切悼念冯其庸先生

张庆善

2017年1月22日（农历腊月二十五）中午12点18分，冯其庸先生仙逝，这一天离他的生日只差四天。而在2017年1月的光明书榜上推荐的10种图书中，关于冯老的书就有两种，即《风雨平生——冯其庸口述自传》《瓜饭楼钞庚辰本石头记》，老先生似乎了却了他的心愿，所以安详地离去。正如他的口述史所说，他的一生可谓历经风雨，而又波澜壮阔，他是一个靠"瓜饭"养育，从农村走出来的大师，是一个具有玄奘一样百折不挠取经精神而从事学术研究的大师，冯其庸就是一个传奇。因此冯老的离去，震动了多少人的心弦，人们的悼念，是对冯老的敬重，更是深切地感受到我们这个需要大师的时代又少了一位大师。

这些天冯老去世引起了媒体的关注，不少媒体采访我，都要问两个问题：一是冯老对红学有哪些贡献；二是你跟冯老有什么要说一说的事情。这两个问题确实都值得说一说。说到冯老对红学的贡献，我认为冯其庸先生是当代最具代表性、最具影响力的红学大家，是新时期红学发展的主要推动者，是新时期红学第一人，他对新时期红学发展做出的贡献，无人能比。或许有人要问，你这样评价冯老，根据什么呢？特别是你说冯老是新时期红学第一人，这是否合适？我在这里再一次明确地说，冯其庸先生是新时期红学第一人，这是实事求是的评价，是公正的评价，冯老当之无愧。

冯老对红学的贡献主要体现在以下三个方面：

一、他个人丰富的红学著述。冯老可谓著述等身，学富五车。前些年青岛出版社把冯老几十年的学术成果整理出版，名为《瓜饭楼丛稿》，计33卷，达1700多万字，真是令人惊叹。在《瓜饭楼丛稿》中，关于曹雪芹和《红楼梦》研究的著述就有：《曹雪芹家世新考》、《漱石集》（研究《石头记》古抄本的结集）、《沧桑集》（研究曹雪芹家世的结集）、《解梦集》（研究《红楼梦》思想艺术等方面的结集）、《瓜饭楼手批甲戌本石头记》、《瓜饭楼手批己卯本石头记》《瓜饭楼手批庚辰本石头记》《曹雪芹家世·〈红楼梦〉文物图录》、《瓜饭楼重校评批红楼梦》，等等。四十多年来，冯其庸先生撰写了大量的有关曹雪芹和《红楼梦》研究的著作和文章，其中《曹学叙论》《论庚辰本》《石头记脂本研究》《论红楼梦思想》《曹雪芹家世新考》《曹雪芹家世·〈红楼梦〉文物图录》《瓜饭楼重校评批红楼梦》等，都是新时期红学发展标志性的成果。《瓜饭楼重校评批红楼梦》，是冯老花费五年时间完成的一部学术巨著，融合了他对曹雪芹家世、《红楼梦》早期抄本、《红楼梦》思想艺术研究以及人物研究的全部成果，还吸收了红学评点派的精华和其他的红学家研究成果，用冯老自己的话说，这部《瓜饭楼重校评批红楼梦》"可以说是我全部红学研究的总汇，也是我自己的四十年研红心血所聚"。冯其庸先生在曹雪芹家世研究、《红楼梦》版本研究、《红楼梦》思想艺术研究等方面的诸多学术成果，对新时期红学的发展产生了重要的影响。

冯其庸先生与《红楼梦》结缘，首先是从研究曹雪芹家世与《红楼梦》版本入手的，他在这两方面的成就尤其巨大。冯先生认为，研究文学作品，离不开"知人论世"。《红楼梦》不是曹雪芹的自传，但《红楼梦》的创作包含着作者对自己家庭往事的回忆、哀伤和思考，所以他认为要真正理解《红楼梦》，明白曹雪芹的苦心，第一是要弄清楚曹雪芹家世的大起大落，要弄清楚曹家的所谓巨额亏空，实际上是为康熙南巡而造成的亏空，所以《红楼梦》中不时流露出悲凉之雾，流露出一种"怨愤"的情绪；第二是要对明清之际，直到曹雪芹时代的社会、经济、思想、风俗、制度等有一个全面的了解，因为《红楼梦》是康、雍、乾时代社会思想风俗的大综合，它具有的思想深度和社会生活的广度都不是别书可比的；第三是必须深研《红楼梦》早期抄本，因为这些早期抄本还没有被后人篡改。他认为只有对这三个方面做深入研究，才能正确地认识《红楼梦》。正是因为有这样的认识，冯其庸先生始终对研究曹雪芹及其家世、研究《红楼梦》早期钞本十分关注，下的功夫也最大。

冯先生从年轻的时候开始，就确定了走历史文献考证和地面遗存调查相结合的学术道路，一辈子也没有放弃这种坚持。因此在进入曹雪芹家世研究领域的时候，他十分重视文献史料的发现考证与遗存实物的发现调查相结合。四十多年来，冯其庸先生在曹雪芹家世的研究上取得了突破性的成就。（一）他的重要学术著作《曹雪芹家世新考》以大量史料雄辩地论证了《五庆堂重修辽东曹氏宗谱》的可靠性，进一步确立了曹雪芹祖籍辽阳说；（二）他与著名清史专家李华先生发现了康熙二十三年未刊稿本《江宁府志》中的《曹玺传》和康熙六十年刊《上元县志》中的《曹玺传》，为曹雪芹家世研究提供了极为重要的史料，解决了曹雪芹家世研究中的许多重要问题；（三）他进一步深入研究了《清太宗实录》中发现的曹雪芹高祖曹振彦原为正白旗旗主多尔衮属下旗鼓牛录章京等文献资料，并据此深刻地研究了曹雪芹上世的旗籍、军职等情况；（四）他在河北省涞水县发现了五庆堂曹氏茔地，进一步证实了五庆堂曹谱的可靠性；（五）他通过对康熙《甘氏家谱》的研究，进一步证实了五庆堂曹谱中三房与四房同出一源的关系，有力地论证了曹雪芹祖籍确为辽阳而不是丰润；（六）他通过对现存辽宁省辽阳市博物馆中有曹雪芹高祖记载的三块石碑的研究，为曹雪芹祖籍在辽阳找到了重要的文物证据。冯其庸先生在曹雪芹家世史料上一系列重要发现和研究成果，可以说为曹雪芹家世研究翻开了新的一页，有力地推动了有关曹雪芹及其家世的研究深入开展。冯其庸先生是曹雪芹祖籍辽阳说的主要代表，他的观点已被绝大多数红学研究者所接受。

冯其庸先生在《红楼梦》早期抄本的研究上所取得的成果也是十分引人注目的。早在1975年3月，他与著名红学家吴恩裕先生合作研究新发现了三回又两个半回的《红楼梦》抄本，发现这就是己卯本的散佚部分，并从此抄本（包括未散佚部分）中避"祥"字、"晓"字的讳，因而考证出此抄本原是清怡亲王允祥、弘晓家的原抄本，而怡亲王又与曹雪芹家有着重要的联系，所以它的底本有可能直接来自曹家，这一惊人的发现对《红楼梦》早期抄本的研究产生了极大的影响。1977年7月，冯其庸先生完成了《论庚辰本》一书，这是最早的一本系统研究己卯本与庚辰本关系的学术专著。在书中他论证了现存庚辰本不是由四个本子拼凑而成的，而是据己卯本过录的，这样庚辰本就与己卯本一样，是仅次于作者手稿的一个抄本，具有无可估量的价值，从而确立了庚辰本特殊珍贵的地位。冯其庸先生还先后研究了甲戌本、甲辰本、列宁格勒藏抄本、程甲本等。他发现甲戌本是一个据"甲戌"原本重编的本子，其抄定年代较晚，但这个本子的底本是甲戌原本，仍是一个珍贵的本子。他还充分地肯定了程本的历史功绩。这一系列研究成果，都有力地推动了《红楼梦》版本研究的深入开展。

冯其庸先生十分注重对曹雪芹创作思想和《红楼梦》思想艺术的研究，先后发表了《千古文章未尽才》《曹雪芹的世界观和他的创作》《曹雪芹和〈红楼梦〉》《红楼梦的时代及其他》《关于当前〈红楼梦〉研究中的几个问题》等重要论文，出版了《论红楼梦思想》等学术专著，对曹雪芹的思想和《红楼梦》的思想艺术做了全面深入的分析研究。他指出，曹雪芹是一位超前的思想家，他的批判是属于他自己的时代，他的理想却是属于未来的时代。冯先生高度评价了《红楼梦》的思想艺术成就，他认为《红楼梦》是反映资本主义萌芽性质的经济因素的新的民主思想，《红楼梦》在思想上起到了启蒙的作用。他说：

"《红楼梦》里的理想人物，是代表历史发展的进步趋向的，他们在寻找新的人生道路而又不知从何找起。贾宝玉坚决不走仕途经济的道路，就是对旧的官方设定的封建时代的人生道路的否定……他们追求婚姻的独立自主、自由选择和尊重女性这两点，已是他们人生中的两个闪光的亮点了……所以贾宝玉林黛玉这一对新人的思想内涵具有先进的历史动向和丰富的历史内涵，是一对不朽的艺术典型，它闪射着黎明前黑暗中的一丝晨曦。"冯先生对《红楼梦》思想倾向的定性，在新时期红学发展中具有重要的影响。冯先生还十分重视《红楼梦》的当代传播，他明确提出，应该把读没读过《红楼梦》作为衡量人们文化素养的标志之一。

二、冯其庸先生不仅以其丰富的著述确定了他在红学史上的地位，更在于他是新时期红学发展的主要推动者。新红学奠基者之一的俞平伯先生一生有两大心愿，一是希望能办一个研究《红楼梦》的专刊，二是整理一个脂本。前一个愿望俞老没有实现，后一个愿望俞老在20世纪50年代，在王佩璋的协助下，搞出了一个《红楼梦八十回校本》，但限于当时的历史条件（当时有几个珍贵的早期抄本还没有被发现），这个本子并不很完善，而且还只限于学术领域供专家学者研究之用，并没有普及到广大读者中。俞老这两个愿望，到20世纪70年代末80年代初，都由冯其庸先生带领一批专家学者实现了，这就是《红楼梦学刊》的创建和《红楼梦》新校注本的出版。

1975年，冯其庸先生参加了《红楼梦》校注小组，在以后的七年时间里，冯其庸先生一直主持着这项工作，他和校注组的同志们历经种种坎坷，克服种种困难，于1982年将《红楼梦》新校注本交付人民文学出版社出版，这是红学史上第一次以庚辰本为底本的校注排印本，从此广大读者有了一部更接近曹雪芹原著并详加校注的《红楼梦》读本，受到学术界高度评价，至今这部新校注本发行量已达500万套，成为当今最具影响的《红楼梦》通行本。后来冯老还与李希凡先生共同主编了《红楼梦大辞典》，这也是红学史上第一部关于《红楼梦》及其研究的辞典。他还整理出版了《脂砚斋重评石头记汇校汇评》，十三种《红楼梦》早期抄本的汇校汇评，历时十年完成，是一项巨大的学术工程，也是新时期红学总结性的成果。这些奠基性的学术工程，对红学发展产生的影响是不可估量的。

三、冯其庸先生不仅在个人的学术研究和主持奠基性大型学术工程上成就突出，他还是中国红楼梦学会、中国艺术研究院红楼梦研究所和《红楼梦学刊》的创立者。1979年，冯其庸先生与一些红学研究者创办了大型学术专刊《红楼梦学刊》，冯其庸与王朝闻先生任主编，后又与李希凡先生共同担任主编，冯其庸先生为学刊的生存与发展倾注了大量的心血和精力。《红楼梦学刊》创刊至今已有三十八个年头，发表红学文章数千万字，在培养红学队伍，团结红学研究者，繁荣红学事业诸方面，起到了纽带和推动作用。1980年8月，冯其庸先生与其他红学前辈共同发起成立了中国红楼梦学会，他任副会长兼秘书长，冯先生实际上是建立中国红楼梦学会的主要推动者和组织者，1985年在贵阳全国红楼梦学术研讨会上冯先生当选为会长。在冯其庸先生的领导下，中国红楼梦学会参与组织了数十次全国性的《红楼梦》学术研讨会和三次国际《红楼梦》学术研讨会，对红学的普及和红学事业的发展起到了积极的推动作用。冯其庸先生还曾两次赴美讲学，参加在美国威斯康星大学举办的国际《红楼梦》学术研讨会，率团赴新加坡举办《红楼梦》文化艺术展，带领专家组赴苏联鉴定列宁格勒藏本《红楼梦》，他为推动中外文化交流，为把《红楼梦》和红学推向世界做了大量的工作。可以说，新时期红学发展几乎所有重大的活动都与冯其庸先生有着密切的关系，他为弘扬中华民族优秀传统文化，推动红学事业的发展所做出的贡献是有目共睹的。冯其庸的名字已与《红楼梦》、与新时期红学紧紧地连在一起。

人人都知道冯其庸先生是蜚声中外的大红学家，或许是因为他在红学方面的成就太突出了，以致掩盖了他在其他方面的造诣。殊不知，冯其庸先生更是一位知识渊博、兴趣广泛的学者，是一位才思敏捷的诗人，是一位堪称一流的书画家。他除多部红学著作外，还出版有戏曲论文集《春草集》、古典文学论文集《文心集》、历史研究论文集《逝川集》、散文序跋集《秋风集》，怀念师友文章结集《剪烛集》，以及《精忠旗笺证稿》《中国文学史稿》《蒋鹿潭年谱考略》《水云楼诗词辑校》《重校十三楼吹笛曲谱》《瓜饭楼诗词草》和大型摄影集《瀚海劫尘》等。今天像冯老这样知识渊博、虚怀若谷、视野远大、多才多艺的学者真是太少了。著名学者钱仲联先生在《题冯其庸教授书画摄影展》一诗云："红学专门众所宗，画书摄影更能工。何人一手超三绝，四海堂堂独此公。"

冯其庸先生是一位真正的诗人，读他的诗会使人深深感受到他具有深厚的国学功底和非凡的才华。他写过许多旧体诗，尤其是纪行诗，写得气势磅礴。例如1990年11月到武威北面的腾格里大沙漠中调查新发现的汉代古城时，他赋诗云："大漠孤城雁字横，红河东去杳无声。汉家烽火两千载，我到沙场有余温。"随后当他在风雪中登上嘉峪关城楼时，又赋诗一首："天下雄关大漠东，西行万里尽沙龙。祁连山色连天白，居塞烽墩匝地红。满目山河增感慨，一身风雪识穷通。登楼老去无限意，一笑扬鞭夕照中。"冯其庸先生的诗曾得到国画大师刘海粟老人的高度赞赏。有一次，海老请冯其庸先生在他刚画好的八尺大幅红梅上题诗，只见冯其庸先生挥毫写道："百岁海翁不老身，红梅一树见精神。丹心铁骨分明在，不信神州要陆沉。"海老见诗，极为满意，说这幅画要自己收藏，不能送人了。冯其庸先生的诗读来真是令人痛快淋漓，心胸为之一畅。

冯其庸先生不仅诗写得好，而且能书善画。他的草书行云流水，飞逸倜傥。有人说他的草书深受王羲之、王献之的影响，但又不受拘束，别具一格。而他的青藤、泼墨花卉，更是兼有吴昌硕、齐白石的风格。而他更爱画葫芦、葡萄，那真是一绝。刘海粟老人就曾称赞冯其庸先生的画"全是青藤笔意，此诗人之画，学问人之画，气质不同，出手就不凡，故不与人同也"。冯其庸先生的书法、绘画被称为文人书画的代表，尤其他的画运古入新，自出新意，而且往往是诗、书、画融汇一体，堪称文人画的上品。他的书画已多次在国内外展出，并被许多博物馆珍藏。

说到冯其庸先生的书画成就，不能不提他与百岁老人刘海粟大师携手绘丹青的一段佳话。1993年11月，冯其庸先生率团赴香港举办《红楼梦》文化艺术展，11月4日傍晚，在刘海粟老人的家中，两位分别是学术界和绘画界的巨擘相聚在一起。在一番热烈的交谈之后，兴致很高的海粟大师拿出一幅尚未完成的水墨画，这是一幅牡丹，大师随即用墨蘸水，将牡丹画得淡雅大方，高贵挺拔，接着又挥毫题诗一首："清露阑干晓未收，洛阳名品擅风流。姚黄魏紫浑闲见，谁识刘家穿鼻牛。"冯其庸先生应大师之邀，亦在画上题诗一首："富贵风流绝世姿，沉香亭畔倚栏时。春宵一刻千金价，睡起未闲抹胭脂。"大师对冯其庸先生的诗连声称赞。随后冯其庸先生乘兴画了一幅墨松，只见他挥动特大的羊毫，转眼间，一棵苍劲浑道的松树展现在人们眼前，他又用元好问"秋风不用吹华发，沧海横流要此身"为题句，并将此画作为祝贺海粟大师百岁大寿之礼。海粟大师看了冯其庸先生的画和题句非常激动，提出与冯其庸先生共同画一幅墨葡萄。首先由冯其庸先生画一株大葡萄藤，海老接笔在葡萄藤上加枝添果，整幅画浑然一体，丝毫看不出是两人的合作，真是巧夺天工。画完后，海粟老人又在画上题："泼墨葡萄笔法奇，秋风棚架有生机"，并郑重地盖上了"刘海粟印""曾经沧海""冯其庸印""十上黄山绝顶人"四方印章。这样一幅绝世珍品终于完成了。而红学大师与国画大师合画"墨葡萄"在香港一时传为美谈。

冯其庸先生是我极为崇敬的师长，是我多年的老领导，也是我走进红学领域的领路人。1979年，冯先生把我从原文化部机关调到中国艺术研究院红楼梦研究所，那个时候我还是一个懵懵懂懂的无知小子。几十年来，正是在冯老的教育、培养下，逐渐成长为一个研究《红楼梦》的学者。冯其庸先生是中国艺术研究院红楼梦研究所第一任所长，我是第二任所长。他是中国红楼梦学会第二任会长，我是第三任会长，可以说我是冯老一手提携起来的。1993年他选我担任红楼梦研究所副所长，当时我刚刚过四十岁，自己深感资历能力和学问都不够格，挑不起这份担子。冯老说，怎么干不了，只要认真努力，就能干得了。他还语重心长地说："选你当副所长，是为了红楼梦研究所的发展，是为了红学事业的发展，不仅仅是你个人的事。"我深深地感受到冯老对我们这些年轻人的期待和希望。

作为新时期红学界的领头人，冯老绝不光想着自己的名利，而是时时想着红学事业。比如为了办好《红楼梦学刊》，冯老不知花费了多少心血。办学刊最大的困难是经费，全靠冯老一己之力到处化缘支撑着。在最困难的时候，我不知如何是好，冯老安慰我说："没有关系，我就是卖了我的字画也要支持学刊办下去。"他甚至提出找几位书画名家的朋友一起为《红楼梦学刊》拍卖字画筹集办刊经费。冯老这种为事业为红学发展的无私奉献精神，让我们年轻人十分感动。当然，我们没有让老先生去卖自己的字画筹集经费，但冯老是我们强大的依靠和精神支柱，没有冯老的支撑，学刊在当时的情况下是办不下去的。需要说的是《红楼梦学刊》多少年都是靠自己筹集经费和发行收入支撑着，并不像有些人说的那样拿了多少国家经费，多少年来《红楼梦学刊》没拿国家一分钱。直到前两年《红楼梦学刊》才得到国家社科基金的有力支持。

冯其庸先生具有开阔的胸怀，在新时期红学发展的进程中，他非常重视红学界的团结，着眼于大局，而不斤斤计较个人的"恩恩怨怨"。2012年5月31日凌晨，著名红学大师周汝昌先生去世，因为周汝昌先生和冯其庸先生都是中国艺术研究院终身研究员，而我当时正担任中国艺术研究院党委书记、副院长，同时又是中国红楼梦学会会长，周汝昌先生去世这样的大事，自然不能置身事外。周老去世的当天冯老就给我打电话，他说："对一位老人的去世，一定要表示深切的哀悼，更何况周汝昌先生一辈子研究《红楼梦》，写了那么多的书，为红学做出那么大的贡献，我们更要对周先生的去世表达出我们的悼念。"他特别嘱咐我，《红楼梦学刊》一定要发讣告，要写好。大家都知道冯老与周老一些学术观点不一样，特别是在曹雪芹祖籍的问题上，一个坚持丰润说，另一个坚持辽阳说，冯老的电话表现出的大家风范和宽阔胸怀令我非常感动。我曾在很多场合表达了这样的看法，我说把全部生命和心血都献给红学事业的人，在当今红学界周老算一个，冯老算一个，别人还都不能与这两位老人相比。现在两位红学大师都已仙逝，我们后辈应对两位大师表达由衷的敬重和深切的悼念，我们要继承他们留给我们的丰富遗产，而不是无事生非，这是为了红学，也是为了我们的良心。

近四十年来，我有幸追随冯老左右，受益匪浅。他渊博的知识，宽阔的胸怀，远大的视野，严谨的治学态度和百折不挠的精神，都对我有着很大的影响。冯其庸先生治学的最大特点是刻苦和严谨。他强调做学问要肯下苦功夫，肯吃苦，要实事求是，他十分强调多读书，同时又十分重视实际考察。他常常说中国的学问是无穷无尽的，犹如大海，犹如高山，个人的学识再渊博，也是沧海一粟，因此任何时候都没有理由自满。他是这样告诫年轻人，也是这样要求自己，他八十多岁的时候还是晚睡早起，常常是凌晨三四点钟起床作文读书。说到冯老的严谨和刻苦，人们自然想到他对玄奘取经回归古道的确认，这无疑是对我国古代文化史研究的重大贡献。而说到玄奘，人们就会想到一个词——百折不挠，玄奘百折不挠的取经精神已经成为中华民族精神标志性的符号。冯老正是以玄奘百折不挠的精神，十次去新疆考察，83岁高龄时还穿越罗布泊，深入楼兰遗址。冯老不懈的追求精神，严谨的治学态度，虚怀若谷的大师风范，同他的著述一样，是留给我们的巨大精神财富。

他在80多岁的时候曾说："如果天假以年，我当然还想写文章，还想作画，甚至还想再上帕米尔去拍摄我想拍摄的镜头。西部的朋友也都在等着我。如果山川有神，大漠有灵，它们也会等待我、欢迎我，我们毕竟是几十年的老朋友了。"先生心中时时萦绕着山川大漠，著名学者姚奠中先生曾为冯先生题句"胸怀宇宙，御风游遨"，我想这正是先生一生的行为，一生的追求，此时山川和大漠的神灵正在等待先生，此时先生正"胸怀宇宙，御风游遨"。先生一路走好。

后记：冯其庸先生1月22日去世后，我在悲痛之中连写了两篇悼念冯老的文章，分别发表在2017年2月6日的《人民政协报》（《大哉红楼梦，再论一千年——深切悼念红学大师冯其庸先生》）和2月7日的《光明日报》（《红楼内外的冯其庸先生——送别冯其庸先生》）上，这一篇文章则是把以上两篇文章合在一起，部分内容和文字有修改。

二〇一七年二月八日于惠新北里

本文原载于《红楼梦学刊》二〇一七年第二辑

大处落墨　曹红兼容

——冯其庸的大红学

吕启祥

中国人民大学国学院的学者曾撰文阐发"冯其庸的大国学"，很符合其庸先生倡导大国学的理念和实践。红学，作为中国传统学问之一，有其文化学术大背景的依托；又由于作品内涵的深邃和作家身世的迷离，在二百多年的发展中分支细密、承载丰厚，宜乎大度包容、互济共进。正因为冯先生把握了红学之大，才成就了他对新时期红学的重要贡献。

文化使者

人们都知道，在改革开放的新时期之初，红学曾有"风向标"的美誉，学术文化的复苏，率先在这一领域显现出来。20世纪70年代中后期，冯其庸有关《石头记》早期抄本和曹雪芹家世渊源之研究已揭载于国内及香港报刊。1980年，冯其庸受邀参加了在美国威斯康星大学召开的国际《红楼梦》研讨会，与会的中国学者还有周汝昌、陈毓罴两位，冯其庸任组长。这是经由中央外事部门批准的，当年的国际环境复杂，人们对封闭已久的中国所知甚少。

作为学者，冯其庸当然准备了论文在会议上宣读，即《论〈脂砚斋重评石头记〉甲戌本"凡例"》并进行了答辩。与会的除了发起人周策纵、赵冈和美籍华人学者，还有来自当时尚未回归的香港、隔绝已久的台湾地区以及来自日本、法国、英国、加拿大等知名学者数十人。会是6月开的，之前先生收到了邀请信，主办方还专门派了赵冈先生专程来京面请。

值得注意的是，冯先生并没有把它仅仅看成对个人的邀请和学术上的肯定，而是看成一种文化交流，是一次展示中国文化的难得机遇。他清醒地认识到当时国际关系还处于紧张之中，台湾当局还在趾高气扬，应当抓住这个机遇扩大我们的影响，让更多的人了解中国。

为此，行前，冯其庸曾专程请苏局仙老（1882—1991，时年98岁）题诗，请朱屺瞻（1892—1996，时年88岁）和启功（1912—2005，时年68岁）先生为大会作画，并带去了俞平伯先生手书《红楼梦·柳絮词》。同时，还将五庆堂后人曹悦的《红楼梦》面塑工艺品和篆刻家王少石的《红楼梦》印谱携往大会。在会议闭幕的前一天晚上，开了"《红楼梦》文物与书画展"，主办者联系了康奈尔大学借出胡适收藏于该校的甲戌原本，当然是大家关注的珍本，而冯其庸带去的名家书画和艺苑精品亦海外罕见，先生陪同参观并作讲解。参观者不限于会议代表，台湾图书馆善本部主任和成功大学中文系主任也赶了过来。这虽是一项会外活动，却引起了极大的兴趣，产生了良好的影响。会后，这些书画作品由周策纵先生和赵冈先生等分别收藏。

2005年和2012年，我有机会两次在美国见到赵冈、陈锺毅先生夫妇。赵先生虽为经济学教授，却于《红楼梦》有深入研究，曾发表长短论文六十篇，专著有《红楼梦考证拾遗》，与夫人陈锺毅教授合著《红楼梦新探》，1976年又出版《红楼梦论集》。他是1980年国际红学会的发起人之一，与冯其庸先生素有交往。退休后长居加州。作为后辈，我只要途经加州必定面见拜候，代冯先生致意。2005年12月15日上午赵冈、陈锺毅夫妇曾驱车自圣何塞住处来库比提诺我堂妹家会我们，并共进午餐。到了2012年，赵先生已不利于行，2月18日我和外子请友人开车专程往赵先生在圣何塞府上拜访。车将到，远远见到他已拄杖在门口等候了。进到客厅，眼前一亮，周围墙壁挂满了书画作品。

一幅是俞平伯先生的《石头记》七十回《唐多令》："粉堕百花洲，香残燕子楼。一团团逐对成毬。漂泊亦如人命薄，空缱绻，说风流。草木也知愁，韶华竟白头。叹今生谁舍谁收，嫁与东风春不管，凭尔去，忍淹留。"其上有款，"彦滨先生雅属，一九七八年俞平伯书"。

一幅是启功先生的"新月平林鹊踏枝，风行水上按歌时。郢中唱出吾能解，不必谦称白雪词。斗酒雷颠醉未休，梅花一曲见风流。路人但唱黄梅子，愧煞山阴贺鬼头。赵冈先生锺毅女士俪鉴　一九八○年　启功"。

还有其他名家的作品。当然，令我印象深刻的是其庸先生的一诗一画。其诗曰"穷途落拓到山村，青眼高歌有二敦。呵笔问天天欲堕，满庭黄叶闭柴门。香山正白旗访曹雪芹遗址 书奉 赵冈兄指正 冯其庸"。其画为墨葡萄一幅，有题句"万劫风飘吹不落，青藤画里买明珠。己未秋窗为赵冈兄泼墨 其庸"。另有一张朱屺瞻老人的《藤花图》，因尺幅巨大，未挂，而由赵先生近日拍照传来，更为珍贵。

凝视观赏这些书画墨宝，心中生出无限感慨。这些都是三十多年前的作品了，其人正值壮年或初入老境所作，笔墨淋漓，元气充沛。尤其难得的是在海外硅谷中心城市圣何塞的华人学者家庭中，保存如此完好，精裱装框，以防岁月侵蚀。赵冈先生对当年其庸先生带来的这批书画作品如此珍爱，他们共同为中国传统文化的海外传播竭尽己力，值得称道。

每次见到赵先生伉俪，他们都会殷切问及国内老友及学界近况，问候冯先生。这一天在他们家里聚谈良久，还在屋内和门外拍了照。这些照片都带给了冯先生，他很高兴。

关于赵冈先生还有件逸事可说，2006年间曾在红学界误传赵冈已经去世的尴尬场面。当时我在美东，春夏之际忽接冯先生电话，说赵先生逝世，国内某学术会议已默哀。我当时大吃一惊，2005年12月15日我还在加州和赵冈先生见过面，怎么会倏然消失？于是打电话到赵宅核实，接电话的正是他本人。我急忙告知冯先生，才免于在即将举行的大同全国红学会议上再一次默哀。事后，赵先生也得知因同名而误，而且美国《世界日报》上已有悼念文章。他很幽默，说生前能知道死后别人说什么，不也很有趣吗？

此事亦说明冯先生关心海外学者，避免了讹传的荒唐。

回到1980年会后，次年冯先生又受邀去斯坦福大学做红学专题讲座教授近半年，其间在加州伯克利大学、哈佛大学、耶鲁大学、华盛顿大学等校讲学，到哥伦比亚大学、夏威夷大学等校访问座谈。在此前后，会上会下，冯先生结识了美、日、英、加、新及中国台湾地区和中国香港地区的一大批著名学者，其中有《红楼梦》的英译者霍克斯、日译者松枝茂夫、伊藤漱平，更多的是华人学者，上文已提到周策纵、赵冈，还有唐德刚、潘重规、李田意、王靖宇、韩南、余英时、夏志清、马幼垣、侯北人，等等。他们之中很多人都有深湛的中国文化修养，喜欢诗词和戏曲、热爱书画。冯先生的讲学、访谈、通信不限于红学，整个中国文化、中国戏曲尤其是书画艺术，都有广泛深入的交流和互动。因此，冯其庸作为文化使者，使得以传统文化为依托的红学产生了良好的国际影响。

大处落墨

冯先生的学术活动包括红学活动在范围上、内涵上始终呈现出一种大的格局。无论是红学的普及还是提高，都胸有全局。他几乎走遍了全国的各个省份，在几十所大学和图书馆、博物馆开讲。他不仅在著名学府讲学，也为偏远边疆和地方院校上课。他在历次全国性和国际性的红学会议上致辞，也在地方红学活动中讲话；他讲《红楼梦》作者的祖籍、家世、版本等具体实证成果，更讲红学历史和现状的宏观问题。他讲红学，也讲中国古代文学、讲唐代文学、讲杜甫、讲中国戏曲、讲《牡丹亭》。至于他参加的学术活动就更广泛了，诸如全国文代会、作协代表会、中宣部文艺座谈会、全国文学规划会、中华善本再造会、昆曲和古琴进入世界"非遗"座谈会；又如，全国韵文学会、中国美术史讨论会、历次汉画学会、南戏讨论会、傩文化国际学术会；再如，《金瓶梅》研讨会、《水浒》学术会、武侠小说研讨会、金庸作品讨论会、二月河小说座谈会等。他还出席层次更高的世界佛教论坛、敦煌学国际会议、玄奘国际学术会以及在中国香港、吉隆坡等地召开的世界汉学大会，真是不胜枚举。以如此开阔的视野和多方的学养来关注和研究红学，其份量和底蕴就非同一般了。

人们都知道，红楼梦研究所的前身是《红楼梦》校注组，为的是校注出一个面向广大读者的《红楼梦》普及本，这可是一件大事。冯其庸深知这关系到千百万读者，不能掉以轻心。从经历七年曲折反复到人民文学出版社1982年初版，以后到90年代的修订再版，再到21世纪的修订三版，他都亲身参与和主持，反复斟酌正文的取舍和注文的增改。较显著的不必说，如林黛玉眉眼的文字取自俄藏本；就连"拜兴""搅过""十月一"等具体词语他都仔细推究，请教读者，查阅典籍，以求改进。他所主持的一系列红学基础工程都不做挂名主编，亲自约请撰稿人和合作者，审看校样，多次修改。至于他为研究所设计的"《红楼梦》三汇"，即史汇、论汇、文汇，更是一种从当下着手，为长远着想的大手笔，只可惜并未如愿。笔者在长期跟随先生做基础工作的过程中，体会到他大处落笔的远见卓识。他重视普及，注目提高，两者结合，并不偏废。

至于上文述及的国内外学术活动和讲演，我大多只能耳闻或间接知晓，直接参与和经历十分有限，在这有限的红学活动中，却令我印象深刻。这里想谈一点个人的体会。记得"中国红楼梦文化艺术展"代表团曾多次出访，第一次是1988年去新加坡，第二次是1993年去中国香港地区，第三次是1998年去中国台湾地区。这三次均展示了红楼文化，对方协同举办学术活动，团长都是冯其庸，第一次秘书长是胡文彬，第三次是张庆善，作为代表团成员，我都参加了。每次都有学术讲座，讲些什么我已记不清，但冯其庸先生的从容淡定，大处落墨给我以信心和定力则不会忘记。只说较近的1998年，两岸未曾"三通"，但气氛很好，台湾学界的朋友把一系列活动组织得规范又活泼。学术讲座在台北图书馆举行，上有"引君入梦"的横标，第一场的演讲人是冯其庸和我。我自然很明白自己的配角地位，绝不多占时间，但求简明清晰。上场后但见冯先生不慌不忙地开始，并不讲什么红学,却大讲西部,讲他的西行见闻感受。可不是吗,他上个月刚从新疆回来,这是他第七次西行。从8月15日离京,经伊宁、赴库车,至榆树沟,到克孜尔石窟,考察壁画,返回喀什,夜宿四千多米的高原,上明铁盖山口,考察了玄奘取经东归的古道。此行一个半月,历艰涉险,成果丰硕。他9月初归来,5日深夜刚写完了"考实"之文,几天后的9月10日就率团来台了。先生所讲的刚刚身历的鲜活、艰险、意义重大的实地考察,不必说台湾听众闻所未闻,我们也是第一次听说,无不被吸引震慑。由这大气概、大胸襟落到了实地考察、调查研究这个为学做事的基本态度和基本方法上,顺理成章地转入先生得自调查考实的有关曹雪芹祖籍家世的研究,知人论世研究作品的路径自然就有了充分的实证性和强大的说服力。他讲到了曹氏宗谱的发现,《清实录》的查证,特别是辽阳"三碑"的硬证,更有千山一带的实地调查,才得出了雪芹祖籍在辽阳的学术结论。忘记了是哪位台湾或海外学者来评议,冯先生的学术功力无疑赢得了尊敬和钦服。在类似场合中,我真切地感受到冯其庸谈红学"大处落墨"的特点,跟随他出访、讲学,心里踏实,这靠山不是权势名望,是文化自信、学问修养。

去新加坡时在1988年,我们还很穷,代表团没有什么礼品可以回报接待方。印象中,冯其庸和代表团的邓云乡先生天天写字,以为馈赠。1993年在香港,新华社社长周南前来参观,也见到了梅节、马力等学界友人。冯先生更去拜望刘海粟大师并与之合作绘画,我们也有幸受到刘海粟和师母夏伊乔的宴请,其时海老已99岁高龄。对冯先生而言,永远把红学看作中国文化的有机部分而显现其旁通和博大。

先生对流散在国外的文献一直很关心。比如1984年受命赴苏联,到东方研究所列宁格勒分所,鉴定一个《石头记》早期抄本。这是学术任务,也是外事任务,时间紧张,天气寒冷,在验看《石头记》抄本的间歇,还去博物馆看了西夏出土的壁画和敦煌壁画,参观了所藏黑水城文书和敦煌卷子等。1996年率中国宗教音乐团赴德期间,看到肯尼亚歌舞,联想到我国古代的葛天氏之乐和青海的原始舞蹈彩陶盆,以为初民文化有相通之处。之后转赴巴黎图书馆看敦煌藏卷,浏览已出版的敦煌卷子法藏部分和俄藏部分等。又在德国友人史华慈的陪同下去柏林博物馆,看到了大批的吐鲁番文物和高大的佛像,还有库房中保存完整的唐宋装裱的经卷,不忍离去。

无论在国内还是域外,先生对这些古代文献和书画艺术极其珍爱,始终保持着浓厚的学术兴趣。

我们还可以从另一角度即前辈和同辈学者对冯其庸的评说来看"大处落墨"学术姿态的渊源。兹举数例:

早在1979年，冯其庸才56岁，当时已近百岁的老书画家苏局仙并不认识冯，仅见其作品，即谓"其庸书画气势磅礴，行笔横辣，非池中物也"。"诗如其画，亦澎湃，天分高，非可强能。"1980年香港学者程靖宇在致冯其庸的一封长信中说："兄之作（指《春草集》），乃京戏之真知音也。京戏学问之大，超红学而过之，谈何容易哉！兄治学方面甚广，足见才不可羁，驰骋于文史之间不拘于一。盖为学者一怕胶执不化，第二怕泛滥无归。兄不胶执，亦不无归，庶几得之矣。"至近十年的2007年硕儒饶宗颐先生有这样的评语："世人多称其《红楼梦》说部之研究，此仅其治学之一端耳。"赞其功力之深，跋涉之艰，能综学艺于一途。2011年百岁国学大师姚奠中更为《瓜饭楼丛稿》题词："不拘不虚，不束于教。胸怀宇宙，御风游遨。"

从这些前辈的评语中，可以窥知"大处落墨"是天分，是勤奋，是学养，非一朝一夕之功，不是任谁都可以达到的。

曹红兼容

在先生心目中，只要真心为学，治红并无畛域之分、内外之别。正所谓有容乃大。他本人就有内外兼修、曹红兼容的学术实践。

从他的治红历程看，"文化大革命"高潮时曾冒风险手抄过一部《石头记》，亦从不讳言曾为主力写过《〈红楼梦〉是一部写阶级斗争的书》。自70年代后期起，即致力于曹雪芹家世、谱系、遗迹、文献的调查考实，《曹雪芹家世新考》是一部曹学力作，自初创起，历经多次充实、修订、再版、二版、增补，至收入《瓜饭楼丛稿》中已是第四版了，占了两卷，计四十余万字。把所能搜集到的曹李两家及相关历史资料都囊括进去，加以整理分析，下的功夫很多，历时也长，可以看作先生治曹红之学的一部奠基之作。与此同时，还写了一系列有关家世、祖籍、文物的单篇论文，其中写于1991年的《曹学叙论》长达七万字，抵得上一本著作，曾单独出版过。此书对曹学的由来、成就、发展和前景都进行了论述，应当是曹学的一种重要文献。

如果说，研究作家是为了知人论世，同当时受命校订《红楼梦》普及本这一重大使命相关，那么研究版本更是与选择底本、认识脂本直接相关了。冯先生从研究庚辰本进入这一领域，相继对己卯本、甲戌本及其他早期抄本逐一研读比较，先后有《论庚辰本》及《石头记脂本研究》专著行世。他曾赴苏联鉴定和洽谈促成了俄藏本回归，又到上海博物馆见证了甲戌本的归藏。也曾著文纪念程甲本问世二百周年的历史意义。版本方面，先后亦有一系列约廿余篇论文，特别是近年对早期重要脂本逐一进行了评批，花了很大气力。

作为红学的学术带头人和学会负责人，冯先生十分清醒地认识到红学是一个广阔的领域，他亲自倡导和组织了一系列学术基础工作，深知作品本身研读的重要意义，例如《红楼梦》人民文学出版社普及本、《红楼梦》汇评本、《红楼梦》汇校本、《红楼梦大辞典》等。他在每一次全国性以至地方性的红学会议上总揽全局，阐发《红楼梦》可以"再论一千年"；还为周围学人的著作写序，不下二三十篇，总是先阅读，再下笔，给以切实的鼓励和评说。他关心红学史的撰写，重议评点派的意义。这一切都有力地支撑和推动了作品的研究。21世纪之初，先生更身体力行，出版了《论红楼梦思想》和《红楼梦概论》（合著）两书。后者是面向大众普及性的，前者则是他长期思考和积累的成果，是把作品放在晚明到清初这一历史大变革时期的社会政治、思想、经济、文化、习俗的背景之下，对作品思想的社会性质的深入考察。这些著作和他许多论红谈艺的长文短论，都属于地道的内容研究。

这里还要特别提到21世纪以来先生积十数年之功倾力完成的《瓜饭楼重校评批红楼梦》这一巨帙，计160万字。笔者以为此书具有体式包容性、内容集成性的特点生动地体现"曹红兼容"的大家风范。可以说，冯先生几十年来在家世研究、版本研究、思想研究、文体研究等方面的成果，都浓缩荟萃其中，也吸纳了若干前代和当代学人的心得。比方说，此书收入了重要的具有文献价值的脂评，冯评则以翔实的材料加以拓展和充实，使读者了解曹家由盛而衰的两大关节点在于南巡接驾和抄家败落。又如冯评明确指出《红楼梦》是小说而非自传，作家只是家族兴衰的过来人，时代的氛围、思潮的激荡、社会的风习，给予作者多方面的深刻影响和创作灵感。冯评在这些方面提供了丰富的资源。再如，冯评凭借自身对小说、诗歌、戏剧、绘画多方面的修养，从人物塑造到谋篇布局，以至一字、一词、一段的点拨提示，都给读者以启示，有助于读者进入作品的艺术世界。

冯其庸自幼熟读金批《三国演义》，酷爱《史记》人物列传，心仪古代小说散文的妙谛。笔者很赞赏他对《红楼梦》第三十三回高潮迭起的分析那篇短文，也许不为人注意。他说，在曹氏笔下，"无不情之文，也无不文之情"，讲得十分精到。回到冯评本，还必须提到书前有一篇三万余字的长序作为导读，每回之后有回评约六七百字，长者有四千余字，相当于百余篇解析之文。这就补充了评点之片段和不足。即此，也体现出集成的风貌。

行文至此，笔者还想特别说明一点，即冯其庸先生作为学者，他的某些具体学术见解完全可以讨论和商榷，即如曹学种种，他曾对小像进行辨伪而大都相信其他文物和佚作，如墓石、书箱等，许多学者并不同意甚至否定，笔者对此虽无研究亦有所保留。我很理解先生热爱曹雪芹而珍惜难有遗迹的心情，但一切事物的真伪需经得起反复的检验。先生对版本的某些见解亦多有学人商讨驳论，这是很正常的学术探讨。

因此，本文标举"冯其庸的大红学"是从先生的学术素养、学术视野、学术气概、学科建设以及红学的凝聚力出发的，也是立足于"大"、全局而观的。笔者深深服膺先生"大处落墨、曹红兼容"的风范，并以身处这一学术年代为幸。

先生并不保守，力图创新。因此，有理由发问和期待：新的网络时代承前启后的大家风范在哪里呢？

谨以先生的诗句，收结此文：

> 故国红楼到海边，论红何止一千年。
>
> 人生俱老天难老，更有佳章待后贤。

二〇一七年五一前

本文原载于《红楼梦学刊》二〇一七年第四辑

冯其庸先生的红学研究

李广柏

冯其庸先生是研究文史和传统艺术的专家，又是诗人、书法家、画家，在各个领域都有精深的造诣。他学生时代就对《红楼梦》有较为深入的了解，后来到中国人民大学中文系任教，《红楼梦》是他的授课内容之一。20世纪70年代，冯先生在《红楼梦》研究中新的发现和新的成果，为学术界所瞩目。进入新时期以后，冯先生继续致力于《红楼梦》研究，并成为新时期红学的中心人物。

一、冯其庸先生与《红楼梦》的结缘

冯先生1943年上无锡工专（高中）一年级时，有位范老师见他喜欢作诗，就建议他从《红楼梦》里学习作诗，引导他开始步入《红楼梦》的艺术世界。1947年，冯先生一度转移到无锡国专上海分校学习，在上海分校，听了刘诗荪先生开的《红楼梦》课。一所专门讲授"国学"的学校，开有《红楼梦》的课，这使年轻的学子们确立了这样的观念："研究《红楼梦》是一门学问"。

1954年冯先生从江南调到中国人民大学中文系任教，适逢全国开展批判胡适、俞平伯的运动。冯先生没有撰写文章，但密切关注运动的发展，并反复研读《红楼梦》以及报刊上有关《红楼梦》的文章。冯先生后来说："这是我认真读《红楼梦》的开始。""文革"初期，冯先生读的《红楼梦》被抄家的人抄走，他便在每天深夜用毛笔抄写影印的庚辰本《石头记》，依原著行款朱墨两色抄写，整整抄了一年。历经世事风雨，个人也遭受了许多磨难，又联想到当时社会的混乱状况和许多友人的遭遇，所以他一字一句抄写时，觉得与曹雪芹的心意相通了，抄到动情之处往往掩卷痛哭。抄完时，他题了一首诗："《红楼》抄罢雨丝丝，正是春归花落时。千古文章多血泪，伤心最此断肠辞。"可以说，冯其庸手抄庚辰本《石头记》，是"真正深入《红楼梦》的过程"。他日后对《红楼梦》诸方面的深入研究，实有借于此抄书也。

1974年秋天，国务院文化组副组长袁水拍先生到冯其庸先生住处，就文化事业和古籍整理问题征询冯其庸先生的意见。冯先生建议校订《红楼梦》。袁水拍很重视这个建议，不久就要冯先生草拟一个报告。后来国务院文化组批准成立"《红楼梦》校注组"，由袁水拍担任组长，冯其庸、李希凡任副组长，并向各地借调了一批研究《红楼梦》的学者，而实际主持校注工作的是冯其庸。从此，冯先生便与《红楼梦》结下了不解之缘，一直从事了几十年研究曹雪芹和《红楼梦》的工作。冯先生主持的《红楼梦》校注，经过七年努力，由人民文学出版社于1982年出版了这个校注本。

"五四"以后，胡适提倡"整理国故"。在古典白话小说方面，胡适主张出版"整理过的本子"——本文用标点符号，分节分段，前面有一篇对该书历史的导言。胡适说："我们要对这些名著做严格的版本校勘和批判性的历史探讨——也就是搜寻它们不同的版本，以便于校订出最好的本子来。"[1] 但是，胡适的红学研究主要是小说作者的传记资料以及版本的源流，并没有对《红楼梦》做过真正意义的"校勘"。在胡适的策划与帮助下，上海亚东图书馆1921年出版《红楼梦》标点本（汪原放点校），底本用的是源出于程甲本的清道光十二年（1832）的双清仙馆刻本。1927年，汪原放用胡适所藏的程乙本作为底本重新标点排印《红楼梦》，操作方法不是直接用程乙本排印，而是将程乙本的不同之处在亚东初排本上加以校改，同时也用过别的本子参照校改。因此，亚东初排本和重排本既与曹雪芹原著的风貌相去甚远，亦失程甲本、程乙本之真。第一次从恢复《红楼梦》本来面貌的目的出发而做出的校订，是20世纪50年代俞平伯校订、王惜时（王佩璋）参校的《红楼梦八十回校本》。俞校本选择有正本作底本，由于当时掌握的版本受到客观条件的限制以及其他原因，俞校本的成绩不能令人满意，影响也不大。冯先生主持校注的本子，选择庚辰本作为前八十回的底本。就目前我们所知的情况，"庚辰秋月定本"是曹雪芹生前最后一个改定本，它属于最接近于曹雪芹原稿的本子而又最近于完整的本子。由于选择底本恰当，又做了精细的校订工作和注释，所以冯其庸先生主持的校注工作，使《红楼梦》有了一个便于阅读又接近曹雪芹原著风貌的本子，很快改变了以程本为主的流传局面，在《红楼梦》传播史上具有重大意义。

二、冯其庸先生对《红楼梦》版本的研究

1974年12月，中国历史博物馆（今国家博物馆）的王宏钧将他早些年为该馆购得的三回又两个半回（第五十五回的后半回，第五十六、五十七、五十八三整回和第五十九回的前半回）的《石头记》残抄本，送给吴恩裕先生鉴定。吴恩裕先生怀疑这册残抄本是己卯本的一部分，即邀约冯其庸先生一起到北京图书馆（今国家图书馆）去查看己卯本的笔迹，并合作进行这项研究。在查对和研究中，冯其庸先生又找到一本乾隆时期原抄本《怡府书目》。两人经过研究，得出结论：

1. 中国历史博物馆所藏三回又两个半回的《石头记》残抄本是北京图书馆所藏己卯本《石头记》早先散失的部分，并不是现在已知的《石头记》抄本之外新发现的另一个抄本。

2. 无论北京图书馆藏己卯本，还是中国历史博物馆藏残抄本都存在着"玄""祥""晓"等避讳的字（三个字均缺最末一笔），进一步推断己卯本这个抄本是怡亲王府的原抄本。因为除"玄"字缺笔是避讳康熙皇帝"玄烨"以外，只有怡亲王（允祥、弘晓……）家才需要避讳"祥"和"晓"字。同时，在北京图书馆发现的《怡府书目》原抄本上，也同样避讳"玄""祥""晓"等字，还避讳"弘"字。这些情况，更加证实了己卯本（包括残抄本）是乾隆时怡亲王府的一个原抄本，主持抄藏此书的人当是怡亲王弘晓。

3. 考虑到曹家和怡亲王府的关系，这个抄本所据的底本极有可能是直接来自曹家或脂砚斋等人之手。还可以推测，在现存《红楼梦》的早期抄本中，这个己卯本可能是过录时间最早的一种。

吴恩裕、冯其庸两位先生将他们的研究成果写成《己卯本〈石头记〉散失部分的发现及其意义》，发表于1975年3月24日《光明日报》。这是冯先生研究《红楼梦》版本的第一篇论文。

己卯本曾为近代著名文献学家董康所收藏，后归陶洙，然后归北京图书馆。在很长的时间里，学术界没有人对这个本子进行细心的研究。俞平伯从事《脂砚斋红楼梦辑评》和《红楼梦八十回校本》的工作时，曾从北京图书馆借到己卯本使用，但没有多加研究。陈仲箎在《文物》1963年第6期发表《谈己卯本脂砚斋重评石头记》，首次向读者系统介绍了己卯本，但没有探索到这个抄本的真正重要的方面。吴恩裕、冯其庸两位先生关于己卯本的研究成果，是对己卯本深入全面的定性研究，也是《红楼梦》版本史上的一次重要发现。

1975年，冯其庸先生开始进行《红楼梦》的校注工作。校勘古籍必须明了所校书籍版本的渊源流别，所以冯先生在完成己卯本研究之后，接着就深入研究庚辰本。冯先生首先拿庚辰本同己卯本一字一句对照着读，并到北京大学图书馆查看现存庚辰本抄本原书，还访查了这个抄本晚近收藏情况。经过反复研究，冯先生得出结论：

1. 庚辰本是曹雪芹生前最后的一个本子。它的最初的底本，是清乾隆二十五年（1760）的改定本，这时距曹雪芹的去世只有两年了。截至目前，还没有发现比这更晚的曹雪芹生前的改定本，因此这个"庚辰秋月定本"，是曹雪芹生前的最后一个改定本，也是最接近完成和完整的本子。现存庚辰本是过录本，过录的时间约在乾隆三十三、三十四年。现存庚辰本抄本存七十八回，就完整性和早期性来说，现存的《红楼梦》其他早期抄本都无法与庚辰本相比。如甲戌本只存十六回，视八十回原书只剩五分之一；现存己卯本的实际抄成年份在《红楼梦》现存早期抄本中应是最早的，但它只存三十八回加近年发现的三回又两个半回；蒙古王府本、戚序本（包括南图本）虽然八十回齐全，但已经明显的是经后人整理润色补做过的；梦稿本的正文抄定比较草率，其前七回是据己卯本系的本子抄的，第四十一到五十回已缺，是后来据程甲本补配的，其余的文字是据另本抄录的，并且又用程本去校改过，其后四十回有一半是据程本抄录的，它的抄定时间当在程本之后，约在乾隆末或嘉庆初，这已经不是一个早的时间了，而它的完整性又较差；再如梦觉主人序本，其抄定时间，可能是在乾隆甲辰四十九年（1784），但此本文字已经后人做了较多的整理和润色，离原本文字出入较大；至于列宁格勒藏本，则是嘉庆初年的抄本，其正文是几个本子拼合而成的；还有其他两种本子，一是残损较多，二是经过后人加工，从抄本的角度来说，都不能说是珍贵的本子了。所以，我们完全有理由说，庚辰本是现存《石头记》乾隆抄本中最好的一个本子。

2. 庚辰本是据己卯本的过录本过录的。在庚辰本里，保存着己卯本的原貌，"两本相同者十之九而有余"。以两本的双行小字批语来说，己卯本上717条双行小字批，庚辰本上只差一个"画"字，作为一条批语来说，庚辰本是716条；作为单个字来说，庚辰本与己卯本的双行小字批，只有一字之差（因为这一个"画"字也是一条批语，所谓一字之批）。特别是庚辰本的回目、抄写的款式，与己卯本完全一样；甚至己卯本上的空行、缺字、衍文，以及正文以外对抄手的提示文字，庚辰本也照抄不误。所以可以肯定地说，庚辰本是据一个完整的（内缺第六十四、六十七回）己卯本的过录本而过录的。吴世昌在《论脂砚斋重评〈石头记〉（七十八回本）的构成、年代和评语》中提出这个庚辰本抄本是由四个不同的底本"拼凑起来的合抄本"，是"百衲本"或"集锦本"。吴世昌的

"这个说法是不符合实际的"。

3.庚辰本上的批语，实际包括己卯本上全部的批语。在庚辰本上，集中了"脂评"的最主要部分和一批珍贵批语；凡有脂砚斋、畸笏叟等人署名的批语都集中在庚辰本上。这对探索《红楼梦》的创作情况及曹家的史事，具有无比重要的作用。

4.这个本子是一个遗留有部分残缺的本子，从作品的完整性来看，似乎是缺点，但从研究曹雪芹作品的原貌来说，它却是一份最宝贵、最真实的记录。它有助于我们对照出后来许多完整的《石头记》"完整文字"的增补性质，为我们研究曹雪芹创作和修改此书提供了珍贵的线索。

5.这个抄本是仅次于作者手稿的一个抄本。曹雪芹的《石头记》手稿至今已不存于世，唯独在这个庚辰本上，保留着"脂砚斋凡四阅评过"和"庚辰秋月定本"这二条题记，从而使我们得知这个本子虽是过录本，但除错别字和极少几处抄漏外，未经人有意篡改，所以它确可以说是仅次于作者亲笔手稿的一个本子。

冯其庸先生根据研究庚辰本的成果，写成《论庚辰本》一书，约十万字，先在香港《大公报》上连载，上海文艺出版社1978年4月出版单行本。1992年夏冯先生又写出《重论庚辰本——〈校订庚辰本脂评汇校〉序》。1993年，冯先生又写出《影印〈脂砚斋重评石头记〉庚辰本序》。1997年冯先生在《石头记脂本研究》一书自序中再次论述了他对庚辰本的研究。这些论著完整地反映了冯先生研究庚辰本的结论。

在对庚辰本研究取得重要成果之后，冯其庸先生又对甲戌本进行了研究。1980年6月在美国威斯康星大学举行的第一次国际《红楼梦》研讨会上，冯先生宣读了《论〈脂砚斋重评石头记〉甲戌本"凡例"》这篇论文。会议期间，甲戌本抄本被拿到会场展览，冯先生借回旅馆细看了一周，并摄有一部分照片。2004年，冯先生又撰写《论甲戌本——纪念曹雪芹逝世240周年重印〈〈脂砚斋重评石头记〉甲戌本弁言》一文 [2]。冯先生对甲戌本的研究所得的结论是：

1.甲戌本的原底本，无疑是清乾隆十九年(1754)的本子，是迄今所见《石头记》乾隆抄本中署年最早的一个本子。现传这个甲戌本用的也是乾隆竹纸，其黄脆程度超过己卯、庚辰两本。但是，现传这个甲戌本是经过后来重新整理过录的本子，这个本子抄成的年代在乾隆末期或更晚。

2.现存甲戌本的"凡例"不是《石头记》原本上所有的，其第五条是就脂砚斋重评《石头记》第一回的回前评改窜之后移过来的，前四条是后加的。

3.甲戌本上脂批的署名统统被删去，有的脂批被移动了位置，批语与正文不相应，造成错位，还有的一条脂批被分拆成几条移位抄录，等等。这证明此书不是按原款式抄的。

4. 现存甲戌本署年早，保存着《石头记》的一些原始面貌，正文多有可与其他抄本对校取资处；又有不少脂批，极有研究价值；而正文第一回独多"说说笑笑"以下四百余字，为其他各本所无。所以这个本子仍是一个极为珍贵的本子，可惜只残存十六回。

冯其庸先生曾首次提出甲戌本上"玄"字不避讳的问题，为众多研究者所赞同。2005年，上海博物馆购回胡适原藏甲戌本，请冯其庸先生前去鉴定。冯先生在近距离检看时，发现这个本子上原以为不避讳的"玄"字的最末一笔是后人加的，墨色和笔法都与原迹不一致。为此，他又邀请上海博物馆书画鉴定专家"会诊"，并置于高倍度的放大镜下细看，看出甲戌本的"玄"字的确原是缺末笔而避讳的。这同现存《红楼梦》早期抄本避讳"玄"字是一致的。冯先生将此重要发现写入《读沪上新发现的残脂本〈红楼梦〉》一文。[3] 甲戌本上的"玄"字本来是缺最末一笔的，这从影印本上看不出来，从胡适所藏原本上也不容易看出来，所以冯其庸先生1980年写的《论〈脂砚斋重评石头记〉甲戌本"凡例"》一文中提出甲戌本不避讳"玄"字，而于美国威斯康星大学举行第一次国际《红楼梦》研讨会期间，冯其庸先生和周策纵、赵冈、余英时、叶嘉莹、伊藤漱平等先生在周策纵先生家里同看胡适所藏原本上的"玄"字时，也没有人看出"玄"字最末一笔是后加的。冯先生2005年发现甲戌本上"玄"字的末笔是后加的，这在甲戌本的研究上是个很重要的发现。

1984年12月，冯其庸、周汝昌、李侃一起赴苏联鉴定当时苏联科学院东方学研究所列宁格勒分所收藏的《石头记》抄本。这是一次外事活动，有关部门指定冯其庸任组长。在两国专家的鉴定会上，冯其庸先生代表中国专家做了鉴定发言，指出：（1）这个本子是脂本系统的抄本；（2）这个本子是一个拼抄本，底本不止一个，其中有庚辰本的部分；（3）抄成的年代，当在乾隆末年更可能是嘉庆初年。这个本子的正文和脂批，多有可以借鉴处。如"冷月葬诗魂"的"诗"字，关于林黛玉眉目描写的文字，得此抄本则可作定论。冯其庸先生的这个鉴定发言，得到了苏方的赞同，随即冯其庸与李侃在我国驻苏使馆起草了两国联合出书的协议，经国务院、外交部、原文化部批准后，即授权我国驻苏大使签署协议，此书遂得由中华书局出版。

冯先生在完成了列藏本回归和初步研究后，1989年年初又对梦觉主人序本做了研究，研究的结果写成了长文《论梦叙本——影印梦觉主人序本〈红楼梦〉序》。冯先生研究梦觉本是为了探索这个本子与脂本的关系及与程本的关系。冯先生认为这个本子既是从脂本系统走到程本系统的一个桥梁，又是保存着脂本的某些原始面貌的一个具有独特面貌的本子，也可以说，无论是研究脂本或研究程本，都用得着它。

关于程甲本，冯先生写过两篇文章，一篇是《论程甲本问世的历史意义》，主要论述了程甲本问世的历史功绩，不同意对程本全盘否定的片面看法。另一篇是《论〈红楼梦〉的脂本、程本及其他》，这是因为不同意把程本拔高为《红楼梦》最早本子的说法而写的。全盘否定程本和全盘否定脂本只承认程本，这两种态度都是片面的不符合历史事实的。事实上程本的历史功绩是不可抹杀的，程本对脂本也确有删改，这两种情况都应该实事求是地加以分析说明。冯先生特别指出，那种说脂本是伪本、只有程甲本才算真本的说法，完全是无稽之谈，他们不知道程甲本的底本就是脂本，程甲本里还残留着五条脂砚斋的批语被混入了正文。

2006年，深圳的卞亦文从上海拍卖会上购得一种题名《红楼梦》的残十回本，请冯其庸先生鉴定。冯先生研究后，确认此本是一个残脂本，抄成年代大致在嘉庆前期。为此，冯先生写出《读沪上新发现的残脂本〈红楼梦〉》一文。国家图书馆出版社2006年出版此书影印本，将冯先生的《读沪上新发现的残脂本〈红楼梦〉》一文置于卷首。冯先生又为此影印本题写书名"卞藏脂本红楼梦"。

总起来看，冯其庸先生对《红楼梦》版本的研究成果，既相当透彻地阐述了主要脂本的性质、特点，又对脂本进行了系列研究，阐明了从早期抄本到印本的渊源流别，也大体摸清了各脂本之间的横向关系。特别难得的是，冯先生的版本研究，是依据原本进行的，不只是停留在影印本上。冯先生先后检看己卯本、庚辰本、甲戌本、俄藏本（列藏本）、王府本、戚宁本（南京图书馆藏戚序本）、郑藏本、甲辰本、卞藏本的原本以及程甲本的原本。在红学研究史上，再没有第二人能像冯先生这样看那么多原本。

人民文学出版社1998年出版冯其庸先生的《石头记脂本研究》，汇集了他在1998年以前研究《红楼梦》版本问题的论文。如前所述，1998年以后他还发表研究了《红楼梦》版本的论文多篇。除论文以外，冯其庸先生研究《红楼梦》版本的成果还反映在他主编的《红楼梦》校注本和《脂砚斋重评石头记汇校》（文化艺术出版社1987年出版）上。《脂砚斋重评石头记汇校》用新创的排列校勘法汇集所有脂本的异同，对《红楼梦》早期抄本做了一次总清理。由冯其庸先生主编的《脂砚斋重评石头记汇校汇评》（国家图书馆出版社2008年出版）和冯先生个人著作《瓜饭楼重校评批红楼梦》（香港天地图书有限公司、辽宁人民出版社分别出版精装本，浙江华宝斋书社出版线装本），也包含着他研究《红楼梦》版本的成果。当然，《脂砚斋重评石头记汇校汇评》和《瓜饭楼重校评批红楼梦》又不仅仅是版本研究的成果；尤其是后者，是冯先生集《红楼梦》的时代、作者家世、抄本、思想、人物、结构以及美学的研究于一体的综合性的研究成果，是全面反映他的红学研究成果的一部代表性著作。

三、冯其庸先生关于曹雪芹家世、身世的研究

冯其庸先生主持《红楼梦》校注组和《红楼梦》研究所的工作，首先着手的是《红楼梦》版本研究和曹雪芹家世的研究。他认为，研究文学作品，离不开"知人论世"，《红楼梦》是以曹雪芹家族的兴衰为背景展开描写的，当然就更需要弄清作者家世，否则，其他方面的研究很难深入下去。要弄清曹雪芹的家世，遇到的头一个问题就是史料。冯先生首先从寻找史料入手。1963年故宫文华殿举办曹雪芹和《红楼梦》文物展览时，展出过一件《五庆堂重修辽东曹氏宗谱》，当时冯先生隔着玻璃见过。后来这个"宗谱"不知下落。1975年冬，因偶然的机会，冯先生从著名的微型面塑艺术家曹仪策那里借到了此谱的另一抄本，开始进行研究。后来又经过相当的努力，在有关单位的协助下，1963年展出的那部《五庆堂重修辽东曹氏宗谱》竟然找到了。冯先生研究之后，确认1963年展出的那部是五庆堂当时的正式清抄本，用的是五庆堂特制的抄写宗谱的朱丝栏纸，从曹仪策那里借到的那本用的是红格纸。两本的纸张不同，谱文内容则基本是一样的，只有极少数的地方两本各有改动而略现差异。

冯先生的研究工作先从查实《五庆堂重修辽东曹氏宗谱》上的人物入手，结果查出来一系列重要的文献资料，既有书面文献资料，也有实物文献资料，大大地丰富了曹雪芹家世的研究。

（一）《清太宗实录》记曹振彦史料和两篇《曹玺传》的发现与研究

1975年冯先生从《清太宗文皇帝实录》卷十八天聪八年四月条下发现关于曹雪芹的高祖曹振彦的一段记录：

> 墨尔根戴青贝勒多尔衮属下旗鼓牛录章京曹振彦，因有功加半个前程。

这是清代官方文献中有关曹雪芹上世的最早史料，对研究曹雪芹家世有着重要价值。

同年，冯先生查阅有关史料的过程中，与友人李华先生共同发现康熙年间未刊稿本《江宁府志·宦迹》之"曹玺传"和康熙《上元县志》卷十六的《曹玺传》。

冯其庸先生在《文艺研究》1976年第1期发表《曹雪芹家世史料的新发现》，报告他发现的两篇《曹玺传》和《清太宗实录》卷十八关于曹振彦的记载，以及他对新发现的史料所做的研究。

冯先生指出："康熙未刊稿本《江宁府志》的编纂者于成龙是江宁知府，他与曹玺同时，于任江宁知府，曹玺任江宁织造。按当时的惯例，他们必然会有交往的，甚至他们还可能有较密切的关系，因为于成龙（汉军）也是'奉天辽阳人'，他与曹玺不仅同时在江宁做官，而且还可能是同乡。""康熙六十年刊《上元县志》的纂修者唐开陶，据同书卷四说：'唐开陶，康熙五十五年任县令'，……唐开陶既然于康熙五十五年任上元县令，则他与曹頫是同时，唐任上元县知事时，曹頫任江宁织造，因此唐开陶与曹頫，也同样会有交往的，……""这两篇传记的材料，应该说是比较可信的。其中关于曹家的家史和祖籍等的记述，其材料很有可能直接来自曹家。甚至于唐等人修《志》之事，曹玺、曹寅和曹頫，也完全有可能曾先后与闻其事的。"两篇《曹玺传》的发现，是曹雪芹家世研究的一大进展。冯先生归纳两篇《曹玺传》给我们新增的认识：一是曹世选单名"宝"，曾"令沈阳有声"，并且家沈阳；二是曹家的远祖是宋武惠王曹彬；三是曹家"著籍襄平"，"襄平"是辽阳的古称，也即是说曹雪芹的祖籍是辽阳；四是曹振彦是"扈从入关"的，但未提曹世选；五是曹玺曾参加平姜瓖之乱，并选拔为内廷二等侍卫，在江宁织造任上做了不少有益于民众的事，郡人立生祠碑以颂；六是曹寅于康熙二十三年曹玺死后即奉命"协理江宁织造事务"，他"偕弟子猷讲性命之学"，即程朱理学；七是曹荃确实原名"曹宣"；八是曹顒字"孚若"；九是曹頫字"昂友"。这些都是过去研究红学的人不知道的。[4] 从《清太宗实录》记天聪八年四月"多尔衮属下旗鼓牛录章京曹振彦，因有功加半个前程"一条看，冯先生指出：这说明"曹家上世归旗的时间很早"，曹振彦到天聪八年，已到多尔衮属下，而且已升为"旗鼓牛录章京"即"旗鼓佐领"了。

（二）《大金喇嘛法师宝记》碑及《重建玉皇庙碑》《东京新建弥陀禅寺碑》

1977年11月，辽阳市文物管理所（1984年扩建改名为辽阳市博物馆）的邹宝库先生偶然在所内保存的《大金喇嘛法师宝记》碑的碑阴题名中发现"曹振彦"三字，认为是有关曹雪芹的重要文物资料，随即向上级做了报告。辽宁省博物馆的曹汛先生到辽阳察看了此碑并做了捶拓。曹汛又写信告知正在研究、校注《红楼梦》的冯其庸先生，还给冯先生寄了此碑的拓本。冯先生随即到辽阳察看此碑。冯先生到辽阳后，得到曹汛和辽阳市文物管理所工作人员的协助。曹汛和冯其庸两位先生对《大金喇嘛法师宝记》碑阴阳两面文字的认读和解释是一致的。曹汛先生在《文物》1978年第5期发表《有关曹雪芹家世的一件碑刻史料——记辽阳喇嘛园〈大金喇嘛法师宝记〉碑》。冯其庸先生于1978年2月写出《〈大金喇嘛法师宝记〉碑题名考》的初稿，8月改定，先发表于香港《大公报在港复刊卅周年纪念文集》，后收入《曹雪芹家世新考》书中。以前，曾有多种文献著录过此碑，但从没有人注意到它与曹雪芹家世的关系。从时间来说，《大金喇嘛法师宝记》碑比《清太宗实录》中的天聪八年要早出四年。如果说《清太宗实录》关于曹振彦的记载是曹雪芹家世官方文献最早的一条，那么《大金喇嘛法师宝记》碑则是地方实物中最早的一件，各具特殊的意义。

冯其庸先生的《〈大金喇嘛法师宝记〉碑题名考》提出:《大金喇嘛法师宝记》碑的重要之处是它揭示了曹家上世在属多尔衮之前，先是属佟养性的"旧汉兵"或"旧汉军"，属"乌真超哈"部队（红衣大炮部队），曹振彦是佟养性乌真超哈部队的"教官"。其次，两篇《曹玺传》说"著籍襄平"，"及王父宝宦沈阳，遂家焉"。"襄平"就是辽阳，现在这块《喇嘛碑》又在辽阳发现，则对两篇《曹玺传》所说的曹家祖籍辽阳，是一个重要的实证。碑阴与曹振彦并列的人，冯其庸先生当时查清楚十名，其中如宁完我、石廷柱、金玉和、祝世昌、吴守进、张大猷、金砺等七人都是辽阳人。

冯先生的《〈大金喇嘛法师宝记〉碑题名考》已经交代，对于《大金喇嘛法师宝记》碑这件文物，过去日本稻叶君山的《清朝全史》、萧一山的《清代通史》、日本《东洋文化史大系清代之亚细亚》、郑天挺的《清史探微》，都有著录，但俱未涉及碑阴题名。

冯其庸先生于2007年6月再次赴辽阳察看《大金喇嘛法师宝记》碑，辽阳博物馆将围在碑周围的玻璃罩拆掉供他察看。冯先生仔细看了全碑，特别认真看了"教官"二字，并请人做了拓本，拍了全照和局部特写的照片。在此前后，冯先生又研读了大量文献资料。他随即写出《〈大金喇嘛法师宝记〉碑"教官"考论》一文，发表在《红楼梦学刊》2007年第5辑。这篇文章共四节：第一节，曹振彦在天聪八年以前的经历、身份和职衔和他与佟养性的关系；第二节，《大金喇嘛法师宝记》碑的由来和碑文的解读；第三节，《大金喇嘛法师宝记》碑的著录和研究状况；第四节，余论。文章对《大金喇嘛法师宝记》碑做了系统研究和全面论述，是冯先生研究《大金喇嘛法师宝记》碑的一篇总结性论文，也是对周汝昌等先生一个负责的答复。

《〈大金喇嘛法师宝记〉碑"教官"考论》对此碑的碑额、碑身、正面的碑文、碑阴题名，做了完整的准确的描述，特别是对原刻与后加的做了明确的区分与论证，合情合理，令人觉得可信。后加的文字，曹汛的文章称为"后来补刻"，似不够确切；冯先生这篇文章称为"后加的"，更为贴切。冯先生这篇文章叙述此碑的著录和研究状况，从日本稻叶君山的《清朝全史》、萧一山的《清代通史》、日本《东洋文化史大系清代之亚细亚》、郑天挺的《清史探微》，到《奉天通志》《满洲金石志》和曹汛的研究文章。关于《奉天通志》，冯先生经过细心查考，举出了《奉天通志》的八项主要错误。这本《通志》不仅把后加的"皇上侍臣"一横排名字与有明显空白间隔着的原刻对行紧接，使半边碑阴的几十个名字成了"皇上侍臣"，也不仅"把碑上提行刻写的职衔名'教官'改为人名'敖官'"，而且在碑阴题名中没有了"曹振彦"这个名字，只著录了"曹振"。冯先生又查考了由罗振玉做叙、罗福颐纂辑校录的《满洲金石志》，这本《满洲金石志》虽然只晚于《奉天通志》两年多一点，但在《大金喇嘛法师宝记》碑的志录上，却纠正了《奉天通志》的多处错误，如恢复了"教官"的职衔，去掉了人名"敖官"，又有了"曹振彦"的名字。这样，实际上就把高应科、曹振彦等18人从误列入"皇上侍臣"的行列里区别出来，恢复了他们原来"教官"的职衔。同时，《满洲金石志》还恢复了"千总"这个职衔，使房可成等人也从"皇上侍臣"的行列里区别了出来。但是，《满洲金石志》也留下未曾解决的问题，这就是未能鉴别出后来加刻的文字，因而其志录将后来加刻的与原刻混在一起。这个问题到曹汛才基本说清楚，到冯先生的《〈大金喇嘛法师宝记〉碑"教官"考论》才完全说清楚。

冯其庸先生的《〈大金喇嘛法师宝记〉碑"教官"考论》，重点是辨析"教官"问题。首先是，经过从碑上辨认以及用拓片同其他文献资料比较，再次确认碑上的字是"教官"，不是什么"敖官"。冯先生说：所以归结起来，《宝记》碑上确是"教官"，"教官"两字原刻就是提行抬头，与右边的"副参游备"，左边的"千总"并齐，并不存在故意"提行"之类弄虚作假。而曹振彦绝非"皇上侍臣"，周汝昌把他列入"皇上侍臣"是不符合事实的，硬要说曹振彦在天聪四年就当了皇太极的"侍臣"，是制造新的混乱。

至于"教官"是什么样的职务，冯先生说：曹振彦是佟养性乌真超哈部队，即红衣大炮部队的"教官"当是无可怀疑了。至于他到底是文职教官，还是武职教官，还有待进一步考实……但据我的分析，不大可能是文职，因为四年后他就是"旗鼓牛录章京"了，而且还"因有功加半个前程"。"旗鼓牛录章京"是武职，是带兵打仗的，那时刚刚打完大凌河之战不久，佟养性的红衣大炮部队发挥了重大的作用。曹振彦"因有功"，当然是军功，不可能是教书的"功"。何况，进关时，他参加了山海关战役，顺治年间，又参加了平山西大同姜瓖之乱的战斗，如果他在红衣大炮部队时不是武职而是文职"教官"，怎可能有后来这些战斗经历和军功。

冯先生第一次到辽阳察看《大金喇嘛法师宝记》碑的时候，曾向辽阳文管所的工作人员提出，请他们仔细查找一下，是否还有第二块有关曹家的碑。1978年8月，辽阳市文管所在辽阳城南玉皇庙旧址附近一个菜窖墙砌体中，找到用作石料的碑石残块，经过拼对，大部分尚未缺失，碑名《重建玉皇庙碑》。辽阳市文管所函告冯其庸先生，说找到了另一块有曹振彦署名的碑。冯先生接信后，又立即赶去辽阳验看。此碑碑阳有《重建玉皇庙碑记》，末记"天聪四年岁次庚午秋九月上浣之吉立"。碑阴题名中的官员与《大金喇嘛法师宝记》碑相同者多，唯此碑中"曹振彦"列于"致政"行列内——此碑中无"教官"一类，"致政"则有二十多人。就在冯先生验看《重建玉皇庙碑》的同时，辽阳文管所的工作人员提出红光小学门口还有一块碑，冯先生又请他们带去验看。此碑名《东京新建弥陀禅寺碑》，寺和碑为孔有德所建立，耿仲明、尚可喜助之，范文程撰写碑文。时间在清崇德六年。碑正面有"碑记"，碑阴依次排列职官及匠人名单。冯先生在上面发现了曹得先、曹得选、曹世爵三个人的名字，这是《五庆堂重修辽东曹氏宗谱》中三房的人。

冯先生对《重建玉皇庙碑》和《东京新建弥陀禅寺碑》也进行了研究。他研究之后说：《玉皇庙碑》是天聪四年九月，比《喇嘛碑》只晚五个月，而此碑已无曹振彦军职，只署"致政"，当是其隶属及职务正在变动之际，尚未确定。至天聪八年，则已归多尔衮之正白旗，为"旗鼓牛录章京"（旗鼓佐领）。则此碑为我们提供了曹振彦由佟养性属下转变为多尔衮属下的一个变动初步的情况。这同样是曹雪芹上世的重要实证资料。《弥陀寺碑》则是《五庆堂》曹氏三房上祖的署名碑，碑阴曹得先、曹得选、曹世爵三人，都是《五庆堂谱》上的人名。《五庆堂谱》原称"辽东曹氏宗谱"，现在在辽阳发现五庆堂上祖的署名碑，则对《五庆堂曹氏宗谱》亦是提供了一件重要的实物证据。五庆堂三房是孔有德的部下，此碑的功德主正是"恭顺王孔有德、怀顺王耿仲明、智顺王尚可喜"，与史实全合，则更加增加了《五庆堂谱》的可信性。（柏按：冯其庸先生在《〈大金喇嘛法师宝记〉碑"教官"考论》中曾补充说，天聪八年时，多尔衮是镶白旗旗主，曹振彦当时应属镶白旗，多尔衮后来成为正白旗旗主。）

《大金喇嘛法师宝记碑》《重建玉皇庙碑》和《东京新建弥陀禅寺碑》，现已陈列于辽阳市博物馆，称为"辽阳三碑"。冯先生认为：三碑之上有曹振彦、曹得先、曹得选、曹世爵等人题名，他们同属《五庆堂谱》上的人物。所有这些史料明确无误地证明了曹氏祖籍是在辽阳，而不是原来所说的丰润。这些史料中所提及的人物从曹雪芹的高祖曹振彦到曹雪芹的父辈曹頫、曹頫，几十人连成一线，中间所透露出的丰富信息，使我们对于曹氏从发迹到"烈火烹油之盛"再到被抄家败落的一段家族史，有了比以往清晰得多、具体得多的认识。

（三）撰著《曹雪芹家世新考》

冯其庸先生得到《五庆堂重修辽东曹氏宗谱》以后，为核实《宗谱》的人物和记载，查阅大量的历史文献资料，包括档案史料、实录、《明史》《清史稿》、方志、家谱、文人诗文集与笔记杂录，等等，又进行了大量的实物考察与实地调查，并将他发现的和经他研究过的文献、实物及历史遗迹，摄成图片。冯先生坚持将文献研究、实物对证与实地考察相结合的治学方法。他四次去辽阳验看那里发现的"三碑"，三次登上千山，又多次到山海关、南京、苏州、扬州，凡是有关曹雪芹家的遗迹以及保存着有关文献的地方，天南地北，他都要亲赴其地。最有意思的是，他从《五庆堂谱》中得知曹得先"葬顺天府房山县张坊镇西，涞水县之沈家庵村北"，就想到曹得先的坟有没有可能还在呢？于是在1977年的冬天，和朋友驱车二百多公里，一路询问，几经周折，真的找到了沈家庵，并且确实有"曹家大坟"。坟地已经在平整土地中平掉了，但残存下来一块汉白玉界石，柱身一面刻着"五庆堂"，一面刻着"曹宅茔地"。令人惊奇的是守墓人还在，记得原是七个坟堆。这就和谱上记载的对上了，因为谱上写明曹家这一房有七个人葬在这里。村里人还说，平整土地时，从曹家大坟里只挖出一个小匣子，内装几块骨头。这又对上了，因为谱文记载，曹得先全家都死在顺治九年李定国发动的广西桂林之役，后皇帝赐祭葬，大约只拣回几块骨头，不可能有大棺木。真实的史料就是这样，经得起核实。这次调查证明了《五庆堂谱》是靠得住的。对于这个葬地，冯先生先后去调查了五次。

冯先生搜集、查阅的大量文献资料中，有两件是他特别惬意的，对于论证《五庆堂谱》的可信性，尤其是论证《五庆堂谱》上三房和四房的关系，他认为具有重要作用。

一是在民国二十四年的《国立北平故宫博物院十周年纪念文献特刊》上发现孔有德、耿仲明的降金书的满文照片及汉译原文。孔有德是如何投降的，虽与曹雪芹家世研究关系不大，但这个降金书里提到"特差副将刘承祖、曹绍中为先容"，这个曹绍中就是《五庆堂谱》上的人物，葬涞水县之沈家庵村北的曹得先就是曹绍中的长子。曹绍中在《五庆堂谱》上是第十世，与同谱四房的曹振彦是同世次。

二是借到了康熙时的原抄本《沈阳甘氏家谱》。人们知道康熙十二年因吴三桂叛乱而自刭于镇远府的云贵总督甘文焜与曹雪芹的上祖有亲戚关系，这从曹寅的《过甘园诗》就表明了这种关系，诗中自注称甘文焜为"总制公"，称甘文焜的第三子甘国基为"鸿舒表兄"。这重"表亲"关系究竟从何"表"起的呢？康熙抄本《沈阳甘氏家谱》："六世，体垣，行一，字仰之。生于万历戊申年七月初三辰时，仕至福建漳州府海澄县令。于顺治九年正月初三日海寇作乱，守节殉难，士民爱戴，立祠春秋祭祀。元配曹氏，沈阳卫指挥全忠曹公之女，生一子，如柏。"嘉庆、道光《沈阳甘氏家谱》均同。再检《五庆堂曹氏家谱》十世曹权中："养勇子，字时轩，指挥使。配徐氏，封夫人，生子振先。女一，适甘公体恒室，甘国圻母。"这里的曹权中，也即是《甘谱》里的曹全忠，音同字异，而这里的甘体恒，也就是《甘谱》里的"甘体垣"，"恒"与"垣"形近而误。冯其庸先生认为：曹、甘两谱互相对应，找出这曹、甘两家的姻亲关系对研究曹雪芹上祖的家世至关重要。这就找到了曹寅称甘国基为"鸿舒表兄"的原因，即说明四房的后裔称三房上世的祖姑之子为"表兄"。这恰好说明了《五庆堂谱》上的四房与三房，原是同气连枝，一条根上生出来的。

从1975年冬以来，经过三年的努力，冯其庸先生写成《曹雪芹家世新考》一书，上海古籍出版社1980年出版。全书近30万字，并附图片100多幅。《曹雪芹家世新考》一书的主要结论是：

1. 《五庆堂重修辽东曹氏宗谱》上列出始祖曹良臣和第二代曹泰、曹义，实际上都不是五庆堂曹氏的始祖，而是撰谱人强拉入谱或讹传窜入的。五庆堂曹氏的真正的始祖是曹俊，即"入辽之始祖"。

2. 曹雪芹的上祖与五庆堂的上祖是同一始祖即曹俊。曹雪芹的上祖是曹俊的第四房，五庆堂的上祖是曹俊的第三房。

3. 曹家在天命、天聪、崇德之间，原是明朝的军官，他们是在明朝与后金的战争中归附后金的。

4. 曹家在天命、天聪时期原是汉军旗，后来才归入满洲正白旗的。

5. 曹雪芹祖上入旗之前的籍贯是辽阳，而不是河北丰润。这就是说，曹雪芹祖籍是辽阳。从李玄伯以后，曹雪芹祖籍"丰润说"相当流行，自冯其庸先生《曹雪芹家世新考》出版后，"辽阳说"得到确认，也成为红学界多数人的共识。

文化艺术出版社1997年出版《曹雪芹家世新考》（增订本）。增订本主要是增补了初版以后新发现的材料和新写的论文。笔者在后面还会介绍这些增补的材料和文章。

1983年12月，三联书店香港分店出版冯其庸先生的《曹雪芹家世·〈红楼梦〉文物图录》。这是一部别具特色的学术性著作。它汇集有关曹雪芹家世和《红楼梦》的文物图片730多幅，并配有意味隽永的或长或短的文字说明，是冯先生长期调查、搜集、摄影，再精心编撰而成。读者打开一页一页看下去，可以感受到曹雪芹所处时代的历史氛围，领略到那个时代的文化风貌，从而获得对曹雪芹和《红楼梦》的真切认识。

（四）曹、李两家败落的探讨

20世纪80年代以后，中国第一历史档案馆及大连图书馆新发现了有关李煦、曹頫和曹寅的几件重要档案。这就是《两江总督查弼纳为审讯李煦家人及查其家产事奏折》（雍正二年）、《曹頫骚扰驿站获罪结案题本》（雍正六年九月二十一日）、《刑部为知照曹頫获罪抄没缘由业经转行事致内务府移会》（雍正七年七月二十九日）、《刑部为知照查催曹寅得受赵世显银两情形事致内务府咨文》（雍正七年十二月初四日）等。冯先生联系这些档案史料，勾勒出曹、李两家败落的轨迹，探讨了两家败落的深刻原因及与《红楼梦》诞生的关系。他这方面的研究，除了反映在《我与〈红楼梦〉》一文之内以外，还撰有《关于李煦》（《曹雪芹家世新考》增订本增加的一章）和长篇论文《曹、李两家的败落和〈红楼梦〉的诞生》。[5]

冯其庸先生的探讨是一个逐步深化认识的过程。他对过去流行的某些说法作了澄清。他说：以前，还有一种误解，认为曹家的败落、曹頫的被抄革职，是政治原因，是由于雍正即位后清除异己，曹家是康熙的亲信，因此有必要清除。早先我也有此看法，经过这次清理核实曹家的亏欠及曹頫获罪因由，可以看到以上看法并无根据，这可以从几个方面来加以说明：

1. 雍正二年雍正在曹頫请安折上的长长的朱批，特别说到"你是奉旨交与怡亲王传奏你的事的，诸事听王子教导而行"，"若有人恐吓诈你，不妨你就求问怡亲王，况王子甚疼怜你，所以联将你交与王子"等批谕，清楚地说明曹頫绝不是雍正的敌党的人，根据这个朱批，说他是怡亲王的人倒毫不勉强，怡亲王的人，当然也就是雍正所不必怀疑的人了。

2. 雍正六年七月初三日，《江宁织造隋赫德奏查织造衙门左侧庙内寄顿镀金狮子情形折》，内称这对狮子是塞思黑（允禩）派人到江宁铸就的，"因铸得不好，交与曹頫寄顿庙中"。如果要往政治方面拉，这很容易就可说是允禩一党了，镀金狮子，总比买几个苏州女子要更带政治性一些吧。但对此雍正并未追究，只批"销毁"二字，此时曹頫尚在枷号，如要像李煦那样加罪重判，是完全可以的，但雍正却并未把它作为政治问题看。只此两点，就足以说明曹頫的革职查抄，确实不是因为政治原因，而是他自己屡屡出错，看来真是扶不起来，否则有怡亲王的关照（怡亲王主管户部钱粮，曹頫的亏欠等事，他必然亲知，雍正三年九月，怡亲王还批过"报销江宁织造钱粮等事"的奏报）、雍正的额外宽容，李煦垮台后还让他当江宁织造，他却一次次地出问题，这就无法可想了。

此外，还有人认为曹頫在乾隆大赦后，又得到官复原职，曹家又再度中兴。这种说法我认为是毫无根据的，官复原职或重新起用，必定有官方文书、有档案，现在一无所有，则有何根据做此推断？[6]

冯其庸先生又认为："曹、李两家败落的根本原因，是由于康熙的南巡。"康熙南巡的花费之大，是很难算清的。供张宴乐，进古董，随行人员皇太子、阿哥、嫔妃、护卫等都要供应资送，还要应付额外的需索，还有修行宫、打造船只，等等，这样巨大的开支曹、李两家如何承担得起。冯先生说："曹、李大量的亏欠的根由，就是为了要'拿着皇帝家的银子往皇帝身上使'，而这种在劫难逃的历史趋势和繁华富贵里头埋藏着的杀机，却被曹雪芹在《红楼梦》里用文学和艺术的形式再现出来了。""实际上，由于家庭毁灭的悲剧，触动了曹雪芹，才酝酿出这部《红楼梦》来，这一点在《红楼梦》的开头，作者就交代清楚的。"曹雪芹说的"历过一番梦幻之后"，"实际上是说作者自己历过了一番富贵荣华的生活，但最后却彻底败落，往日的富贵荣华，宛如一场梦幻，因此将真事隐去，借通灵宝玉的故事，创作这部《石头记》"。[7]

"当然，《红楼梦》是一部旷古奇书，它的内容的涵盖面是既深且广的，绝不是曹雪芹的自传或家传。"冯其庸先生这样着重予以强调。冯先生说：《红楼梦》的诞生，是三个历史因素奇妙的凑合，一是整个世界在西方已进入资本主义时代，而在中国还是坚固的封建王朝；但在中国封建社会的内部，已经产生了资本主义萌芽的经济因素了。在思想领域里，反程朱理学而带有某种程度的自由色彩的初期民主思想也开始萌生和蔓延了，从明末清初到乾隆时期，这种思想有了较多的发展，但社会的官方的主导思想仍旧是程朱理学。整个社会仍是封建社会。二是曹雪芹的家庭，虽然是包衣奴才，但却是百年世家。特别是到曹寅的手里，发展到了飞黄腾达，而曹寅本身又是文采风流的一代才子，康熙六次南巡由他与李煦四次接驾，更使他家如'烈火烹油，鲜花着锦'。但是'祸兮福之所倚，福兮祸之所伏'，正当曹家走向鼎盛的时候，曹家衰败的根子也就同时埋伏下了。终于曹家彻底败落，'落了片白茫茫大地真干净'。原有的百年世家和富贵荣华，瞬息间化为泡影，而且极尽凄惨。以上两点是客观条件，还有第三点是主观条件，这就是曹雪芹是天才的作家。曹雪芹既经历了繁华富贵，又饱经了抄家以后的漂泊凄凉，他还看到了自己的至亲李煦家的早败惨象和李煦的悲惨下场，他当然更看到了自己父亲曹頫(或是叔父)的枷号。官场的势利，人世的凄凉，他都尝够了。以上这一切，恰好成为造就这位天才作家的主客观因素。特定的时代、特殊的家庭和特殊的天才人物的天然结合，才孕育出了一部绝代奇书《红楼梦》。"[8]

冯其庸先生就《刑部为知照曹頫获罪抄没缘由业经转行事致内务府移会》和《刑部为知照查催曹寅得受赵世显银两情形事致内务府咨文》两件档案史料指出："刑部移会"说明的另一个问题，是曹雪芹在晚年，曾否南归当尹继善的幕僚的问题。周汝昌坚持认为曹雪芹是曾南归为尹继善的幕僚的，他的唯一的根据是郑州博物馆所藏的那张"曹雪芹画像"和画像上的那段题记。现在事实证明画像是假的，题记是后造的，连作伪者都已经供认不讳了，所以南归说的依据就根本不存在了。现在"刑部移会"又提出来曹寅曾得受赵世显银八千两，尹继善是奉追者，要着落曹寅之子曹頫承缴。这样尹继善与曹頫、曹雪芹之间又存在了一层新的关系：一方是奉追欠款，一方是应缴旧欠；一方是江苏巡抚，一方是被罪枷号的罪人。在这种情势下，难道雪芹还有可能于日后去做尹继善的幕僚吗？只要读读《红楼梦》里雪芹对贾政的幕僚，詹光（沾光）、单聘仁（擅骗人）等的描写，就可知道，雪芹对当时的幕僚即清客相公，是何等的厌恶鄙视啊！所以这份"刑部移会"又从正面驳斥了南游论者的错误观点，还雪芹以清白之身。[9] 冯先生这儿所言，是有关曹雪芹身世的一个重要问题，加以澄清很有必要。

（五）曹雪芹的卒年

20世纪60年代学术界讨论曹雪芹卒年问题以后，冯先生是倾向"癸未说"的。

1992年7月，北京通县张家湾镇农民李景柱献出了他在1968年"文革"期间平坟地时挖出来的一块"曹雪芹墓石"。冯先生应邀去做了实地调查。据李景柱介绍说："这块墓碑是1968年发现的，当时'文革'还在高潮期间，乡里为了平掉张家湾镇周围的荒坟，改为庄稼地，才决定把张家湾镇西北的窦家坟、马家坟、曹家坟平掉。这三座大坟是相连的，面积很大，曹家坟高出地面有一米多。我和另外好几位一起平曹家坟，在平地时发现了这块墓碑。墓碑埋在地下一米多深处，碑上刻'曹公讳霑墓'五个大字，左下端刻'壬午'两字，'午'字已残。在墓碑下面约离地面1.5米的深处，挖出来一具尸骨，没有棺材，是裸葬的，尸骨架很完整，据当时一位稍懂一点的人说，是一具男尸。当时急于要平坟地，特别正是在'文革'中，'破四旧'刚过，也没有敢多想，但我读过《红楼梦》，知道曹霑就是曹雪芹，并告诉了在场的人。当时有一位一起平地的人听说曹霑就是曹雪芹，以为墓里一定有东西，就去墓坑里拨弄尸骨，结果一无所有。到晚上我就与我的堂弟李景泉一起把这块墓碑拉回家里，埋在园子里了。最近镇里规划要发展旅游，建立张家湾人民公园，想把周围的古碑集中起来建碑林，因而想起了这块碑，又把它拿了出来。"李景柱介绍后，冯先生就去目验了这块墓石，并拍了照片。墓石1米左右高，40多厘米宽，15厘米左右厚，墓碑质地是青石，做工很粗糙，像是一块普通的台阶石，只有粗加工，没有像一般墓碑那样打磨，碑面上加工时用凿子凿出来的一道道斜线都还原样未动，证明是根本未打磨过。碑面上凿刻"曹公讳霑墓"五个字，也不像一般碑文的写刻，就像是用凿子直接凿的。在碑的左下端有"壬午"两字，"午"字已剥落左半边，但还能看出确是"午"字。

冯先生察看后认为这块墓石确是真的出土物，绝不是伪造的。之后不久，国家文物鉴定委员会的专家史树青、傅大卣两位也来验看了，他们看后当场发表意见，认为这块墓石是真的，绝不是伪造的。不少红学家看后，也认为是真的，不是伪造的。当然，学界也有人认为是假的，不可信的。冯先生联系《江宁织造曹頫覆奏家务家产折》（康熙五十四年七月十六日）、曹寅《东皋草堂记》、《江宁织造曹寅奏谢复点巡盐并奉女北上及请假葬亲折》（康熙四十五年八月初四日）、《苏州织造李煦奏安排曹颙后事折》（康熙五十四年正月十八日）及雪芹友人敦敏、敦诚的诗文，说明曹家在通州和张家湾有地有产，曹家的祖茔在北京郊区，而且应该就在潞河边上的张家湾附近。冯先生根据甲戌本第一回脂批"壬午除夕，书未成，芹为泪尽而逝"，加上张家湾出土的这块墓石上的"壬午"纪年，认为曹雪芹是卒于壬午年除夕。

2006 年，国家图书馆出版社影印出版《四松堂集》付刻底本，冯先生在国家图书馆善本室看了原本以后，写出《初读〈四松堂集〉付刻底本——重论曹雪芹卒于"壬午除夕"》，作为影印本的"代序"。"代序"的着重点是讨论曹雪芹的卒年问题。

大家知道，在曹雪芹卒年问题上，持"癸未说"的是两个证据：一是《四松堂集》付刻底本中的《挽曹雪芹》诗注明写作年份为"甲申"（乾隆二十九年）；二是《懋斋诗钞》中的《小诗代简寄曹雪芹》前面的第三首（即《古刹小憩》）注"癸未"。冯先生的《初读〈四松堂集〉付刻底本——重论曹雪芹卒于"壬午除夕"》，就是对"癸未说"两个证据的驳论。

冯先生研究了《四松堂集》付刻底本的编年问题，发现《四松堂集》付刻底本的纪年有多种情况：第一种是在诗题下有明确的纪年，但在刻本上都已删除；第二种是诗题本身的文字即含纪年；第三种是题下原有小字纪年，编定时在纪年上贴小白纸片盖住，表示删去纪年，如《挽曹雪芹》题下的"甲申"两字就用小纸片盖住；第四种情况是题下纪年用墨笔圈去。尤其是吴恩裕特别强调的"吾诗聊记编年事"的那首《三月十四夜与佩斋松溪瑞庵雨亭至黑山饮西廊看月》，吴恩裕用来证明敦诚诗是"严格编年"的，而此诗在敦敏编定《四松堂集》时被删掉了。所以冯先生认为"《四松堂集》并不是真正'严格'编年的"，只能说"大体编年"。《挽曹雪芹》题下的"甲申"两字既被贴条删去，就不能不审慎思考。换句话说，就不能算是过硬的证据。至于《懋斋诗钞》也不是"严格编年"，集中记的年份存在许多差错；即使我们承认《小诗代简寄曹雪芹》是癸未年的诗，但雪芹未应约，也没有答诗，这就有可能是人在因故未赴约，也可能是人已不在了。持"癸未说"的以此为证据，是推测，是"理证"，而不是"直证""实证"，不具有必然性。从逻辑上说，在争论问题的时候，要求辩论者不仅要为自己的论点求证，还必须证明对方的论点站不住脚。也就是说，既要立论，又要驳论。冯先生关于曹雪芹卒年的论文，具有这两方面的性质。

四、冯其庸关于《红楼梦》思想内容的研究

冯其庸先生红学研究的另一个重要方面，是作品的思想内容。二十多年间他一直在潜心研究《红楼梦》的思想意蕴和历史价值。1983年，他写了《千古文章未尽才》一篇长文，后来多次予以增补。从1999年起，他集中精力和时间，将多年有关《红楼梦》思想的研究总括起来，著成《论红楼梦思想》一书。这是冯先生探讨《红楼梦》的思想意蕴和历史价值的代表性著作，是一部系统论述《红楼梦》思想的著作。《论红楼梦思想》出版后，冯先生又在《瓜饭楼重校评批红楼梦》卷首的《解读〈红楼梦〉》（代序）与长篇论文《曹、李两家的败落和〈红楼梦〉的诞生》中，进一步阐述《红楼梦》的思想内容。

20世纪最后二十多年，中国学术文化界的理论观念、思维习惯发生了变化，研究《红楼梦》的方法和研究角度也呈现出多样化的开放的格局，但这个时期，研究者多注重美学的、心理学的分析和新方法的探讨，似乎厌倦于继续研究小说的思想和历史价值。特别是"结构主义""叙述学"等新方法的输入，更加强了这样的心态。"结构主义""叙述学"等新方法，"放弃以外部渊源为基础解释作品，不管该外部渊源是表述者本身或是他的物质和精神背景。任何历史性视角被驱逐之后，文本被视作封闭的世界，仅以自身为参照，犹如一台言语机器，批评家分析其内在关系和结构，而不再考虑原因和起源"[10]。新方法着重研究文本的"内在关系和结构"，即专门研究"形式"。这作为文学研究的"一家""一派"，当然是可以的。如果我们学术界对《红楼梦》，对古典文学，仅只作形式的研究，那就不可思议了。文学作品不可能没有思想，创作也离不开历史环境；作品在传播中，在读者的接受过程中，也要依靠思想的魅力。研究工作岂能回避这样的客观存在！事实上，西方的文学理论与文学批评在最近二十多年已经发生了重大转移，我国学界强调专注于文本的"内在关系和结构"的理论依据还是20世纪70年代以前流行

的理论。如今,西方有人讥讽专注于文本的"内在关系和结构"的,是"叙述方面的技术员"。[11] 西方一本有代表性的《诗学史》写道:假如说文学的语言学分析可以达到脱离任何背景的"高度",背景是否真的失去了它的意义?我们真的可以与社会文化背景割断联系,把作者、读者和历史都搁置一旁而醉心于如此形式主义的和理想主义的活动呢?其实,孤立作品的内在研究远远不够,批评界很快发现,有必要重新引入时间层面和文本外的材料层面,尤其因为结构主义为自己确定了最广泛的目标。在1966年11月号的《现代》杂志中,普永(Pouillon)和格雷马斯(Greimas)使结构主义向史学、社会学和比较方法开放。[12]

西方的文学理论与文学批评在最近的二十多年已经从强调"内部"研究转为注重文学的"外部"联系。不管这是不是回归传统,经验告诉我们,研究古典作品不能脱离历史,不能脱离社会;脱离历史和社会,就不可能触及作品的思想内容。

我国某些年轻的红学研究者,受西方"结构主义""叙述学"等理论的影响,以为联系作品的历史背景和作者的经历来解读作品的方法,是"离开文本"的"外部研究",是"从作品之外寻求意义"。照笔者看来,这是一种误会。这种误会,导致近年的《红楼梦》研究中出现一种非历史主义倾向,即脱离社会、脱离历史而研究文本的倾向。

思想是文学作品的灵魂,红学应当把思想内容的研究放在重要地位,而要研究思想内容则离不开社会历史的研究。20多年来,冯先生坚持研究《红楼梦》的思想意蕴和历史价值,在学术导向上是有意义的。

冯先生说:"我一向认为如果没有曹、李两家富贵荣华的百年世家和后来的彻底败落,就不会有一部万世永传的《红楼梦》。但是,我更认为要正确理解《红楼梦》,必须了解《红楼梦》时代的外部世界,即中国以外当时世界发展的历史趋势。必须了解《红楼梦》时代的内部世界,即康、雍、乾时代的清代社会,而且还必须了解曹雪芹、李煦的百年世家和最后彻底败落的悲剧结局以及曹雪芹本人的经历。"《论红楼梦思想》,首先对产生《红楼梦》的那个时代——明朝后期到清代前期,做了仔细考查,引用的文献近百种。这种历史的考查,涉及当时资本主义萌芽的曲折发展,市民阶层的壮大,西方新学的传入,以及反对程朱理学和专制独裁、提倡人性自然发展的启蒙思潮。同时,也阐明了传统封建统治仍然顽固,吏治腐败,世风颓靡,土地兼并加剧,社会下层和广大妇女的处境愈益悲惨。冯先生把曹雪芹和《红楼梦》放在明朝后期到清代前期这个大的历史环境中来考查,同时联系世界范围的经济、政治和思想文化来思考,指出欧洲经过文艺复兴之后,又进入工业革命的高潮。冯先生解读《红楼梦》的基本方法,即是联系作品的历史背景和作者的经历来寻绎作品的意蕴与历史价值以及作品是如何表现其内容的，简明地说，就是寻绎作品表现什么和如何表现。这样的方法，是要从历史实际和文学文本的实际出发，从研读作品中寻绎其艺术形象所蕴含的深远意义，不能称之为"从作品之外寻求意义"。

冯先生得出的结论是：《红楼梦》不仅是对两千年来的封建制度和封建社会的一个总批判，而且表达了对自由、平等、幸福和个性完美的追求，它闪耀着新时代的一线曙光，也是一首迎接必将到来的新时代的晨曲。冯先生说："《红楼梦》是一部旷古奇书，它的内容的涵盖面是既深且广的，绝不是曹雪芹的自传或家传。我认为它是康、雍、乾这一历史阶段的艺术的总概括和总反映。"这一时期的社会矛盾、社会风习，特别是这一历史阶段的人的命运、妇女的命运以及官方的设定、社会的反抗，等等，统统得到了生动的反映。《红楼梦》里的理想人物，是代表历史发展的进步趋向的，他们在寻找新的人生道路而又不知从何找起。贾宝玉坚决不走仕途经济的道路，就是对旧的官方设定的封建时代的人生道路的否定，他只愿意与姐妹们在一起过自由自在的生活，是说明他还没有找到真正的新的人生道路，但却向往着过自由自在的生活。他对旧的人生道路的否定是明确而坚决的，但他对新的人生道路却在迷茫中摸索，"天尽头，何处有香丘？"就反映着他们在寻求新的人生道路和新的理想世界。但是他们追求婚姻的独立自主、自由选择和尊重女性这两点，已是他们理想人生中的两个闪光的亮点了。所以虽然他们对新的人生道路还在迷茫中摸索，距离真正的新的人生道路还很遥远，但他们已经有所感悟，有所主张，不是完全的盲目了。所以贾宝玉、林黛玉这一对新人的思想内涵是具有先进的历史动向和丰富的历史内涵的，是一对不朽的艺术典型，它闪射着黎明前黑暗中的一丝晨曦。[13]

如何给《红楼梦》的思想定性，20世纪50年代出现过两种意见。一种意见认为是"新兴的市民社会意识的反映"，另一种意见认为是封建社会传统的民主思想。两种意见有过争论，但由于那时缺乏自由讨论的学术环境，争论没有深入展开。冯先生认为"《红楼梦》是反映资本主义萌芽性质的经济因素的新的民主思想"，其中的思想冲突是封建正统思想与反封建正统思想的冲突，贾宝玉、林黛玉的形象是前所未有的艺术形象，体现新的社会理想和生活理想，包含着近现代的思想因素。《红楼梦》"在意识形态领域里，起到了启蒙的作用"。[14]

五、侧重于小说艺术的《瓜饭楼重校评批红楼梦》

冯其庸先生曾以十多年时间研究清代"评点"红学，撰写了《重议评点派》一文，完成《重校八家评批红楼梦》（江西教育出版社2000年出版）一书。冯先生在《重议评点派》的长文中，赞扬"评点"的方式"灵活便利，生动活泼"，"既不排斥长篇大论，又发展了单刀直入，一针见血的短论"，能"鞭辟入里""画龙点睛"；而且可以非常灵活地指出作家语言的美妙之处，"导人领略欣赏，引人入门"。冯先生历经五年完成的《瓜饭楼重校评批红楼梦》，正是"评点"这种传统方式的继承和发展。

《瓜饭楼重校评批红楼梦》于2004年年底和2005年年初，由香港天地图书有限公司、辽宁人民出版社和浙江华宝斋书社分别出版精装本和线装本。全书包括三种"评批"形式："眉批"（针对文段或重要文字），"正文下双行小字批"（针对重要文句），"回末批"（总评全回）。此外，还有长文《解读〈红楼梦〉》，置于卷首，作为导读。"评批"加上"导读"，既在宏观上全面深入地剖析了《红楼梦》的思想内涵和艺术表现上的特色，又能就小说的历史意蕴、人物性格、写作技巧、素材来源、词语修辞、文字音义、相关的风俗人情以及作者问题、版本问题，等等，从微观上细致地予以指点。不过，总的看，全书的"评批"还是侧重于小说艺术，如人物刻画、谋篇布局、情节结构、描写技巧、文笔文辞等方面。

《瓜饭楼重校评批红楼梦》的眉批与双行小字批，或三言两语，或一语道破，或引古典诗句作评，俱语约义丰，韵味深长。这里我们来看一些精彩的批语。小说第六回写到刘姥姥一家，过去有人评曰："作者断不肯顺笔递出，故特作大提掇。"冯评："读书如游山，此处奇峰突起，天外飞来之笔。"小说写到"秋尽冬初，天气冷将上来"，刘姥姥"家中冬事未办"，全家愁闷。冯评："'全家都在风声里，九月衣裳未剪裁'也。"这是乾隆时期诗人黄景仁《都门秋思》中的句子，与《红楼梦》的描写恰恰相合。小说第十二回写贾瑞由"他祖父代儒教养"。冯评："书中代儒，自是儒者之代表，在此儒者亲自教育下之贾瑞，却是如此行径，此亦作者对儒家之辛辣讽刺也。"点明《红楼梦》作者对正统儒学的讽刺笔墨。小说第十五回写宝玉离开村姑二丫头"怎奈车轻马快，一时展眼无踪"。冯评："'车轻马快，一时展眼无踪'两句，令人如读古诗'人生寄一世，奄忽若飘尘'之感，盖人生亦是'车轻马快，展眼无踪'也。"表达了批书人对人生的感慨。第十七、十八回写元春省亲到家之前，大观园里张灯结彩，"静悄无人咳嗽"，冯评："所谓'万木无声待雨来'也。"这可以加深读者对小说意境的领悟。小说第三十回宝玉与黛玉相对流泪，黛玉将枕边搭的一方绡帕子摔向宝玉，冯评："千言万语，无数衷情，皆在此一摔之中，不知作者如何想来。予数十年来，喜看传统戏曲，每见名演员一理须，一整冠，一弹指，每一小动作，皆能传情达意。黛玉此一摔，亦传情达意之最好方式，只此一摔，两心相通矣！"这是评小说的细节描写。第四十七回写凤姐逗贾母笑乐，冯评："凤姐的话，如春花烂漫，满席皆春，既逗人欢喜，又不见造作，皆风生涟漪，自然成文。"这是评小说如何写凤姐的乖巧与油嘴。第五十四回再次评凤姐："凤姐之口，虽古之辩才亦难过之，自凤姐于第三回出场至今，其滔滔之言，无一不动人，无一不因景生情，无一不新鲜奇谲，信矣，雪芹之才，如黄河之水也。"这是由赞凤姐的伶牙俐齿进而评曹雪芹写人物对话的手腕。

每回之后的回末批，短者四五百字，长者达四千余字。全书一百二十回总起来就是百余篇意味隽永的文章。虽说"回末批"是对全回作总评，但并不拘泥于一格。大抵都是就难点、疑点与关键问题予以阐释或发挥。如第十四回回末批：此回写宁府丧事，显出大家气派，诸事错综复杂，千头万绪。作者一支笔，恰如指挥千军万马，事事有序，笔笔周到，一丝不乱，令人如在当场。只见大队人马，素衣白裳，车马舆轿，缤纷齐作，浩浩荡荡，一如流水马龙，好看煞人。此回庚辰回末评云："此回将大家丧事详细剔尽，如见其气概，如闻其声音，丝毫不错，作者不负大家后裔。"

第十七、十八回（"重校"本此两回未分回）回末批：大观园为宝玉及诸钗之居处，以后诸多情节，皆生发于此。此实小说人物活动之大环境，无此环境，则诸事无从展开，故必得细写，然如何细写，却是难事，单写建筑，则成为写一建筑工程矣。乃作者借贾政视察工程，商量题匾诸事，则一路描写品题，使文章情文相生，而贾政之视工程，亦成为一篇名园游记矣。

宝玉试才题匾联，实为下回省亲作诗预写一笔，使下文不突然，且亦见宝玉之清才洒脱，而贾政则迂腐板滞，活生生一刻板官僚，而诸清客则庸俗谄奉，诸相毕露，三者恰成对照。非如此不能见宝玉之才、贾政之腐、清客之俗也。

省亲一回是全书大喜文字，与前可卿之丧为大悲文字，成一对照。作者皆以龙象之笔写之，具见大才，且省亲是皇家典仪，作者借此写出其皇皇家世，亦真事隐于其中也。

这些关于《红楼梦》如何写大场面的分析，诚能发原著之蕴奥，启后学之才思。

《瓜饭楼重校评批红楼梦》还有一个重要内容，就是辑录庚辰、己卯、甲戌等抄本上重要的"脂评"，并适当加以解释和引申。一般不易备有多种"脂评"本的读者持此一部书，便可以直接看到这些最早的具有文献价值和文学价值的"脂评"，而且通过冯先生的解释、引申又得到进一步理解。

冯其庸先生红学研究的步骤，是由《红楼梦》的版本研究、作者家世身世的研究，进而研究《红楼梦》思想内容和小说艺术。《瓜饭楼重校评批红楼梦》的著成与出版，实现了他红学研究的计划。

注释

[1]　胡适:《胡适口述自传》,安徽教育出版社1999年版，第265页。

[2]　冯其庸:《论甲戌本 ——纪念曹雪芹逝世240周年重印〈脂砚斋重评石头记〉甲戌本弁言》,《红楼梦学刊》2004年第4辑。

[3]　冯其庸:《读沪上新发现的残脂本〈红楼梦〉》,《红楼梦学刊》2006年第6辑。

[4]　冯其庸:《曹雪芹家世史料的新发现》,《曹雪芹家世新考》,上海古籍出版社1980年版，第318—319页。

[5]　[6][7][8][13]冯其庸:《曹、李两家的败落和〈红楼梦〉的诞生》,《红楼梦学刊》2007年第3辑。

[9]　冯其庸:《我与〈红楼梦〉》,《红楼梦学刊》2000年第1辑，第36页。

[10]　[12][法]让·贝西埃、让·韦斯格尔伯等主编:《诗学史》(下册),汉译本,百花文艺出版社2002年版，第720、721页。

[11]　[法]罗杰·法约尔:《批评:方法与历史》,百花文艺出版社2002年版，第423页。

[14]　冯其庸:《论红楼梦思想》,黑龙江教育出版社2002年版，第136、159页。

本文原载于《师友笔下的冯其庸》

本文作者：华中师范大学文学院教授

冯其庸先生对《红楼梦》版本研究的贡献

陈熙中

冯其庸先生是当之无愧的红学大家，他对曹雪芹的家世、《红楼梦》的版本和《红楼梦》的思想艺术都有精深研究，成就卓著。在这里我想结合自己的学习体会，着重谈一下冯先生在庚辰本《石头记》研究方面的成就和贡献。

《红楼梦》（《石头记》）最初以抄本流传于世，只有八十回，是一部未完稿。在传抄过程中，由于种种原因，各种抄本自然会出现文字差异。程伟元、高鹗说："书中前八十回抄本，各家互异……坊间缮本及诸家所藏秘稿，繁简歧出，前后错见。即如六十七回，此有彼无，题同文异，燕石莫辨。"（《红楼梦·引言》）他们声称在刊印一百二十回本《红楼梦》时，曾"广集核勘，准情酌理，补遗订讹"。

程高本问世后，有人注意到了程高本与"旧抄本"的文字异同。苕溪渔隐在《痴人说梦》（嘉庆年间刊本）的《镌石订疑》中曾摘录出数十条异文，如：

"贾珍笑说：'你还硬朗？'"（五十三回）

按旧抄本此句下："乌进孝笑回道：'托爷的福，还走得动。'贾政道：'你儿子也大了，该叫他走走也罢了。'"方接"乌进孝笑回道"句。

"一概都化成一股灰，再化成一股烟，一阵大风吹得四面八方都登时散了。"按旧抄本作："一概都化灰。灰还有形迹，不如再化一股烟。烟还凝聚，人还看得见，须得一阵大风，吹的四面八方都登时散了。"（转引自一粟编《红楼梦卷》）

到了民国初年，有正书局狄葆贤刊印《国初钞本原本红楼梦》（今称有正本或戚序本）时，在前四十回加了自写的许多眉批，主要是指出"原本"文字胜于"今本"（程高本），如："口碑下之小注是门子所抄护官符原有之注解，非批语也，今本全行删去，谬极。"

（第四回）"'抡'字是京语，活画当时情状，今本改为'搃'字，不知所云。"（第九回）"'伏史湘云一笔'六字乃小注，今本乃误将'史湘云'三字列入'王夫人、邢夫人'之上，谬甚。"（第十三回）狄葆贤的眉批数量较多，在异文比勘上较之苕溪渔隐又进了一步。

其后随着甲戌本、庚辰本、己卯本和其他脂抄本的陆续被发现，人们越来越认识到程高本前八十回对雪芹原稿作了大量改动，其中很多属于误改、妄改。但是在很长一个时期内，排印出版的《红楼梦》仍是程高本，脂抄本只是被整理者用作参校本，据以对程高本的少量文字做些改动。直到1958年，人民文学出版社出版了俞平伯、王惜时校订的《红楼梦八十回校本》，情况才出现变化。此书以有正本为底本，以庚辰本为主要校本，并参校其他抄本（同时附有《红楼梦后部四十回》和《红楼梦八十回校字记》）。这是第一部以属于脂本系统的一个本子为底本整理校订成的《红楼梦》。校订者明确提出他们的目的是要"整理出一个更接近作者原著的本子来""尽可能接近曹著的本来面目"。就其所用底本和校订目的这两点而言，《红楼梦八十回校本》的整理和出版应该说在《红楼梦》版本史上是具有某种开创性意义的事件。

不过，如果目的是要达到"尽可能接近曹著的本来面目"，那么采用有正本为底本是否为最佳选择就值得进一步探讨了。俞平伯先生自己曾谈过这个问题。他在1958年写的《红楼梦八十回校本序言》中说，用有正本为底本，是因为"一则由于易得，便于丹黄涂抹；二则它也最完整"。1962年他在《重订红楼梦八十回校本弁言》中又再次谈到底本问题，这样说道："用庚辰本或用戚本（即有正本）来做校勘的底本，当初原很踌躇，后决定用了有正本，大半为工作的方便起见。决定以后，甚至校完以后，我仍不免疑惑：是否还应当用庚辰本作底本呢？是否错了呢？现在看来，这倒不算错。有正本虽经妄改，但它的原底（戚本）实和其他的脂评本是一个系统，而且距离这现存最早、最好的甲戌本很接近。"这说明，俞先生在采用庚辰本还是有正本为底本的问题上是十分犹豫不决的，虽然他最终认定用有正本作底本并不错。

1982年人民文学出版社出版了中国艺术研究院红楼梦研究所校注的《红楼梦》，此书前八十回以庚辰本为底本，后四十回以程甲本为底本。此书的校注工作始于1975年，冯其庸先生为总负责人。此书初版《前言》中说明所以采用庚辰本为底本，是因为在《红楼梦》的早期抄本中，"庚辰本是抄得较早而又比较完整的唯一的一种，它虽然存在着少量的残缺，但却保存了原稿的面貌，未经后人修饰增补"。2008年此书出版第三版时，冯先生在《〈红楼梦〉校注本三版序言》中回忆说："记得1975年校订开始之初，我们曾为选用底本，进行过热烈的争论，最后决定采用乾隆二十五年的庚辰本（指底本的年代）为底本，现在看来，当时的这个选择是正确的。”

冯先生肯定采用庚辰本为底本的正确性，这是他对庚辰本做了全面深入研究以后得出的科学结论。冯先生研究庚辰本的成果体现在他的名著《论庚辰本》（初版于1978年）以及后续的有关论述中。

1933年胡适见到徐星曙所藏庚辰本《脂砚斋重评石头记》，写了《跋乾隆庚辰本〈脂砚斋重评石头记〉抄本》一文，他认为“此本是乾隆庚辰秋写定的过录本”，“现今所存八十回本可以考知高鹗续书以前的《红楼梦》原书状况的，有正石印戚本之外，只有此本了。此本有许多地方胜于戚本”。1961年胡适在《跋乾隆甲戌〈脂砚斋重评石头记〉影印本》中，再一次肯定庚辰本的价值，说：“乾隆己卯（二十四年，1759）、庚辰（二十五年，1760）之间，前八十回大致写成了，故有‘庚辰秋月定本’的校订。现存的‘庚辰本’最可以代表雪芹死之前的前八十回稿本没有经过别人整理添补的状态。”但是胡适当年仅将甲戌本与庚辰本对勘了一部分，还谈不上对庚辰本有细致深入的研究。

在冯先生之前，对庚辰本做过比较认真探讨的是吴世昌先生。1961年吴先生在英文版《红楼梦探源》中列有一章《脂京本的构成及其底本》（按：“脂京本”是吴先生对庚辰本的命名），1963年他又写了一篇长文《论脂砚斋重评〈石头记〉（七十八回本）的构成、年代和评语》（刊于《中华文史论丛》第六期）。关于庚辰本的构成和年代，吴先生的主要观点是：庚辰本（他称为脂京本）是在不同时间用若干底本拼凑起来的合抄本，即使不是“百衲本”，至少是个“集锦本”。因为各底本的年代不同，而抄配则显在丁亥以后，所以不能称为“庚辰”本或“庚辰秋月定本”。

冯先生说过，他研究庚辰本是出于校订工作的需要，“必须对一系列的问题包括吴世昌同志的许多论点作出判断和选择”。冯先生对庚辰本的看法和评价，他自己在《自序——关于〈石头记〉脂本的研究》中曾概括为以下几点：

一、庚辰本是曹雪芹生前最后的一个本子，它最初的底本，是乾隆二十五年（1760）的改定本，这时离开曹雪芹的去世只有两年了。截至现在，还没有发现比这更晚的曹雪芹生前的改定本，因此这个“庚辰秋月定本”，是曹雪芹生前的最后一个改定本，也是最接近完成和完整的本子。一句话，庚辰本是现存《石头记》乾隆抄本中最好的一个本子。

二、庚辰本是据己卯本的过录本（怡府本）过录的，因此在庚辰本里，保存着己卯本的原貌，即以两本的双行小字批语来说，己卯本上七百一十七条双行小字批，庚辰本上只差一个"画"字……特别是己卯本上的空行、缺字、衍文，以及正文以外对抄手的提示文字，庚辰本也照抄不误（详见《论庚辰本》）。

三、在庚辰本上，保存了脂砚斋等人的不少珍贵批语，对探索此书的创作情况及曹家的史事，具有无比重要的作用。四、这个本子是一个遗留有部分残缺的本子，从作品的完整性来看，似乎是个缺点，但从研究曹雪芹作品的原貌来说，它却是一份最宝贵最真实的记录，它有助于我们对照出来许多完整的《石头记》的"完整文字"的增补性质。五、这个抄本是仅次于作者手稿的一个抄本。曹雪芹的《石头记》手稿至今早已不存了，唯独在这个庚辰本上，保留着"脂砚斋凡四阅评过"和"庚辰秋月定本"这两条题记，从而使我们得知这个本子虽是过录本，但除错别字和极少几处抄漏外，却未经人有意篡改，所以它确实可以说是仅次于作者亲笔手稿的一个本子。

从上述冯先生对庚辰本所作的概述和评价中，可以清楚地看到，他与吴世昌先生关于庚辰本的年代、构成和底本的看法是完全不同的。

应该说，吴世昌先生对庚辰本的研究是下了一番功夫的。他很仔细地检视了庚辰本全书的正文和脂评的情况，从而得出了它是由四个底本（若算上后来抄配的第六十四、六十七回，则是五个底本）凑合抄配而成的。但是，也许因为当时己卯本还没影印出版，吴先生未能全面考察己卯本与庚辰本之间的关系，这就使得他对庚辰本性质的判定与实际情况并不相符。

而冯先生之所以在庚辰本的研究上能够取得前所未有的进展，纠正了吴先生的一些不符合实际的结论，正是因为他通过对己卯本和庚辰本认真细致的比较，发现了两者之间存在着特殊的关系。我们知道，1975年冯先生与吴恩裕先生共同发现和确认了现存己卯本是怡亲王府的抄本，这是《红楼梦》抄本研究史上的一个大突破。紧接着，冯先生又将己卯本和庚辰本联系起来，对这两个本子做了更全面深入的考察，从两本抄写的款式相同、回目相同、批语相同、避讳相同等六个方面，论证了己卯本与庚辰本的特殊的密切关系，这是《红楼梦》抄本研究上的又一个重大突破。这两个突破，是冯先生在《红楼梦》版本研究史上作出的常人难以企及的卓越贡献。

令人钦佩的是，冯其庸先生在学术上不但勇于创新，而且勇于修正错误。冯先生的《论庚辰本》问世后，书中的个别论点曾引起争论。冯先生在《影印〈脂砚斋重评石头记〉庚辰本序》中说："余昔曾以己卯本对校，撰《论庚辰本》一书，揭示己卯、庚辰两本相同者十之九而有余，至其不同处仅一间之隔，余乃论断庚辰本系据己卯本过录，自此论公布后，庚辰、己卯两本惊人相同之真面目遂为学界重视，然此论尚有未精核处，夫庚辰本既据己卯本过录，则何以尚存一间之隔，是不可解者，是以红学界数君子乃有论难之作。余思之十年，心然诸君之说，盖己卯、庚辰虽亲如父子血脉而其间尚有毫发之差，固不能即以直接过录本视之也。由此可见学问之难而论辩之可贵也，诸君匡我不逮，心甚德之，书此以彰吾之失而谢诸君之助也。"冯先生这种谦虚、严谨、求实的学风，值得我们学习。

本文原载于《红楼梦学刊》二〇一七年第四辑

本文作者：北京大学中文系教授

昨夜大风撼户

——冯其庸先生与"庚辰别本"的一段往事

卜键

本文所记，是其庸先生手抄庚辰本的一段往事。那是去年初夏的一个午后，邬书林兄与我约共同前往通州冯宅探望，先生已92岁高龄，沉疴牵缠，头脑依然清晰敏锐。叙话间，听他缓缓讲说昔年秘抄庚辰本的情形，深为之感动震撼。一段真切往事，一部沉甸甸的抄本，见证了一个读书人的持节秉义，见证了其为保存文学经典的坚忍强韧，也映照出那个时代的举国癫狂。本文将此本拟称"庚辰别本"，既以有别于通行的庚辰本，复以其别有一段历史背景，别有一番秘抄幽藏经历，别具一种文献价值和文化情怀，请读者细察之。

一、正是众芳摇落时

对于《红楼梦》，毛泽东主席始终给予极高的赞誉，影响所及，十年动乱中也出现过阅读和评论的高潮，史称"评红热"。一般人印象中，这本书应是与查封焚烧无缘的。但是不，据其庸先生回忆，在1966年那股嚣然而起的大抄家中，《红楼梦》也被当作"封资修大毒草"，遭到抄检和展览示众：

> 有一次，造反派要我们去看全校的"黄色"书展览，我看到我藏的影印庚辰本《石头记》也被展览出来了。我心想此风一起，刮向全国，《红楼梦》就要遭殃了。我想秘密抄一部，偷偷保存，以保全此书……（冯其庸《残梦依稀尚有痕》）

清朝嘉道间，行世未久的《红楼梦》即在安徽、江苏多地被禁，当局痛诋为淫书之首；后来的咸同两朝，《红楼梦》连同一批续书再遭厉禁。历史的厄运竟然在两百年后重演，罪名还是"淫书"！

后来的局面更为严峻，老舍、陈笑雨等人自杀的消息传来，人民大学副校长孙泱（朱德委员长原秘书）也含恨自尽；造反派在学校的操场上大焚书，火焰灼天，那部被抄检的庚辰本也被付之一炬。冯先生整天生活在恐怖屈辱的氛围中，而更让他忧虑的是一焚皆焚，《红楼梦》等经典小说可能自此断绝。他发愿要手抄一部秘传后世，可当时他正作为"反动学术权威""中宣部阎王殿的黑干将"被批斗，关押在西郊新校区，有家不能回，一念之诚，只能默存于心底。

这样的日子过了一年多。至1967年岁尾，学校两大造反派组织的冲突越发激烈，已不太顾得上那些被关押的"黑帮"。冯先生等人白天还要接受批斗，但晚上可以回家了。他千方百计托人借来一部庚辰本，精心挑选笔墨纸张，渴望已久的抄录计划开始缜密实施。他对庚辰本的抄录，从目录、正文到眉批、夹批，一切依照原本款式，就连原书的错漏空缺和赘字，也一概照原样录写，丝毫不变。凡遇脂砚斋等人的眉批夹批，则照原书用朱笔，并尽量模仿原字体格式，双行小字皆存原貌，一丝不苟。真不敢想象，在那个风雨飘摇的时期，先生竟能够如此沉静执着，如此心宇澄明。非有大信念大定力者，孰能为此？孰敢为此！

在那时，说错一句话都可能招致灾祸，其庸先生的抄录自也不乏危险，对相关事件常不敢直述。别本中有一段附记：

> 以上五月十二日钞。昨夜大风撼户，通宵不绝，今日余势未息。

此处用隐语，记当时刚发生的一件校园悲剧：两派武斗愈演愈烈，两个中文系学生在冲突时被对方用长矛刺死。他们都曾是年轻好学的阳光男孩，投身"文化大革命"后性情改变，未想到竟死于非命。冯先生听说后深感痛惜，夜抄红楼时仍心绪难平，只能隐晦表达悲伤悼惜之情。这段话以极细小字写成，复用装订线封住，大环境之险恶，先生之忧惧警惕，皆在不言中。大风，指两派之间武力相向的狂热风潮。"昨夜大风撼户""昨夜大风雨，冷"，曾在别本题记中多次出现，皆有具体所指。

这就是其庸先生秘抄《红楼梦》的真实背景。历史上的档案文献皆有真切来历，多携带着情感与体温，别本亦然。为了避人耳目，也为了不致连累家人，其庸先生通常在妻女入睡后才作抄写，视当日身心状况，或长或短，但从无间断。三个多月后，他抄完前四十回，全八册，以极细之笔写下：

自一九六七年十二月三日起，至六八年三月十九日下午，钞迄上册，共四十回。用曹素功千秋光旧墨、吴兴善琏湖纯紫毫笔。

题记中的"上册"，当为"上函"，推想先生当年心态，大约一则以喜，一则以惧，以致略有小误。夜深而人不静，经过半年多的时光，其庸先生终于将庚辰本全部文字抄完，在最后一页写下："一九六八年六月十二日凌晨，钞毕全书。"将近半个世纪逝去，仍让人感受到那份带着侥幸的快慰。

其庸先生早岁即以诗文称名，处逆境而吟咏不绝，虽说只能潜存于心底，却也是一种强大的心理支撑。第一次被押上高台，造反派正声嘶力竭地喊口号，忽然雷电交加，倾盆大雨从天而降，台下的人很快走光，只好潦草收场。虽然也是浑身湿透，先生则不以为意，在心里默吟一首：

> 漫天风雨读楚辞，正是众芳摇落时。
> 晚节莫嫌黄菊瘦，天南尚有故人思。

众芳摇落，最是"红楼十二曲"的精准概括，摹画出书中众女子的青春凋零，亦可为"文化大革命"的凄风苦雨写照，不是吗？

二、代为珍藏的年轻学子

庚辰本的"庚辰"，为乾隆二十五年（1760），随着大小和卓在南疆的叛乱被彻底平定，大清王朝的强盛走上巅峰。这年元月，定边将军兆惠派员解送叛酋等进京，乾隆帝在午门举行盛大的献俘礼，"押俘由长安右门入，进天安右门，至太庙街门外，北向跪"（《清高宗实录》卷六〇四），霍集占的首级也同时送到。为边疆安定的久远计，弘历钦命侍郎阿桂总理新疆屯田事宜，命郎世宁等绘制《平定伊犁回部战图册》，五年前写成的御制《平定准噶尔勒铭格登山碑》碑文，也以四种文字刻成，立于格登山之战遗址上的碑亭中。乾隆皇帝素喜标榜"文治武功"，大战役得胜后紧接着大宣传，诗文图册，以存长久。至于京师的贵族文人圈正有一部《石头记》在传阅追寻，辗转抄录，恐怕当时还未被圣上闻知。

这年秋天，《红楼梦》前八十回基本改定，书名下标以"庚辰秋月定本"。其庸先生曾撰《〈红楼梦〉六十三回与中国西部的平定》，剖析宝玉为芳官改名耶律雄奴一段戏言，隐含乾隆二十年荡平准部割据势力之事，由文入史，以史证文，堪称洞见精微。正是仰赖于清廷戡平准噶尔，大小和卓才得以从流放地回归故乡，而仅仅过了一年多，竟尔揭起反旗。南疆八城战火复起，副都统阿敏道及属下约两百官兵被杀，定边将军兆惠被困黑水营，清廷只得火速再派大军，艰难平叛。由是可知边疆的安定，来之殊为不易，亦可知宝玉所说"不用一干一戈""千载百载不用武备"，只能算是小孩子的话。《红楼梦》文义之繁复层叠多如是，欲"呼吸领会"，欲解"其中味"，诚非易易。

曹雪芹一代文星，万世文章，而推想其当年生活境况，亦略如今日一些民间写手，腹中锦绣，饥肠辘辘，每成一章，初在小圈子内流传，是以钞本流转，丢失缺漏均属难免。盛世的阳光不可能洒在每一个人身上，后此年余，适当壬午除夕，芹翁在穷饿中凄然辞世。"肠回故垄孤儿泣，泪迸荒天寡妇声"，是友人的悼诗，满纸凄凉与悲怆。此后再过三十余年，才有程伟元的辑集整理，才有高鹗续成后四十回，《红楼梦》刻本方得以刊行。其间多种手抄本辗转秘传，许多文人或收藏家搜求珍藏，对于这部伟大小说的保存和传播，厥功至伟！钞本，曾是我国典籍传承的重要路径，青灯如豆，逐字逐句，凝集着一代代学人的心血与赤诚。这也是学术界重视庚辰本的原因，作为芹翁生前定本，即便后世有了足本和刻本，也无法替代其版本学价值。

其庸先生抄毕此书，是在一个夏日的黎明，又是一夜不眠。细雨迷蒙，文心洽润，感伤惨切，先生援笔赋诗一首：

> 《红楼》抄罢雨丝丝，正是春归花落时。
> 千古文章多血泪，伤心最此断肠辞。

在许多人眼中花团锦簇、莺莺燕燕的《红楼梦》，是"血泪书""断肠辞"么？不经一番变乱苦厄，怕也很难悟到此一境界。纳博科夫说"重读才是真正的阅读"，先生一生"读红"固不能计数，此诗则告知我们，只有那倾集血诚的抄录，或才是更深层的阅读。断肠人对断肠辞，抄毕全书的其庸先生，未见出有一丝轻松愉悦。

抄成之后，接下来便是如何保存。放在家里肯定不安全，说不定哪天造反派杀个回马枪，钞本便成了罪证。而当时"打砸抢"甚嚣尘上，亲友多生活在惊恐之中，交给谁也都是一件难事。可人类的历史也一再证明，无论多么险恶的环境，都不可能泯灭人类的良知。勇于承担的人还真的出现了。在其庸先生横遭批斗、情绪低落的日子里，两个在京读书的小同乡常来看望。一个叫邹传伦，在原北京钢铁学院读书，是冯先生夫人夏蒙涓教授的外甥；一个是阴家润，在中国地质大学读书。二人都属于"逍遥派"，不参加造反派组织，平日很敬重先生的治学和为人，离乱之际见真情，三天两头来陪他聊天，或外出走走。得知"庚辰别本"已经抄完，而苦无妥存之计，二人便郑重提出由他们负责保存。其庸先生回忆说："我也觉得这是个最安全的办法，就将抄本交给了他们，直到'文革'完全结束，他们又把抄本给我送了回来。"是最安全的办法么？怕也未必。学生宿舍人多眼杂，学生中造反派颇多，放在那里，更多的应是无奈吧。

其庸先生所说的"'文革'完全结束"，应是指1977年。实则"文化大革命"后期，由于毛主席多次发表有关《红楼梦》的谈话，一股阅读和评论的热潮随之兴起。1973年12月，毛主席在接见军委成员时，曾问许世友将军是否读了《红楼梦》，得到回答后，又说"要看五遍才有发言权"。据《许世友读〈红楼梦〉》一文介绍，业师吴新雷先生曾接受南京大学革委会指示，花费三个多月时间，专为许世友编了一部压缩版《红楼梦》，约五万字，许将军所读应即此（我向新雷师电话求证，确有此事）。《红楼梦》再称名著，"红学热"一时无两，其庸先生又成为香饽饽，被北京市委宣传部调至《红楼梦》写作组，住在香山宏光寺，集中撰写相关文章。次年9月，先生所撰《曹雪芹的时代、家世和创作——读故宫所藏曹雪芹家世档案资料》发表，迅即被香港《大公报》全文转载。1975年5月，原文化部批准成立《红楼梦》校订组，先生任副组长，主持学术工作……处境改观而心有余悸，手抄《红楼梦》的事不敢声张，"庚辰别本"仍不敢取回。

别本与抄录者的人书分离，一晃大约十年，其保存过程自有许多曲折。两位年轻学子各持一函，先是藏在学生宿舍，假日或长期外出，都要先安排妥帖，方才放心。其后他们学军学农，毕业分配，别本如影随身，不敢掉以轻心……总之是最后完璧归赵。邹传伦去世较早，而阴家润后来成为优秀的古生物学家，在青藏高原中生代地质研究中成果卓著。积善者必有余庆，信然。

三、"书种"与道统

如果说文化是一个民族继往开来的精神纽带，经典则堪称文化的灵魂。中华民族能够生生不息、历劫火而复兴，文化传统和儒家道统的作用自不可忽视。历史上曾发生过多次人文之厄，每一次都有冒死私藏私抄禁书的人，如"鲁壁出书"的典故，如明代方孝孺弟子章朴因辑集老师遗著被处死，如清朝查继佐在文祸后仍秘藏《罪惟录》……老子曰

"上善若水"，孙家正老部长倡论"文化如水"，其间当也蕴涵对传扬文化之仁人志士的肯定，赞其如水之润泽万物，也如水之渊默潜流、永不停息。

宋周密《齐东野语·书种文种》，引黄庭坚语：

> 士大夫子弟，不可令读书种子断绝，有才气者出，便当名世矣。

书种和文种，这里都是指读书种子，兼亦指儒家典籍，指《红楼梦》之类经典文学作品。其庸先生就是一个读书种子，幼年家中极贫，求学之路备经艰辛，而一生苦读精思，直到最后一息。他对经典的虔敬熟稔，过人的禀赋才情与刻苦用功，都为其抄录禁书作了注脚，出乎一念之诚，接续前贤。

在其庸先生府上，我们亲眼看到这部钞本，全两函，蝇头细楷，朱、墨二色，评语较多的页面密密匝匝，又整饬雅致，真称满纸灿烂。单是从书法上论列，也是罕见的艺术杰作。常见时下一些人喜欢作擘窠书，巨笔匹纸，笔走龙蛇，俗不可耐。先生为当世文人书法一大家，雅擅行草，笔墨间自具醇正明洁，秘抄《红楼梦》，或也是先生书风的一大进阶。

感谢青岛出版社别具慧眼，征得先生同意，决定将"庚辰别本"影印出版，实学术界、书法界一件幸事！其庸先生于病榻上专为写了序和跋语，叙及自己的书风之变，曰：

> 我从小就学小楷……开始抄这部庚辰本《石头记》时，是想用晋唐小楷风格来写的，但毕竟因为多时不练，笔已生疏笨拙，后来写了一段时间，就慢慢接近以往的书风了。特别是抄到十回以后，我自觉前进了不少，也改变了以往的书风。本可以一直以此书风写到底的，但忽然传来要下干校了，我怕抄不完，就改用行书小楷，一直到抄完。

下干校的传闻，自是无风不起浪，实际上又经过一年多的监督劳动，迟至1970年春才乘车往江西，落户余江县李下基村。先生曾在1949年参加中国人民解放军，未下连队，经过几个月的集中学习，便被分配工作；这次则在那里被编入三连二排五班，当起了大头兵。与所有的干校相同，这里也是"劳动＋运动"，开荒种地，加上政治学习。先生心情郁结，几次患病，靠着小时候吃苦打下的底子，倒也挺了过来。1972年11月，其庸先生回到北京，始得以到图书馆查阅资料，尤其留意于《琵琶记》和《红楼梦》，再过半年，人民大学被解散。

庚辰别本，也可视为一所大学的校史别录。风雨如磐，仍有这样的"书种文种"，当然是学校的骄傲，是今人所谓"大学精神"的真实范例。中国人民大学是我国著名学府，早期几任校长如吴玉章、郭影秋均是著名学者，均对其庸先生青眼有加。而"文化大革命"期间成为重灾区，别本中所谓"大风""大风雨"皆有所指。先生的跋文题为"十年浩劫劫余身"，记录了几件当年旧事，亦见受伤害之深。先生所记，转瞬便历经半个世纪，今天读来，依然令人扼腕叹息。

附记：此文写成后即置箧中。新岁一月十七日，再至张家湾看望其庸先生，赠以商务印书馆新出《风雨平生——冯其庸口述自传》。问"还能签名吗"？答曰"当然"，遂于病榻艰难签署。其间先生追忆往事，谈起当年亲自去中国戏曲学院商调至红楼梦所，却说成"我到幼儿园调你"。一旁担任"传译"的幽若小妹大笑，我则笑着解释该院有京剧少年班，课余满院乱跑，很像幼儿园，先生亦笑。未想一别竟成永诀，痛曷亟哉！先生一生爱才，蒙其关爱提携之晚辈甚多，闻噩耗从全国各地赶来，2月4日从通州护灵至八宝山，2月5日清晨举行告别仪式。返回后拣出此稿，含泪修订付编。

二〇一六年五月二十六日于海淀西山在望阁

本文原载于《中国文化报》二〇一七年二月八日

本文作者：中国图书评论学会副会长、原国家清史办主任、研究员

新时期红学与中国艺术研究院

——深切缅怀冯其庸先生

张庆善

冯其庸先生离开我们已经两个多月了，大家还是很怀念他。2017 年 2 月中国人民大学国学院举办了冯老的追思会，今天是中国艺术研究院举办追思会，下个月是中国红楼梦学会与无锡市惠山区人民政府联合在冯老的家乡举办追思会。中国人民大学国学院、中国艺术研究院、中国红楼梦学会、冯老的家乡，都是很有理由举办冯老追思会的，因为冯老与这些单位、地方都有着不解之缘。

冯老在文史方面取得的成就非常大，留给我们的遗产非常丰富，我的发言仅从红学的角度谈谈冯老的贡献。

说到新时期红学，绕不过中国艺术研究院。毫无疑问，新时期红学发展与中国艺术研究院有着密切的关系，当代最负盛名的三位红学大家周汝昌、冯其庸、李希凡都在中国艺术研究院，他们都是中国艺术研究院的终身研究员。作为最有影响的红学重镇，新时期红学一系列奠基性的学术成果都是由中国艺术研究院完成的，一些具有里程碑意义的红学活动，也都在中国艺术研究院举行或由中国艺术研究院推动、主办的。在新时期红学发展中，中国艺术研究院之所以占据这样的地位，起着这样的作用，主要是因为冯其庸先生，因为冯其庸先生在中国艺术研究院。

冯其庸先生不仅以其丰富的学术著述确立了他在红学史上的地位，更在于他是新时期红学发展的主要推动者、带头人和掌舵者，是对新时期红学发展做出贡献最大的一个人，他是新时期红学第一人。

以中国艺术研究院红楼梦研究所的名义出版的奠基性学术成果有：今天发行量最大、影响最大的由人民文学出版社出版的《红楼梦》普及本即新校本、红学史上第一本《红楼梦大辞典》以及《脂砚斋重评石头记汇校》等，这些奠基性的学术工程都是在冯老的主持下完成的。

冯其庸先生还是中国艺术研究院红楼梦研究所、《红楼梦学刊》、中国红楼梦学会的创立者，这在新时期红学发展中都具有标志性的意义。冯其庸先生是中国艺术研究院红楼梦研究所首任所长，是《红楼梦学刊》的首任主编，《红楼梦学刊》创刊至今已有三十八个年头，发表红学文章数千万字，在培养红学队伍，团结红学研究者，繁荣红学事业诸方面，起到了纽带和推动作用。中国红楼梦学会的成立更是离不开中国艺术研究院。1980年8月，冯其庸先生与其他红学前辈共同发起成立了中国红楼梦学会，他任副会长兼秘书长，冯先生实际上是建立中国红楼梦学会的主要推动者和组织者，1985年在贵阳全国红楼梦学术研讨会上冯先生当选为会长。在冯其庸先生的领导下，中国红楼梦学会参与组织了数十次全国性的红楼梦学术研讨会和三次国际红楼梦学术研讨会。1997北京国际红楼梦学术研讨会，就是由中国红楼梦学会、中国艺术研究院和辽阳市人民政府共同举办的，而冯老是主要的组织者和大会的主持者，这是红学史上在北京举办的唯一一次国际红楼梦学术研讨会，是继1963年在北京故宫文华殿举办的"曹雪芹逝世200周年纪念展览"以来，在北京举办的最重要的红学活动。记得那次研讨会的开幕式在人民大会堂云南厅举行，冯老在开幕词中说：北京是曹雪芹的故家所在地，是曹雪芹写作《红楼梦》和最后埋骨的地方，因此在北京举办国际红楼梦学术研讨会，具有非同寻常的意义。新时期红学这些重大学术活动，都离不开冯其庸先生，他对推动红学的普及和红学事业的发展起到的作用是无可替代的。

那时在中国艺术研究院举办了许多具有重要历史意义、影响深远的红学活动。我至今还清楚地记得1981年4月25日在恭王府葆光室举办的欢迎日本红学家松枝茂夫、伊藤漱平访华座谈会的情景，参加座谈会的有：吴世昌、端木蕻良、钟敬文、周汝昌、李希凡、蓝翎、张毕来、王利器、周绍良、蒋和森、陈毓罴、刘世德、周雷、吕启祥、林冠夫、胡文彬等，主持人当然是冯其庸，那是"文化大革命"结束以后，新时期红学发展中具有非同寻常意义的一次红学盛会。

我当然也清楚地记得第二年，即1982年4月3日，在恭王府葆光室举办的《红楼梦》新校本出版座谈会，参加那次座谈会的有：曾涛、赵守一、林默涵、严文井、苏一平、张庚、郭汉城、白鹰、端木蕻良、王利器、周汝昌、李希凡、蓝翎、郭预衡、廖仲安、蒋和森、邓魁英等，这毫无疑问又是一次影响深远的红学盛会。而《红楼梦》新校注本正是由冯老率领一批专家学者历时七年完成的，在《红楼梦》传播史上具有重大意义的学术工程。可以说，没有冯其庸先生的领导、特别是他的坚持，就没有《红楼梦》新校注本的出版。

那个时候，在中国艺术研究院，在恭王府，在天香庭院，在葆光室，在萃锦园，经常可以看到那些在中国现代学术史、文化史、红学史上有着显赫声名的人物的身影。是什么吸引着这些重要的人物来到恭王府，来到中国艺术研究院，当然是曹雪芹和《红楼梦》的魅力。那又是谁有那么大的号召力和组织力，请来这样一些著名的专家学者，当然是冯其庸先生。这些影响深远的红学活动，对推动新时期红学事业的发展，发挥了不可估量的重要作用。

冯老留给我们的丰富遗产，除了丰富的学术著述、推动新时期红学发展的作用以及奠基性学术工程以外，冯老的家国情怀、不屈不挠的玄奘取经的精神，更是一笔无法估量的精神财富。

冯其庸先生是我极为崇敬的师长，是我多年的老领导，也是我走进红学领域的领路人。1979年冯先生把我从原文化部机关调到中国艺术研究院红楼梦研究所。近四十年来，我有幸追随冯老左右，受益匪浅。他渊博的知识，宽阔的胸怀，远大的视野，严谨的治学和百折不挠的精神，都对我有着很大的影响。冯其庸先生是中国艺术研究院红楼梦研究所第一任所长，我是第二任所长。他是中国红楼梦学会第二任会长，我是第三任会长，可以说我是冯老一手提携培养起来的。几十年来，正是在冯老的教育、培养下，才使我逐渐成长为一个研究《红楼梦》的学者。回想几十年里追随冯老左右的时光和经历，不禁感慨万千。

我想，今天我们举办冯其庸先生的追思会，既是表达我们对冯老的缅怀和崇敬，更是为了进一步认识冯其庸先生，继承他的遗志，发扬冯老百折不挠的奋斗精神，为弘扬中华民族优秀传统文化，为推动红学事业的发展做出我们应有的贡献。

本文为"文化自信　学术报国——冯其庸先生追思会"发言稿

求真务实　精益求精

——记我和冯其庸先生的学术交往几件事

张书才

　　我在《曹雪芹家世生平探源·前言》中说过："我得以侧身红坛，不时敲敲边鼓，一是有赖于供职中国第一历史档案馆，二是有赖于红学界师友的邀约、扶持和策励。毋庸讳言，没有档案馆同事的支持和帮助，特别是没有红学界师友和报刊编辑朋友的邀约和策励，我不可能涉足红学领域，更不会坚持下来，以迄今日。"应该说，在这众多给予我很多帮助的红学师友中，冯其庸先生是与我学术交流最多、对我策勉影响最大的一位。

　　冯先生常说："我研究《红楼梦》是从研究曹雪芹家世入手的，我的基本方法，还是用古文献结合地面调查、地下发掘"；"在《红楼梦》研究中，曹雪芹研究的特殊意义，我想这是不言而喻的。清代的章学诚说过：'不知古人之世，不可妄论古人之辞也。知其世矣，不知古人之身处，亦不可以遽论其文也。'中国学人'知人论世'的治学传统，我认为在人文学科领域是具有普适作用的，这就是《红楼梦》研究中，曹雪芹研究或者再扩大一些说'曹学'的'特殊意义'所在。一部作品你连作者都没弄清楚，却去泛论什么创作主旨，那无异于沙上建塔，对《红楼梦》研究而言更是难以深入。北京是曹雪芹创作《红楼梦》的地方，理应对曹雪芹研究多作贡献"。由于我从事明清档案编辑研究工作，在学术研究中有着"知人论世"和"注重证据"的共识，所以冯先生一直希望并勉励我关心红学研究，多撰写有关曹雪芹家世生平和《红楼梦》创作背景的文章，并常来电话交流、探讨对一些相关问题的看法。正是在这些平凡的学术交往过程中，使我深切感受到冯先生在学术研究中"求真务实，不耻下问""刻苦严谨，一丝不苟""严于自律，勇于进取"的精神和品质，不愧是我们后学晚辈的治学典范，应该继承和发扬。

　　现略述数事，以志对冯先生的追悼和缅怀。

求真务实 不耻下问

记得冯先生说过："每遇到问题，不管能不能查到，我都要实地去调查。一个是做地面调查，历史遗存、实物调查；另外一个是书本的核查。""每做一个结论，都要有实际的证据摆在那里。这样，尽管别人不同意，但必须把我的证据推翻才能不同意；如果推不翻这些证据，那么不同意只能是一句空话。"

诚哉斯言！冯先生做学问、搞研究，确是一贯求真务实，细心体察，广咨博访，不说没有根据的话。这是学界的共识，也是我和冯先生学术交往中的切身体会。

2004年3月15日，冯先生来电话说，清东陵管理处在上海举办展览，展品中有新发现的"康熙传位遗诏"，问我是否知道"传位遗诏"的内容。我说，中国第一历史档案馆保存有"康熙遗诏"的汉文本，印象中其内容大致可分为两部分：前面第一部分为康熙五十六年十一月的谕旨，《清圣祖实录》里有记载；第二部分写明"雍亲王皇四子胤禛，人品贵重，深肖朕躬，必能克承大统，著继朕登基，即皇帝位。即遵典制，持服二十七日释服。布告中外，咸使闻知"。这份遗诏是康熙皇帝死后，雍正皇帝与顾命大臣等所拟，用汉、满、蒙古三种文字书写，布告中外的。有学者认为，"传位遗诏"不是康熙生前所写，不能作为传位给雍正的凭据。然后，我扼要介绍了主张雍正"合法继位"与"改诏篡位"的几种说法，并告诉先生"阿其那""塞思黑"的满文原意分别是"夹冰鱼""讨厌的人"，与"狗""猪"之意无关。冯先生听后很兴奋，说要马上去查《康熙实录》看看，并嘱我写篇有关阿其那、塞思黑的文章，在《红楼梦学刊》发表。

第二天上午，冯先生来电话说：已经查到《康熙实录》的记载了，谕旨很长，遗诏是否都收入了？我回答说，没有亲自核对过，据说只是个别文字稍有修改变通，基本内容没有改动。冯先生说：这遗诏太重要了，可见康熙五十六年已经内定雍正继位了。我说，好像还不能这样讲，当时可能还在皇四子雍亲王胤禛、皇十四子固山贝子胤禵（音zhen）之间进行考察选择，所以康熙五十七年十月派皇十四子胤禵去西北主持军务，特意给了他立功建绩的机会，但康熙六十年十一月把他召回，又在康熙六十一年四月把他派回西北，应该说康熙此时已经最后决定传位给皇四子雍亲王胤禛，不然康熙不会在衰老多病之年把继承人派往千里之外，反而让皇四子雍亲王胤禛留在身边，并代行天子之事。

冯先生说，这样分析更合情合理，很有说服力，再讲讲你对隆科多、皇八子的有关看法。我说，"康熙传位遗诏"也好，其他记载也好，持"雍正夺位"说的朋友都会有不同理解，我们只能从当时的历史背景来考察。即如隆科多固是步军统领，执掌京城九门锁钥，统率八旗步军营和巡捕三营官兵分汛防守，稽查门禁，但宿卫守护皇宫、畅春园的是八旗精锐之护军、前锋、火器等营官兵，他们各有统领，非步军统领隆科多所能指挥控制；再如"皇八子党"，势力既大，如果不相信父皇有传位给"雍亲王皇四子胤禛"的遗诏，他们怎么会毫无反抗，听凭雍正顺利登基？所以我个人考虑，雍正"承父命而即皇位"应该是可信的。冯先生说：这太重要了。《红楼梦》有"成则王侯败则贼"这样的话，清初的主要思想家也一再这样讲，雍正奉命继位，正是说明了这一点。你刚才讲的很重要，应该写篇文章在学刊发表，这对了解曹家家世、《红楼梦》创作都是非常必要的。

冯先生又说：有人讲曹家参与了乾隆初年弘晳、弘晈他们造反夺位，被二次抄家，哪有这种事！曹家应该是曹頫被革职抄家后，就一败涂地了。你认为是这样吗？我说：应该是这样的。弘晳、弘晈一案，最初是因为他们谄附庄亲王允禄，乾隆担心"将来尾大不掉"，故将案内几个宗室王公惩戒治罪；到当年12月，又发现理亲王弘晳郑家庄王府中，按照内务府体制设立了掌仪司等司，有违典制，显欲图谋不轨，遂将弘晳移往景山东果园圈禁，弘晈等人并未再加治罪，没有认定他们与弘晳同谋造反。从现有材料看，此案仅局限在宗室王公内，并没有牵连曹家的人。冯先生说：就是嘛！如果曹家真的牵连了"谋逆"案，被抄没缉拿，曹雪芹还能写《红楼梦》吗？捕风捉影，毫无根据。现在实事求是做学问的老同志就几个了，其他人早忘了任何一种"新说"的提出，都应该有客观文献证据而不应仅凭主观臆测，更不能靠曲解文献甚至编造假材料去撒谎造假，欺瞒读者。

2007年3月24日下午，冯先生来电话谈辽阳碑"教官""敖官"事，说原帖看不清楚，又遍查找不到官名中有"教官"之称，问我清代档案中有没有记载？我说：没有具体查过清朝入关前的档案，据顺治年间的档案记载，清入关前八旗中有旗下师傅、教书师傅之称，是教八旗子弟读书识字的，好像每旗都有，但不是教红衣大炮的。如于跃龙入关前即是旗下师傅，印象中是镶黄旗包衣，和曹振彦一样都是包衣汉人。档案载明于跃龙"起初在盛京时放为旗下师傅以教旗人，因为师教训有功，于顺治二年考取，放江西袁州府知府"。只是没有见到过"教官"这一名称。"教官"，应该是后金时期职司教授知识技能的各类师傅、教习的统称，与元明时期统称府学之教授、州学之学正以及县学之教谕、训导等为教官一样。至于"敖官"，应该是人名，不是官名。记得《大金喇嘛法师宝记》碑的碑阴题名并非同时所刻，好像辽宁博物馆曹汛先生文章中曾经说明并绘有图证。可先将原刻、后刻之文字加以区别，而后按官职名称的具署位置格式判断"教官（敖官）"是官名还是人名；如是官名，就可肯定是"教官"，不会是"敖官"。冯先生说："'教官''敖官'之辨，看似一字之差，实则关系到治学原则和目的，一定要有理有据，辨析清楚，我再去仔细查一查。"

后来得知，冯先生在查阅、研究大量文献资料之后，又在6月初亲赴沈阳、辽阳，并在辽阳市领导和朋友的帮助下，把辽阳博物馆已用玻璃罩封闭的《大金喇嘛法师宝记》碑外面的玻璃罩拆除，会同多人反复审视碑阴文字，一致认为"教官"二字确是"教官"而不是"敖官"，并且与官职名"副参游备等官""千总"皆另行提格，确是官名无疑。与此同时，冯先生还在《大金喇嘛法师宝记》碑旁一块康熙初年大碑的碑文中，发现了三个"教"字，与《大金喇嘛法师宝记》碑上的"教"字写法一样，都是"子"字的第一横笔长于其上"土"字的第二横笔；并承辽阳博物馆退休职工邹宝库先生告知，明万历四十五年《礼部榜文》碑碑文中有"教官"二字，遂由辽阳朋友查核拍照，其"教"字的写法也与《大金喇嘛法师宝记》碑的写法全同。

这样，在文献考证与实物验证完全一致的基础上，冯先生撰写了长文《〈大金喇嘛法师宝记〉碑"教官"考论》，以不争的文献和实物证据，纠正了《奉天通志》的不实记录与个别学者的妄断，确证了所谓"敖官"实乃"教官"之误，曹振彦时任"教官"而非"皇帝侍臣"。冯先生在文末不无感慨地写道："真理自身是具有强大的生命力和说服力的，当读者看到了事实的真相以后，一切虚张声势的恫吓反而显出它自身的空虚无力。所以学术的商讨，还是用学术的语言为好！"

精益求精 一丝不苟

冯先生治学刻苦严谨，精益求精，一丝不苟。无论发表文章，还是再版书籍，都要再三校核，反复修订，斟酌有无疏漏和不妥之处，发现差错定要改正；即便有时忙不过来，须委托他人代为校核，也必谆嘱把建议修订缘由乃至标点及错、漏、衍字句等标识出来，以便亲自统稿时斟酌敲定。

《曹雪芹家世新考》是冯先生的第一部曹学力作，也是冯先生研究曹雪芹和《红楼梦》的奠基之作。2006年，冯先生准备再次增订出第三版，嘱我和任晓辉对第二版《曹雪芹家世新考》（增订本）代为校核，务必仔细认真，有错必纠。遵照冯先生的嘱托，我们除对二版的错、漏、衍字句等修订补正外，并把我们认为个别引证不实之史料、阐释欠妥之文字提出修改建议暨缘由，请冯先生亲自酌定。对此，冯先生皆逐一核查，分别不同情况，一一斟酌处理：或全文删去误引之史料、不妥之文字，或心有疑问而来电征询后再斟酌权衡处理。

如"第四章·人物考二——三房诸人"第十四世曹起（启）下引录《五庆堂重修辽东曹氏宗谱》原文外，并引《八旗通志》卷三《旗分志》三镶黄旗包衣第四参领第二旗鼓佐领"……以曹起管理，曹起故，以桑格管理"为证，我建议删去，并注明："此曹起隶正黄旗汉军，不可能任镶黄旗包衣旗鼓佐领。所引不实，似将此段文字删除为宜。""此中之镶黄旗包衣旗鼓佐领'曹起'，实乃曹寅堂侄曹顺。见《曹顺任镶黄旗包衣旗鼓佐领》一文（《红楼梦学刊》1979年第二辑）。"冯先生核查之后，遂将此段文字全部删去。

又如"第十二章·关于李煦"中论及"曹寅与李煦的关系"时有"曹寅的继妻李氏，是李煦的妹妹"之语，我在校核时指出："寅妻李氏与李煦之'兄妹'关系，新见资料最多只是'族兄族妹'，是否要在此处引证说明，请酌定。"冯先生在2006年12月17日即来电话询问此事，我说：曹寅继妻李氏的父亲是正白旗汉军李月桂，李煦的父亲是正白旗包衣李士桢，寅妻李氏不是李煦的嫡亲胞妹；李煦的祖父是李西泉、叔祖是李懋功，寅妻李氏的祖父已于入关前去世，亦非李煦同祖堂妹。所以我考虑，为慎重起见，视李煦与寅妻李氏为"族兄族妹"较为合宜。冯先生说，这样讲也有道理，我看看《李月桂墓志铭》再定。

再如"第五章·人物考三——四房诸人"第十世曹振彦，按语称其"后又于顺治六年随多尔衮至山西平姜瓖之乱"，我指出"从两篇《曹玺传》记载看，'随王师征山右'的是曹玺，不是曹振彦"，建议把此句删去。2006年12月29日冯先生来电话说：曹振彦考贡士的时间，有人说是顺治元年，这就不可能到七年才任知州；你说顺治六年考中贡士，可能性大些，但他随军征大同，似也不能第二年即出任知州。我说：顺治六年考贡士，目的就是考中者以州县官即用，《清会典事例》有记载；至于随军征大同，那是指的曹玺，曹振彦没有去。冯先生说：印象中有材料说曹振彦他们父子俩一同去的。我说：目前所见记载曹玺随军征大同的材料，都没有曹振彦的。冯先生说：我再看看那些资料，如果曹振彦没有去征大同，顺治六年考贡士后即授知州就对了。

出书如此，发表文章也是反复斟酌的修改，自己不满意绝不拿出来发表。即如《曹雪芹研究》第五辑刊出的《冯其庸先生访谈录》一文，冯先生就曾经两次亲笔修改。第一次在2011年冬，编辑部将访谈整理稿送请冯先生审阅，冯先生虽然亲笔做了修改，但统看后仍不满意，"表示坚决不能发表"。第二次在2012年夏天，采访人将冯先生第一次修改稿整理成文后再次送请冯先生审阅，时值酷暑，加之身体不适，冯先生为修改访谈稿时坐时卧，有时是趴在床上一笔一画修改的。听着冯先生电话里的述说，不禁潸然泪下！

　　冯先生是当代很少见的一位生于寒门、从小劳作，纯然凭借刻苦自学、自觉自励、多方求索而终于"自我造就"成为精通文史诗词书画、具有超常的治学才智和艺术造诣，并有非凡学术成就和巨大学术影响的学术大家。冯先生毕生倡导和秉持"真正的学者永远是一个跋涉者，一个求索者"的治学理念，践行"读万卷书、行万里路"的治学原则，坚持将文献研究与实地考察相结合的治学方法，无疑是中国传统学术文化之精华。冯先生不但践行于自己的全部学术研究中，而且为学人指明了治学求索之路，我们理当继承和发扬。

本文原载于《红楼梦学刊》二〇一七年第四辑

本文作者：中国第一历史档案馆研究馆员

悼念与学习

段启明

我们对冯先生的悼念和追思，最主要的就是要继承和发扬他"文化自信、学术报国"的精神和实践，我想这是最重要的。

冯先生的一生，有很多方面是令我们震撼的，可以说创造了奇迹。在那样一个历史时期，他以知识分子的身份，取得了这么大的成就，确实是很了不起的，是值得我们钦佩和学习的。

第一点，先生不是什么豪门子弟，也无所谓"家学渊源"，而是一个耕读之家的子弟。所以，他一生的成就，都是以自己的才华和勤奋而取得的。这对我们是一个深刻的启示，对今后的学子也是一个极大的启示。我前几天听到一个朋友说，冯师母讲过一句话，说冯先生几十年没有在夜里两点钟以前睡过觉。而且，这绝非偶一为之，而是数十年间一以贯之！先生不愧是学子的典范，我们一定要继承和发扬这种精神。

第二点，先生没有更早一代的学者如陈寅恪、吴宓他们那样长期海外留学的经历，而始终坚守在祖国的山山水水之间。但也正是在这样的情况下，他取得了另一方面的优势，即系统地学习了、接受了马克思主义的理论和方法，并运用于自己的学术研究和艺术实践。我想，我们应该看到这一点。先生做了很多学术性考证，比如对曹家家世的考证。而值得注意的是，他的考证体现着正确的鲜明的历史观，与某些"猜谜索隐"式的揣测之说截然不同。这正是以马克思主义为指导思想的结果。另外，先生的学术研究，不是象牙塔里面的那种高雅的"游戏"，而是注重实践，即充分体现了可贵的学术实践性。数次远赴新疆登上帕米尔高原的实地考察，蕴含着一种为追求真理而献身的高尚情怀，这是我们绝对不可忽视的实践性，而实践的观念，恰恰是马克思主义的最重要的观点之一。总之，马克思主义的观点和方法，使先生取得了超越前人的成就。

第三点，先生的学术成就，是在最丰厚的最全面的中国传统文化修养的基础上而取得的。这一点，有目共睹，无须赘述。在他的那个年龄段的学人中，能取得先生这样广泛的文化成就，应该说是屈指可数的。这昭示着一个无可否认的事实：学术成就，绝不是简单的"技术"操作的结果，而是深厚的文化修养的体现。先生的成就，生动地启示我们和比我们更年轻的学人，只有不断地充实自己、不断地提高文化修养，才能接近、达到像先生那样的学术境界。

第四点，现在我们自己年龄也大了，可谓垂垂老矣，所以特别感触到先生在高龄而做出那么大的成就，是多么卓绝可贵，多么令人感动！刚才吕启祥先生讲了先生有一系列著述都是离休以后所取得的成就，这使我也联想到冯先生的好朋友、我们的老师郭预衡教授，也是这样的，他的有关中国散文史、中国文学史的著作，也都是在离休以后七八十岁时完成的。他们那一代学者老而弥坚的这种精神、这种实践，是我们学术界最可宝贵的传统。我自己如今也是七老八十的人了，一想到他们，虽然难免惭愧，但依然感受到鼓舞。

得知先生去世后，我试写了一首古风，以表达心意，发表在《曹雪芹研究》，现在就以此作为我的结束语吧：

丙申冬已尽，噩耗哭奈何。

先生真学者，才学富五车。

万卷复万里，求实立准则。

柔翰追颜柳，丹青自有格。

诗文词曲稗，精研继先哲。

红学成大业，犹重开先河。

宏文结硕果，育人大功德。

桃李春未现，梅树竟先折。

万点飘如雪，默默伴哀歌。

本文原载于《红楼梦学刊》二〇一七年第三辑

本文作者：首都师范大学文学院教授

哲人远去　思念长存

——追忆冯其庸先生

朱淡文

　　冯其庸先生作为当代杰出的文史大家，新时期《红楼梦》研究的推动者和引领者，在古代文学史、中国文化、戏曲、诗词、书画、摄影等诸多领域都有杰出的贡献，早已受到学术界的广泛赞誉。先生不仅学养深厚、硕果辉煌、著作等身，更可贵的是为人正直、光明磊落，对后辈学人热心帮助、以奖掖后辈为己任。我有幸深受先生的恩泽，无论在红学研究成长过程中，还是在身患重病、处境极端困难之时，都得到先生深切的关怀、鼓励及无私帮助，使我终生难忘。

　　20世纪80年代初，我因研究《红楼梦》和曹雪芹家世，完成了前人很少写及的红学论文《曹寅小考》（约1.5万字）。1982年春，先生刚从美国斯坦福大学讲学回国，因扬州大学黄进德教授推荐，他细看了这篇文章，给予很高的评价，认为是当前红学、曹学研究中的一个重要成果，当即批示《红楼梦学刊》于1982年第三辑发表。当年10月，我应邀出席在上海师范大学举行的全国第三届《红楼梦》学术研讨会，《曹寅小考》也是讨论的专题之一。我从此步入红学研究者的行列。

　　此后，先生又读了我写的《曹宣小考》《曹頫小考》，勉励我把《红楼梦》和曹雪芹家世的研究深入下去。他多次来信嘱咐：“曹雪芹家世研究还是大有可为的。曹雪芹如此文豪，从历史眼光来看，他的出现是不容易的，是天地之杰作，是历史的花朵，应该为这样的人多做点工作，就像应该为屈原、司马迁等人多做点工作一样。你在曹家家世方面的研究，卓有成绩，斐然可观，已十分引人重视，希望你继续努力。”“我过去对曹家家世研究偏重在上世，于曹雪芹当世未有深究，原想鼓勇再作续编，但心有余而力不足，连一点时间都抽不出来，你能作此，且成绩斐然，这是我最最高兴的。我建议你把这一系列文章写出来，集成一册可成专著，以补我的不足。”我听从先生的教导和嘱咐，不敢懈怠，在八年中陆续完成了以考证为主的论文15篇、研究札记50篇以及《曹氏家族年谱简编》。论文撰写过程中，得到先生许多指导和帮助，每有文章完成即请指正，他总在百忙中挤出时间详细审读，并提出中肯的意见或批评，供我参考、修正。这些真知灼见，为我学术的成长带来很多启迪，给我的红学研究指明了方向。仅举一例，先生读《曹頫小考》后来信："《曹頫小考》内容较为充实，文末畸笏叟事许多人皆同此说，然脂砚、畸笏终未得深论。考曹氏诸人，亦如下围棋，有一眼不能活，必须得二眼，如能于脂砚、畸笏之事加以参证，或可进一步解透曹家之种种。我觉得要深入研究《红楼梦》，必须解透曹氏之兴替（历史的）以及整个家族之间的矛盾亲疏（现实的），方能反观《红楼梦》，再从文艺学的角度分析之。如事事与实际的曹家之事印合，则过于胶柱鼓瑟，不可得其解；但如视与曹家之事无涉，则亦永不可能解此书者。你于曹家史事钩稽至深，甚为可喜，望能进一步作探求，连同脂砚、畸笏作一切解，则治红当可如积薪，必居上头也。"先生的谆谆教诲和期许，使我在研究《红楼梦》文本时，注意与曹雪芹的创作思想、作品背景及素材研究相联系。

先生工作很忙，白天极少有空，为我阅稿、校读、复函等大多在晚间进行，有时直至深夜，耗费他许多时间和精力，每念及此，我常怀感激和歉疚之情。对此，先生曾淡然告之："这些你不必放在心上。我之如此，从近处说，希望你能多写出些有分量的文章，早出成果；从远处说，希望有多些中青年研究者，一起来开创红学研究的新局面。"先生不辞辛劳，甘为人梯，其胸怀何等宽广！先生爱才、惜才，凡后辈有点滴进步，都不吝提携、倾力扶持。

1991年，先生将我的这些文章推荐给台湾贯雅文化事业公司，以《红楼梦研究》为书名在台湾出版，并为此书题签、作序。有了先生的推荐和帮助，才有了我的第一本红学专著。

1992年，国家教委高校古籍整理研究工作委员会委托北京大学金开诚教授主编重点科研项目《中国古文献研究丛书》，全套共12本，由江苏古籍出版社出版。分别由金开诚先生著《屈原辞研究》、裘锡圭先生著《古代文史研究新探》、罗尔纲先生著《水浒传原本和著者研究》、严绍璗先生著《汉籍在日本的流布研究》等，其余各书的著者，除我之外都是与北大有较深渊源（北大毕业或北大执教）的资深学者。金开诚先生读过我的《红楼梦》研究文章，也许留下些许印象，就约我撰写有关《红楼梦》的文献研究专著，即后来出版的《红楼梦论源》。事后方知，出版社方面对我这个名不见经传的普通学人，能否保证《丛书》的撰写质量有较多疑虑。适逢冯先生到南京开会，有事去江苏古籍出版社，其副总编向先生问起我的情况，并问由我撰写《红楼梦》文献研究妥否，先生讲了对我的评价，并大力推荐说我是撰写此书的合适人选，可以放心等。出版社方面听后很高兴，表示只要文稿由丛书编委会转来，即可安排发排。先生返京后即来信告之："他们对这套书很认真，你可以放开来写，要写好。"由于先生的举荐，《红楼梦论源》的出版较为顺利，出版后得到一些较好的反应，江苏古籍出版社也在1998年同版再次重印，我欣幸没有辜负先生对我的信任。

1997年5月23日，我在扬州珍园宾馆意外摔伤，脑部严重受伤、髋关节骨折、生命垂危，经抢救方始保住性命。但因脑伤过重，手术后仍神志不清，记忆严重受损，转回上海后，因病重且是在扬州手术，沪上许多医院不愿收治。虽经同学帮助在一家医院做了髋关节人工置换手术，但脑伤未得到积极治疗，一直处于神志不清的状态，出院后只能在家卧床，生活无法自理。先生知道这一情况后想方设法帮助：一、委托张庆善先生去南京开会时，特意到上海探望我，并带来北京红学同仁的问候；二、在《红楼梦学刊》1998年第一辑上，刊发冯其庸《关于朱淡文同志的情况》和《黄进德致冯其庸的信》，让更多红学界关心我的朋友了解病情及治疗情况，以祈得到帮助；三、1997年10月24日，邓小平夫人卓琳同志约请冯其庸先生等红学家谈话。席间，先生向卓琳同志反映我病危的情况，请求予以帮助。卓琳同志说她读过我的文章，她可以叫上海的朋友帮忙，要先生写个材料给她。卓琳同志收到材料第二天就转给上海，并打电话给市委领导，请他们关照此事，希望能让我住院治疗，如果费用有困难她可以解决。11月7日卓琳同志又约先生谈话，其间又谈及此事。11月13日先生来信，附来卓琳同志请医生为我开的用药处方，并说她"仔细读了朱淡文的文章，确实写得很好"。不久，上海市委办公厅的两位处长到我家了解情况，随后市里发了文件，解决了我的医疗和生活问题。12月7日先生由王运天、邓云乡陪同来寓所，看望刚刚大病初愈的我，并嘱咐好好养病。

我的严重脑伤就是在先生的鼎力相救、卓琳同志的关心和上海市委的照顾下，及时治疗使伤患有所好转，记忆逐渐恢复，生活慢慢能够自理。这些都是先生和卓琳同志慈爱、关怀的结果，真令我感激不尽。许多事，特别是卓琳同志对我关爱的情况，我当时并不很清楚，先生也未特别提起，直到卓琳同志去世，先生写的悼念文章——《一位崇高而平凡的老人》在《文汇报》发表，才对这些情况有所了解。

哲人远去，我怀何如，转眼已是先生谢世的百日了，念念心伤。我失去了一位可敬的师长、一位关心爱护我的前辈，心情十分沉痛，难以用言语表达，但思念长存，先生赐予我的恩德将永留我的心间！

二〇一七年五月上旬先生谢世百日之际

本文原载于《红楼梦学刊》二〇一七年第四辑

本文作者：上海师范大学教授

悼念冯其庸先生

杜春耕

　　冯先生驾鹤西去五个多月了，在这期间，强烈的失落感不时冲击我的心灵。回想我与冯老相交20年有余，来往不算多但也绝不算少，但每一次交往似乎总离不开"红楼梦"三个字。冯老称得上是我国近期内出现的一位大儒，他在《红楼梦》研究、书法、绘画、摄影、诗词、戏剧研究，十余次西行实地研探玄奘取经及丝绸之路等多方面都取得了很高的成就。冯先生去世后，各种报刊也登了大量的悼念追思文章。作为一个业余痴迷于研究《红楼梦》成书历程的后学者，似乎已没有作任何形式表达之必要了。冯先生一生花精力最多的是他作为我国红楼梦研究的领军人，团结协调这支庞大的队伍30余年，而自己又在其中好几个领域作出了杰出的贡献。我作为一个业余的研究者，他对我们关怀、鼓励、帮助是属于"润物细无声"一类的。所以我决定把与他交往的一些小事介绍出来，或对大家认识大人物的细小侧面会有点作用，并以此表达我对冯老的怀念。

　　我与冯先生的首次相交是在"96北京《红楼梦》讨论会"上，该会议是由中国红楼梦学会与《红楼梦》农工研究小组联合召开的，讨论的主题是"《红楼梦》的成书过程"。参会者30余人，地点在农工民主党北京市委会议室。与会代表除农工党中央副主席章师明及农工小组六七名业余《红楼梦》研究者外，其余是以冯其庸为首的红楼梦研究所、社科院文学所、北京大学、北京师范大学、上海师范大学等多个单位的著名专家学者。会上笔者代表农工小组汇报了该组研究《红楼梦》成书的"合成说"的有关情况。在确认曹雪芹为作者的前提下，同时据《红楼梦》最早的抄本《甲戌本》的开山第一段话"红楼梦旨义：《红楼梦》是总其全部之名也，又曰《风月宝鉴》……又曰《石头记》……"为书证，认为文本已自我说明该书成书第一个阶段是"二书合成"；而"披阅十载，增删五次"是第二个阶段的工作，而最后的八十回是由脂砚斋在曹雪芹留下来的稿件的基础上，"抄录"与"对清"最后成书的。这次会议是学界公开大规模研讨成书过程的开始，以后由多个单位轮流做东，历时五年以上，开了多次讨论会。这次会议气氛热烈，相互尊重而又各持己见。会上未对这一课题得出统一结论，以再开会继续讨论为终结。作为中国红楼梦学会的会长，冯先生也作了发言，他说："合成说有一定的书证，我个人读了多遍《红楼梦》，但没有看出这书有合成的味道。"这实际上表明冯先生是不赞成"合成说"的。但大家毕竟是大家，他有他的胸怀，会后他送一幅字给我，所赠之词全文为："《红楼梦》是中华文化的精华，用历史唯物主义的观点来学习它、理解它、研究它，是我们的共同责任。书赠红楼梦农工研究小组。冯其庸。"由于冯先生等人的宽容及支持，以后多次会议已由几个大学的师生整理录音打印成文字，近10万字，我尚有几盘未整理的录音带。近年胡文彬、张俊等参与研讨者都想把这一很少有人清楚的历程公开出版，可惜参与这一工作的人其中大多已七老八十了，事情到今天也未完成。这件事虽尚未有结果，但冯老的襟怀与作用是不能低估的。

2002年适逢曹雪芹逝世四个甲子，当时许多研究者手中都没有线装的《甲戌本》，研究起来不方便。《红楼梦》爱好者秦涛决定个人出资，影印线装《甲戌本》500套，免费赠送《红楼梦》研究者。他把这一工作委托笔者组织实施。我向冯先生请教除正文外还应收入哪些资料，并敬请他写一序言。冯先生觉得此举"对红学亦必将有新的推动"，十分高兴，把自己收集与珍藏的多件有关《甲戌本》的原藏者刘铨福、刘位坦父子的墨迹及他观看《甲戌本》原件时记录下来的胡适影印本所删去的五条跋文都贡献出来印在书内，并作了详细的说明与介绍，使这个影印本多了一册。另外用小楷手书了一篇"纪念曹雪芹逝世二百四十周年重印甲戌本题记"于书首，书中还附印了关注此书印行的45位海内外红学同道的钤印影印件。书印成后，冯先生把他作为序的小楷精书"题记"原件赠给我作为纪念。一次他来我家做客，看到我原挂于书房的他的手书题记不在了，问我缘故，我说出资者秦涛看后爱不释手，我就转送他了。冯先生说你为此书花了这么多力气，应该留着。过了一会儿他又说，我再重写一份给你吧，我说："冯老，你要写就替我写两份吧！"他问："为什么？"我说："《甲戌本》的编辑，国家图书馆的殷梦霞也十分想要一份。"冯老笑了笑，还是答应了。几天后，冯老来电话说："我又写错了一个字，还得重写一遍。"这表明他对应承别人的事的认真态度。冯老出版的书法、画作及摄影的精致画册，轻的每本二到三斤，重的一本就十来斤，这些书出版后，他对同好均一一赠送，且在扉页用毛笔题记并签名盖章，其精美实是一幅书法精品，我存的本子中就有三本被人要走了。

我的本行是光学，但20多年以来痴迷于研究《红楼梦》的成书历程。为了寻找资料，就极力收集《红楼梦》的清代与民国时期的老版本及相关的各类资料、老物件、艺术品，从80年代初开始，差不多每个星期六，风雨无阻，天未亮就赶到潘家园。后来许多贩子知道了我的情况，一有与《红楼梦》有关的精品都先往我家送，以期卖个好价。当我获得一些重复的有价值的书籍资料，也主动把我认为对他有用的东西赠送冯老一部分，但冯老从未向我主动要过一件东西。唯一的例外是，一次我购到一幅张伯驹自书自己创作的一首走访白家疃的词作，词后有一段跋语，写着他与几个红学专家（似乎是吴恩裕等人）一起去考察的过程。在七八十年代，许多人认为白家疃是曹雪芹住过的地方，故词作与《红楼梦》有关。因这幅字写得并非特别好，裱得也很一般，框也差，用纸为困难时期印线装书的带黄色的纸，所以我一直怀疑它是一件作伪的物件。直到有一次我看到了一幅张伯驹作品的影印件，对照一看，才觉得此为真品。那时正值冯老在美术馆作字画展览，我就拿去让冯老鉴定，谁知冯老一看，似乎眼睛都亮了一下，一直死死地看了半个多小时。冯老与张伯老是有过交道的人，他见过他的字，冯老又精于书法与诗词，故他肯定地对我说，这绝对是真迹。过了几天与冯老在一起吃晚饭时，我说我以前差点把这幅词当伪作乱扔在杂物堆里了。说到这里冯老说："小杜，你把它送给我吧！"过了一二天，我就托任晓辉带去送他。后来晓辉告诉我，冯老把它重裱成了一个长卷，头尾都要自书序跋与和诗之类，准备出版印行出来。由于当时匆忙，我未把此件复印下来，也记不清里面写的详细文字了。

后来我翻看冯老著的由香港三联书店1983年出版的《曹雪芹家世·〈红楼梦〉文物图录》，在自序中他说自己从事这方面的资料收集是二十年前的事了。自序写于1982年，20年前即1962年，那时冯老还不到40岁，怪不得他对张伯驹写白家疃的词那么有兴趣（这词似未发表过）。冯老对我关爱有加且帮助颇多，我为能替他找到一件心爱之物而心中十分高兴，觉得我总算给了他一点小小的精神回报。

冯老是一个热爱工作如同生命的学者，在去世前的最后几年，他身体十分虚弱，多次住院治病，在家中白天也只能躺在轮椅上，自己行动十分困难。几次去看他，他都是在轮椅上与我们交谈的。每次去，我们怕谈多了，他太累，总不愿待太长的时间，怕累着了他，冯老总是希望我们多坐一会儿，他是多么希望大家一起多谈谈外界有关《红楼梦》研究的进展及其他一些新鲜的消息。

2014年，经过几轮走访和分析研究，我们从光绪帝七弟载涛的外孙女达锐夫妇处了解到蒙古王府本《石头记》是达锐的母亲、载涛之女爱新觉罗·韫慧捐赠（有偿）给国家图书馆的，在该书的第七十二回回目前后，分别有"七爷王爷"与"七十而不富"之批语，研究者不知为何人所书，这是研究此版本性质与出处的一个关键性的难题。达锐说她母亲与载涛曾长时间阅读过此书。当我问到载涛排行第几时，她说光绪皇帝排行老二、载涛老七；问到载涛年寿多久，她说80多岁，且后期生活不宽裕，毛泽东还资助过他等话头。我认为书中的"七爷王爷"指的应可能是载涛，此两句文字亦应为他亲书。我们正在用载涛遗留下的文字校对笔迹时，又认识了载涛的小儿子溥仕，我让他看这两句批语，他马上就说："这是我爸爸写的，是他的笔迹。"又了解到此书是达锐的爷爷、第八代阿拉善蒙古王爷塔旺布里甲拉于20世纪20年代购于北京琉璃厂，购得的是八十回本，且缺六回。购书后塔王找人按当时的排印本补抄了缺的四十六回，且用黄绫做封面重新装订。当这些都弄清后，我们联络华宝斋和西泠印社出版社，重新影印了此书。当把此事详细地向冯老做了汇报后，他的兴致起来了，反复考虑后，说："看来原来把此书的书名取为《蒙古王府本石头记》不够贴切，是因为那时不知此书来龙去脉的详情，用这个书名很容易使人误解为此书是蒙古王府整理过的本子，我觉得应把书名改为《蒙古王府藏石头记抄本》。"听后，大家觉得太有道理了。我向冯老建议，如果你身体还许可，是否为你新改的书名题写一个书名签条，冯先生很爽快地应允了。几天后，我便收到了他题的字"蒙古王府藏石头记抄本，冯其庸九十又二题"，下面工整地盖着他的名章。

此时冯老身体已很差，但看着这字，还是那么苍劲有力，一丝不苟。我看冯老身体这么差，觉得应尽快重印一版，在他看得动、翻得动时得到新版之书。我要求华宝斋的张金鸿经理尽快再出一版。他说印线装书成本很高，蒙府本这部书部头又大，刚印了500套还未售出多少，所以要以后再印。我说，冯老改动这书的书名，又亲自题签，他年岁这么大了，身体又这么差，这可是他为红学版本事业能做的最后几件事之一了，我希望在他还看得动此书时能把书给他。张经理与冯老是有感情的，最后答应，先就印出一套送冯老，大量的以后再说吧！冯老92岁定此书名签，题了新的书名，93岁就过去了。值得安慰的是冯老还是在生前一年多看到了此书。

冯老在学术上的成就，我未做系统研究，不便评述。但所记的几件小事，或许可说明，能成大事者应有一颗博大的胸怀和对人的赤诚之心。冯老一生忙忙碌碌，在业务上勇登高峰，且把自己历年之积累大多无偿地捐献出来。在他老家，兴建了一座不小的两层楼的"冯其庸学术馆"，所有作品与收藏均为他个人所捐，作为中国人民大学的首任国学院院长，他又捐了一个不算大的图书馆以及若干不同历史年代的墓碑和墓志。中国红楼梦学会是一个学术社会团体，没有政府拨款，经济是困难的，记得好几次学会开常务理事会，会间总有一些聚餐等活动，据知情人讲，我们吃的不少顿饭，均是冯先生用替饭店题写匾额换来的。冯老是一个为中国文化，为《红楼梦》研究贡献出一生的人，我将永远怀念他。

二〇一七年六月

本文原载于《红楼梦学刊》二〇一七年第四辑

本文作者：中国红楼梦学会学术委员会委员

悼念冯老兼及红学二三事

沈治钧

丙申岁末，丁酉春节前夕，我在曼谷寓所获悉，公元2017年1月22日中午时分，中国红楼梦学会名誉会长冯其庸先生与世长辞，享寿93周岁。我极悲恸。

农历正月初九（阳历2月5日），北京八宝山公墓殡仪馆隆重举行冯老遗体告别仪式。因无法及时赶回国内，乃赋《暹罗春日挽宽堂冯先生》，以寄哀思。

> 京华归梦最凄迷，瓜饭楼南雀乱啼。
> 辽海鲸音凝旧典，金陵王气换新题。
> 神游千载魂未远，足踏万山云自低。
> 探得取经碧霄路，佛陀拜罢过芹溪。

诗陋劣，词不达意，唯情感是真切的。本打算再诌两首，但心乱如麻，终未卒篇。岂敢谬托海外知音？只求默默为老前辈送行。

后来将这首挽诗寄给《光明日报》一个栏目，希望能在清明时节刊出，权充一瓣心香。主持该栏目的朋友回函答复，挽歌不赖，可惜属于文艺作品，不是学术文章，碍难安排版面。区区无可奈何，一时心灰意冷，懒得再投给别的报纸；两家媒体约过稿，也没给他们。悼念冯老，我不想降低规格，宁肯一声不吭。尝兀坐湄南河畔，思及辛弃疾吊朱熹，曰："所不朽者，垂万世名。孰谓公死？凛凛犹生。"（《宋史》卷四〇一）又《感皇恩·读〈庄子〉闻朱晦庵即世》："一壑一丘，轻衫短帽。白发多时故人少。子云何在？应有玄经遗草。江河流日夜，何时了？"（《稼轩长短句》卷七）略一品味，不觉泫然。逮至4月中旬，何卫国兄来信，说《红楼梦学刊》拟组织一期"冯其庸先生纪念专辑"，内容"以学术为主，以交往为辅"，问能否撰稿。我欣然从命，今趁机将挽诗作为私货夹带进来，盼编者和读者鉴谅。

说来惭愧，作为一介晚生，我跟冯老无多交往。1995年春，中国社会科学院，那是我初次参加正式的红学会议，对冯老唯仰慕而已。2004年秋，扬州国际红学研讨会，我提交《曹雪芹年寿辨》，谈"四十年华付杳冥""四十萧然太瘦生"及"年未五旬而卒"，引起冯老注意。会议期间，有一天临近中午，众人在饭店大厅里围着一张桌子聚谈，话题随意。冯老向大家发问："哪位是沈治钧？"我忙起身示意。我和冯老这才算彼此相识。此前只是我单方面认识冯老。张庆善先生误以为冯老早已认得我，故屡屡就此事打趣。嗣后我还写过《挽诗中说年寿可以举成数——向蔡义江先生请教曹雪芹享年》及《曹雪芹卒年辨》，冯老在《初读〈四松堂集〉付刻底本——重论曹雪芹卒于"壬午除夕"》中表示赞同拙说，"四十年华"应属举成数。小文《怡亲王弘晓与〈红楼梦〉》也获得过冯老的私下首肯。此由庆善先生闲谈时告知。冯老一般不会当面夸奖人，至少我无此殊荣。很幸运，冯老也没批评过我。双方邂逅，场合几乎全是学术会议，关系淡淡如水。

记得只去过通州张家湾瓜饭楼一回，搭了庆善先生的便车，时间是2011年秋；为一桩私事，后来不了了之，也便没有再去打扰。2013年冬廊坊会议纪念曹雪芹逝世250周年，人群中匆匆一晤，仅握手寒暄三两句罢了。翌岁我来曼谷工作，双方再未觌面，也没打电话。彼此过从萧疏，主要由于我不善交际，不懂礼貌，习惯把敬重摺在心里，一旦付诸行动或形诸笔墨便觉得别扭。去年暑假回京，原拟趋前拜谒的，但听庆善说冯老最近状态欠佳，便打消了念头，心想明年再去不迟。冯老衰倦，动辄住院，过些日子又平安无事。大家侥幸成麻痹，我也没有太在意。现冯老溘然长逝，我极后悔，自责不已。

去年暑假想见冯老，是有问题需要当面请教。2011年春，朱新华发表《关于曹芹溪的一则史料》，世人方知张大镛《自怡悦斋书画录》著录《李谷斋墨山水陈紫澜字合册》上有"曹君芹溪携来李奉常仿云林画六幅"云云，李世倬（谷斋）和陈浩（紫澜）之外另有陈本敬（仲思）和钱维城（稼轩）。同年秋，小文《读陈浩〈生香书屋诗集〉书后》刊出，确定陈浩与二敦有位共同的朋友周立崖，双方交游圈部分重叠，"曹君芹溪"很可能就是曹雪芹。冯老读过此篇小东西。那年我访瓜饭楼，冯老说这事值得深究下去，曹雪芹的材料还有可能出现。话题一带而过，未及畅谈。

由于《自怡悦斋书画录》，2013年秋季以来的一个热门话题为《种芹人曹霑画册》，我参加过讨论。搜集资料时发现，1988年冬《贵州文史丛刊》所载《〈种芹人曹霑画册〉真伪初辨》作者赵竹是该刊主编赵荣（1935—2013）之子。当时赵竹还年轻（24岁），此文的主体执笔人应系其父赵荣（53岁）。孰料，冯老与赵荣竟有交集。证据是，赵荣的专著《一个特殊问题：知识分子问题》（贵州人民出版社1986年版）由冯老题签。扉页署"冯其庸题"，下钤白文"冯其庸"及朱文"宽堂"印。封面用字相同，横排，蓝底白字。

贵阳曾于1985年秋举办过第五届全国红学研讨会，冯老与赵荣确有机缘相识。我暗想，最迟到1986年春冯老与赵荣已开始交往，两年后赵竹披露《种芹人曹霑画册》，这其中或有内在联系。冯赵具体如何相识的？冯老是否认得陈恒安？是否早已目验过《种芹人曹霑画册》？彼时作何断语？还有哪些专家鉴定过此画册？如何议论的？目前冯老怎样看待它？

对于画册的来源与鉴定，去年暑假所知甚寡，连赵荣和赵竹属父子关系（一度估计赵竹为笔名）还是宋庆中兄研究出来告诉我的。冯老的证词一定会给相关探索注入新的生机与活力。我准备让冯老谈谈赵荣、赵竹父子及《种芹人曹霑画册》鉴定往事，最好能促请老人家亲笔著文。德高望重的一位学界耆宿，事关原始文献材料真赝，亲笔著文才具说服力。

先前《红楼梦学刊》从未发表过有关《种芹人曹霑画册》的文章及消息。由此推测，即使冯老早已目验过此画册，当初的鉴定意见恐怕也是负面的。但这不要紧。谁也不是神仙，1986年哪会料到昌平陈本敬（1729—1778）可能是曹雪芹的朋友？哪会料到"曹君芹溪"与陈本敬会联袂出现在《李谷斋墨山水陈紫澜字合册》上？1986年春冯老（62岁）与赵荣（51岁）已相识，那么赵荣八成会就《种芹人曹霑画册》向冯老讨教。双方通信应是必然的，说不定赵荣还给《红楼梦学刊》投过稿。

此事关涉《种芹人曹霑画册》的来历、购买、入藏、鉴定、公布、议论等早期事项，说简单也简单，说复杂也复杂。赵荣2013年夏已作古，只有当面询问冯老方能搞清楚。今冯老逝世，个中秘密被永远带走了，真是万分遗憾。

冯老讳迟，以字行，号宽堂，晚署乐翁、古梅老人。《史记》卷四七《孔子世家》："沮之而不可，则致地庸迟乎？"此语另见邢昺《论语注疏》卷一八。冯老的名与字或用该典。别号宽堂，不明出处，仅知迟有宽缓义。张揖《广雅》："迟，缓也。"杨冠卿《病后暑退》："宽作迟留计，难期岁月功。"（《客亭类稿》卷一三）或用宽敞、宽心、宽弘义。岑参《送张秘书充刘相公通汴河判官便赴江外觐省》："万里江海通，九州天地宽。"（《岑嘉州集》卷一）韩偓《幽窗》："无凭谙鹊语，犹得暂心宽。"（《香奁集》卷一）于武陵《与僧话旧》："草堂前有山，一见一相宽。"（《全唐诗》卷五九五）关于冯老的名讳、表字、别号、闲章……原拟面谈赵荣、赵竹父子的时候趁便一并求教的，今已永不可能，思之怃然。

冯老带走的秘密岂止一宗两宗。另有一事相当费解，关乎天津王超藏《脂砚斋重评石头记》手抄本真赝。冯老辞世前六天（2017年1月16日）《天津日报》第12版《满庭芳》栏目推出《冯其庸鉴定"庚寅本"》，称冯老于2014年10月11日目验过本子原件，鉴定它是真的，说："这个钞本纸张是乾隆年代的，从字体风格和吃墨程度看，只能比光绪更早。具体断代的时间还可以再研究，但抄写时间不可能晚到20世纪50年代或新世纪。"结论为："当代人绝对抄写不出这种风格的本子。"之前听说过类似传闻，尽管话还没有这么"绝对"，我也是不信的。此因2012年9月24日王藏本公开亮相，我一周之内写成《真假红学厄谈》以偿文债，同年冬发表，及时指出此本非常蹊跷，极有可能是伪造出来的，学界理当谨慎存疑；2014年夏拙文《真假红学续谈》发表，及时确定王藏本不折不扣是个假货，即现代人氏蓄意炮制的腌臜物。此种情况，冯老起码应有所耳闻，怎么可能于2014年秋轻易断言王藏本"绝对"不伪？还"纸张是乾隆年代的"，抄成"只能比光绪更早"，如此"绝对"，半条后路不留，非冯老的惯常口吻，针对沈某也不必动肝火。此实匪夷所思。

或许有人会讲，你算哪根葱？你认为假的，冯老就一定要随声附和说不真吗？反问句理直气壮，却难逃狡辩之诮。2014年秋季之后，拙文《再谈甲戌本附条》《真假红学三谈》《乙未说及其他——纪念曹雪芹诞辰三百周年》《天津王超藏〈脂砚斋重评石头记〉抄本辨伪》《"曹雪芹佚诗"案现场观感》《由缩微胶卷看甲戌本附条》（截至2016年9月15日）陆续发表，纵使冯老先前判断王藏本不伪，后来也当重新思索过，因拙文摆出的证据不是单一的，而是多元的、多层的、多面的；拙文得出的结论不是含糊模棱的，而是凿实明确的，即王藏本伪造于2010年前后，肯定不真，100％不真。在这种情形之下，倘冯老仍断王藏本"绝对"不伪，就该亲自著文阐明根由；即使不便动笔，也当口述卓见，署名交报刊登载出来。

缘此，当《天津日报》推出《冯其庸鉴定"庚寅本"》时，我感到十分纳闷；六天后，噩耗传来，愕窒不已。随后慢慢静下心，联想起《天津日报》上那篇宏文，不禁要问：它能够反映冯老最终的本心本意吗？《天津日报》在老人弥留之际发表此文，得到过谁的授权或授意？稿子让冯老审阅过吗？一个冗滞的红学争端，事关原始文献材料真赝，业已闹得满城风雨，却采取此等稀奇古怪的方式表态，显然乖违冯老的一贯作风。我虽愚钝，却也晓得冯老治学一向严肃、严谨、严格，从不苟且，对制假贩假行径尤其深恶痛绝。现质疑《冯其庸鉴定"庚寅本"》，只缘它的刊出时机与表达策略过于反常，完全不可思议。

　　当然，暂时也不排除一种可能，即冯老多病体弱，精力不济，暮龄（特别是2014年10月11日前后）不再密切关注红学新动向，业已处于彻彻底底的闭明塞聪状态，连红学老友之间的电话闲聊也一概杜绝净尽，仅仅局限于偶尔听取来访者的选择性汇报，以致判断失误，固执己见，知错不改，甚或颠顸昏聩，错而不察，直至驾鹤西归。商务印书馆新出的《风雨平生——冯其庸口述自传》我还没能拜读到，不晓得其中是否谈过王藏本。究竟怎么回事，或许又是一宗秘密。我没听说冯老做过植物人，只晓得2016年12月17日还能接待前往瓜饭楼探视的红学老友，头脑清醒，口齿无碍，但我对冯老临终时的详情一无所知。俟考。

　　是不是冯老和我观点歧迷，我才格外心存芥蒂？非也。在一些具体问题上，我和冯老见解参差，旁人留意不到，我自己一清二楚。举凡甲戌本凡例、"曹雪芹书箱"、后四十回作者、甲午红学风暴、"曹雪芹墓石"、卞亦文藏本……我还都有些小保留，从未隐瞒。冯老是否洞悉，我没问过。学界中人同里有异，异里有同，或求同存异，或立异破同，于是同而又异，异而又同，反复折腾，无尽无穷。此属常态，历来如此，乌足为奇？我关心的并非冯老与我同不同，而是冯老到底是个啥看法，例如怎样估量王藏本。表达可自由，真相才神圣。任何人（包括冯老）的看法都是次要的，至高无上的关键在于王藏本的事实真相。通过什么去了解事实真相？证据、逻辑、情理……特别是证据，实实在在的证据。从证人证言的学术效力上看，江泽之子（王超称"赵十月"）比冯老强劲N倍。偌大一个天津，该市还有红学会，竞相引述"江泽小柜"传奇，却无一人（含王超）去当面问问江公子，噫吁哉。

　　假设冯老迟至2017年1月16日确乎判定王藏本"绝对"不伪，则鄙人不得不说，冯老错矣。然而，冯老去世前六天的心事细故，谁能讲得明明白白？症结就在这里。据称冯老鉴定王藏本的时间是2014年10月11日，即去世之前的两年零三个月，为何那时候不从速推出《冯其庸鉴定"庚寅本"》？总该给冯老留出一点回应的时间。总该给王藏本辨伪方（笔者孤军）剩余一个向冯老求证的机会。我不认为此中有什么阴谋诡计，谁也不晓得冯老哪天走，只想指出《天津日报》的这种处置方式委实欠妥，客观上所造成的红学困局（死无对证）超级被动，超级尴尬。简言之，2014年10月11日（鉴定原件）与2017年1月16日（发表文章），这是甲与乙两个日子，甲乙间隔两年多，竟跨四个年头，冯老对王藏本的看法很有可能起变化。对此，《天津日报》设法确认过吗？作者文责自负，劳驾予以说明。

　　退一万步，冯老最终对王藏本的的确确就是那种"绝对"看法，的的确确就是错了，又怎么说？我的回答是：1.理论上讲，此本真伪及孰正孰误还可商兑；2.冯老错了，不代表我们就该错，就错得有理，尤其不意味着错的就可以变成对的，黑的就可以变成白的，假的就可以变成真的；3.王藏本证真方及天津市红学会理应负起红学责任，去向身边的江泽之子当面求证，而不是南辕北辙，舍近求远，舍本逐末，特意去惊动冯老，实际效果等于牵累冯老；4.借重学界名家，此可理解，但在涉及原始文献材料真赝的时候理宜慎之又慎，吴世昌在"曹雪芹佚诗"案中擅自借重俞平伯、顾颉刚就是个著名的教训，惨痛的教训，深刻的教训；5.倘若无法确证冯老所据资讯足够充分，足够完整，那么冯老的此项鉴定意见便应视为无效；6.我们都长着脑子，都会分析各项证据，不能事事处处全仰仗一位耄耋翁替我们拿主意；7.今冯老已逝，包括鄙人在内的论辩双方都不要再把老人家绑到战车上；8.我将继续坚持自认为正确无误的学术观点，即判定天津王超藏《脂砚斋重评石头记》手抄本为彻头彻尾的文献赝鼎，蓄意伪造于2010年前后，造假之书粗糙，造假之事秽恶，造假之人奸险，除非证真方举出确凿的系列反证，包括向江泽之子当面稽查过本子来历；9.一篇《冯其庸鉴定"庚寅本"》改变不了我对冯老的整体观感与基本认识。

就最后两点做些解释。古希腊哲人亚里士多德说，吾爱吾师，吾更爱真理。此系名言，尽人皆知。我们尊重前辈，不是说在每个具体观点上都要努力看齐，亦步亦趋，一唱一和，乃至吹喇叭、抬轿子，而是要准确领悟前辈的治学原则与处世精神。浅见以为，冯老的治学原则，核心为实事求是；冯老的处世精神，筋髓为独立思考。一言以蔽之，追求真理，敬畏学问。《曹雪芹家世新考》就是实事求是的自然结晶，《论庚辰本》（收入《石头记脂本研究》）就是独立思考的必然结果，《瓜饭楼丛稿》煌煌卅三卷就是追求真理的纪念碑与敬畏学问的墓志铭。赞曰："挥毫千古事，闻道一生心。也是天上曲，为传弦外音。"上海文艺出版社1978年4月版《论庚辰本》一举否定了吴世昌的相关阐述，其中有个精彩论断，说："实践是检验真理的唯一标准，除此之外，不能有第二个标准。"（第91页）此语写于真理标准大讨论前一年，问世比《光明日报》特约评论员《实践是检验真理的唯一标准》早一个月，洵可谓开风气之先，复乾嘉之古，创时代之新。

毋庸讳言，窃以为冯老也有若干失误。只要失误属于枝节而非全局，出于无心而非故意，便皆可恕宥。在社会发展史上，失误是难以避免的弯路；在红学发展史上，失误是必须付出的代价。古今中外，没有失误的学人尚未诞生过。学人是人，不是神，更不是机器。唯其失误，一位学人才血肉丰盈，才是活生生的人。任何时代、任何国度、任何领域，所谓完美无瑕的人其实都不是人，而是神，或是机器。冯老不是机器，不是神，而是人，一位可亲的老师，可敬的长者，可信的朋友，可爱的酒徒，以及某些人眼中可憎可怕的红学沙皇。总而言之，一位正人君子，当代真儒，浑身浩然之气，从不逢迎谄媚以攀援通天路，从不落井下石以躲避冲击波，从不传谣构陷以泼洒醋葫芦，从不恶语相向以发泄睚眦愤，从不拉帮结派以巩固存在感，从不抑人扬己以抢夺金交椅，从不弄虚作假以维持知名度，从不胡言乱语以提升影响力，从不粗制滥造以牟取阿堵物，从不自我吹嘘以满足虚荣心。桃李不言，蹊径出山；日月不居，江河入海。冯老必将与红学共存，与中华文化共存，与人类文明共存。恰如陈寅恪所说："先生之著述或有时而不章，先生之学说或有时而可商，唯此独立之精神、自由之思想，历千万祀，与天壤而同久，共三光而永光。"（《海宁王静安先生纪念碑铭》）

红学史上，群星璀璨。《录鬼簿》以殁辰为倒序，现代红学之簿登记有冯其庸、林冠夫、陈毓罴、周策纵、周绍良、启功、王利器、宋淇、吴组缃、俞平伯、李辰冬、吴宓、李宗侗、胡适、王瀣、蔡元培、鲁迅、王国维……冯老是夜空中最亮的恒星之一，熠熠灼灼，光彩夺目。单就"新红学"而言，冯老无疑是继胡适、俞平伯之后最重要的红学家。换言之，胡适、俞平伯、冯其庸同为最重要的考据派红学权威，三家一脉，足可媲美，泉下会合，相视粲然无愧色。说最重要，乃因胡俞冯三家成果最丰富，建树最辉煌，影响最积极、最巨大、最广泛，势必也最持久、最精微、最深邃。尽管未见得篇篇锦绣、字字珠玑，但总体上，冯老的红学遗产与红学之外的文学遗产、史学遗产以及诗歌、书画、摄影遗产俱为文化瑰宝，必将一代一代传下去。我们悼念冯老，痛感损失庞洪，无可估量，其故在兹。

冯老，请安息。

天堂里也有《红楼梦》——"再论一千年"。

二〇一七年五月二十九日于曼谷旅次

本文原载于《红楼梦学刊》二〇一七年第四辑

本文作者：北京语言大学汉语学院教授、中国红楼梦学会副会长

红楼奥义隐千寻

——纪念红学大家冯其庸先生

孙伟科

2017 年 1 月 22 日中午十二点左右，我情绪低落，恍惚中若有所失。到了下午近四点，中央电视台新闻上首报"文史大家冯其庸逝世"的消息，当我看清画面、听清声音时却依然不敢相信是真的。此前我听说冯老身体不好，但总想着他会熬过这个冬季，没想到竟成无法再见的远走。这一年里，我本来可以在十月、十一月像往日一样见到冯老，可是因为上课的原因总是错过了看望的机会。遗憾之中，我回想起与冯老的几次见面，冯老给我的赠书，冯老几次关心中国红楼梦学会召开学术研讨会的谈话，让我无法抑制内心联翩的思绪和阵阵的隐痛。

因为学习与工作原因，我 2004 年以后才与冯老有了近距离见面和交谈的机会，此前对冯老是读其书、闻其名、慕其学而不见其人。当我终于有机缘亲炙冯老教诲时，才发现他是亲切、睿智、坚毅和博大的人，全无此前坐在主席台高高在上的距离感。他如数家珍地谈《红楼梦》中细节描写的深刻含义，语调平和流畅；他向我展示他学艺双绝的庚辰本抄本，像在对学生手把手地展示具有历史感的教案；他问学术会议筹备遇到了什么难题……谈话中，冯老坚定地告诉我们"一切问题都能得到解决"。那种坚定所洋溢出来的自信和大家气象，让我和同去的同事的心像鼓满了风的云帆一样，获得了"济沧海"的勇气。与红学大家俞平伯、周汝昌相比，冯老研究红学起步较晚，1974 年在《文物》第九期发表第一篇学术意义的论红之作——《曹雪芹的时代、家世和创作》，而在1987 年版电视连续剧《红楼梦》1983 年开始拍摄时他连一个顾问的资格还不够。冯老从事红学四十余年，为红学的发展他承荷最重、贡献最大、立场最坚定、步伐最稳健。到后来出任中国红楼梦学会会长、中国艺术研究院红楼梦研究所所长、中国艺术研究院副院长等，其间所取得的丰富研究成果，又无人出其右。比如此段时间完成的主要著作有《论庚辰本》（1978 年）、《曹雪芹家世新考》（1980 年）、《梦边集》（红楼梦研究论文集，

1982年）、《曹雪芹家世·〈红楼梦〉文物图录》（红学研究专著，图版732幅，考证文字5万字，香港三联书店，1983年）、《秋风集》（散文序跋集，文化艺术出版社，1990年）、《落叶集》（学术随笔，中国社会科学出版社，1997年）、《曹学叙论》（曹学研究专著，光明日报出版社，1992年）、《漱石集》（红楼梦研究论文二集，岳麓书社，1993年）、《石头记脂本研究》（《红楼梦》版本研究专著，人民文学出版社，1998年）、《八家评批红楼梦》（《红楼梦》评点派研究，文化艺术出版社，1991年）、《增订本曹雪芹家世新考》（曹雪芹研究专著，文化艺术出版社，1997年）、《夜雨集》（学术散文随笔，中国友谊出版公司，1999年）、《瀚海劫尘》（中国大西部摄影集，共图229幅，文化艺术出版社，1995年）、《蒋鹿潭年谱考略·水云楼诗词辑校》（词学专著，齐鲁书社，1986年）、《评点本金庸武侠全集：书剑恩仇录》（文化艺术出版社，1998年）、《评点本金庸武侠全集：笑傲江湖》（文化艺术出版社，1998年）、《瓜饭楼重校评批红楼梦》（辽宁人民出版社，2005年）、《敝帚集：冯其庸论红楼梦》（文化艺术出版社，2005年）等专著，他的著述超过一千七百万字，并主编《红楼梦》新校注本，完成《红楼梦大辞典》等一系列基础性红学学术工程等，使他成为红学界无法撼动的领军性人物。有红学同仁发文章说冯其庸是新时期红学的"定海神针"，是新时期红学的灵魂人物，是新时期红学第一人，不管是作为一个组织者、活动家还是一个勤奋著述、率先垂范、引领风气的学者，他都当之无愧。没有对红学发展历史的谙熟，难以体会其中的含义。可以说，没有冯老的带领，没有冯老的细心关怀和亲手培植，从组成红楼梦研究所、创立《红楼梦学刊》到成立中国红楼梦学会，红学不可能成为一个学科独立存在并发展，红学在20世纪的显学地位就无法彰显和延续。红学是我国20世纪的显学，但其发展道路并不平坦，经费问题和不同学术观点上的碰撞甚至强势媒体介入导致的非学术喧哗……此过程中面对的问题之多之复杂，非由大气魄、大视野、大胸怀不能临之、处之、解之，必须运用超常的智慧，付出艰辛的劳动，同时也需要包容的胸怀和面对面的批评，在各种力量的摩荡冲击下拨正船头、把稳航向。饮水思源，冯先生的开创之功，后人自当铭记而不忘。

《红楼梦》的文学价值是需要通过阅读获得体验的，当然也离不开从时代出发满足读者需要的理论阐释。但是，偏偏是在这两个关键点上出现了问题。很多喜欢《红楼梦》的读者是闻其名而未读其书，容易被各种花里胡哨的异说所左右；同时一些时髦的阐释者则重走索隐派的老路，助长脱离文学内容的想入非非，对《红楼梦》大行猜谜游戏，往野史传说、宫廷阴谋上靠拢和附会，从根本上颠倒了《红楼梦》的思想价值，将《红楼梦》说成是介入宫斗的权谋之作，迎合庸俗成功学的社会心理。面对着《红楼梦》文学价值在传播上的空前危机，冯老站了出来，多次接受媒体记者采访，他反对重走索隐红学的老路，主张从家世研究《红楼梦》，不能把小说说成是作者的自传，反对主观随意地将《红楼梦》与清早期的历史事件混为一谈，希望摆正历史与文学的关系等。央视开播《百家讲坛》后，作家刘心武以"红学研究者"身份走上节目，并以周汝昌一派的方法论向观众解读《红楼梦》，在社会上形成争论。冯其庸在接受《南风窗》杂志采访时曾不指名地提出批评："有些对《红楼梦》的讲解，都没有进入正题，都在圈子外面胡猜，猜得又很离奇古怪。把这么一部非常有深度的书，猜成侦探小说，猜成情杀小说，这实际上是歪曲了《红楼梦》，误导了读者。"

大学问，都是从细处着手的，也是从一字一句出发的，所谓"不积跬步无以至千里"是也。冯其庸是大学者，但其研究则是始于足下，他的学术风格是从不做凌虚蹈空之论，反对华而不实和哗众取宠。记得2008年初夏中国艺术研究院《红楼梦》专业第一届博士生答辩时，冯老已经84岁高龄，他事先未打招呼，在后排默默坐下，一直听完了答辩的整个过程。答辩过程环节繁多，用时很长，但秩序井然，气氛融洽。当博士毕业论文答辩通过之后，冯老作为令人尊敬的长者发言。他说："《红楼梦》中第七十四回写抄检大观园，我们不能只看到第七十四回对'物'的抄检，即所谓的查抄证据，这当然是小说中重要一笔，但此后一直到第七十七回晴雯之死，可以说是对'人'的抄检，这才是主要的，是值得重视的，是小说的更重要的内容。《红楼梦》的悲剧是人的悲剧，这些怡红院中不幸女子的结局是这次抄检的真正结果，是王夫人、王善保家的等制造了这个悲剧，但这正是那个时代底层人物命运的真实反映。曹雪芹所写的这个悲剧，冲突是从查'物'开始的，但落脚却在'人'的身上，这是曹雪芹高超的写人技巧和人文情怀的体现，正是现实主义笔触的深刻之处。"冯老一席话，将答辩会推向高潮，也令我醍醐灌顶，一下子留下了深刻的记忆。后来回去找冯老的相关著述，但竟没有看到他在行文上对这个重要观点的记述。直到后来，冯老也一直没有在我所能及的文章中予以记录和申述。侃侃而谈，不经意之中，一个多么有价值的观点，一个多么值得开拓的论题，但这只是他信手拈来、出口成章的一个例子。这次答辩，冯老的即兴发言是多么富有教益的一次专业课堂。冯老没有带过博士，但谁能说红学人才的成长没有得到过冯老的教诲和培育？

冯老和二月河的交谊是坊间流传甚广的一段佳话。当代著名作家二月河的文学起步在红学，他所写作的帝王系列，得益于他的红学研究，因为他特别关注《红楼梦》与清早期的历史关系。他的论红文章在《红楼梦学刊》上发表，冯老给了他极大的鼓励。他的写作"想象丰富、文笔细腻",更适合从事文学创作,这得益于冯老的慧眼独具,也因此为二月河指引了扬其所长、避其所短的作家道路。可以说没有《红楼梦》与清早期历史的密切关系的研究,就不会有二月河的帝王系列,而没有冯老的指点江山和亲往南阳面对面的鼓励和成书后的引荐出版,就不会有著名作家二月河。所以,二月河在其后来的创作谈中,总是风趣地说中国红学会是他的亲娘家,中国作协是他的后娘家,他每次来京都要拨冗去拜访冯老和中国红学会。一段京宛之间的文学缘,再次彰显了《红楼梦》作为文学经典的不朽魅力,再次印证了当代红学之于文学创作的资源意义、再出发的意义。这也有力地驳斥了所谓近二三十年红学对当代文学创作毫无贡献的不实之词、强加之词。

1982年人民文学出版社的《红楼梦》校本,是冯老主持完成的,它历时七年,校订组为此付出了空前的努力,是迄今为止发行量最大的版本,也被称为是最权威的读本。对此冯老珍爱有加,自是无可厚非。但这不是说冯老唯我独尊,排斥其他校本。冯老数次在新疆为大学生讲《红楼梦》的时候,一边介绍人民文学出版社这个以庚辰本为底本的校本特色,一边还向大学生特别是《红楼梦》爱好者推荐著名红学家蔡义江校本(浙江版)、刘世德校本(江苏古籍版)、黄霖校本(齐鲁版)等,说这些校本也受到读者好评,是全面了解《红楼梦》文本的可靠选择。传播《红楼梦》,"众人拾柴火焰高",让读者在众多版本中自主选择,再次体现了冯老一贯学术民主、虚怀若谷、相信读者的作风。

校订一部《红楼梦》善本,并加上便于读者阅读的注释,为《红楼梦》的普及而努力,这是冯老孜孜以求的。他精益求精的精神体现在不放过任何一个有价值的建议和信息。冯老读万卷书行万里路,但不唯书。所以,哪怕是一个名不见经传的读者来信,他都倍加珍惜。冯老以"牧童耕夫"自喻,与作为普通读者的很多爱好者保持着联系和交谊。冯老讲到《红楼梦》中所写的十月一风俗,原注本中没有注出宝玉为秦钟扫墓为何是十月一,他说:"上海的一个读者给我写信,说你在《红楼梦》校注本里对十月一没有注释,其实应该注释,因为这是北方的一种特殊风俗,'十月一送寒衣',要给已故的人上坟,因为天冷了,要送冬天的衣服了。"这位读者是上海作家萧凤芝女士,此时的她在红学上还籍籍无名,但冯老还是把她的建议添加到了自己的汇校本中。对读者负责,让读者在《红楼梦》中领略传统文化的真正内涵,冯老不遗余力;学术民主,在于择善而从、服真崇善而不分红学内外、高低贵贱,显现了冯老终生"求学求真"的人生追求。回首冯老的成才之路,无不是以自学为主的。他小学没有毕业,上中学、苏州艺专、无锡国专等,因交不起学费或战乱而辍学,但靠着劳作之余一有空就读书的韧劲儿,转益多学，勤奋积累，敏思深研，在年纪轻轻的30岁就从无锡调到北京中国人民大学讲授文学课程。尽管2000年以后的冯老已是学富五车的文史大家，但他还是认定自己不过是"学界野马微尘"，与昔日"牧童耕夫"无异。

红学的显学地位，也招来了沽名钓誉、追名逐利者流。他们在进行一番假考证、伪考证以后，自立山头，摇旗呐喊，制造一片虚假繁荣和泡沫，喊出"颠覆"的口号，制造一个又一个挑战既成观点、否定传统共识的文化热点，透露着文化虚无主义的气息。于是，有人说《红楼梦》遭遇了危机。当有记者就此问题采访他的时候，见识过大风大浪的冯老说：《红楼梦》不会有危机，《红楼梦》的思想价值和艺术价值永存。有危机的是制造各种无根浮谈的红外乱弹，是华而不实、哗众取宠的作风。面对各种汹涌而来的裹挟着金钱利益的商业诱惑，似乎只有戏说才能博得大众眼球，在强势舆论的助推和文化学者的"围殴"下，还要不要学术操守？一生恪守学术信条的冯老说：唯一的办法是"自律"两个字。红学不是一本书的学问，红学是跨文学、古代诗学、哲学、历史、考据、政治、文化、美学等为一体的大学问，也在冯老所说的"大国学"概念范围之中，它的存在维护着中华民族传统的核心价值观，是复兴中华优秀文化的基础性工程，也为我国的文化事业培养了大量一专多能的人才。

红学一直在艰难中发展、在误解中前行，一直是各种飞矢追逐的靶子，不明真相的人和一些刻意丑化新时期红学的前卫学者，认为红学上学术分歧和正常争论是争权夺利的"政治斗争"，编造红学吃皇粮、坐龙椅的谎言，制造红学界拒绝"大众共享"的舆论，说红学讲究门槛的"高大上"，是文化寡头、学术专权，更有论者无视红学在近三十年所取得的成就、对《红楼梦》和红学普及所做出的贡献，以及红学对复兴中国传统优秀文化所做的贡献，对红学横挑鼻子竖挑眼，动辄斥骂，横加指责，掀起一股又一股浊浪。面对此，冯老从容地借用黄山谷的一句诗"人言九事八为律，倘有江船吾欲东"表明心迹。这里，他鼓励大家要有不拘各种干扰、坚定前行的信念和定力。他在给友人的诗中说："红楼奥义隐千寻，妙笔搜求意更深。地下欲请曹梦阮，平生可许是知音。"在此诗中，穿越时空，我们的追求是与曹雪芹实现心灵与心灵的对话。不言而喻，冯老在风雨长途中这种坚忍不拔、无穷求索、闲庭信步的刚毅而高迈的情怀和人格塑像，也必然影响着红学事业的后来人。

本文原载于《文艺报》二〇一七年三月三日

本文作者：中国艺术研究院红楼梦研究所副所长、研究员、中国红楼梦学会副会长

点滴成波涛　浩荡若巨川

——冯其庸先生红学研究综论

段江丽

冯其庸先生在文学与文学史、艺术史、文化史、戏剧评论、书法绘画乃至汉代画像、紫砂艺术、园林艺术等诸多领域都取得了巨大成就，而影响最为广泛的还是在红学领域。张庆善先生评价说："冯其庸先生是当代最具代表性、最具影响力的红学大家，是新时期红学发展的主要推动者，是新时期红学第一人，他对新时期红学发展做出的贡献，无人能比。"[1] 相信这一评价应该是多数同仁的共识。从学术史角度说，冯先生的丰硕成果无疑是当代红学史上令人景仰的高峰、弥足珍贵的宝库，值得后来者认真学习和深入挖掘。据冯先生自己介绍，他于1954年才真正接触《红楼梦》，1972年才开始《红楼梦》研究，结果却迅速成为当代红学领袖人物，"新时期红学第一人"，实在令人敬佩。[2] 本文拟对冯其庸先生的红学研究做一相对全面的综述，进而探讨其红学研究方法上的特点，以窥其门径于万一。

一、由"知人论世"进入家世研究

冯先生曾强调："作品研究，离不开'知人论世'。《红楼梦》是以曹雪芹家族的兴衰为背景展开描写的，当然就更需要弄清作者家世，否则，其他方面的研究很难深入下去。"[3] 正是秉持这样的学术观念，冯先生红学研究第一步就是研究曹雪芹家世。而当时关于曹雪芹研究的史料非常少，冯先生就从寻找史料入手。一个偶然的机缘，他从微型面塑艺术家曹仪策手里借到《五庆堂重修辽东曹氏宗谱》（简称《五庆堂谱》）抄本，即着手一一查实谱上的人物，由此开启了曹雪芹家世研究的大门。

关于曹雪芹家世研究，冯先生自己介绍说："我的基本方法，还是用古文献结合地面调查、地下发掘。刚好曹雪芹的家世，在这三个方面都有丰富而可信的第一手史料。"[4]

冯先生所说的"地面调查"包括实物和口述资料等，而这里的"用古文献结合地面调查、地下挖掘"就是20世纪初以来在史学界盛行的三重证据法。冯先生对此有清楚的说明："历史研究中，王国维提出了'二重证据法'，用陈寅恪的话来解释就是'取地下之实物与纸上之遗文互相释证'。我觉得还应当加上地面的实地调查、遗址的调查。我的研究始终注重运用实地调查的方法。"[5] 冯先生在研究《五庆堂谱》过程中，在书面文献和文物资料方面都有重大发现。

书面文献资料方面主要有：《清太祖实录》卷十八"天聪八年（1634）"关于曹振彦的一条记录，这是关于曹雪芹上世的最早最可靠的直接史料；康熙二十三年（1684）未刊稿本《江宁府志》和康熙六十年（1721）《上元县志》所载两篇《曹玺传》，其中有曹雪芹曾祖及其上世的许多事迹，并明确记载曹氏"著籍襄平"，襄平乃辽阳古称；康熙年间的抄本《沈阳甘氏家谱》证实曹甘两家有姻亲关系；《天聪七年孔有德投降后金书》，书中提到为孔有德送投降书的人曹绍宗正是《五庆堂谱》上的人；等等。

文物资料方面主要有：在辽阳发现的三块碑，即天聪四年（1630）的《大金喇嘛法师宝记碑》，同年的《重建玉皇庙碑》，崇德六年（1641）的《东京新建弥陀寺碑》，前两块碑上有曹振彦的名字，后一块碑上有曹得先、曹得选、曹世爵等人的名字，他们都是《五庆堂谱》上的人物。[6]

这些资料相互印证，冯先生推出了两项重要的研究成果：第一，曹雪芹的祖籍在辽阳。关于曹雪芹祖籍，向有丰润与辽阳两说，自1953年周汝昌先生《红楼梦新证》出版以后，丰润说占了绝对优势。冯其庸先生以大量第一手新材料重新认定辽阳说，使其与丰润说形成双峰对峙的局面，并逐渐占了上风。第二，从曹雪芹高祖曹振彦到曹雪芹父辈曹颙、曹頫，将曹家几十人连成一线，不仅理清了曹家的世袭脉络，而且，使曹家从发迹，到烈火烹油之盛，再到被抄家败落的家族史变得清晰、具体。总之，冯先生将曹雪芹家世研究推到了一个前所未有的高度，为《红楼梦》研究中的"知人论世"提供了丰富的背景资料。

冯先生之所以能在曹雪芹家世研究方面取得重大进展，主要得益于新材料的发现。在后来的研究中，冯先生一直十分重视史料的搜集。经过一段时间的努力，他搜集到有关曹雪芹家世和《石头记》早期抄本及印本等方面的图片资料即达上千张，20世纪80年代在香港三联书店出版了《曹雪芹家世·〈红楼梦〉文物图录》。此后三十余年，冯先生又陆续搜集到一批珍贵资料，收入《瓜饭楼丛稿》的《曹雪芹家世·〈红楼梦〉文物图录》是冯先生一生收集的有关曹雪芹家世和《红楼梦》的文物和文献史料的总汇。这些珍贵的第一手资料不但为冯先生自己的研究打下了坚实的基础，也为学界提供了丰富的资料宝库。

还有两点需要特别指出：第一，在搜集资料的过程中，冯先生特别重视实地考察。典型如：为了辽阳那三块与曹雪芹家世相关的碑，冯先生曾四次实地验看；为了落实《五庆堂谱》中所记载的曹得先墓所在地——河北涞水县张坊镇沈家庵村，冯先生曾在1977年的寒冬，与朋友一起驱车两百多公里，不仅找到了沈家庵村，还落实了的确有"曹家大坟"，并从健在的守墓人口中得到一共有"七个坟堆"的信息，与谱上所记完全吻合。正是这些实地调查得来的实物和口述资料，为《五庆堂重修辽东曹氏宗谱》的真实可靠性提供了无可辩驳的佐证。

第二，在研究过程中，冯先生特别强调实践出真知。1977年10月28日冯先生在《论庚辰本》"序言"之中说："我坚信科学上的是非真伪，不能凭个人的主观自信而只能由客观实践来检验，只有实践才是检验真理的标准"，在该书正文中亦有同样的表达："实践是检验真理的唯一标准，除此之外，不能有第二个标准。"[7] 在1978年9月21日撰写的《曹雪芹家世新考》"后记"中，冯先生再次强调，他的结论是否正确，是否符合客观实际，不在于他自己的自信，而"在于今后继续发现的有关这方面的可靠的史料是否能与这个结论符合"，"总之，只有千百万人民的实践，才是检验真理的唯一标准"。[8] 了解当代思想史的人都知道，1978年5月11日《光明日报》发起了"实践是检验真理的唯一标准"的讨论，为冲破"两个凡是"的严重束缚、推动全国性的马克思主义思想解放运动做了重要的理论准备，是中国共产党第十一届三中全会实现中国共产党历史上具有深远意义的伟大转折的思想先导。而冯先生在《论庚辰本》的"序言"和正文里所提出的"实践是检验真理的唯一标准"的提法比《光明日报》还要早6个多月。由此可见，冯先生对马克思主义、毛泽东思想的唯物主义认识论有着准确、深入的理解，并早已将其内化为自觉遵守的治学理念。杨廷福先生在《曹雪芹家世新考》"后序"中高度肯定其谱牒学价值之外，还特别强调在当时的历史环境下冯先生治学精神之难能可贵及典范意义："'科学的态度是实事求是'，必须从事实出发，充分地占有材料，这是稍具有马列主义观点的人都知道的。可是，在'四害'肆虐时，这一马克思主义的科学态度早被践踏了，流毒所及形成极其恶劣的学风和文风，……其庸同志治学严谨，据《五庆堂重修辽东曹氏宗谱》，参证大量文献和实物，考定曹雪芹的籍贯，为我们坚持马克思主义的科学态度、实事求是的研究方法提供了一个样式。"[9]

关于实事求是的治学精神，冯先生不仅从正面再三致意，还旗帜鲜明地对一些"违背事实""乱立新说"乃至弄虚作假的现象提出了严厉的批评。1994年，冯先生在山东莱阳举行全国第七次《红楼梦》研讨会的开幕词中，针对当时红学界的一些乱象大声疾呼，要对红学研究中弄虚作假、毫无根据地乱立新说，甚至完全违背事实，专门为追求经济利益而说假话、造假证的荒谬学风进行批评，号召大家要与谎言和邪说作斗争。[10] 2006年，冯先生在接受他的学生叶君远教授的访谈时，再次对学术造假等不良现象提出严厉批评："有人动不动就用'百家争鸣'来反驳，仿佛批评者剥夺了他们争鸣的权利。'百家争鸣'是对的。但是'百家'中有造假一家吗？"[11] 即使这样，仍然有人置起码的学术道德于不顾，曾有出版商在排印冯先生的《曹雪芹家世新考》时竟然擅自将原稿中据《丰润曹氏族谱》所作"丰润曹氏宗谱世系表"加以改动，冯先生发现之后"甚为气愤，遂仔细核对，使其复原"。冯先生认为，"学术争论，竟然出现此种卑劣手段，令人既愤且忧。这种现象，都是涉及地方经济利益所致。此风不除，学术前途殊堪忧虑。"[12] 冯先生挺身而出，维护的不仅是自己的著作权，更重要的是学术界的风气、良心和前途。纵观冯先生数十载学术生涯，实事求是、追求真知始终是他坚定不移的最高原则。

二、由校注本底本选择进入版本研究

冯先生与《红楼梦》版本的深厚缘分始于抄书。1966年冯先生曾三次被抄家，其自藏的《红楼梦》庚辰本影印本被抄走当作黄色书展览。冯先生气愤之余，"担心此风一起，《红楼梦》又要遭殃"，决心偷偷重抄保存。于是，悄悄借来庚辰本《石头记》影印本，在接受批判和惩罚性"劳动"之余，自1967年12月3日起，每天夜深人静之时抄录，完全依照原书款式，以朱墨两色，尽量依原笔迹字体摹写，至1968年6月12日抄毕，历时近7个月。[13] 如今，青岛出版社以高度仿真的先进技术，将此抄本全部拆页以滚筒扫描器扫描之后再装订，仿照原书样式影印出版，"使得这个钞本成为一种文献，记录了学术、呈现了艺术，保存了历史。它是一个实物，随着时间的推移也将成为一个文物，弥足珍贵，独一无二"；[14] 更有学者称其为"学问与法书之双璧，一时文献之冠冕"[15]。冯先生在特殊年代的一段特殊抄书经历，竟成就了《红楼梦》版本流传史上的一段"佳话"，真可谓"国家不幸学者幸"了。

冯先生手抄《石头记》的初衷不是为了研究而是为了保存，而其《红楼梦》版本的系统研究则源于校注《红楼梦》的底本选择。

1974 年，"评红热"遍及全国，是年 10 月 3 日，国务院文化组副组长袁水拍先生联系冯先生，商谈《红楼梦》校订出版之事；1975 年 3 月 3 日，冯先生接到通知，奉原文化部调令，参加整理校订《红楼梦》工作，并与李希凡先生共同担任《红楼梦》校订领导小组副组长（袁水拍任组长）。张之洞《书目答问·略例》云："读书不得要领，劳而无功；知某书宜读而不得精校精注本，事倍功半。"[16] 所以，传统版本学要义之一即是"读书宜求善本"[17]。此次《红楼梦》校订工作由国务院布置，从某种意义上来说属于国家行为。要为上至高层领导下至普通百姓的亿万读者提供一个"精校精注"本，底本问题自然马虎不得，因此，冯先生说，"当时红楼梦研究所校订《红楼梦》碰到的第一个问题就是用什么本子作为底本。我主张用'庚辰本'，但用这个本子的根据何在？必须加以论说"[18]。

在奉调进入《红楼梦》校订组工作之前，冯先生虽然主要在研究曹雪芹家世问题，但是对版本问题也有不少的了解。他在 1973 年 8 月已被北京市委宣传部调至评论《红楼梦》写作组，专门从事《红楼梦》评论写作工作；1974 年 7 月，北京市委领导吴德接见评红写作组，提出很多问题，包括《红楼梦》版本、曹家被抄史实等，均由冯先生作答；1974 年 12 月下旬，冯先生与吴恩裕先生一起，对历史博物馆新发现的《红楼梦》抄本进行研究，后经与北京图书馆善本室馆藏的己卯本进行比对，证实了历史博物馆的残抄本正是己卯本的散失部分，而且还从避"祥"字讳和"晓"字讳这一细节着眼，证实了己卯本为怡亲王府原抄本，解决了《红楼梦》抄本问题中的一大疑案；1975 年 2 月 15 日开始，冯先生即以己卯本校对庚辰本。所以，当 1975 年 4 月《红楼梦》校订小组正式开始工作时，冯先生主张用"庚辰本"作底本，出于他对《红楼梦》版本的了解和判断，自有其学术上的"根据"。

为了将自己的"根据""论说"清楚，冯先生随即主要以"排列研究法"对己卯本、庚辰本进行深入研究，于 1977 年 11 月完成了 7 万余字的专著《论庚辰本》，对己卯本与庚辰本的关系进行了详细的分析，得出了庚辰本系据己卯本过录的结论，并高度评价了庚辰本的意义，认为庚辰本是曹雪芹生前最后一个改定本，也是现存《石头记》乾隆抄本中最好的一个本子。该书为红学史上第一部关于《红楼梦》版本的专著，1978 年 4 月由上海文艺出版社出版，几乎同时，在香港《大公报》连载 62 天，在海内外引起广泛关注。[19]1992 年，冯先生又在《重论庚辰本——〈校订庚辰本脂评汇校〉序》一文中进一步申论了"庚辰本"的珍贵性和重要性，同时也纠正了《论庚辰本》一书中的某些认识偏差[20]，甚至承认有的地方"纯粹是我弄错了"[21]，用自己的实际行动证明了实事求是、有错即改的学术精神。

冯先生通过对己卯本与庚辰本的对比研究，认识到研究《红楼梦》早期抄本，必须把它们联系起来，做周密的排比考察以揭示它们之间的内在联系；同时也要对各种抄本做个别的深入的研究，以辨明各自的独特性。只有这样从宏观到微观、又从微观到宏观的全面考察，才有可能对这些抄本做出科学的接近客观真实的正确判断。[22] 为了达到这一目的，冯先生于1979年开始，与冯统一一起汇校《脂砚斋重评石头记》。[23]

除了甲戌、己卯、庚辰这些早期主要的本子之外，冯先生对甲辰、程甲各本也都做过相应的研究。正因为下了一般人难以想象的硬功夫，才使冯先生累积了丰富的版本学知识；而且，每当有新的版本信息出现时，冯先生也总是及时跟进，第一时间提出自己的观点，如1984年12月，冯先生曾任鉴定小组组长，偕同周汝昌、李侃两位先生，应苏联科学院东方学院研究所副所长宋采夫邀请，前往鉴定列藏本，并提出了四点重要意见。[24] 2001年1月23日，获知在北京师范大学图书馆意外发现一《红楼梦》抄本之后，冯先生极感兴趣，于27日、29日先后两次前往验看，随即断定此抄本是根据北大藏"庚辰本"复抄的一个本子，并且推测抄手是陶洙。[25] 在根据经验做出初步判断之后，冯先生于9月初持续十多天将北师大抄本《石头记》与北大本《石头记》逐字校对，根据抄手笔迹落实了抄本出自陶洙之手的推断[26]，后来又从曾参与北师大抄本抄写之事的周绍良先生处得到了证实。[27] 最后，冯先生撰文对北师大抄本《石头记》做出了权威说明。2006年9月，已是83岁高龄的冯先生，用二十天工夫校对完刚被发现不久的卞藏本《红楼梦》旧抄本，并用"庚辰本"逐字对校，提出三条倾向性意见。[28] 从1975年新校本底本选择工作开始，直到晚年，冯先生始终关注《红楼梦》版本问题，毫无疑问，冯先生是该领域最权威的专家。

值得一提的是，在版本研究方面，除了《论庚辰本》以及系列有关版本的论文，冯先生还有两种著述，一是《石头记脂本研究》（该书增订本即《冯其庸文集》卷8《漱石集》——笔者注）；一是与季稚跃先生一起完成的十三种抄本汇校汇评的《脂砚斋重评石头记汇校汇评》，将各本竖行排列逐字逐句对校，并汇集全部脂评，冯先生自己说，这是他在《石头记》抄本研究方面的一个总结，"也是为研究者提供一部可用的工具书"[29]。

综上，冯先生在《红楼梦》版本研究方面的突出贡献主要有三点：第一，冯先生与吴恩裕先生一起，从"祥"字讳和"晓"字讳这样的细节入手，证实了己卯本为怡亲王府原抄本，解决了《红楼梦》抄本问题中一个重大的疑案，"是《红楼梦》抄本研究上的一个大突破"[30]；第二，冯先生通过版本对校，发现己卯本与庚辰本之间的密切关系；第三，与友人合作出版了十三种抄本汇校汇评的《脂砚斋重评石头记汇校汇评》，为后续版本研究提供了极大的方便。

三、由读透原作进入文本研究

冯先生在介绍自己的红学研究经历时曾说，1954年批判胡适俞平伯的红学批判运动对他而言，"一个重要的收获，也可以说是一个重要的启示，是真正懂得了研究作品必须讲究理论方法，同时也必须读透原作，于是我认真地通读了《红楼梦》"[31]。"文化大革命"期间，冯先生自己挨整、被抄家以及周边很多朋友和熟人蒙冤受屈的经历，使他对"满纸荒唐言，一把辛酸泪。都云作者痴，谁解其中味"一诗有了思想和情感上的共鸣，从而"进入读《红楼梦》的真境界了"[32]。即使在红学领域取得了巨大成就之后，冯先生依然强调，研究《红楼梦》要反复阅读文本，才能真正读懂文本。他自己对不同版本的校对以及对《红楼梦》的评批无疑都是对原作的精深阅读。

在《红楼梦》文本研究方面，冯先生最早的文章是1973年到1974年间奉调北京市委《红楼梦》写作组期间所写的《阶级斗争的形象历史·序言》《曹雪芹的世界观和他的创作》《二百年来围绕〈红楼梦〉的斗争》等。二十多年后，冯先生在回顾自己的红学研究生涯时曾坦言，当时处于"文革"后期，"评《红》都是以毛泽东主席对《红楼梦》的一些批示作为依据的，市委组织这个写作班子，其目的也就是要以毛主席的指示为依据来评论《红楼梦》，所以不可能真正深入地研究《红楼梦》，只能停留在表面理解上"[33]。而冯先生当时在文章中提出的"《红楼梦》是反映了当时资本主义萌芽的思想的"这一观点，则在他此后的研究中得到了进一步的阐述。

冯先生在《红楼梦》文本解读方面的代表作是写于1983年的论文《千古文章未尽才——为纪念曹雪芹逝世220周年而作》，完成于2002年的专著《论〈红楼梦〉思想》。前者集中论述了《红楼梦》的思想性质和现实意义，后者对曹雪芹所处时代的社会政治经济背景、统治思想及社会思潮、社会各阶层的生活状态做了全景式的介绍，在此前提之下，对《红楼梦》里的现实世界与理想世界、真假有无虚实梦幻观念、观念倾向、作者的立场等展开了深入的论述。

冯先生关于《红楼梦》思想研究最核心的观点可以概括为揭露和批判封建社会说，创建新的社会理想和生活理想说以及资本主义萌芽时期的新思想说等几个方面。这些观点无疑是采用马克思主义社会历史研究方法、深入挖掘《红楼梦》丰富社会历史内涵的产物，既有时代学术思潮的烙印，更有冯先生将《红楼梦》文本置于明清政治历史文化背景之下反复研读的结果，是20世纪初以来社会历史分析方法之下突出的代表性成果。

在《红楼梦》文本研究领域，与具体观点比起来，冯先生更大的贡献体现在对《红楼梦》文本性质的认定以及解读文本的方法等理论层面，概言之，主要表现在以下三个方面。

第一，坚持《红楼梦》是小说，必须遵循小说研究规律的立场。在《我对〈石头记〉抄本的研究》一文中，冯先生明确指出："《红楼梦》是一部小说，研究《红楼梦》当然还必须遵循研究小说的规律，对《红楼梦》做思想、艺术、形象、美学、语言等各方面的研究。"[34]了解红学史的人都知道，"《红楼梦》是一部小说"这一看似简单不过的常识背后，隐含的是对《红楼梦》文本性质的认知以及随之而来的研究方法的选择，因而具有非同小可的意义。简单地说，冯先生强调《红楼梦》研究要遵循研究小说的规律，既区别于不绝如缕的索隐派猜谜臆测之法，又区别于风靡一时的考证派曹贾互证之法。冯先生曾指出，"研究《红楼梦》最大的歧路，就是猜谜式的'索隐'和'考证'式的猜谜"[35]，可见，他强调《红楼梦》是一部小说，自有其拨乱反正的方法论层面的考量，具有引领红学正确方向的重要意义。

第二，强调外部研究是内部研究的基础和内部研究是外部研究的深化。众所周知，冯先生是曹雪芹家世与《红楼梦》版本研究的大家，可是，他并未停留于外部研究，而是一再主张，家世、版本等外部研究是为了更好地深化《红楼梦》文本的内部研究。冯先生曾在1994年"莱阳全国《红楼梦》学术研讨会开幕词"中提出："红学需要深化，正是我们今后主要努力的方向。关于《红楼梦》的时代、曹雪芹的家世和《红楼梦》的版本这几个方面，近20年来已经有了较多的成果"，而且强调，正是这些成果，使得"脂本作伪"等说法站不住脚，"也正是这些成果，说明《红楼梦》研究的资料研究工作足以使《红楼梦》进入深化研究了。深化研究，主要是指对《红楼梦》本身的思想、艺术内涵进行深入研究"。[36]由此可见，在冯先生看来，家世和版本研究是深入研究《红楼梦》文本的基础，甚至强调，在家世和版本研究取得一定成果之后，红学深化的方向应该是《红楼梦》的思想和艺术内涵研究。冯先生这一研究思路，既是对"知人论世""读书宜求善本"等传统学术理念的继承和发扬，又牢牢抓住了"红学"的特殊性，因为《红楼梦》的素材"是取自曹家和曹家的亲戚，如不研究曹雪芹的家世，就不能明此书的'底里'"；同时，"不研究《石头记》的早期抄本，就不能明《石头记》的真相"。[37]也就是说，冯先生强调，由于《红楼梦》的特殊性，作者家世以及版本考证具有更加重要的意义，甚至可以说是正确解读文本必不可少的前提。也正因为如此，当一些学者提出考证是否有用的疑问时，冯先生严肃地给予了回应，强调家世考证与版本考证的重要性。[38]曾几何时，在西方形式主义文艺批评理论影响之下，中国学界也有"文本至上"、忽视甚至抛弃语境批评的主张，不用说这些主张与中国悠久的文以载道、知人论世的文学传统不符，对于《红楼梦》这样具有强烈自传色彩的小说来说，尤其格格不入。唯其如此，冯先生在红学领域沟通内外的主张和研究实践，也就有了更加重要的意义。

第三，强调打破文本界限，从多角度、多途径解读《红楼梦》，这一点可以说是上述沟通内外之研究主张的具体化。在《解读〈红楼梦〉》一文中，冯先生首先提出，《红楼梦》虽然像阮籍的《咏怀诗》一样，"文多隐避"，但是，作者期待能够被人理解；然后，结合自己的研究体会，提出了四条"解读《红楼梦》之路"：一是要正确地弄清曹雪芹的百年家世，强调《红楼梦》不是"自传"却有真实的素材来源，只有正确了解曹家以及曹雪芹舅祖李煦家的家世背景才能正确理解《红楼梦》；二是要正确地理解曹雪芹的时代，强调《红楼梦》不仅仅是曹家家庭的产物，而是整个时代的产物，只有把《红楼梦》放到整个曹雪芹所处的时代和社会去考察衡量，才能真正了解其深刻含义；三是要认真研究《红楼梦》的早期抄本，强调未经后人篡改过的稿本才是纯真的曹雪芹思想的原貌；四是要参照《红楼梦》同时代的作品，强调应该把《聊斋志异》《儒林外史》等稍早或者同时代的作品以及笔记小说、其他文献资料等拿来与《红楼梦》进行比较研究，才能更好地理解《红楼梦》的时代特征。[39]

强调作者家世、时代以及同时代其他作品对解读作品的重要意义，属于典型的马克思主义文艺理论所提倡的社会历史批评范畴。事实上，冯先生对自己的研究方法有高度的理论自觉。在"文革"结束之后，面对多年来马克思主义被严重庸俗化和泛滥化的现象，包括红学界在内，学术界出现了怀疑马克思主义批评方法的声音，冯先生即撰文专门讨论了"研究《红楼梦》还要不要马克思主义"的问题。在文章中，冯先生首先提出要区分真马克思主义和假马克思主义；然后，高度评价了李希凡、蓝翎1954年以马克思主义为武器的批判俞平伯先生的文章在红学史上的重要贡献；最后的结论是"'红学'的发展，必须依靠马列主义，马克思主义的历史唯物主义和辩证唯物主义、马列主义的文艺理论，是我们的理论基础"[40]，"坚持实践是检验真理的唯一标准，也就是要在学术研究的领域里坚持马克思主义的历史唯物主义和辩证唯物主义……目前在《红楼梦》的研究领域，胡适派实用主义的'大胆假设、小心求证'的主观唯心主义的认识路线和研究方法并没有清除，相反在某些问题上还发展到了只要大胆假设，连小心求证都不要的地步。这种学风、文风是值得我们注意的"[41]。在这里，冯先生不仅强调马克思主义文艺理论是红学发展的理论基础和保障，还以之作为批评红学乱象的有力武器。

综上，冯先生在《红楼梦》文本解读方面的特点或者说原则可以概括为以下三点：第一，强调《红楼梦》的小说性质，反对任何形式的索隐派，也反对曹贾互证的考证派；第二，提倡马克思主义文艺理论之社会历史批评方法，强调曹雪芹家世生平、社会背景对解读《红楼梦》具有不可或缺的重要性；第三，主张早期抄本才能反映曹雪芹思想原貌。冯先生的这些主张具体体现在他自称为"全部红学研究的总汇"的代表作《瓜饭楼重校评批红楼梦》之中。

四、从专题研究到综合性重校评批

早在1981年，冯先生在《关于当前〈红楼梦〉研究中的几个问题》一文中曾提出红学分工的问题，强调《红楼梦》是一部百科全书式的巨著，红学的内容包罗万象，因此，不能要求研究者去研究红学的一切，而应该提倡向专门化方向发展，各有所专、各尽所能，即使期待有"在'红学'上无所不包的全面的专家"出现，"也需要从一点一滴做起"；[42]1982年7月，冯先生在江苏省红学会召开的讨论会上，进一步明确提出："高度的全面的理论综合只能在各个专题研究深入之后"，并相信"将来必定有这样的人才和著作出现"。[43]可以说，冯先生自己的红学研究经历及所取得的丰硕成果，正是这一学术主张的最好注脚。

在《〈瓜饭楼丛稿〉总序》中，冯先生简明扼要地回顾了自己的学术生涯，关于红学部分，他在介绍了自己的家世研究、版本研究、《红楼梦》思想研究以及清人评点研究等方面的情况之后总结说：

> 在以上的基础上，我花了五年时间，写成了《瓜饭楼重校评批红楼梦》。这部书，我融合了家世研究、抄本研究、红楼思想研究、人物研究、艺术研究的全部成果，也吸收了评点派的精华和其他红学研究家的成果，可以说是我全部红学研究的总汇，也是我自己四十年研红心血所聚。[44]

可见，冯先生正是"从一点一滴做起"，在家世、版本、文本解读等各个专题都有了深入研究之后，才着手评批《红楼梦》，将上述各个方面的研究成果都贯彻于评批之中。

　　《瓜饭楼重校评批红楼梦》于2005年初版，2007年做了全面修订，之后又用了三年完成了对甲戌、己卯、庚辰三种《石头记》古钞本的评批，"重点是揭示这三种古本的各自特点"。冯先生特别强调，他"对评本的修订和对三种古钞本的评批，是一个统一的工程"，[45] 也就是说，《瓜饭楼重校评批红楼梦》以及《瓜饭楼手批甲戌本〈石头记〉》《瓜饭楼手批己卯本〈石头记〉》《瓜饭楼手批庚辰本石头记》共同组成了"冯批"，与王蒙先生之"王批"（《〈红楼梦〉王蒙评点》）、蔡义江先生之"蔡批"（《蔡义江新评红楼梦》、周汝昌先生之"周批"（《周汝昌校订评点本石头记》）以及张俊、沈治钧等先生合作完成之"张沈批"（张俊、沈治钧《新批校注红楼梦》）等几家评批一起，代表了《红楼梦》乃至整个中国传统小说评点在当代的新发展、新成就，不仅为广大读者提供了"可读性强的《红楼梦》读本"[46]，而且使独具特色的中国传统文学评点形式获得了新生，为文学评点研究提供了当代典范案例。冯先生评批《红楼梦》的"统一工程"值得做具体深入的专题研究，这里只就冯先生对《红楼梦》评批的态度做简单的介绍。

　　第一，充分肯定红学史上评点派的价值。明清以来，文学评点尤其是小说评点曾经盛极一时，尤以金圣叹评点影响最大。但是，20世纪30年代以降，随着文学批评的近代化转型，评点形式逐渐受到冷落。1949年以后，尤其是1954年因为批判胡适的《水浒传》研究，连同金圣叹也一并批判，小说评点基本上被完全否定了。

　　20世纪80年代，冯先生在红学领域最早提出"重议评点派"的问题，并编纂出版了《八家评批红楼梦》，在作为该著序言的《重议评点派》长文中，冯先生从四个方面总结了清代评点派红学的特点：一是评点者读书认真、心细如发，因此有许多精到的见解；二是很多评点者懂得把《红楼梦》作为一部文艺作品来读，抓住了本质；三是评点者留下了许多值得吸收和继承借鉴的文艺见解和艺术赏析经验，还留下了一些有助于了解历史真相的见闻；四是评点的形式为中国传统文艺批评形式中最具有群众性的最简便易用的一种方式，是文艺批评方法上一个创造性发展。鉴于这四点，冯先生最后强调："应该给评点派红学以应有的历史地位，应该重新评议评点派的红学，应该让我们的先人们创造的非常有效的评点派的文学批评方式得到继承和发展。"[47] 在《校红漫议——〈八家评批红楼梦〉校后记》中再次强调："有清一代的评点派红学，是有显著的成绩的，是有它的特色的，而且它所采取的方式，是有特殊的优越性的，是非常适合评析中国古代文学的"，并且具体指出其优越性之一就是"从字、词、句开始，到段落、章回都可以做深入肌理的评析"。[48]《八家评批红楼梦》这一填补空白的成果一经问世，即在学界产生了广泛的影响，在很大程度上催生了评点派研究的热潮，从而使评点研究迅速成为红学的一个重要分支。后来，冯先生在《瓜饭楼重校评批红楼梦》"后记"中说，他早年编订《八家评批红楼梦》，"目的就是为了想由我自己来尝试做《红楼梦》的评批工作"。[49] 也就是说，冯先生不仅从理论上高度肯定评点派的价值，还身体力行，花了大量时间和精力完成了卷帙浩繁的"冯批"，以实际行动"继承和发展"评点传统，实现了传统评点形式的现代转型。

第二，强调评批者的综合学术能力和文学才华。冯先生在《重议评点派》一文中说："我敢断言，现在如果有哪一位红学大家，他确实具有很高的鉴赏力和很高的文字功夫，他对《红楼梦》具备了评批的条件，如果由他来评批一部《红楼梦》，那么这部《红楼梦》肯定会受到人们的极大欢迎。"[50] 由此可见，冯先生在肯定传统评点形式的同时，对评点者的学术能力有极高的要求：首先，要是"红学大家"，即对红学有深入的研究、丰富的成果；其次，要有很高的鉴赏能力；再次，要有很高的文字功夫。如果说，第一点需要知识积累亦即学问功底，第二、第三两点则强调审美感悟及文字表达能力亦即文学才华。事实上，上述五家当代《红楼梦》评批之所以受到广大读者的欢迎和肯定，正是评点者在很大程度上都符合冯先生所提出来的标准。与正面提出的高标准相对应，冯先生还从反面指出了评点者水平对评点的影响："有些人评点得不好，并不是这种形式不好，而是评点的人本身水平问题。"[51] 这也为一些功底不够、率然从事的评点者提出了警示。

第三，主张评批的首要功能是导读，而导读的要义在于求真。谭帆先生曾经指出，与书商型评点不同，文人型评点的根本特征是强化文人主体意识，"故而他们的小说评点在揭示小说内涵的同时，更注重通过小说的规定情境来发抒自身的情感思想、现实感慨乃至政治理想"[52]。冯先生所主张的"红学大家"之批显然与传统文人型评点长于抒发评点者主体意识不同，他所强调的是学者型评批，其首要功能是导读，而且是以求真为目的的导读——通过可靠的资料追求作者的真实意图。他在《校评凡例》中开门见山第一条就是：

> 本书的目的是为读者提供一部可读性强的《红楼梦》读本。本书疏解力求切实有据而又有新意，评析力求能发作者之隐微，能启读者之鉴赏而得其精义妙理。[53]

这里，强调的是"发作者之隐微"，且"力求切实有据"，可见，其理想读者是期待了解"作者之隐微"的学者，而非以娱乐消遣为目的的一般读者。也正因为这样，冯先生对《红楼梦》评批的"求真"原则可谓再三致意：

我这次对评本的修订和对三种古抄本的评批，是一个统一的工程，目的是想让读者从《石头记》最古老的本子开始，就有一个最可靠的最基本的了解，一开始就能进入红学的大道，不为邪说所蔽。

红学之途可谓多矣，但最可靠最踏实的只有一途，就是根据历史事实，家世的、钞本的、时代的真实历史，真实史料来揭示历史的真实面貌。[54]

一言以蔽之，冯先生强调通过真实可靠的文本原貌以及作者家世、时代，来解读作者在文本中所表达的真实思想。这一评批文本的观念背后所隐含的是典型的社会历史批评方法。尽管这一方法曾遭到形式主义批评理论的质疑和扭曲，其本身也的确有值得完善的地方，但是，正如美国学者魏伯·司各特所说："只要文学保持着与社会的联系——永远会如此——社会批评无论具有特定的理论与否，都将是文艺批评的一支活跃力量。"[55] 而对于具有"文以载道"文学创作传统以及"知人论世"与"以意逆志"阐释传统的中国人来说，这一文学批评范式无疑具有更加强大的生命力。因此，冯先生所倡导的以求真为旨归的学者型评批范式以及这一范式的实践之作《瓜饭楼重校评批红楼梦》也注定具有强大的生命力。

五、结语

综上所述，冯先生的红学研究具有几个非常突出的特点：

第一，冯先生在红学领域每一个分支的研究都是从具体的、基础的问题入手，"从一点一滴做起"，聚沙成塔、集腋成裘，条条细流、支流最后汇成滔滔江河。他因一个偶然的机缘得到《五庆堂重修辽东曹氏宗谱》抄本，一一查实谱上的人物，从而开启了曹雪芹家世研究的大门；他从校注《红楼梦》的底本选择进入早期《石头记》研究，由庚辰本而己卯本，进而涉及所有现存《红楼梦》抄本以及程刻本，成为《红楼梦》版本领域最权威的专家；他从"读透原作"进入《红楼梦》文本研究，以文史哲贯通的学术视野对《红楼梦》的思想艺术做出了深刻精辟的分析；他从重校清代评点家们的评点本，再综合家世、版本、文本解读所有研究基础，到完成独具一格的《红楼梦》新校重批，留下了《红楼梦》当代评批的经典。冯先生在红学研究过程中所表现出来的敏锐的学术眼光，一步一个脚印的钻研精神，由点而面、由个案而群案、由微观而宏观、由部分而整体的学术路径，正是我等后学需要学习的不二法门。

第二，冯先生在学术生涯中贯穿始终的是严谨求实的科学精神。冯先生在不同场合多次强调，他所采用的学术方法是在王国维二重证据法的基础上加上实地、文物考察，亦即三重证据法。在具体的研究中，坚持"实践是检验真理的唯一标准"，不仅始终坚决履行身体力行这一原则，也以此作为衡量学术态度和成果的标尺。正因为这样，他不能容忍红学界出现的一些"违背事实""乱立新说"乃至弄虚作假的现象，总是旗帜鲜明地及时提出批评，对维持良好的学风起到了定海神针的作用。杨廷福先生曾在《曹雪芹家世新考》"后序"中说，"其庸为我们坚持马克思主义的科学态度，实事求是地研究方法提供了一个样式"，实在是知人之论。

第三，冯先生反对猜谜式的"索隐"和"考证"式的猜谜，坚持将《红楼梦》当作文学作品——小说来看待；而对《红楼梦》文本的解读，则坚持采用马克思主义社会—历史批评的方法，强调家世、时代、版本等因素对《红楼梦》文本解读具有不可替代的重要意义。以马克思主义的观点，将《红楼梦》文本置于它所处的特殊历史背景之下去考察其丰富的社会历史文化内涵，在20世纪初已露端倪，1954年以降更一度成为红学研究主流中的主流。毋庸置疑，由于政治的干扰，马克思主义文艺理论在学术界尤其是红学界曾经有严重被泛化、庸俗化的倾向；而且，马克思主义社会—历史方法本身也有可以进一步完善的地方，但是，冯先生的《红楼梦》文本研究本身已足以说明，对于文学作品尤其是像《红楼梦》这样的百科全书式的文学经典来说，尽管可以采取各种不同的方法去研究，但是社会—历史方法永远具有不可替代的优势。

第四，冯先生继承并发展了独具民族文化特色的小说评点理论。从某种意义上说，作为冯先生"四十年研红心血所聚"的代表作，其《瓜饭楼重校评批红楼梦》体现了传统评点模式向现代化转型的努力，主要体现在两个方面：其一，强调评点者的学者身份及学术积累，即提倡专家型评点，从而与"文人型""商人型"或者"文人兼商人型"等传统评点类型相区别；其二，与第一点相适应，强调评点的终极目的是引导读者求真——尽力挖掘、接近作者的创作意图，从而与"文人抒怀"、商业逐利、指导作文门径等传统评点功能相区别。值得注意的是，当代具有代表性的《红楼梦》"王评""蔡评""周评""张沈评"等，尽管从出版社的角度未尝没有商业的考虑，但是，从评点者本身来说，均在一定程度上契合了冯先生关于评点的主张。可以说，评点者本身的红学功底成了判断当代《红楼梦》评点本价值高低最重要的依据。

第五，在天赋异禀之外，冯先生令人肃然起敬的是数十年如一日的超乎想象的勤奋。

任晓辉先生曾撰文强调，正是天赋加勤奋成就了冯先生的学问。[56] 天赋学不来，勤奋则是每个人都可以学习的。通读冯先生《年谱》，他自小如饥似渴的求学经历暂且不说，在他的研究生涯中，经常工作到凌晨一两点，即使在晚年、在病中亦然。冯先生在《校红漫议——〈八家评批红楼梦校后记〉》一文中介绍自己校书情况时有这样一段记载："校书是一件苦事，我是每天夜里校的，通常我总要校到深夜一两点钟。……当时我的身体实际上已经是勉强支持了，心绞痛时发，严重时一天发作三次，这样的情况，持续有一个多月，但我的校改工作一天也没有停止，有时常常是嘴里含着速效救心丸工作的。"[57] 读到此类细节，笔者每每不禁感动又汗颜。

冯先生有诗云："大哉《红楼梦》，浩荡若巨川。"纵观冯先生的红学研究，他数十年如一日，以卓越的天赋、严谨科学的态度、常人难以想象的勤奋，从一点一滴做起，由诸多细流、支流最后汇成滔滔江河，树立了红学史上一座永远的丰碑。笔者在无限钦佩之余，不禁油然而生感慨：点滴成波涛，浩荡如巨川。哲人其萎乎，薪火永相传。在冯先生驾鹤仙去四月有余之际，谨以此小文表达对先生的无限敬爱与缅怀之情。

注释

[1]　张庆善：《冯其庸先生与新时期红学——深切悼念冯其庸先生》，《红楼梦学刊》2017年第2辑。

[2]　[3][5][11][18][31]　叶君远：《大哉乾坤内，吾道长悠悠——冯其庸先生访谈录》，《文艺研究》2006年第11期。

[4]　[29][44]　冯其庸：《〈瓜饭楼丛稿〉总序》，载《瓜饭楼丛稿总目》，第10、13、14页。

[6]　[7][8][9][10][12][19][20][23][24][25][26][27][28][38][43]《冯其庸学术简谱·年谱》，青岛出版社2012年版，第109、103、110、120、189、318、88、177、116、137、243、246、247、302、281、137页。

[13]　《冯其庸学术简谱·年谱》，青岛出版社2012年版，第78—79、82页；冯其庸：《梦后的记忆》，见《冯其庸文集》卷9《解梦集》（上），青岛出版社2012年版，第231页。

[14]　吕启祥：《艺学双璧 文献至珍——记冯其庸小楷精抄庚辰本〈石头记〉》，《曹雪芹研究》2017年第2期。

[15]　范敬宜：《问君曾到西天否》，《人民日报》2006年4月16日。

[16]　范希曾编：《书目答问补正》，江苏古籍出版社2000年版，第1页。

[17]　（清）张之洞：《輶轩语》卷1，见王树枏编《张文襄公全集》，中国书店1990年影印本。

[21]　[30]冯其庸：《自序——关于〈石头记〉脂本的研究》，见《冯其庸文集》卷8《漱石集》，第4、3页。

[22]　冯其庸：《〈脂砚斋重评石头记汇校〉序》，见《冯其庸文集》卷8《漱石集》，第421页。

[32]　[33][37]　冯其庸：《我与〈红楼梦〉》，见《冯其庸文集》卷9《解梦集》（上），第246、247、270页。

[34]　冯其庸：《我对〈石头记〉抄本的研究》，见《冯其庸文集》卷9《解梦集》（上），第270页。

[35]　[39]冯其庸：《解读〈红楼梦〉》，见《冯其庸文集》卷9《解梦集》（上），第288、283—289页。

[36]　冯其庸：《〈红楼梦〉的社会理想——'94莱阳全国〈红楼梦〉学术研讨会开幕词》，见《冯其庸文集》卷9

《解梦集》（上），第212页。

[40] [42]冯其庸：《关于当前〈红楼梦〉研究中的几个问题》，见《冯其庸文集》卷9《解梦集》（上），第428、429页。

[41] 冯其庸：《〈红楼梦〉研究必须贯彻实践检验的精神》，见《冯其庸文集》卷9《解梦集》（上），第438页。

[45] [54]冯其庸：《新版后记》，见《冯其庸评批集》卷10《瓜饭楼重校评批红楼梦》（下），第2060页。

[46] [53]冯其庸：《校评凡例》，见《冯其庸评批集》卷8《瓜饭楼重校评批红楼梦》（上），第1页。

[47] [50]冯其庸：《重议评点派》，见《冯其庸文集》卷10《解梦集》（下），第706页。

[48] [57]冯其庸：《校红漫议——〈八家评批红楼梦〉校后记》，见《冯其庸文集》卷10《解梦集》（下），第619、633、634页。

[49] 《冯其庸评批集》卷10《瓜饭楼重校评批红楼梦》（下），第2019页。

[51] 冯其庸：《快读〈红楼梦〉王蒙评》，见《冯其庸文集》卷10《解梦集》（下），第519页。

[52] 谭帆：《中国小说评点研究》，华东师范大学出版社2001年版，第87页。

[55] 魏伯·司各特：《西方文艺批评的五种模式》，见王先霈等《文学批评原理》，华中师范大学出版社1999年版，第79页。

[56] 任晓辉：《勤奋加天赋成就了冯其庸先生的学术地位》，《曹雪芹研究》2017年第2期。

二〇一七年五月二十七日

本文原载于《红楼梦学刊》二〇一七年第四辑

本文作者：北京语言大学中华文化研究院教授、中国红楼梦学会常务理事、

中国俗文化学会常务理事

冯其庸先生"脂本"研究的继承与创新

曹立波 杨锦辉

一部《红楼梦》，因曹雪芹"披阅十载，增删五次"，也因"书未成，芹为泪尽而逝"，其版本与批语问题、原作与补笔问题，都比较复杂。20世纪以来，从新红学，到新时期红学，许多学者为之付出数十年辛苦。冯其庸先生，作为"新时期红学的主要推动者"，他"在曹雪芹家世研究、《红楼梦》版本研究、《红楼梦》思想艺术研究等方面的诸多学术成就，对新时期红学的发展产生了重要影响"[1]。而其在红学版本研究领域的贡献，尤为突出。具体而言，在"脂本""脂本系统"等概念界定上的继承与创新，对于曹雪芹"原作"界线的勾勒，以及对《红楼梦》各版本的客观评价，都显示出开阔的视域和包容的态度。

一、"脂本""脂本系统"的继承与创新

《红楼梦》版本研究中，"脂本"是一个重要的概念，也是版本研究的主要对象。随着各种《红楼梦》钞本渐次披露，"脂本"这一概念也经历了形成和发展的过程。胡适（1928）、周汝昌（1949）、俞平伯（1950）、范宁（1963）、启功（1964）、冯其庸（1975）[2] 等，在这一概念的界定过程中都起到了重要的作用。冯其庸在"脂本"研究过程中，发展了这一概念的内涵，取得了一系列的研究成果：《论庚辰本》（1978）、《脂砚斋重评石头记汇校》（1987）、《石头记脂本研究》（1998）、《脂砚斋重评石头记汇校汇评》（2008）。这些著作的出版，不仅丰富了《红楼梦》版本研究的成果，也是他作为"脂本"研究集大成者的重要标志。

（一）"脂本"概念的提出和使用

20世纪20年代，胡适在从事《红楼梦》"考证"的同时，也注重版本的搜集和

鉴定。程甲本、程乙本、有正本（戚序本）等印本的命名，即源于胡适。他又先后得到了两部钞本，并依题署年份命名为甲戌本、庚辰本。胡适在 1928 年的《考证〈红楼梦〉的新材料》一文中，称自己所购"脂砚斋重评本"（"甲戌本"）为"脂本"。1948 年 10 月 24 日给周汝昌的信中又说："脂本的原本与过录本，都可请子书先生看看。"[3] 周汝昌在 1949 年发表《真本石头记之脂砚斋评》时，用"脂本"指称甲戌、庚辰、有正戚序这三个本子："我于行文时常提'脂本'，并不单指任何一本，而是三个真本的统称……这三个脂本，都各自保存下一部分宝贵的评语……"[4] 应在同年，陶洙在己卯本上写了这样的题记："凡八十回之本，只见四种：一、甲戌本；二、己卯本；三、庚辰本；四、戚序本。"[5] 1953 年出版的《红楼梦新证》中，周汝昌将己卯本纳入"脂本"的范围，"脂本"的数量，由三个发展为四个："现在存世的真本《石头记》有四：（一）'甲戌抄阅再评'本……（二）'己卯本'……（三）'庚辰秋定本'……（四）有正戚序本……我于行文时常提'脂本'，并不单指任何一本，而是四个真本的统称。"[6] 1961 年，周汝昌在《简介一部红楼梦新钞本》中，再次对"脂本"进行了定义："所谓脂本，是《脂砚斋重评石头记》本的简省之称。"[7] 从对"脂本"的定义来看，周汝昌对"脂本"的界定是比较清晰的：一是题名为《脂砚斋重评石头记》，二是书中有脂批文字，二者必有其一。

20 世纪 50 年代初，俞平伯也多次使用"脂本"这个概念，其指称对象由甲戌本逐渐扩展到庚辰本、戚序本。他在 1950 写的《红楼梦脂本（甲戌）戚本程乙本文字上的一点比较》一文中，较早使用了"脂本"这个概念。文章标题就明确了关于"脂本"的两个问题：一是这个"脂本"是指甲戌本。文中也明确提到："从前借阅过脂砚斋甲戌评残本十六回，曾抄录出一小部分，即据这材料，举出几条作为例证……"二是这个"脂本"是与戚本、程乙本并提的。在此文开篇，俞平伯对当时所见的《红楼梦》版本进行了分类："现存的《红楼梦》各种版本大别为两个系统，一个是抄本的系统，另一个是刻本。"[8] 另在《姬子》篇中，他将庚辰本称为"脂庚本"，"脂庚本与通行本文字稍稍不同"。[9] 在《记吴藏残本》（1954）篇中则说："我们知道，第十七十八脂本合回，作者原来未分；第八十回脂本无目，从这几回差得那么多，可见这本也出于脂本，来源很古的。"[10] 明确将庚辰本纳入"脂本"之列。并对当时所见抄本进行分类："一种是正统的脂砚斋评本，有正戚本也可勉强附在这类；又一种也根据脂本，删去评语，随意篡改的，如甲辰抄本、郑藏残本两回、吴藏残本四十回皆是。"[11] 可见，俞平伯对抄本分类的依据是有无脂批，有脂批的戚本"勉强附在这类",没有脂批的甲辰本、郑藏残本、吴藏残本则不在"脂本"之中。俞平伯在1958年出版的《红楼梦八十回校本》序中,使用"三脂本"的说法:"现存的三'脂本'(甲戌、己卯、庚辰),他们原底决定在曹氏生前。此外还有一个传疑的戚蓼生序本……它属于上述三个'脂本'同一系统,毫无问题。"[12]这就不仅再次确认了三"脂本",同时提出了系统的观念,明确地将戚序本包含在内,而不是"勉强附在这类"了。这样,"三脂本"变成"四脂本",与周汝昌的"四脂本"之说殊途同归。

关于《红楼梦》的版本,刘世德在《质变:从"旧红学"到"新红学"》一文中说:"从胡适的《红楼梦考证》和俞平伯的《红楼梦辨》开始,人们才注意到两个区别:……第一个区别也就是'脂本'和'程本'的区别。脂本相继有最重要的、珍贵的甲戌本、庚辰本、戚本的发现,程本也被再细分为'程甲本'和'程乙本'。这些都奠定了日后的《红楼梦》版本研究的基础。"[13]这一论述,对前人的版本研究成果加以概括,指出了"脂本"概念在《红楼梦》版本研究中的重要意义。

(二)"脂本系统"的提出和发展

"脂本"概念提出之后,学界陆续发现了几种新的抄本,如杨藏本(1959,北京),蒙府本(1960,北京),列藏本(1962,列宁格勒)等。在研究这些新的抄本的过程中,学者们也反复使用"脂本"这一概念。范宁在《乾隆抄本百廿回红楼梦稿》("杨藏本")影印本序言中说:"这个百廿回抄本的底本前八十回是脂本,这个脂本的抄写时代应在'庚辰'本与'甲辰'本之间。……所以在脂本系统上,这个抄本将占有一定的地位。"[14]这里除了"脂本",还提出"脂本系统"的概念。这就将俞平伯此前提出的"系统"观念直接表述为"脂本系统"。

日本学者伊藤漱平译本《红楼梦》(1963)"解说"部分也有对各版本的简介:"其前八十回属于脂本系统。……版本分类上,一百二十回的刊本系统称为'百二十回本',与之相对应便有了'八十回本'的称呼,但实际上百二十回本中的前八十回本自身,也不外是脂本的一种。"[15]伊藤漱平将诸抄本归入"脂本系统",并认为百二十回本的前八十回来源也是"脂本"。启功先生在1979年校注本《红楼梦》的《校注说明》中,也采用了"脂本系统"这一概念。1987年北京师范大学出版社以程甲本为底本的《红楼梦》校注本,启功先生题《序》,《校注说明》和《后记》出自张俊先生手笔,其中明确写道:"属于脂本系统的八十回本的有:甲戌本、己卯本、庚辰本、戚序本或有正本、列藏本。"[16]中外学者在"脂本系统"概念上基本达成共识。

冯其庸在"脂本"及"脂本系统"概念的确定和划分方面,继承并发展了俞平伯、启功等人的观念，对"脂本系统"进行了更为细化的分类。他在论述程甲本与脂本的渊源关系时说："我们知道脂评系统的本子，也还有许多区别，那么这个程甲本的前身，是庚辰本一系的脂本呢？还是戚序本一系的脂本呢？或者还是甲辰本一系的脂本呢？或者还是另有渊源呢？"[17]明确将"脂本系统"细化为庚辰本、戚序本和甲辰本三个支系。同时，冯其庸还扩展了"脂本系统"的涵盖范围，将八十回本都纳入其中："计乾隆及嘉庆初年抄本见存者共得十二种，其中脂本系统均为八十回本……"[18]他对"脂本系统"的重新界定，使得"脂本"的数量发展到十一个。这一观点得到了大多数学者的认同，沿用至今。

《红楼梦》版本研究过程中，曾出现过一些质疑"脂本"与"脂批"的观点：认为脂本是"伪本"，脂评是"毒评"。冯其庸对此不以为然，并从版本校勘和学理思考层面做了一些建设性的工作。他在1979年到1987年期间完成了脂本集评的工作，对脂本、脂评的学术价值坚信不疑。在1994年《论〈红楼梦〉的脂本、程本及其他》一文中，冯其庸再次明确了"脂本"这一概念："脂本这个称呼究竟是怎么来的呢？当然是因为在甲戌、己卯、庚辰等《红楼梦》或《石头记》的早期抄本上都有'脂砚斋重评石头记'的标题；不仅如此，在'脂砚斋评本'的评语里，有的本子，还保留着'脂砚斋'的名字。……正是由于本子不仅有'脂砚斋重评石头记'的标题，而且还有内在的大量的由脂砚斋署名的批语，所以红学界和学术界一致称这种《红楼梦》的抄本为脂评本系统的抄本，简称'脂本'。"[19]在《论甲戌本》(2004)中，进一步阐述了胡适发现甲戌本的重要意义："胡适发现甲戌本，是《红楼梦》研究史上的一大发现，它揭开了更接近曹雪芹原著的脂本研究的一页，为红学研究开辟了一个广阔而深远的新天地。"[20]随后，在一次访谈中又强调："《红楼梦》的脂砚斋本出现后，这些脂本的底本都是曹雪芹活着时候的本子，我们为了研究《红楼梦》的思想和文字的准确性，就产生了研究这些本子的版本学，这对我们认识《红楼梦》的原貌起了很大作用，这在学术研究上也是正常的合乎规律的发展。"[21]冯先生所做的文献整理和理论建设工作，其学术意义不言自明。

二、曹雪芹"原作"界线的勾勒

《红楼梦》是曹雪芹生前尚未完成、仅以抄本形式流传的一部小说，直至程伟元、高鹗以木活字刊行之后，它才有了一百二十回的"全本"。那么，在这一百二十回中，哪些是曹雪芹生前"增删五次"所完成的，哪些是在后人的传抄、刊印过程中增补修订的？这成为《红楼梦》研究史上一大公案。对曹雪芹"原作"的界定，成为学者们渴望解决的关键问题之一。自程、高刊行《红楼梦》以来，关于曹雪芹"原作"的界定，基本上有四类观点：一是认为一百二十回都是曹雪芹所作，除了程伟元、高鹗之外，林语堂、范宁等也认为都是曹雪芹原作。二是认为前八十回是曹雪芹原作、后四十回是高鹗续作，如胡适、俞平伯、顾颉刚等。三是认为前八十回中大部分是曹雪芹原作但也有后人补改文字，如周汝昌、冯其庸、蔡义江等。四是认为后四十回也有曹雪芹原作，如王佩璋、周绍良、季稚跃等。在探求"原作"的研究中，冯其庸一方面认为前八十回中有后人补改的文字，另一方面也主张程、高序言中的陈述不可轻易否定。

（一）一百二十回都是原作

程伟元序中明确交代了多年以来辛苦搜求后四十回，然后刊行的经过："自藏书家甚至故纸堆中无不留心，数年以来，仅积有廿余卷。一日偶于鼓担上得十余卷，遂重价购之……乃同友人细加厘剔，截长补短，抄成全部，复为镌板，以公同好，《红楼梦》全书始至是告成矣。"[22]高鹗之叙印证了程伟元的说法："今年春，友人程子小泉过予，以其所购全书见示，且曰：'此仆数年铢积寸累之苦心，将付剞劂公同好。'……遂襄其役。"[23]程乙本《引言》中再次说明了后四十回的来源及他们所做的工作内容："书中后四十回，系就历年所得，集腋成裘，更无他本可考。惟按其前后关照者，略为修辑，使其有应接而无矛盾。至其原文，未敢臆改，俟再得善本，更为厘定，且不欲尽掩其本来面目也。"[24]在这三篇序言里，既没有说是曹雪芹之后他人补续了后四十回，也没有说是自己续作了后四十回，他们始终认为所购得的一百二十回是"全璧"或"全书"，自然都是曹雪芹原作。

胡适认为程、高所言不足信，后四十回是高鹗的"续作"。胡适的"高鹗续书说"影响虽大，却也不乏反对意见。杨继振所收藏的《乾隆抄本百廿回红楼梦稿》（即"杨藏本"）被发现后，学界对此说进行了反思和批驳。范宁说："自从有人根据张问陶《船山诗草》中的赠高鹗诗'艳情人自说红楼'的自注说'《红楼梦》八十回以后皆兰墅所补'，认定续作者是高鹗，并说程伟元刻本序言是故弄玄虚，研究《红楼梦》的人，便大都接受这个说法。但是近年来，许多新的材料发现，研究者对高鹗续书日渐怀疑起来，转而相信程、高本人的话了。"[25]这一说法，显然是认可程、高所言，而没有采纳胡适的"高鹗续书说"。

（二）后四十回不是曹雪芹原作

胡适《红楼梦考证》的重要结论之一，是提出了"高鹗续书说"，认为："程序说先得二十余卷，后又在鼓担上得十余卷。此话便是作伪的铁证，因为世间没有这样奇巧的事！"[26]继《红楼梦考证》之后，胡适又多次申明这一观点。1961年2月，他在《影印〈乾隆甲戌脂砚斋重评石头记〉的缘起》中坚持认为，"评语里还有不少资料，可以考知《红楼梦》后半部预定的结构……此皆可见高鹗续作后四十回，并没有雪芹残稿本作根据"[27]。同年5月，他在《跋乾隆甲戌〈脂砚斋重评石头记〉影印本》中又说："'程甲本'的前八十回是依据一部或几部有脂砚斋评注的底本，后四十回是高鹗续作的。"[28]从这些论述中可以看出，胡适的"高鹗续书说"是一贯的，自始至终没有动摇。胡适的这一观点，在学界产生的影响是深远的。

俞平伯在《红楼梦辨》"引论"部分开宗明义地声称："这书共分三卷。上卷专论高鹗续书一事，因为如不把百二十回与八十回分清楚，《红楼梦》便无从谈起。"[29]他也认为程高序言不可信："我告诉诸君，程伟元所说的全是鬼话，和高鹗一鼻孔里出气，如要作《红楼梦》研究，万万相信不得的。"[30]他还说："我曾有一个意见，向颉刚说过：'《红楼梦》如再版，便该把四十回和前八十回分开。后四十回可以做个附录，题明为高鹗所作。既不埋没兰墅底一番苦心和他为人的个性，也不必强替雪芹穿这一双不合适的靴子。'"[31]态度之鲜明，较胡适为甚。顾颉刚在俞平伯《红楼梦辨》序言中称："平伯来信，屡屡对于高鹗不得曹雪芹原意之处痛加攻击……我的结论是：高氏续作之先，曾经对于本文用过一番功夫，因误会而弄错固是不免，但他绝不敢自主张，把曹雪芹意思变换。"[32]这就是说，他们二人都主张"高鹗续书说"，只不过俞平伯对于高氏续书痛加攻击，顾颉刚则力证高氏续书的合理性。他们判别原作、续作的分野，也还是在前八十回和后四十回之间：前八十回是原作，后四十回是续作。俞平伯1964年发表《谈新刊〈乾隆抄本百廿回红楼梦稿〉》一文时，仍然声称："我一向认为后四十回非曹氏原著，且未必含有他的原稿在内。"[33]但是，他对于程、高序言有新的思考："甲、乙两本皆非程高悬空而创作，只是他们对各本的整理加工的成绩而已。这样的说法本和他们的序文引言相符合的，无奈以前大家都不相信它，据了张船山的诗，一定要把这后四十回的著作权塞给高兰墅，而把程伟元撇开。现在看来，都不大合理。"[34]俞平伯对自己学术观点的反思，对红学界很有启发意义。

冯其庸在1982年出版的《红楼梦》校注本《前言》中写道："现存《红楼梦》的后四十回，……其所据底本旧说以为是高鹗的续作，据近年来的研究，高续之说尚有可疑，要之非雪芹原著，而续作者为谁，则尚待探究。"在1992年所作的《论程甲本问世的历史意义》中，冯其庸明确表示相信程伟元、高鹗序言中的说法："那么，这后四十回的作者是谁，它的来历如何呢？在没有其他可靠的证据之前，我认为仍然应该重视程伟元的话。……要否定这段话，没有确凿的、充分的证据是不行的，所以我仍然相信程伟元的话。"[35]1996年，冯其庸在世界文库本《红楼梦》序中又写道："程本系统的为一百二十回本，八十回以后系另人续作。"[36]从这三篇文章可知，冯其庸对于后四十回的看法，是对俞平伯的观点的一种继承和确认：胡适的"高鹗续书说"不可靠，但后四十回也并非曹雪芹原著，而是为他人所续；至于具体是谁，尚待考证。

冯其庸对于后四十回的看法，显得相对平和一些。一方面，他认为后四十回难以与前八十回比肩，同时也认可其自身的价值："……以上只是拿后四十回与前八十回比，因为曹雪芹实在太过崇高了，所以后四十回难与比肩。但是如果拿后四十回与当时及后来的众多续书来比，它仍然是众多续书中的一座高峰……所以后四十回自有它不可磨灭的位置。"[37]应该是在这种尊重客观事实的观点影响之下，人民文学出版社以庚辰本为底本的《红楼梦》校注本，加了程甲本后四十回，成为一百二十回的"全本"。

（三）前八十回也不全是原作

在对曹雪芹"原作"的探寻中，胡适剔除了程高本后四十回，俞平伯进一步质疑程高本前八十回中的部分文字。冯其庸的"脂本"研究则又深入一层，认为：现存"脂本"并非全是雪芹原作，也存在"后人的补作"。

俞平伯主张"高鹗续书说"，进而对前八十回的部分文字产生怀疑："因为高鹗既续了后四十回，虽说'原文未敢臆改'，但既添了这数十回，则前八十回有增损之处恐已难免。高氏原曾明说前八十回曾经他校订，换句话说，就是经他改窜。"[38]他还从高鹗叙中"其间或有增损数字处，意在便于披阅"之句，推论："这是明认他曾以己意改原本了。虽他只说增损数字，但在实际上，恐怕绝不止数字。"俞平伯又将高本、戚本进行版本比对，认为"两本既互有短长，我也不便下什么判断，且也觉得没有显分高下底必要。"[39]在后来的《读〈红楼梦〉随笔》中，他也发表过类似的意见："因程、高二人除续书外，对前八十回也做过一些整理的工作，不过凭了他们的意思不必合于原本罢了。补书在思想上、故事发展和结构上、人物描写上都跟原本不同，而且还不及原本。"[40]所列举的典型例子，如"即在前八十回中亦妄增字句，如第三十七回开首，贾政放学差，脂本非常简单地说，程本却加了数十字大恭维贾政一阵，说他'人品端方风声清肃'等，可谓痴人说梦了"[41]。此类例证甚多，余不赘述。

冯其庸在《论庚辰本》中，倡导辩证看待庚辰本的问题："我们认为现存的这个过录的庚辰本确是十分可贵的，但它又是一件历史文物，它经历了大约二百来年的历史，经过了好多藏书者的手，这一些事实，都会在它身上留下历史痕迹，在庚辰本的这些旁改文字中，就包含着后人添加的东西。因此，我们必须对这些旁改文字作认真的分析，既不能全部肯定，也不能全部否定。"[42]对"古本"仍持有小心谨慎和实事求是的态度。

蔡义江也认为，庚辰本、甲辰本中有不少后人改动的文字。他曾在校读《红楼梦》的札记中指出："己卯、庚辰本的改文，我都不信它出自脂砚斋等人之手，因为被改掉的文字，有的原来还加有脂批赞语的。"[43]其校注本《红楼梦》"前言"中又进一步说："原作与续书本不一致，删改原作去适应续书以求一致是不可取的；而在程高本中，这样的删改，多得难以一一列举。这里应该说明的是为适应续书情节所作的改动，并非都起自程高本，不少在甲辰本中已经存在，因此，我颇怀疑甲辰本底本的整理加工者，就是那位不知名的后四十回续书的作者，而程伟元、高鹗只是在它的基础上的修补加工，正如他们自己在刻本序文中所说的那样。"[44]承认前八十回中有后人补改文字，这也是尊重事实、实事求是的学术态度。

（四）后四十回也有原作

在后四十回作者问题上，与"高鹗续书说"及"他人续书说"相对的观点有二：一是"曹雪芹原作说"。据甲戌本"壬午除夕，书未成，芹泪尽而逝"这条脂批来看，此说自然难以成立。二是"后四十回有雪芹遗稿"说，即后四十回中确有曹雪芹原作，虽经后人修改，但并非全部由高鹗或其他人续作而成。持这一主张的，以王佩璋、周绍良、季稚跃等为代表。

王佩璋《〈红楼梦〉后四十回的作者问题》一文，对"高鹗续书说"表示怀疑，认为"后四十回可能有曹雪芹遗稿"[45]。杨藏本披露之后，林语堂、张爱玲、严冬阳等人主张的"曹雪芹手稿说"固然难以完全成立，但对其中部分文本具有"雪芹手稿"特征的发现和思考亦较为可取。周绍良《略谈〈红楼梦〉后四十回哪些是曹雪芹原稿》一文认为："从今本后四十回的内容来看，主要故事显然是有曹雪芹的残稿作根据，不是他人续补得出来的，但也有些地方与原作相差太远，应是程、高补缀时所羼入。"[46]季稚跃在冯先生主持和指导下做过《脂砚斋重评石头记》汇校汇评工作，在《舒序本和杨藏本》中也明确提出了"杨藏本上有《红楼梦》后四十回的原创文字"的观点，并认为"杨藏本上的文字并不是程甲本（或程乙本）的删节，恰恰相反，是杨藏本的文字为尔后的续作者提供了有丰富想象空间的故事框架"[47]。这些观点，从逻辑推理和客观事实上看，都值得重视。

近年，笔者与研究生从版本挖掘的角度，进行了"雪芹残稿"的辨析工作，并取得了初步成果。《〈红楼梦〉后四十回中的雪芹残稿和程高补笔》一文则通过版本比对，对后四十回中的雪芹残稿和程、高补笔加以辨析，认为："后四十回中珍珠、鹦哥（鹦）、小巧姐（大姐儿）、贾珍协理荣国府、小厮补叙鲍二与荣宁二府关系等文字，带有曹雪芹早期稿本的痕迹。这些情节主要集中在第八十四回至第一百一十二回（跨度达29回）。与之对应的一些情节，应属于曹雪芹的构思。"[48]相关研究，还有进一步探索的空间。

三、各版本的客观评价

对于《红楼梦》的各种抄本、印本，研究者有不同的偏好和取舍。周汝昌等学者虽然重视"脂本""古本"，但对现存抄本也并不满意，决心整理出一部曹雪芹"真本"。周汝昌1948年曾向胡适提出设想："应当依据甲戌本，加上庚辰本和有正书局的戚序本，精核整订出一部接近曹雪芹原著真手笔的好版本，不要再宣扬散布那种被伪续者大肆删改的程乙本了。"[49]直至2004年，他用了56年的时间，整理出《石头记会真》。其工作的核心，是力求存真去伪、去疑："在种种异文中，发现或有或无的字句，而那字句的风格笔致不类雪芹的，就成为'去疑'的触目点——我们将它用特定符号标出，以示可疑，恐怕有出于他人后笔增入的可能。"[50]在《石头记会真》出版之前，《红楼梦》蔡义江校注本于1993年出版。蔡义江的整理目标是："要校出理想的前八十回文字……在不悖情理和文理的前提下，尽量地保持曹雪芹原作面貌。"[51]周汝昌、蔡义江先生都认为自己的本子是曹雪芹"真本"。

冯其庸在"脂本"研究过程中，格外推重庚辰本，但也不贬斥其他的本子，而是努力发掘其各自的存在价值，以及本子之间的内在联系。他说："实践启发我，研究《红楼梦》的早期钞本，必须把它们联系起来，做周密的考察以揭示它们之间的内在联系，同时再作个别的深入的研究，以辨明各个钞本的独特性。只有这样从宏观到微观或从微观到宏观地全面考察，才有可能对这些钞本作出科学的接近客观真实的正确判断。"[52]冯其庸以相对客观的态度对待诸抄本，也以同样的态度对待程、高印本。

（一）推崇庚辰本

早在1930年，胡适就肯定了庚辰本的版本价值："现今所存八十回本可以考知高鹗续书以前的《红楼梦》原书状况的，有正石印戚本之外，只有此本了。此本有许多地方胜于戚本。……现在我要举出一段很有趣的文字上的异同，使人知道此本的可贵。"[53]吴世昌却不同意胡适的这些观点，质疑和否定庚辰本上题署年份的真实性："那两部手抄本，一直被称为'甲戌（1754）本'和'庚辰（1760）本'。我不用这种容易误导的名称，径直称之为'甲本''丙本'，因为它们显然是甲戌、庚辰年之后很久的过录本。"[54]对于"脂批"，他也表示怀疑："抄本中的大量评语也一直使人迷惑不解。除非查明这些评语作者的身份，他们与小说作者的关系以及各组评语究属何人何时所写，否则我们就无法读懂它们，它们也不会向我们提供有用的信息，帮助我们了解小说写作的计划、过程和背景。"[55]吴世昌的观点，具有一定的代表性。

对于这种质疑的声音，冯其庸认为有重新探讨的必要，于是在1977年完成了《论庚辰本》专论的写作，肯定了庚辰本的版本价值："我个人深感到庚辰本这个抄本，确是国内外《红楼梦》早期抄本中最珍贵的一个抄本，决不能对它低估……"并进一步提出："我深信这个本子是《红楼梦》抄本中举世无双的最珍贵最重要的一个本子，它的珍贵性和重要性，远非现在苏联的那个抄本所可比拟。"[56]该文发表后，得到了红学界的关注和肯定，但是在己卯、庚辰的过录关系上，一些学者也提出了不同的看法。应必诚认为："己卯本和庚辰本出自同一个祖本，这个祖本就是从己卯年冬到庚辰年秋进行定稿的本子，己卯本和庚辰本的差别是传抄过程中造成的。"[57]郑庆山《再谈己卯本和庚辰本》一文认为，己卯本、庚辰本回目相同，显示出它们之间的密切关系，"但并不能证明后者就是从前者抄录来的，因为还存在着题同文异的复杂情况。……它们只不过是有共同底本"。[58]

后来，冯其庸也肯定了这次讨论的学术意义："围绕着庚辰本的论难，是很有积极意义的，既补正了我的错误，又加深了对庚辰本的认识，特别是加深肯定了我所揭示出来的庚辰本与己卯本惊人相同之特点，肯定了庚辰本实际上保存了己卯本的全部款式和文字，而这个结论，恰恰是探索《石头记》早期抄本的历史渊源的至关紧要的结论。"[59]这种实事求是、有错就改的态度，体现了一个学者有容乃大的胸怀，也是难能可贵的。

胡文彬在《红学世界面面观》（1982）一文中介绍《红楼梦》外文译本情况时，曾指出："英文一百二十回《红楼梦》，以杨宪益、戴乃迭夫妇合译本为代表，北京外文出版社出版。……这个译本前八十回据庚辰本译出，后四十回据程甲本译出。"[60]杨宪益、戴乃迭选择庚辰本作底本，也可见对此本的看重。

（二）重视其他抄本

对于庚辰本之外的其他抄本，冯其庸也很重视这些抄本各自的版本价值和作为一个版本系统存在的整体价值，并予以较为客观的评价。他认为："对于研究者来说，愈多接近脂本的早期钞本，就愈有利于我们认识脂本原本的面貌和文字。对于整理《红楼梦》这个本子，也同样是愈多早期钞本愈好，因为它有利于互相比较和作文字上的对校。"[61]在诸版本先后出版之际，冯其庸也写有相关的序言，例如《论梦叙本》（1989），《论甲戌本——纪念曹雪芹逝世240周年重印〈脂砚斋重评石头记〉甲戌本弁言》（2004），《读沪上新发现的残脂本〈红楼梦〉》（2006）。其他如戚序本、蒙古王府本、红楼梦稿本（杨藏本）等，他在《红楼要籍解题》里也都做过介绍。他还主持出版了《脂砚斋重评石头记汇校》（1987），《八家评批红楼梦》（1991），《脂砚斋重评石头记汇校汇评》（2008），肯定这些抄本及评点本的版本价值，并加以普及。

对于甲戌本的研究，冯其庸在胡适的基础上有所推进。胡适1927年购得甲戌本，对此本格外推崇："直到今天为止，还没有出现一部抄本比甲戌本更古的，也还没有一部抄本上面的评语有甲戌本那么多的。……所以到今天为止，这个甲戌本还是世间最古又最可宝贵的《红楼梦》写本。"[62]此后，甲戌本就成为《红楼梦》"最古本"的代名词，为学界所称道。冯其庸没有止步于此。他说："现存'甲戌本'是《石头记》诸多抄本中发现最早，署年最早的一个重要抄本，在《石头记》诸多抄本中居于特别重要的地位，也一直特别为红学界所重视。然而，它又是一个底本虽早而重整过录时代较晚（乾隆晚期）的本子，又只残存十六回，存在着若干待解的疑问。由于人们长期以来见不到此书，对它研究得相对来说还不够深入。"[63]这里面其实包含着三个层面的意思：一是认可甲戌本的重要价值，二是指出现存甲戌本过录较晚的事实，三是指出甲戌本还有更加广阔的研究空间。这样一种判断，比单方面强调它的"最古本"这个标签更加客观，也更有利于进一步发掘甲戌本及其他版本的学术价值。

甲辰本（梦序本）是比较晚出的抄本，与己卯、庚辰等本相比，文字有些减省。冯其庸认为，此本也保存了脂本的某些原貌和文字。例如，甲戌本第一回的"此书开卷第一回也"一部分文字，从抄写来看，是"凡例"第五条。在甲辰本中，这部分是第一回的回前评。冯其庸认为，"现正幸亏这个梦序本，保存了脂本原来的款式，因而使人们得以确切地认识:《红楼梦》的正文开头，是从'列位看官'句开始的，而'此开卷第一回也'这两段文字，是脂砚斋所作的第一回的回前总评。"[64]又如，庚辰本第二回"不想次年又生一位公子"一句，梦序本此处，却与庚辰、己卯、甲戌等早期抄本一样，仍保留着脂本的原文，戚序、舒序、宁本皆改为"不想后来"，程乙本则改为"不想隔了十几年"。冯其庸认为，这一句其实是冷子兴不懂装懂、信口乱说的话，并非作者前后矛盾之辞，"单从这句话来看，梦序本胜过了戚、宁、舒、程乙等各本"。[65]除了这样一些具体的文字在版本校勘中的价值外，冯其庸对此本在整个版本系统演变过程中的独特价值也较为重视。他认为："我研究这个本子是为了探索这个本子与脂本的关系和与程本的关系，我认为它既是从脂本系统走到程本系统的一个桥梁，又是保存着脂本的某些原始面貌的一个具有独特面貌的本子，也可以说，无论是研究脂本还是研究程本，都用得着它。"[66]对各版本进行系统性研究，虽是极为复杂的工作，却具有深入研究的学术价值。

此外，对于2006年在上海拍出的一部《红楼梦》残本，冯其庸也作了认真的研究，在查验原件的基础上，又用其复印本与庚辰本逐字对校，最后确认这是一个残脂本，并撰写了《读沪上新发现的残脂本〈红楼梦〉》一文进行介绍。探讨了此本抄成的大致年代和自身特色，并认为："别看只有十回的脂本残文，也很值得大家认真研究。"[67] 同年，这个本子由北京图书馆出版社影印出版，该文作为代序置于卷首，冯其庸还亲自题写了书名。

（三）包容程甲本

基于"高鹗续书说"和追寻"原作"的情结，一些学者对程本较为排斥，或是从艺术品位上，或是从思想倾向上，对程本给予批评。事实上，胡适虽然提出了"高鹗续书说"，却没有否定程本。他在1927年推崇的是程乙本："现在印出的程乙本就是那'聚集各原本，详加校阅，改订无讹'的本子，可说是高鹗、程伟元合刻的定本。这个改本有许多改订修正之处，胜于程甲本。"[68] 胡适在1948年7月20日回复周汝昌的信中，支持他"集本校勘"的想法，并提醒他："我的'程甲''程乙'两本，其中'程甲'最近于原本，故须参校。"[69] 显然，胡适对于程甲本，还是比较认可的。俞平伯对"高鹗续书"不满，但也没有把程本说得一无是处。他对"高续"也有一定程度的认可："兰墅于此点显明雪芹之意，亦颇有功。特苟细细读去，不藉续书亦正可了了。为我辈中人以下说法，则高作颇有用处。"[70] 他对"高鹗续书"不满，但也没有把程本说得一无是处，在当时亦属难能可贵。

程甲本是《红楼梦》的最早刻本。它使得《红楼梦》从手抄本进入到刊印本阶段，加快了这部小说的传播进程。学界对程甲本的评价，直到程甲本刊行二百周年之际才有了新的突破。俞平伯、冯其庸、张俊、沈治钧等相继肯定了程甲本的版本价值，体现了这一时期学界的共识。1990年，俞平伯在弥留之际，对程、高有了新的评价："胡适、俞平伯是腰斩红楼梦的，有罪。程伟元、高鹗是保全红楼梦的，有功。大是大非！千秋功罪，难于辞达。"[71] 就其版本价值而言，沈治钧、文而弛《谈〈红楼梦〉程甲本》一文认为："程甲本是程刻本系统的母本和脂本到乙本的过渡，其重要的研究价值是不言而喻的。充分认识它的特点和价值，无疑有助于廓清红学研究中的不少疑难问题。"[72] 重新评价程甲本，已然成为学者们的共识，反映了学界趋向理性的科学精神和学术追求。

在程甲本的研究中，冯其庸发表了两篇文章，一是《论程甲本问世的历史意义》（1992），主要论述了程甲本问世的历史功绩，不同意对程本全盘否定的片面看法。二是《论〈红楼梦〉的脂本、程本及其他》（1994）。冯其庸分析了程甲本中脂批混入正文的几个例子，例如：第十三回"原来是忠靖侯史鼎的夫人来了，史湘云、王夫人、邢夫人、凤姐等刚迎入正房"一句中的"史湘云",第十七回"还有什么石帆、水松、扶留等样,见于左太冲《吴都赋》"一句中的后半部分等,由此证明程甲本是由脂本而来,而不是相反。他说:"这种批语混入正文的情况,就是在庚辰本里也还可以找出新的来,并不仅仅是程甲本里有这五条。不管怎样,以上这些事实,它足以帮助我们说明,程甲本的前身确是脂本。"[73]事实上,早在1975年起校注《红楼梦》时,冯其庸在前八十回选用了他比较推崇的庚辰本作底本,后四十回则选用了程甲本作为底本,并以其他各本(含程乙本)为参校本,显示出他对程本的包容态度。

与冯其庸先生仙逝的时间相近,潜心于《红楼梦版本论》的林冠夫先生也是在上年冬天辞世的。林先生曾感叹道:"版本研究之苦,在于要下笨功夫。有时候,读几种版本的相同段落,要看的资料,加起来常是几千字上万字,甚至更多,但写出来的,却只有寥寥数行几十个字,但却又不能不这样。"[74]诚然,两位先生的红楼版本研究成果,皆可谓心血凝成。当我们研读一部《石头记脂本研究》,欣赏两册《红楼梦》新校本,引用三卷本《瓜饭楼重校评批红楼梦》,查阅五大册《脂砚斋重评石头记汇校》等著作的时候,冯其庸先生在曹雪芹纪念馆亲笔书写一幅扇面的情景,浮现在眼前,他写着"残杯冷炙有德色,不如著书黄叶村"。曹丕《典论·论文》云:"年寿有时而尽,荣乐止乎其身,二者必至之长期,未若文章之无穷。"可以说,从黄叶村到瓜饭楼,都记录了一段发愤著书,"而声名自传于后"的佳话。

注释

[1] 张庆善:《冯其庸先生与新时期红学——深切悼念冯其庸先生》,《红楼梦学刊》2017年第2辑。

[2] (1)胡适(1928)[胡适《考证〈红楼梦〉的新材料》一文指称他所购买的十六回抄本"脂砚斋重评本"(即"甲戌本")时说"以下称'脂'"。见宋广波编注《胡适红学研究资料全编》,北京图书馆出版社2005年版,第221页。](2)周汝昌(1949)[周汝昌《真本石头记之脂砚斋评》:"我于行文时常提'脂本',并不单指任何一本,而是三个真本的统称……"《燕京学报》1949年总第37期。](3)俞平伯(1950)[俞平伯《红楼梦脂本(甲戌)戚本程乙本文字上的一点比较》,所引甲戌本例子附注为"脂本"或"脂",后收入俞平伯《红楼梦研究》附录部分,人民文学出版社1973年版,第177—179页。](4)范宁(1963)[曹雪芹著《乾隆抄本百廿回红楼梦稿》跋:"这个百廿回抄本的底本前八十回是脂本",人民文学出版社1963年影印版,第1366页。](5)启功(1964)[曹雪芹、高鹗著,启功注释《红楼梦》,《关于本书的整理情况》第六条:"'脂砚斋'庚辰(乾隆二十五年)'四阅评过'本(影印钞本。校记中简称'脂本')。"人民文学出版社1964年版](6)冯其庸(1975)[冯其庸、吴恩裕《己卯本〈石头记〉散失部分的发现及其意义》:"目前已经发现的属于脂本系统的《石头记》抄本,共有十二种,其中更早一些的有己卯本、庚辰本、甲戌本等几种。"《光明日报》1975年3月24日,收入冯其庸《石头记脂本研究》第178、181页,人民文学出版社1998年版。]

[3]　[26][27][28][53][62][68][69]　宋广波编注《胡适红学研究资料全编》，北京图书馆出版社 2005 年版，第317、173、414、416、278、415、208、302 页。

[4]　周汝昌：《真本石头记之脂砚斋评》，《燕京学报》1949 年第 37 期。

[5]　（清）曹雪芹：《脂砚斋重评石头记：己卯本》，人民文学出版社 2010 年影印本。

[6]　周汝昌：《红楼梦新证》，棠棣出版社 1953 年版，第 533—534 页。

[7]　周汝昌：《红楼梦新证》，人民文学出版社 1976 年版。初次发表于《文汇报》1961 年 6 月 17 日。

[8]　俞平伯：《红楼梦研究》，人民文学出版社 1973 年版，第 176 页。

[9]　[10][11][29][30][31][32][38][39][40][41][70]　俞平伯：《俞平伯论红楼梦》，上海古籍出版社 1988年版，第 661、770、775、85、93、151、76、156、156、641、666、270 页。

[12]　（清）曹雪芹著，俞平伯校订：《红楼梦八十回校本》，人民文学出版社 1958 年版，第 13—14 页。

[13]　刘世德：《质变：从 "旧红学" 到 "新红学"》，《文学评论》1986 年第 2 期。后收入张宝坤选编《名家解读红楼梦》，山东人民出版社 1998 年版，第 874 页。

[14]　[25]（清）曹雪芹：《乾隆抄本百廿回红楼梦稿》，人民文学出版社 1963 年版，第 1366、1367 页。

[15]　（清）曹雪芹、高鹗：《红楼梦汉日对照》，[日]伊藤漱平译，人民文学出版社 2014 年版，第 23—24 页。伊藤漱平 1958 年（昭和三十）译本的《解说》部分已有 "脂砚斋本系统" 的说法，如介绍俞平伯《红楼梦八十回校本》时说："…… は‘戚本’を底本に‘庚辰本’を主要校本とし、その他の脂砚斋系统诸本を参校したものである。"［伊藤漱平译：《红楼梦》（上），平凡社昭和三十年版，第 402 页。］

[16]　（清）曹雪芹著，启功主编：《红楼梦：校注本》，北京师范大学出版社 1987 年版，第 5 页。

[17]　[35][37]　冯其庸：《论程甲本问世的历史意义 —— 为纪念程甲本问世二百周年而作》，《红楼梦学刊》1992 年第 3 辑。

[18]　[36]　冯其庸：《世界文库本〈红楼梦〉序》，《红楼梦学刊》1996 年第 1 辑。

[19]　[73]　冯其庸：《论〈红楼梦〉的脂本、程本及其他 —— 为马来西亚国际汉学会议而作》，《红楼梦学刊》1994 年第 2 辑。

[20]　[63]　冯其庸：《论甲戌本 —— 纪念曹雪芹逝世 240 周年重印〈脂砚斋重评石头记〉甲戌本弁言》，《红楼梦学刊》2004 年第 4 辑。

[21]　胡晴：《冯其庸、李希凡、张庆善访谈录 —— 关于刘心武 "秦学" 的谈话》，《红楼梦学刊》2005 年第 6 辑。

[22]　[23]（清）曹雪芹、高鹗：《（程甲本）绣像红楼梦》，吉林文史出版社 2000 年影印本。

[24]　（清）曹雪芹著，陈其泰批校：《红楼梦（程乙本）》，北京图书馆出版社 2001 年影印本。

[33]　[34]　俞平伯：《谈新刊〈乾隆抄本百廿回红楼梦稿〉》，《中华文史论丛》1964 年第 5 辑。

[42]　[56]　冯其庸：《论庚辰本》（增补本），商务印书馆 2014 年版，第 4—5、65 页。

[43]　蔡义江：《〈红楼梦〉校读札记之一》，《红楼梦学刊》1991 年第 4 辑。

[44]　[51]（清）曹雪芹著，蔡义江校注：《红楼梦》，浙江文艺出版社 1993 年版。

[45]　王佩璋：《〈红楼梦〉后四十回的作者问题》，《光明日报》1957 年 2 月 3 日。又收入人民文学出版社编辑部编《红楼梦研究论文集》，人民文学出版社 1959 年版。

[46]　周绍良：《略谈〈红楼梦〉后四十回哪些是曹雪芹原稿》，《红楼梦研究集刊》第 6 辑，上海古籍出版社 1981年版，第 283、285 页。

[47]　李稚跃：《舒序本和杨藏本》，《2004 扬州国际红楼梦学术研讨会论文集》，文化艺术出版社 2004 年版。

[48]　曹立波、曹明：《〈红楼梦〉后四十回中的雪芹残稿和程高补笔》，《红楼梦学刊》2016 年第 5 辑。

［49］［50］ 周汝昌：《五十六年一愿酬》,《光明日报》2004 年 7 月 22 日。

［52］ 冯其庸：《脂砚斋重评石头记汇校序》,《红楼梦学刊》1987 年第 3 辑。

［54］［55］ 吴世昌：《红楼梦探源》, 北京出版社 2000 年版, 第 2—3 页。

［57］ 应必诚：《论石头记庚辰本》, 上海古籍出版社 1983 年版, 第 206 页。

［58］ 郑庆山：《红楼梦的版本及其校勘》, 北京图书馆出版社 2002 年版, 第 105 页。

［59］［66］ 冯其庸：《关于〈石头记〉脂本的研究 ——〈石头记〉脂本研究序》,《红楼梦学刊》1998 年第 1 辑。

［60］ 胡文彬：《红学世界面面观》, 1982 年完稿, 初刊于胡文彬、周雷编《红学世界》, 北京出版社 1984 年版,
又收入张宝坤主编《名家解读红楼梦》, 山东人民出版社 1998 年版, 第 909 页。

［61］［64］［65］ 冯其庸：《论梦叙本 ——影印梦觉主人序本〈红楼梦〉序》,《红楼梦学刊》1989 年第 2 辑。

［67］ 冯其庸：《读沪上新发现的残脂本〈红楼梦〉》,《红楼梦学刊》2006 年第 6 辑。

［71］ 韦奈：《我的外祖父俞平伯》, 上海书店出版社 1993 年版, 第 34 页。

［72］ 沈治钧、文而弛：《谈〈红楼梦〉程甲本》,《红楼梦学刊》1991 年第 2 辑。文而弛：张俊和武静寰的合称,
取 "文武之道, 一张一弛" 之意。

［74］ 林冠夫：《红楼梦版本论·后记》, 文化艺术出版社 2007 年版。

附记：因篇幅所限, 还有一些版本学者的相关见解未能征引。

本文原载于《红楼梦学刊》二〇一七年第四辑

本文作者：中央民族大学文学与新闻传播学院教授、中国红楼梦学会常务理事；

中央民族大学文学与新闻传播学院博士、洛阳师范学院文学院讲师

数去更无君傲世，看来唯有我知音

——试析冯其庸《论红楼梦思想》一书之价值

邹玉义

冯其庸先生已经驾归道山，成为一位历史人物。回眸他一生的事业，红学无疑是其中最闪亮的一章。他对当代红学的贡献是巨大的、全方位的、无与伦比的，在整个红学史上，都将是一个标志性人物。

冯其庸先生在红学研究的三大主要领域——《红楼梦》版本研究、曹雪芹家世研究、《红楼梦》文本研究都有重要建树。在《红楼梦》文本研究方面，他倾注最大心血，进行了《红楼梦》思想研究，实现了新的超越，达到了新的高度。其2002年发表的《论红楼梦思想》一书，堪为当代红学的扛鼎之作。

"《红楼梦》的思想，是红学研究中的一项重大课题。"[1]文学作品的思想内容是作品的灵魂，文学作品价值的高低，最终决定于其蕴含的思想价值的分量。

关于《红楼梦》的思想，又不是一个新课题，自《红楼梦》面世以来，人们便从不同的角度，也就是以不同的立场、观点、方法探讨其思想内容，品评其中的味道。诚如鲁迅所言："经学家看见《易》，道学家看见淫，才子看见缠绵，革命家看见排满，流言家看见宫闱秘事。"统治红学达三十年的以胡适为代表的考证派新红学，断言《红楼梦》是一部作者"自叙传"，其思想内容即作者的"忏悔录"。这就是新中国成立前红学界乃至社会上对《红楼梦》思想的认识。

中华人民共和国成立以后，《红楼梦》以前所未有的广度和深度进入人们的视野，对《红楼梦》的认识也进入了一个全新的境界。这就是人们开始运用马克思主义的立场、观点、方法分析认识研究《红楼梦》。这是历史的必然、时代的必然，也是红学发展的必然。

从中华人民共和国成立之初到20世纪80年代初的三十年间，《红楼梦》的思想内容曾是红学研究的第一位的问题，主要是全面批判清理此前红学界占统治地位的"考证派"新红学，彻底否定了《红楼梦》是作者"自叙传"说和"忏悔录"的观点。同时联系《红楼梦》

作者曹雪芹所处历史时代的社会背景，提出《红楼梦》是一部批判现实主义的杰作，主人公贾宝玉是封建社会的叛逆，作品是一首行将灭亡的封建社会的挽歌。还进一步提出"《红楼梦》应该被认为是代表18世纪上半期中国未成熟的资本主义生产关系的文学"[2]。红学界乃至全社会，对《红楼梦》的思想内容及其性质的认识，发生了质的飞跃；对《红楼梦》这部古典文学作品的伟大经典价值，对《红楼梦》在中国文学乃至世界文学史上的崇高地位，有了最符合客观实际和历史真实的评价。

但是，这一时期的红学也存在严重问题，就是它曾被裹在政治运动中，把属于精神世界很复杂的学术文化问题，采用批判运动的办法来解决，当作政治斗争加以尖锐化，产生了不好的消极作用。发展到"文化大革命"中，受当时"左"的思想路线和政治路线的影响，红学研究在很大程度上被推到政治层面，企图用政治斗争来解释一切，无限上纲，使红学更经历了一次大的曲折。

进入新时期，随着国家在政治上的拨乱反正，红学也焕发出勃勃生机，呈现出百花齐放的崭新局面，红学研究的三大领域都取得了新的可喜成果。在文本研究方面，审美、鉴赏、结构、语言、心理、风俗、文化等多方面的研究极为活跃。但这一时期也存在这样一种情况，即在思想研究方面显得沉闷。或是这个问题以往说得太多了，不愿"炒旧饭"，抑或这是个敏感话题，避而远之。也确有人对前三十年红学持完全否定态度。与此同时还出现另一种情况，就是"索隐派"红学又沉渣泛起，形形色色的红楼"解秘"大行其道。

正是在这样的形势下，冯其庸先生不为旧事所惑，不为错误的观点所移，在总结以往得失的基础上，参阅大量历史、社会、文化文献资料，坚持运用唯物史观和马克思主义美学思想，进行了深入的思考和研究，撰写了《论红楼梦思想》一书。该作既综合了前人在思想研究方面的积极成果，又在此基础上实现了新的超越，是目前为止关于《红楼梦》思想的史料基础最丰富扎实、论述最具说服力、结论最准确科学的著作。

"《红楼梦》之出现，并不是遗世独立的产物，而是有深厚的现实社会基础的。"因此，冯其庸先生把《红楼梦》的思想，把作者曹雪芹放在其所处的历史条件下，与当时社会的经济、政治、思想、文化等现实状况联系起来进行分析研究。这一部分是冯著的立论基础，因此也是作者最为关注、下功夫最大的，从篇幅上占了全文的三分之二；从内容上，利用四大章进行了全景式的展示，而且视野极为宏阔，上溯到明代，下及曹雪芹生活的清乾隆前期，并且横跨中西两界。

第一章为"《红楼梦》的时代"，内含六部分具体内容，即"明代资本主义的萌芽和发展""清代前期的经济恢复和发展""明清时期的西学东渐之风""清代商业的发展和市民阶层的壮大""土地兼并和财富的集中""残酷镇压读书人的文字狱"。通过这六个方面，从宏观上勾勒出《红楼梦》产生时代的总体风貌。这个时代的主要特征有两个方面，一个，"清代经过顺治、康熙、雍正三代（1644—1735），将近一百年的时间，尤其是康雍两朝的休养生息、战争的停止、政策的调整、政令的统一，于是社会得到复苏，人口开始孳生，城镇开始繁荣，工商业得到急剧的发展，到康熙中后期，社会生产基本上已恢复到明代的繁荣时期了。在这样的基础上，原先就已存在了近两个世纪的资本主义萌芽的经济，这时自然就呈现出发展的态势了"。同时，"由于当时大城市的发展，农业、手工业、工业和商业经济的繁荣，当然随之而生的是城市居民的增加和从事手工业、工业、商业活动的市民、资本家、商人和出卖劳动力的人也相应增多，即我们习惯统称的市民阶层的增多，逐渐形成为一种社会力量。这就是说，在封建社会内部，在原有的农民和地主阶级的矛盾外，又增加了一对新的社会矛盾，这是封建社会内部发展的必然规律，而这一对新矛盾，就是旧矛盾未来的取代者，中国当时封建社会的发展，也完全自然地在遵循这一规律前进"。另一个，"明清之际的西学东渐之风，也是对当时社会思想起重大影响的一个方面。这次的西学东渐，与汉魏隋唐的中印文化交流和元代的基督教传布，都有所不同。这次的西学东渐，传播者的目的是为了传教，但接收者的主要目的，却更多的是西方的新学，即新的自然科学知识。……这些新的自然科学知识，对明清时期的中国社会、政治、知识阶层起到了重大的影响"。

接下来用两章总结分析了《红楼梦》时代的统治思想和社会思潮。第二章集中讲明代，突出了三方面的内容："明代的朱学及其反对者""明代社会的虚伪颓靡之风""异端之尤的李贽"。第三章讲的是清前期，也突出了三个方面的内容："程朱理学的统治""程朱理学的反对者及清前期的学术盛况""清前期学术思想的代表人物"。"清代的统治思想是继明代的统治思想——'程朱理学'而来的，所以谈《红楼梦》时代的统治思想和社会思潮，必须追本溯源，从明代谈起。""回顾明代的统治思想，先由程朱理学经过一百多年的绝对统治，到王阳明的时代，产生了阳明心学，与程朱理学相对抗，阳明心学成为明代中后期一个重要学派，影响至巨。阳明后50年而李贽出，他在阳明心学的基础上，更加扩展发扬，并不惜以身殉学。李贽的学说，特别是他反程朱理学的斗争，对当时和后世产生了巨大的影响。""尽管清代的统治思想继承了明代的统治思想，一成不变，但清代的反统治思想与非统治思想，却因为明清易代的重大历史变故而有了新的内容。明清之际，是中国历史'天崩地解'的时代，既是政权的大转移（由明到清，由汉到满），也是经济的大变革（资本主义经济由萌芽到发展），而且更是思想的大动荡、大活跃、大吸收（出现了众多的反正统思想、非正统思想和从外国传来了种种新的科技知识、宗教人文思想），从对外关系来说，是从不开放到初开放、半开放，最后发展到被强迫开放（1840年鸦片战争以后）。""明末清初，是中国历史上大转折的时代，也是巨人辈出的时代，从世界范围来看，这个时代，正是处于欧洲文艺复兴以后和英国产业革命的时期，乾隆二十五年（1760）当曹雪芹的《石头记》庚辰本抄成的时候，正是英国因推行瓦特发明的蒸汽机而使资本主义化进程大大加速的时期。也就是说，明末清初的时期，正是西方中世纪黑暗统治的解体，人文主义思想作为一种新的具有解放精神的思潮蓬勃发展和向世界扩展的时期，同时也是西方的资本主义迅猛发展并开始向世界扩张的时期。""正是这一时期，在中国资本主义经济由萌芽到发展；也正是在这一时期，在中国出现了一批思想精英分子，从王阳明、李卓吾一直到清初的傅山、黄宗羲、方以智、顾炎武、王夫之、唐甄、颜元、戴震等等。"这些思想精英关于政治的学术思想极为突出。黄宗羲提出了"天下为主君为客"的思想，顾炎武反对天子独裁，主张天子分权。唐甄对"君权神授""受命于天"等政治骗局，进行了尖锐的揭露和批判。他还提出了抑制君权，主张君臣平等，乃至君民平等，反对等级制度。同时他们还提出了尊重人性和保障人的天赋权利，主张人人有言论自由的权利。这些都有非常明显的初期民主思想的特征。他们还向占统治地位的程朱理学直接提出挑战，王夫之提出了"甘食悦色，天地之化机"的命题，颜元、李光地肯定人欲的合理性，矛头直指程朱理学的禁欲主义。戴震更指出："其所谓理者，同于酷吏之所谓法。酷吏以法杀人，后儒以理杀人。"他们还极力反对并主张废除科举制；大声疾呼扫除奴性，解放个性；提出文学摆脱封建的政治伦理说教，等等。这些思潮，对当时的封建政治堡垒予以有力的冲击，对当时的社会乃至后世，都产生了极大的影响。

第四章用七个题目论述了"《红楼梦》时代的社会现实"，分别是"社会经济的恢复和发展""商业大都市的出现和富商们对奢侈生活的追求""城市繁荣掩盖下农村的贫困》""八股科举制度毒害下的虚伪世风""康乾盛世下的贪官污吏""程朱理学毒害下悲惨的妇女命运""封建社会的病疮——娼优与娈童"。冯著撷取这七个方面，当然也是非常重要的方面，引用大量具体鲜活的历史实录，展示了一幅幅清前期社会生活场景。康乾盛世，确是经济恢复发展，城市繁荣膨胀，商贸流通兴旺，社会财富剧增，城市人口聚集。但与此同时，财富大量向豪门巨贾集中，他们穷奢极欲，竞尚侈靡；大小官吏贪污腐化，巧取豪夺；而底层百姓特别是农民，日益陷于贫困。科举制度是封建社会的重要制度，到清代唯以八股取士，陷入唯利是图的危机，以致科场丑态百出。在中国封建社会，妇女处在社会最底层，身负重重枷锁，程朱理学以理杀人，被杀害最多的就是妇女。由于统治阶级的骄奢淫逸、严重的两极分化和社会不平等，世风败坏，日趋堕落，各种社会病疮、痈疽滋生，危害匪浅。娼优与娈童就是其中之二，在明清之际颇为盛行。当然，那时的社会现实绝不仅这七个方面，但也可以看到其基本面貌了。

冯著以如此规模、如此力度，广征博引，全面展示《红楼梦》产生时代的政治、经济、文化、社会面貌，就是要以雄辩的事实说明《红楼梦》确实是一部伟大的现实主义杰作。《红楼梦》的创作素材来源于当时的现实生活，作者曹雪芹的思想，也不是天上掉下来的，不是孤立的无源之水、无本之木，是与当时的社会思潮息息相关的。"他实际上是当时众多的进步思想家中的一员。"以往这方面的研究文章，都曾不同程度地联系到《红楼梦》的时代背景，但多是一般提及，即或引证一些史料，亦属泛泛，未曾深入展开。冯著实现了第一个超越，使立论建立在更加坚实的基础之上，具有空前的说服力。

在前四章全面展现和深入剖析《红楼梦》时代风貌及社会现实的基础上，第五章深刻阐释了《红楼梦》一书蕴含的真实思想内容及其实质。其中包括五个层次："《红楼梦》里的现实世界""《红楼梦》里的理想世界""释《红楼梦》里的真假、有无、虚实、梦幻""论《红楼梦》的思想""作者的立场"。在此冯著首先借用余英时先生关于《红楼梦》两个世界的提法，赋予新意："在《红楼梦》里，揭露批判着一个现实世界，呼唤向往着一个理想世界。"

"曹雪芹对现实世界的批判，笔锋所向，无远勿届，上至封建朝廷及其后宫，下至市井世俗、和尚道士、三姑六婆。"他借用小说人物的口批判"文死谏""武死战"的封建忠君思想，甚至说出"昏君""不圣不仁"之语，将皇帝后宫称作"不得见人的去处"，矛头直指封建社会的最高统治者皇帝，这与黄宗羲等思想家对皇权的揭露和批判完全是一脉相承的。《红楼梦》里写了两个封建贵族官僚大家庭——宁国府和荣国府，呈现在读者面前的这两个大家庭的状况是：他们的生活极度奢侈浪费，为满足这种生活，残酷无餍足地剥削农民。他们表面上是诗礼簪缨，实则荒淫无耻。贵族子弟个个膏粱纨绔，不谙正务，空虚堕落。家庭成员之间，无论父子、兄弟、姐妹、夫妇、妻妾还是叔伯、妯娌、姑嫂，钩心斗角，相互倾轧，充满着不可调和的矛盾。由于挥霍无度，人不敷出，在赫赫扬扬的表象下面，潜伏着巨大的危机。所有这一切都朝向一个趋势，即这两个大家庭都将无可挽回地走向败落，走向崩溃，走向灭亡。"曹雪芹在《红楼梦》里写了宁、荣二府，这是有深意的，二知道人《〈红楼梦〉说梦》说：'太史公记三十世家，曹雪芹只记一世家。……然雪芹记一世家，能包括百千世家。'二知道人算是说到根本上了，曹雪芹写一宁、荣世家，无异就是解剖了封建社会的一个活体细胞，通过这个细胞，就看到了整个封建社会，看到了这个社会的最终趋势。"《红楼梦》对现实世界的批判，就是对封建社会的批判，他用活生生的文学形象，揭示出封建社会的制度、体制、意识形态，已经腐朽不堪，官僚队伍腐化堕落至极，表面繁荣掩盖着巨大的危机，最终摆脱不了必然走向灭亡的命运。

《红楼梦》里的理想世界，就是作者曹雪芹所追求、所向往的目标，他将其熔铸在书中所塑造的两个不朽人物的观念里。《红楼梦》里的理想世界的内涵，第一是贾宝玉、林黛玉所走的人生道路。""贾宝玉对封建'仕途经济'深恶痛绝，不与贾府的膏粱纨绔同流合污，崇尚不受约束，自由自在。所以他选择的人生道路，一不是'仕途经济'的道路，二不是世袭恩荫的道路，三不受传统礼法、封建正统思想束缚，而是思想自由、无拘无束的人生之路。林黛玉从不劝贾宝玉去立身扬名，与贾宝玉的人生选择是完全一致的。"《红楼梦》理想世界的第二个内涵，是恋爱自由、婚姻自由。"曹雪芹通过对贾宝玉、林黛玉生死爱情的描写，充分表达了他的爱情观和婚姻观。宝黛爱情是完完全全的自由恋爱，是接近现代社会的自由恋爱。它经历了一个相当曲折复杂而漫长的恋爱过程，也就是相互认识和理解的过程。宝黛爱情，是思想的结合、人生道路的结合、自由个性的结合，这是他们生死爱情的灵魂。《红楼梦》理想世界的第三个内涵，是关于妇女的命运问题。"曹雪芹对封建礼教重重压迫下妇女的悲惨命运寄予深深同情，他著书起始冲动之一就是写身边的优秀女子，为闺阁立传。在《红楼梦》中，曹雪芹浓墨重彩描写的人物形象，除主人公贾宝玉外主要是女性形象。从总体上，女性队伍道德品行、才智能力均远远超过男性，曹雪芹是有意通过文学形象表达经贾宝玉之口提出的女儿比男子好，"须眉男子不过是些渣滓浊沫"的观点。"这样把男尊女卑的社会传统，彻底翻了个个，变成女尊男卑了。这是曹雪芹针对当时残酷迫害妇女的现实而提出来的男女平等的强烈呼声。这一呼声，具有深刻的历史意义和透露着历史转型的某些信息。"《红楼梦》理想世界的第四个内涵，是贾宝玉人际关系的平等思想、仁爱思想。"贾宝玉自己不愿受封建礼法和世俗人情的拘束，也不愿用封建礼法和世俗人情去拘束人。"宝玉是不要人怕他的"（《红楼梦》第20回）。他从不以长者的身份去管束兄弟和比他辈分低的人；对待下人也不摆主人架子，"喜欢时没上没下，大家乱玩一阵；不喜欢各自走了，他也不理人"（《红楼梦》第66回）。在贾宝玉这里，封建等级制度的主仆界限，主人的尊严奴婢的卑贱身份全没有了，一概是平等相待。进而曹雪芹还借用佛语"世法平等"，"让贾宝玉以一句戏言，说出了一个具有人的觉醒、奴婢解放意义的思想"。从以上四个方面来看，贾宝玉的思想已经是近现代的思想，贾宝玉的形象是以往任何文学形象都无可比拟的。以往的《红楼梦》研究，较多地注重《红楼梦》对封建社会的批判，对作者在书中寄托的理想、追求，研究不深，挖掘不够。而冯其庸先生在此进行了深入的开掘，揭示得最中肯、最全面、最准确，这是冯著的又一个超越。

《红楼梦》对现实世界的揭露和批判，对理想世界的向往和呼唤，就是《红楼梦》所要表现的真实思想内容。这种思想的本质，是新的经济因素在意识形态领域的反映，即"资本主义萌芽性质的新的民主思想，因此《红楼梦》是一部具有鲜明的历史进步性的伟大古典名著。在曹雪芹的时代，曹雪芹是属于反传统思潮的、反程朱理学的进步思想家行列里的重要一员，他是文学上的一个世界巨人。"这就是冯其庸的结论。这个结论具有时代的高度、历史的深邃、科学的精准，堪为脂砚斋所谓"巨眼"。由此，我们更清楚地明了《红楼梦》的真正伟大价值，明了《红楼梦》在中国文学、中国文化乃至世界文学、世界文化中的崇高地位。而"自叙传"说及其他种种，都不真懂《红楼梦》，甚至歪曲《红楼梦》，他们只能最终贬低埋没《红楼梦》。

冯著最后还特别提出并分析了《红楼梦》作者曹雪芹的立场问题，即曹雪芹在《红楼梦》中所表达的思想、观点，是被动的还是主动的，是消极的还是积极的，是不自觉的还是自觉的。冯著指出，"《红楼梦》第一回开头的'作者自云'里有这样两句话：'背父兄教育之恩，负师友规谈之德。'这是非常重要的两句话"。在对可知的曹雪芹的家学家教进行论证后，认为"曹雪芹完全是讲的真话、实话，他确是背叛了父祖辈的家学传统。由此可以确知，曹雪芹的反封建正统思想、反程朱理学、反'仕途经济'，包括反自己家庭的思想传统等，都是一种自觉的清醒的行为"。"这就是曹雪芹的立场。""背父兄教育之恩，负师友规谈之德"两句话，曾经被认为是曹雪芹忏悔的重要依据，一部《红楼梦》就是他的自我忏悔的记录。但细读深品《红楼梦》，这两句话既是真情，也是迷障，即"背""负"是真的，悔却不曾有。书中对封建社会的揭露批判，直入骨髓，毫不留情；对离经叛道的思想观点，寓贬以褒，实则是坚信、坚持、极力褒扬。一部《红楼梦》表明，曹雪芹在经历家庭的天翻地覆的巨大变动，个人命运的"天上人间"的落差之后，对社会、人生进行了深入的思考，痛切地感到，这个社会的制度、体制，以及他的灵魂——意识形态，都同他的家庭一样，极端腐朽了，崩溃败落是其不可避免的趋势。同时，他向往思想和人生的自由。他不愿自己这种思考的成果被泯灭，他要将其播布于世。小说《红楼梦》就是这样诞生的。因此，冯著关于曹雪芹立场的结论是正确的，符合实际情况的。是为冯著的第三个超越。

"数去更无君傲世，看来唯有我知音。"（《红楼梦》第38回）《红楼梦》是一部具有深广思想内涵和最高艺术成就的文学经典，是中华民族五千年传统文化的最高综合体现。在中国文学的万山丛中，《红楼梦》是突兀独立的绝顶，足以雄视天下，"一览众山小"。曹雪芹为构筑这座文学巨岳，倾注了毕生的精力。"字字看来皆是血，十年辛苦不寻常。"对其血泪凝结的创造，他最担忧的是被误解，因此在开篇便特别提示："满纸荒唐言，一把辛酸泪。都云作者痴，谁解其中味！"（《红楼梦》第1回）后来的事实证明他的担忧是极有道理的，《红楼梦》在漫长的时间里，在大多数读者中被误解了，尤其是书中蕴含的思想，被曲解得尤为严重。直到新中国成立后，尤其是新时期以来的红学，对《红楼梦》的成就、对《红楼梦》的价值，特别是《红楼梦》的思想，才有了清醒、科学、正确的认识，而冯其庸就是杰出的代表，他真正品解出了《红楼梦》的味道，他是曹雪芹的真正知音。

注释

［1］ 冯其庸：《论红楼梦思想》，商务印书馆2014年版。本文所引原文皆出自此书，不再一一出注。

［2］ 邓拓：《论〈红楼梦〉的社会背景和历史意义》，《人民日报》1995年1月9日。

本文原载于《红楼梦学刊》二〇一七年第四辑

本文作者：山西省大同市原市委宣传部长、大同市红学会会长

梦里乾坤大　书中意味长
——品读冯其庸先生《瓜饭楼重校评批红楼梦》

董建国

《红楼梦》这部中国文学史上的奇书，自诞生之日起，即引起广泛关注，尤其是让红学研究专家寤寐思服、穷究不已。在诸多红学专家中，冯其庸先生是一座重镇，他在红学研究方面取得了极高的成就。他积四十余年之功评批的《瓜饭楼重校评批红楼梦》集中体现了他的红学研究思想、方法和成果。

冯其庸先生以《脂砚斋重评石头记》（庚辰本）为底本，以甲戌、己卯、列藏、蒙府、戚序等本为校本，并参以时贤新校注本，作了审慎的校勘，汲取各本之长，保留了脂砚斋等的评语，在此基础上，加入了他独到的评批，以多样的方式、多维的角度，来解析《红楼梦》这部伟大的著作，先生的哲学思考和文学史观流露其间。细言之，可作如下几方面的叙说。

一、以传统的评批方式解析微言大义

评批，又称评点，是古代常用的文学批评方式。当时的人们在对文学作品进行阅读和赏鉴时，常常在词句的旁边随手写上激赏的话，或者对文中的词句含义作出解析，以启读者思考，或者直接在词句旁边标上密圈或者密点以示欣赏。这就是评批。这种批评方式最大的优点就是灵活而有效。评批者可以就个别的字、词、句、段进行点评，可以就整节整章细密剖析；可以在文中作夹批，可以在天头地脚作眉批，可以在章节后作回后批。形式不一而足，而各有妙处。冯其庸先生灵活运用这种评批方式，在保留脂批的基础上，以自己深邃的思考、独具的慧眼和如花妙笔，或点评《红楼梦》语言的妙处，或揭示《红楼梦》思想的微言大义，或评判前人的观点，将对《红楼梦》的解析做到极致。

如林黛玉始进荣国府见到王熙凤时，针对贾母介绍王熙凤时称其为"凤辣子"，先生在文中夹批道：

"凤辣子"三字重点在"辣"字耳，妙在先由贾母说出。

既点明了王熙凤的性格特征，又显示了贾母对王熙凤的疼爱，以及贾母在贾府至高无上的地位。

在贾宝玉"游幻境指迷十二钗"时，针对贾宝玉看到的"金陵十二钗正册"之"凡鸟偏从末世来，都知爱慕此生才。一从二令三人木，哭向金陵事更哀"，先生夹批道：

> 此句引出后世多少聚讼文字，然以"凤"字之拆字法解之，"冷""休"二字，似得其解，亦言其结局也。

"凡""鸟"组合为"凤"，二"令"组为"冷"，三"人""木"，组为"休"，以此剖析王熙凤的身世结局，良可信也。

在第一回"甄士隐梦幻识通灵，贾雨村风尘怀闺秀"开篇"浮生着甚苦奔忙，盛席华筵终散场。悲喜千般同幻渺，古今一梦尽荒唐。漫言红袖啼痕重，更有情痴抱恨长。字字看来皆是血，十年辛苦不寻常"一诗前，先生夹批道：

> 此诗当是脂砚手笔，胡适以为是雪芹之诗，误矣。前六句概述此书大概，无精警处。末两句盛称雪芹，倒能搔着痒处，然绝非雪芹自道，雪芹岂能如此自伐？

先生通过诗本身内涵的韵味和透露出来的语气，否定了胡适认为此诗是雪芹之作的误判，而断定是熟知雪芹的脂砚斋的诗作。

二、以严谨的考证理念贯穿评批始终

冯其庸先生注重考证，不说无根据的话，不做无根据的判断，大胆地假设，小心地求证，只有在获得足够依凭理据的情况下，才审慎地下断言。

如第一回"甄士隐梦幻识通灵，贾雨村风尘怀闺秀"中在一僧一道现身之初时眉批道：

> "说说笑笑"至"登时变成"共四百二十九字，此段文字至关重要，历来多有讨论，亦有以为是后补者。其实此段文字是雪芹原笔：一、此段文字将青埂峰下的石

头后来变成美玉又缩成扇坠大小的过程，说得清清楚楚，而庚本文字则石与玉的关系未有交代。二、此段文字已隐括《石头记》结局，比第五回还早。"劫终之日，复还本质"等，恰与明义诗"石归山下无灵气"等合，可证此段文字确是雪芹原文也。

由此，对该段文字的真伪，先生作出了确实的判定。

又如，在宝黛初会时，对林黛玉的描写："两弯似蹙非蹙胃烟眉，一双似泣非泣含露目。"对此，先生在回后评里考证道：

> 此两句各本歧义甚大，此处据列藏本校改。为便参考，兹将各本文字移录于下：庚辰本"两湾半蹙鹅眉，一对多情杏眼"。甲戌本"两湾似蹙非蹙笼烟眉，一双似喜非喜含情目"。己卯本略同甲戌本，"笼"作"胃"，下句作"似笑非笑含露目"。杨本上句同己卯本，下句作"一双""似目"。蒙府、戚序、戚宁本"胃"作"罩"，下句作"一双""俊目"。舒序本作"眉湾似蹙而非蹙，目彩欲动而仍留"。程甲本同甲戌本，甲辰本同程甲本。从各本文字来看，列藏本是最准确的。

先生在综合考察了各本的基础上，结合林黛玉的悲情性格，作出了列藏本"两弯似蹙非蹙胃烟眉，一双似泣非泣含露目"最准确的评判。这样的考证文字，在先生笔下随处可见。

三、以细微的剖析意趣渗透字里行间

《红楼梦》博大精深，字里行间都蕴含着丰富的意蕴，人物的微妙动作和表情，情节的起承转合之间，以及小细节、大关节处，处处隐含着耐人琢磨的无穷意趣，先生在这些地方及时地、以夹批的形式用简明扼要的语言点明，让读者注意到、领略到、欣赏到其中的韵味，引导读者去领会红楼世界的玄奥和深刻。

如在贾宝玉出行身上带的饰品都被小厮们抢去，黛玉以为自己给宝玉的荷包也被送了人时，不禁恼怒起来，在宝玉将荷包"掷向她怀中便走"下，先生批道：

> 宝玉亦是情真而至此也。双方俱怀一片真意痴意，至有此误会，愈是赌气，愈见其情之深也。

此批后附脂批"怒之极，正是情之极"，细心解析出一对至情之人爱之切、恼之极、责之至的动人情态。

在宝黛关于"奇香""暖香"的嬉戏中间，先生评道：

> 一句话，引出黛玉绝妙好语来，非如此便不是宝玉，非如此亦便不是黛玉，文章入骨透髓，未见第二人有此神化之笔。
>
> 绝世真情，绝世妙文，一丝不邪。阅至此，吾叹雪芹之笔，不仅生花，且是鲜露明珠也。

小儿女的娇羞情态，恋人间的私密情话，以及由此产生的爱怜和嫉妒、喜悦和酸楚，在先生的点拨之间，跃然纸上。

四、以客观的评批态度揭示人物意象

科学研究最讲究客观，不以自己的主观意愿和喜好加诸其上，那不是实事求是的态度，那是唯心主义的态度。冯其庸先生最讲究以客观的实事求是的态度进行文学阅读和文学批评，他以自己多年考证的理据为依凭，审慎地对作品的意蕴作出剖析。

如在"大观园试才题对额"中，贾政等人一边游览一边对各处景色品评，同时让众人为此题名，其实是在考查宝玉的学识和才情。其中，针对贾政或严肃或怜爱的语气姿态，先生多有评批：

> 贾政何曾通此道？特设此一情节，是后文欲写贾政之无才，以显宝玉之才思耳。
> 雨村岂是此等人才？只有贾政才想到雨村，亦见其物以类聚耳。
> 本非性情中人，岂能有性情文章？
> 贾政还有自知之明，说的都是实话，然如再不说实话，下文便不好作也。
> 写宝玉明知此意，更见宝玉洞明世事。
> 难得贾政有此风雅，只恐也是附庸耳。

人物性情如是，则其一言一行自必有其个人的特色，先生的解析细密至此。

五、以多维的考察角度解密大观世界

《红楼梦》是一座艺术宝库，其中富含着厚重的意味和繁博的内容。无论是作者写人的笔法，还是结构的层次，抑或叙述的方式，都是高屋建瓴、变幻万千的。冯其庸先生对《红楼梦》的解读是多维度的，既有思想内容的揭示，也有艺术世界的探索，包括对人物塑造手法、风景描写方式、矛盾冲突构建等，均作出细密的解读。

这主要体现在回后评中。

> 一部《红楼梦》刚开头，即预言结尾，人以为奇，实非奇也，乃作者是梦醒之人也。一切俱是往事，俱是前尘梦影，如何繁花似锦，如何冷落衰败，如严冬雪后，家中之人如何开头，如何结局，俱在作者心中眼中。故小说才一开头，结尾已随之而来，非欲故作结尾也，因结尾早已现成也。
>
> 或曰：倘以此论，《红楼梦》岂非作者自传乎？曰非也。作者只是家庭兴衰之过来人，其作小说，只是以故家祸福及亲朋祸福为素材，更取之社会闻见，其欲歌欲哭，既有一家之事，亦非一家之事，若以一家之事看之，则浅视红楼矣。

夹批和眉批，限于页面空间的狭小，只能做些画龙点睛的点拨式的评批，但是在每个章节之后，先生尽情地将他对于《红楼梦》艺术和思想的理解诉诸笔端，尽可能地向读者展示一个明晰的红楼世界。

六、以思辨的哲学语言诠释红楼艺术

《红楼梦》的语言是优美的、丰厚的，加之曹雪芹精通各种艺术形式，诗词、书法、绘画、音乐、建筑、美食等无一不通、无一不精，这使得《红楼梦》中蕴含的意味无穷无尽。如此一来，若想读懂《红楼梦》，便也需懂得各种艺术形式方可。冯其庸先生首先是个学者，同时还是个作家，是个诗人，又精通书法、绘画和摄影以及考古，这多方面的艺术修养和才具，使得他能够最大可能地走进红楼，领略红楼，懂得红楼。他笔下的语言是极富有艺术性的，是优美的、精炼的，言简意赅的，富有思辨的。

在"大观园试才题对额，荣国府归省庆元宵"回后评中，先生写道：

宝玉试才题对额，实为下回省亲作诗预写一笔，使下文不突然，且亦见宝玉之清才洒脱，而贾政则迂腐板滞，活生生一刻板官僚，而诸清客则庸俗谄奉，诸相毕露，三者恰成对照。非如此不能见宝玉之才、贾政之腐、清客之俗也。

省亲一回是全书大喜文字，与前可卿之丧大悲文字，成一对照。作者皆以龙象之笔写之，具见大才，且省亲是皇家典仪，作者借此写出其煌煌家世，亦真事隐于其中也。

省亲以大喜起，却以"哭得哽咽难言"结，中间又有多次呜咽对泣，此皆意想不到之笔。此回从表面文章来看，是花团锦簇，天恩浩荡；从深一层看，直是写"离散天下之子女，以奉我一人之淫乐"也。此意何以知之？从元妃对贾政说"田舍之家，虽齑盐布帛，终能聚天伦之乐；今虽富贵已极，骨肉各方，然终无意趣"之语知之。

充满哲思和灵光的解析语言，使得《红楼梦》这部伟大的著作走进了万千读者的心中。

七、以科学的逻辑理论叙写故事脉络

冯其庸先生是学者，拥有学者最可贵的品质，求真务实。他以科学研究的态度，以科学的逻辑理论品读《红楼梦》，更以科学的逻辑叙写故事的发展，厘清《红楼梦》的话语体系。

在"手足眈眈小动唇舌，不肖种种大承笞挞"回后评中，先生写道：

此回只写打宝玉一事，而绘声绘色，层次分明：初写宝玉会雨村回来，因金钏之死而五内摧伤、神思恍惚，恰好撞在贾政身上，受贾政严责；次写忠顺王府长史来府索琪官，称琪官与宝玉交，要求将琪官放回，致使贾政盛怒，喝命宝玉"不许动"；复次写在井中忽发现金钏尸体，贾环于贾政面前诬告宝玉"拉着太太的丫头金钏强奸不遂，打了一顿。那金钏便赌气投井死了"，遂使贾政怒不可遏，下狠心要打死宝玉。"一脚踢开掌板的，自己夺过来，咬着牙狠命盖了三四十下"，并说"到这步田地还来解劝，明日酿到他弑君杀父，你们才不劝不成！"文章遂入高潮。紧接着是王夫人闻讯急忙来劝，贾政不听，最后是贾母出场，以压倒之势，怒斥贾政，言辞犀利，势不可挡，终于贾政不敢违拗，叩头认罪。一场声势凌厉的轩然大波，才算慢慢平息。《红楼梦》写豪华，以省亲为高潮；写思想冲突，以打宝玉为高潮。皆雪芹惊天地、泣鬼神之笔，可以与屈原、司马迁并驾者也。

《红楼梦》的叙事结构磅礴而又细密，头绪繁多而又条理分明，或者伏脉千里，或者一线贯穿，或者移步换影，或者山重水复，冯其庸先生以通观全局的眼光和缜密沉潜的思考，为我们打通了红楼世界的处处关隘。

八、以博大的艺术胸襟涵容文学主题

冯其庸先生的文学视野是博大的，艺术品位是高质的，他不把科学研究局限在一个小圈子里，而是走出书斋，到广阔的世界里，去探究，去追寻，去考证，以包容万物的情怀涵容文学主题。从而在更加广阔的维度里，在更加深厚的思考里，条分缕析出《红楼梦》含蕴的百般滋味。鲁迅说过，一部《红楼梦》，"经学家看见《易》，道学家看见淫，才子看见缠绵，革命家看见排满，流言家看见宫闱秘事"。在冯其庸先生眼中：

> 《红楼梦》真实而生动地反映了十八世纪中期中国上层封建社会的种种风习，我们读《红楼梦》，就如打开了一幅充满着历史气息的栩栩如生的历史长卷，特别值得人们注意的是，这一时期中国封建社会缓慢转型的历史面貌，都被曹雪芹的生花妙笔定格下来了，其中意识形态的微妙变化，是最值得注意的。
>
> 《红楼梦》最主要的成就，当然在思想和艺术两方面。从思想方面来说，无疑也是中国封建社会缓慢转型期的新思潮的真实记录……《红楼梦》在艺术上的最杰出的贡献，是多方面的，长篇小说的网状式的整体结构，是在长篇小说结构上的独特创造……《红楼梦》是真正的文人创作的长篇小说，它除了采用习惯的章回体外，一切故事结构和叙事方式全是崭新的创造，整体故事的叙事行文，如行云流水，自然天成，真是落花水面皆文章。在中国古典小说里文章之美，语言的个性化之美，语言之浓厚的生活气息之美等，是无出其右的。
>
> 《红楼梦》是历史，是社会，是人生，是艺术，而归根结底，它是人生的历史长卷。在这个长卷里，人们都可以各有取舍，各有所悟，各有会心。总之，能悟其大，得其要，斯为得矣。

　　手捧一部沉甸甸的《瓜饭楼重校评批红楼梦》，展卷之间，既得看《红楼梦》诸版本之精要，亦从字里行间得窥《红楼梦》的微言大义。冯其庸先生以如椽大笔，向读者展开了丰富、精美而又意蕴深邃的红楼画卷，让读者走入红楼，体味红楼，懂得红楼。

本文作者：青岛出版集团副编审

冯其庸先生的《红楼梦》研究

胡文骏

  1967 年 12 月，"文革"正炽，被关押在北京西郊的冯其庸趁监管稍松弛之机，悄悄开始抄写影印庚辰本《石头记》。伴随着激烈的武斗风雨，冯其庸每天深夜坚持以蝇头小楷，依照原书款式，以朱墨两色抄写这部他最珍爱也是最重要的《红楼梦》早期抄本。直到次年 6 月，抄写工作方告完成。

  这项特殊时期的自发工作，透现出冯其庸在混乱凶险环境中的冷静与坚韧，也映合了冯其庸红学研究的主旨与追求。冯其庸的红学研究，是从曹雪芹的家世、《红楼梦》的乾隆抄本研究入手的，他深深感到，在红学领域，"家世研究和抄本研究是两大前提。不了解曹雪芹的家世和他自身的遭遇，就无法理解他的这部书；不研究《红楼梦》的早期抄本，不确切掌握曹雪芹的文字，就无法对曹雪芹的思想和艺术作出切实的评价"。（《石头记脂本研究》自序）

  冯其庸对于《红楼梦》版本，尤其是抄本的研究成果，主要集中在《石头记脂本研究》一书中，书中不仅有对《红楼梦》复杂的版本系统缜密细致的探析，还讲述了一些珍贵版本的来龙去脉，例如己卯本散失部分的发现、列宁格勒藏本（现一般称俄罗斯圣彼得堡藏本）通过影印方式"回归"祖国的经过等，所以阅读起来并不枯燥，反而饶有趣味。

  在红学研究方面，冯其庸著作颇丰，而且他还曾任中国红楼梦学会会长、《红楼梦学刊》主编、《红楼梦大辞典》主编，并主持校注出版了今天阅读量最大的一个《红楼梦》普及本——中国艺术研究院红楼梦研究所新校注本（1982 年人民文学出版社初版）。而他的研究领域并不止于红学，在中国文学史、戏曲史、艺术史、历史考古等多方面都取得了丰硕成果。

  与一般学者更为显著不同的是冯其庸书画创作的成就。他的书法为业界和收藏界推崇，他的画被誉为真正的文人画。与此相应，他的印章也经常随着书画作品出现在人们的视野中。此次所用钤印的这枚名章，材料珍贵，雕刻精心，正是冯其庸经常使用的款式，在《石头记脂本研究》的扉页上，朱红的印章配合冯先生题签的书名和白描的菊花图案，恰好构成了一幅国画小品。

冯其庸在"文革"风雨中抄写庚辰本《石头记》，是要"为曹雪芹留此一点心血"，当时若被造反派发现，结局不堪设想，可以说，那时的冯其庸已经把性情乃至生命系于这部珍籍。其后的数十年，有各种《红楼梦》的重要版本经他之眼、之手、之笔呈现于世人面前，他的深情早已融入这些承载着中华文化精髓的芸帙缥缃。

本文原载于《光明日报》二〇一七年二月五日

本文作者：人民文学出版社副编审

冯其庸先生与《北方论丛》的"红楼梦研究"专栏
——从冯其庸写给夏麟书的信函谈起

曹立波

20世纪80年代初期，中国红楼梦学会成立伊始，红学研究基地除了《红楼梦学刊》等专门性的刊物，还有以《北方论丛》为代表的高校学报。1979年《北方论丛》刚一创刊，便开设《红楼梦》研究专栏，并连续发表了戴不凡先生的《揭开〈红楼梦〉作者之谜》《石兄和曹雪芹》两篇文章，在红学界乃至社会上引起很大的反响，引发了一场关于《红楼梦》著作权问题的热烈讨论。可以说，《北方论丛》的"红楼梦研究"专栏，是当时京城之外最有影响的红学论坛。[1] 这个栏目的负责人是夏麟书先生，他曾主持将相关论文编辑成《〈红楼梦〉著作权论争集》。夏先生已于2001年9月仙逝，作为他的亲属，在整理遗稿时，笔者发现在其保留的书信中，有一些冯其庸先生的亲笔信，辑录并研读书信的内容，能够切实感受到在80年代初期，冯先生对《红楼梦》事业的投入和支持。

1981年春，冯其庸先生在《北方论丛》发表一篇论文，题为《关于当前〈红楼梦〉研究中的几个问题》[2]，围绕这篇文章的撰写、投稿和几番修订，从1980年11月到1981年4月，冯先生给《北方论丛》的夏麟书责编写去9封书信。以下是这些信函的电子版文本[3]：

第一封信：1980年11月8日

麟书、文源同志：

　　来信收到，我的文章刚写了一部分，就被一连串的会议打断了。现在离十五号只有几天了，眼看会议还不断，怕耽误刊物的出版，请速安排别的文章，我这篇文章写完后一定交您们处理，估计第二期用是不会有问题的。出版社那面如来不及，只好不用这篇文章了，免得耽误您们的出书。

　　又复印《红楼梦》的事，价钱已问到，大约复印下来要二千多元，其他装订费用都还不算在内。所以我觉得太不合算了。我们当时复印是因为要校书，无此工作不能进行。将来影印本和汇校本陆续出来，这种复印本就无意义了。所以我也觉得还是不印好。当然如果有必要印的话是一定会代办的，只要您们来信好了。

请问国良[4]及其他同志好。匆致敬礼！

冯其庸

十一月八日

这封信所用信笺的抬头写有红色的"文化部文学艺术研究所"字样。信的内容交代了投稿的缘起，即《北方论丛》的约稿，得到了冯先生的积极支持。从"一连串的会议"不断的工作状态可见，他在百忙中积极支持《北方论丛》的红学专栏。书信里还传达了一个历史信息，即红楼梦研究所的《红楼梦》校订本1981年的时候尚在进行中。针对《红楼梦》古本的复印问题，冯先生对待红学同好的坦诚和热情，洋溢于字里行间。

第二封信：1981年1月10日

麟书同志、编辑部其他同志：

您们好。前嘱写稿，直到今日才脱稿，已去复印，共五部分，约三万余字，简目另附。不知能发否？如有困难（篇幅太大），我就不寄来了，如不增加您们负担，则当遵嘱寄来。匆致敬礼！

冯其庸

一月十日

信纸上眉批：麟书同志请告知出版社是否要将此文收进去，如要，我当另寄稿去。又及。

待复：

关于当前《红楼梦》研究中的几个问题

冯其庸

目录

引言

一、研究《红楼梦》还要不要马克思主义

二、如何看待毛泽东同志对《红楼梦》的一些意见

三、关于《红楼梦》研究的分工问题

四、关于考证

五、关于思想和艺术研究

结语

　　这封信所用信笺的红色抬头写着"中国人民大学"，不久前冯其庸先生作为中国人民大学的教授被调入中国艺术研究院，主持《红楼梦》研究工作。联系上一封信可知，冯先生信守承诺，"遵嘱"迅速完稿，并在投稿之前写了一封信，寄上长文的写作提纲。

第三封信: 1981年1月17日

麟书同志:

　　来信收到。原拟打印出清稿后再寄去，现在只好把复印的原稿寄上了，如实在不好排，就算了。因要请人抄一遍，说起码要十天，还要自己校对，时间耽误太久。所以，实在无法，竟将这样乱糟糟的稿子寄去，心里有所不安。我这里已发去打印，将来打印出清稿后，再寄去你校对用，大概能来得及。这篇文章原是去年中宣部贺敬之副部长要我写的，因问题太多，写得过长，所以没有送给《人民日报》。头二节的内容，就是根据当时的情况写的，现在似乎正合适，因此希望能赶在第二期发，太晚了，就不大好。排出后请能寄我校一次，以免出错。增加您们不少麻烦，谢谢。

　　我在本月廿一日可能要到长春，23日离长春回京。可惜没有时间到您们那里去了，请问同志们好。致敬礼! 问国良、伯英、锦池同志好!

冯其庸

一月十七日

　　出版社那边请告诉他们一下，如他们想收进去，请与您联系。拜托，又及。

　　这封信所用信笺的页脚写着绿色小字"中国人民大学出版社稿纸"，全文草体书于稿纸的背面。从信的内容可知，冯先生把复印的原稿寄到了地处哈尔滨师范大学的《北方论丛》，并一再解释因时间仓促，来不及誊抄、打印，为如此"乱糟糟"的初稿给编辑带去的麻烦，表示体谅和感激。这里也记录了一些历史信息，这篇长文的写作背景，"原是去年中宣部贺敬之副部长要我写的"。信中所言"头二节的内容"指"研究《红楼梦》还要不要马克思主义"和"如何看待毛泽东同志对《红楼梦》的一些意见"。问候语中的"国良、伯英、锦池"分别指哈尔滨师范大学的红学专家李国梁、王伯英和张锦池教授。冯先生诚挚的话语，体现出他的谦和、认真，以及对编辑同行的理解和尊重。

第四封信：1981年1月21日

麟书同志：

稿已寄上，想已收到，因时间紧迫，未能细改，现有几处，恳为改正：

一、第9页第1行第1句末改为句号，下面"因为新红学派的理论和欣赏趣味里，还混杂着若干封建性的东西。"这句删去。

二、第14页倒数第4行末3字"甚而至于……"到最末一行全删去。

第15页第1行开头"对的"两字改为："这种情况"，下接原文"是不利……精神的"以下"对于这种歪风，应该引起我们的注意，共同来予以清除。"全部删去，改为："这种情况我们应该避免。"

三、第52页第2行《红楼梦探源》吴世昌著"以下空白语填写"英国牛津大学出版社1961年出版英文本"。

第5行："11.红楼梦论稿"，下面一行请添"12.《论凤姐》 王朝闻著 1980年百花出版社出版"，下面"漫说红楼"改为"13"，以下顺次改，到"17.《曹雪芹家世新考》"下一行再添"18.《红楼梦诗词曲赋评注》蔡义江著 1980年北京出版社出版"，以下次序顺次改为19、20、21、22、23。

四、第55页第6行第二句"应该贯彻百花齐放"请改为"应该坚定不移地贯彻党的百花齐放"下接原文。

五、第55页第8行第一句"定别人的劳动。"下面增加以下一段文字："我们提倡马克思主义，但也欢迎各种不同学术观点的相互探讨，欢迎各种不同的学术流派的竞赛和发展，决不搞'一言堂'，要认真贯彻学术民主的百家争鸣的方针。我们应该好学深思，善于听取不同意见，甚至有帮助不同意见发表和自己讨论的气度和胸襟。应该认识到学术的是非任何人是专断不了的，只有历史才是真正的权威！因此我们应该真诚地欢迎各种不同的意见，欢迎各种不同方面的研究。"以下接原文"只要对红学有所……"。

以上各点，恳托麟书同志代为改正。文章太长，如换掉别的文章不方便，就不一定发，不要造成您们的困难。我22号去长春讲学，就是讲这个问题，顺便也听听意见，但文章不给他们发表，已经给您们了，我不会再交别处。北京已请了一部分同行看了，大家觉得适时，增加的这一段就是大家讨论的意见。

清样排出后，请让我校一遍。匆致敬礼！

冯其庸

一月二十一日晨

出版社王敬文同志处请告知他，此文已在您处。又及。

这封信所用信笺的页脚写着绿色小字"中国人民大学出版社稿纸"，全文按格写在稿纸上。冯先生对初稿进行仔细修改，并及时寄去校订文字。书信落款时嘱咐编辑部"清样排出后，请让我校一遍"，足见他的严谨认真。这封信对自己的论文列了五条校改意见，逐一体味，颇有启发意义。第一条，冯先生斟酌，删去了这样一句："因为新红学派的理论和欣赏趣味里，还混杂着若干封建性的东西。"第二条，将"对于这种歪风，应该引起我们的注意，共同来予以清除。"全部删去，改为："这种情况我们应该避免。"修改后的文字，语气更有分寸感。第三条，对注释的顺序等细节问题的处理，一丝不苟。第四条，增加了词语"坚定不移地"，对贯彻"百花齐放"的方针加以强调。第五条所示，增加的文字较多："我们提倡马克思主义，但也欢迎各种不同学术观点的相互探讨，欢迎各种不同的学术流派的竞赛和发展，决不搞'一言堂'，要认真贯彻学术民主的百家争鸣的方针。……因此我们应该真诚地欢迎各种不同的意见，欢迎各种不同方面的研究。"信中坦言"增加的这一段是大家讨论的意见"，可见冯先生在写作过程中充分发扬民主，虚心听取大家的意见。

第五封信：1981年1月26日

麟书同志：

日前寄去一信，请为改正数处文字，想蒙收录。关于拙文（小字，自谦款式）过分冗长，弟（小字，自谦款式）寄出时，只是一时完成此稿，未曾仔细计算，现在看来，您们处理此稿，实在为您造成了困难，<u>心里很觉不安，我们都是自己人</u>（朱笔右侧圈点），我自己也在编刊物，这类难题是常遇到的，我深怪自己太鲁莽，<u>请您理解我诚恳的心情，并不是有别的任何想法，只是觉得不应该</u>（朱笔右侧圈点，"不应该"三个字朱笔双圈）给您们送去这么一个难题，向您们表示<u>真诚的、深深的歉意</u>（朱笔右侧圈点）。为了使您们不致不好办，我提出几点处理意见：一、不发表此稿，如王敬文处出版编入，则可以写信与我商量。二、分两期发，第一期发前三节，即发完红学的分工问题，其余二个问题放在下期发，因下两个问题时间性不太强，下期发还无关系。如一次全部发完，篇幅<u>实在太长，会造成许多矛盾</u>（朱笔右侧圈点），即使分两次发，第一次发完三节，也已经有二万多字了，已经够长的了。所以<u>千万请您们理解我的诚意，不要为难，如不好发，完全可以不发，决不会造成我们之间的误会，决不会影响我们的亲密关系，请千万放心</u>（朱笔右侧圈点）。并请一定将我的意思转达到国良同志，我们大家都在办事，都只能从工作出发，事业出发，不能违背原则。可能由于我想到这点太晚了，已经造成你们的许多困难，因我于23日匆匆被长春强邀去，稿件寄出后，根本无暇思考这个问题，今天开完我们的编委会，心里安静一点了，坐下来一想，觉得我处理此事，实在欠妥，务请理解我的心情。同样的意思我也给锦池写了一信，请他转述我的意思。另外，<u>您及其他同志读完拙稿</u>（小写，自谦款式）<u>后，感到有什么不妥之处，务恳告诉我，以便修改，这是最重要的</u>（朱笔右侧圈点），此点务请帮助。致恳了。匆匆不一一，顺问好！

其庸
一月廿六日夜深

冯其庸先生信中有些字词的书写方式传达出感情色彩。信中称呼自己时的"弟"，称呼自己文章时的"拙文"或"拙稿"等字写成小字，以表自谦。这封信中冯先生加了多处圈点，用朱笔圈于竖写的文字的右侧。笔者以下划线标出。这些圈点处的句子语气诚挚、恳切，传达出他善于换位思考，严于律己，对编辑同行给予充分的理解和尊重，也表现出自己的敬业精神。信上提到的"王敬文"为黑龙江出版社编辑，当时欲编辑出版《红楼梦》论集。

第六封信：1981年2月2日

麟书同志：

来信收到。知道拙稿（小字，自谦款式）现在的处理办法，心里很过意不去，只好特向您及其他同志表示深切的谢意了。今天下午，中宣部贺敬之副部长约我去谈工作，又问起了我写的这篇文章，因原是他要我写的。我向他汇报了这篇文章的五个部分的基本内容，他听了表示同意，并问在哪里发表。我告知他在《北方论丛》第二期发表，他也表示同意。并要我把我的打印稿印出来后就给他送去。还谈到了一些其他问题，并要我仍旧为《人民日报》补写一到两篇文章（因为这篇文章本是应该在《人民日报》发表）。我的打印稿已打好，在校对过程中，又有几处小的增改，现将增改的文字另纸录来，<u>恳请代为改入</u>（六个字用朱笔在右侧加圈点）。我的打印稿大约十来天内可以印出装订好，到时当即寄上。以便校对。经这次改定后，不会再有什么改动了，决不会再动版面了。请您代我向排字的老师傅致以深切的谢意，请问候国良同志。王敬文同志处等打印稿出来后，当即寄去。匆致敬礼！

冯其庸

二月二日深夜

另纸所录增改的文字：

一、原稿第5页第一行："这时又大肆泛滥"句加一注号①，并请将下面这段注文增排。注①：当然，1954年关于《红楼梦》研究的批判运动，与后来"四人帮"的"影射红学""阴谋红学"，无论是在政治上或是在运动的形式上都是完全不同的两件事，它们各自有产生的社会历史原因和政治原因的，决不能把两者混为一谈。这里仅仅是就两者都具有主观唯心主义的文艺思想<u>这一点</u>（三个字加朱笔圈点）而说的。

二、原稿第5页第八行（此行空白行不算）"又有了新的繁荣发展的气象"：下增以下一句："一九八〇年文化部文学艺术研究院红楼梦研究所成立"，下接原文"一九八〇年六月美国……"。

三、原稿第41页右面边上增加文字倒数第六行《废艺斋集稿》的真伪问题"下请增加以下三句："书箱问题，香山正白旗39号老屋的问题，白家疃的问题"，下接原文"等等，对于这些……"。

四、原稿第51页第一行："一、影印《石头记》原著"，"原著"两字请改为"抄本"。

五、原稿第53页第八行下，第九行起，另增以下一小段重要文字，<u>务请增入</u>（四个字加朱笔圈点）。

（行侧朱批：低两格另起段）特别是近十多年来，"红学"界涌现出了一大批新秀，他们努力学习马列主义，刻苦钻研"红学"，发表了一批很有见解的文章和专著，在"红学"界产生了较大的影响。还有一种新的情况，就是在全国出现了几个"红学"较为发达的地区。例如：哈尔滨、沈阳、南京（包括扬州）、上海、安徽等地，研究"红学"的空气颇为浓厚，当地的领导也很重视。还有散处在全国各地的"红学"研究者和爱好者，更是难以数计。这种情况，说明了"红学"已经有了广泛的群众基础，已经开始形成了一支全国性的"红学"队伍，说明了"红学"后继有人，它不再是少数几个人关在书房里作个人钻研的情景了。可以说，在文学史上，还找不到第二部作品或第二个作家，具有如此庞大的完全出于自发的研究者和爱好者的队伍，这是值得我们十分重视和兴奋的现象。

以下再接原来的段落"这里还要说明一点……"这一段文字，仍是低两格另起段。

冯先生的三万字的长文即将在《北方论丛》1981年第2期上全文刊出。对"拙稿"当时的处理办法，冯先生心里很过意不去，诚恳地向夏麟书编辑致歉。同时，他精益求精地修订文稿，从1981年1月21日和2月2日两封书信中所附的10个修订条目清晰可见。这一封信中的修订内容除了正文的增订，一些写给编辑的提示语也令人瞩目。如第五条以"特别是近十多年来，'红学'界涌现出了一大批新秀"开头的一段增文，"特别"前面加了两个空格符号"∨∨"，并在左侧空白处朱批了"低两格另起段"。还在这一条的结尾写道："这一段文字，仍是低两格另起段。"于细微处显现他的事业心和责任感。

第七封信：1981年2月26日

麟书同志：

您好。我寄去的校样想早收到并代为校改了，谢谢。今天检查我的手稿，发现第29页（全文第二部分谈爱情掩盖说的一段）倒四行，到30页开头二行"相反，如果硬要把曹雪芹所申明的'真事隐去''假语村言'解释为相同到现代创作术语的从生活素材到艺术成品过程，把'假语村言'解释为'一番典型化的工作'，这样的理解，恐怕要离开曹雪芹的原意，未免有点把曹雪芹的创作思想过分地现代化了。"这一段文字我是在原稿上删去了的（我手里留的原稿）。但我寄您的复印稿当时还未删去，后来看校样时，我记不起来是否已经删去了，很可能仍未删，我寄您那复印稿是最早的稿子，删去是复印稿寄出后，在我的手稿上删的，原想在看校样时删的，很可能当时看样稿过于匆促，忽略了此事没有删去。请为检查一下，如已删去，则甚好。如未删去，则这段话说得有不清楚不准确之处，是否来得及登一作者来信：

编辑部负责同志：拙稿《关于当前〈红楼梦〉研究中的几个问题》第二部分"相反，如果硬要把曹雪芹申明的'真事隐去'……未免有点把曹雪芹的创作思想过分地现代化了。"这一段文字是应该删去的，我在看校样时疏忽了，未曾删去。请为刊登此函，以向读者致歉。谢谢。

冯其庸
一九八一年二月二十六日

这一期估计是来不及登此信了，请在下期借贵刊一角，予以说明，并恳注明见本刊第几页到第几页，或见本刊第几页第几行到第几行。如已经删去了，则就没有什么问题了。我原意是要说《红楼梦》里既非全是真事，也非全是虚构（典型化），是这两部分有的。片面地强调某一面，都不符合实际。我的那段话，并没有把这层意思说清楚，相反容易发生误解。

这篇文章，费了您不少精力，十分谢谢。我目前的工作太忙，常常发生差错和疏忽，真是没有办法。匆匆，即问好！

冯其庸
二月二十六日

冯先生将校样寄给《北方论丛》之后，又在手稿原件中发现可能出现疏漏，请编辑们帮他再检查一下，如稿子已经刊出，希望能在下一期刊登自己的一封作者来信，以补上校订的文字。"这一期估计是来不及登此信了，请在下期借贵刊一角，予以说明，并恳注明见本刊第几页到第几页，或见本刊第几页第几行到第几行。"细致入微的叮嘱反映出冯先生在为自己的文字负责、为文章的社会影响负责。他对《红楼梦》研究的态度，可以说是富有示范意义的。1981年2月26日的信函中续写的一段话发人深省："《红楼梦》里既非全是真事，也非全是虚构（典型化），是这两部分都有的。片面地强调某一面，都不符合实际。"从今天的现实来看，依然有人把《红楼梦》看成"全是真事"的家传，进而牵强地进行"曹贾互证"，忽视了这部世情小说的文学性。我们重读冯其庸先生三十年前的理论文章，依然不乏现实意义。

第八封信：1981年3月19日

麟书同志：

来书收到多日，因事忙未速复，甚歉。我前几回所说的那段文字，于内容无关紧要，只是上下文接不上，意思说得不清楚而已，我当时就估计来不及删了，所以不删也无妨。我已将打印稿送给了中宣部，也给耀邦同志送了一份，现在刊物大概已出来了罢，我23日趁（乘）飞机去南京，要两周能回来，回京后又要接待日本的松枝茂夫和伊藤漱平，估计五月份我是够忙的了。刊物出来后，请速寄我数份，如能在去南京前收到就好了，但可能来不及了。谢谢您的辛劳，谢谢编辑部的同志。又黑龙江出版社的事，毫无关系，因我以为此书是他们与您们大会一起编的，他们还数次来信催稿，我也告诉他我无法如期写出来，请他们不要打算在内，后来又听说此书一直未发稿，故我提一笔，如来得及可收入，现在既已来不及，自然毫无问题。

　　见国良同志请为问候，匆匆，不一一，顺问好！

冯其庸

三月十九日

　　1981年春天，冯其庸先生从北京到长春、上海、南京等地频繁开会，同时与哈尔滨师大的《北方论丛》杂志紧锣密鼓地通信，又要接待日本红学家的来访。从天南地北到海外，为红学事业忙碌着。《红楼梦学刊》1981年第三辑记载："日本著名红学家松枝茂夫和伊藤漱平，应中国艺术研究院的邀请，于今年四月二十四日至五月十四日访问了我国。松枝先生现年七十六岁，是日本东京都立大学名誉教授。"冯先生1981年3月19日的信中提到"回京后又要接待日本的松枝茂夫和伊藤漱平"，结合下文4月23日信中所云"明天日本朋友来访，到五月十五才离开"，时间、人物、事件吻合，翔实地记录了这一历史信息。

第九封信：1981年4月23日

麟书同志：

　　您好，我出差了一个月，十六号在上海飞机场见到了《解放日报》您摘要的拙文（小写，自谦款式），谢谢您的关注。回来后读到您的信，出作者问题讨论集，我是很赞成的。写长篇论文，实在没有时间了，因明天日本朋友来访，到五月十五才离开，我抽不出时间。如要写一个简短的叙言，则可以挤点时间出来。但可否在我送走日本朋友后再写，大约五月中旬定稿。如实在等不及，则就不要耽误出书，就不要我写了。请您酌定之。

　　拙文（小写，自谦款式）在上海反映较好，昨天魏同贤来信又谈到此事，徐恭时也说文章说出了他们多年想说的话。来信照登与否，登也可以，因为我收到集子里去的文字已经删掉这一段了。现集子已付排。谢谢您们的大力支持。问同志们好，问

　　国梁同志好！

冯其庸

四月二十三日

关于写序言的补充：

> 若要写，能否给我一个目录及文章（主要文章也可），如无文章给目录也可，我可托人去找。

信中可见，冯先生当时的日程排得很满，但对《北方论丛》的红学事宜都是积极支持的。撰写并发表一篇长文后，《北方论丛》要编辑《〈红楼梦〉著作权论争集》，他答应"如要写一个简短的叙言，则可以挤点时间出来"。并在落款之后又补充说，如要写叙言，需寄给他论文集的目录，足见其诚恳和热情。文中"您"的称呼，以及"拙文"的自谦写法，都体现出冯先生为人的谦逊。

这封信写于1981年4月23日，夏麟书编辑对冯先生发表在《北方论丛》上的长文加以概述，撰写了《红学研究必须坚持马克思主义——冯其庸著文探讨当前〈红楼梦〉研究中的重要问题》一文，发表于《解放日报 》1981年4月16日。冯先生信中所言《解放日报》上的文章即指此文。全文如下：

红学研究必须坚持马克思主义
——冯其庸著文探讨当前《红楼梦》研究中的重要问题

《北方论丛》一九八一年第二期发表了中国红楼梦学会副会长冯其庸的《关于〈红楼梦〉研究中的几个问题》的文章，提出了一些引人注目的见解。

关于研究《红楼梦》还要不要马克思主义指导问题，文章认为，建国三十年来，《红楼梦》的研究工作，经历了一个曲折的过程。从一九四九年到一九五四年，是新学派占主要地位。一九五四年的那场文艺思想的批判运动，虽有它的缺点和错误，却是红学发展史上的历史分界线和转折点，使红学进入了一个新的发展阶段，即用马克思主义研究《红楼梦》阶段，红学得到了较大的发展。在"十年浩劫"期间，一切文化遗产统被打倒，以往的历史被纳入一个狭窄的农民起义的框框，唯框框以内是光明，框框以外全是黑暗与罪恶。只有《红楼梦》这部古典小说不在打倒之列。"四人帮"肆意曲解践踏《红楼梦》，通过他们的御用班子大搞影射红学。项庄舞剑，意在沛公，"四人帮"的评红则是意在周公，给红学造成极大的混乱。

文章说，是用马克思主义来研究红学，还是回到唯心论的老路上去？这是当前红学研究中不能不加以思考和认真解决的问题。历史事实充分说明，只有马克思主义才能正确地解释《红楼梦》这部巨著，才能给红学注入新的富有生机的内容。

文章认为，对于毛泽东同志的过去对《红楼梦》的一些看法，就公开发表的正式文件来说，一九五四年十月十六日毛泽东同志《关于〈红楼梦〉研究问题的信》所提出的四点原则性意见，即批判唯心主义，提倡用马列主义研究古典文学、研究《红楼梦》，提拔新生力量，团结知识分子，其基本精神是正确的，在当时起了积极作用，不能因为这场运动的做法有不妥之处，起了些消极作用，因而忽略了它的积极的主要的方面。

其次，毛泽东同志一九六二年一月三十日《在扩大的中央工作会议上的讲话》，明确提出了曹雪芹的时代是中国已经有了一些资本主义萌芽，但还是封建社会的时代，这段话讲得很深刻，富有启发性。贾宝玉这个典型，实质上就是这个历史转折时期的典型，因而这个艺术典型成了时代的标志。另外，他还指出，贾宝玉是一个不满封建制度的小说人物。这样也就明确地指出了贾宝玉这个典型形象的思想的主要方面。这些精辟见解对于我们研究《红楼梦》具有很高的指导意义。

再次，毛泽东同志在《论十大关系》中把《红楼梦》与我国的地大物博、人口众多、历史悠久等并列起来，这是对《红楼梦》的空前的高度评价，是正确的。

文章从传抄的抄件中提出来的一些问题，也提出了自己的看法。

文章认为，说《红楼梦》是政治历史小说是不妥当的。《红楼梦》不是描写历史上的政治斗争事件的小说，而是道道地地的描写当代现实的文学。但同一些优秀的小说一样，当作历史来读是完全可以的。文章又认为，关于第几回是纲，问题最早提出来的要数脂砚斋，但是曹雪芹当年写《红楼梦》未必像今人一样先拟出写作提纲来，然后动笔，何来第几回的"纲"？如果是说我们今天读《红楼梦》应以第几回为"纲"，那就是一个学术问题，可以各抒己见、百家争鸣，完全没有必要去定于一尊。至于所谓"甄士隐"（真事隐）、"贾雨村"（假语存）问题，文章认为是作者交代他创作本书的基本态度和一些特殊手法，作品中确实有许多"假语村言"，即艺术的虚构和想象，但并非全是虚构。理解得过于刻板，以为真事都已隐去，容易被作者"瞒过"。关于所谓"爱情掩盖政治"，文章认为，这样说确切不确切，能否用来提示复杂的内容，是否容易引起简单化的理解，是可以商讨的。然而决不能因此而认为《红楼梦》是单纯地描写爱情的作品，没有政治内容，也不能认为《红楼梦》里的爱情描写和政治内容都一样写得很突出很明朗，不存在什么掩盖不掩盖的问题。文章还认为，《红楼梦》的内容是深广的，包含着阶级斗争和政治斗争（统治阶级内部的政治斗争）

的内容的，只要我们不对它作不符客观实际的牵强附会的解释，从这方面去进行研究和探索，是完全必要的。

关于《红楼梦》研究的分工问题，文章说，大体上"红学"似乎已可粗略地分以下几个方面：一、曹学或外学，它似应包括曹雪芹的家世、传记、文物的研究，等等；此外，似还可以包括曹雪芹的时代以及明清以来的政治史、思想史、文学史、建筑史、满族史等等各方面与曹雪芹和《红楼梦》有关的部分在内；二、红学或内学，它似应包括《红楼梦》的版本学，《红楼梦》的思想内容、人物创造、艺术成就、成书过程，曹雪芹的世界观和他的创作，《红楼梦》八十回后的情况，脂批的研究，《红楼梦》后四十回的研究，《红楼梦》语言的研究，《红楼梦》与我国古典文学传统的关系，《红楼梦》给予后世的影响，《红楼梦》与清代社会，等等。文章认为，《红楼梦》确是一部百科全书式的巨著，不可能要求一个红学研究者去研究红学的一切，而应该向专门化的方向发展。

关于考证问题，文章认为：三十年来，我们学术界对于考证，常常是左右摇摆，时而加以批判，斥为资产阶级的伪科学；而一旦考证出某些重要成果时，考证又成为一门时髦的学问。我们应该提倡充分掌握材料，用历史唯物主义的观点对材料进行分析，从客观材料中经过科学分析得出科学结论的这种马克思主义的考证方法。遗憾的是近几十年来，我们对资料工作包括资料的考订工作不够重视，尤其是十年浩劫期间，我们的党风、文风，在学术上大兴实事求是之风，大兴调查研究之风，以此来扫除"四人帮"的歪风邪气，在"红学"的领域里同样是如此。

关于思想和艺术的研究。文章认为，必须把重点放在对《红楼梦》本身的研究上，要通过分析，看清楚这些艺术形象所包含的思想以及这种思想的社会性质。从而更深刻地去认识这些栩栩如生的不朽的艺术典型的思想内涵，更深刻而确切地去评价这部伟大的文学巨著的思想意义。

文章在结语中说新中国成立以来三十年的红学所达到的成就，可以说远远超过了过去二百年来红学成绩的总和。而且红学目前已经成为世界性的学问，海外学者在红学研究上也取得了卓越成就。红学正面临着历史上的新时期，大发展的时期。

（麟　书）

本文以1981年上半年冯其庸和夏麟书的通信为研究视点，通过9封书信的录入和研读，不难发现，这些书信主要围绕一篇论文《关于当前〈红楼梦〉研究中的几个问题》的撰写、校订、刊出的过程，生动反映了冯其庸先生作为一位中国红学会的负责人，对红学事业的执着；作为一位专家，对著书立说的严谨；作为一名编辑，对业内同行的体贴。中国红楼梦学会诞生三十年来[5]，之所以能够紧密地团结了海内外的红学同好，和我们有"事事洞明、人情练达"的带头人，在做人、做事、做学问方面诚挚而勤勉的付出是分不开的。

二〇一〇年十月十六日初稿，参加中国人民大学召开的"国学前沿问题研究暨冯其庸先生从教六十周年国际学术研讨会"。

二〇一一年三月三十一日增订稿，收入中国人民大学国学院主编《国学的传承与创新》，上海古籍二〇一三年四月。

二〇一七年一月二十二日冯其庸先生仙逝之日深情重校。

注释

[1] 粗略统计，1979年至1988年十年间，共刊行《红楼梦》论文65篇，按这个双月刊一年6期计算，平均每期至少1篇红学专论。

[2] 冯其庸：《关于当前〈红楼梦〉研究中的几个问题》，载于《北方论丛》1981年第2期。

[3] 有些草书字迹不易辨认，笔者曾于2010年10月16日向冯其庸先生请教。

[4] "良"应为"梁"，指李国梁，曾任黑龙江省红楼梦学会会长、哈尔滨师范大学党委副书记、《北方论丛》编辑部主编，冯其庸先生每封信都向李国梁问好。

[5] 中国红楼梦学会1980年于哈尔滨成立，2010年在北京召开了三十周年纪念会。

本文原载于《北方论丛》二〇一七年第二期

本文作者：中央民族大学文学与新闻传播学院教授、中国红楼梦学会常务理事

咬定青山不放松

——冯其庸"用马克思主义研究《红楼梦》"叙论

董志新

我与冯其庸先生直接交往较少，只是有几次当面听他讲演。对他的通观博识，思清语朴，烙印深刻。但是，我与冯先生"神交"已久。约十年前，我为拙著《毛泽东读〈红楼梦〉》万卷出版公司2009年出版）一书撰写《后记》时，曾经说过对"冯其庸等开一代新风、对红学发展贡献显赫的红学大家""折服敬服之心，难于言表；问学向学之意，萦回脑际；对他们那费尽心血的笔墨，总恨读得太少，懂得太浅"[1]。冯先生的《曹雪芹家世新考》《曹学叙论》《红楼梦概论》《论红楼梦思想》《石头记脂本研究》《瓜饭楼重校评批红楼梦》等书，案头必备，时常翻阅，有些书的章节乃至细读数遍。我的一些红学见解，是受了这些书籍的启迪而后形成的。

冯其庸先生留下众多的红学遗产驾鹤西去，回顾其红学道路，总结其学术实践，从中可以看出，其重要的红学遗产之一当有他对"用马克思主义研究《红楼梦》"的方法和指导原则的坚守与践行。

一、识力：时代命题与学理阐述

20世纪80年代初，冯其庸先生发表了《关于当前〈红楼梦〉研究中的几个问题》一文。说是"几个问题"，其实就是一个主题。第一节的标题是"研究《红楼梦》还要不要马克思主义"，其他问题 ——"如何看待毛泽东同志对《红楼梦》的一些意见""关于考证""关于《红楼梦》研究的分工问题""关于思想和艺术的研究"，只不过是这个主题的充分展开。这篇近四万字的学术长文，代表了冯其庸对"用马克思主义研究《红楼梦》"的成熟思考，是他着眼全局、着眼长远解决红学发展根本问题的成功尝试。从他此后三十余年的红学实践中，处处可以感受到这个成熟理性认识的支配力量和积极影响。[2]

"研究《红楼梦》还要不要马克思主义？"冯其庸尖锐地、严肃认真地也是毫不避讳地把这个问题提到红学界面前。显然，这一问题关系到新时期红学研究方法的调整方向和红学发展方向，也就是说事关红学的根本大计，不可不辨，不可不察！

冯先生所以提出这个问题，是出于对当时红学生存状态的客观考察：一方面是在揭露和批判"四人帮"的"帮红学"的基础上，红学又有了新的繁荣发展的气象。从1979年到1980年，红楼梦研究所、中国红楼梦学会相继正式成立；首届国际红楼梦研讨会、首届全国红学讨论会先后召开；《红楼梦学刊》《红楼梦研究集刊》相继创立，这些都是红学史上破天荒的大事件。相随伴生的是红学论辩空前活跃，红学界一派百花齐放的景象。另一方面，冯先生也观察到："在讨论中也反映了各种各样的思想和派别，例如'索隐派'和'自传说'，近几年来就颇有一些活跃，我就接到过几部'索隐派'的稿子，还是大讲《红楼梦》是反清复明，袭人就是龙衣人，宝玉就是传国玉玺等，也看到过公开发表的这一类的文章。自传说也并未绝迹，只不过是有所变化而已，至于用唯心主义的观点来分析这部小说，考证小说的作者以及与这部小说有关的一些问题，则更是屡见不鲜。"[3]从1954年"批俞评红"大讨论中毛泽东等人提出"用马克思主义研究《红楼梦》"的研究方法以来，到1980年前后再度掀起新的红学大潮，这种研究方法已被运用近三十年。也就是说它在红学实践中迎接挑战接受检验近三十年。冯先生敏锐意识到："索隐派"和"自传说"的"活跃"，"这种情况，给我们提出了一个问题：即《红楼梦》的研究，马列主义还有用没有用？是用马列主义来研究红学呢？还是回到唯心论的老路上去？这就是当前的红学研究中不能不加以思考和认真解决的问题"[4]。

这显然是决定"红学向何处去"的一个时代命题！冯先生解决这个问题的办法是总结历史经验，用事实说话，并给予学理的阐明。

他这样描述"索隐派"旧红学对解读《红楼梦》的无能为力："旧红学派写了几十万字的索隐，但是他们并没有能够真正认识和解释这部书的真实的内容，他们更理解不了作者深广的忧愤和深邃的命意，他们实在是瞎子摸象，乱猜一气。"[5]

他在肯定"新红学"用考据学和实验主义摧垮了当时盛极一时的"索隐派"的历史功绩后，指出其"自传说"在解释《红楼梦》这部巨著时的"碰壁"窘境："新红学派依据考证出来的作者的家世史料而建立起来的自传说，这个新红学派最根本的理论和观点，以及坐吃山空、树倒猢狲散等的说法，仍旧没有能够解释这部巨著。""何况他们还说了不少引人走上远离这座艺术之宫的大门的歧路的胡话。……他们仍旧只能在这座艺术之宫的宫墙外彷徨，甚而感到越弄越糊涂。这表明资产阶级唯心主义和实证主义的武器，都只能碰壁而止，他们再也无力前进一步了！"[6]

他在与"索隐派"和"自传说"的比较中，评价了1954年"批俞评红"大讨论中"用马克思主义研究《红楼梦》"带来的新变化和新面貌："从此马克思主义的典型论代替了陈旧的钗黛合一论、怨而不怒论，马克思主义的现实主义的理论代替了新红学派的坐吃山空、树倒猢狲散的自然主义的文艺理论，马克思主义的历史唯物主义和辩证唯物主义以及建立在这个基础上的史料考证学代替了以'自传说'为目的的主观唯心主义的考证学。从此，红学才真正出现了划时代的带有时代特征的崭新面貌，而且朝着'所向无空阔'的广阔前景迅速发展。"[7]

事实胜于雄辩，实践产生理论。看真切历史事实，提炼好实践经验，冯先生得出新的理念和认知："只有马克思主义才能正确地解释这部巨著，才能给红学注入新的富有生机的内容。其他不论什么主义，都无力对这部巨著做出科学的、全面的、正确的解释。当然，这并不排斥他们对这部书的某些方面能够做出合乎实际的解释，甚至提出某些精辟的见解来。然而，要使红学能够真正成为科学的红学，要能够完整、正确、科学地来解释《红楼梦》这部百科全书式的巨著，毕竟只有马克思主义才能做到。""重要的是红学的继续发展和取得更大的成就，只能依靠马克思主义。"[8]

在多年坚守和践行"用马克思主义研究《红楼梦》"文学批评方法的实践中，冯其庸对这里笼而统之地使用"马克思主义"概念，有具体的解释：（1）是指真正的马克思主义，而不是"四人帮"的假马克思主义。（2）是指历史唯物论和辩证唯物论。（3）是指马克思主义文艺理论和毛泽东文艺思想，如现实主义文艺观和典型论、如"百花齐放，百家争鸣"的发展文艺与科学的"双百"方针，等等。（4）是指马克思主义美学。"马克思主义"不是一个简单的公式，不是一成不变的教条。在这里，它包含一整套文艺理论的科学体系，是发展的有生命力的能够解释各种文艺现象和文艺问题的完整学说。

有道是：马克思主义是观察事物的望远镜和显微镜。冯先生在《红楼梦》的评论发生变革的时代，头脑清醒，目光如炬，识力非凡，本身也是受益于马克思主义的魅力和威力。

二、定力：考验挑战与发展机遇

坚守"用马克思主义研究《红楼梦》"的文学批评方法和指导原则，在学术实践活动中遇到了各种思潮涌起的挑战和考验。这里说的"各种思潮"，既有标新立异与时俱进的新思潮的时时涌现，又有乔装打扮改头换面的旧思潮的沉渣泛起。正确的、科学的新思潮的出现，在扩大了《红楼梦》的研究视野和领域的同时，对"用马克思主义研究《红楼梦》"的研究方法，能否适应新的学术环境，能否迸发新的学术活力，能否超越各个学派和各种研究方法，处于主流红学的领军地位，继续推动红学的全面发展，不只是一个检验，也是一个考验。而有些难于与学术为伍的旁门左道，也打着漂亮的旗帜，掀起一股股"学术"浊流和"文化"闹剧，影响着主流媒体、大众舆情和话语世界，污染着学术生态环境，挤压着学术生长空间，使新时期红学不能健康发展。

在接二连三的考验和挑战面前，冯其庸先生突出重点，抓住要害，从"研究方法"这个根本问题切入，实事求是、有理有据、辩证科学地回答了怎样评价"毛泽东评红观点"、怎样评价"新红学"的考证、怎样对待新出现的各种研究方法和学术流派等迫切需要回答的问题，在红学风雨中坚守着正确的学术立场，从而体现出他那"咬定青山不放松"[9]的坚韧精神和学术定力！

（一）怎样评价"毛泽东评红观点"

"用马克思主义研究《红楼梦》"的研究方法，不仅为毛泽东所首倡，而且为毛泽东将其推向红学界、文学界和思想文化界。毛泽东并身体力行，将其娴熟地运用于《红楼梦》评论实践，产生了一系列"评红观点"。20世纪80年代之初，质疑"用马克思主义研究《红楼梦》"的文章，首先把注意力倾注到质疑、批判乃至颠覆"毛泽东评红观点"上。限于当时的历史条件，这个问题有相当的复杂性：一方面，毛泽东的评红谈话传播形式特殊，有正式公开发表的，也有只在内部相关人员中传达的，也有纯属个人私下传抄的，有些观点又与"四人帮"的"帮红学"的某些内容搅和在一起；另一方面，揭批"四人帮"与反对"现代迷信"的政治运作，又使曲解误读"毛泽东评红观点"的行为有了某种"合理的""适宜的"借口和时机。在这样的红学生态背景下，冯其庸的评价"毛泽东评红观点"，可说既大胆敢为，又小心慎行；既着眼大处，又着手细处；既凭学术勇气，又靠学术底气。

他的办法是具体情况具体分析，这正是唯物辩证法的基本点之一。他认为毛泽东对于《红楼梦》的许多讲话，有几种情况要区别。（1）就讲话内容来说，有的是针对《红楼梦》本身及其有关的问题讲的，这是名副其实关于《红楼梦》的讲话；另有一种是引用《红楼梦》的语言、人物、情节来说明别的问题，不是谈《红楼梦》本身。（2）就讲话发表的形式来说，一种是形成了正式文件，并公开发表；另一种是没有形成正式文件和公开发表，只是私下传抄着。（3）内部传达也有两种情况：一是周恩来总理传达的，这当然可信，与其他传抄的东西也有区别；二是经江青或"四人帮"传出来的，且加进了"帮红学"的内容，不能与周恩来总理传达的讲话混为一谈。在具体分析有所区别之后,冯其庸判断:只有正式发表的关于《红楼梦》的讲话或文件,才可以作为毛泽东对《红楼梦》的正式意见,而"文化大革命"中私下传抄的文字,即使确实是毛泽东同志讲的,也还不能把它与正式发表的文件一样看待。应当说,这是较早对毛泽东红学文献的清理所得出的正确结论。

在对毛泽东红学讲话内容和传播形式做了辩证的具体的分析之后,冯先生又从"公开发表的正式文件和群众传抄的抄件"两个方面讨论了"毛泽东评红观点"的是非曲直。在"公开发表的正式文件"中,他认为有三件是正确的,是起积极作用的。"我认为一九五四年十月十六日毛泽东同志《关于〈红楼梦〉研究问题的信》,仍然是一个很重要的文件。在这封信里……四点原则性的意见,即批判唯心主义,提倡用马列主义研究古典文学,研究《红楼梦》,提拔新生力量,团结知识分子,这四点基本精神,我认为现在来看,也还是正确的,在当时也是起了积极作用的。""第二个文件,是一九六二年一月三十日《在扩大的中央工作会议上的讲话》,这个讲话里关于《红楼梦》的一段(即关于《红楼梦》的作者曹雪芹的生活时代、出现大观园里小说人物的社会背景、乾隆时代已经有了一些资本主义生产关系萌芽但还是封建社会的谈话——引者注)","是讲得很深刻的,富有启发性的"。"是马克思主义的精辟见解,是对曹雪芹这个作家,曹雪芹的时代以及贾宝玉这个艺术典型的高度概括的纲领性的论述,它对于我们研究《红楼梦》来说,具有很高的指导意义""毛泽东同志正式发表的第三个文件,就是《论十大关系》,其中有一段话"(即那段著名的关于"在文学上有部《红楼梦》"的讲话),"毛泽东同志把《红楼梦》与我国的地大物博、人口众多、历史悠久等并列起来,这是对《红楼梦》的空前的高度评价。"[10]

在"群众传抄的抄件"中,冯其庸先生讨论了四个问题,即四个"毛泽东评红观点":关于"政治历史小说"的提法,关于第几回是纲的问题,关于隐真用假爱情掩盖政治问题,关于四大家族兴衰史,形象阶级斗争史的提法问题。对这四个流行时间较长,传播范围较广,经常被评红文章暗引明提的"毛泽东评红观点",冯其庸先生不仅仔细梳理了它们的源头出处,而且摆事实,讲道理,条分缕析,层层剥笋,理从事出,论从史来,予以公正客观的评说,廓清了笼罩其上的种种迷雾,还其本面真容。

如"政治历史小说"的提法,冯其庸认为"是不妥当的"。并指出它出自时由"四人帮"控制下的《红旗》杂志和受其影响的《北京日报》的评论文章。也就是说,这里可能有误抄误传的成分。毛泽东两次提"政治小说"、三次提"社会历史小说",却没有提过"政治历史小说"。被捉刀代笔写文章的人,把毛泽东《红楼梦》是"政治小说"与"当历史读"两个提法混淆在一起了,混搭成"政治历史小说"的提法。冯其庸进而指出:虽然"政治历史小说"的提法"不妥当"，但是其中包含的"把《红楼梦》当作历史来读"的提法是完全可以的。他为此举了中国清代学者章学诚说"六经皆史"的例子，又举了恩格斯读巴尔扎克《人间喜剧》的例子，列宁读托尔斯泰作品的例子，以及我国当前的经济史家们在讨论到明代的资本主义萌芽时经常引用明代小说《醒世恒言》和《金瓶梅》里反映社会现实内容的例子，说明把《红楼梦》当作历史来读是可以理解的。第二、第三、第四个观点，冯其庸也洞幽察微，给予入情入理、全面深入的辨析和阐述，作了正面肯定。上述这些毛泽东的评红观点，既是"用马克思主义研究《红楼梦》"的首批学术成果，也是贯彻"用马克思主义研究《红楼梦》"指导原则的理论支撑点。冯先生的辩证分析，回应和纠正了对"毛泽东评红观点"的曲解误读、胡乱批判和盲目否定。

（二）怎样评价"新红学"的考证

这是坚守"用马克思主义研究《红楼梦》"研究方法的题中应有之义。从20世纪20年代初到40年代末，是"新红学"考证法风靡红坛的时期；从20世纪50年代初到70年代中后期，考据术虽然也偶尔被使用，但"烦琐考证"的帽子使其背上沉重的包袱。70年代末与80年代初，随着思想界学术界研究方法的反思调整，"如何评价'新红学'的考证法"这个课题，迫切需要科学的回答。

"春江水暖鸭先知"，为校注《红楼梦》文本而致力于曹雪芹家世考证的冯其庸，首先做出反应。早在1979年7月，他在为《逝川集》写作序言时就明确指出："文学史的研究过程中，离不开考证，我认为应该为考证工作恢复名誉。其实，考证是一种手段，是学术工作上的调查研究，是研究工作的第一步。过去常常把考证工作与'烦琐'两字联系在一起，似乎凡考证必'烦琐'，其实何尝是如此。考证就是调查，在调查一件事情的来龙去脉的过程中，要绝对避免烦琐，也是很困难的。如果烦琐的结果而弄清了问题，解决了问题，这总比说空话要好得多。"[11]这段论述，提议"为考证工作恢复名誉"，无疑是适时的、正确的；为"烦琐考证"辩白，也消解困境，恰到好处。而其中提出的"考证是学术工作上的调查研究"这个命题，意义更为重大：它把考证提升到以辩证唯物论的认识论为理论基础的调查研究方法的高度，这是对"考证法"精髓与合理内核的吸纳。

过了两年，冯先生对这个问题的思考探索更趋于理论上的成熟。他在《关于考证》这节文章中，对"考证"做出了马克思主义的诠释：

> 考证应该区别马克思主义的历史唯物主义的考证和资产阶级主观唯心主义的考证。对于前者，我们要大力提倡，始终坚持，对于后者我们可以承认他们取得的经

过实践检验肯定了的成果或结论，因为封建阶级和资产阶级的历史科学包括他们的考据学，也做出了他们的不可低估的成就，这些成就之所以取得，是由于他们在一些具体问题上坚持了实事求是的精神。因此对于被实践证明是正确的某些结论，我们不应该站在偏狭的立场上盲目加以排斥。但是作为一种思想体系，作为一种方法论，我们应该抛弃主观唯心主义的思想方法，抛弃那种先有结论后找材料，用片面的材料去强证事先设好的结论的这种主观唯心的考证方法。我们应该提倡实事求是，充分掌握材料，用历史唯物主义的观点对材料进行分析，从客观材料中经过科学分析得出科学结论的这种马克思主义的历史唯物主义的考证方法。[12]

中国学术史上，清代出现了乾嘉朴学考据派，其理论基础即是汉儒倡导的实事求是，因此在其指导下出现的学术成果具有相对的真理性。20世纪20年代出现的"新红学"考证派，其学术理念即是乾嘉朴学考据法加上西方哲学家杜威的实验主义，在其指导下出现的学术成果亦具有片面的真理性。20世纪60年代中期，毛泽东曾经说过："胡适的看法比较对一点。"[13] 显然是对"新红学"考证派片面真理性所作的肯定。冯先生在提出和肯定"马克思主义的历史唯物主义的考证"（唯物史观的考证）新概念的同时，评价了封建阶级和资产阶级的考据学，也做出了不可低估的成就。这个评价是客观的、公正的、有眼力的。

冯其庸对"考证"方法的再评价及其吸纳其合理内核，体现了对"新红学"的"考证"采取了哲学上的扬弃态度，而不是简单的抛弃态度；体现了在批判中继承优秀传统文化的文化理念；体现了马克思主义研究《红楼梦》方法对历史经验的兼容性和开放性。这样做，不只是简单的应对挑战，同时也使马克思主义研究《红楼梦》方法丰富了内涵，更具有学术活力和生命力。

（三）怎样对待新出现的研究方法和红学流派

改革开放以后，随着观念的更新，东西方文化交流得以拓展，《红楼梦》研究方法也呈现出多元化的态势。比如心理分析、比较研究、原型研究、叙事研究、接受研究、"方法—观念"研究、"文本—文献—文化"研究、"e时代"红学考据等，可谓纷至沓来，目不暇接。曾经有人喟叹：过去是"江山代有才人出，各领风骚数百年"；现在是"江山时有新论出，领得风骚没几天"。有迷惑于此者，对传统研究方法，无论科学与否，或谓"过时"，或谓"保守"。主张"放弃"者有之，主张"另寻门径"者有之。红坛随时立帜树旗，这客观上也是对坚守"用马克思主义研究《红楼梦》"的一种考验。

冯其庸先生"坚守"而不"保守"。对新出现的、具有科学性的研究方法，哪怕它是只能解决红学部分问题的具体方法，也一概采取"拿来主义"而兼收并蓄，为我所用。如对比较研究法，他如是说："在研究《红楼梦》时，应该把与《红楼梦》同时代的其他作品拿来做参照，其中尤其值得用来参照的是《儒林外史》。《儒林外史》的写作时代几乎与《红楼梦》完全相同。而书中反科举，反八股，反封建礼教，反妇女殉节，反社会的假道学、假名士等，几乎都是与《红楼梦》相通的，我们可以用《儒林外史》来印证《红楼梦》，从而可以看出两书所反映的共同时代特征。不仅如此，比曹雪芹略早一些的蒲松龄的《聊斋志异》，也值得拿来做比较，其中有关婚姻爱情问题，反科举八股问题，揭露社会黑暗，批判封建政权的残害人民等，其精神都是与《红楼梦》相通的。通过比较，也可以看出从康熙到乾隆时社会共同的连贯性的问题。"[14]

近四十年红学研究中，出现了许多红学分支和不同流派。以往，人们比较熟悉的红学分支如曹学、脂学、版本学、探佚学等，屈指可数；而这些年新出现的红学分支多起来，如红楼文化学、红楼影视学、红楼改编学、红楼翻译学、红楼美学、红楼诗学、红学史、红学学案、红楼文献学、红楼应用学（红楼管理、红楼美食、红楼医案、红楼工艺、红楼园林、红楼植物），等等。冯先生的态度是将其纳入"百家争鸣"的范围内，给予马克思主义的观照和指导。早在三十多年前，他就明确地说："我们提倡马列主义，但也欢迎各种不同学术观点的相互探讨，欢迎各种不同的学术流派的竞赛和发展，决不搞'一言堂'，要认真贯彻学术民主和百家争鸣的方针。我们应该好学深思善于听取不同意见，甚至要有帮助不同意见发表和自己讨论的气度和胸襟。"[15]《红楼梦》的研究方法不是一成不变的，它在坚持不懈地运用科学的、有生机的传统方法的同时，也在与时俱进，不失时机地采用新的研究方法。这使其指导能力和学术生机本身，也得到了充实和提升。

随着文化生态情势的变化，红学研究中也遇到了一些被称之为"红学闹剧"和"红学乱象"的问题。如"太极红楼梦""新索隐派""作者非曹"派（据统计，除曹雪芹之外的《红楼梦》作者已被"考证"出七十多人），等等。对如此非学术性的喧闹和乱弹，冯其庸先生采取了毫不含糊的批评抵制态度，以维护"用马克思主义研究《红楼梦》"的科学性和红学健康发展的学术环境。如在山东莱阳全国第七次《红楼梦》研讨会（1994）开幕词中，他开诚布公地批评了红学研究中的荒谬学风："应该对红学研究中弄虚作假、毫无根据的乱立新说，甚至完全违背事实，专门为追求经济利益而说假话、造假证的荒谬学风进行批评，号召大家要与这种谎言和邪说作斗争。"他举了两个例子："诬称刘铨福伪造脂本和妄论程甲本是最早最真的《红楼梦》本子"和"篡改曹雪芹的家世，剥夺曹雪芹对《红楼梦》的著作权和妄称《红楼梦》的原始作者是丰润曹渊"。他接着批评道："他们的文章，尽管报刊上大肆宣传和吹捧（两者宣传的热度几乎相等），但除了说假话以外，没有什么真正的研究成果。"冯先生还尖锐地指出："有些人，利用'百家争鸣'这个正确方针，来为弄虚作假打掩护，他们居然把说假话、编假材料也作为'百家'中的一家，党风、学风、文风被某些人在某些范围里已破坏得够严重的了，难道这还不值得与之抗争，不值得仗义执言吗？对于种种歪论，我们不能退让，我们要为真理而争，要为扫除谬论而争，要为广大的青年读者，为广大的读者群不受蒙蔽而争！……希望大家不要掩蔽自己所涵藏的真理之光而一任邪说横行！"[16]请注意，冯先生在批评荒谬学风时，明确区分了"百家争鸣"方针与"一任邪说横行"的不同性质和作用，并指出其与红学发展的利害关系。这在动辄指责"思想僵化"的当时，既需要思想敏锐，更需要学术勇气！

"任凭风浪起，稳坐钓鱼台。"正是在维护"毛泽东红学观点"的学术搏击中，在对"新红学"考据法的有取有舍中，在对各种新出现的研究方法和学术流派的存真去伪中，冯其庸先生不仅坚守了"用马克思主义研究《红楼梦》"的研究方法，而且为其赢得了发展机遇，丰富了内涵。他的实践再次证明：真理的燧石，只有在敲打中才能迸射出灿烂的光芒。

三、活力：知行统一与一以贯之

冯先生是"知行统一"论者，他把对新时期红学研究方法的理解，一以贯之地贯彻到自身乃至红学界持续不断的红学研究事业中去。"用马克思主义研究《红楼梦》"不再是一句空洞的口号，而是长期坚持的实际行动。为此，他做出了令世人瞩目的学术业绩。举其荦荦大者，可列四个方面。

（一）思想性与艺术性的共同研究

《红楼梦》本是中国古典长篇小说中艺术性思想性"日月双璧照乾坤"的巅峰之作。毛泽东在20世纪70年代前期就曾经断言："中国小说，艺术性、思想性最高的，还是《红楼梦》。"[17]不管毛泽东是有意的还是无意的，是刻意的还是随意的，他不仅将艺术性、思想性并举，而且把艺术性置于靠前的位置。这说明至少在毛泽东意识中，《红楼梦》的艺术性和思想性都是"最高的"；评论《红楼梦》，二者不可偏废。但是，在20世纪50年代中期至80年代之初的实际运作中，思想性的研究往往为人所重，成果亦丰；艺术性的研究则往往被边缘化，论文很少，专著几无。因此，对"用马克思主义研究《红楼梦》"持疑义者，常以"重思想研究，轻艺术研究"相诟病、相责难。对于思想艺术两方面研究的失衡，冯其庸先生早就关注到了。1981年他就指出："对于《红楼梦》的思想内容的研究和艺术成就的研究，既是整个《红楼梦》研究的中心问题，也是红学的主要内容。"[18]对思想内容的研究成果，他在《论红楼梦思想》一书中做了系统全面的概括，这也是他的代表作。他的主要结论是："《红楼梦》的民主思想，已是具有新的资本主义萌芽性质的民主思想，尽管它还是初期的极幼稚的，但它与封建的民主思想是有质的区别的，是不能混淆的。正因为《红楼梦》的思想是属于资本主义萌芽性质的初期的民主思想，所以它具有历史的进步性，它在中国的几部古典名著中具有特殊的地位。"[19]

关于艺术成就方面的研究，当时（1981）冯其庸先生坦率地承认"这方面的研究，我们至今还是一个薄弱环节，比较起来，比起其他方面的研究，要差得多"。冯先生是在论证"用马克思主义研究《红楼梦》"的背景下来检讨的，他那种承认不足、弥补不足的态度是明确明朗的。随即，他规划说:《红楼梦》的典型创造、结构布局、语言艺术、艺术风格、现实主义特色、与传统文学的继承和革新等方面，"都需要我们努力去研究它"，以总结其艺术成就和创作特色。接着，他还就《红楼梦》的人物创造和情节结构展开了具体论述。最后，冯先生强调:"《红楼梦》的艺术成就，我们是要花工夫去研究的，但我们必须沿着正确的方向去研究它，必须用马列主义的文艺理论去研究它，必须实事求是地去研究它，总结它的丰富的艺术经验。只有这样，我们的研究才能取得丰硕的成果。"[20]

从那时起，他为《红楼梦》的艺术研究，倾注了太多的心血。重要论文如《醉里乾坤大 ——论〈红楼梦〉的情节和细节描写》、《清代的评点派红学·关于〈红楼梦〉的艺术描写》、《深刻的思想，激烈的冲突 ——〈红楼梦〉第三十三回分析》、《红楼梦概论·难以企及的艺术典范》等，纷纷而至。邸瑞平的《红楼艺术撷英》、周中明的《红楼梦 ——迷人的艺术世界》，他分别为之作了艺术点拨分量很重的序言。

进入21世纪，冯先生已八十高龄，且年老多病。但他"老骥伏枥，志在千里"[21]，为圆"艺术研究"学术之梦而振奋余勇，继续披挂出征，开始了《瓜饭楼重校评批红楼梦》这项可谓之"重要红学工程"的研究工作。"重校评批"着眼于《红楼梦》研究的多个侧面：书写技巧的全面梳理，思想价值的深层挖掘，脂批精髓的拣选摄取，红楼本事的原型展露，版本流变的传播影响，前人评点经验的古为今用，甚至评点语言的古韵今风，招招式式，皆可为楷模范例。而我还觉得，此中更突出的是以欣赏的笔调，对《红楼梦》艺术经验和美学内涵的全面总结。李广柏先生评价《瓜饭楼重校评批红楼梦》说：“总的来看，全书的'评批'还是侧重于小说艺术，如人物刻画、谋篇布局、情节结构、描写技巧、文笔文辞等方面。”[22] 这个概括抓住了冯氏“评批”的侧重点和主要方面。

从“艺术研究”角度简略回顾当代红学史，冯其庸先生《瓜饭楼重校评批红楼梦》和先前李希凡先生的《红楼梦艺术世界》、段启明先生的《红楼梦艺术论》、邸瑞平先生的《红楼艺术撷英》、周中明先生的《红楼梦——迷人的艺术世界》等书出版问世，艺术研究是“薄弱环节”的忧虑可以消解了。责难“用马克思主义研究《红楼梦》”“重思想轻艺术”的话头，恐怕也只有“单于夜遁逃”一途可走啦。

（二）曹雪芹家世生平研究的大幅进境

冯其庸早期的红学专著《曹雪芹家世新考》，无疑是一部考证性著作。但冯其庸的考证与“新红学”的考证，既有联系又有区别。冯先生怎样定义考证，本文前面已有详论，此处不赘。他的考证是“唯物论的考证”。在冯先生的脑海中，这个观念是很牢固的。1978年9月，为《曹雪芹家世新考》作《后序》的杨廷福先生写道，“'科学的态度是实事求是'，必须从事实出发，充分地占有材料，这是稍具有马列主义观点的人都知道的”。“其庸同志治学严谨，据《五庆堂重修曹氏宗谱》，参证大量文献和实物，考定曹雪芹的籍贯，为我们坚持马克思主义的科学态度，实事求是地研究方法提供了一个样式。”[23] 杨廷福揭示的恰恰是冯其庸考证成功的根本原因：坚持马克思主义的科学态度和实事求是的研究方法，即“唯物论的考证”。

冯其庸还把文献调查与田野调查结合起来，使考证结果准确无误。多年来，于翻阅资料外，他多次不避风雪载途，炎暑蒸人，到辽沈地区寻访有关曹雪芹上世的碑记石刻，到河北省涞水县山区访问“五庆堂”曹氏祖墓，到京东通州张家湾目验、拍照、鉴定“曹霑墓石”……这使他有众多发现，形成众多证据确凿的不刊之论。如他考定曹世选令沈阳有声，曹振彦为多尔衮属下旗鼓牛录章京，《五庆堂重修曹氏宗谱》上有三十人于正史、文献有载，曹雪芹祖籍辽阳（后迁沈阳），曹雪芹书箱为乾隆时期旧物真品，曹雪芹墓石并非伪造，等等，皆详举“证据链”，逻辑严密，言之凿凿，结论服人，为众多学者采信。

运用“唯物论考证”法，使冯其庸对胡适“自传说”也有了新的认识，吸取其某些合理的成分。从思想体系、思想观念上来衡量，他拒绝“自传说”，认为是唯心论的荒谬结果。但是，冯其庸承认一个基本事实：曹雪芹撰著《红楼梦》，把个人身世、曹家和李家（李煦）家世的一些故事作为创作素材，熔铸到小说的情节当中去了。他撰写的论文《曹雪芹的祖籍、家世和〈红楼梦〉的关系》（2002）与《曹、李两家的败落和〈红楼梦〉的诞生》（2007）等文章，详细周到地阐述了这个问题。从学理上说，胡适派"自传说"的错误是把文学的"创作素材"误判为"自传史实"；冯其庸则把书中隐写的家世生平故事，还原为"创作素材"，这对正确认识曹雪芹、正确认识脂批的丰富内涵，正确认识《红楼梦》的创作过程、思想层次及其艺术经验，都有价值，使得曹雪芹生平家世研究取得大幅进境。

（三）辩证评价红学史上主要学派

冯其庸在评价红学史上主要学派时，所以能慧眼独具、科学准确，就在于他掌握了唯物主义的历史观和辩证分析的方法论。冯其庸对考证派的辩证分析，前文已论述，这里只谈他对清代评点派和毛泽东红学的科学评价。

清代评点派历史悠久，评点家众多，流传下来的著作多达十几种。冯先生用十余年的时间梳理资料，研究理论，不仅校订出版了厚厚三大册《八家评批红楼梦》一书，而且撰写了《清代的评点派红学》数万字的长篇学术论文。由于评点家的社会背景不同，思想观点各异，所以对《红楼梦》褒贬臧否歧义纷呈。冯先生在杂乱无章精芜并存的评语中去伪存真，理出头绪，从十一个方面（如作者、"总纲"、结构层次、人物论、艺术描写、发愤著书说和自叙说等）展开研究和评论，这些方面可说多是评点派的精华议论，总结出来，足以启迪后人。冯先生的结论是："应该给评点派红学以应有的历史地位，应该重新评议评点派的红学，应该让我们的先人们创造的非常有效的评点派的文学批评方式得到继承和发扬！"这个思维成果，也是推动冯先生撰写《瓜饭楼重校评批红楼梦》一书的动因和动力。

评价毛泽东红学，面对的难题更为棘手，可说令人左右为难、进退维谷。持否定论者，或曰"一场浩劫"，或曰巨大"灾难"。促成这种红学现象的原因之一，是毛泽东红学出现较晚，历史沉淀的时间较短，有些事情的本来面目还不清晰。当然，也有一些论者剑走偏锋，说了一些不合逻辑有违历史的话。即便如此，冯先生还是娴熟运用具体情况具体分析的"解剖刀"，在一团乱麻中迅速理出头绪。如对1954年"批俞评红"大讨论，他分析说："五十年代大陆上兴起的对'新红学'的'批判'，同当时的政治、文化环境密切相关。撇开那场'批判'的政治因素和政治上的负面影响不谈，单从学术角度来看，那时注重《红楼梦》的社会历史价值，强调其反封建的内容，使人们对这部小说的认识换了一种眼光，并引起更多人对红学的关注，这也很有意义。然而，六十年代以后，由于学术思想的渐趋禁锢，某些观念在很长一段时间紧紧束缚了《红楼梦》研究者和读书人的思维模式。"[24] 这就说清了"批俞评红"大讨论中的是非曲直。

冯其庸评价红学史上的主要学派，有几条经验值得指出：（1）把问题摆到当时的历史环境中去，不搞混淆历史阶段的"一脉相承"。（2）具体分析是非曲直，是其所是，非其所非，指出正中之误与误中之正，不搞混淆事物性质的"一刀切"。（3）保持独立思考的学术品格，敢于"逆风起飞，逆水行舟"，探索学术前沿性课题，鄙视"跟风"走，不搞放弃原则的"一面倒"。这几条经验显然是马克思主义原则在实践中具体化的结晶。

（四）"红学基础建设工程"的组织和实施

冯其庸先生信奉的马克思主义科学研究的一条基本原则是：研究必须详细占有资料。为此他的付出也许比别的研究工作大许多倍。

毛泽东在论述克服主观主义，从客观实际事物中引出规律以指导行动时说，"要像马克思所说的详细地占有材料，加以科学地分析和综合地研究"。"不凭主观想象，不凭一时的热情，不凭死的书本，而凭客观存在的事实，详细地占有材料，在马克思列宁主义一般原理的指导下，从这些材料中引出正确的结论。"[25] 晚年的毛泽东在强调党的文艺政策应当调整时说："已经有了《红楼梦》《水浒》，发行了。一两年之内逐步活跃起来，……人民不看到材料，就无法评论。"[26] 可以毫不夸张地说，详细地占有材料是科学研究的"铁则"。

为研究收集整理资料，让人民和研究者"看到材料"——冯其庸先生将后半生绝大部分精力投入到为此目的而组织和实施的一系列重大红学实践活动中去了。将这些活动称之为"红学基础建设工程"，并非笔者故作惊人语，而是这些活动和工作确实达到了这个层次，具备这个性质。笔者粗略统计一下，冯先生在四十余年的时间里，主要由他倡导、组织、实施的"红学基础建设工程"达到五项之多：（1）《红楼梦》新校注本。耗时七年，1982年首版后，经过1996年和2008年的两次修订，至今发行超过400万套。（2）《八家评批红楼梦》。历经十余年校理编定，出版后成为研究清代评点派必备工具书。（3）《曹雪芹家世·〈红楼梦〉文物图录》。1983年版收图版732幅，5万考证文字，图文并茂，可作研究曹雪芹生平、家世和《红楼梦》创作的史料书用。（4）《脂砚斋重评石头记汇校汇评》。前后用十三年的时间，将十三种《红楼梦》早期抄本正文和脂批汇集对排，成三十册。一卷在手，《红楼梦》抄本情况一目了然。（5）《红楼梦大辞典》。编纂者多达二十余人，费时六年，一百六十余万字，是阅读和研究《红楼梦》的基本、权威工具书。

万丈高楼平地起，这些"红学基础建设工程"是红学大厦的牢固地基，是红学发展的前进基地。仅仅用"嘉惠学林"等赞语来诠释它们的价值，已觉得分量太轻。可借用一句经济学的术语来形容它们的作用，就是多少新的红学"增长点"将由此诞生！

四、接力：承前启后与继往开来

冯其庸先生大半生的红学实践，半个多世纪的历史检验，证明"用马克思主义研究《红楼梦》"是科学的充满生机的研究方法。运用这种方法，能够历史地、全面地、辩证地来认识曹雪芹这颗超绝千古的文坛巨星；能够完整地、系统地、科学地来解释《红楼梦》这部百科全书式的文学巨著；能够量多质高地取得学术研究成果，使红学事业健康地发展，大幅度地前进。

冯其庸先生大半生的红学实践，半个多世纪的历史检验，证明他是当代红学的中坚柱石，是红学这支队伍的领军人物。学术上，他是"千手观音"，对红学主要分支都有可圈可点的学术成果，是著作等身的一代通才，是不可多得的红学研究家；组织上，他"运筹帷幄，决胜千里"，谋划和实施了多起"红学基础建设工程"，运作和主持了许多红学学术活动，是事功显著的一代帅才，是学术风雨磨砺出来的红学组织家。可以说，他承前启后，完成了他那一代人应该承担的红学使命。

纪念冯先生，最重要的当然是继承他的红学事业。像他说的那样，"在学术上，我们要继承前人的接力赛，自觉地去接过前人手里的火炬"。而这把火炬的"能源"，正是"用马克思主义研究《红楼梦》"！冯先生具有充沛的红学自信，也具备清醒的红学自觉。他曾经这样谈到红学的"继往开来"问题：

> 应该认识到我们的"红学"正处在"继往开来"的时代——一个学术上崭新发展的时代。继往，就要"不薄古人"。哪怕有一点点前人做出的可取的成绩，都不应该任意抛弃；开来，就要求我们必须有努力学习的勇气、认真实践的勇气和在学术上开创新局面、提出新问题、做出新结论的勇气。[27]

薪火相传，继往开来：继冯先生坚守和践行"用马克思主义研究《红楼梦》"之往，开红学新天地、新境界之来，创造红学新局面、新业绩！这是我们纪念冯其庸先生最该做好的事业。

注释

[1] 董志新:《毛泽东读〈红楼梦〉》,万卷出版公司2009年版,第420页。

[2] [3][4][5][6][7][8][10][12][15][18][20][24] 冯其庸:《关于当前〈红楼梦〉研究中的几个问题》,《北方论丛》1981年第2期。

[9] 《板桥诗抄·竹石》。

[11] [16] 叶君远:《冯其庸学术简谱》,青岛出版社2012年版,第114、161、163、188—190页。

[13] 《毛泽东文艺论集》,中央文献出版社2002年版,第209页。

[14] 冯其庸:《解读红楼梦》,《解梦集》,文化艺术出版社2007年版,第5页。

[17] 中共中央文献研究室编:《毛泽东年谱(1949—1976)》第六卷,中央文献出版社2013年版,第480页。

[19] 冯其庸:《我与〈红楼梦〉》,《敝帚集 ——冯其庸论〈红楼梦〉》,文化艺术出版社2005年版,第39页。

[21] 《曹操集·步出夏门行·龟虽寿》。

[22] 李广柏:《红学史》,广东教育出版社2010年版,第684页。

[23] 冯其庸:《曹雪芹家世新考》,上海古籍出版社1980年版,第384、396页。

[25] 毛泽东:《改造我们的学习》,《毛泽东选集》第三卷,人民出版社1982年版,第799、801页。

[26] 毛泽东:《党的文艺政策应当调整》,《毛泽东文集》第八卷,人民出版社1999年版,第443页。

[27] 冯其庸:《红学的展望 ——邸瑞平〈红楼艺术撷英〉序》,《红楼梦学刊》1986年第2辑。

本文原载于《红楼梦学刊》二〇一七年第四辑

本文作者：白山出版社原总编辑、编审

追忆恩师冯其庸先生

崔川荣

我与冯老相识始于1991年秋，是我先写信去说：有关曹雪芹的生年，近日发现一条新的线索，其生日应为康熙五十五年（1716）五月初八。如先生有兴趣，我愿意写出来并望赐教。信寄出之后我便后悔了，毕竟我没有写成文章，如此简单的做法，想必冯老不会理睬我的。没想到8月25日便收到了回信，令我惊喜意外。信中写道：

> 您提出的曹雪芹的出生年月日，我希望您能写成文章，如确有根据，那是一件大好事，您不要有顾虑，也无需谦虚，学问就是要实事求是，您的见解对，大家就只能尊重，承认，因为这是客观真理。但现在因未见到您的论述，就无法判断是对还是不对。如您写出文章可寄我，我八月卅日去上海开会，住天马饭店，也可以面谈……

按照约定的地点，我第一次见到了冯老，他叫我挨着床坐在椅子上，自己便坐到床头。彼此问候几句便进入了正题，我说，甲戌本第一回上的"甲午八日泪笔"一条落款，不是"年"与"日"的表示，而是"月"与"日"的关系。随后我用命理知识向他叙述整个推考过程。冯老听的时候似乎没有什么表情，等我说完才摘下戴着的宽边眼镜，问我："你说的'命理知识'在什么书上？哪里出版的？靠得住吗？"我一一回答之后才见他点点头。临别时，冯老又一次叮嘱我要尽快写成文章。后来我才知道，就在这次上海召开的红楼文化恳谈会上，冯老向与会人员介绍了我对"甲午八日泪笔"的看法。同年9月，我给冯老寄去了写好的论文《曹雪芹生年被埋没的原因——辩"甲午八日泪笔"》，10月3日即收到回信：

川荣同志：

　　您好，您的文章我已读过，我觉得您提出了一个新的思路，对研究这个问题是有意义的，您的分析我认为有一定的道理。我原先推测曹雪芹生于康熙五十四年，与您的推测只差一年。总之，五十五年是接近真实的一个推算。您的文章末尾我帮您改了几句话。主要是说曹雪芹的年龄，实龄五十六岁（笔误，应为"四十六岁"）有馀，虚龄五十七岁（应为"四十七岁"）。按旧时习惯都是以虚岁算的，所以可以说曹雪芹活了五十七岁（应为"四十七岁"）。另外，您用的靖本材料没有加注，我帮您查对了周汝昌的书，加上了注。请您尽快寄一份您的简历来，谢谢，问好！

冯其庸九月二十八日

　　冯老查看的是周汝昌先生《红楼梦新证》中的《靖本传闻录》，可见那时他们的关系尚可，至少还没到比较僵的程度，因此把周先生的书找出来加注不足为怪。从这件小事也可以看出，冯老很看重这篇文章，不惜牺牲自己的时间来替我校补，太有耐心了。1992年《红楼梦学刊》第一辑上发表了我的第一篇论文《曹雪芹生年被埋没的原因——辩"甲午八日泪笔"》。后来在冯老的鼓励下，我又写了几篇文章，寄出去之后都能收到冯老的回信。现将1994年3月10日信件照抄如下：

川荣同志：

　　您好！很久不得您的消息了，常在念中，您的《曹雪芹卒年被怀疑的原因》一稿，我已读过几次。这稿是准备要用的，因为想安排在合适的时机。今年第三期或许可以安排。我一直感到您是很有研究能力的，肯这样下功夫的人不多，我因事忙，不能随时给您复信，请谅。但心里却常想着您的情况。希望您多写文章寄来，您还有一篇文章我也看过几遍，似还要商量。我定十四日到上海，住延安饭店（房号未定），不知能来一见否？我这次来是为刘海粟先生祝百岁大寿。我与海老多年好友，故应上海文化局之邀前来，希望能与您见面，不一一问好！

冯其庸三月十日

　　这次见面是在701房间，冯老告诉我："海老3月16日做百岁大寿，中外人士有500人前来祝寿。还有人想来，不能再邀请了。自愿来的人也很多，实在没办法接待了。海老目前正在家里静养，我后天才能过去。趁着来上海的机会，约你过来聊聊。"接下来他给了我一张亲自题写的名片，又从带来的大的旅行箱里翻出了我所写的《卒年》一文，说："你赞成'壬午说'是对的，文章从追查曹雪芹的行踪入手，言之有物，读起来比较轻松。"停了一会儿，冯老又随手拿出我寄去的有关《红楼生日》的文章，说："续书问题是个老问题，是不是曹雪芹写的，得拿出有力证据。你从红楼生日和年龄上去挖掘，不失为一种好方法，但还要多方位地去求证，所有证据都能汇集到一块儿，才有说服力，才会叫人相信。"随后又谈到了河北丰润新发现的曹鼎望墓碑，再从曹鼎望墓碑谈到了张家湾发现的曹雪芹墓碑的真假问题，冯老说："这次争论，你也可以参与进来。那碑上左下角刻有'壬午'二字，说明曹雪芹确实死于壬午年的最后一天。"我说等我回去以后收集资料，试着写一篇文章。后来确实也试着写过，但没能写下去，留下了一个遗憾。

这次拜访还得到一个信息：山东莱阳将举行一个《红楼梦》研讨会，我被列入了邀请名单。同年8月下旬，我赴山东莱阳参加第七届全国《红楼梦》研讨会。会议期间，冯老特地把我叫过去，送了我一本刚印出来的《曹雪芹墓石论争集》。同年9月，经张书才先生介绍，我被吸收为中国红楼梦学会会员。11月，我撰写的《曹雪芹卒年被怀疑的原因——辩"前数月伊子殇"》在《红楼梦学刊》第4辑发表出来。应该说从1991年到1994年，是我与冯老通信和见面较多的四年，也是我聆听教诲和得到鼓励逐渐走入红坛最美好的时光。之后我因撰写《曹雪芹最后十年考》，忙得昏天黑地，冯老那时也在忙自己的事，彼此联系渐少，但逢到除夕夜我总会打电话去问候，给他拜年，知道他身体不错便会十分高兴。

2000年9月下旬，冯老到上海图书馆举办"冯其庸发现·考察玄奘取经之路暨大西北摄影展"，我于28日上午从浦东赶过去与他见了面，他见了我给人介绍说："这是我的学生，上海的，多年没见了。"随即冯老送了我一本摄影集和一本《秋风集》，在《秋风集》的扉页上称我为"川荣红友"。因当时冯老还有事不便多说，遂约好次日上午9点碰头并给我写了一个地址："地铁教育培训中心，顾戴路751号，梅陇装饰市场旁"，下面是联系电话。29日上午，我带去近年来写的《曹雪芹最后十年考》提纲和部分书稿，请冯老提意见，先生见我一如过去仍在用功，潜心著书，填补了一个空白，大加赞赏，要我尽快把书稿整理出来。第一方案，在《红楼梦学刊》上发表，可以占用大量篇幅；第二方案，为我联系出版单位。我说手上还缺少一套庚辰本，修订书稿需要核对引用的批语。冯老当即说："回京我给你找找。"又问："曹雪芹墓地，你怎么写？"我想了一会儿说："曹雪芹死在西山，有可能葬在通州。"冯老要我说说理由，我说了两点：第一点，早几年发现了新的"芳卿悼亡诗"，对照原来书箱上的"悼亡诗"有异文，书箱上的最后一句是"竁岁何处葬刘郎？"意思是说，该将雪芹葬在哪里呢？新见诗为"欲奠刘郎望北邙"，意思是说，我想安葬雪芹却只能远望那墓地。如果曹雪芹死在西山，葬在西山，想必就不会这么说了。第二点，曹雪芹和他的儿子死于同一年，敦诚挽诗说曹雪芹哭他的儿子是在"故垄"，儿子刚死怎么可以说"故垄"呢？所以我怀疑"北邙""故垄"都代指曹家祖坟。冯老听完只说了一句：张家湾有曹雪芹墓石。

我知道冯老的意思，曹家祖坟就在张家湾，从曹家大坟里出土的曹雪芹墓石不会是假的。之后冯老对"新见悼亡诗"产生了兴趣，有几次在电话里也说起过，还说起过与"新见悼亡诗"有关的一个人物史震林及他写的《西青散记》。冯老说："从小就读这书，一直放在身边，走到哪带到哪，都能背出来了。等你以后有空了，也应该去读读，顺便查查那个姓史的作者有没有活到乾隆朝。"

2001年4月18日，就《"新见芳卿悼亡诗"》和新见北师大庚辰本等问题，我给冯老写了一封信，主要说了三件事：

> 第一件，洪静渊致端木蕻良的书信，载《文献》第十五辑（1983年3月书目文献出版社出版），惜我未藏，不能详告。《红楼梦研究集刊》第十二辑曾刊登过有关内容，略可补其缺憾。忆消息传出时，赵冈、高阳分别写了《曹雪芹的继室许芳卿》《许芳卿悼亡，曹雪芹未生》二篇文章，均发表于《联合报》。后来有叫刘宣的人去屯溪调查，写了《关于"新见许芳卿悼亡诗"的质疑》，载《文献》一九八五年第五期。为此我先后两次到上图查阅，均未找到《文献》借阅书号，估计已停刊……
>
> 第二件，《曹雪芹最后十年考》已交付打印……
>
> 第三件，据报载：上月北京师范大学图书馆发现了又一抄本，酷似北大所藏的庚辰本，惜未对批语情况略作介绍（想必朱眉也限定在十二至二十八回吧）。另查北大庚辰本上的双行批注有二处是用朱笔过录的，见二十六回，新发现的抄本是否相同？如先生掌握有关资料，很想尽快地知道一些……

收到此信后，冯老于4月30日上午来电话说："你要的庚辰本已寄出来了。"顺便又说："'新见悼亡诗'和'质疑'文章都登在《文献》上吗？如果是这样，《文献》那里的同志一直说要来看我，他们来了就能找到文章了。"

5月4日傍晚，我收到了冯老寄来的庚辰本影印本，毛边的，估计是印刷厂给的样书，里面夹了不少长长的细纸条，一看就知道是冯老用过的本子，夹上细纸条便于下一次迅速查找。我没来得及多看，便给冯老打电话连声说谢谢。他回我说："我不会打字，只能帮你这点忙了。希望你早点把书稿打印出来。"当晚我给冯老写了一封信，其中有这样一段话：

> 前告《旧雨晨星集》中"芳卿悼亡诗"刊《文献》第十五辑（1983年3月书目文献出版社出版），无误。此辑有端木老与发现者洪静渊的通信。又，《文献》一九八五年第五期载刘宣一文《关于"新见许芳卿悼亡诗"的质疑》，我至今还没有看到，如先生要查找的，可同时收齐，并望得到复印件一份。

5月14日，冯老电告收到此信，拟于6月上旬回无锡，届时邀我和季稚跃同往叙旧。6月9日中午，冯老又来电话约14日到无锡，二日后同回沪上。这次见面，我和季先生按约定的时间到无锡前洲镇住了一天，第二天上午才离开。因冯老和夏师母被亲戚留住，没能与我们一起回上海。这事后来还有一个小故事，有一位朋友问冯老，"您对川荣好到什么程度？"冯老回答："我给你说个事，我这个人一般不请人吃饭，但我回老家的时候请他吃过饭。"朋友说面子好大啊，冯老回："那你懂了。"

那天分手时，冯老对我说起出书的事，叫我放心，他会帮我联系出版社的，后来他在给我的信件中曾告诉我："前些时候，我与国家图书馆出版社推荐了您的书，他们很重视我的意见，但希望我审核……"后来黑龙江教育出版社要出一套红楼书籍，冯老便写了三四条推荐理由，才得以出版。

从无锡回来，我抓紧修改书稿并分批寄出，9月15日便收到回信：

川荣同志：

> 前寄大著早已收到，因患病不能看书，迟迟未复，甚歉。然心常念之。我患高血压并心脏病头晕眼花、不能看字。大著看过一部分，觉文字过简，一般人看不明白，如无抄本对照更不易理解。您考订向来缜密，我所极信，最好将叙述文字再加条达明白，以利大众阅读。我极望此书早修订完成出版，甚盼甚盼，不一一问好！宽堂冯其庸病中九月十五日望告我您的电话。我处电话：×××、××××××××。盼联系。

附页，用印有"瓜饭楼"的信笺写了两张纸，用毛笔书写：

北师大本我已去看过，但时间太匆促，大体如庚辰本。近日已将复印本送来，因北图将出影印本约我写序也。但我患病不能久看，至以为苦耳。《文献》所登资料，我拟试为您查找，你如能来北京，当可查阅甚多。又烧酒胡同与怡府相距甚近，我都调查过，我的《红楼梦图录》亦载。师大本脂眉文字抄写甚差，但正抄手文字颇好。您如能来，可在我处住数日细看复印本。您写给我的信文字极为流畅明白，书稿则太简，读者费解。匆匆不一一。又曹雪芹墓石曾注意否？此是极为重要之实物，来时亦可看到，匆匆再及。

宽堂九月十五日

这段时间，冯老身体时好时坏，平时大多电话联系，说得较多的是"新见芳卿悼亡诗"和新发现的北师大本，还有就是通州张家湾发现的曹雪芹墓石。记得收到此信后不久，冯老忽然有一天来电话说："连续几个灯下，用庚辰本对照北师大本复印本看了八九回，越看越觉得北师大本的字迹特别眼熟，后来找出己卯本的复印本，里面有许多陶洙补抄的地方，经过比较才发现原来北师大本是陶洙整理出来的一个本子，价值也就不大了。"至于曹雪芹墓石的问题，冯老还是保持原来的看法，认为不可能造假。但一度也有些纠结，只要病情有所好转便会跑到张家湾堆放众多石碑的地方，一一查看，总希望能找到新的材料。约在同时，冯老对"新见芳卿悼亡诗"发生了兴趣，或许也包含这个因素在里面吧。

在我的记忆里，冯老曾几次邀我入京，这次以书信形式相邀，我却因事脱不开身而没有前往，也没有在冯老生前去过通州芳草园二十五号，留下了一大遗憾。

2002年7月，上海图书馆喜庆建馆50周年，冯老应邀来到上海，住南京西路金门大酒店，刚到第一天便见了我和季稚跃二人（邱华东后到），送了我们一本新出的《论红楼梦思想》。那天话题比较多，曾说起与周汝昌一起到苏联看列藏本，也谈起卓琳到《红楼梦学刊》编辑部来过，之后受邀去做客的事。中间有一段时间是接受采访，我们只能静坐着观看。待到采访结束，冯老谈到《脂砚斋重评石头记汇校》的事，说：过去那个本子只校正文，没附脂评，给读者带来了诸多不便，这次要重新对十二个脂本做一次汇校汇评。他要季先生与他合作，并要求用毛笔书写出来。季先生欣然接受了这一工作。

临别时，冯老送我们到电梯口，我们叫他多多保重，把身体养好。他好似无奈地说：实在太忙了，有做不完的事，空下来还要评批《红楼梦》。真是一位闲不住的老人。

2002年7月31日，冯老来电话告诉我，文献出版社的人已经把光盘送来，找到了那篇《质疑》文章，现在已经打印好寄了出来，叫我注意查收。没过几天我便收到了一个文件袋，里面有六七页，我看完之后于8月8日给冯老写了一封信：

冯先生：

您好！寄来的复影件收到了，谢谢！《质疑》读了几遍，觉得有理。洪静渊造假的可能性很大，毕竟著者程琼死得早（约在康熙末年），很难想象会收录乾隆年间的诗。只是有一点还不明白，洪某同意吴恩裕先生的看法："认定曹雪芹死于癸未年无疑。"若伪造新见悼亡诗，小序中本应该写上"后三年，不幸士人卒"才对，为何偏偏写成"后二年……"结合书箱上的来看，"庚辰"年之"后二年"是壬午，符合"壬午说"；后三年才是癸未年，符合"癸未说"，此点又仿佛透露了真实信息。查玉勾词客吴震生活到乾隆三十四年，由他添入新见诗有没有可能？真是一个谜！但是不管真也好，假也罢，北京书箱上的悼亡诗是不容置疑的，两者不可混为一谈……

收到我的信之后，冯老来电话说："新见悼亡诗"之真假，并不影响曹霑墓石的鉴定。不管墓石是真还是假，都应该客观地去看，去鉴定，要对曹雪芹墓葬地点负责，对历史的本来面目负责。秦公曾撰文认为墓石是假的，我们仍然给了他优厚的稿费，并没有因为他有不同意见就心生怨气。据说秦公后来也说（好像说是在香港），这碑作为墓石来看不太像是假的，但没见到他写成文章。

2003年7月，冯老抱病为我的书写了序言。2004年10月中旬，我有幸参加了中国扬州国际红楼梦学术研讨会——纪念曹雪芹逝世240周年。2005年春，我收到了冯老寄来的三大本《瓜饭楼重校评批红楼梦》。2006年年底我又收到了冯老寄来的《卞藏脂本红楼梦》。因是同年6月新发现的一个抄本，所以我在通话中对冯老说：十二个脂本汇校汇评，可否将卞藏本也收录进来？冯老说：时间来不及了，中外各大图书馆都要这书。但我没想到冯老后来接受了我的建议，还是把卞藏本收了进来。

2010年，在上海作家协会和裴世安老先生的支持下，由我和萧凤芝负责在上海创办了《红楼梦研究辑刊》，至今已经第七个年头了。其间我写了十几篇论文，加上过去发表在各地期刊上的共有20多篇。回想起我的成长过程，离不开冯老的引领、培育和帮助，如果没有他的鼓励和帮助，便没有我今天的研究成果。我深深地感谢他，敬重他。我的《曹雪芹最后十年考》出过初版和修订本，每一次拿到书我都会在扉页的天头写上"赠恩师冯其庸先生"，我以为写在扉页的中间，会在作者的名字下面，那就有失尊敬了。

2012年9月27日，得知冯老路经上海，住在徐家汇天平宾馆，我与萧凤芝约好晚上7点到那里拜访。当晚所写的日记如下（节选）：

　　……冯老端坐在沙发上，腿间夹着拐杖，见我们进来便叫我们挨近坐下，如先前一样和蔼可亲。冯老今年89岁，仍健谈，只是左腿一直不太好使，右耳有点背，眼睛也看不分明。此番南下，主要是回无锡看一下当地为其建造的学术馆，路经上海顺便见见沪上朋友，下午曾到上图古籍部目验过戚序本。我们拜访时的话题就是从戚序本谈起的，现择其要者记录如下：

　　一、原戚序本已不存，看上图本的用纸是在乾隆后期，而南图本的用纸要早些，说南图本照抄戚序本还得好好研究。

　　二、你们办的刊物，不造假，路子正，以事实为依据，要坚持下去。红学研究到现在已很难发展，主要是新材料太少，但也不必灰心，故宫里还有不少满文老档没有挖掘出来，台湾也有。我叫张书才等用心搜求，至今没有斩获。《学刊》现在稿源少，资金也有限，不像以前那样了。近年北京也搞了一个《曹雪芹研究》……我没出面。后来张书才过去了，他是搞清史的，以证据说话，我就放心了。上海能办成这个刊物是件好事，南北呼应，红学还会发展下去。

　　三、我和周汝昌原先关系是不错的，但不少方面我们各有看法，尤其是祖籍问题。我们人大里有个叫李华的一直跑图书馆，我没有时间去，就托他多注意曹家史料，后来他说发现了《曹玺传》，我叫他抄了几句回来，发现是新史料，就一同去了国家图书馆，该传记中说曹寅次子名宣，又说曹家"著籍襄平"，就是现在的辽阳。我把这一发现告诉了他，他也很兴奋，证实了他所推考的曹寅次子确为曹宣，他还写了一首诗送我。后来没过多长时间又发现一篇《曹玺传》，与前一篇能够对接，前后连起来看，把雪芹上世都说清楚了。可是周汝昌只认次子名宣，却把"著籍襄平"的记载扔在一边，坚持他的"丰润说"。我还记得我们搞《红楼梦》版本的时候，吴德来过也没有偏向谁的看法，当时有人说毛泽东也认为曹雪芹家是丰润人，我说那是没看到后来发现的史料。好在辽阳还有古碑，说什么曹振彦不是教官，碑上写的是敖官，是人名，为此我又去了辽阳细看，同时还参看了同一时期"教"字的写法，那上面确实是写的教官，而不是敖官，说敖官的人完全是胡说八道。这些我都写成了文章，上海的裴世安老先生给我来信说，以事实为证据，总算把这个问题弄清楚了，是定论，曹家祖籍就是辽阳，别人再也反驳不了了。

　　……

约8点40分我们准备道别，我贴近他耳朵说："多保重，下次到北京看您。"冯老连说谢谢，托我向裴世安老先生问好，遂起身扶着拐杖颤悠悠地要送我们到门口，凤芝和我请他留步，他还是跑了四五步才依依惜别。回家路上，我默默祈祷：恩师保重，我们还会见面的。

2015年秋，我趁入京开会的机会想去拜访冯老，中国红楼梦学会副秘书长任晓辉兄联系之后跟我说："近些时候冯老身体不太好，夏老师说等以后好些了再说。"2016年8月入京，我又想去看冯老，得知病情并未好转，很为他的身体担忧。没想到 2017年1月22日下午传来消息，冯老病逝于北京通州，我怕弄错，便打长途电话给晓辉同志，从他那里得到确认：冯老真的走了，是中午12点18分，在潞河医院。

巨星陨落，泪眼迷茫。泣语向北，摧裂肝肠。

本来我想立即上京吊唁，后来得知追悼会定在2月5日上午举行，便做了两件事，先是代表上海红楼梦研究学社起草了一份唁电，请萧凤芝、宋庆中等人定稿之后发到了网上。接下来订好入京的高铁，于2月2日傍晚赶到通州芳草园二十五号祭拜冯老。2月5日上午8点多钟，前往八宝山参加冯其庸先生追悼会，到了那里便进休息室慰问夏师母，当天敬献的挽联是：

> 梦里春秋伴清影，往昔已逝去，幸有万卷书
> 梦外纵横走天涯，而今又西游，恨无东归路

转眼之间，冯老已离开我们三个多月了。我为失去一位恩师，学界失去一代大师而怆然泪下。

本文原载于《红楼梦学刊》二〇一七年第四辑

本文作者：中国红楼梦学会理事、《红楼梦研究辑刊》原主编

宽堂磊翁记

曾祥麟

一

时间永是流驶。

2016年5月之前，2017年1月之末，我两次深感87岁故去的邓庆佑先生笔下的吴世昌大半生"红楼之梦"的经历及其红学成就，算得上中国庶民之"文心"；我又深感1985年金桥饭店贵阳全国红学会上冯其庸读他的《和李一氓丈》诗："世事从来假复真，大千俱是梦中人。一灯如豆抛红泪，百口飘零系紫城……"冯先生曾在75岁到85岁十年间，登昆仑，涉太丘，在丝绸之路上奔波考古，深度拓展了他的红学研究，其雪芹家世、版本抄本、作品文学三个方面的研究，卓然蔚观。今九十将五而谢世，我唯梦"烛影摇红"……也许，我还有些"天年"，我将继续我的《探索》，再思"苏东坡之意与曹雪芹之味"，亦为告慰冯先生等前辈大师在天之灵。

近几年，七一、十一、腊月初一、元旦、春节，我都在赶写文章，暗学冯其庸先生之老当益壮，登昆仑，涉太丘，唯"恐年岁之不吾与"！因而有以上一段文字，出自刚定稿的"白水然猜想二篇"之一《东坡之意》之第四节"苏东坡之意与曹雪芹之味，是中国美学思想史上的两座发展丰碑"（"猜想之二"则是《读红之梦》）。写这段文字的心曲，是祭悼邓、冯二公。心滔波涌，往事历历在目，当"记"（祭）者，数不胜数；"时间"（语出鲁迅《记念刘和珍君》）越长我对二公记忆越深，一如对赵景琛、王季思；还有贵州的蹇先艾等已故的大师、我当面请教过的前辈，我都深记心中；又还有上海的章培恒和北京的杜景华，他们都是我内心深处的民族之华，他们虽逝犹存！

二

1985年初秋，中国红学会在贵阳召开会议，冯其庸先生等红学大家、名家，云集黔省山城，实为贫穷之贵州的一次历史盛会，这还得力于已故的若干老同志，如申云浦、惠世如等多人。

会议前一日傍晚，花溪碧云窝别墅，因漫山红叶而更为金碧辉煌。

贵州红学会的一些会员告诉我说，邓庆佑先生一下飞机就问我来了没有，人们说我没有到机场去迎接，邓公便嘱转告，叫我尽快去见他。

那天下午，我按通知去听省红学小组举办的用"新三论"研究《红楼梦》的报告会。晚饭后，天上斜阳只剩余晖，我急忙从贵阳科学路跑去见邓先生，几十里山路，不时小跑赶车。

一进门，邓先生立即起来热情相迎。那是一间很大（当时印象）的客厅，我心想大概是个大套间。我和邓先生的座位靠大门一角，邓公告诉我，稍远处斜对面座位上的是冯其庸先生，我立即欠身问好，说，我教过冯先生主编并写长文《前言》之《历代散文选》中的几篇文章，并在上海复旦大学认真读过几遍冯先生为周贻白《中国戏曲史》作的长篇《序》。我自认为知之甚少。冯先生是大家、会长，便不敢、亦耻于"干谒"，只管对邓先生"胡说八道"。不料冯先生频频含笑向我招呼，问我对"新三论"如何看，我便如实汇报，说，我此前根本不知道什么新旧三论，更不知如何去用以研读《红楼梦》，主会者非叫我讲一讲，我便只好说，你们是穿西装的，而我是穿马褂的，只能好比大观园千里之外、芥豆之微的刘姥姥所云，俺们庄稼人，守着多大碗儿便吃多大的饭，我只是按自己的体会去讲自己想说的话，其他实在不敢高攀。冯其庸先生听后，竟然很感兴趣，大意是说，研究《红楼梦》，不要搞什么花架子，他本人并不以"新三论"为然。我当时的拘谨便少了许多，对冯先生的"印象"深了一层。

第二天的全国红学会，冯先生讲到他尊李一氓之命，组团访苏前后的经过，说李一氓对此次成功访苏，对中苏合力出版"列藏本"的成果非常满意，即兴赋七律一首，冯先生和周汝昌先生都各有"奉和"，冯先生于是诵读他的"大千诗"。不知怎么搞的，我于诗一道，向来不敢沾边其毫毛，却竟然一下子便记住了冯先生的诗。夜间兴奋不已，竟然冒班门弄斧之不韪，以白水然之笔名涂鸦句，请管理庶务的榕江刘兆镕同志将我那篇被打印者油印得错错落落的"学会论文"二篇《东坡之意与曹雪芹之味》带给他，向他请教。我那歪诗云：

　　昨夜闻公大千语，石破天惊泣鬼神。

　　多年神驰无由晤，一朝盛会颔首频。

　　三论新旧翻古意，七经互注任今人。

　　手捧金碗自有饭，还望下顾清江影。

三

　　我是牛皮大箐雷公山下清水江支流的苗子，总觉得绿水青山的故乡不应该贫穷，苗家后生（厚生）能捧着金饭碗要饭，所以说"还望下顾清江影"，是为生民向大家求教的意思，但不知冯先生持何意态。大会散去之后，榕江刘兆镕同志三次来信，说，他奉命同省红学会的几个人护送冯先生到芷江上北京，所以冯先生给他写信，并说先生三次向他询问："白水然"是何意，"白水"在何处，"白水然同志为什么不写信给我"。每次来信都将冯先生的原话摘抄给我，再三敦促我写信，甚至批评我说："你有什么了不起？"我只好大胆投书冯先生。谁知先生接信后当即复函，并说刚出差回京，稍累，过几日再书"大千诗"。其实，我的信上并没有胆量向先生求书，但不到一个礼拜，先生的墨宝便从京华挂号寄达我的茅石斋。

　　落款题云"祥麟同志两正"：

　　　　世事从来假复真，

　　　　大千俱是梦中人。

　　　　一灯如豆抛红泪，

　　　　百口飘零系紫城。

　　　　宝玉通灵归故国，

　　　　奇书不胫出都门。

　　　　小生也是多情者，

　　　　白酒三杯吊旧村。

　　　　（国字补题于诗末）

　　接此赠诗之后，我激动不已，想起先生信中云，我的文章写得很好，只要坚持写下去，定会写出好诗的。于是假寐片刻，似乎于梦中得意，凑成四句，特意请我的学生、苗家水家后生韦宗林（书法家）恭楷代笔：

先生遗我通灵诗，一车欲报柜无书。三星高照诚天象，微质不文载驰驱。

冯先生印章有"磊翁"，我想可能出自屈骚之"石磊磊兮"，或者兼有东坡酷爱竹、石。雪芹与瘦石奇缘很深，"奇书"分明就是《石头记》，中苏合作分六册出版的十九回"列藏本"亦曰《石头记》，那就不仅只是"三石"了，我因而名之曰"三星"。而"诚"，是我心中"磊文风"，待人接物的秉性，和情趣，那是天性"实诚"（北京土语）的自然之"象"！

冯先生的诗、书寄自"北京张自忠路三号人大宿舍"，自名"瓜饭楼"，诗文写于"宽堂"，书画加盖此印章。我曾多次在先生的著作和文章中读到过这些名号。例如他的《梦边集》《敝帚集》，等等，"宽堂"无处不在。我亦有打油诗云：

大千茫茫见微尘，独味雨丝梦边文。写意宁向坡翁拜，江西社里石可耕。

先生叙跋云，他不是红学家，只是在江西"五七干校"劳动之余，手抄八十回《庚辰本》全文，才沾"红学"之"边"，故云"梦边"。又说，"五七干校"在江西的农村"人民公社"，他"准备在江西落户"。因而一首诗的最后一句是："来作江西社里人"；"当然你可相信我绝不是说去作黄山谷'江西诗社'里的'社里人'"。金元诗家有句云"论诗宁下涪翁拜，未作江西社里人"，冯磊翁戏用此典。我因而想到坡仙"苏门四学士"之首涪翁，而且"苏黄诗派"在前，"江西诗社"在方回《瀛奎律髓》之后，因而杜撰"写意宁向坡翁拜，江西社里石可耕？"之句，又加上毛主席"桃花源里可耕田？"之典，内心深处佩服"磊翁"手抄（照原行款原页码用朱墨两色）脂评《石头记》庚辰本犹如在人民公社的农村"耕石"。百余万言的"秘密工作"，只能每个深夜进行，持续整整一年，磊翁题诗一首云：《红楼》钞罢雨丝丝（王渔洋："豆棚瓜架雨丝丝"），正是春归花落时。千古文章多血泪（杜甫："人生有情泪沾臆"），伤心最此断肠辞（"一把辛酸泪"）。

我之所谓"独味雨丝梦边文"，那是特指磊翁自己的"人生的滋味"：真正使我认识曹雪芹是"文化大革命"。我爱屈原、司马迁、陶渊明、李白、杜甫……但在那时，我却特别与曹雪芹发生了共鸣……（《梦边集》）

抄完这部书，我很快就到了江西余江干校，任务是开山打石头盖房子，在劳动中改造自己……我心想，我刚抄完《石头记》，现在倒好，整天来与"石兄"打交道了，可惜这里是红石山岗上，而不是青埂峰下。要不然，我也可以抄回一部"汗观斋"评的《石头记》。

"耕石"虽云"说来荒唐"，然而，"细按有味"。因为，"精诚所至，金石为开"。磊翁岂止"梦边"而已，实实"梦中人"也，有他的"大千诗"为证；他是理所当然的中国红学会会长。他诚于，也敢于"敝帚自珍"，亦如李希凡之"沉沙"（《沉沙集》），60多年的"时间流逝"，"沙里淘金"——沙自沉，金自现；金之贵，全在于"诚"。在2016年12月8日上午的"李希凡与当代红学研究"的学术座谈会上，张庆善会长专门讲述了冯、李"两位老友"数十年的"并肩奋斗"。我读李希凡60年，永远记得2007年我与他单独见面时他的那一句自白："我依然是一个小人物。"因此，我有长文《一从凤姐问世后，千古考语几多评——四读李希凡》；这是2014年（1954年后60年再读李希凡）的"后话"。

<h1 style="text-align:center">四</h1>

且说2007年我单访李希凡时，曾将我的一叠手稿影印件托他带给冯先生，希凡答应照办，一定亲自带到。这是因为我说，虽然冯先生在电话中邀我去他家做客，但我因得知冯先生年迈，上85岁了，又长期同希凡先生一样患糖尿病，乃至影响视力，不好去干扰；而希凡先生定期会与冯先生见面的，所以我才拜托此事。其中有一页是，1985年接刘兆镕信上摘抄的冯先生写的《舞阳河感赋》，我居然"涂鸦""惴和"，想冯先生当年（2007年）接到希凡先生转呈的印件之后，会"颔首"一晒的。今将我那几首打油附于下面，亦算是对"宽堂磊翁"之一"记（祭）"——

惴和冯其翁黔东南（镇远）
舞阳河感赋

乌蒙青山本自佳，去日可怜蒙尘沙；

此番识得冯翁面，铜鼓芦笙影横斜。

矶矶碑碑山重重，山花含笑在侧峰；

惭愧写意丹青手，辣角高桂木楼东。

千山万水任君行，苗侗之乡四时春；

村村寨寨清泉酒，聊贺发掘稀世珍。

白水然涂鸦

从北京归来之后，我用半个月日夜阅读从北京带来的（例如希凡先生、吕启祥大姐、邓庆佑先生等所赠和代购的珍贵著作）书刊和一些手边资料，用三昼夜杜撰《夜读红学，京华寻梦》一文，发表于贵州《红楼》，暂了一桩思乡之心愿——我在北京工作，从22岁到40岁，是我一生最好的年华，因之视"紫城"为我的第二故乡。特别是，我和我的学生朋友一道，亲历了京城的十年"文化大革命"，所以在京城重读《石头记·红楼梦》，并且从当时的特殊"内部书店"为贵州民族大学购回一大批红学名著。在"皇城根"十年的"历幻造劫"，使我略知什么叫"文化大革命"；冯先生《梦边集·序》云，马克思感叹过自己并不知道什么是"马克思主义"。我想，大概正如列宁所云，"偏见比无知离真理更远"，而磊翁之"宽堂"本自宽阔正大，正如昆明滇池长联之首节——

五百里滇池，奔来眼底，
披襟岸帻，喜茫茫空阔无边……
数千年往事，注到心头，
把酒凌虚，叹滚滚英雄谁在……

此下联首节正用"东坡之意"（《前赤壁赋》）。

五

1987年8月，冯先生在恭王府（原红学研究所、《红楼梦学刊》编辑部地址）亲笔书赠《无锡教育学院学报》第一、第二两篇文章让我"存正"，第一篇是《关于曹雪芹的研究》，"一九八四年国庆之夕，写毕于京华宽堂。一九八六年六月二十一日改定"；第二篇是陈其欣、何根生作的《艰难的历程——介绍冯其庸教授的读书和治学》。30年过去了，我一直收藏这两篇文章，每读一次，都获益多多。上述文章末段说："……先生一方面忙于工作，另一方面他总是说'早年失学，晚无所成，读书甚少，功力不深，虽有著作，戋戋小者，仰望前辈学人和当代许多专家，自己相差太远……'我们征得他的同意，草此简介……一九八五年三月十三日夜两时草毕，一九八六年三月十二日改定。"

读罢两文，可大抵略知两文旨诣，如再读《梦边集》《敝帚集》，特别是《瓜饭楼重校评批红楼梦》，以及《论庚辰本（增订版）》《论红楼梦思想》等，便可知"实诚的冯其庸"为何成为国家的"终身教授"而不仅仅是"红学家"而已。

只要我活着，我会"记"得冯其庸；

即使我死了，我也留有"记（祭）"的文字。

二〇一七年一月之思，三月之文

六

我的"记（祭）"文写成之后，一梦醒来，忽然奇想，或可名之"诔文"？未及穿衣，冒着清晨春寒，重读新版（2008年7月北京第3版）《红楼梦》（沈尹默书名题字）一些文字。首先是"红楼梦校注组"2007年8月13日的《序》和冯公1994年7月6日于京华宽堂作的《〈红楼梦〉校注本再版序》。

再一次重思庚辰本和许多版本；再一次重念"校注组"历任成员和有关老前辈，其中"十二位已故"；1994年7月以后，谢世者亦相继而去；到了2008年之第三版，"半生辛苦为红楼"的"英灵"更多，我之所思所念所感的大家名家，一次又一次历历明心。

《〈红楼梦〉校注本三版序言》说：

> 学无止境，学问是与时推移，日新月异的，红学也是一样。（2007年）

冯先生的《再版序》云：

> 这里特别要说明的是，一九七四至一九七五年间，倡议对《红楼梦》作校注整理，是由袁水拍同志向上级提出的。……由水拍同志任校注组的组长，由我和李希凡任副组长。……现在水拍同志已经作古十年……国务院古籍整理组组长李一氓先生，一直关心……但李一氓先生也已经不幸逝世了。……而"红学"方兴未艾，且无止境，故以后的校注工作，亦无有止境。……瞻望前途，曷其有极！……（一九四四年）

"修订再版"的"三位负责人""冯其庸、林冠夫、吕启祥"，现在仅吕大姐一人尚存，

"亦无有止境"！

观其文，想见其为人。从孟子之思孔子，思屈原，思太史公，到苏轼之思欧阳修、梅尧臣，独出"意其飘然脱去世俗之乐而自乐其乐者也"之词（独出，指韩愈"词必已出"）。

再到冯先生之思故思今思雪芹，"日新月异，无有止境"。对于中国古代、近代、现代、当代的先辈前人，我都竭尽全力学习冯磊翁，只是学得太差、太少，高仰景行而已；然而，"瞻望前途，曷其有极！"

至于"记（祭）"文和"诔文挽词"的关系，我向来懵懵懂懂而又因为不敢也不想去懂，所以一直不以为然的，而予今一梦之念，居然窃想宝玉之"诔"，所以连忙冒着雾雨空蒙之清晨春寒，"翻阅检读"以庚辰本为底本的新版《红楼梦》，那是我从1982年3月（于今又是三月）初版读到过而又35年念念不忘的"庚辰本"主体文字：

> ……想毕，便欲行礼……忽又止住……也须得衣冠整齐……方为诚敬……况且古人有云："潢污行潦，蘋蘩蕴藻之贱，可以羞王公，荐鬼神。"原物之贵贱，全在心之诚敬而已。此其一也。二则诔文挽词也须另出己见，自放手眼，亦不可蹈袭前人套头，……奈今人全惑于功名二字，尚古之风一洗皆尽，恐不合时宜，于功名有碍之故。我又不稀罕那功名，不为世人观阅称赞，何不远师楚人之《大言》《招魂》《离骚》《九辩》《枯树》《问难》《秋水》《大人先生传》……随意所之，信笔而去，……辞达意尽为止，何必若世俗之拘拘于方寸之间哉……宝玉本是个不读书之人……所以大肆妄诞，竟杜撰成一篇长文……

温故而知新，这次重新检阅新版之前后三版"石头"《红楼梦》，喜得（犹如新得亦为心得）两个"诚敬"，前为外在之衣，后为内在之心，而又"诚"字为本。我前面说"三星高照诚天象"，有北京土语"实诚"的意思，指自然平实，以及"本自""本来"之意味。现在再添个"敬"字，正是我之"记（祭诔）"文之本意，而以"蘋蘩蕴藻"（蘅芜之属）之"风诗"（亦含《左传》）常见的平凡卑贱而又日用不离之"常物"（绝不是俗物）敬荐之。

今人拘拘惑于功名，八股之腐败习气，博士博导中比比皆是，世风文风，可卑可哀者不一枚举。只说我那篇《红海蠡味》，当年的《贵州民族学院学报》负责人以"不合体例"〔白水然按：看来应是"不合时宜（东坡朝云妾语）"〕，而1984年冯其翁、邓庆佑、杜景华竟以头条而予以刊之。冯公在1987年恭王府一见面便热切急问："职称（副教授）问题解决了吗？我们是老朋友了，你的文章写得很好，我已经向你们领导推荐了（指《苏东坡之意与曹雪芹之味》和《张生不是无情物》《好新奇的祭文》等，不是《红海蠡味》），没有问题吧？至于某某，我们不熟……"我不好意思，也不敢说"我又不稀罕那功名"，却又怕冷了冯先生的心，唯喃喃地说道："我们学院的评职称工作还没有结束……"而内心则如《西厢》所"记"：

泪添九曲黄河溢，恨压三峰华岳低。

记文只能如以上六者，"曷其有极"！

二〇一七年三月十三日又补

本文原载于《红楼》二〇一七年第一期

本文作者：贵州民族学院中文系教授

我与冯其庸先生的几次相遇

詹 丹

我本可以从时间空间的角度，来谈与冯其庸先生的直接相遇。

比如，20世纪80年代的某一天，我还是上海师范学院中文系的本科生，坐在大礼堂后排角落，远远地，听冯其庸先生在讲庚辰本，不太标准也不太清晰的话音，通过话筒一直传递到礼堂的角落，我手里拿着他的专著《论庚辰本》，不时摩挲一下。讲座结束时，我急促穿过人群，迈步上讲台，请他给我签名。再比如，2004年的某一天，我已经是《红楼梦》研究队伍中的一员，在扬州会议的晚宴上，我请了当时还健在的顾鸣塘老师帮我和冯先生合一张影。

但这里，我想撇开人与人相遇的空间意味，而是谈与冯其庸先生文字的几次相遇。

1979年至1980年的样子，我还在读中学。教语文的肖老师觉得我们古文底子太差，就推荐了几本课外读物，其中有冯其庸等先生编的《历代文选》，中国青年出版社出版的，当时书店里只有上册，我犹豫着是否等出齐了再买。老师说："你还是买下来再说，因为这个选本不但文章选得好，题解注释都简明扼要，关键是，上册有一篇很长的前言，几乎把中国历代的散文史做了全面梳理。这样，读作品前等于先有了一个历代文章名篇的目录学常识。"老师说的这番话我记得很牢，所以把书买来后，有空就把前言翻出来看。几年后，才买到下册，知道这一本的前面是不会有前言的，但翻看过程中，还是感到了一些失落，好像下册也应该来这么一篇精彩的前言似的。

1981年后，我考进了上海师范学院中文系。读大学时看了不少小说，其中也包括《红楼梦》，但当时只有读作品却没有读评论、研究专著的习惯。只是因为其间有一次《红楼梦》全国性会议在上海师院举行，有听到冯先生讲座的机会，为了请他签名，特意去买了他写的《论庚辰本》，书不厚，很快读完，稍稍有了一些版本学的概念，并且留意起他谈及的一些避讳问题。这样，《红楼梦》第二回中，贾雨村说黛玉对母亲敏字的避讳细节，本来是属于视而不见的一些细节，也在记忆深处被唤醒了。从此，我读作品的同时也有了读相关研究论著的习惯。

1988年后，我在中学工作一段时间后，再次考入上海师院，其时已经更名为上海师大，师从孙逊先生，专攻明清小说。《红楼梦》的脂砚斋评语当然是重要的，读研时，经常会参考，但对其他各家的评语，关注得较少。

20世纪90年代初，因为买了冯先生的《八家评批红楼梦》，才对清代《红楼梦》非脂砚斋的评语有了比较系统的阅读，而且收获良多。以后写文章，也常常引用里面的内容。比如我读到余英时的《红楼梦的两个世界》的文章时，虽然他指出了他的文章是受宋淇的《论大观园》的启发，但冯先生整理的八家之中，二知道人就曾经评论道："雪芹所记大观园，恍然一五柳先生所记之桃花源也。"而这段文字，也被俞平伯先生引入他的著作，宋淇在论大观园的理想性时，也引了俞平伯先生的一些论述。虽然没有转引二知道人的论点，但这种思想的脉络源流，还是比较清晰的。当然，虽然八家里面也有不少评点的观点，我不是很认同，但即使这样，看看这些观点，对于研究《红楼梦》所处时代的社会思想艺术氛围，也是有相当好处的，而这种氛围，我们现代人未必感觉得到。比如清代洪秋蕃评批《红楼梦》，看到第三十六回薛宝钗坐到贾宝玉床头，给他绣肚兜上的鸳鸯，就批评说，薛宝钗做事处处谨慎，为何在孤男旷女枕席床帷旁，却如此漫不经心呢？有这样的批评，我们才觉得林黛玉隔窗讥笑她的合理性，但也引发了我的进一步感慨，我们向来是认为黛玉的思想观念走在时代前列的，要比保守的薛宝钗与近代更靠近些，当她用以讽刺他人的，其实并没有什么超时代的思想武器。可以说，冯先生编的《八家评批红楼梦》，成了我除脂批以外最常用的书。

但最让我印象深刻的，却是读到的冯先生的一篇论文。

2000年以后，我从华师大调入上师大中文系工作，主要从事古代文学的教学研究。有一天，在和学生上古代文学课时，因为讲到李白《将进酒》的"唯有饮者留其名"一句，很偶然地想起曹雪芹传说中也是嗜酒如命的，觉得可以把《红楼梦》里有关人物的醉态描写，做一个比较全面的梳理。当时觉得自己想法很新，所以只是就手头现有的几十本《红楼梦学刊》翻了一下，好像没有这方面的论述，于是很自信地立马写成一篇论文，投给学刊发表了。后来，在资料室看关于《红楼梦》的相关论著时，才发现其实冯先生早就写过关于《红楼梦》人物醉态的《醉里乾坤大》一文，当时头上一阵冒汗，马上仔细阅读，虽然论述的角度不完全一样，但是关于一些相似材料的论述，还是有不少比我深刻的地方，如果早些时间读到这篇文章，我可能就会放弃写的念头或者最起码也要引用冯先生的结论。于是头上又冒出一阵汗来，一种羞愧的感觉，至今还有印象。后来，我上课时，经常拿这做例子，要求学生在动笔时，对前人的成果要好好梳理。不要过于相信自己的独创力，其实，常常是，我们的一些似乎灵光一闪的念头，早在许多前辈学者的笔下生发出了灿然的花朵。

其实，人与人的相遇，既有直接的、面对面的，也有间接的、借助文字的。虽然古人说"文字缘深于骨肉情"，但我今天这样说，大家肯定会觉得太矫情。我只能说，每一个人的学术工作，他留下的文字，都像是在圈里激起了一阵或深或浅的波纹，一些前辈大家们，虽然人已经离去，但他们激起的深厚波纹，还在持续发生着影响，并可以传递到很远很远。

本文作者：上海师范大学人文与传播学院教授、中国红楼梦学会副会长

缅怀母校恩师、红学前辈冯其庸先生

赵建忠

2017 年 1 月 22 日，冯其庸先生以 93 岁高龄辞世，这位当代红学巨匠留下的《曹雪芹家世新考》《论庚辰本》等专著早已享誉红学界，冯先生在中国文化史、中国古代文学史、中国戏曲史、中国艺术史等方面的研究也卓有建树。晚年他对中国西部的历史文化艺术更是情有独钟，著有考证丝绸之路和玄奘取经之路的大型摄影图册和论著，获得了海内外学术界的高度评价，显然，"红学家"的称号不足以概括这位大学者的总体成就。冯其庸先生的辞世，是红学界和文化界的重大损失。作为红学晚辈和曾经在中国艺术研究院就读的学生，特别难以忘记的是他对本人的奖掖关怀、对全国中青年《红楼梦》研究者以及天津市《红楼梦》学术活动的关心支持。

1989 年我成为中国艺术研究院首届红学研究生后，有机会多次聆听冯先生的红学及中华文化方面的讲座。作为院领导兼红楼梦研究所所长的他，百忙中仍很重视我们研究生的培养工作，记得刚入学不久就让我们旁听了《红楼梦学刊》创刊十周年纪念座谈会，那次座谈会上我们听到不少当代著名红学家的发言，受益很深。会后不久，我们还获赠了《红楼梦学刊》创刊十年来的全部刊物以及刚刚出版的《红楼梦大辞典》和《脂砚斋重评石头记汇校》本。读研期间，我也曾有幸去冯先生红庙家中单独聆听教诲，了解到他在红学方面用力最勤的两件事：一是详细考证了曹雪芹家世；二是系统研究了脂砚斋评《石头记》抄本。冯先生和我谈起过研究曹雪芹家世的起因。那还是 1975 年，他和李希凡先生受命带领一批红学家校注《红楼梦》。考虑到他要为校注本写序言，就势必涉及曹雪芹家世问题。为了考证曹家祖籍，冯先生翻阅了几十种史籍、宗谱、方志、诗文集等，当时他之所以要重视曹家的史实，就是为了那篇序言要写得可靠、真实、有依据。在具体校注《红楼梦》时，冯先生认为重要的是要选择好底本，根据校勘学的通则，先要有一个底本作为依据，然后再采纳各个不同的本子参考。从完整性和早期性来说，冯先生认为，现存脂砚斋《石头记》系统的其他抄本都无法与"庚辰本"相比。庚辰即乾隆二十五年，这时离曹雪芹去世只有两年，所以"庚辰本"又可以说是曹雪芹生前的最后一个改定本，是最接近作者亲笔手稿的完整的本子，这在版本史上是有重大意义的，所以才以庚辰本为底本。冯先生在"文革"中曾手抄过"庚辰本"，对这个本子的文字也比较熟悉，1978年他出版的《论庚辰本》，是红学史上第一部系统研究《红楼梦》版本的专著。

除了读书架上的书外，冯先生认为还必须走出书斋，去读保存在地面上、地底下的各种历史遗迹和文物这部书。他告诉我，曾十次去新疆，两次穿越塔克拉玛干大沙漠，三次上帕米尔高原：一次上4900米的红其拉甫，两次上4700米的明铁盖达坂，发现并确证1300多年前唐代玄奘取经东归的古道并为之立碑记，学术论文《玄奘取经东归入境古道考实》，就是他通过实地考察后完成的。83岁那年，冯先生还深入罗布泊、楼兰、龙城、白龙堆、三陇沙，在沙漠考察17天，宿营罗布泊、楼兰、龙城等地7天。行万里路的实地考察与读万卷书的书斋生活相结合，是冯先生文化生活的重要构成。又如他对于项羽死亡之地的考证，就是运用书面文献与实地考察相结合的例证。冯先生曾两次调查垓下，一次调查阴陵、东城，直到乌江，在此基础上，发表了《项羽不死于乌江考》一文。每次见面时他和我谈到这些旅游经历带来的学术收获都兴奋不已。

研究生毕业那年，我完成了以《红楼梦续书研究》为选题的学术论文，留给冯先生作纪念，想不到他在百忙中不但认真逐字看过，还给我的导师吕启祥先生打过电话，对该篇论文进行了充分肯定，认为文献扎实，结论站得住，冯先生郑重推荐给《红楼梦学刊》长文发表，使我受到很大鼓舞，也为我后来从事的红学研究奠定了较好的基础。毕业时，冯先生还从当时的院领导、中国红楼梦学会负责人的角度为我就业问题写了推荐信。1998年，我所服务的天津师范大学承办首届全国中青年红楼梦研讨会，他不仅莅会并且为大会题词，即席讲话充分肯定当代中青年红学会议的意义，希望红学新人早日脱颖而出。会议中的代表如今有不少已经成为卓有成就的红学专家。那次会议上，冯先生在开幕词中针对《红楼梦》作者是所谓"墨香"的新说，提出了中青年红楼梦研究者应该具有什么学风的问题。冯先生指出：任何一种"新说"的提出，都应该有客观文献证据而不应仅凭主观臆测，更不能靠曲解文献甚至编造假材料去剥夺曹雪芹的著作权。他认为曹雪芹的"著作权"是任何人都否定不了的，现存的很多文献已经形成了证据链，比如永忠的《延芬室集》里提到"因墨香得观《红楼梦》小说吊雪芹三绝句"，明义的《绿烟锁窗集》中《题红楼梦》小序"曹子雪芹出所撰《红楼梦》一部，备记风月繁华之盛……惜其书未传，世鲜知者，余见其抄本焉"，又是条硬证，特别是甲戌本脂砚斋还有批语"余谓雪芹撰此书，中亦有传诗之意"，说得就更清楚不过了，小说正文说"曹雪芹于悼红轩中批阅十载，增删五次"，这就是曹雪芹的自我表明。因故事是从石头上抄下来的，所以这里只好说"批阅""增删"。以上这些材料，加上这段"自述"，曹雪芹对《红楼梦》的著作权，就不可能再有别议。那些欲剥夺曹雪芹"著作权"的人若想立新说，永忠、明义、脂评等文字和上面这段文字就是最难逾越的障碍。当年胡适确定《红楼梦》的作者为曹雪芹，正是从文献出发，根据清代笔记、志书等史料，通过乾嘉学派式的严谨考证得出的结论。重温冯先生20年前的讲话，可谓高瞻远瞩。在众声喧哗、学术多元的旗号下，据不完全统计，今天笔者所知的《红楼梦》作者居然涌现出60多个。其实，出现"著作权"争鸣的现象，与清代裕瑞《枣窗闲笔》中的描述有关，"闻旧有《风月宝鉴》一书，又名《石头记》，不知为何人之笔。曹雪芹得之，以是书所传述者与其家之事迹略同，因借题发挥，将此部删改至五次，愈出愈奇"。可以说，正是裕瑞的这种看法，诱发了后来某些人否定曹雪芹著作权的思路。

冯先生鼓励中青年红学研究者通过学术争鸣去澄清一些困惑的问题。有一次我去看望他，提到《红楼梦》后四十回的"著作权"，当我问他主持的《红楼梦》新校注本第三版署名问题上与前不同，为什么由原来的"曹雪芹、高鹗著"变成"曹雪芹著，无名氏续，程伟元、高鹗整理"时，冯先生回答说："《红楼梦》是由程伟元、高鹗共同整理后出版的，有文献依据，这就是乾隆五十六年印行的'程甲本'上他们二人的序言，后来胡适发表《红楼梦考证》，不相信序言，认定高鹗为《红楼梦》后四十回作者，这个结论影响了红学界数十年，我主持的人民文学出版社新校注本初版也受到这种习惯势力的影响。"当时就有学人质疑，其后不少红学研究者重新审视胡适当年立论的内证、外证，发现根据并不充分。今天我们看法有了些变化：首先我们认为程、高序言是可信的；其次对程伟元、高鹗的研究进展很大，纠谬拓新；再者，从时间上看，数月之内续成四十回大书殊不可能。因而三版时改为曹著、程高整理，但这并不意味着我们把《红楼梦》后四十回的"著作权"也归曹雪芹，新校注本同时也标明了系"无名氏续"，高鹗续书无任何证据，从时间上这也不合情理，我们这样改动留下了继续探讨的空间，较原来更为客观稳妥。

在中国人民大学举办的冯其庸先生从事教育60周年大会上，冯先生曾在小范围内讲过曹雪芹卒年这个争鸣话题。那次会议我获邀出席，但没机会插嘴追问，后来《文艺报》委托我在冯先生90岁诞辰之际进行一次采访，我就冒昧问他："您曾根据早年发现的一对书箱上的芳卿悼亡诗，判定曹雪芹卒于癸未年，而张家湾发现曹雪芹墓石后，您又据此判定曹雪芹卒于壬午年，从形式逻辑的角度讲，两者不可能同真，那么，您如何向红学研究者及广大读者解释这个问题？"冯先生首先表扬我问题提得好，然后微笑着回答："正如你所说，两个事实不可能同时存在，我当年根据书箱得出的曹雪芹卒于癸未年结论，主要是对书箱上芳卿悼亡诗那句'卅诼玄羊重克伤'的误读，我原先认为'未'是羊年，于雪芹流年不利，所以到除夕死了。这个解释的漏洞是，为什么整整一个羊年并未对雪芹带来厄运，反倒进入猴年的初春，羊年瞬间即过的时候，却遭到厄运呢？我现在的认识，认为雪芹确实死于'壬午除夕'，因为壬午年的十二月二十二日即已立春。按旧俗，立春以后，已是来年的节气了，也就是已入羊年的节令了，按诗句也就是说，雪芹一碰到羊年，就遭厄运，就遭到了克星而逝世了，这样解释，才符合当时的习俗，才是这句悼诗的本意。我今天判定曹雪芹卒于'壬午年'，并不意味着对书箱文物价值的否定，当年古木器家具专家王世襄先生参与了鉴定，确认那对书箱系与曹雪芹相关的珍贵文物。现在对这句诗做出新的理解，是更加证实了这对书箱的可信性。2011年第3期的《红楼梦学刊》刊载了我的《曹雪芹书箱补论》，对这个问题也进行过较详细的说明，但毕竟是学术刊物，传播范围仍然有限，连你这样从事红学研究的人尚未释疑，何况一般读者？今天我正好借《文艺报》这个辐射面较广的媒体再具体说明。"冯先生的回答，体现出尊重史实、与时俱进的学者风度。

记得2005年在河南郑州举行的"百年红学的回顾与反思"全国中青年红楼梦学者研讨会上，有感于红学界偏离文本、热衷于探寻作者远祖的现象，我发言中提出"不要把考证在红学中作用估计过高，王国维没有经过新红学洗礼，照样写出了彪炳红学史册的《红楼梦评论》"的观点，冯先生显然不以为然，当即插话"我认为考证在红学中绝不是可有可无。王国维当年如看到后四十回续书的考证成果，《红楼梦评论》只会写得更好"。冯先生特别强调：没有曹雪芹，就没有《红楼梦》，在《红楼梦》研究中，曹雪芹研究有特殊重要意义。中国学人"知人论世"的治学传统，在人文学科领域是具有普适作用的，这就是《红楼梦》研究中，曹雪芹研究或者再扩大一些说"曹学"的"特殊意义"所在。提倡回归文本无可厚非，但不能片面化。一部作品连作者都没弄清楚，却去泛论什么创作主旨，那无异于沙上建塔，对《红楼梦》研究而言更是难以深入。那次冯先生对我的批评是严厉的，但会后他并没有因不同看法而对我心存芥蒂，仍一如既往地关心我的成长。

　　冯先生对于红学的贡献，其实远不止个人的等身著述，他是这个时代红学的组织者、推动者。他对红学的寄望，简言之，就是希望"求真务实、风清气正"。

本文原载于《红楼梦学刊》二〇一七年第四辑

本文作者：天津师范大学文学院教授、天津红楼梦研究会会长、中国红楼梦学会副会长

一事难忘

——忆念冯其庸先生

萧凤芝

2017年1月22日（农历腊月二十五），著名红学家冯其庸先生以93岁高龄仙逝，他的一生可谓波澜壮阔，充满传奇。

正如他的学生深情追怀："冯其庸先生除以《红楼梦》研究著称于世外，他还涉猎历史、国学、文学艺术、考古、文物鉴定收藏等诸多领域"，"冯其庸先生除是一位著名红学家以外，更是一位诗人、一位画家、一位书法家、一位非常优秀的摄影家、戏曲评论家"。

冯其庸先生与笔者乃高山小草，关于红学与《红楼梦》，曾经产生一次交集，这次交集贯穿前后十几年，并因此使笔者对冯先生治学风格与待人接物逐渐有了更多的认识。

《红楼梦》"十月一"

高中以前，我在河北家里读的是启功先生校注的《红楼梦》。那是我父亲的书，虽然反复读，读到能大段大段背诵，其实读在字面，读得简单，一句一字都信任，没有一点怀疑。后进入大学，在学校图书馆里，第一次看到了胡适先生收藏的甲戌本的影印本，从中读出来许多不一样的文字，虽然不一样，还是没有怀疑，只是简单面对。

及至大学毕业，我才买来了属于自己的一套三本《红楼梦》，中国艺术研究院红楼梦研究所校注的以庚辰本为底本的《红楼梦》普及本，校注组的组长即是冯其庸先生——红楼梦研究所所长。这个校注本里的许多文字不同于启功先生的本子，也不同于甲戌本。"旧书不厌百回读"，虽然我久读红楼，且读且思，一般并不从头至尾，而是翻到哪页就从哪页读起，常读常新，也并不十分怀疑，不别良劣。

再后来，随着逐渐介入红学领域的一些命题，我熟悉的《红楼梦》早期本子就多了，慢慢就全了，各本文字就能有所区别了。

这个时候我在冯先生主持校注的《红楼梦》校注本上，且读且思看出来了一个问题：关于"十月一"，庚辰本抄本原来手写是"十月一"应是出自作者曹雪芹笔底，但是在校注本上，校注组改作了"十月初一"，增加了一个"初"字。这个"初"字在普通文字学上意义不大甚至没有意义，对普通《红楼梦》读者更没有什么文学意义，但是在红学上就显得特殊且具有典型意义，因为这个"十月初一"应和了程高本和戚序本等本子。

那时我还没有涉足红学界，不知道敬畏，于是发好奇心提笔给冯先生写了封信，阐述"十月一"本不错，是北方一个节日的特殊称谓，并讲到了"十月一"与其他本子的"十月初一"怎么关合。此信写过去就过去了，并没指望采纳与不采纳，直到现在我也完全回想不起来是哪一年写过此信的。

到了2007年，出乎意料，人民文学出版社出版校注本第三版《红楼梦》时，冯先生把我给他写信谈"十月一"这件事，写进了序言，称我是"河北一位红友""他"。尽管我不是"他"该是"她"，被冯先生写进序言，大师的文笔与善意，我感到小有荣幸。

2012年，冯先生和夫人在任晓辉先生陪同下来上海，我和崔川荣先生曾经去他们下榻的天平宾馆看望，在我是第一次见到他们三位。冯先生与我们谈话时，腿上搭条蓝色格子的毛毯，话语间提起来了"十月一"，并详述当年他收到我信时的谨慎态度，处理情况。他的叙述娓娓道来，大师的悦纳，我听得多有喜幸。

2015年，借在北京开会休息的机会，由任晓辉先生安排，我得以到通州张家湾芳草园冯先生家礼节拜望。冯先生的家陈设丰富，上下和谐，夫人应客，女儿待茶，许多的瓶盏，厅堂几案，"瓜饭楼"挂匾。此时的冯先生身体状况已大不如前，老人家需半仰半靠在二楼卧室斜45度的特制沙发上，腿上依然盖着那条蓝色的格子毛毯，让人一见不免生悲悯之心，风烛残年之慨。我忙近前俯身跟冯先生握手，温厚慈怜的感觉悠然而来。此一次会面，冯先生再一次谆谆谈起来关于"十月一"，我安安静静听着，令我惊讶的是几乎和上海天平宾馆谈话不错一字一个标点。

我欠冯先生一个礼数

通州会面之后我再未见过冯先生，听闻冯先生几次因病住院，多是托北京师友转致问候。2017年元旦刚刚过去，北京传来冯先生仙逝的消息——大师远行了。

商务印书馆适时隆重推出《风雨平生——冯其庸口述自传》，并以《红楼随谈》精彩书摘的形式发布新闻头条，向社会推送。这个头条因为是冯先生生前叙述，极具影响力，几天来不断有师友发信息告诉，说头条内容提到我了，提到了"十月一"。

近日当我拿到厚重的《风雨平生——冯其庸口述自传》这本书时，读到了比2007年人民文学出版社出版《红楼梦》校注本第三版序言更为详细的关于"十月一"一改又返的叙述。

冯先生在他的口述自传里修正了以前的叙述："上海有一个读者给我写了封信"，"我一看到这封信，就觉得太重要了。这个读者叫萧凤芝，前几个月来看过我一次，我也是第一次见到她"。冯先生把"他"修正为"她"，"河北"修改为"上海"。大师的严肃与厚意，虽是遗著，绵绵话意仿佛如生。我心底的滋味，不是荣幸与喜幸，已找不到合适词汇描述。

冯先生追悼会安排在2017年春节过后不久举行，国家领导人敬送花圈并亲往祭奠，丧仪规格倍极哀荣。我没能亲去北京参加追悼会送冯先生远行，我欠冯先生一个礼数。

本文原载于《社会科学报》二〇一七年三月二十日

本文作者：中国红楼梦学会理事、《红楼梦研究辑刊》原主编

瀚海梦痕

【下】

冯其庸先生纪念文集

主　编
张庆善
孙伟科

文化艺术出版社
Culture and Art Publishing House

目 录 / 下册

"大国学"是冯先生的重要思想遗产 / 乌云毕力格 / 313

流金岁月
　　—— 冯其庸先生在人大国学院 / 孙家洲 / 315

国学建设与文化自信
　　—— 纪念冯其庸先生 / 孟宪实 / 320

国学家冯其庸先生 / 孟宪实 / 330

才识卓绝　文章钜公
　　—— 简述冯其庸先生的中国古代文学研究 / 薛天纬 / 339

冯其庸先生敦煌学二三事 / 荣新江 / 343

走遍天西再向东
　　—— 追随冯其庸先生西域考察琐记 / 朱玉麒 / 347

平生风义兼师友
　　—— 沉痛悼念冯其庸先生 / 李永祜 / 353

冯其庸：读万卷书、行万里路的实践者 / 任晓辉 / 361

久疑频报问迟庐
　　—— 缅怀冯其庸先生 / 张继刚 / 369

问道周门记其庸 / 韩晗 / 373

冯其庸与杜甫小议
　　—— 为哀悼冯其庸先生而作 / 王人恩 / 379

冯其庸，当代文人画家的崇高风范 / 牛克诚 / 388

书缘
　　——追思冯其庸先生 / 李一 / 393

冯其庸先生与中国汉画研究 / 顾森 / 397

为欲长天舒望眼，凌云直上最高台
　　——冯其庸先生书画艺术的文化自信与家国情怀 / 孙熙春 / 401

人到黄龙已是仙
　　——忆念冯其庸先生 / 张忠义 / 407

大红学家冯其庸的紫砂情缘 / 邓君曙 / 410

冯其庸的古梅情愫 / 孙满成 / 414

我与冯老的出版缘 / 阎晓宏 / 417

文化传承
　　——冯其庸的人生主线 / 柴剑虹 / 424

冯其庸先生与商务印书馆的二十年 / 于殿利 / 427

我与轩辕曾一诺
　　——纪念冯其庸先生 / 赵德润 / 429

我们是朋友
　　——追忆冯其庸先生 / 刘咏 / 432

墨海风雨写人生 / 管士光 / 436

从此门上再无冯老的春联
　　——缅怀冯其庸先生 / 逄春阶 / 440

清流远去
　　——怀念冯其庸先生 / 张昌华 / 442

冯其庸先生与"大众书画" / 刘广东 / 445

红楼抄罢雨丝丝
　　　——深深地哀思冯其庸先生 / 张建智 / 449

冯其庸与俞平伯以及德清的厚谊 / 朱炜 / 455

冯其庸：笨功夫才是"真功夫" / 顾学文 / 458

大哉乾坤内　吾道长悠悠
　　　——文史大家冯其庸与《光明日报》 / 郭超 / 464

相知五十年 / 李希凡 / 467

亦师亦友四十年
　　　——长忆冯其庸先生 / 吕启祥 / 471

熟知非真知
　　　——其庸先生周年祭 / 吕启祥 / 482

吾师虽离去，恩绪永缅怀 / 二月河 / 489

先生做事有硬骨头真豪情 / 唐双宁 / 497

第一次与最后一次会面
　　　——痛悼冯其庸先生 / 卜键 / 503

怀念冯其庸先生 / 潘鲁生 / 506

毕生的追求　永恒的温度
　　　——追思冯其庸先生 / 宋惠民口述　康尔平撰文 / 509

忆冯其庸师三二事 / 季稚跃 / 514

古镇张家湾的三重追念
　　　——纪念冯其庸先生 / 聂玉泉 / 516

我是家乡人民培养成长的
　　——冯其庸先生的故乡情结 / 冯有贵 / 520

三谒瓜饭楼 / 王能宪 / 527

送别冯其庸先生 / 王春瑜 / 530

一纸书简　满怀深情
　　——重读冯其庸教授书信札记 / 俞乃蕴 / 532

三峡七百里　一上一回新
　　——冯其庸先生的三峡情结 / 魏靖宇 / 537

流沙梦里两昆仑
　　——怀念冯其庸先生 / 韩金科 / 545

未入师门受师恩
　　——宽堂（冯其庸）辞世忆赠书 / 屈全绳 / 550

道德光华温润玉　文章和气吉祥花
　　——送别冯其庸先生 / 沈卫荣 / 552

恩师教诲足千秋 / 叶兆信 / 557

我与冯其庸先生半个世纪的交往 / 陈原 / 568

瀚海寻梦
　　——追记冯其庸先生 / 丁和 / 573

作别冯其庸先生 / 丁亚平 / 576

怀念国学大师、红学大家冯其庸先生 / 石楠 / 579

音容从此隔秋风
　　——冯其庸先生杂忆 / 罗丰 / 586

大师的品格 / 康尔平 / 590

愧对冯其庸先生 / 苗怀明 / 593

一缕精魂在心怀 / 徐菊英 / 597

冯老，永远的丰碑 / 中国君 / 599

齐鲁大地的铭记
　　——纪念冯其庸先生逝世一周年 / 叶兆信　王海清 / 601

椽笔点睛风光好
　　——济南白云洞巨幅摩崖观后记 / 王海清 / 608

冯其庸与扬州红楼宴 / 洪军 / 612

忆昔感今念冯公 / 丁章华 / 618

满树梅花万古香
　　——追忆恩师冯其庸先生 / 谭凤嬛 / 630

伤心却在潞河滨
　　——怀念宽堂恩师 / 纪峰 / 634

听红学家冯其庸说"金学" / 曹正文 / 638

深深怀念冯其庸先生 / 井绪东 / 643

魂兮归去　风范永存
　　——悼念文化大家冯其庸老师 / 宋科炳 / 645

大器晚成　学者风范 / 郑铁生 / 648

冯其庸周至行 / 张长怀 / 654

我在冯其庸学术馆
　　——追思冯其庸先生 / 沈晓萍 / 657

冯其庸与"江南二仲" / 沈晓萍 / 662

求学事略
　　——受教于冯其庸先生 / 泰祥洲 / 668

泪千行　归可期
　　——怀念我深爱的冯其庸爷爷 / 章佩芷 / 675

后记 / 678

"大国学"是冯先生的重要思想遗产

乌云毕力格

　　冯其庸先生是一位杰出的学者、作家、画家，是一位学术巨匠，同时他还是一位教育思想家。冯先生是我们中国人民大学国学院的创院院长，很受大家的敬重。2017年1月先生仙逝以后，2月20日中国人民大学国学院举办了题为"大师垂范大国学"的追思会。在那次会议上，我曾谈过关于冯先生的思想遗产的问题。今天在这里还想就此再说几句。

　　冯先生不仅创建了中国人民大学的国学院，还提出了新时期第一个国学院的办学理念，同时也制定了国学院的课程教学体系。先生的这两项工作正好体现了他的国学理念和国学教育思想，成为我们继承和发扬的非常重要的遗产。

　　首先，"大国学"理念是冯先生首先提出来的，这是我们中国人民大学国学院的办学特色，也是办学理念。冯先生提出大国学理念，简单讲，就是认为我们新中国的国学不应该仅仅是过去历史时期倡导的传统国学，而且是在汉族或者中原地区的传统文化和传统学术以外，还应该包括中华人民共和国境内的各民族的传统文化和学术的研究，大国学的任务就是传承和弘扬汉族在内的中国五十六个民族的优秀文化和学术。这个理念体现了新中国的民族格局，体现了多元一体的统一多民族国家的本质。

　　冯先生坚持大国学理念，所以在建立国学院之初，就同时在国学院下面设了一个西域历史语言研究所。西域研究是先生治学的一个重要的领域，他热爱西域历史文化的研究，但是，西域历史语言研究所的设立不仅与先生的学术爱好有关，更多的是他国学理念的实践。先生倡导的大国学，除了重大的学术意义外，还具有更深层次的政治文化的现实意义，体现了今天的国家核心利益。我们国学院的"西域"概念不仅涵盖新疆地区，而且包括西藏、内蒙古地区，西域研究包含着藏学、蒙古学、新疆和历史上中亚各民族的传统文化和学术以及西夏学等很多内容。因此，西域研究和现在中国的国家核心利益紧紧地结合在一起。我们认为，"大国学"是对"国学"的新的界定，新的定位，是冯先生对我们新时期中国学术思想的一大贡献，也是我们应该继承的思想遗产。

另外一方面，冯先生给我们学院制定了国学课程教学体系的基础。大家都知道，传统的国学实际上是一种经典教育。以经典教学为核心的课程体系就是冯先生首先提出来的，它体现了先生的教学思想。无论是我们国学院的以经史子集为主的传统国学，还是以西域各民族历史语言作为对象的大国学，我们的学术工作实际上始终围绕着中国古代各民族经典作品的发掘、整理和研究进行，我们国学院的课程体系最大的特点就是以经典解读为主，这正是由冯先生倡导和设计的。我们对各民族的经典，尤其是对传统国学中的经史子集的经典解读和研究，实际上就是中国古典学的研究。因此，2017年4月8日，我们国学院再挂牌成立了古典学学院，意在中国学术的国际化背景下更加深化国学研究。顺便说一句，古典学学院的挂牌不是以古典学学院替代国学院，更不是取消国学院。我们为了继续高举国学大旗，为了继续坚持大国学的学科理念，想借助古典学学科的经验和方法，在现行学科体系内部找到恰当的结合点，从而突破制约国学发展的一些障碍（比如说我们现在教育部的现有体制中还没有国学学科和学位，它阻碍了国学的进一步发展），力图使国学学科在现有体制中得到更为切实的培育。简单说，我们国学院一个机构挂两个牌子，为的是使国学院更适应现有的学术体制，同时使国学研究在国际化学术背景下走上一条更高水平的发展道路。把国学进一步国际化，在更深远意义上体现中国传统文化自信的恢复，这正是冯先生的理念和希望。

总之，我们中国人民大学国学院在新时期国际化学术背景下，要沿着先生给我们指明的道路，一定要把学院办好，为弘扬中国的传统文化，为实现中国梦作出更大的贡献。

谢谢大家！

本文原载于《红楼梦学刊》二〇一七年第三辑

本文作者：长江学者、特聘教授、中国人民大学国学院常务副院长

流金岁月

—— 冯其庸先生在人大国学院

孙家洲

2017年1月22日下午，北京大学朱玉麒教授来电，告知了冯其庸先生于午间逝世的噩耗。我尽管思想上有所准备，但是，依然抑制不住悲从中来！

我有幸认识冯先生，始于中国人民大学2005年创立国学院。当时，人大学校领导礼聘校友冯其庸先生担任首任院长。冯其庸先生早年间曾经在人大中文系任教，后来奉调离校，在中国艺术研究院担任副院长至退休。冯先生受聘为国学院的首任院长时，已经是他荣退十年之后了。也许，有的人会认为一位早已退出人大人事系统之外、已是81岁的高年长者担任的国学院院长一职，应该是"荣誉性"的职位，冯先生既不会，也不必亲自过问学院的具体工作。但是，上述出于常识性的推测是不对的。冯先生在受命之初，就曾经非常明确地表示："这个院长，我要么不做，要做就要认真负责地做、有职有权地做。我不是来担任虚名的院长。"冯先生是如此说的，更是如此做的。我当时被人大校领导任命为常务副院长，主持日常工作。在冯先生的任期之内，我得以全程追随左右，目睹了冯先生为国学院的成立与发展所作出的无私奉献、鼎力担当、杰出贡献。时隔十年有余，许多场景依旧历历在目。

礼聘名师、组建高水平的师资队伍

人大成立国学院，在社会上引起了巨大的关注。但在成立之初，国学院的在职教师仅有七位，远远不能胜任培养国学人才的要求。冯先生与各界人士多方沟通，人大领导也给予了引进人才的特殊支持，但在短期之内要改变教师队伍人才不足的局面，谈何容易！冯先生为此而多方筹划。

冯先生提出要聘请有学术成就和学术影响的退休老先生来国学院授课。这就是国学院五大"特聘教授"的缘起。这五位先生是：庞朴、傅璇琮、韩兆琦、王炳华、谢桂华。他们在历史与哲学、古代文学、西域考古学、简牍学的领域内，都有很高的造诣与声誉。冯先生提出的设想是：要请几位老先生真正进入人大，要给学生讲课、指导研究生，起码要给学生搞学术讲座。几位老先生的加盟，确实让学生可以领略名师风采，有效地提升了国学院的教育质量，提升了学术影响力。五位特聘教授之中，除了庞朴先生受聘到他的母校山东大学任教、谢桂华先生因患癌症而不幸逝世之外，其他的三位先生，都在国学院任教多年。其中，傅璇琮先生2006年指导的博士生卢燕新，日后完成的博士论文入选"全国百篇优秀博士论文"。

冯先生提出：要不惜重金聘请国内外的知名学者到国学院任教。他对我说过大意如下的话："以重金聘请人才，是我们表达尊重人才的诚意。人大提供的工资，不足以吸引真正优秀的教授来国学院任教。你们负责用心物色人才，我来设法解决聘任人才的经费来源问题。实在不成，我可以卖字画来筹钱请人。"我当时听了，极为敬佩！在国学院的筹建过程中，北京大学荣新江教授适时给我们推荐了在国外工作16年的沈卫荣教授。冯先生当机立断，对我说："荣教授是有眼光的人，他推荐的沈卫荣，我们要不计成本聘请过来。"冯其庸先生明确表态：要向人大领导申请给海外归来的沈卫荣解决住房问题，给他的工资按照年薪20万元支付（费用在冯其庸先生从国家高层申请的经费中解决，见下）。在当时，20万元年薪在大陆的大学教授里面是相当罕见的。在冯先生的直接运作之下，沈卫荣教授于2006年4月从日本归国，受聘为国学院"西域历史语言研究所"的首任所长。沈卫荣教授又推荐了乌云毕力格教授加盟。很有学术特色的"西域历史语言研究所"，在国学院建成不到半年就搭建起了基本的人才框架，这与冯其庸先生力主从国外礼聘沈卫荣教授密切相关。引进一位杰出人才，打开了一个全新的研究领域。

在冯其庸先生逝世之后，我翻检出冯先生在2005年11月3日给我的亲笔信，睹物思人，感慨万千。冯先生的这封亲笔信，从书法欣赏的角度来看，已经是足堪传世的珍品。此信共计3页，书写在带有"瓜饭楼"标记的特制信笺之上，冯先生还在署名之下，钤印了一方印章，以示郑重。从书信的内容来看，更是珍贵无比：因为这是集中体现冯其庸先生办学首先重视人才引进的一封信件。其实，这是冯先生给我的指令，要求我一定要把宁夏考古所所长罗丰先生聘请到国学院工作。原信篇幅不长，敬录如下，以与读者朋友共同感受冯先生的爱才之心与担当之诚：

家洲兄：

　　刚刚见到沈卫荣先生和罗丰先生，非常高兴。沈先生敦聘事已解决，极为高兴。罗丰先生聘任的事也务必解决，无论有多大困难也要解决。罗丰先生的一部书有多大分量，不是人人能知的。我前些时已买来先读，佩服至极。我们不可失此人才。办学关键是人才。所谓千军易得一将难求也。务请您体此意。如有困难，我即去面见校长。请您随时通知我知。问好！

冯其庸 十一月三日

　　信中所涉及的两位中年学者，在冯先生面前都是晚辈后学。冯先生在这封信中，从用语到内涵，对他们表达了由衷的信任和推奖，甚至可以理解为敬意。冯先生所讲到的"罗丰先生的一部书"，是指罗丰的代表作《胡汉之间——"丝绸之路"与西北历史考古》（文物出版社2004年9月版）。冯先生似乎担忧掌握人事权的领导不了解罗丰和他著作的学术价值而可能影响到对罗丰的礼聘，所以，在信中三致其意，对罗丰的嘉许几乎到了无以复加的程度。为了聘请名家来国学院任教，冯先生真的是思贤若渴。接到冯先生的手书后，我和国学院的院长助理孟宪实老师与罗丰先生联系，得知他在兰州出差，我们二人立即前往兰州拜访，转达了冯先生的诚意邀请。后来由于某种原因，罗丰先生未能如愿到国学院来，这对国学院而言，当然是很大的遗憾。

　　冯先生逝世之后，远在银川的罗丰先生专程赴京参加遗体告别仪式。当天午间，我设私人酒宴招待罗丰等十多位前来参加告别仪式的朋友。在我出示了冯先生当年的这一通手札，和罗丰先生等人共忆这段感人的往事，在座的诸位好友都不胜唏嘘！我还扫描了冯先生的手书信札，面交罗丰先生收藏。

　　冯其庸先生明确主张要不惜重金礼聘著名学者来国学院任教方面，还有一件往事，同样也是我无法忘怀的。我向冯其庸先生推荐，王子今教授是中国古代史研究领域难得的学科带头人，应该礼聘到国学院来。但是，人大能够提供的工资待遇，使我无颜对王子今先生谈起聘请加盟之事。冯其庸先生翻看了我面呈的王子今先生的代表作，很快表态："为了引进人才，多花钱是值得的。家洲，你认定王子今是可以做历史学的带头人，我相信你的判断。他的工资由我们国学院的西域所经费中解决，给他和沈卫荣教授同样的待遇。"这就是王子今先生调入国学院的缘起。后来，王子今教授成为国务院学科评议组成员，至今依然工作在国学院教学科研的第一线上。

极为重视国学院的课程体系与科研重点的布局

国学院的课程设置，经历过"三上三下"的讨论，人大校内外的教授和领导，都曾经贡献过各自的智慧。在我的记忆里，最核心的课程设计思路是由冯先生提出和完善的。这里面涉及两个基本问题：一是要多设置经典研读课。冯先生是把自己青年时代在"无锡国专"读书的经验移植过来的。他非常明确地指出："通论"和"概论"之类的课程要少设，要力争把重要的经典逐一开出"解读"课程，让学生直接接触经典自身。在这个基础之上，国学院出版了"国学经典解读"系列教材，由此形成了有特色的教学体系。二是要让学生走出去，所谓"读万卷书，行万里路"。这就是国学院师生"游学"的缘起。"游学"成为国学院师生津津乐道的"教学特色"，而为其他学院的同学所艳羡。

冯先生提出要办好高质量的"国学论坛"，请到真正的名师给学生举办讲座。2005年12月14日下午，"国学论坛"举办了开坛仪式。此时，距离国学院正式挂牌的10月9日，仅有两个月的时间。我们邀请庞朴先生以《谈"无"说"玄"》为题做了首场报告。冯先生亲自到场致辞。现场气氛热烈，京城内外多家媒体广泛报道。人大"国学论坛"的美誉，得到广泛的传播。另外一次带有轰动效应的论坛，是2006年11月6日晚，叶嘉莹先生做了一场题为《小词中的儒学修养》的精彩学术报告。整个会场座无虚席，后来的同学由于没有座位，有的干脆坐在地上，有的一直站在后面，82岁高龄的叶先生讲得精彩投入，同学们听得聚精会神。我们的院长冯其庸先生不仅参加了这次国学论坛，还做了发人深思的点评和总结。

冯先生明确要求：国学院的科研必须有自己的亮点。在设置经、史、子、集四个研究室的同时，冯先生发起成立了"西域历史语言研究所"。这既是冯先生晚年亲身参与西域探险与研究的学术兴趣和学术追求之所在，也是他"大国学"理念的重要体现。在这个领域，冯先生所做出的努力与贡献，北大的荣新江、朱玉麒以及人大的沈卫荣、孟宪实等教授，都有专文论及。此处不再赘述。沿袭至今，西域研究依旧是国学院的学术优势之所在。饮水思源，冯先生的开创之功，后人自当铭记不忘。

为筹措办学经费而尽心竭力

要高标准地办好国学院，需要大量的资金投入。在人大校方的财力投入之外，冯其庸先生运用他的个人影响力，努力筹措经费。若干细节，令人感动！

国学院从国家得到的第一笔专项经费1000万元，缘起于当年冯先生邀约季羡林先生联名上书党中央、国务院的领导，建议在中国人民大学国学院设立"西域语言与历史研究所"。两位著名学者的联名上书，很快就得到了胡锦涛总书记、温家宝总理的亲笔批示，都明确表示应该给予支持。经过一个阶段的具体工作程序，财政部下拨的"西域语言与历史研究所专项经费"于2005年年底到位。

国学院创设之初的第一笔大额社会捐赠，也是冯其庸先生运用社会影响而筹得。山西晋城皇城相府集团无条件捐赠200万元，在国学院设立了"陈廷敬国学教学科研基金"。冯先生为国学院改善办学条件，争取到了一个极为难得的机会。

冯其庸先生的高风亮节，可以从一件事上再次得到确证：人民大学聘请冯先生担任国学院的院长，是有一笔聘金的。冯先生从接受之初，就非常明确地对我说：这钱，我只是暂时保管，等到我卸任之时，一定要捐赠给国学院，用于支持学生工作。到他卸任之时，他把学校给的聘金全部捐赠出来，成立了"冯其庸国学奖学金"。国学院的学子得以继续受惠于冯先生！冯先生对于国学院，没有索取，只有奉献与贡献。在卸任院长之后，冯其庸先生依旧对国学院用情很深……

为了撰写这篇追思冯其庸先生的文章，我几次翻检保存下来的工作记录。当年的点点滴滴，都令我一再感动！有的事情，回想起来甚至是五味杂陈！2006年6月，我写给人大学校领导的工作总结，是在国学院工作一年的个人心声的流露。我愿意援引其中的一段话，作为本文的结束语："冯其庸老先生以八十多岁的高龄，以无私的精神，投身于国学院的建设之中，他在扩大国学院的对外学术影响、争取各种社会资源等方面的能量和贡献，是一般书斋型大学教授所无法比拟的。我对冯先生的敬重与日俱增。"

本文原载于《文汇报》二〇一七年三月十七日

本文作者：中国人民大学历史学院教授

国学建设与文化自信

——纪念冯其庸先生

孟宪实

2010年，冯其庸先生八十八岁，正逢米寿之禧。同时，也是中国人民大学国学院成立五周年。为此，国学院召开隆重的学术大会，根据冯先生的学术研究和国学学科建设的需要，分作红学、古代文学、近代国学、出土文献与思想史、西域敦煌出土文献研究等五个分会场进行，应邀前来参会的学者一百五十多人。10月16日，是当年的重阳节，学校特地选择这个日期，以表敬老尊贤之意。开幕式上，宣读了时任国家副主席习近平同志致冯先生的贺信。信中高度评价了冯先生的学术人生："今已88岁高龄，仍带领中国人民大学国学院为国学新时期的发展、为促进中国传统文化的研究发挥着重要作用。您治学报国的精神，令人钦佩。""国学新时期"，显然是一个重要概念，这不仅对于理解中国文化的当今地位，也对于理解冯其庸先生的国学思想，具有点睛之意。

一、近代，中国文化自信心的一步步丧失

"国学"是近代特殊背景下形成的概念，相对于外来的"西学"，以"国学"自称中国学术、中国文化，这便是"国学"。作为与"西学"对称的概念，"国学"概念产生之初，便有寻求中国文化之路的含义，面对强大的西学，中国文化何去何从，这是当时中国迫在眉睫的重大课题。如果说，反帝爱国，反对殖民主义关涉政治前途的话，那么"国学"与文化前途紧密相连。

不可否认，在近代中国连续失败的背景下，中国文化的价值一再遭到低估，中国传统的文化自信一步步遭到消解。通常，理解中国近代史的发展变化，往往会分作三个时期，即鸦片战争时期，戊戌变法和辛亥革命时期，最后是新文化运动与"五四"运动时期。三个时期，中国文化完成三次蜕变，社会变革的深度也发生三次深化，中国人的文

化观也发生三次巨变，文化自信心遭遇一次又一次降低。

鸦片战争，让中国人饱尝西方船坚炮利之苦，认识到中国科技不如人。随后发起了洋务运动，"师夷长技以治夷"。长期以来，中国屹立在世界的东方，几千年的历史经验，让国人对中国文化满怀自信，一方面是中国从没有见过与中国文化旗鼓相当的另一种文明体系，另一方面，即使中国有军事政治的失败，因为随后发生的文化融合，即征服者为中原的文化所征服，也保证了中国人的文化自信心的合理存在。但鸦片战争让中国人的文化自信遭遇前所未有的打击。西方人的船坚炮利之后，是科技系统的发达，比较中国，正能显示出中国的落后与不足。中国文化的重大部类出现问题，民族自信心遭受打击可想而知。

洋务运动的成绩是显著的，中国的近代工业从零起步，发展比较迅速。但是，甲午战争让洋务运动的梦想彻底破灭。反思者如影随至，以康有为、梁启超为代表的变法派主张，甲午战争的失败，证明仅仅依靠洋务是不能救中国的，中国的问题在于整个制度的落后。打败中国的日本，正是向西方学习，才打倒了两千年的老师中国。中国要发展，必须学习西方的制度，戊戌变法由此展开。戊戌变法失败后，辛亥革命接踵而至，两次政治运动都以改变中国的制度为己任。在此过程中，中国制度不如人的观念深入人心。戊戌变法失败后，康梁等人逃往日本，在日本与革命派展开著名的大辩论，虽然未来主张有所不同，但是认定中国制度落后，则是双方的共同点。然而，从文化自信的角度看，则是中国文化遭遇到的第二次严重打击，制度不如人，是很重要的一次自我否定。

辛亥革命的突然成功，清朝和帝制被推翻，原本中国应该迎来胜利的狂欢，但残酷的事实让国人难有片刻的好心情。袁世凯复辟、军阀混战、洋人的骄横，没有一点革命胜利的情景。反思这个历史时期的问题，1915年，思想文化界出现了"新文化运动"，四年之后出现了"五四"爱国运动。很多中国人头脑中有挥之不去的帝制情结，有人宣传民主自由多年，一转身却去为袁世凯的帝制复辟当鼓吹手。这一切，难道与中国文化的深层结构，没有一定的对应性吗？新文化运动是一次从文化深层进行社会现实反思的思想运动，不仅论证中西文化的对立性，而且普及了中国文化的严重落后性，完成了从文化的深度和广度对中国文化的否定。至此，中国人的文化自信心彻底毁灭，零星的自信观点或者边缘化，或者遭遇历史性的忽视。

事实上，讨论近代中国的变迁，从物质、制度、文化等三个维度进行的思考很早就存在，甚至在不同的文化阵营学者之间，对此都有高度的共识。庞朴先生著《文化结构与近代中国》一文，认为文化结构由物的层面、心物的层面和心的层面构成，而近代中国的变化正是按照这个构成展开的，即器物、制度和深层文化。[1]庞先生论证，举凡曾廉、陈独秀、梁启超，虽然文化立场完全不同，但对于近代中国变化的观察却是一致的。从接受西方文化的立场看，三阶段的发展变化，正是对西方文化不断接受且不断深化的过程。从文化反思的角度看，正是对中国文化三次反思的过程，而从中国人文化自信心的角度看，也是信心不断丧失的过程。

五四运动是中国现代化的起点，而文化自信心的缺失于是成了中国现代化过程中的先天性病症。经过近代一系列的反思，用西方文化的优秀面，对照中国文化的问题面，强调世界文化的共性而否定民族文化的个性，以西方文化为现代化的方向，从根本已经否定了中国文化优秀面的存在，甚至努力排斥中国文化加入中国现代化的进程。中国文化的存在意义就是努力减少对西方文化引进的干扰，主要的使命就是尽快转化为西方文化。中国文化完全以负面的姿态出现，在文化教育等方针政策上，不断重复和强化着国人的文化自卑感。

中国革命的任务是"反帝反封建"，中国文化批判被纳入"反封建"的任务之中，而原本应有的文化自信与反帝任务，自始至终都没有建立起有机的联系，更无从发挥出应有的作用。整个民国时期，文化气氛都是"新文化运动"的延续，文化方向的主张，一直以全盘西化为主导。1934年，陈序经在《民国日报》上刊登《中国文化之出路》，系统提出全盘西化主张。[2]这一观点，引发何炳松等十教授的反对，1935年1月10日，他们在《文化建设》发表《中国本位的文化建设宣言》针锋相对。[3]最后，胡适也进场发言，3月31日他在《大公报》上发表《试评所谓"中国本位的文化建设"》[4]，认为十教授的宣言不过是今日的中体西用而已。

胡适先生在民国时期的影响是巨大的，而他就主张"全盘西化"。在他撰写的《充分世界化与全盘西化》一文中，他主张把"全盘西化"概念改为"充分世界化"，因为从论述策略上看，"充分世界化"增加了弹性，会获得更多人的支持，而"全盘西化"的概念过于生硬和绝对，难以获得更多支持。总体上看，胡适与陈序经先生的观点是一致的，但陈序经更坚决，对于胡适"很不客气地指摘我们的东方文明，很热烈地颂扬西洋的近代文明"给予极大的支持，但对胡适的考据学有科学性的说法又不满意，认为"胡先生所说的西化，不外是部分的西化，非全盘的西化"[5]。

胡适认为，有关中国文化的前途有三派主张：一是抵抗西洋文化，二是选择折衷，三是充分西化。胡适认为"抗拒西化在今日已成过去，没有人主张了。但所谓'选择折中'的议论，看上去非常合理，其实骨子里只是一种变相的保守论。所以我主张全盘西化，一心一意地走上世界化的路"[6]。思想文化的派别划分，胡适所言，也是通常的看法。胡适把中西融合派观点，划归保守派进行批判，说他们是保守派的"变相"。他在批评十教授宣言时，采用的也是这个逻辑，说十教授宣言跟张之洞的"中学为体西学为用"本质一致。中西融合的观点是广泛存在的，但在民国时期，占据舆论主流的是西化派。西化派并不考虑文化自信问题；相反，任何坚持中国文化自信的表态都会遭遇批判，结果自然是文化自卑主义盛行。

1949 年，中华人民共和国宣布成立，"中国人民从此站立起来了"。新中国标志着"反帝"斗争的胜利。建国以后思想上的"左倾思潮"依然强势，以"反封建"为旗帜，文化激进主义高歌猛进。中国传统文化被当作文化糟粕，不惜以政治运动的方式进行扫荡，"文革"中破坏文物等同于"破四旧"，中国文化饱受了一场人为的浩劫。此时的中国人，心中只有紧跟政治的念头，文化自信，既不见于政策论述，也不见于思想教育，即使是相关的个人爱好，也会战战兢兢，如履薄冰。

1978 年十一届三中全会，吹响了新时期现代化建设的号角，经济建设成为工作中心。这也是改革开放的新时期，社会建设的各个方面都取得了前所未有的成就，特别是经济领域，尤为世界所瞩目。但是，以文化自信为中心的文化建设却日益显现出短板特征。国人对于中国文化的认识，基本是百年之前的结论，以否定为主调，以排斥为基本心理。与文化自信相反，文化自卑是中国人的基本集体意识。让中国人列举中国文化的缺点是很容易的，但是让中国人找到中国文化的优点则是艰难的。国人热衷于了解西方文化，对于自身的文化传统，则会坚持简单的否定与排斥立场。这种错误的文化观，严重影响了中国社会的正常发展，对于经济的发展，也不可避免地带来制约效果。中国要成为影响世界的大国，国人的文化自信心的状态，是绝不能忽视的严重问题。

解决文化自信问题，不能仅仅依靠文化措施解决，社会全面进步是文化自信获得提升的基础。同时，文化自信问题绝不可能在缺少文化措施的前提下自然解决。如何解决国人的文化自信问题，直到 2005 年中国人民大学成立国学院，我们至少看到了文化努力的开始。

二、冯其庸与人大国学院

中国人民大学国学院，这是新中国的首家国学院，在当年引起了巨大反响。学校领导反复研究，郑重邀请已经退休的冯其庸先生出山，担任首任国学院院长。加强传统文化的研究，重估中国文化价值，重建中国人的文化自信，这是国学院工作的当然目标。2008 年，纪宝成校长在中国社会科学院首届国学研究论坛上，以《国学何为》为题进行演讲，指出重振国学有着多方面的意义，包括"唤起文化自觉，恢复文化自信，实现文化认同，增强民族凝聚力""挖掘国学的当代价值，提高国人的道德水准，提升国人的文化素养，建设和谐社会""增强我国文化竞争力，提升国际影响"以及"完善中国特色的社会主义理论体系"等[7]。可见人民大学创建国学院，有着清晰的文化使命感。

人大创办国学院，叶嘉莹先生认为得人得时。就当时的情况分析，冯先生适合国学院的首任院长，两个背景最为重要。其一，冯先生的治学范围广，不仅文史哲都有研究，更有书画戏剧等方面的研究专长，以传统国学衡量，冯先生的治学最为接近。冯先生治学广博，在更老一代的学人当中比比皆是，但年龄越轻，这种现象越少见。原因也是公认的，越年轻受传统国学的影响越小。其二，健在的学者之中，亲身接受过系统国学教育者十分罕见，冯先生可以称得上是硕果仅存。国学院宣布成立之前，学校已经多次组织校内外专家进行论证，核心是课程体系设计，其实一直不能确定。赞成国学理念的学者，无不是文史哲分科教育出来的，对于国学课程体系，始终不得要领。后来，冯先生很简单地就完成了课程的设置，以元典研读为课程骨干，再辅之以通识课程，体系很自然地建立起来。经验的重要性，再一次获得体认，其实人大国学院的课程体系，不过就是当年无锡国专课程的继承发展而已。

人大国学院，是冯先生晚年关注的焦点，为国学院的发展，冯先生鞠躬尽瘁。不仅因为冯先生是国学院的首任院长，更重要的是，国学院给冯先生的国学情怀找到了托付。冯先生是无锡前洲镇人，因为家里生活贫困，早年的教育时断时续，辍学是他早期教育最痛苦的记忆。尽可能利用所有条件读书，是冯先生克服生活困苦的唯一途径，在西风劲吹的当时，无锡社会还存在着比较好的国学基础，而这成了冯先生启蒙教育的源泉。无锡其实距离苏州并不远，但在当时，冯先生连去一趟苏州都有很大困难，无锡于是成了冯先生读书学习的大本营。因为无力走出无锡，所以冯先生最终成了无锡国专的学生，两年的无锡国专学术训练，成就了冯先生的学术人生的基本底色。冯先生曾经为刘桂秋先生的《无锡国专编年事辑》作序，深情地表达对母校的敬意，序中写道："生我者父母，长我者母校也""无锡国专，它决定了我这一辈子的人生道路。"[8]

民国时期，虽然西化派占据主流，但中西合璧的主张也没有仅仅停留在口头上。无锡国专从 1920 年开始筹办，转年正式招生，一直坚持到 1949 年，在西风劲吹的民国时期，无锡国专在中国传统文化的教育上几乎称得上是一枝独秀。无锡国专的办学理念是

"研究本国的历史文化，明体达用，发扬光大，期于世界文化有所贡献"。[9] 今天看上去，这一理念支持下的办学实践，通过研究中国文化，再造文化自信，在中国现代教育史上，无锡国专拥有特殊的地位。无锡国专教育的成功，证明了中国书院传统与近代西学结合的成功，研究者通常称之为转型的成功。对于无锡国专的教育，当时主张西化的人士多有意见，但无奈国专培养的人才赢得了社会的信心，其次又赢得了国际的认可。1931年，国联教育考察团的洋专家到达无锡国专进行实地考察，给予国专教育高度评价，盛赞国专保存文化的可贵。教育部的反对声音因为崇洋而消声。

无锡国专是在近代的背景下进行国学教育的，西学的部分内容已经融入国专的国学教育之中，可以认为这是中西合璧的国学教育。总结无锡国专教育的成功，坚持经典课程体系，努力维护国学特性，这是无法否认的。在西风强大的形势下，无锡国专脚踏实地，极少参与论战，埋头教学研究。比较而言，清华大学的国学门仅仅维持了四年，最终名实皆亡，国学被文史哲完全替代。清华国学门的日益西化，是走向最终结局的根本原因。无锡国专是吸纳西学成果、积极研究国学的现代典范，很多国专教授都是学贯中西且不忘中国文化本位的学者，从而造就了无锡国专的国学教育奇迹[10]。陈平原著《中国大学十讲》，专辟一章研究无锡国专，题为《传统书院的现代转型——以无锡国专为中心》，他写道："唐文治有眼光、有胆识、有恒心，其独立支撑很不时尚的无锡国专，为二十世纪中国高等教育留下另一种可能性，值得尊敬与同情。"[11]

冯其庸先生出任中国人民大学国学院首任院长，他是无锡国专培养的国学专家，于是无锡国专的成功经验通过冯先生之手，自然而然地传递到了人民大学。冯先生对于无锡国专的办学特点，有自己的体会，用他的话说是"直觉的感受"，不用说，这就是刻骨铭心的感性认识。在《怀念母校》一文中，冯先生总结了国专办学的几个特点，首先，"觉得它是我国历史上书院制的继承和发展。唐校长是著名的经学大师，他完全可以像古代书院一样来主持办学，但是他却延聘全国名师来执教，包括经学在内，把我国传统的学术精华包罗无遗"。另一个特点是，"课本用的都是元典，没有什么选本、概论之类的教材，也没有文、史、哲等分科"。再有，"无锡国专的教学，特别重视敦品，对学生品德的培养"。最后，"是重视培养学生的自学能力和协作实践的能力"[12]。对照人民大学国学院的办学，就其精神实质而言，完全可以说是如出一辙。

人大国学院有本科学历，所以要设置课程体系，而现有的课程体系正是来自冯先生。其中，以元典为课程骨干的核心特征，正是无锡国专特点的继承。如此，也就克服了文史哲分科的问题。全国重点文科大学大搞文科实验班的历史尚未远去，如何区别国学与文史哲的学科特点，困扰着很多人，因为文科实验班曾经大搞文史哲课程累加，完全走不出文史哲的分科体系。从无锡国专到人大国学院，之所以能够走出一条不同的道路，就是因为课程回归元典，学术理念于是与文史哲划清了界限。冯先生也曾试图在人大国学院广泛延聘天下名师，但受到人事制度的限制，除了聘请退休的先生之外，只好采用大办国学论坛的办法进行弥补，希望通过论坛，吸取天下学者的宝贵学术见解。那么，如何继承传统的书院精神呢？从体制上，冯先生设立导师制，建立师生更紧密的学术联系，争取让学生早日在学术上登堂入室。在学术理念上，主张建设大国学新国学，反对过于狭隘的办学理念。国学院成立之初，社会反响很大，有关国学的争论更是此起彼伏。对此，冯先生的态度是不必要介入争论，国学院要脚踏实地办学，几年之后，我们办学成功了，争论自然会停止。这个态度，其实也是当年无锡国专的。总之，因为冯其庸先生，人大国学院的办学特点，几乎处处能从无锡国专找到根据。国学教育作为一项利国利民的事业，因而拥有了承上启下的传承，而这种继承关系的确立，正是因为冯其庸先生发挥了起承转合的衔接作用。

国学研究与教学，是深入研究中国文化传统的必由之路，是重建文化自信的必由之路。没有国学的研究与教学，中国文化的优秀传统就无从辨别，文化自信缺乏基础，中国文化的使命与责任等，都无从说起。这正是冯先生为国学新时期的发展、为促进中国传统文化的研究所发挥的重要作用，受到中央领导的表彰，也在情理之中。

三、冯先生的国学思想

冯其庸先生是专业学者，是专业的教育工作者，不是有感而发，甚少进行理论阐述。直到出任国学院院长之后，冯先生才开始发表一些有关国学和国学教育的文字与感想。

中国人民大学决定成立国学院，校长已经酝酿了一段时间，发表文章重估国学价值，为国学和传统文化的研究鼓与呼，同时组织专家探索国学课程。到2005年5月中旬，召开了一次校内外专家的"振兴国学教育座谈会"，宣布正式成立国学院，并正式邀请冯先生出山，担任首任国学院院长。校长在座谈会之前特地前往冯先生家拜访，根据叶君远先生的《冯其庸年谱》，纪校长的拜访是5月18日，郑重说明了学校的用意[13]。现在，我们能看到冯先生的第一篇有关国学教育的文字，就是为了准备座谈会而在5月27日撰写的，而座谈会在两天之后召开。

　　成立国学院，加强国学教育，冯先生从自身的感受说起，认为是具有远见卓识的，"振兴国学是振兴中华的根本。国学是我们民族的思想和灵魂，是我们民族独有的东西，削弱了国学，也就是削弱自己，削弱了自我意识，削弱了我们民族的自尊心和自信力。一个没有自己的思想和灵魂的民族，一个没有自尊和自信的民族，是谈不上什么振兴的。"[14] 强调国学是民族的思想与灵魂，国学教育是民族自信心的建设，这是冯先生始终坚持的国学研究与教育的高度。

　　这个认识高度，虽然属于个人认识，其实来自时代感受。当年10月，在国学院开学典礼上冯先生的讲话稿中，很充分地体现了这一点："我们伟大的中华民族正在飞速走向复兴之路。""在这样的历史背景下，我们的民族精神、民族思想、民族文化必将发挥它强大而积极的作用。""一个伟大的国家、一个伟大的民族，不可能没有自己独有的思想、独有的文化，现在是发扬光大我们民族传统思想文化的精华的时代了。"国学的发展，是民族复兴的一部分，是不可分解的有机组成部分。"国学是我们整个中华民族的民族精神、民族思想、民族意志的共同载体，是我们伟大中华民族的精神长城，是我们伟大民族顶天立地的思想根基、力量根基，也是我们不可战胜的强大自信力量的源泉。"[15]

　　从民族复兴的大局看待国学的发展，是冯先生一贯的着眼点。在《怀念母校》一文的最后，冯先生也有如下表述："我们现在正处在伟大的民族复兴的历史时期，中华民族是一个伟大的有悠久的历史思想文化传统的民族，对全世界的文明发展起过重大的推进作用。我们的民族复兴，当然是与民族的历史、思想、文化的复兴伴随而来的，一个没有自己的历史、思想、文化的民族，是不可能真正强大地独立于现代世界的。"[16] 强调国学的时代意义，是因为冯先生亲身经历的几个不同的时代，抗战的苦难岁月冯先生刻骨铭心，"文革"中横扫一切文化的极端行为，直到改革开放的新时期，他的体会是深切的。冯先生认为，今日中国正逢一个伟大的时代，"这个时代，需要我们研究国学，发扬其中的精华，使中华民族的灿烂文化更好地走向世界，让全世界都了解它，知道我们的文化是博大精深的。"[17] 伤痛的近代史，是中国文化自信心一步步丧失的时代，在中国和平崛起的今天，通过国学建设，重建国人的文化自信心，不正是时代的需要吗？

　　国学教育是国民文化自信心建设的事业，对此，冯先生《大国学就是新国学》一文阐述比较清楚明白。国学院创办之初，有学者发出质疑，问所办国学，是哪个时期的国学，冯先生的观点是脚踏实地办学，不参与论战。三年之后，冯先生撰写《大国学就是新国学》，予以回应。国学是发展的，一个时代有一个时代的国学，"每一个时代的国学，都是在前代国学的基础上发展起来的，今天我们研究的国学，就是涵盖以往任何时代的中国学术。"新国学，包括百年近代发展起来的学术，都是我们的研究对象，对比以往的国学，新国学的外延扩大了，研究方法进步了，所以新国学就是大国学。冯先生对国学的三个基本面进行了阐发，一是研究对象，不能画地为牢，尤其在研究并不发达的今天，国学的外延维持模糊的空间不是坏事。二是研究方法，方法无禁区，"大国学要有大思维，凡是人类的积极文明成果，都应该吸收，研究方法当然也要吸收。新国学要有新思维，不仅探索新的研究领域，而且敢于运用新方法研究问题。"三是研究立场。冯先生强调学术立场的正当性，"国学这么多年最大的问题，就是中国人不敢坚持中国的学术立场，以至于国学概念都不敢提及。""学习西方不意味着一定要否定中国。""在国家民族存在的背景下，学术的国家民族立场存在是正当的自然的。"具体说，国学的学术立场，其实就是中国文化的本位立场。"我们研究国学是为了让国学的优秀传统能够在今后发扬光大，让中国文化为人类作出更大贡献。学习外来文化是必须的，那是中国文化发展的重要途径。但是一味地学习他人，对本国传统数典忘祖，那就走向了偏颇。要明确，学习别人是为了发展自己，不是把自己变成别人。"

中国文化本位，近代以来常常被提及，但始终受到压制。在今天中国的背景下重新提出，应该更容易被接受。在坚持西化的观念中，不正是坚持把自己变成别人吗？文化本位与文化自信，是一个问题的两个方面。文化本位，强调的是文化的民族特性，从来就是文化建设的方向。文化自信，是民族群体对自我文化的认同与信念，是文化本位建设的能动性来源。冯先生坚持文化自信和文化本位建设，并不是极端的文化自我中心论者，冯先生说："我们不会主张让中国文化解决全世界的所有问题。"事实上，这类观点并不缺乏。从人类的视角观察，文化是值得珍惜爱护的宝贵精神财富："人类文化的丰富多彩，是人类的幸事，中国文化至今未能中断，是中国的幸事。中国的学者，可以有不同的文化观，但是对自己国家的历史和文化缺乏研究，甚至略无所知，能说是光彩的吗？虽然说中国文化未曾中断，但是近代以来的危机还是严重的，现在的状况更不能乐观。研究国学，传承文化，要我说，是国家和民族走向兴旺发达的重要方面，也是今天的民族大义。"[18]

冯其庸先生有关国学研究与教育的言论文字，理论阐释与立场主张同时并举。一位伴随国家风雨九十多年的学者，学术见解与文化情怀展现得淋漓尽致。冯先生是一位积极的爱国主义者，主张学以致用，努力运用学术为国家建设服务。他积极推动在国学院设立"西域研究所"，就是看到了西部大开发的学术需求。如今，我们结合国家"一带一路"的事业，再来观察冯先生的思想主张，其中不乏学术的先见之明，尤其能够发现冯先生跳动的爱国主义之心。

冯其庸先生已经离开了我们，但他留传下来的丰富学术著作和宝贵思想不会离开我们。老一代学者的使命感和学术情怀，一定会感动一代又一代的后来人，薪火于是得以永传。

注释

[1] 庞朴：《文化结构与近代中国》，《中国社会科学》1986年第5期。

[2] 邱志华：《编者叙意》，见《陈序经学术论著》，浙江人民出版社1998年版，第1页。

[3] 何炳松等：《中国本位的文化建设宣言》，收入《何炳松文集》第二卷，商务印书馆1997年版，第403—408页。

[4] 收入《胡适文存四集》卷四，见欧阳哲生编《胡适文集》卷五，北京大学出版社1998年版，第448—452页。

[5] 陈序经：《中国文化的出路》，转自邱志华编《陈序经学术论著》，第80页。

[6] 胡适：《充分世界化与全盘西化》，见欧阳哲生编《胡适文集》卷五，第453页。

[7] 纪宝成：《国学何为——在中国社会科学院首届国学研究论坛上的演讲》（2008年7月4日），发表于2008年7月21日《光明日报》，收入纪宝成《重估国学的价值》，中国人民大学出版社2012年版，第190—197页。

[8] 冯其庸：《怀念母校——刘桂秋著〈无锡国专编年事辑〉序》，《无锡国专编年事辑》，中国大百科全书出版社2011年版，第1—12页。

[9] 参见周泉根《国民高等教育中的国学教育——以无锡国学专修学校为例》，《文艺争鸣》2012年第7期。

[10] 有关无锡国专的国学教育成绩，参见吴湉南《无锡国专与现代国学教育》，安徽教育出版社2010年版。

[11] 陈平原：《中国大学十讲》，复旦大学出版社2002年版，第98页。

[12] [16] 冯其庸：《怀念母校——刘桂秋著〈无锡国专编年事辑〉序》，《无锡国专编年事辑》，第1—12、12页。

[13] 叶君远：《冯其庸年谱》，中国社会科学出版社2015年版，第432页。

[14] 冯其庸：《关于振兴国学教育的几点思考》，2005年5月27日初稿，收入《冯其庸文集》卷二《逝川集》，青岛出版社2011年版，第124—129页。

[15] 冯其庸：《在中国人民大学国学院开幕式上的讲话》，收入《冯其庸文集》卷二《逝川集》，第130—132页。

[17] 冯其庸：《传承发展优秀历史文化》，原载《光明日报》2007年4月19日，收入《冯其庸文集》卷二《逝川集》，第171—176页。

[18] 冯其庸：《大国学就是新国学》，原载《光明日报》2008年10月15日，收入《冯其庸文集》卷二《逝川集》，第133—136页。

本文原载于《红楼梦学刊》二〇一七年第四辑

国学家冯其庸先生

孟宪实

2017 年 1 月 22 日，著名学者冯其庸先生平静地走完他的人生。每一名成功的学者，都是一道学术风景线。然而，哲人已逝，风景却不该消失。思考、分析冯先生的学术人生，这该是后人积极继承宝贵学术遗产的应有态度。

总结冯先生的学术人生，治学广博应该是个共识。但是，这里的广博其实是在新学科体系参照之下才能得出的结论。如此广博的治学，在冯先生同辈或者前辈中，并不鲜见，只是越到后来，越难感到这种广博性。冯先生何以治学广博？追问此题，不能不从冯先生的教育经历中去寻求答案。

国学启蒙

多年前，笔者曾经有过为冯先生作传的计划，后来没有坚持下来。但冯先生早年的生活学习经历，却有了不少了解。加上叶君远先生的《冯其庸年谱》和《风雨平生——冯其庸口述自传》等，都能帮助我们了解冯先生。冯先生的早年教育断断续续，充满痛苦与挣扎。家庭贫苦，小学时期印象最刻骨铭心的就是围绕学费的挣扎。因为母亲的坚持、亲朋的帮助，冯先生没有最终辍学可以称作奇迹。冯先生的小学活动空间，大约不出无锡前洲镇。小学与学习相关的回忆，是 1937 年抗战全面爆发，冯先生因病休息，等到病愈再去学校，学校已经不在了。从学校图书馆借的一部《三国演义》，因为学校解散无法奉还，只好留在身边继续阅读。

按照民国教育部 1915 年颁布的国民学校令，小学科目主要是国文、算术，高等小学才有本国历史、地理等课程。曾经有过的读经、修身课程在 1916 年修订的时候取消。识字读书，应该是小学最重要的目标，从冯先生借阅《三国演义》一事看，这个目标学校是能够完成的。这一年，冯先生14岁。从此，进入辍学状态。

辍学的冯先生开始下地劳动，业余时间找书读。第一步阅读最细致的自然是《三国演义》，因为没有其他书。这个时期，冯先生的读书目录，没有目标，更没有计划，找到什么读什么。环境提供什么，冯先生就读什么。从冯先生后来的回忆看，冯先生的阅读是从小说开始，从《三国演义》，到《水浒传》和《西厢记》，到《唐诗三百首》和《古诗源》。开始模仿写诗是在这个时期，写字、画画也是这个时期。后来又读《论语》《孟子》《古文观止》《聊斋志异》《西游记》。如果从小说的角度看，这个系列有一定的逻辑。但实际上，这些书的获得与阅读，完全不是按照计划进行的。此外，又读过《东莱博议》《夜雨秋灯录》《浮生六记》，还有《史记精华录》和《三藏法师传》。15岁那年，冯先生的二哥帮助他从苏州购买了几种书，它们是《西青散记》《西青笔记》《陶庵梦忆》《西湖梦寻》和《琅嬛文集》。"当时，我如一夜暴富，天天夜以继日地沉浸在这些书里。"冯先生曾如是说。

冯先生沉浸在自己的读书世界里，他只是乐在其中，即使后来回忆，也充满快乐的语调。但是，当时冯先生的这种阅读，对于他和他的未来，究竟具有怎样的意义？冯先生是否心知肚明？

这是冯先生的文化启蒙时期。在冯先生的早年阅读中，我们看不到一点西学的内容，充当文化启蒙功能的，都是传统的国学书籍。1935年，何炳松等十位先生在《文化建设》杂志上发表《中国本位的文化建设宣言》，认为作为文化的中国已经消失，今后应该努力建设以中国为本位的文化。这相当于中国文化危机宣言书，基本的事实认定也大略不错。但是，这些先生并不知道，在江南核心区域的苏州无锡，前洲镇上的一位少年，每天沉浸其中、乐在其中的正在饱读国学。中国的底层社会，国学依然是中国的文化底色。

17岁时，冯先生终于有机会读中学。那是1939年，前洲镇创办了青城中学，1943年，冯先生考入无锡工业专科学校。这期间，冯先生的国学修业超越启蒙，进入有所创作的高级阶段。初中时获得一部《水云楼词》（作者蒋春霖，字鹿潭），对照《词律》进行学习，开始喜欢"词"这种文学形式，后来先生著《蒋鹿潭年谱考略》，这是最初的契机。此时，冯先生有词作和散文在无锡《锡报》上发表，这是获得承认和鼓励的重要方式。

冯先生的国学启蒙，主要不是选择的结果，而是环境作用的结果。冯先生的父亲是识文断字的，并且是书画爱好者。他有一个表弟薛玉麟，同时也是冯先生的书友，一同寻找书籍，一同研读。他的邻居邓桐芳，是冯先生的小学同学，两人都要帮家里劳动，共同的爱好就是读书，那本《东莱博议》，冯先生就是从他那里借来读的。冯先生的一位堂兄叫冯宗志，喜欢书法和篆刻，冯先生深受影响。还有位初中同学，家里富有藏书，但他自己不喜欢读，随手送几部给冯先生，有王士祯的《古诗笺》和袁昶的《安般簃诗续钞》。冯先生早年积累的书籍，1954年赴北京工作留在老家，后来毁于"文革"，竟然有"几个柜子"。一个家境贫寒的乡下少年，能积累如此多的书籍，除了个人的爱好努力之外，我们得注意所在的环境：国学厚重的存留，给少年冯先生提供了最重要的阅读条件。

早年的老师，也是冯先生重要的国学资源。冯先生几乎记得他所有的国文老师。丁约斋老师教导冯先生怎样写文章，看见冯先生在读《水云楼词》十分高兴，就用其中的词句为冯先生写了一个扇面："细竹方床蕉叶伴，薄罗衫子藕花薰。晚凉闲坐看秋云。"冯先生原来的名字是大哥起的，名奇雄。初中三年国文老师方伯霄，认为名字太露，改为今名"其庸"。如此，更符合国学精神。无锡工业专科学校，相当于高中。冯先生不喜欢数理化，偏科语文和图画。顾钦伯老师就教冯先生阅读史震林的《西青散记》《西青笔记》和《华阳散稿》，而顾老师自己就是一位诗人。因为冯先生爱好诗词，于是一位教印染课的老师范光铸告诉冯先生应该去读《红楼梦》，而这位范老师有自己的书法特长，尤其擅长写《麓山寺碑》。还有一位科举出身的语文老师张潮象，别号"雪巅词客"，冯先生认为张老师的诗和词都是一流水准。

冯先生结识诸健秋先生，成为诸先生不磕头的学生，这种奇缘正是根植无锡当时浓厚的国学氛围。无锡有许多画家，而诸健秋是最著名的。冯先生的朋友邵雪泥是诸健秋的学生，而邵雪泥父亲也是画家。因为邵雪泥，诸健秋收了冯先生这位徒弟，考虑到家境，诸先生不让冯先生磕头拜师，让冯先生进入诸先生画室看先生创作，有时又为先生讲解各家作品的优劣，这让冯先生对于国画的理解有了很大提高。冯先生后来回忆说，无锡的画家很多，有孙葆义、陈旧村、陈负苍、钱松喦等，冯先生与他们都有往来。特别是，诸健秋和张潮象办了一个文人诗社"湖山诗社"，也吸纳冯先生进入。虽然还是一个高中生，但已经进入无锡文人的社交圈，这对于冯先生国学修养的提高，发挥了重要作用。

冯先生提及他初中时学过英文，无锡工业专科学校时强迫学日文。但是，毫无疑问，在少年时代，对冯先生吸引力最大的还是国学。冯先生的时间，主要分配给了国学阅读、诗词创作以及书画学习。虽然西学之风早就是当时中国的文化主流，但在广阔的九州大地，并非所有空间都被西学占领。无锡隶属苏州，作为江南文化重镇，苏州一带的国学传统根基雄厚，枝繁叶茂。西学在大都市，在北京上海等地，所占份额应该更高，但苏州无锡不是文化前沿，国学的传统依然顽强。正是这样的文化环境，为冯其庸先生打下了牢固的国学基础。

冯先生年轻的时代，中国还有这样的去处，国学虽然不再时尚，但依然有人热爱，有人奉行，有人专研。"礼失求诸野"的文化变迁原理还能够获得证明。几十年之后，那样的国学环境一扫而空。学生要写作，我们的高中老师会拿出《西青散记》《西青笔记》让你读吗？老师会给你写个扇面，鼓励你去作诗填词吗？从这个意义上看后来冯先生的成功，虽然出身贫寒是不利的，幸而当时的文化环境比较富有。

无锡国专

中国近代学人，多有兼跨中西之学的特点。早年接受传统文化熏陶，青年时期远赴重洋或者追随西洋之风，最终成为中西兼通的学者。但冯先生的学术道路与此不同，因而呈现出单纯的国学风貌。

冯先生早年求学经历，严重受制于家庭的经济状况。1945年的下半年，冯先生一边在小学教书求得生存，一边在刚刚复校的苏州美术专科学校读书。但仅仅学习了两个月，冯先生再次失学，因为美专搬到苏州去了，冯先生没有学费跟到苏州。看看地图，无锡距离苏州咫尺之遥，贫穷让他再次失去机会。但对于下一个机会而言，冯先生一生都庆幸。1946年初，冯先生入学无锡国专。他迎来了更专业更系统的国学教育和学术训练。

进入无锡国专之前的冯先生，国学打下了一定基础，而无锡国专的训练，不仅称得上是学术性的，而且是中国一流的。民国时期的国学教育，就大学阶段而言，各个学校皆因拥有自主性而各具特色。以清华大学研究院的国学门而言，从1925至1929年，仅仅坚持了四年，而国学门还不如四大导师名声响亮。原因可能是众多的，但清华大学国学门越来越西化，国学被文史哲取代的趋势十分明显。读陈寅恪先生的通信就能发现，早期陈先生写信多用国学概念，表扬一个同学会说他国学修养深厚。但后来，国学的概念越用越少，最后都是文学、史学这些概念了。无锡国专，从1920年开始筹办，转年正式招生，一直坚持到1949年，在西风劲吹的民国时期，无锡国专在中国传统文化的教育上几乎称得上是一枝独秀。

"研究本国的历史文化，明体达用，发扬光大，期于世界文化有所贡献。"无锡国专的这个理念，一直坚持到最后。今天看上去，尤显切实而明亮。在中国现代教育史上，无锡国专拥有特殊的地位。无锡国专教育的成功，证明了中国书院传统与近代西学结合的成功，研究者通常称之为转型的成功。国专原本一律以经典设课，1927年为了应对教育部的立案转制，即赢得合法办学资格，增加多门必修通识课，因而形成了经典课与通识课并行的课程体系。而国专的特色课程，仍然是那些以经典书籍为题的选修课。冯先生著有《瓜饭楼述学》一文，回忆无锡国专时讲道："无锡国专的课程，凡经典著作，都有专题课，如《诗经》、《楚辞》、《左传》、《论语》、《孟子》、《老子》、《庄子》、《墨子》、《史记》、杜诗等。"无锡国专的教育成功，这份课程目录应该是有启发的。

冯先生进入无锡国专，开始接受高等学术训练。冯先生至今清晰地记得朱东润先生开设的《史记》课和《杜甫》专题，备引诸家观点，再仔细对比评论，然后得出自己结论。正确的学问方法，很自然引导学生登堂入室。老师们的学问高度，让冯先生领略到了学问的魅力。王蘧常先生讲《庄子》，旁征博引，古今《庄子》的研究，都储存在先生的脑子里，一个学期没有讲完《逍遥游》，但冯先生却从中看到了学问的渊博与深广，满心都是钦佩不已。王先生书法专写章草，天下一绝。冯先生与王先生，结下了一生的深厚友谊。在无锡国专的时候，冯先生依然专注于诗词写作，但学问的理念已经确立起来。比如，童书业先生讲秦汉史，直接介绍与唐兰正在进行的学术辩论，彼此的资料、彼此的观点，原原本本地复原在课堂上，不仅让同学看到了论辩，也看到了学术要有立论根据，学术对手需要尊重。大约在1948年春，冯先生到达上海的无锡国专学习，于是有了机会利用上海的学术资源。冯先生专注在顾廷龙的合众图书馆里撰写《蒋鹿潭年谱》，顾廷龙是王蘧常先生介绍的，图书馆为冯先生提供了十分周到的安排，从而让冯先生顺利完成了《蒋鹿潭年谱》。冯先生记忆很清楚的一个事，无锡国专有好几位专门讲唐诗的教授，顾佛影、俞钟彦，还有冯振心，他们都开唐诗的课，学生可以自由选课，也可以都听，先生们的各自特色令学生在比较中获得认识。为了完成《蒋鹿潭年谱》，冯先生连刘诗荪的《红楼梦》的研究课都没有听完整，但从此却明确了一个问题：红学是一门学问。

无锡国专的师生，成为冯先生永久的朋友圈，也是最核心的朋友圈。无锡国专的名师太多，周谷城、周予同、蔡尚思、顾廷龙、谭其骧、朱东润、钱基博，等等，不一而足。冯先生在上海见过词学泰斗龙榆生先生，介绍人还是王蘧常先生。上海的无锡国专，有位词学教师，名陈小翠，是当今李清照。她指点冯先生的作品，让冯先生很受益。书法名家白蕉先生擅长写王体，冯先生书法很得白蕉身传。因为同学严古津的介绍，冯先生拜见了钱仲联，从此与诗学泰斗钱先生结下了一生的缘分。冯先生的同学除严古津外，还有汪海若，同学们一同组建"国风诗社"，作诗填词，也一同参加学运，抗议当局的种种不义。说起来，这应该就是当时学生生活的基本内容。

无锡国专的学长杨廷福，在学校时没有交集，直到1977年才相见，但一见如故。杨廷福以研究玄奘、唐律享誉学界，与冯先生交往甚深。杨先生爱酒、懂茶、能诗、善书法，特别喜欢京剧。于是，他常常与冯先生彻夜长谈。此外，杨先生还以《易经》算命著称。据冯先生女儿幽若说，1979年考大学，请杨伯伯算算能否考中，结果遭坚拒。两位挚友有着太多的一致，所以才会如此倾心。这仅仅是个性使然吗？无锡国专的教育背景是必须承认的。国专学生多博学，一专多能，这应该归功于国专的教育。没有后来的文史哲大分工，无锡国专的国学课程设置，现在看来是很成功的。

但是，有个问题始终不见冯先生在回忆中提及，那就是无锡国专的师生是否讨论中国文化传统问题，是否涉及对中国文化的价值判断。叶君远在《冯其庸年谱》中，曾经引用冯先生在油印刊物《国风》中发表的一首《调笑令》："休去，休去。且伴春风同住。夜来香满帘旌。怕见花间月明。明月，明月。何苦照人离别。"无锡国专的师生似乎都是学术与创作并重的，如果仅仅拥有学术能力，那么有关文化的价值判断是可以坚持否定路线的，但是一旦涉及创作，不管是文学还是艺术，坚持否定路线就无法彻底。词汇是传统的，方式是传统的，甚至感情都是传统的，如何坚持彻底否定？这如同"文革"时期读毛主席诗词，当时心底的一个疑问是毛主席为什么不用自由诗？其实，无锡国专时期，或者无锡国专以后很长时期，有关中国文化的价值判断已经概括性做出，不同的观点可能被扣上政治帽子。看看无锡国专的理念，在当时条件下，说无锡国专实行的是一种文化保守主义教育路线，应该是不错的。有人写文章，认为无锡国专三十年的办学史，就是以唐文治先生为首的一批文化人顽强坚守，为中国文化殉道的三十年。对此，阅读刘桂秋先生的《无锡国专编年事辑》，证据甚多。而冯先生为此书作序，直接写道："生我者父母，长我者母校也。""无锡国专，它决定了我这一辈子的人生道路。"具体而言，冯先生认为国专给了自己一是进步思想，二是学术道路，但是关于中国文化的价值，冯先生长期以来似乎一直回避。

有资料显示，无锡国专的学生主要来自苏浙。无锡国专的国学坚持，是否具有某种地域文化的色彩，有必要深入研究。在传统文化积淀最为深厚的苏浙两省，有一座坚持中国文化本位研究的高等学院，其中必有缘由。其实，无锡国专在中国当时的高等教育中，是个异类，国专的学生也莫不如此。在激进主义文化思潮占据主流的时代，如无锡国专这样以文化保存为己任的学校，生存空间是十分有限的。然而，我们今天再去观察，就会得出不同的结论：无锡国专是一个珍贵的存在。比如，对于无锡国专的教育，当时主张西化的人士并不满意。一是因为国专培养的人才赢得了社会的信心，二是国际的认可。特别是1931年，国联教育考察团的洋专家到达国专，给予国专教育高度评价，盛赞国专保存文化的可贵。教育部的反对声音因为崇洋而消声。

很多年以后，冯先生发言撰文肯定中国文化传统的优秀面，认为国学是中国文化的"母乳"，主张大国学即新国学。无锡国专的文化理念，在冯先生头脑中，似乎一直是潜伏状态，直到新的时期到来。2005年，冯先生出任中国人民大学国学院首任院长，把无锡国专的课程体系创造性地移植过来，国学研究与保存的传统，再一次在中国的高等教育中获得新生。直到这时，我们才能体会到，冯先生一直保存着国学的火种，冯先生就是一颗国学的火种。

学术人生

冯先生的口述自传最近出版，名为《风雨平生 —— 冯其庸口述自传》（商务印书馆）。不能不承认，冯先生这代学人，确实饱经风雨。早年，中国久陷战乱，国运人生，混乱跌宕。新中国之后，又连逢政治运动，盼望中的学术人生，迟迟不能迈入正常。这不是冯先生一个人的学术命运，这是整个学术界的。然而，冯先生却在这种不正常的环境中逐渐展开了自己的学术研究，如今去回顾，感觉十分别致。

冯先生中学时看过《红楼梦》，但少年更喜欢行侠仗义的《三国演义》《水浒传》，不喜欢才子佳人的《红楼梦》。无锡国专时期，虽然确认红学为学问，但也没有燃起研究兴趣。1954年，奉调中国人民大学语文系，正逢中国开展《红楼梦》研究批评运动，胡适、俞平伯等"新红学"大受批判，但冯先生没有参与，仅仅阅读文章，冷眼旁观而已。不过，在"中国古代文学史"课程中，冯先生已经开始大讲《红楼梦》了。到"文革"发生时，冯先生暗地里抄写《红楼梦》庚辰本，当是对红学很有了解甚至产生感情了。

冯先生正式开展红学的研究，发源于1973年全国评红学再次掀起热潮的时刻。当时人民大学已经解散，北京市委宣传部成立《红楼梦》写作组，冯先生被调入。这是冯先生开始研究《红楼梦》的开始。不言而喻，这类写作组要完成的主要是政治性的写作任务，有着强烈的政治色彩。从此以后，在写作任务之外，冯先生开始认真研究起《红楼梦》的版本、曹雪芹的家世来，即使是政治任务的写作，毕竟也要熟读《红楼梦》。另一方面，应该是考虑到写作组的临时性，1974年前后，冯先生曾经调到范文澜的《中国通史》写作组去，但当年十月，国务院成立《红楼梦》校订组，由文化小组副组长袁水拍任组长，冯其庸任副组长。校订组是毛主席同意的，而最初的建议就是冯先生提出，报告也是冯先生起草的。于是，红学成为冯先生的主攻方向。

《红楼梦》在中国已经热了很多年，尤其是最高领袖重视《红楼梦》，红学于是获得了最社会化的影响。但是，《红楼梦》竟然没有一个校注本，对于红学研究而言不能不说是一个最基本的遗憾。于是，校订组开始从全国抽调学者参加工作。1976年，校订组已经有了不少成绩，但在这个多事之秋，校订组是否解散曾经是一个问题。当然，最后还是保留下来。到1979年1月，在校订组的基础上，成立由中国艺术研究院所属的红楼梦研究所，5月决定出版专业刊物《红楼梦学刊》。1980年，中国成立红学研究会，吴组缃出任首届会长，冯先生担任副会长兼秘书长。从《红楼梦》写作组，到《红楼梦》校订组，再到研究所，最后出版学刊，原本一个政治色彩极浓的写作组，如今完全转轨成为正规的学术组织。冯先生担任研究所的所长、学刊主编（另一主编是挂名的王朝闻先生），而红学的著名学者都参加了编委会。这个转变对于中国红学的发展，具有里程碑意义，而冯先生是促成这个转变发生的关键人物。

1980年7月2日，俞平伯在致冯先生的书信中写道："《红楼》本是难题，我的说法不免错误，批判原可，但不宜将学术与政治混淆。"（"语可诲人，光可鉴物"，见《剪烛集》）俞平伯是红学政治化的受害者，对于红学正在发生的巨变，他的感受可想而知。在所有的学术都饱受政治化影响的时代，似乎只有红学走出了一个相反的方向。说冯先生驾驭了潮流未免太夸大了，但冯先生利用了形势，应该是不错的。这种利用，正是学术化的正途，红学从此避免陷入更深的政治泥潭，踏上真正的学术研究的康庄大道。《红楼梦》校订组是一个良好开端，在"文革"结束之后，乘着拨乱反正的东风，红学快速走进新时代。或许，在冯先生的心中，有一个无锡国专时期形成的念头始终没有改变：红学是一门学问。在条件具备的时候，一定要恢复红学的学问本质。就如同国学教育，国学的理念和系统，始终隐藏在冯先生的心中，一旦机会成熟，立刻落地生根。

冯先生以研究红学著称，但在其他的学术领域也多有建树，治学广博令人印象深刻。这一特点，可以在无锡国专的教育中获得部分答案，更可以说，这原本就是国学的特点。近来，常有学术大师缺乏的讨论，那么大师的特征是什么？就学术研究而言，只有治学广博，方能影响更大。看看曾经的中国学术大师，国学基础深厚，差不多是共同特征。王国维如果活在今天，适合文史哲哪个专业？哪个专业都胜任。陈寅恪曾经被中文、历史两个系聘为教授，一时传为佳话。胡适呢？虽然当时有人认为胡适的国学根底不足，但从今天的眼光看，恐怕也是文史哲都有资格做教授。冯先生以及冯先生的先生的那代学者，有学术，能创作，多专多能是很普遍的，所以大师纷出。在探索其中的原因的时候，人们强调中西融合的意义。当时中西融合能够创造大师，今天不是同样存在中西融合吗？如此分析，我们今天缺乏西学吗？今天中西交流的程度降低了吗？今天中西交流的机会变少了吗？显然都不是。比起曾经的学术大师来，我们今天缺少的其实是国学教育，不仅缺少古代经典知识，也缺乏对文化传统的尊重与温情。在满怀中国文化自卑感的人群中，数典忘祖很容易，融合中西太难。

冯先生治学广博，来源于他接受的国学教育。书法家、画家、摄影家、戏剧学家，红学家……概括冯先生的学术人生，恐怕还是国学家更恰当。作为国学家的冯先生，他的人生是精彩的，对于后学，是富有启发的。

本文原载于《文汇报》二〇一七年三月十七日

才识卓绝　文章钜公

——简述冯其庸先生的中国古代文学研究

薛天纬

　　自20世纪80年代以来，冯其庸先生以《红楼梦》研究鸣世，他的名字在公众视野中出现时，首先被标以"红学家"的头衔。这固然名副其实，但说到底，"红学"不过是中国古代文学研究的一个分支，尽管它已发展成一门独立的显学。因此，当我们回顾冯先生古代文学研究的总体成就时，在标榜"红学家"的同时，还应该称其为文学史家。

　　20世纪五六十年代之交，我在大学中文系上本科的时候，读到中国青年出版社所出《历代文选》一书，主编即冯其庸，由此闻知了先生大名。冯其庸先生回忆，中国人民大学校长吴玉章向他转达，毛泽东主席曾在一次中央会议上表扬这本书，"要大家读读"，可见其影响之巨。1977年，冯先生还收到香港友人寄来的港版《历代文选》，可见其影响之广。《历代文选》问世以来长盛不衰，直到近年，仍有中国人民大学出版社及中国青年出版社两家的新版本流行，可见其影响之深远。从某种意义上说，《历代文选》已经典化为今人选编的《古文观止》。

　　作为文学史家，冯其庸先生的代表作是《中国文学史稿（周代至宋代）》（以下简称《史稿》）。这部70万字的《史稿》写于1956至1958年，是他为中国人民大学新闻系学生开设文学史课程撰写的讲义。这份油印讲义历经"文革"劫火，被两位有心的学生保存下来，直到2012年《冯其庸文集》出版时才公之于世。冯先生说，元代至明清的讲义也写过一部分，没有来得及交付打印，所以未保存下来。

　　《史稿》能够在那个年代写成并留存下来，真可谓凤毛麟角。这有两层意思：首先是《史稿》的内容。那个年代，写学术著作必须突出政治，突出阶级矛盾和阶级斗争，少谈艺术，更不能触犯"阶级调和""人性"这类禁区。然而，这些时代色彩在《史稿》中却相当淡薄，其内容的科学性经得起时间考验，至今仍不失为一部有价值的文学史教科书。其次，是撰写《史稿》的工作方式。那个时代，文学史教科书必须集体编写。这种状况一直延续下来，迄今为止，作为个人著述且具有相当规模的中国文学通史，如冯先生之《史稿》者，仍属罕见。

正因为这是一部个人著作，所以它有一以贯之的学术观点，有完整的知识体系和结构框架，有鲜明的个人特色，包括语言表达特色。《自序》云："我对文学史的讲解，重点是讲作家和作品，我觉得对作家特别是对作品理解透了，那么再从理论上去认识它就较为容易了。其实单纯的理论是空的，必须有作品去充实它，空洞地记一些理论毫无用处。所以我是着重从历史背景的角度和作品思想内容、艺术特色的角度来讲的。讲完了这些作品，再从史的角度理一遍，这样对文学的发展脉络就清楚了。"这一特色有多方面的体现：

《史稿》在每个重要作家名下或重要文学现象之下，都选录了足够多的作品。选录作品重视其完整性，一些诗文即使篇幅很长，也全文录入，如元稹《连昌宫词》、欧阳修《与高司谏书》等。甚至对于一些持否定评价的作品，也适当选录，如南朝宫体诗。

《史稿》对重点作品都做了详细讲解。如讲《古诗十九首》，先对它做出整体性评价："《古诗十九首》是从乐府诗的叙事到诗歌走向人生的咏叹和抒情的一大历史性的跨越。《古诗十九首》正是以它的人生咏叹及对生命的珍惜为其最大特征开启后人的。"这是从"人性"角度对《古诗十九首》内容的充分肯定。《史稿》讲《古诗十九首》的篇幅约5000字，未着一字贬语。而在我的记忆中，当年对《古诗十九首》的思想倾向是严厉批判的，因为诗中有"生年不满百，长怀千岁忧。昼短苦夜长，何不秉烛游。为乐当及时，何能待来兹"等明显表现"消极颓废情绪"的句子（这些诗句《史稿》都引用了）。由《古诗十九首》的例子，可以知道冯先生的思想倾向。

《史稿》特别重视对作品艺术特色，包括写作技巧的分析。比如讲欧阳修《醉翁亭记》，用了1000余字，兹录其讲解文章结尾连用20个"也"字的一段：

> 这篇文章，全文用了二十个"也"字作为句子的结束语，而在上句往往用"者"字作提顿，或者竟用问词，如"名之者谁？"造成一问一答的语调特点，而每用一"也"字，即十分饱满明确地叙述完一层意思，不留任何迟疑不决之处给读者。如此，则每经一"也"字，文意即转深一层，真像引导读者游九转八曲之深山幽谷，时时路转峰回，越转越深，到最后却转出一片和平愉快的欢乐景象，使人赏心悦目。全文因为用了二十个"也"字，语调十分圆熟流畅，如幽谷悬泉，虽然千回百转，但却轻快俊爽，毫无滞涩之感，使人读起来不得不一气到底，读完为止。

娓娓道来，参透了文章妙处，也参透了作者用心。

《史稿》十分重视对文学史发展线索的梳理和文学概念的阐释。比如对"兴"的解说："兴"是由联系出发的，它有时可以仅有感觉上的联系或者韵上的联系，在意思上竟和主题思想无大关系。例如《周南·关雎》的"关关雎鸠，在河之洲"，和诗里所说的求爱，就不见得有什么联系，可能就仅是感觉上或音韵上的联系。这种表现方法，在现在的民间歌谣里还保存着，例如："阳山头上竹叶青，新做媳妇像观音。阳山头上小花篮，新做媳妇许多难。"新做媳妇的好，不在于阳山头上竹叶的发青；而新做媳妇的难，也不在于阳山头上有了一只小花篮。它们之所以会这样成为无意义的联合，只因"青"与"音"是同韵，"篮"与"难"是同韵。若开头就唱"新做媳妇像观音"，觉得太突兀，站不住，不如先唱了一句"阳山头上竹叶青"，于是得陪衬，有了起势了。"关关雎鸠"的起兴淑女与君子，也是如此。作这诗的人原只要说"窈窕淑女，君子好逑"，但嫌太单调了，太率直了，所以先说一句"关关雎鸠，在河之洲"，它的重要的意义，只在于起兴，在于"洲"与"逑"的协韵。另外，以草木鸟兽昆虫以及天象地理等现象来引起感情的抒发，这样的写法，也的确可以使人有一种亲切具体的感觉，人们从现实生活中有所感触，就因物起兴，咏唱起来，这是很自然的。其实这也是民歌所具有的一个特点。

"兴"是一个不易解说的概念，《史稿》把它说得一清二楚，浅近亲切。

尤其应该强调的是，《史稿》的论述往往不从"主流"，而有自己的独立见解。比如"现实主义与反现实主义的斗争"，当时差不多是解释文学史发展过程的一种官方定义，《史稿》却有这样一段论述：

近几年来，在古典文学研究的领域里，流行一种非常普遍的见解，认为一部中国文学史，就是一部现实主义与反现实主义斗争的历史。大家这样说，大家这样写，成了一个非常有力量然而又非常简单化的公式。把这一公式运用到我国源远流长丰富多彩的文学史上去，其结果就不能真实地分析文学史的具体内容和各个作家不同的性格以及他们的作品的不同的艺术特点。几千年的中国文学史，仿佛只存在两个派别：一派是先进的现实主义的作家和作品；另一派是落后的甚至是反动的反现实主义的作家和作品。有些文学史家采用了这种最简便的方法，好像破西瓜似的，把中国文学史切成了两半，这一半是现实主义，那一半是反现实主义。……这是一种新的形式主义，实际也是一种庸俗社会学的变形。

这里对流行观点的批判，显示的不仅是作者的学术见解，而且是精神操守和人格力量。

我之所以在这篇纪念文章的标题中使用了"文章钜公"一词（出自唐诗人李贺《高轩过》），是因为冯其庸先生的文章早在"文革"前就已名重京师。1963年，先生写成三万字长文《彻底批判封建道德》，刊于当年《新建设》第11期（当时的《新建设》犹如今时的《中国社会科学》），毛主席高度赞许，以为可以拿来作为写作与苏共论战的"六评"的参考。也许正是"文名"之盛，使冯先生在"文革"初的1966年四五月间曾被中国人民大学校党委告知，将调往"中央文革小组"。然而，先生"考虑再三，未去报到"。这需要何等的政治勇气、人生智慧和精神定力！

20世纪70年代中期以后，冯其庸先生的学术研究重心转向"红学"，但仍然继续着对文学史的思考。比如，1979年所写《关于文学史研究的几点意见》一文，就文学史属于"史"的范畴、治文学史之"通"与"变"、文学史研究要纠正"左"的片面性、文学史研究过程中考证的作用等重要问题，发表了非常剀切的见解。进入21世纪，冯先生投入巨大精力，将文献研究与实地考察结合起来，写成长文《项羽不死于乌江考》（刊于《中华文史论丛》2007年第二辑），这则是史学与文学相结合的研究硕果。

本文原载于《文汇报》二〇一七年三月十七日

本文作者：中国人民大学国学院特聘教授

冯其庸先生敦煌学二三事

荣新江

2017年年初，备受我们大家尊敬的冯其庸先生与世长辞，划上自己人生圆满的句号。自冯先生走后，我一直想写篇纪念的文字，但头绪纷繁，不知从何处下笔，以致我推动编辑的《文汇学人》一组纪念文章，自己却付之阙如，但思念之情，时时涌现。今借《敦煌吐鲁番研究》纪念专号，略叙与敦煌学相关的二三往事，以表追念。

冯先生自己没有很多敦煌学方面的论著，但他是中国敦煌吐鲁番学会的顾问，而且是一位难得的又顾又问的顾问。在他关心的大西北、大国学中，敦煌是一个重要的点，这里既是向西域进发的中原文化起点，又是西方文明进入中国的首站，是大西北之学、是大国学不可或缺的关节点，而敦煌学也提供了大西北与大国学的丰富素材。

我认识冯先生较晚，记得比较清楚的第一件事是1995年8月中国敦煌吐鲁番学会在吐鲁番召开"敦煌吐鲁番出版工作研讨会"，参加者是一些学会成员，还有一些出版过敦煌吐鲁番著作的出版界的朋友，没想到，已经是72岁的冯其庸先生却现身夏季高温的吐鲁番盆地，与我们大家一起开会、考察，端着相机到处拍照，乐此不疲。我原本以为冯先生就是借这个机会来新疆转转，其实从同行的孟宪实、朱玉麒哪里知道，冯先生已经多次来过新疆考察，足迹遍及天山南北、大漠东西。

在吐鲁番的会议之后，我们一起前往库车、拜城一带参观，那时的公路和车辆都不能和今天相比，所以从吐鲁番到克孜尔，要走大概整整一天的时间。我们一大早出发，大概在黄昏时分，来到库车西面盐水沟一带，夕阳照在克孜尔山（红山）上，层峦叠嶂，山体显现出各种不同的姿态和色彩，大家纷纷拍照留念。冯先生举着长筒相机，一边拍照，一边夸赞山色之美。我们随后乘车继续西行，天色黑暗下来，汽车沿着陡峭的傍山公路行驶，望之头晕目眩，大多数人都闭目休息，直到午夜时分，才到达克孜尔石窟。没想到，冯先生并没有休息，而是在构思更为宏阔的壮丽山水画卷，后来他用自己的画笔，描绘出这里一片片红彤彤的山色，我每次看到他的《古龟兹国山水》《龟兹玄奘取经古道》《盐水沟群峰》等画作，都为之震撼。回想起这一片奇山异石，看冯先生笔下的色彩，再读他的诗句："平生看尽山千万，不及龟兹一片云。"（《题龟兹山水二首》之二）才能够真切地感受到，在冯先生的心中，大西北的地位之高，真是难以用语言叙述的一种情怀。

第二件事，是1999年我在协助季羡林、周一良、饶宗颐先生编辑《敦煌吐鲁番研究》年刊第四卷，这一卷的主要内容，是我与美国耶鲁大学韩森（Valerie Hansen）教授主持的"重聚高昌宝藏"项目成果。其中一组是有关宗教方面的，有业师张广达先生关于吐鲁番汉语文书中所见的伊朗宗教踪迹，韩森讨论吐鲁番墓葬揭示的信仰改变以及中国人是如何皈依佛教的，姚崇新论高昌国的佛教与佛教教团，孟宪实论高昌王曲文泰对玄奘西天取经的赞助，党宝海考证吐鲁番出土的《金藏》大藏经残片，我本人探索唐代西州的道教流传和道教经典问题，马小鹤研究摩尼教文献，陈怀宇系统阐述高昌回鹘景教问题。另一组是历史研究，有邓小南从妇女史角度研究6—8世纪吐鲁番的妇女，吴震研究高昌西州的胡人，李方以史玄政为例讨论唐西州胡人的生活状况，伊斯拉菲尔·玉苏甫解读吐鲁番新发现的回鹘语文书，武敏探讨吐鲁番出土的丝织品，盛余韵（Angela Sheng）讨论6—7世纪西北边境的纺织生产，胡素馨（Sarah Fraser）讨论吐鲁番的考古艺术品，斯加夫（Jonathan Skaff）研究吐鲁番发现的萨珊银币和阿拉伯—萨珊银币，陈国灿讨论唐前期户税。无论选题的广泛，还是研究的深度，都可以说把吐鲁番研究大大地推进了一步，而作者队伍，也是集当时研究吐鲁番的一时之选。然而，就在这时，出版资金出了问题。从创办开始，《敦煌吐鲁番研究》的资金就是由香港方面支持的，这笔资金原本是中华文化促进会资助饶宗颐先生每年出版一期《九州岛学刊》敦煌学专号的，我帮助饶先生编辑了两期专号后，觉得这笔钱在大陆可以支持一个专刊，于是经过一番努力，把这笔钱转而在北京创办了《敦煌吐鲁番研究》。到了第四卷的时候，不知何故资金没有到位，几位老先生也是一筹莫展。于是，我们想到冯其庸先生，由柴剑虹出面，向冯先生汇报了情况。冯先生一口答应帮忙解决，不久就安排了一位企业家与我们编委的几个同仁开会，那位企业家听了情况说明后，溜之大吉。冯先生听说后很生气，随即自己掏腰包，给了我们出版一卷的全部经费，让这一卷吐鲁番专号按时顺利出版，解了我们的燃眉之急。从这件事可以看到冯先生对于敦煌吐鲁番研究事业的支持，如果没有冯先生的雪中送炭，《敦煌吐鲁番研究》恐怕到第三卷就会夭折，那样就应了日本学者在我们创办刊物时说的一句话，"有很多三期刊物"，就是办了三期就办不下去了。好在我们有冯先生，让我们渡过了难关。

第三件事，是 2006 年洛阳发现一件唐朝景教经幢，上面刻写着《大秦景教宣元至本经》和《大秦景教宣元至本经幢记》。早在 1992 年，我就和林悟殊教授合撰《所谓李氏旧藏敦煌景教文献二种辨伪》，辨析号称得自李盛铎家的所谓小岛文书《宣元至本经》为今人伪造，而李盛铎所藏《宣元本经》即《宣元至本经》，是真品。景教经幢发现后，个别人散布谣言，说新出经幢证明我和林悟殊的说法是错误的。事实上，传这话的人对景教文献毫无知识，新发现的唐朝景教经幢所刻写的《宣元至本经》与李盛铎旧藏《宣元本经》相合的地方，文字完全相同，只是敦煌写本缺失后半，经幢又没有下半截，所以各有所缺，但两者对照，几乎得见全经原貌，也在证明李氏旧藏《宣元本经》，就是《宣元至本经》，其名见于伯希和在敦煌藏经洞所获《大秦景教三威蒙度赞》后的《尊经》所列景教译经名表，李氏旧藏是真经。

景教经幢出土不久，冯其庸先生就从洛阳友人、碑刻研究专家赵君平先生那里得到一份精拓本，于是对照李盛铎旧藏《宣元本经》图版，撰写了《〈大秦景教宣元至本经〉全经的现世及其他》，论证了经幢本和敦煌写本《宣元本经》的同一性，肯定了李氏旧藏的真品价值，同时也经过对比小岛所获《宣元至本经》文本，与经幢本相去甚远，从而坚定了我和林悟殊认为其是一件伪经的看法。这篇文章在《中国文化报》2007 年 9 月 27 日整版刊登出来，我读后备受鼓舞，也惊叹冯先生对于敦煌景教写本研究之熟悉，他虽然很少直接写有关敦煌文献的文章，但动起笔来一点都没有外行话。我们的文章原本发表在海外的《九州岛学刊》第 4 卷第 4 期敦煌学专号，虽然后来收入个人文集，但看到的人毕竟少。李氏所藏敦煌景教文献的真伪公案，得到冯先生在报刊上的肯定，使得更多的读者清楚地了解了学术争论的来龙去脉，并且用新的材料，对我们的观点做了进一步的阐发，把唐代景教研究向前推进。

冯先生的文章发表后，他让我到他家去取这份报纸，同时送给我一份洛阳景教经幢的拓本。我后来听说，洛阳的收藏家送他一份拓本，并请他在自己的一份拓本上题跋，他听说这位收藏家手里还有一份拓本，就自己买下，拿来送我。我辈学子在学术道路上常常受到长辈的爱护和帮助，其大恩大德，难以报答。更重要的是，冯先生在学术的真伪问题上，在大是大非问题上，立场坚定，而这对于我在敦煌学的道路上前行，是一种莫大的鼓励和支持。

当年豪气未消磨，直上昆仑意更多。

踏遍流沙千里道，归来对酒一高歌。(《当年》)

这是冯先生2001年作的一首诗。记得2005年我们随冯先生从米兰到楼兰，再从楼兰到敦煌，追寻玄奘归国行迹，考察丝绸之路，以后一到秋末，家乡的亲人送来阳澄湖大闸蟹，冯先生就把我们几个年轻人叫到张家湾的家里，吃新鲜的大闸蟹，喝琅琊台高度白酒。我们一边听着冯老讲述多次"踏遍流沙千里道"，一边有如从西域"归来对酒一高歌"。

而今，我们又多么想和冯老说："莫负明年沙海约，驼铃声到古城边。"跟着他，去敦煌，访吐鲁番，经龟兹、于阗，登帕米尔高原，沿丝路西行……

本文原载于《敦煌吐鲁番研究》二〇一七年第十七卷

本文作者：北京大学中国古代史研究中心教授

走遍天西再向东

——追随冯其庸先生西域考察琐记

朱玉麒

一

冯其庸先生去世的消息，是在1月22日下午由先生的女儿幽若姐告知的："玉麒兄，您好！我父亲今天中午12:18在潞河医院平静安详仙逝。"那一刻，我心里无比怅惘。

回想起10天前，还刚刚与荣新江、孟宪实二位教授去家里看望过冯先生。他比年前我们去医院里看他时瘦了不少，见到我们来，很激动，一下子来了精神，说了很多话。说我们遇到了好时光，可以安心做学问，可惜他自己虽然还关注，已经没有能力从事研究了。又说起到明铁盖调查玄奘东归入境事、去罗布泊事，历历在目，甚至还记得第一次到明铁盖达坂前，我缺氧之后的狼狈状态。在更早一些时候，我和孟宪实一起去医院看望他，他也非常高兴，说到当年在西域的事，拉着我的手说："你看我走了这么多路，现在却不能走路了。"说完便哽咽起来。

即使是那样，只要冯先生在张家湾住着，我便总觉得会有那么一天，会回到1995至2005年的那个阶段，先生的电话打过来："小朱，你计划一下，今年我们再去一趟新疆！"于是，一个月后，我们驰骋在了龟兹盐水沟的山路上……

现在，先生离世的消息传来，我知道那个邀约同游的电话，再也无法等到。先生的西域之行，终于停止在了2005年他前往罗布泊的第十次新疆考察之后。

为冯先生守灵的晚上，看着烛光中的先生遗像，我每每恍惚起来，觉得他还没有走远，脑子里想起的，都是追随他在新疆的一些琐事：一会儿是在莎车的营房里，教我用牙刷蘸了肥皂刷衬衣的领子；一会儿见他拿着金庸的《书剑恩仇录》，问我"玉旺昆"是不是一个真实的地名；一会儿又是在明铁盖前，他冻僵了的手指在艰难地打开相机后盖更换胶卷；一会儿又是回程的时候，他仰起脖子从贴身的衬衣口袋拿出钱来说："一起来还是一起走，你还在读书，机票我来买了！"

是的，冯先生经常客气地对别人说我是他在西域的向导；实际上，在那些西域同行的岁月里，是先生的引领和熏陶，使我走上了西域研究的学术之路。

二

1986年10月4日，我第一次见到了前来新疆讲学的冯其庸先生，聆听了他在新疆师大关于《红楼梦》的讲座。今天翻出31年前的日记，看到我是这样记录了听讲后的感受："下午冯其庸要来做学术报告，3∶30便与系上的秘书打扫教室。4∶00冯来，讲了三个小时，很有精神，且很认真——来过的几位内地学者，我觉得都对新疆怀有极虔诚和尊敬的感情，做一些报告特别实在，讲心里话。冯先生是江苏人（听口音是无锡人），中国红学的巨擘，考据方面很有成就。晚上8∶30在行政楼四楼仍有座谈。"

作为刚刚开始从事古代文学教学的青年教师，那个时候的我对于冯先生的了解，仅限于把他当作《红楼梦》研究的专家而已。听过他的讲座，我以为那是第一次也是最后一次的见面。因为在那样一个交通并不方便的时代，内地学者带着对新疆的神秘向往，克服重重困难前来者，虽然不少，但也难得再度前来，更何况已经62岁高龄的冯先生呢？然而来年的8月，冯先生却第二次前来；1991年、1993年，冯先生又第三、第四次前来。

1993年10月5日，他第一次深入南疆考察回来后，专门让陪同前往的胥惠民老师邀我到他在乌鲁木齐下榻的宾馆，与我畅谈南疆的感触，然后一起去博物馆参观。那天我的日记里写道："冯先生很客气，聊新疆见闻，他觉得西域研究比之《红楼梦》更具有现实、历史意义。"这个振聋发聩的说法，在当时让我大为吃惊，甚至觉得可能是一种对新生事物夸大的称赞。但之后，却发现他不止一次在发言中、文章里表达了这样的见解。正是这样的认识，使他与西域结缘，于是又有了1995年、1997年、1998年、2004年、2005年一次比一次深入的考察，一直到第十次！他十次西域之行到达过的地方，超过了很多一生都在新疆的当地人。冯先生成为西域的"发烧友"、玄奘西域遗迹的追踪者、新时期丝绸之路研究的开创者、大国学理念的倡导者——西域成为他继《红楼梦》研究之后攀登的又一座学术高峰。

三

与冯先生熟悉起来，并追随他一起在新疆考察，就是在1993年他第四次西域经行之后。在这之前一年，我曾经环游塔里木，因此在冯先生前往南疆之前，新疆师大安排冯先生考察了呼图壁的康家石门子岩画，我有幸陪同，在途中向他介绍了南疆喀什、和田等地的情况。自冯先生开始关注西域以来，我可能是他认识的人中在新疆经行比较多的，因此他不耻下问，将我引为小友。因为这个机缘，1994年，当我考上研究生，重新开始北京负笈八年的学生生活时，向冯先生问学的机会就分外地多起来。

从那以后冯先生的几次新疆之行，以及河西走廊直到额济纳的考察，我都得以受邀追随左右。之前我也在新疆工作，对于广袤的新疆的历史地理考察，虽心向往之，但从经济条件到人际关系，青年时代的我都无法实现。是因为冯先生的资助，我才得以完成憧憬很久的壮游；因为这些壮游，我也有意识读了更多有关新疆的书，从而对新疆增进了更多的认识。

2000年，我博士毕业，到北京大学历史学系博士后流动站工作，从事起西域历史文献的研究。这个转型，不能不说是受到冯先生对西域热情的感染，以及多次西域之行给予我更多感性认识的影响。在2002年的博士后出站报告的致谢里，我写道："冯其庸先生多次西行探访玄奘故道，每次都特别资助我随行考察，我因此得以在十年之中走遍天山南北、黑河上下。先生的心迹，使我在进行历史文献研究的同时，不敢忘记其中应有的现实意义。"后来我做《西域水道记》与《新疆图志》的整理，在处理地名索引时，对于同名异地、同地异名的高度警惕，无不来自跟随冯先生考察途中跋涉过的语源各异的地方的敏感。今天，当我在校勘即将出版的《新疆图志》地名索引时，看到蒲犁与疏勒附属下的"明铁盖达坂"时，似乎又回到了与冯先生三上帕米尔、寻找玄奘踪迹的那些时光。

四

冯先生的新疆之行，有他明确的目的性，就是要感受早年传统典籍习得中的遥远西域和漫漫丝路。在他1986年、1987年最早的两次新疆考察之后的游记《西域纪行》《秋游天山》中，都表达了这样的向往。后者开篇即言："丝绸之路……尤其是新疆，古代称为西域，是丝绸之路的主要地段，也是唐玄奘向印度取经的经行之地。"

如何在今天的新疆大地上体验和寻觅千百年历史中的古代西域，冯先生找到了以玄奘取经往返西域为核心的穿越之旅。十次新疆考察，他逐步深入，从玄奘西行走出今日国门的别迭里山口，到东归入境经行的瓦罕走廊，都一一考察，最后在生命禁区的罗布泊，走完了玄奘在西域的最后一处踪迹。

他的学术研究也在他称之为"西域学"的领域里结出硕果，最为人称道的《玄奘取经东归入境古道考实》中，他考证了玄奘东归进入中国境内的瓦罕古道及明铁盖山口。瓦罕古道上的多个山口，究竟哪个是玄奘归途经历，因为《大慈恩寺三藏法师传》和《大唐西域记》并没有明确的记载，因而众说纷纭。斯坦因以"波谜罗川"的大龙池比定作萨雷库里湖为前提，认为玄奘是从瓦罕古道北边的排依克山口进入的。冯先生根据其在玄奘记载中的经历国家、明铁盖地名与玄奘"橐驼数千"故事的吻合，及公主堡、揭盘陀国的地望，将东归山口确定在了瓦罕古道南边的明铁盖山口，当然有其合理的因素存在。

更为重要的是，冯先生提出了"玄奘归国古道"的概念，除了学术的意义之外，它的认定也具有在当代中国弘扬玄奘精神、建立民族自信的现实意义。这个概念引起了研究者的兴趣，但是多数的研究在另立新说时，用了类似"基里克和克克吐鲁克相对明铁盖要平缓得多"的理由来做替换，仍然是一种皮相之论。一方面，《大慈恩寺三藏法师传》里关于玄奘归来的途中，为了顺道而放弃所谓的平坦不止一处，归途中"其山叠嶂危峰、参差多状，或平或耸，势非一仪，登陟艰辛，难为备叙"的描述即其例证；另一方面，在瓦罕古道各个山口的巴基斯坦、阿富汗那一侧，究竟道路的平坦程度如何，如果没有做过全面翔实的调查，也不可轻易否认明铁盖的说法。

对于我们而言，冯先生提出的这个概念之所以重要，是因为它将玄奘所代表的中华民族伟大精神在帕米尔高原上物化而得以瞻仰。玄奘之路的研究，我们至今还欠着对于这条道路的一次全程考察，而冯先生已经引领我们走过了一半。

五

冯先生的新疆之行，不仅在其晚年创造了他学术事业的一个新高，也创造了他文艺事业的新高，使他作为一位文学家的古典诗词创作更添豪放雄浑的气韵、作为一位书法家的行草更具纵横恣肆的意态、作为一位中国画家的山水更增浓墨皴染的色泽。

而他的西域学研究，也以他山之石的方式，进入了最为耕耘自适的红学园地里。在2009年新疆"七五事件"之后的不寻常岁月，他发表了《〈红楼梦〉六十三回与中国西部的平定》的宏文。他分析《红楼梦》六十三回中贾宝玉将芳官改名为"耶律雄奴"后的说话，认为这是曹雪芹对乾隆二十年平定准噶尔之后发自内心的对西部平定的歌颂。这个在《红楼梦》以批判时代为常态的例外，被冯其庸先生认为是西部平定深入人心在当时作家笔下情不自禁的流露。在对《红楼梦》的文学文字做出本色当行的细读之外，冯先生分析曹雪芹创作《红楼梦》的时代背景，自康熙签订《尼布楚条约》以来的国内国际形势，到乾隆平定准噶尔统一天山南北的时事，也一样精确老辣。这不仅是文史互通的典型，也是其对于西域作为中华故土的统一中国理念的学术表达。

正是这样一种文化自信和道义担当，他的西域研究越走越远，甚至不惜暮年衰龄，开始带动时代的步伐。他致力于《玄奘之路》纪录片的拍摄，从1998年以来，就多方寻找合适的机会来宣传"不有艰难，何来圣僧"的文化丝路；他致力于弘扬西域学的研究，从2002年以来，就开始打报告给有关方面呼吁成立西部研究中心。在同样艰难的历程之后，他的这些愿望终成正果：2005年，《玄奘古道寻踪》由他担任首席顾问而由中央电视台开拍并播放，带动了人们对玄奘之路与玄奘精神的探求；也是在2005年，中国人民大学国学院创建，他被聘任为创院院长，在他的主张下，西域历史语言研究所也同时成立，"大国学就是新国学"的概念为国学学科在新时代的发展提供了理论基础。

六

2016年年底，我得到了冯先生从医院托人捎给我的《风雨平生》的样书，几乎一口气读完。第418页，看到他叙述2005年考察罗布泊的感慨："我的腿一直到这一年的冬天、2006年的春天才开始犯病，不能行走。……罗布泊到楼兰到白龙堆、三陇沙，这些都是靠腿走的，现在却完全不行了。反正我也已走了不少地方了，年岁也九十多岁了，即使不能再走，我也无遗憾了。"我的心里蓦然一震，想起了几天前他在医院对我说的正好相反的话。是的，当他还能在清晰的思维之中遥想西域的山水却又力不从心时，他的悲哀时时会在暮年的伤痛中涌上心头；但是因为仰慕"玄奘追求佛典精义而万死不辞的勇气"，当他以八十一岁高龄在罗布泊划上了玄奘西域寻踪的句号时，后来的一切又都在所不惜。在矛盾交织的晚年，他战胜了自己，把西域圆满行程的欢欣留在了文字里，留在了可以藏之名山的传记中。

1月23日，我又走在了走过多少遍的前往张家湾芳草园的路上，虽然知道那是为冯先生去送行，但又觉得先生似乎还在寓所的那把椅子上坐着等我。长路上，勉强凑成了一段挽诗：

梦里红楼别样红，

还从大漠识穷通。

我翁归去寻常事，

走遍天西再向东。

"他年欲作徐霞客，走遍天西再向东。"是冯先生西域诗的名句。我愿归去的先生，不再有不良于行的人间苦恼，在他所倾心的漫漫丝路中，任意遨游东西。

本文原载于《文汇学人》二〇一七年三月十七日第8—9版

本文作者：北京大学中国古代史研究中心教授

平生风义兼师友

——沉痛悼念冯其庸先生

李永祜

冯其庸先生近年重病缠身，我多次前往通州"芳草园"他的住所看望。他的听力、视力下降，体质大不如前，但思维仍清晰如常。这期间他几次住院治疗，病情大体稳定。我本想在今年春节期间再次前去看望，孰知1月22日晚突然传来消息：冯先生已于当日中午逝世。我甚感意外，唯恐传闻不确，立即与冯先生的女儿通话了解情况，得到的答复是：冯先生确实于本日中午12时许，平静、安详地离我们而去。这个噩耗使我悲痛不已。恰好我要在24日去通州医院就医，于是该日下午看病完毕，即由我的子女驱车送我至冯先生住所吊唁，向冯先生的遗像行礼致哀，并向冯夫人夏崇涓先生及其女儿表达我的哀悼和慰问之意。在悲痛的同时，这些日子，我不由得每每回忆和深思起几十年来与冯先生在一起相处相交的往事以及彼时的情景。

我与冯其庸先生共事和交往已有56年之久。1960年秋大学毕业后，我被分配至中国人民大学语言文学系（今人大文学院前身）工作。人大语文系刚刚于本年夏六月成立，冯先生当时任古代文学史教研室副主任，我就被安排在这个教研室内工作。在大量的教学、科研活动中，在会上会下和其他日常生活中，我与冯先生都有密切的接触和交往。直到20世纪80年代中期，他调离人民大学至原文化部中国艺术研究院红楼梦研究所工作后，接触变少，但联系和交往持续至今。半个世纪以来的接触、相处和交往，使我对冯其庸先生知之较多，更是受益良多。

选注《历代文选》的引领作用

人大语文系成立时，年老教师较少，冯其庸先生作为中年教师，是教学和科研的骨干力量。当时系里重视教材的基本建设，先由系主任何洛同志统一主抓集体编写《中国现代文学史讲义》的项目。此任务完成后，又由冯其庸先生带领本教研室的几位同志编选、注释古代散文选作为课堂教材。冯先生主持这项工作，他不是由个人硬性决定要别人照办，而是十分注意调动大家的积极性，充分发挥集体的智慧。他按照教学段的分工，要大家各自去搜集、阅读各朝代的文章，提出推荐意见，再经大家讨论决定取舍。篇目确定后，由各人自认，剩余篇目再适当分配。全书注释完成后，由冯先生通阅全稿，提出修改意见。最后由他写出两万余字的前言，讲述了历代散文发展的轮廓和在不同时期的特色。这篇前言实际上是一篇高水平的学术论文，它与全书的题解、正文、注释结合为一个整体，对全书起着纲举目张的统领作用。在近一年的编选、注释期间，许多同志在疑难问题的处理、注释词条的准确和文章主旨的把握等方面，都程度不等地得到了冯先生的帮助。个别同志在某些篇章的典故出处、词句理解上实在难以措手，冯先生甚至亲力亲为，帮其补充和修改。冯先生在会上会下经常强调：我们这项工作，是"编书炼人""既是要出教材，又是要锻炼人才"。的确，通过在这一项目中真刀真枪的磨砺，我们几个刚走上教师岗位的大学生，不但了解了注释的体例规范，锻炼了烹字炼句的基本功，还在广泛阅览古文、筛选名篇佳作的过程中开阔了视野，丰富了知识，提高了赏析水平。我们有这样的收获，可以说是回报了冯先生良好的初心。但当时我们对冯先生的提法体会不深。其实，选注的过程就是学习的过程。所选所注篇目无论自己当学生时是否学过，这次选注都是一次重新学习。只有自己对全文学深学通，才能使交给读者的注释和题解准确简炼，精当晓畅。这种锻炼和收获，也为今后的教学和科研打下了良好的基础。也许这才是冯先生所说的"编书炼人"的要义。当然，这一认识是过后几年才有的。当时令人欣慰的是，选注的历代散文最后定名为《历代文选》由中国青年出版社推向社会后，很快就受到了广大读者特别是青年读者的欢迎并受到中央高层领导的留意，它成为半个多世纪以来伴随几代青年人的佳朋益友。该书问世后一版再版，迄今印数已达近百万之巨。如今令人惋惜的是，当年选注《历代文选》的六位同志，有几位早些年已相继去世。现在，当年的主持人实际上是主编的冯其庸先生也与世长辞，只剩我孤零一人尚在，抚今追昔，令人不禁唏嘘悲叹，潸然泪下。

课堂内外言传身教的带动

冯先生的言谈举止风范对人的教益，给我留下更深刻印象的，更多的是发生在课堂内外、会上会下及日常接触交往之中。作为教研室领导，冯先生注意引导我们青年教师全面成长。他经常督促我们提高自己的思想觉悟，每当看到我们的思想和工作有所进步，总是非常高兴，进行鼓励。教研室总结工作，他在会上讲成绩比较具体，讲大家的不足比较概括；而在会下与同志个别交谈，则摆明具体问题，客观地分析原因，启发同志改进提高。对同志的明显缺点，他也坦率地提出批评，但绝少盛颜厉色，总是以恳切的态度、和缓的用词和语气道来，让人听得入耳、入心。

在教学上，语文系成立头几年，古代文学课以选讲历代名篇佳作为主。冯先生以他渊博的学识、独到的见解和生动活泼的语言，将作品讲透、讲活，讲出了作品的思想深度和艺术特色，因而大受学生的欢迎和称赞。当时我们几位青年教师，总愿挤出时间前去随堂听课，以便学习他讲课的优长之处，充实自己。我自己还几次到校外听他的讲课或讲座。记得1962年1月初，他到中央戏剧学院为学生讲了关于读书方法和写作方法的一堂课。在介绍古今学者重要经验的同时，他也讲述了自己的许多心得体会，其中提出了写文章要"热写冷读"这一见解。他说：写文章在大量占有材料、提炼思想、形成基本观点、想清楚布局谋篇以及何时引入论争对手的观点进行论辩等问题后，也就是在考虑成熟后，要一鼓作气、一气呵成写出来，不要三天打鱼，两天晒网，拖拖拉拉、停停顿顿，失去文气；在写完后，又要冷静一段时间，通读全篇，自我鉴定，反复问难，反复推敲，寻找偏颇、疏漏和不准确、不妥当之处，并做出修改，这样文章就能立得住脚，经得起检验。冯先生这一心得体会，可以说是发前人之所未发，我当时就有耳目一新、茅塞顿开之感。此后我一直将它作为自己立言著文的座右铭，真可谓受益一生。

冯先生好读书，也热衷购求好书。当他访购到稀见的或高质量的书籍后，总是欣喜不已，除自己精心阅读外，还热情地向我们年轻人介绍推荐。20世纪60年代初，著名的《十一家注孙子》和清代浦起龙的《读杜心解》铅印出版后，他对我说："这都是好书，过去很难见到，应该买！"史学家王仲荦先生的《魏晋南北朝隋初唐史》出版后，他又对我说："王先生治史的功力很深，此书质量高，应该买一本。"这几种书每本定价都是两三元或四五元，在当时属于价格偏高的书籍。我那时每月只有56元的助教工资，扣除伙食费、水电费、房费及负担老人的费用外，每月所剩无几，但还是咬咬牙全买了下来，并在书上题字："读书、做学问、立事业，不应吝啬金钱！"这话的形成就与冯先生潜移默化的影响有关。当然，我自己买到了心仪的书籍，也携带到冯先生家中，请他品评是否物有所值。1963年春，有一天我逛西单商场，在旧书摊花一元二角钱买到了一部光绪十六年上海检古斋石印、有精美插图的宣纸线装袖珍本《增像第六才子书》（金批本《西厢记》）。我持此书及前两年花四元钱买到的光绪十三年上海同文书局竹纸线装排印本

《绣像全图五才子书》（金批本《水浒传》），请冯先生品评。他指着《五才子书》说："这书纸质差，印刷一般，四元钱不算少。"翻看到《六才子书》时，他眼睛一亮，忙问"在哪儿买到的？多少钱？"知道价钱后，他高兴地说："这书版本好，插图、印刷都精致，这点钱就买到了，太值了！"我们两人分享了买到此书的愉快，我自己鉴识古书的眼力也提高了一步。

催人奋进的无声示范和有效措施

冯其庸先生在认真教学的同时，又十分勤奋著书立说。他自20世纪50年代中期，即开始在报刊上陆续发表欣赏性和论析性的散文文章，崭露头角；到60年代之初，研究范围更扩及小说、戏曲（包括当今的京剧）等领域。在研究方法上坚持思想和艺术分析的同时，又写出了一批材料翔实可靠、论证深入有力的考据性的文章。他的各类文章都受到专家和读者的好评，成为成就突出、名蜚学术界的人物。当时我们周围的人都知道，他取得这样的成就，除天资聪颖外，主要是靠勤奋刻苦，用自己大量的汗水和无数心血换来的。冯先生是个大忙人。由于白天上课、校内外开会或客人来访（记者和书店人员居多）等事务不断，难以有比较完整的时间个人使用。于是，他就几乎每晚在家人入睡、外客不至的深夜，专心读书著文。他书房的灯光，是他所住的宿舍楼夜晚亮时最长的灯光。我当时几次从楼下经过，看到全楼一片漆黑，唯独他的窗口孤灯一盏，不由得心中蹦出了"漫看全楼一片黑，唯君窗口灯昏黄"的句子。我与同志谈起此事，都非常钦佩他的刻苦精神和旺盛的精力。冯先生近些年与人谈治学，说自己"用的是笨功夫"。意思就是不想讨巧、不图省力，一步一个脚印地狠下功夫。我以为，从另一个角度讲，其实他就是下苦功夫做学问。他过去多次讲过这一问题。比如，他在1961年给"中戏"学生的那次讲课中，就从不同的角度提出读书做学问要"埋头苦干，不要急躁""只要我们自己肯于去苦干，在几十年中就可以作出很大成绩来""读书是要有乐趣的，但首先要下决心吃苦""先想到苦，才能钻进去，然后才能得到乐趣"。最后在谈到写作时，他再次指出"行成于思，要苦思苦想，苦思甜写"等。这些话当时我都记在笔记本里，至今仍在。冯先生自己就是这样知行合一、身体力行的。"梅花香自苦寒来"，他苦读苦写、不畏"苦寒"的坚强意志和毅力，就是一种无声的示范，比任何空头说教都能起催人奋进的实际效应。

冯其庸先生社会活动较多，人脉较广。一有机会，他就经常向我们介绍学术界的动态和研究热点，有时甚至直接介绍这位或那位专家教授在学术座谈会上讲了什么观点、提出了哪些问题等，以开阔我们的视听。他更敦促我们多看别人的好文章，多思考问题，多汲取别人的优点，尽快提高自己的研究能力和写作水平，以早日挑起系内教学和科研的重担。同时，他还建议我们找机会多到校外参加一些讨论会、座谈会，争取发言，在实际中锻炼自己。

在提出这些有助我们提高和进步的方式方法之外，为了实现对我们的希望，他又采取了一项特别的举措：找教研室内我们两位无家务繁劳的单身教师和他赏识的一名学生，组成了一个松散的、有一定自由度的兴趣小组。由他介绍学术界的动态，大家共同议论，确定研究课题；在撰写上，或多人合作，或单独执笔；文章定稿后，以高淡云为笔名投寄报刊。就这样，在两三年内写出了几篇有分量的关于文学、历史和文艺评论的文章在报刊发表。其中刊登在1964年11月《光明日报》"文学遗产专刊"整版的关于金圣叹"哭庙案"真相的文章，是由冯先生提出课题，大家议定，由我个人去校内外大图书馆收集第一手确凿史料，经过深入思考和辨析写成的。在中午时，我送稿请冯先生审阅，他约我几日后去取。未料想次日下午他就通知我前去。见面后，冯先生兴奋地说："我昨天中午躺在床上，本想先浏览一小部分就午休，没想到开头看下去就停不下来了，文章吸引着我竟然一口气看到了结束，连午睡都忘了。"又说，"这文章开篇以后扩展开来，伸展得很远，我还担心最后怎么收束回来，没想到它很自然地转折回来又扣紧了中心论点。文章论证分析得透彻、有力，把问题搞清楚了。文章就是要这样写才好。"对此文，他只就一处观点补充了两句话，又改动了几个字词，就让我寄出了。后来我听人说，冯先生曾对教研室内外的同志举例谈论说："我们的青年教师提高得很快，很有希望啊。"其实，早在两年以前，冯先生就让我写过一篇《怎样对待孔孟名言？》的短文，这是代替一家报纸所写对读者来信的答复。我当时囿于答信这一体例，更主要是由于学识不够，思路偏窄，只是针对问题，以肯定的看法写出了几点。冯先生看后觉得思路不够开阔，内容也欠充实，不甚满意。但报社催要，来不及修改，只好照样寄去由他们刊出。或许是前后两相对比感触较深，所以才有上面的一番言辞。现在回想起来，当年费时费力但没大费周折地写出那篇尚有一定质量的文章，我自己确实是尽了最大的努力，而且此文成为我一生从事正规学术研究的起点。但是，冯先生无声的示范和采取的有效举措，是播育、催生出这一成果的决定性要素。没有他的举措，就没有那篇文章；没有那篇文章，也许我得十几年后才能走上学术研究之路。

当时，我们几个青年人闲聊议论，大家就有一个共同的感觉：冯先生勤奋好学，刻苦自励，成就突出而又诲人不倦，提携后进。与这样的同志在一起，我们既能得到他的直接帮助，又能在潜移默化中受到教益；在贴近对比中，还能具体地看到他的优点和我们自己的不足。这样，我们的学习就有活的榜样，进步会更快一些。有这位标杆式的人物在身旁，可以说这是我们的幸运。

闪光多彩的艺术人生情趣

冯其庸先生是当今著名的《红楼梦》研究专家，又是有成就的国画家、书法家，也是出色的诗人。这些年，人们走进冯先生现今的"芳草园"住所，就会为他室内悬挂的诗书画作品和庭院巧为布局的山石花木构成的艺术氛围所感染。其实，他的诗书画的才艺，早在五十多年前就显山露水地生发开来。当时他写的许多学术论文，特别是那些社会反响较大或引起争论的文章，他如感触较深，往往写下绝句或律诗为纪。记得20世纪60年代初，他写文章对戏曲《斩经堂》中的封建道德是否可以继承的问题，与郭汉城先生发生了争论，引起了学术界较大反响。他就写了一首七律，首句是"斩经一曲惹恨长"。一天我到他家去，他将写在一张小纸片上的这首诗歌送我，并说明作诗的原委。我当时饶有兴趣地读了那首诗，并简要谈了一点感想。我是读文学系出身，也喜爱古典诗歌，勉强可以算作半拉子知音吧，这也许是冯先生要我一读的原因。我当时心想："这还是第一次见到写出争论文章再吟诗抒情的人物呢。"

冯先生的毛笔字极好，他在书法上师法二王，得其笔意。上面提到的诗作，就是他用小字行书写出的，笔力内劲而又婉转流畅。因为我幼时跟私塾蒙师习过两三年字，我对书法也极有兴趣。常与冯先生谈起临帖之事，他每次都热情地向我介绍历代书家名帖，指点应重点临学某帖，并拿出他收藏的少量拓本让我欣赏。他有一件文徵明精写小楷拓本，我翻看时赞不绝口。他见我兴致浓厚，忙说："你可以带回去欣赏、临摹。"我借回去仔细欣赏、揣摩，用了半年之久才怀着不安的心情抱歉奉还，但冯先生谈笑如常，毫无愠色。

冯先生多才多艺，书画俱佳。但那时他居室狭窄，工作繁忙，极少作画，倒是在四周排满书架的书房床头门边难得的空闲处，悬挂了一幅枯塘残荷图。当时我也未曾看清是自作抑或他人之作，但心想冯先生是热爱生活之人，应该喜欢生机焕发的景物，怎么会欣赏这样枯黄衰败的图景？不禁脱口说出了我的疑问。冯先生微笑着说："这是另一种情趣。"他的确对领会自然界的外物别有情趣。

20世纪70年代初，我们在江西"五七"干校劳动，闲暇之时，许多人自己动手，利用建房的竹木下脚料做个小木箱、小板凳之类；所用的刨子、锯子等也自己制作，但那只是当作简单的工具使用罢了，都平平常常。冯先生则独出心裁，与众不同。他在锯子的把手头上或做出个简单的花瓣，或刻出个兽头的轮廓，意趣盎然。他从大量粗毛竹截弃的下脚料中，翻捡到了稀见的方形和椭圆形的竹管。我碰巧见到，感到新奇，赞赏说："你竟然还找到了方的、椭圆的！"他高兴地答道："我就是要找这样形状的呢！"过后，他将竹筒去皮磨细，用几笔线条在上面刻出山石、峰峦之类，当作笔筒或水杯用，却宛然成了一件质朴的工艺品。几年后，在他铁狮子胡同住所书房写字台上，我又看到摆放着一件用黄檀木精细制作的刨子，刨身一边刻着平远山水，另一边刻着落款："江南冯迟"四字。这刨子显然是从"五七"干校带回的，这又一次让我开了眼界。我心中暗自赞叹：这位老冯多才多艺，可真是江南才子啊！但又觉得可惜落款四字中间少写了"才子"两字。

江南才子冯其庸先生，就是这样善于美化自己的生活，显示出他独有的艺术人生情趣。

身远心近见真情

中国人民大学在"文革"中被停办，我们那些家属在外地的青年教师，户口难进北京，许多人只好迁往外地。我本人则先去了山东德州，几年后又与家属同去济南。北京是我的第二故乡，人大语文系是我与冯其庸先生等许多同志朝夕相处的一方热土。人无奈远离而去，心则常系于此。我在山东仍做教师，但德州是小城市，资讯缺乏，文化氛围薄弱，购书不易。我常致信冯先生等同志，了解文化出版消息及教学动态，并请托代购书籍。冯先生每次都及时复信，热情代劳。我几次进京办事，相见时他都热情相待，一如往日。六七年远离的交往中，光他亲笔写给我的书信就有一大叠。这期间我感到彼此的心仍贴得很近，我毫无"人一走，茶就凉"之感。

在那段人地远隔的日子里，使我感触最深的，是在我人生旅途关键的节点，冯先生的大力帮助显示出的真情厚谊。1978年，党中央决定人大复校重建，并同意已外迁离京的人员原则上可以回校工作。决定中的"回校"这一具体事项落实有一定难度。一是外地单位有阻力，另外"原则上"三字，在掌握上大有弹性。时任系副主任的冯先生知道此决定后，先是及时嘱托别的同志通知我做好回校准备；随后一方面在校内、系内做沟通、协调的工作，另一方面利用去云南开会的机会，找到同在会上的、我所在的山东那所高校中文系的负责人，促膝交谈，敦促他们放行。在该校久拖不决时，他又不失时机地推动人大中文系派员前往山东省教委和该校做工作，终于使我被放行，回到了久别的人大中文系的怀抱之中。人们常说：看人要看一贯，看关键。冯先生对我一向关爱有加，在我回人大的关键节点，他鼎力相助显示出的深厚友情，令我终生难忘。

我回人大中文系工作五六年后即80年代中期，冯先生又调离人大，我们工作上已然无关；而且他的住所几次搬迁，越搬越远，最终离人大校区有百余里之遥，但我们彼此交往不断，友情依旧。在20世纪80年代中期，我已步入中年，他看到我写的有关《水浒传》的一些论文，他似深有所感而发地说："如果认定一个课题有意义，就要下决心、下功夫深钻下去，写出一系列文章，这样，你就成了这方面的专家。"若干年后，他看到我点校的新版《水浒传》一书，仍然像过去那样，以长者的亲切口吻说："你下了很大功夫，这书是能够传下去的！"这句话，在以后见面时，他又重复过一次。冯先生的这些话，我看作是对我的一种勉励，而其后面一段议论，我又认为这是他一生著书立说总结出的宝贵经验，我一直将这精警之言看作是对我的鞭策，常记于心。近两年我三次前去他的住所探望。其中，2015年5月初那次，我顺便赠送4月底刚出版的由冯先生题签书名的拙作结集《水浒考论集》，请他指正。可巧他三月底也刚出版了大作《敝帚集》，随即赠我。不料仅相隔一年，他即遽尔仙逝；又不料我俩同时相互赠书，竟然变成了为半个多世纪的深厚友情画上的一个又大又圆的句号。此天意耶？巧合耶？令人不可思议。

回想我与冯先生的相处和交往，我们的关系在亦师亦友之间。他曾是我的领导，我是他属下的同事；冯先生在新赠我的书中题称"永祜兄指正"，这谦辞令我惶恐不安。事实上他长我十一岁，论年龄是兄长，论学问成就和学术辈分则是师长一辈；我们在长期交往中又结下了深厚的友情。我们两人一如密切相处的老人大人那样，互称老冯、老李，以迄于今，不曾改口。"平生风义兼师友"，用李商隐这一诗句来概括我与冯其庸先生半个多世纪的相处相交，应该是真切、恰当的。

一代文化名人、一位学术大师冯其庸先生走了，但他对社会巨大的精神贡献将永存于世，他的高尚品质和风范也将被人们长久地追思怀念。

二〇一七年二月十七日夜完稿

本文作者：中国人民大学文学院教授

冯其庸：读万卷书、行万里路的实践者

任晓辉

　　他是读书破万卷、过子夜，行路临绝域、逾万里的文化学者；他是挥洒笔墨丹青、书写胸中逸气的磊落书家；他是耄耋高龄依然读书为文、吟诗作画、孜孜以求、勉励后学的贤哲前辈；他是桃李满天下诲教以严、责苛以宽的位尊先师；他是天赋加勤奋著述宏富、生活简约的睿智老人，他就是冯其庸先生。

　　作为红学大家、文史专家和书画名家，冯其庸先生始终坚持读万卷书、行万里路的治学原则。对于他，行路是治学、证史的过程，更是感受祖国大好河山、丰富人生经验的过程。从事教学和研究工作以来，冯先生的游历遍及祖国各地，除西藏、青海等少数地区外，先生的足迹南至海南三亚，北及黑龙江镜泊湖，西抵新疆昆仑绝顶，东达华东黄海之滨，由始至终把游历当作读书：读大自然和人类历史这部大书，其中五上黄山、十入新疆，尤其是晚年逾80岁的两次新疆之行，更成为其人生壮旅，为后世楷模。先生在《西域纪行》里写道："我把这种游历，看作是读书，是读一部文化、历史、山川、地理、政治、经济……综合在一起的大书，而且我越读兴趣越浓……"[1]在六十余年的从教生涯中，冯其庸先生在文学、史学、诗学等相关学术领域都取得了丰硕的成果，为新时期红学研究事业的创建和国学教育事业的发展作出了卓越贡献，发挥了不可替代的作用，其治学报国的文人情怀令人感佩。让我们沿着先生的足迹，追寻他的部分游学遗痕，近距离瞻读这样一位当代学者的文化旅程。

看尽龟兹十万峰　始知五岳也平庸

　　20世纪80年代中期以后，冯先生就开始了对祖国西部的考察。从1986至2005年，他十去新疆，三上帕米尔高原，两次穿越塔克拉玛干沙漠，绕塔里木盆地走了一圈，先生连续去新疆都是为了一个主要目的：调查玄奘取经之路。

冯先生如此热衷西部的考察，发端于心底由来已久的西域情结，而先生的西域情结则缘于青少年时期的耕读经历。先生早年因战乱失学，回乡种地，在先生的回忆录里对这段经历多有记述，为此先生练就了一身江南水乡艰辛劳作的过硬本领，担水劈柴、水陆耕作、春种秋收，一应农活，先生甫一上手就做得扎扎实实，俨然一个地道的乡村劳作者。到"文革"时期，先生被下放到江西余江县劳动，当地老表夸赞先生会种田，先生也常常展示双肩轮换挑担、担不落地的娴熟技艺。先生早年的劳动是相当辛苦的，年龄小，身体尚未发育成熟，即便如此，先生在劳作之余，仍然坚持读书。得闲读书是先生从小就养成的习惯，田间垄头的间歇，屋檐灯下的闲暇，在别人歇息抽烟侃侃闲聊的当口，先生总会安坐一隅，静静地读起书来。就是在这一时期，先生读了李颀、高适、岑参等人描写西域风光的诗篇，大为惊异，心里一直存着一个别样的西域。偶然的机会，先生读到了《大唐西域记》和《大慈恩寺三藏法师传》，遂爱不释手，几乎到了可以背诵的程度，且深深被玄奘法师历尽千辛万苦、"虽九死其犹未悔"的取经经历所感动，更被千年前记载到的西域128国的风土人情、山川景物所吸引，心所善之，心向往之。其后辗转南北求学教学，先生的脑海里一直存着一个属于自己的西域，现实生活中先生不大辨别方向，而对于西域，尤其是玄奘取经西去东归的路线，先生是了然于胸，也一直对《大唐西域记》中记录的这条路线存有少许疑问。如入境的山口究竟在哪里？归国后玄奘为何绕过吐鲁番而经罗布泊楼兰东归？等等。经过多次实地调查，终于在1998年8月同友人一道发现并确认玄奘取经回国的故道——明铁盖达坂山口，弄清楚了玄奘西行取经和东归故国的路线，并于2005年8月再次到明铁盖为玄奘东归树立石碑，以作永久的纪念。

玄奘法师万死不辞追求佛典的精神力量，终生鼓舞鞭策着先生，并融入先生治学与做人的日常生活当中。先生笃信：为人若能终身如此，则去仁不远矣；为学若能终身如此，则去道不远矣！正是这种信念，支撑着他挺过一次又一次政治运动的冲击，也支撑着他晚年历尽艰难的西部考察。

1986年9月，冯先生应邀到新疆大学讲学，这是先生首次入疆，三周时间，除了在新大讲课，还到新疆师大、新疆教育学院、新疆职工大学和昌吉师院等学校讲学，受到了各校师生的热烈欢迎。直到二十余年后，2007年在北京的一次会议上，还有来自新疆的朋友提到那次讲学和课程的影响。这次新疆行，先生广泛接触了学界、政府、部队、普通维吾尔汉族群众等各个领域的朋友，甚至还到维吾尔族朋友家做客，了解当地少数民族的习俗，这些朋友为先生其后的西部考察活动提供了大量的帮助。这次讲学的时间点是在我国改革开放初期，当时内地和边远地区的学术交流还不是很活跃，先生所到之处，都切实感受到了边疆学子的求学热情，各校师生对知识的渴求、对学术的关注度都深深感染了先生，所以讲学回京后，先生就多次呼吁内地的老师们，能抽空多到新疆讲讲课，加强交流，互相学习，双方都会有很大收获。通过这次交流，先生也加深了对西部的认识，看到了西部的希望，萌生了研究西部的愿望。后来，在2005年，先生受聘中国人民大学国学院，出任首任院长，首先想到的就是设立"西域研究所"，延聘国内外顶级专家授课，这也恰恰契合了国家西部大开发的战略构想。"西域研究所"在国学院的设立和高层级运行，是先生源于对西部深刻认知后的创举，该所也成了研究西部历史文化的重要载体。讲课之余，先生实地调查了天山以北的唐北庭都护府故址、吐鲁番交河和高昌古城，饱览了新疆天池的壮美，领略了库车古龟兹国的自然风光，玄奘西行曾停此60余日以待雪消，龟兹奇异的山水令先生惊叹，其色五彩斑斓，其形奇伟诡怪，先生曾以此一再入画，并题诗：

看尽龟兹十万峰，始知五岳也平庸。

他年欲作徐霞客，走遍天西再向东。

1990年秋天，为拍摄"中国古丝绸"电视片，冯先生大半个冬天都在西部的戈壁荒漠中度过，以苦为乐，从敦煌到玉门关，戈壁四顾，但在先生看来，却是机会难得，纵有万难，也要亲睹这"春风不度"的玉门关。后经冯先生考证，这处汉代最西的边关并非玄奘西行出关的"唐关"，唐时玉门关已内移，关址在今安西双塔堡，而双塔堡后筑水库，唐玉门关遗址已沉入库底。

1995年8月，冯先生以73岁高龄，直上海拔4900米之红旗拉甫，饱赏了乔戈里峰、慕士塔格峰的美景。在塔什库尔干，先生考察了玄奘当年停留过的石头城，即《大唐西域记》里的"朅盘陀"，至今古城尚存，废石纵横。之前，先生还去调查过玄奘当年出国的别迭里山口，位于阿克苏乌什城，至今山口还遗有唐代的烽火台。

此后，冯先生多次赴新疆，莎车、和田、民丰、若羌以及塔克拉玛干沙漠、塔里木盆地，先生都去过两三次。在和田观赏和田的美玉，在民丰进入了塔克拉玛干沙漠的边缘，凝眸尼雅河落日，不禁让人联想到"大漠孤烟直，长河落日圆"的雄浑壮阔场景。此外，如楼兰、罗布泊、龙城、白龙堆等处，先生也曾艰难痛快地走过。在游历过程中，先生常常为祖国的锦绣山川所激动，胸襟为之开阔，对日后创作绘画作品产生了巨大的影响。先生晚岁的绘画，以浓墨重彩呈现绚烂厚重，主要得益于二十余年的西部之行。

1998年8月，冯先生第七次去新疆。这次考察因确证玄奘当年东归故国的路线而震惊中外学界。先生考定玄奘是从达摩悉铁帝国经瓦罕通道，过明铁盖达坂，沿山谷间的河道（应是喀拉其库河的上游，汇入塔什库尔干河），经公主堡到达揭盘陀的。先生不顾年高路险，以76岁高龄登上海拔4700米的明铁盖达坂山口，此处与巴基斯坦交界，对面就是喀喇昆仑山，当年玄奘就是从冰山那边徒步回来的，沿途的地名和景色，如波迷罗川、一千头羊的故事、公主堡、揭盘陀等与《大唐西域记》所记完全吻合！探索的路途虽然艰辛，但解决了多年的积疑。在先生看来，没有身临其境的调查，就无法弄清玄奘取经归来入境的山口。

平生不怕风波险　要从险处见精神

2005年8月，先生第九次到新疆。由冯先生担任总顾问的"玄奘之路"文化考察团，前往明铁盖达坂山口，立一座高1.4米的石碑，纪念玄奘求法东归的伟大功绩。已近83岁高龄的冯先生再登高原，在他证实玄奘回国的山口立碑追念，这是冯先生一生追随玄奘法师里程碑式的事件！但调查并非就此止步，若身体允许，冯先生还想更多次进新疆，考察更多的历史古迹。

先生的后两次新疆之行，我都有幸亲随先生左右。近年来，世界各地的旅游热方兴未艾，渐渐成为时尚，亲自与先生到了新疆之后才发现，新疆自然有瑰丽的风光和异族风情，新疆也有传统的美食和历史遗迹，然而新疆之大、行路之险也是事实。新疆的面积166万平方公里，占国土面积的六分之一，从北京转机乌鲁木齐到喀什就需要一整天的时间，虽然我们没有遇到"风雪如狂路不通"的极端天气，但是从喀什出发前往塔什库尔干，驱车近300公里，也要大半天的时间，从塔什库尔干出发再到明铁盖达坂又要小半天的时间。这样说起来，即使仅仅是旅游，也有"行路难"的问题，何况，新疆的天气阴晴变化也与内地不同。8月14日早晨，我们在驱车前往塔什库尔干的途中，天气晴明，风和日暖，然而离开喀什不过一个多小时，天空依旧晴朗，路面却被突如其来的洪水漫过，水不甚大，夹杂碎石，一不小心，头车已被冲下路基，这样的情形新疆的朋友似乎早已司空见惯，告诉我们说，一准是夜里山上下了雨，到早晨雨水才流到山下，冲过路面，如果遇到大雨就会形成泥石流。我们从没见过这阵势，略有惊慌，年轻人都下车抬车，清除泥水，完毕后复又上路，反观先生，仍安坐车上，一如什么都没有发生，口中已然吟诵成诗：

> 洪水滔滔失要津，千峰壁立上昆仑。
> 平生不怕风波险，要从险处见精神。

其乐观旷达于此可见一斑，其文思泉涌也可稍加领略。近中午，车队途径卡拉库里湖，先生与我们一道下车，湖边水草丰美，牛羊成群，我们闲适地在湖边漫步，但见湖水湛蓝，碧波万顷，慕士塔格峰、公格尔峰、公格尔九别峰三座终年积雪的雪峰倒映水中，安然一体，和谐静穆，惊叹造化神功。团队围坐下来吃几块新疆特有的馕，甘甜醇香，美味佳肴，绝胜以往。15日，我们由塔什库尔干出发去明铁盖达坂，地缘已近边境，人烟稀少，路越来越窄，山坡时见此地特有的小动物旱獭窜来窜去，越往高走，空气越稀薄。到达目的地，我们却等不见装载石碑的卡车，原来他们迷路了，险些越过边境。在4700米的高原缺氧环境下，立起一块重500公斤的石碑，着实不是件简单的事，此时大部分年轻人已经有强烈的高原反应，晕倒在高原的草地上，冯先生倒像没事儿人一样，连续接受中央电视台三个节目组的专访，还带着我们向上、向高原边界缓慢移动。先生戏称自己是"高山族"，意为到了高原没有反应，反觉怡然自乐，边走边慢慢道来，如数家珍讲着与此行相关的千古故事，眼瞅着就要到边境线了，才又平静地往回走。直到傍晚时分，我们才完成竖立石碑的任务，先生也早已为此事作歌曰：

> 万古昆仑鸟不穿，孤僧策杖拨云烟。
> 一千三百年前事，凭仗丰碑证旧缘。

他年欲作徐霞客　走遍天西再向东

玄奘西天取经的故事，自唐代开始，自正史以至民间广泛流传，到明代演绎成了享誉世界、家喻户晓的《西游记》。冯先生虽为研究红学为主的专家，视野早已超出红学之外。凡涉及古典文化的各个领域，力所能及，先生都要亲自调研。我陪伴先生晚年的十余年，不经意间，与红学有关的遗迹，我们驱车加徒步游走过京东通惠河，先生带我走过一闸、二闸、庆丰闸，验看过张家湾运河上的古石桥及曹家当铺遗址所在地，指认过曹雪芹墓石的出土地；专程到河北涞水重新调查五庆堂墓地；到辽阳重验记录曹雪芹祖上的三块石碑。与司马迁、杜甫和苏东坡有关的，在陕西我们到韩城拜祭过司马迁墓祠，到富县寻找过杜甫曾居住过的羌村；再到甘肃天水寻访南郭寺、八槐村，到成县找寻杜甫入川前艰难困苦创作同谷七歌的山村；到河南省平顶山市郏县祭拜过三苏墓，又到海南寻找中和镇的东坡遗迹，等等。只要有机会先生就会到有关的名人遗迹走走看看，以求获得更多的直观感受和史地资料。

对于玄奘西去东归的古道，先生的调查已经接近完美了，然而再对照《大唐西域记》记载，玄奘离开高昌国（今吐鲁番）时，与国王麴文泰有约，可是返回时，玄奘并没有途径吐鲁番沿天山北线回到敦煌，而是走了罗布泊、楼兰一线回到敦煌。查楼兰国自公元三世纪就从史家的视野消失了，到玄奘归国的唐代楼兰已不复存在，所以冯先生晚年坚持要到楼兰、罗布泊考察。这项考察在 2005 年 10 月完成，现在 12 年过去了，讲起来有些平淡，切实经历过之后，现在回想起来仍觉记忆犹新，一是因为印象太深刻，二是因为经历太不平凡。说印象深刻是因为谜一样的楼兰令人神往，而真正要到达楼兰却要冒着很大的风险，幸亏有南疆部队的全程后勤保障，我们才能够完成考察任务。即便如此，我们也要精打细算，每天的食物饮水都是配给制，连冯先生也不例外，确保团队能够顺利进出荒无人烟的绝地。说经历不平凡是因为此行确是人生中难得的经历，5 万平方公里的罗布泊湖心现在是盐碱地，盐渍迭起，寸草不生。

33 万平方公里的塔克拉玛干沙漠重叠弥漫、一望无际，部分路程异常艰难，险象环生。乐趣在于这是我们大家从未体验过的生活，每天迎着朝阳出发，伴着落日宿营，生起篝火餐叙，钻进帐篷成眠。我曾在考察结束回到北京写过一篇陪同先生考察的游记，刊发在当年第 12 期的《艺术评论》，其中摘录了我旅途中的一段日记，兹转录如下：

> 10 月 1 日，晴（可谓天朗气清）
>
> 昨夜考察队穿越罗布泊湖心，到达位于湖盆西岸 28 公里处的楼兰故城遗址时已暮色沉沉，最后的 18 公里风蚀地带，越野车且走且停，足足走了 5 个小时。其速度相当于牛车，牛车慢而悠然，远比这舒服。这段路让现代化的越野车及乘车人不堪其苦，出发前若羌县文物局领导已提醒过行路艰难，实地领略方知沟壑纵横，沙软坑多，弯急坡陡，乃前所未见。概因这一地区 2000 年前水道密布，经风沙侵蚀，加之水源时断时续，致使连片沟渠被水风冲刷、切削得沟壑连连，横竖看不到边际。浅浅的一层硬沙壳，下边就是三四十厘米厚的细沙面，前车碾过之后，后车行进愈

发艰难，经常前车拖后车，成了牵引车队。抵达楼兰城外时，已是疲惫不堪，筋松骨软，动弹不得，傍地而卧，昏昏沉沉睡去。

今日清晨，节日的气氛已弥漫开来。吃过早饭，我们便三五成群地进入久已神往的楼兰故城。城呈方形，边330米左右，城内存留汉代佛塔一座，为标志性建筑，东汉之西域长使府存断壁残垣，有三间房墙架仍完整。这里100年前已被斯文－赫定、斯坦因等人盗掘破坏殆尽。百年以后，我们除了面对废墟的沧桑感以外，更对这处近2000年的历史遗迹心存敬诚，行动时轻手轻脚，生怕惊动悠远的神灵，摩挲遍地的碎陶片，常常浮想联翩，难道这就是曾经辉煌过而又瞬间消失的故地古国吗？是什么力量使历史戛然终止，割裂了昨天和今天……寻寻觅觅，近看远眺，徒增无奈，觉空空荡荡，一片空白。思绪时断时续，远古与现实，近也，远也，几不能察。

今天是国庆，我们没有被历史感所隔绝，晚餐我们吃到了羊肉，燃起了篝火，唱起了歌，跳起了舞。先生在下午还坐在三间房的遗址前，接受了"大家"节目主持人的专访，晚上又端坐在楼兰城外，听任一群年轻从者频频举杯以贺：一贺先生凤愿得偿，终到楼兰；二贺国运隆祚，举国庆典；三贺考察活动圆满顺利……这一晚，在把酒狂欢的歌声中度过，我亦微醺，因思：这就是先生魂牵梦萦的楼兰吗？我来也！这就是公元前139年张骞出使西域路经的楼兰吗？这就是前77年傅介子杀楼兰王安归、汉立王弟尉屠耆并迁都鄯善的古楼兰吗？这就是公元94年班超发鄯善国兵讨焉耆的故地楼兰吗？这就是124年班勇以西域长史身份屯兵戍守的楼兰吗？这就是公元3世纪从史家视线消失得无影无踪的楼兰吗？这就是7世纪玄奘法师归途中记述的热风恶鬼出没的楼兰吗？思绪万千，几不成寐。记起唐王昌龄诗：

青海长云暗雪山，孤城遥望玉门关。

黄沙百战穿金甲，不破楼兰终不还。[2]

楼兰的考察结束了，先生了却了心愿，完成了人生具有突破意义的一次绝地考察，83岁高龄深入无人区10天，风餐露宿，马不停蹄。作为年轻一些的追随者，我们兴奋之余也有疲惫。一程下来，先生却始终都是兴奋，都是乐观向上的情绪，进入楼兰是兴奋，爬上龙城是兴奋，乘车颠簸是兴奋，夜归敦煌也是兴奋，先生的情绪在彼时兴奋到了极点，也极大地感染了我们这些晚辈。我们无不为成为先生的随从感到自豪，也无不为见证了那么多自然奇观感到骄傲。大沙漠的沙浪如海浪般翻滚，时而西，时而东，远远地见一座座山丘似的，近前已不知流向何方。红柳包旺盛的生命力，顽强地存活了千百年，见证了无数历史的瞬间，我们该问问它们楼兰的去向。雪山山峰的峻美神圣，庄严地矗立了千年万年，楼兰的星星明亮地眨着眼睛，似乎触手可得，造化神功，令人肃然起敬。先生晚年病榻中依然念着西部，在医院里还时时提起要再上昆仑，这是怎样的一种情怀，这是怎样的一位老者，是什么样的力量支撑着他，身心如此强大，思接千古，行动如此感人，足称后世。

五年前的春节，我和迎春去看望先生，先生出示一把写就了的扇面送给我俩，说：这是我多年前去西部写的诗，西部的风光真是好，希望你们有机会多到西部看看。诗还是那首《题龟兹》。

先生的一生犹如诗中写的，东西南北已经亲历走遍，文史哲玄早已融会贯通，先生的作为将影响后代学子，先生无愧这个文化繁荣发展的时代，堪称富有家国情怀的文化楷模。

如今手捧折扇，想着先生的话，先生自2005年起，再没去过新疆。先生走了，带着心中不一样的西域走了，老人家既已驾鹤西去，想是早已经到了昆仑绝顶，魂归雪山，神会玄奘了！

注释

[1] 冯其庸：《人生散叶》，人民文学出版社2017年版，第49页。

[2] 任晓辉：《旅行日记》，《艺术评论》2005年第12期。

本文原载于《红楼梦学刊》二〇一七年第四辑

本文作者：中国红楼梦学会副秘书长、常务理事

久疑频报问迟庐

——缅怀冯其庸先生

张 继 刚

　　"红楼一梦幻清虚，释笔文章未见疏。过海儋州诗赋在，久疑频报问迟庐。"晚间与冯师母电话未通，心绪凄然。书斋中静思往事，二十余年来与先生请益如昨日之情景，历历在目，不能忘却。先生七十二岁时为劣书写"沐芦草堂"四字，今日乃悬壁上，赐梅图亦为斋中藏物，所赐著作手书今始为遗珍，拜读而伤怀。记得数年前《大连日报》建报六十周年，社长王义奎先生嘱予代请冯老为报社题词，冯老即允，是日与王义奎、张家瑞、阮晓浒诸友人于瓜饭楼中拜访先生，予研墨裁纸，先生书毕。又去岁初春过芳草园应海南省委常委海口市委书记张琦先生嘱，敬请冯老为儋州新建儋阳楼赐书及先生过儋州诗作三首，留于儋州人民，先生书毕，腿痛十日，不能行走，予闻惊而不能言，先生语无事，可见先生德范。予访先生处常于楼上卧室清谈，先生喜悦，予不忍离去亦不得不告辞，让先生休息。今先生长眠耳。思之！忆之！念之！怀之！以短文记之！

　　冯其庸，名迟，字其庸，号宽堂，江苏无锡县前洲镇人，1924年2月3日出生。历任中国人民大学教授、中国艺术研究院副院长、中国红学会会长、中国戏曲学会副会长、中国作家协会会员、北京市文联理事、《红楼梦学刊》主编等职。以研究《红楼梦》著名于世。著有《曹雪芹家世新考》《论庚辰本》《梦边集》《漱石集》《秋风集》等专著二十余部，并主编《红楼梦》新校注本、《红楼梦大辞典》、《中华艺术百科大辞典》等书。

　　冯其庸先生，可能大多数人都知道他是一位当今最具权威的红学专家，其他的学术成就也就知之甚微。要了解冯其庸先生，解读他的著作和学术思想及所创作的诗书画美学源流，首先要从他全面而丰富的学术研究开始，冯老不但是一位举世公认的红学大家，还应该说是一位了不起的大汉学家和考据专家、诗人、大书法家及大画家。先生著作等身，著有《曹雪芹家世新考》《论庚辰本》《梦边集》《漱石集》《秋风集》《红楼梦》新校注本、三卷《冯其庸书画集》，主编《红楼梦》《红楼梦大辞典》《中国艺术百科大辞典》等数十种专著，我曾在十余年前参加过冯老《瀚海劫尘》唐代僧人玄奘西行取经往返路线考证图片展及学术研讨会，仔细拜读了冯先生赠我有关西行考证著作与相关资料，从中了解到了冯其庸先生以七十高龄，历尽艰辛，用十年时间，十次对玄奘西行路线全面考证，得知先生十余年来所做的学术活动，是令人钦佩与敬仰的，精细甚密与十分不易地考证出了玄奘西行往返足迹及在取经过程中的全部事例，还一千三百余年前中国人壮举之真实故事，为全世界佛学界带来了空前的消息与兴奋，填补了史学与佛学界的空白，为中国佛教文化史作出了巨大贡献！

冯其庸先生就考据学而言，其学术成就与地位在学术界是崇高而不可动摇的，二十余年前冯先生在安徽寿县博物馆，无意中发现了东晋元康元年枢铭砖一枚，这引起了老人的注意，经细心周密的考证，最终得出了惊人的结论，考证出我国文字学楷行书体演变过程中的相关问题，著成新说，引起了学术界广泛关注，受到了普遍赞誉和珍视。我于十年前拜读了这篇精美的文章，记录了有关冯先生论述跋语的部分内容，其学术价值是不可用语言计的。今天我们在了解冯其庸先生学术思想与书画创作的同时正可将昔日斯文录于纸上，呈献于读者鉴，使广大读者更加深刻地认识了解一代大儒冯其庸先生的风采。"十年前予至安徽寿县，于博物馆内，无意中发现东晋元康元年铭文砖。"文曰：'元康元年六十一日蒋之神枢。'其文字书写已具楷行之意，按元康元年为公元29年，早于永和九年之兰亭序六十二年，早于王兴之墓志五十三年，于此可见即使砖刻墓铭亦早有楷行书体。岂可执王兴之墓之字以论兰亭之伪，又马鞍山发现泰（太）元元年之孟府君志，同文而作五体都具行隶魏之意，而以楷行为主，按太元元年，为晋孝武帝司马曜之年号。元年为公元三七六年，上距元康元年八十五年，后于永和九年之兰亭序二十三年，则可知右军前后之世，此种楷行之体，尚并行而都用于砖刻铭文，由此可见虽碑铭亦不能以王兴之墓志绳一切碑铭文字体制也，要知历史是活泼而生动的历史，欲执一驭万则无异痴人说梦。戊寅仲春宽堂冯其庸读碑随记，时年七十又六。"后有诗作颂，"谁道兰亭不是真，元康砖字亦晨星。楷行却比兰亭早，六十年前已报春。""戊寅仲春甫题此诗书体可以太元元年孟府君志对着可得信息，宽堂记。"冯老一砖之考，空谷之音，定兰亭之真伪，书学千载之史册，使学界惊喜。先生于考据学、红学研究之外，还对我国西部文化艺术史及戏曲史、古代文学史、艺术史，中国文化史都有着深入的研究，并有多种专著刊出。

冯其庸先生于1924年生于江苏无锡前洲镇，曾就读无锡国专，至1948年毕业，后于1949年5月到苏南行署工作。在无锡国专学习期间，得到了诸多名师的指导，其中对先生日后治学影响深远者，有国学大家唐文治先生，被蔡元培先生誉为"国之珍也"的当代大学者及被日本学界推崇为当代书圣的王蘧常先生，史学大家、后执教于山东大学的著名学者童书业先生，"大漠诗人"顾佛影先生，目录学名家王佩净先生及后于校外拜师从学的当代大词家诗人，有江南二仲美誉的钱仲联先生，诸位先生均为我国学界泰斗、近百年来文化艺术界之硕儒，冯先生从师学习，得以教导，为今日的学术研究打下了牢固的基础及寻知从学之门径，先生的学术研究及书画艺术创作的赞誉文字，是有目共睹的，我在不同的时间内曾分别聆听了学界泰斗季羡林先生、启功先生、杨仁恺先生、徐邦达先生、周一良先生、任继愈先生、蒋风白先生、王世襄先生对冯老学术与画境的品评，诸位老人的语言十分精确，是值得我们认真研究学习与珍视的。就书画创作而言，画坛巨匠刘海粟老人昔日对冯老画作亦有盛赞之言，谓"真正的文人画格"。记得十五年前我过访浮光掠影楼启功先生书斋，偶然获观友人出示冯老一帧葡萄图，读来感慨尤多，冯老这幅画作，笔姿苍润，青藤遗貌，又有时代气息，加之笔迹内涵藏老人心境祥和平淡天真之趣、洞察万物之心、了彻万事之由，一切法度出自然之中。故读是图顿觉眼明目爽，纸墨文雅，清醇之气直舒眉宇间。启老云："此冯先生近日之作，得文人画之正宗，气息弥漫，墨分五色，法象和协，凡夫俗子所不能臻此境。"吾师杨仁恺先生对冯老学术及书画创作亦有盛赞，常云："冯老画意得诗书画为一格，文人画之妙境，启后学之典范。"启翁、仁翁二位先生，当代鉴学大家，驰誉学林，评定准绳，定古今之说，一语足鼎千秋。经先生指导，我对冯先生的画作亦有所知亦有所悟。后于瓜饭楼中，常目睹先生挥毫创作，有尺素之小亦有丈二八尺之巨制，心迹逸格，有宋元宏伟散淡气象、晚明大画家徐天池笔墨精髓之法。昔日我过访"青藤书屋"，对徐氏一族详加考证，后又应香港中文大学教授朱明权先生嘱，拙成《青藤吟秋图》一轴，题二十八字奉朱先生为纪念，云："一池新水映枯苔，痕旧藤生梦里栽。纵有人间孤傲子，秋菊泪雨落尘埃。"冯老为此件作品跋徐氏旧题"笔底明珠无处买，闲抛闲掷野藤中"。

拜读冯老大作，似乎又重温徐天池画迹真趣神来之笔，先生挥毫，泼墨翻池，任性一发，天地万物之生机皆在一笔一划中诞生，其情感世界与意境之妙，令赏者称绝。冯老画作与天池不同，笔意无癫狂痛苦之痕，面貌为自家本色。先生在坚守学习传统的同时，对当代时贤画作亦做深入研究，特别是对吴昌硕、齐白石两家画迹的学习，领悟颇多。吴苦铁以石鼓文笔意入画图，有"苦铁写气不写形"之妙，梦笔留痕，心旷迹变，游于艺中，化为永恒，故不为法度所困，创作出许多精美华丽的图卷，奉献世人以悦新色。吴俊卿画笔有极崇高的地位，被誉为我国近百年来画坛之巨匠，极尽巅峰之盛，影响深远。而齐白石又能别开生面，远师青藤、八大、金冬心等诸家笔墨之外，又近从吴苦铁筑下根基，慧心灵腕，自创一格，生机盎然于纸上，使百花契变为争艳之娇，作品含有祥和之意，法本不一，与古贤争席。得"似与不似之间，了而不了"之妙，所作之图缓笔舒叶，意趣同功，以细笔之法写出工虫百态千姿又与大写花卉相制一图，墨彩淋漓，风和万象，于自然之中得心源之妙，山水人物造型简约，逸趣疏淡，自有造化，灿燃之色，使读画者随之进入化境之思，愉悦而动情，美不胜收，难以忘怀。

冯其庸先生通过对吴昌硕、齐白石两家的学习，作品在留有青藤遗痕同时，又注入两家画格之真谛，浑古自然，苍劲如松，有露洗朱栏之洁，风吹柳絮之花，所作之图，下笔变幻无穷，契和神旨，有朝颜晨露之鲜，秋风过林之寒，竹影菊花之英，雪压梅俏之妍，棠花娇影，梨雨芬芳，凡此种种无不与先生富学有关，了悟画学要旨所得，笔得书法之妙，诗格韵律之清，自然所至，心源所发，于无意中流露出真性，"所谓文人画之真谛，其画魂所蕴藉于此乃学养滋润而成"。

故先生笔下图迹有"苍苍龙蛇笔，飘然落墨花"之格，无处不有壮怀新色之美，力透纸背之劲，意境深邃。而冯老书法以欧字入门，后又遍临诸体，以二王为宗，承源流之正脉，晚年以八旬之岁作小楷数十篇，称誉书林，传为佳话。

冯其庸先生从八十年代起，多次赴美国斯坦福大学、哈佛大学、耶鲁大学、柏克利大学讲学，先后由原文化部、外交部派往苏联鉴定列宁格勒《石头记》藏本及访问法国、德国，为国家考察两国所藏敦煌、吐鲁番文献，力尽多时，做出贡献。

心存儒业魂绕红楼诗赋意境全新峦壑万千一纸，护宗礼仁名垂国史与圣人同修立斯德日月同辉。

本文原载于《中国日报》二〇一七年一月二十四日

本文作者：中国人民大学教授、文献与书画保护鉴定研究中心副主任

问道周门记其庸

韩晗

2004年寒冬，当时尚无孔夫子旧书网与遍布城乡的快递业务。在成都市双流县靠近棠湖宾馆的一个旧书摊前，我终于看到了前辈学者周贻白先生的《中国戏曲发展史纲要》，当然想买下，但老板要价甚高，我只好操着半生不熟的成都方言讨价还价，天近傍晚，炊烟袅袅，最终在我几乎哀求的语气中，老板终于决定以40元的价格将这本书割让给我。屈指可数的灯火、一望无际的稻田和没有路灯的公路，透露出初冬川西平原的寒意逼人。昏暗的乡村中巴载着19岁的我和我的梦想一道，从十公里外的双流县城缓缓开到了我的大学门前。

因为这本书，我知道了两个名字：周华斌、冯其庸。他们是《中国戏曲史发展纲要》的整理者，因为这本书出版之前，作者周贻白先生已经逝世。整理书稿的人物就落在了他的学生冯其庸与他的儿子周华斌的身上。当时的冯其庸，是中国人民大学中文系副教授，而周华斌，只是北京第六建筑公司的一名青年工人。

这一天，是我决意从事研究戏剧史的第一天，距今整整十二年了。

一

从民族文学转向戏剧史研究，不是一件容易的事情，因此选择一本好的入门书显得尤其重要，在几位教授的推荐下，我终于选择了《中国戏曲发展史纲要》作为通往戏曲史研究之路的入门书，因为好几位教授都不约而同地提到了一个名字：周贻白。

想尽各种办法终于买到《中国戏曲发展史纲要》，当然要好好拜读。就在从双流县城回到学校的那天晚上，我借助手电筒微弱的灯光，开始从序言读起。没想到的是，这篇由冯其庸先生所撰写的长序，一下子为我展现了一个瑰丽典雅的戏曲世界。

在《中国戏曲发展史纲要》的序言里，冯先生深情回忆了他与周贻白先生的交往。20世纪40年代末，冯先生迫于生计，在家乡无锡担任小学教师，就在他教书的小学附近，有着一所享誉国际的文科大学——被简称为"无锡国专"的无锡国学专修学校。它的创办人，就是"民国四大教育家"之一的唐文治先生。除了无锡国专之外，唐文治还创办了另外两所大学——"上海高等实业学堂"和"邮传部高等商船学堂"。它们在日后发展成为上海两所知名学府：上海交通大学与上海海事大学。

说无锡国专"享誉国际"，洵非过誉。它不但拥有国际一流的文科师资——钱基博、章太炎、周谷城、胡曲园、夏承焘、饶宗颐、朱东润等，而且还培养出了以钱伟长、钱仲联、冯其庸、范敬宜为代表的顶级毕业生。

在这些人中，唯独冯其庸求学无锡国专的方式最为特别。

70年前，战乱频仍，20世纪40年代末的无锡，靠近中国最大的城市上海，同样深受通货膨胀之侵扰。非但米价高昂，书价更高。求知若渴的小学教师冯其庸买不起刚刚出版的新书，只好在旧书摊里挑选自己喜爱的便宜旧书。

几次购书下来，冯其庸忽然发现，自己买的书的扉页都有"贻白藏书"的印章。这唤起了他的兴趣，"贻白"是谁？为什么这个人收藏的书恰恰也是他最喜欢的？然而，为什么这个人会卖掉自己苦心收藏的图书？

通过多方打听，冯其庸终于知道，"贻白"便是当时执教无锡国专的著名学者、剧作家周贻白先生。抗战时期，周先生不肯委身日伪，并在"孤岛"上海进行"文化抗战"活动，遭受日伪迫害，一时断了经济来源，只好困顿书斋，靠售卖自己的藏书为生，最贫困时，自己每天只吃一碗馄饨。尽管如此，周先生仍然笔耕不辍，先后撰写了多部戏剧史专著与电影、戏曲剧本。

这是冯其庸选择无锡国专的重要原因之一，1946年，冯其庸顺利考入无锡国专，并与比他小七岁的范敬宜成了同班同学。

在时隔60年之后的2005年，周贻白先生的公子周华斌教授在接受《南方周末》采访时，曾如是回忆这段历史——

> 他（周贻白）在屋里憋了三年，靠卖旧书过日子，每天只吃一碗馄饨。最后，他终于写出了《中国戏剧史》。

二

就当时的无锡国专的学生而言，冯其庸年龄上算是"老大哥"。

因此，周贻白先生对这位慕名而来的学生关心有加，希望他能够成为一位年轻的戏曲史学者，并将当时中国戏剧界最为杰出的两位学者——洪深与田汉介绍给他。在冯其庸先生的《怀念母校无锡国专》中曾如是回忆这段历史：

> 田汉、洪深带着他们的演剧九队到无锡来排《丽人行》，因为老师向培良、周贻白都与田汉、洪深熟，所以带着我们不少学生到他们住处（秦淮海祠堂）去拜访，听田汉他们讲排演的情况。

但是当时的中国，可谓是国破山河碎，冯其庸并未安心作为一名普通的戏曲史学者，而是转而投身学生运动，并参加了人民解放军。1948年，周贻白先生为避战乱，移居香港，与沈寂、欧阳予倩、吴祖光等作家一道，担任永华影业公司编剧，师徒自此分别千里。

新中国成立后，共和国初肇，文化百废待兴，周贻白、洪深、欧阳予倩等一批文化人从香港陆续回到中国大陆，参与中央戏剧学院的筹建工作，成为新中国戏剧教育事业的拓荒者。而刚刚参加革命工作的冯其庸，已经先后从苏南行署、无锡第一女子中学转入中国人民大学古典文学系教书。

对于赴人民大学执教之前的冯其庸，学界研究甚少。但有趣的是，这恰是冯其庸作为知识分子最有乐趣的人生阶段之一。据冯其庸本人回忆，其间他居住在无锡老家，与同样年轻的紫砂壶工艺师顾景舟结为好友，并为他的紫砂壶作品题字、设计，也因此在20世纪70年代结识了高海庚和周桂珍夫妇。代这虽然在冯其庸成就斐然、著作等身的学术生涯中只是一朵小小的浪花，但这恰反映了他的文人情怀、书生意气。2007年，步入耄耋之年的冯其庸还专门为老友周桂芬的紫砂壶艺术撰写评论《工极而韵，紫玉蕴光——周桂珍与紫砂壶》。

20世纪50年代，周贻白与冯其庸再度在北京相遇，当时的周贻白，已经是中央戏剧学院教授，成为国内研究中国戏曲史的权威学者之一。而冯其庸，则刚刚在人民大学古典文学系任讲师。师生在新中国文化建设时期的相逢，具体谈了些什么，现在已然无从可考。但需要说明的是，此时的冯其庸虽然不以戏剧研究为主业，但却对戏剧研究仍抱以当年的热情。

1959年，冯其庸的剧评《三看"二度梅"》发表在《戏剧报》上，这篇文章从湖北汉剧名家陈伯华的表演艺术出发，探讨了汉剧的发展问题。但这篇文章让和冯其庸有一面之缘的田汉看到了，他敏锐地发现了这个年轻人在戏剧领域里的发展潜力，于是又将年方而立的冯其庸介绍给了当时中国最杰出的两位历史学家——翦伯赞与吴晗。

有学者认为，冯其庸毕竟不是严格意义上的戏剧理论家。因此，他对戏剧的热爱，乃是因为他是无锡人，此地是江南水乡，乃戏剧繁盛之地，窃以为此说较为偏颇，冯其庸所热爱的戏曲，并非是苏浙沪一带的地方戏，而是戏剧体系的文化、历史与审美特征——譬如他第一篇戏剧论文便是汉剧。而且自此之后，冯其庸先后撰写了一系列的戏剧研究论文，如《麒派杰作〈乌龙院〉》《戏曲表现现代生活的几个问题》等作品都受到戏剧研究界的广泛重视。

值得一提的是，冯其庸还曾为1963年的中国戏曲会议撰写了一篇供与会人员学习的文章，这篇三万言长文，从"道德"的历史发展入手，谈到不同时期道德的阶级性，还从"清官戏"的角度提出"不主张将历史上的清官廉吏一笔抹倒"的观点。在大会上被集体学习之后，中宣部副部长兼文化部副部长林默涵要求冯其庸以此文章为底稿，重写一篇八千字的文章，以整版的形式刊发在《光明日报》上，这两篇文章受到毛泽东主席重视与阅示。这两篇文章，也成为新中国戏曲理论乃至政治哲学的经典文献。

冯其庸因此而跻身国内知名学者之列，并和钱锺书、冯至、张光年、季羡林等学者一道担任中国人民大学与中国科学院文学研究所（今中国社会科学院文学研究所）合办的"文学理论研究班"主讲教师，其时冯其庸不过年方不惑，职称也只是讲师而已。

三

冯其庸先生是我高山仰止的学术前辈，但我何其有幸，与他都曾"问道周门"。此处所谓"问道周门"，乃是"周门"两代学者，因为我的研究生导师，正是周华斌先生。

周华斌先生与其父周贻白先生是国内戏剧史研究界唯一的"父子兵"，父子两代都跻身国际知名同行学者之列，这在"五四"以来中国知识分子界中非常罕见。而且两位周先生都主张：戏剧研究不但要有坐冷板凳的"志愿军"功夫，还应有"大戏剧观"，要从历史、哲学、艺术等不同学科的宽泛角度来反观戏剧的发展，这种博雅治学的思想对"周门弟子"们影响深远。

就冯其庸先生而言，大家都知道他是敦煌学家、《红楼梦》研究专家、古典文献学家，但很少有人知道他的学术启蒙是从戏剧开始的，并撰写了许多戏剧理论、戏剧史的文章，而且还整理出版了周贻白先生的遗稿。

师从于周华斌教授那两三年时间里，对于冯其庸这个名字，当然不陌生。冯先生与祝肇年先生、傅晓航先生、余从先生等几位"周门开山弟子"也成为我们心中的治学为人的高峰。

我相信，只要是"周门弟子"——哪怕像我这样的晚辈后生，也听说过冯其庸先生等前辈学者重情义、有风骨的故事。1977年，周贻白先生因"文革"迫害而去世。虽然"四人帮"已经就擒，并可以在八宝山为周先生召开追悼会，其时仍属于"两个凡是"时期，甚至周先生在讣告中被降格为"副教授"，病逝一周之后文化部的"平反批件"才下来，用周华斌先生的话说——"人已在太平间，头上还戴着'反动学术权威'的帽子"。

但冯其庸、祝肇年等几位"周门弟子"都愿意冒着政治风险到周家协助周贻白先生的夫人杨钰女士料理周先生的后事。尤其是刚从"干校"回到北京不足五年的冯其庸，对于周贻白先生的遭遇显然更能感同身受，这种雪中送炭的风义之举，除了确实有救急的作用之外，而且也有一种符号学的特殊含义：中国学术的薪火相传，已经走过了十年浩劫的冰霜寒冻，将在新时期展现出一片云蒸霞蔚的历史风景。

就在这个转折期，冯其庸与几位同门不但协助周家料理了周贻白先生的后事，而且还与周华斌先生协助整理了《中国戏曲发展史纲要》，并为该书撰写了长篇序言——《怀念我的老师周贻白先生》。

确实，如果要对冯其庸的学术生涯做一个分界线的话，十一届三中全会显然是一个绕不开的分界线。如果要更直观来看，"读秀数据库"的统计数据便一目了然：1977年之前与"冯其庸"有关的图书不过12种，而仅在1977至1987年这十年中，与冯其庸有关的图书竟然达到了94种，进入20世纪90年代之后，则更可以以蔚为大观来形容。

"十一届三中全会"之后的冯其庸，以极大热情投入到中国的文化重建事业当中。他立足古典文献学研究，在敦煌学、甲骨学、《红楼梦》版本学、中西交通史与戏剧戏曲学理论等学科内，均有蜚声国际的学术造诣，他与南怀瑾、饶宗颐、季羡林、叶嘉莹、钱仲联、黄永玉等文化巨匠们的唱酬，也成就了新时期以来中国学术思想史上的一段段佳话。

四

如何定义冯其庸先生，这其实是一个难以回答的问题。而对冯其庸先生的定义，也是研究冯其庸先生的一个重要前提。

官方讣告的称谓是"著名红学家、史学家、书法家、画家",这些头衔当然反映了冯先生在不同领域的杰出造诣,但是我认为,对于冯先生的诸多成就,一词即可概括:文人。

文人,既是周贻白、周华斌先生对于门下弟子的基本要求,也是对当下中国知识分子的最高期盼。周贻白先生是文人,他是编剧、小说家,还是戏剧史学者,周华斌先生也是文人,他是画家、散文家,还是戏剧理论家,而且两位周先生都是极富正义感的学者。因此,周门弟子都以做一个"文人"为自己的学术追求。在技术中心主义的时代里,"文人"这个读书人的基本理想,竟几乎成了一种奢望。

冯其庸先生病逝后,一份报纸曾以"最后一位文人的远去"来形容冯先生的驾鹤西行,我认为这个评价尤其精确。冯先生从研究戏曲而入人文学术之门,多年来在琴棋书画、金石碑版、甲骨敦煌、版本校勘等各类领域均建树非凡,甚至在紫砂壶艺术、根雕艺术等"杂家"领域亦有常人难以企及的成就,而且为人坦荡、待人热情,这一文人情怀,在分工尤其明确、学科壁垒森严,甚至将大学教师、科研人才视作"雇员"的当下,尤其显得珍贵。

中国的传统文化特别是人文学术,本身有其独特的生态系统,它是与西方现代科学截然不同的两种体系,传承、研究我们的传统文化,必须要冯先生这种数十年如一日的坚守、打通诗书曲画的边界,并以博览众家的文化观相结合才可以实现,哪怕是研究戏剧,如果没有冯先生这样的学术视野,而只是单纯地就声腔而论声腔,就剧种而谈剧种,是不可能在戏剧研究领域内有较大收获的。

而且,传承传统文化,看似易,行却难。传统文化是一种建构在一系列"道"之上的文化体系,它既包括君子之道、礼仪之道,也包括治国之道、求知之道,它需要通过对艺术、文化、哲学与历史的反复审美与体验才能获得。因此,传统文化特别讲究道义,主张"修身齐家",这与现代科学研究"唯求真"是截然不同的,传统文化不但向善、审美,而且还尚贤,这恰是"文人"这个词的核心属性,而冯其庸先生正是这样做的。

我何其有幸,与冯先生同"问道周门",因此,和其他学者不同之处在于,在我看来,冯其庸先生最大的学术成就便是在于继承了"周门"求知问学、为人处世的风格:既昌明学术,亦弘扬真知;既勇于担当,又讲究道义,并且始终将文人情怀作为自己的精神家园。我想,这既是冯先生赋予我们这些"周门后生"的精神财富,也是贡献给这个时代的文化遗产。

本文原载于《中华英才》二〇一七年第二期

本文作者:深圳大学副教授

冯其庸与杜甫小议

——为哀悼冯其庸先生而作

王人恩

2017年1月22日，一代学术大师冯其庸先生走完了他93年的人生道路。在漫长而并不平坦的人生道路上，冯先生以常人难以企及的坚忍不拔的超常毅力，勤奋读书，刻苦为学，为后人留下了一大批质量一流的学术成果，内容涉及古代文学史、中国文化史、古代戏曲史、艺术史、考古学、文物学、书法、绘画、诗词以及西部历史文化等诸多领域，用"著作等身"来形容冯先生的学术成就再也恰当不过了。对于冯先生的学术成就尤其是在红学方面的突出贡献的全面评说，不是才疏学浅的我所能胜任的，我只想就冯先生与杜甫的论题略作叙说，一为阐扬冯先生学问精深之一斑，一为祭悼冯先生在天之魂灵。

一

冯先生是著名书法家，他的书法素为人们所珍爱，但是一般人要得到其墨宝比较难。1998年10月，我参加了"首届全国中青年红楼梦学术研讨会"，有幸认识冯先生于天津师范大学，然而我一直不敢冒昧地向先生求赐墨宝。但想得到先生墨宝的愿望一直萦绕在心头，而且与日俱增地强烈起来。我曾多次向冯先生的助手任晓辉兄诉说我的心愿，请求他帮助我，在冯先生方便时能给我赐一幅墨宝，哪怕是几个字也好。

令我高兴的是，2010年8月，在北京召开的"纪念中国红楼梦学会成立三十周年暨全国红楼梦学术研讨会"上，任晓辉兄带给我一幅冯先生的墨宝，他解释说冯先生前段时间编文集比较忙，已经很少给人写字了，这幅字是冯先生几年前写的条幅，虽然没有写上你的名字，但也是冯先生的真迹，亦可聊了你的心愿，冯先生说送给你留个纪念。手捧条幅，我欣喜非常，一直仔细珍藏。条幅内容为：

万山红叶到草堂，杜老当年亦可伤。

为取黄精果饥腹，归来依旧是空囊。

访同谷杜甫草堂　宽堂　印章

综合各方面情况来看，冯先生是于 2006 年 10 月到达甘肃成县杜甫草堂的，《访同谷杜甫草堂》自是当时或此后所作，条幅的书写时间自然更加靠后了[1]。

考同谷是古县名，唐时属成州，位于秦州（天水）西南 135 公里处，即今甘肃省陇南市成县。唐天宝十四载（755），安史之乱起，身处战乱、颠沛流离的杜甫携妻带弟（杜占）将于乾元二年（759）七月由陕西华州往赴秦州（甘肃天水），十月又由秦州往同谷，十二月再由同谷往成都。杜甫在秦州、同谷寓居的时间不足半年，在同谷寓居的时间不足两个月，但是杜甫在甘肃境内留下了几十首诗作，其中最为著名者有《凤凰台》《乾元中寓居同谷县作歌七首》（以下简称《同谷七歌》）等；之后由此向南进入四川。后人为纪念杜甫，在其居住旧址上立祠建堂。《成县新志》记载："子美草堂在飞龙峡口，山带水环，霞飞雾落，清丽可人，唐乾元中子美避难居此，作草亭，有《同谷七歌》及凤凰台诸诗，后人感其高风，即其址祠祀之。"最早的成县杜甫草堂纪念祠，叫作"子美草堂祠"，又称"诗圣祠"，后来渐渐都叫作"杜甫草堂"。笔者曾于 2016 年 6 月到访过陇南成县"杜甫草堂"。

如同重走玄奘路是冯先生一生的心愿一样，重走杜甫路也是冯先生一生的心愿。面对"诗圣"的塑像，想起诗圣一生的坎坷艰难，作为诗人的冯其庸内心自然难以平静，《访同谷杜甫草堂》首句"万山红叶到草堂"既点明拜谒草堂的时间——红叶遍万山的秋冬之际，成县毗邻四川，故有万山红叶之景；同时，也在暗写自己夙愿以偿的心情，这与杜甫《登岳阳楼》"昔闻洞庭水，今上岳阳楼"同一机杼，或者说起句就受到了杜诗的影响亦不为无据，《同谷七歌》其六就有"木叶黄落龙正蛰"之句。仅就首句而言，洵为大家手笔。次句"杜老当年亦可伤"则将崇敬之情、遥想之感、惋惜之意熔为一炉，可谓一唱三叹，且唱叹有致。"杜老"是崇敬之情；"当年"是遥想之感；"可伤"是惋惜之意。《同谷七歌》其一："有客有客字子美，白头乱发垂过耳。岁拾橡栗随狙公，天寒日暮山谷里。中原无书归不得，手脚冻皴皮肉死。呜呼一歌兮歌已哀，悲风为我从天来。"垂老之年，寒山托身，无食无衣，身不自保，这是何等可怜的形象啊！其七又写道："三年饥走荒山道……山中儒生旧相识，但话宿昔伤怀抱。"这又是何等的伤感啊！仇兆鳌注云："三年走山，谓自至德二载至乾元二年，奔凤翔，贬华州，客秦陇，迁同谷也。"[2]"杜老当年亦可伤"一句包含着非常丰富的内容，仔细品味，不难感知。第三、四句"为取黄精果饥腹，归来依旧是空囊"全从杜诗而来，其櫽栝之妙，令人折服。杜甫《同谷七歌》其二云：

> 长镵长镵白木柄，我生托子以为命。黄精无苗山雪盛，短衣数挽不掩胫。
> 此时与子空归来，男呻女吟四壁静。呜呼二歌兮歌始放，邻里为我色惆怅。

"长镵"是一种铁制的掘土工具，用以挖掘黄精。老杜一家命托长镵，何其悲凉！"黄精"或作"黄独"，钱谦益《钱注杜诗》、浦起龙《读杜心解》、杨伦《杜诗镜铨》均作"黄精"，且注明"精""一作独"；仇兆鳌《杜诗详注》作"黄独"，有详注云："黄独，状如芋子，肉白皮黄，蔓延生，叶似萝摩，梁汉人蒸食之，江东谓之土芋。陈藏器《本草》：黄独，遇霜雪，枯无苗，盖蹲鸱之类。蔡梦弼引别注云：黄独，岁饥土人掘以充粮，根惟一颗而色黄，故谓之黄独。其说是也。按：公诗有别有黄精者，如《太平寺》云：'三春湿黄精，一食生羽毛。'《丈人山》云：'扫除白发黄精在，君看他时冰雪容。'皆托为引年而发，若此歌则专为救饥而言，当主黄独为是。"[3]冯先生取"黄精"而弃"黄独"，不无原因，一是有的版本作"黄精"；二是杜甫诗多用"黄精"，如《太平寺泉眼》《丈人山》即是；三是苏东坡读杜诗，亦以黄独为黄精，苏诗云："诗人空腹待黄精，生事只看长柄械。"（《又次前韵赠贾耘老》）冯先生喜爱苏东坡诗，认为苏是继杜甫之后的又一个诗歌高峰（详下），因此诗中择用了"黄精"。"果饥腹"道出杜老一家饥寒交迫的窘况，而"归来依旧是空囊"则写老杜劳而无功、空手而归的情状。"归来"二字直接袭用杜诗，"空囊"则是必然结果，因为大雪满山，故无苗可寻，此其一；其二，杜甫另有《空囊》一诗，是乾元二年在秦州所作：

> 翠柏苦犹食，晨霞高可餐。世人共卤莽，吾道属艰难。
> 不爨井晨冻，无衣床夜寒。囊空恐羞涩，留得一钱看。

本诗作于《同谷七歌》之前，诗咏清贫，囊无一钱可看。冯先生櫽栝二诗内容和诗题，袭用"空囊"而另出新意，一首绝句所包含的内涵甚多，此非大家手笔不能办。

《同谷七歌》"七首皆身世乱离之感"[4]。不难看出，冯先生非常熟悉杜甫的生平经历，也非常熟悉杜甫在秦州、同谷的诗歌创作，因而才能删繁就简、凝练櫽栝出杜甫的悲惨遭遇和诗歌精粹。如果我们再对冯先生的另外两首诗作一介绍，会更加清楚地看出这一点。

二

《瓜饭楼诗词草》第369页还有两首与杜甫相关的诗，引录如下：

《天水题杜甫遗迹》 十月二十日

题杜甫秦州诗

天降奇才尊老杜，仓皇烽火到秦州。

重山万叠浮云谷，满地军声忆故丘。

有弟不知生与死，有妹长淮不能求。

仰天太息问明月，老去此身谁可收。

题南郭寺

秦州水木清华地。古树南山千百年。

杜老诗篇犹可证，至今尚有北流泉。

在甘肃境内，天水是通往同谷的必经之地，冯先生要重走杜甫路须先到天水，再往同谷，冯先生正是沿此线路行走的。

杜甫于乾元二年秋初弃官携家离华州到达秦州，他在秦州写出了大型组诗《秦州杂诗二十首》，组诗具有很高的艺术性，也具有很高的文献价值，是研究杜甫当时生活状况和思想情感的绝好史料。朱东润先生指出："乾元二年（公元759），杜甫的诗已经发展到最高的境界。……乾元二年是一座大关，在这年以前杜甫的诗还没有超过唐代其他的诗人；在这年以后，唐代的诗人便很少有超过杜甫的了。"[5]正因此故，研究杜甫及其诗作者，莫不重视《秦州杂诗二十首》。熟稔杜甫的冯先生自不例外。

《题杜甫秦州诗》起句即点出了杜甫在中国诗歌史上的崇高地位，"天降奇才"盖指杜甫乃旷世奇才，天才诗人，当然后人非常"尊老杜"了。众所周知，中唐诗人元稹的《唐故工部员外郎杜君墓系铭并序》如此高度评价杜甫："至于子美，盖所谓上薄风骚，下该沈宋，言夺苏李，气吞曹刘，掩颜谢之孤高，杂徐庾之流丽，尽得古今之体势，而兼人人之所独专矣。……则诗人以来，未有如子美者。"此后，尽管李杜优劣的争论持续不断，但是大多数人则基本同意元稹的看法。我的老师郭晋稀先生有言："杜甫在诗史上无疑的是集大成者。所谓集大成，一是集各家之所长而又自成一家，如元稹所谓：'近得古今之体势，而兼人人之所独专矣。'二是把诗歌的体裁形式发展得最完备，而又赋予新的生命力量。"[6] 冯先生也非常推崇杜甫，据任晓辉兄见告：冯先生认为中国古代诗歌发展到杜甫是一个高峰，杜甫之后的苏轼又是一个高峰，冯先生非常喜爱杜甫、苏轼的诗作——他取"黄精"而弃"黄独"入诗自有推崇苏轼的意思在。据晓辉兄说，冯先生能背诵杜诗200多首，他自信地说，再过二百年，若有人遴选当代诗人的古体诗，他的诗至少有50首可以入选。冯先生还曾经建议由他指导任晓辉兄做"杜诗汇笺汇证"的选题，晓辉兄尝试作了《自京赴奉先县咏怀五百字》一首就感觉到力有不逮，不容易甚至无法完成这一大工程。凡此说明，冯其庸先生虽不以研究杜诗而著称，也看不到他有关杜甫的专题论文，但是他无疑是一位杜甫研究专家，他之喜爱杜诗、推崇杜甫、熟悉杜甫、歌咏杜甫、教人研究杜甫同样为常人难以企及。我们立论的根据还是得从冯先生的诗作中去寻找。

"仓皇烽火到秦州"点出了杜甫到达秦州的原因。"烽火"写安史之乱、吐蕃之乱，"仓皇"写杜甫一家急急忙忙离开华州避难于异乡的狼狈情状，同时是直接袭用杜诗，《秦州杂诗二十首》其一云："满目悲生事，因人作远游。迟回度陇怯，浩荡及关愁。水落鱼龙夜，山空鸟鼠秋。西征问烽火，心折此淹留。"仇兆鳌注："首章，说初至秦事；首联，赴秦之由。次联，入秦之难；三联，到秦风景；末联，客秦心事。"[7] "重山万叠浮云谷"也是高度概括杜诗之写秦州风景，而所谓"满地军声"的意象在《秦州杂诗二十首》中屡见不鲜，如其四："鼓角缘边郡，川原欲夜时。秋听殷地发，风散入云悲。"其七："莽莽万重山，孤城山谷间。无风云出塞，不夜月临关。"其十八："警急烽常报，传闻檄屡飞。"杜甫在秦州还有《夕烽》一诗："夕烽来不近，每日报平安。塞上传光小，云边落点残。照秦通警急，过陇自艰难。闻道蓬莱殿，千门立马看。"它同样在冯先生歌咏的范围之内。

需要着重指出的是，冯先生《题杜甫秦州诗》不独歌咏杜甫在今天水的诗作，也包括同谷亦即陇南成县的诗作，这在杜诗中就有清楚的交待，《秦州杂诗二十首》其三云："州图领同谷，驿道出流沙。降虏兼千帐，居人有万家。"对"州图领同谷"，仇兆鳌注云："《唐书》：秦州都督府，督领天水、陇西、同谷三郡。州图，秦州之图志。"[8] 正因此故，冯先生《题杜甫秦州诗》的内容就包含着杜甫在秦州以及同谷所写诗歌的内容。如果说前四句歌咏在秦州（天水）的创作，那么后四句则歌咏杜老在同谷（成县）的诗歌，如"有弟"四句直接从杜甫《同谷七歌》之其三、其四而来：

> 有弟有弟在远方，三人各瘦何人强。生别展转不相见，胡尘暗天道路长。
> 东飞驾鹅后鹙鸧，安得送我置汝旁。呜呼三歌兮歌三发，汝归何处收兄骨。

> 有妹有妹在钟离，良人早殁诸孤痴。长淮浪高蛟龙怒，十年不见来何时。
> 扁舟欲往箭满眼，杳杳南国多旌旗。呜呼四歌兮歌四奏，林猿为我啼清昼。

两相对照，即可清楚地看出冯先生语多本杜诗，"有弟""有妹""长淮""收兄骨"诸词及其所表现的意象与杜诗基本一致。

《题南郭寺》是针对杜甫《题杜甫秦州诗》之其十二而发："山头南郭寺，水号北流泉。老树空庭得，清渠一邑传。秋花危石底，晚景卧钟边。俯仰悲身世，溪风为飒然。"南郭寺，秦州古寺，在今天水市秦城区南山上。杜甫当年有诗题记，冯先生来到南郭寺自然想起了杜诗，他用"水木清华"之典赞美南郭寺的美丽景色和清幽环境，窃以为自是冯先生得意之笔。次句写南郭寺历史之久；"杜老诗篇"即指上诗，"犹可证"者，杜甫当年所见之"北流泉"，我今天到了仍可看到。诗写得比较清新而轻松，与另外两首诗的风格有所不同。这亦可见出冯先生诗作风格的多样化。

三

前已提及，我是1998年10月参加"首届全国中青年红楼梦学术研讨会"才有幸认识冯先生的，当时恳请冯先生合影留念，冯先生愉快地答应了；合影之后的当天晚上，有人通知我去冯先生住处一下，说冯先生有事找我。我去之后，冯先生很客气地让座，说他刚刚知道我是从甘肃兰州来的，有一件事需要我帮帮他。冯先生说他一直想得到一本《伯希和敦煌石窟笔记》，他得知甘肃的某出版社出版过这本书，请我回兰州后找一找。我向冯先生表示，只要是甘肃出版的，将一定竭尽全力找到此书。当时我在甘肃教育学院中文系任教，因为出书的缘故，和甘肃人民出版社的几位编辑比较熟悉，我从天津返回兰州后，立即请托时任甘肃教育出版社社长的黄强先生（现任人民教育出版社社长）

寻找，不久之后，我从黄强社长手里拿到了这本冯先生一直想要的书，随即寄给了冯先生。大约过了一个月，我突然收到了冯先生的《石头记脂本研究》（人民文学出版社1998年版），并在首页签名：

人恩同志存正　冯其庸赠　一九九九年一月廿八日　印章

签名是用毛笔写就，潇洒流畅，显系一气呵成。我曾和几个喜欢书法的朋友一起欣赏，有朋友说这是冯先生最好的字之一。屈指算来，那时冯先生已77岁，精力依然充沛，书法正值顶峰时期。

冯先生的学术成就给予我的启迪也不少。我在1978年上大学一年级时，就摘抄过他主编的《历代文选》之"前言"，约近一万字。2005年，我在撰写《"寒塘渡鹤影，冷月葬花魂"考论》[9]一文时，认真拜读了冯先生的相关论述，冯先生主张"冷月葬花魂"当作"冷月葬诗魂"，他指出：

> 我认为曹雪芹并不是要写一个美女，曹雪芹是要写一个具有诗人气质的美女，所以应该是"冷月葬诗魂"。……1984年我到苏联去看列宁格勒藏本，首先查阅这一点，苏联本子是"冷月葬诗魂"，找到了抄本的依据，后来又找到几个本子都是"冷月葬诗魂"。[10]

尽管我主张当作"冷月葬花魂"，但是冯先生既注意到了版本的点改异字问题，又认为林黛玉是一个具有诗人气质的女子、是"诗"的化身的论证仍然给我不少启迪。2011年，我针对海内外一些学人有意要剥夺曹雪芹对《红楼梦》的著作权的歪论，我又撰写了《评台湾和大陆学人对"〈红楼梦〉作者是吴梅村"的论证》上、下两篇论文进行驳正[11]。其中涉及一个重要问题，即台湾杜世杰先生的《红楼梦考释》为了证明《红楼梦》的作者是吴梅村，还多处引用了他自认为是吴梅村所作的《鹿樵纪闻》一书的材料作为论据，并认为"鹿樵典出《列子》"。其实，鹿樵典非出《列子》。早在吴翌凤（1742—1819）的《吴梅村诗集笺注》中就已提出鹿樵典出《列子》之说，学人多不深察而承袭吴说。冯先生是吴梅村研究专家，他与他的高足叶君远先生合著的《吴梅村年谱》早就有可信的拨正：

> 吴翌凤谓"鹿樵生"取义于《列子》蕉鹿之说，然"樵"与"蕉"音、义悉异，吴说非是。《梅村家藏稿》卷五十《先伯祖玉田公墓表》："余家世鹿城人。""鹿城"为昆山之别称，鹿樵之义当取此。[12]

我即引录冯先生的结论做了有力的反驳。针对杜世杰认为《鹿樵纪闻》是吴梅村所作进而认为《红楼梦》的作者就是吴梅村的误说，我又引录冯其庸、叶君远先生《吴梅村年谱》"附录"四《吴伟业〈鹿樵纪闻〉辨伪》一文的研究结论：《鹿樵纪闻》乃是伪书：

> 《鹿樵纪闻》乃是取熔前人之作而成的一部野史，他的作者绝不可能是吴伟业。作者的真实姓名已不可考，但可以确定的是，他纂辑成书时，吴伟业去世已经好多年了。大概是为了使这部著作得以行世、流传，这位不知名的作者伪托了吴伟业的名号。[13]

既然《鹿樵纪闻》是伪作，那么杜先生据以理论的基础岂不是空中楼阁？行文至此，我认为有一比较重要的问题可以重申一下，我在读书时发现，早在1952年，著名学者邓之诚先生就已经注意到《鹿樵纪闻》与《绥寇纪略》的矛盾、真伪问题了，《中国典籍与文化》2010年第1期《五石斋文史札记（三十四）》（1952年二月初七日 —— 1952年八月十二日）载："阅唐孙华《东江诗钞》三《读梅村先生〈鹿樵纪闻〉有感》题长句六首，第一首末云：'遗老白头还载笔，百年遗恨说黄巾。'世以《绥寇纪略》本名《鹿樵纪闻》，此诗可以作证。然他五首皆注：论明亡事，未及张、李也。疑《纪闻》之名与纪事本末体不称，当别为一书。"冯其庸、叶君远《吴伟业〈鹿樵纪闻〉辨伪》一文也引录并辨析了唐孙华《读梅村先生〈鹿樵纪闻〉有感，题长句六首》诗。《吴梅村年谱》出版于2007年，邓之诚文发表于2010年，这说明冯其庸、叶君远先生没有见到过邓文。这一情况表明亦令人相信：只要下功夫搜集资料，相互不通信息的学人则会得到同一个结果。此乃《梁书·沈约传》载高祖所谓"智者乃尔暗同"乎？由此一例亦看出冯先生学问精深之一斑。

附：本文的撰写得到了任晓辉兄的大力帮助，谨致以言轻意重的感谢。

注释

[1] 《瓜饭楼诗词草》第369页标明时间为"十月二十日",诗题作《访同谷杜老故居》,"杜老当年亦可伤"作"杜老当年实可伤"。青岛出版社2011年版。窃以为,作"亦可伤"于意为长。

[2] 仇兆鳌:《杜诗详注》第二册,中华书局1979年版,第699页。

[3] 仇兆鳌:《杜诗详注》第二册,中华书局1979年版,第694—695页。《苕溪渔隐丛话》后集卷第五"杜子美一"云:《艺苑雌黄》云:"张文潜《明道杂志》云:'读书有义未通,而辄改字,最学者大病也。杜诗:黄精无苗,后人所改也。旧乃黄独,读者不知其义,因改为精。其实黄独自一物也,("自"原作"是",今据宋本、徐钞本、明钞本校改)本处谓之土芋,根惟一颗而色黄,故名黄独。饥岁,土人掘以充粮食,故老杜云耳。'僧惠洪则曰:'黄独,芋魁之小者,俗人易曰黄精。子美流离,亦未至作道人剑客,食黄精也。'此语殊谬。惠洪徒见黄独一名土芋,遂谓芋魁之小者。殊不知与芋魁悬别。观子美诗,有'三春湿黄精,一食生毛羽。扫除白发黄精在,君看他时冰雪容'之句,安得云未至作道人剑客食黄精乎?东坡云:'诗人空腹待黄精,生事只看长柄械。'则坡读杜诗,亦以黄独为黄精矣。"

[4] 浦起龙:《读杜心解》第一册,中华书局1961年版,第262页。

[5] 朱东润:《杜甫叙论》,人民文学出版社1981年版,第81—82页。

[6] 郭晋稀:《白居易新论》,《文学遗产》1990年第1期。

[7] 仇兆鳌:《杜诗详注》第二册,中华书局1979年版,第572页。

[8] 仇兆鳌:《杜诗详注》第二册,中华书局1979年版,第574页。

[9] 拙文《"寒塘渡鹤影,冷月葬花魂"考论》,《红楼梦学刊》2006年第2辑。

[10] 冯其庸:《我的〈红楼梦〉研究——2004年9月21日在新疆师范大学的学术演讲》,载《新疆师范大学学报》2005年第1期;亦见中国人民大学《中国古代近代文学研究》2005年第8期。

[11] 拙文《评台湾和大陆学人对〈红楼梦〉作者是吴梅村的论证》(上下篇),《红楼梦学刊》2011年第5辑、2012年第1辑。

[12] 冯其庸、叶君远:《吴梅村年谱》,文化艺术出版社2007年版,第2页。

[13] 冯其庸、叶君远:《吴梅村年谱》,文化艺术出版社2007年版,第519—531页。

本文原载于《红楼梦学刊》二〇一七年第四辑

本文作者:集美大学文学院教授

冯其庸，当代文人画家的崇高风范

牛克诚

一

冯其庸先生的远去，是中国文化界的巨大损失。冯老对中国当代文化的贡献绝不仅仅在于红学研究，他用全面的文化修养所结晶的艺术创作，让他远去的背影大写出一位崇高的文人画家。

不管怎样定义"文人画"，它的本质构成总不能脱开"文人"与"画"。只是，在当代，打油诗文即称"文人"，信笔涂抹即称为"画"，"文人画家"也就失去了它原有的醇厚与庄重。

"文人画"的"文人"其实并不只是写点诗文那么简单，它应该承载着全面的学问修养与丰富的人生阅历。南宋赵希鹄《洞天清禄集》论画家修养所说的"胸中有万卷书""目饱前代奇迹"和"车辙、马迹半天下"，虽不特指文人画，但后来董其昌所说的文人画的画外修养也无过于此。

冯老以红学研究而饮誉海内外，著有《曹雪芹家世新考》《论庚辰本》《石头记脂本研究》《论红楼梦思想》《梦边集》及《脂砚斋重评石头记汇校汇评》等专著三十余种，并主编《红楼梦》新校注本、《红楼梦大辞典》等，同时在中国文化史、古代文学史、戏曲史、艺术史等方面也卓有建树，集成为1700万字的《瓜饭楼丛稿》。广博渊深的学问，培植出冯老艺术创作的浓厚学术气息和深邃文化内蕴，它最终体现为弥散于其花鸟、山水画中的书卷气。冯老又擅诗词，早年在无锡国专时曾受诗法于钱仲联，于古体诗用功至深。冯老将人生境况融入诗思，有感而发，诗意隽永。如游当涂采石矶太白捉月处而叹"飘零知己绝"，为《石头记》甲戌本而"相逢西海一怆然"，看到葫芦成熟而追想"六十年前乞食时"，等等。其诗集成《瓜饭楼诗词草》，诗风质朴率意、诗境激越昂扬。冯老又是著名书法家，其书法以欧阳询《九成宫》《虞恭公》等为入门，继而学习魏碑汉隶及先秦石刻，更后则专攻行草，取法王羲之《兰亭序》及《怀仁集王羲之书圣教序》，并参以右军家书、汉晋简牍及颜真卿、苏东坡行草，从而以天真恣肆、意气纵横的行草书而卓然成家。

冯老在《赠韩国李东泉》诗中云："腹有诗书气自馥，笔参造化神始足。"前句道出冯老作品书卷气之由来，后句则表述出冯老"车辙、马迹半天下"的壮游经历。冯老足迹遍布名山大川，在登山临水中而直接领会山川之性情。特别是在"文革"后，冯老十游西域，历昆仑、大漠、居延、黑城、丝路之奇险壮美，并通过与文献的印证，确认玄奘负笈东归之路。"到人之所未到，见人之所未见，其胸中藏有天下奇山异水，故一发而不可收也。"（杨仁恺《冯其庸书画集》序）冯老又对传统书画浸染极深，于故宫遍览晋唐宋元名迹，又数次到国内及海外重要博物馆观摩古代遗珍，在实践其启蒙老师诸健秋"看就是学"的教诲过程中而"目饱前代奇迹"，因而识见宏远，胸中具上下千古之思；神会画中三昧，腕下具纵横万里之势。

冯老曾有题画诗曰："老夫不是丹青手，为有胸中逸气生。""作画实养生之道也。"以画为寄，以书画的方式抒发胸臆；以画为娱，以书画挥写作为一种生活方式——冯老的两句诗正表露出文人画家对于书画创作的一个本质态度。冯老以"宽堂"为号，固然可用《红楼梦》中所说的"英豪阔大宽宏量"为解，其实它也正是冯老闪光人格的生动写照。冯老不仅在人生境遇上从容达观，在艺术创作上更是气量宏阔。高迈的人格精神支撑起冯老作品宽博儒雅的气局，在其沉厚坚实、雅正宏远的作品中所发散出的文人气，就不同于倪云林式的萧条澹泊、荒寒简远，而更近于范宽、沈周式的沉着厚重、雄浑堂正。

游艺的态度、堂正的品格、渊深的学问、精湛的诗文、娴熟的书法、丰富的游历及精深的习古，这种种的一切综合地塑造出冯老的"文人"身份，透过这样的身份，我们才又重新看到业已被弄得苍白了的"文人"的原有厚重底色，从而使我们在当代可以寻找到一位可以与古典大师相比肩的"文人"的崇高代表。

二

另一方面，"文人画"又绝不仅仅是"文人"画的"画"。"文人画"固然强调作为文人的综合学养，但它们最终还是要浸灌于绘画，并通过绘画语言表现出来；文人画家固然要旁通于诗文书法等，但他毕竟不是诗人、书法家或文学家，他最终还是要通过笔墨来进行"画"的本体创造。

冯老自幼酷爱书画篆刻，抗战胜利后曾考入苏州美专，后因家贫中途辍学，1946年又考入无锡国专，从学于唐蔚芝、王蘧常、钱宾四、钱仲联诸先生，学书法于王蘧常。此一时期，冯老又从无锡名画家诸健秋学习山水。20世纪50年代来北京后，冯老主要从事教学与学术研究，但对笔墨却须臾未忘。1996年离休后开始全身心地投入艺术创作。

冯老初以青藤、白石花卉为宗，颇能得其神理；及后，以行草笔法融入写意花卉，至20世纪七八十年代，冯老画风渐臻成熟，酣畅奔放、流动跌宕，那放笔直扫、纵情挥洒的水墨葫芦、葡萄等，活脱脱地映现出一位千杯畅饮、笑看江山的诗性画家。

90年代以后，冯老的创作，其题材渐由花卉而山水，其画风渐由率意而工稳。这一题材与画风的转变，其实标志了冯老在治学与治艺上"知见日进于高明，学力日归于平实"的过程。如果更远地追溯，那么大概可以说，冯老在无锡国专及与诸健秋学画时，是其"初求平正"时期；20世纪七八十年代的写意花卉与书法是其"务追险绝"时期；而20世纪90年代以后的拟古山水，则是其"复归平正"时期。与通常的"由博返约"的过程相反，冯老的取径恰恰是从简洁而回归宽博。他以83岁高龄而临写关仝《秋山晚翠图》和范宽《溪山行旅图》，二图幅高均在7尺左右。在深怀敬意地学习传统的过程中，"益悟古人之深，其构图用笔，皆师造化所得。"（《冯其庸书画集》自序）此一时期冯老的创作，一为拟古山水，二为西部山川。其拟古之作，山容稳重而空灵，云华变幻而流动；笔力扛鼎，墨气沉着，以其笔拙墨重，形成一种醇厚坚实的绘画风格。工稳时期的冯老正是以宋人式的"如见大宾"的心态去经营山水的，如果说从前他是"解衣般礴"地挥写花卉的话。

晚清范玑《过云庐画论》云："士夫气磊落大方，名士气英华秀发。"也许可以用它来分别表述率意与工稳时期冯老书画作品的精神风貌：前一时期是英华秀发的名士气，后一时期是磊落大方的士夫气。在其率意时期，多用可以尽情挥写的湿笔，在其工稳时期，多用可以积见精微的干墨；在其率意时期，画多不求形似而取意到情适，在其工稳时期，画重形质复注入学识；在其率意时期，笔迹简括，在其工稳时期，笔致趋繁；在其率意时期，用笔多奇峭，在其工稳时期，笔墨见苍劲；在其率意时期，近于禅家之南顿，在其工稳时期，更近禅家之北渐；在其率意时期，更显冯老之才情，在其工稳时期，愈见冯老之学识；在其率意时期，尽现"物外风尘"之洒脱，在其工稳时期，重塑"礼乐之和"之沉凝……

三

20世纪90年代，冯老以耄耋之年临摹五代北宋巨幅山水，并在此基础上直探古人堂奥，从而创作了一批具有鲜明古典图式特征的山水画，如《西岳问道图》《访幽图》《幽谷飞瀑图》等，它们呈现出董源、巨然式的山水景境与龚贤、戴熙式的笔墨意趣，其山峦的高下起伏、山脉的勾连逶迤、树木的参差错落、水口的远近隐现、屋宇的布置安排，以及枝藤的对比呼应、果叶的虚实疏密等，还有笔墨的迟疾顿挫干湿浓淡、画面整体的神采意象等，使冯老的这批作品体现为一种蕴涵丰富的"极古"风貌，它甚至可以"古"到消却一切当代痕迹。

而也是在这同一时期，冯老又西赴新疆，在壮美的山川中取稿，并在"外师造化"的基础上创造出一种重彩的"极新"画风，它甚至可以"新"到一无古人轨辙。这一古一新的两极并美，既是冯老绘画视野的多元呈现，也显露出冯老精神世界的巨大张力。

冯老"极新"画风的作品以《金塔寺》《金塔寺前》《取经之路》《祁连秋色》《古龟兹国山水》《看尽龟兹十万峰》《却勒塔格山群峰》等为代表，它们是冯老十几次踏访西部，将其对西部山川的体悟与情怀诉诸重彩的一种绘画新样式。这些重彩作品中的勾皴点染几乎完全找不到与古人的对应，它们是对西部山川独特地理风貌的直接表达，其笔墨的样本不在前人先贤，而在广袤大地之间。

这是一种没骨重彩的山水画样式。这一绘画样式在我国山水画史上未曾得以充分展开，被推为这一样式开山宗师的南朝张僧繇并没有画迹留传，至明代晚期"浙派殿军"的蓝瑛以"拟张僧繇"或"仿张僧繇"的形式，创作出以《白云红树图》等为代表的一系列重彩没骨山水，并在"武林画派"画家的共同努力下，形成了古典时期没骨山水的创作高峰。此后，重彩没骨山水还一直没有大家出现。

如果从这样一个历史脉络考察，冯老的重彩没骨山水是对张僧繇传统的当代阐释，因而他也成为蓝瑛之后没骨山水的一位重要画家。从注重色彩表达，消隐山石轮廓，以及化皴法的线性表达为色彩的块面表现等方面看，冯老的山水与蓝瑛的具有共同的创作旨趣。另一方面，冯老作品中那种一如他草书般洒脱、灵动的用笔，使他的作品比蓝瑛的更具写意风神；而冯老取诸自然山水并酿自心源的色彩表现，又使其作品比蓝瑛的更为鲜活生动。冯老的重彩没骨山水以具有跃动感的笔触塑造西部独特的山岩形貌，笔随心遣，当行则行，当止则止，一切似乎都是随意为之，而其实它们都遵循着画面的内在结构与理法。笔形、笔势的调动，虽以山石树木为推移，但以意到形随而表述着穿透自然景物外在形质的生命本质。具有草书笔意的点线铺排，混融在青绿与朱砂的重彩构成之中，在厚重中透露着飞扬的动势与节律。这种具有动势的用笔，终归是冯老对于西部山川激情感受的一种表达形式。冯老的西部重彩山水是"诗人之笔"而非"词人之笔"，它雄奇豪放、宏阔大美。

冯老的书画作品是一个蕴含着多重品格与风貌的丰富文本。其内容，诗文与书画共美，花卉与山水竞秀；其风格，写意与工稳俱擅，拟古与创新并存。然而，比之作品，冯老本人则是一部更为恢宏磅礴的人生巨著，如果说以往我们对于作为文人、学者的冯老还约略读出了一点只言片语，那么，对于"文人画家"的冯老的解读，则只是刚刚掀开书页。

斯人虽远去，其艺垂千秋！冯老，走好……

本文原载于《红楼梦学刊》二〇一七年第四辑

本文作者：中国艺术研究院美术研究所所长、研究员

书缘

——追思冯其庸先生

李一

　　追随冯其庸先生30年，长期聆听他的教诲，得到他的关爱，这是我此生莫大的幸事。去年曾带着我两位书法学的博士研究生前往瓜饭楼拜年，顺带请教。冯先生对书法教育很关心，对《美术观察》和我本人近况也颇为挂怀，问了不少问题。听说我新添了一处书房，欣然允诺题写斋号，后来特意托人将题写的斋号转交给我。杂事缠身，一直没来得及登门去道谢，计划春节期间再去拜候。正这样打算着，先生逝世的噩耗就传来了。原也知道先生身体较弱，疾病缠身，却不承想他会走得如此突然。一时之间呆愣在那里，半晌方回过神来。静心细思，不由得悲从中来，思绪翻涌，再也无法止住。回到家翻开先生的赠书，凝望着上面的题字，30年的岁月再次兜上心头，一幕幕场景逼真地在眼前重现。

　　与冯先生结缘，始于书法。第一次怀着诚惶诚恐的心情敲开先生的家门时，我还在山东济宁教书。我亮出随身携带的习作，道明请教之意，冯先生忙不迭地将我让进门，热情寒暄。听闻我来自济宁，先生很高兴，滔滔不绝地展开了话题。他说济宁是大诗人李白、杜甫活动过的地方，当地还有一块带穿的范式碑，形制很古，是真正的汉碑，也是历史上著名的范张之交留下的唯一实物，记录了一段感人至深的友情，也展示了中华民族的道德风范。冯先生娓娓的讲述让我顿时放松了心情，拿出自己的书法习作向他求教。先生见我写的是章草，立即加以首肯，说练章草是正途，持之以恒必会有所成就。听说我倾慕王蘧常的章草，先生告诉我，王先生是他的老师，他追随王先生已经40年了。王先生的书法堪称一绝，是当世章草的顶峰。先生谆谆告诫说，章草有难度不好学，王先生的章草更不好学，因为他学问深，用的古字多，很多人都认不出；学王先生章草，既要学其字，更要了解其学问；王先生精通先秦诸子，精通史学和古文字，同时他又是诗人和文章大家；学王先生，不能只是一味追摹他的章草点画，首先应当走王先生的路，读书治学，先为学人，后为书家……冯先生这一番语重心长的话让我认清了今后前进的方向，遵从他的教导，我专研美术学和书法理论，随后考入当年位于恭王府的中国艺术研究院，奠定了一生事业的基础。30年来，冯先生"先为学人，后为书家"的金石之言一直深深地铭刻在我心中。

进入恭王府攻读研究生以后，由于同在一个单位，我和冯先生接触的机会逐渐多了起来。我常揣着书法习作到先生办公室请教，先生则多次赐我墨宝，还常取出自己的藏品让我观摩。先生平生交游广阔，又笃好传统艺术，因而他的收藏十分丰富。在先生那里，我看到过谢无量、刘海粟、张正宇、朱屺瞻、唐云等名家的书画，还有许多文玩珍品。其中最打动我的是王蘧常先生晚年写给先生的十八封信札。信札是中国书法的传统样式，见信如面，实用与审美自然融为一体，既是艺术作品，又是情感的载体。王先生这十八封信札亦称"十八帖"，是当代书法史上的名作，亦是文脉传承、师生情谊的真实写照。冯先生对"十八帖"十分珍爱，一次我去瓜饭楼问学，先生特地捧出这一心爱之物供我学习，同时细细讲了此帖的来龙去脉、书写内容及书法特点。先生告诉我，读帖需要学会仔细分辨。王蘧常先生的章草，细看有两类，一类是用秃笔写的，风格古拙而清逸；另一类是用较新的笔写的，笔画有锋棱，显得潇洒而流丽。王先生的信札有用新笔写的，有用破笔写的，"十八帖"中的最后两帖，是他去世前几天写的，完全用破笔。学王先生章草，要仔细分辨两类用笔的不同。谈起与老师的交往，冯先生十分兴奋，沉浸在过往的美好回忆之中，连声称赞老师是"文章太史氏，书法陆平原"，他对其师的真挚情感深深感动了我。

冯先生时任中国艺术研究院副院长，我就读研究生时，先生常亲自在研究生部讲授一些课程，他跟青年学子谈中国文化，谈民族自信，谈做人与治学，往往现身说法，鼓励大家努力进取。冯先生出身贫苦，少年时代历尽艰辛，他是靠着对文化的热爱和较高的悟性自学成才的。讲起自己的经历，先生便情不自禁地激动起来，说到日本侵略者残杀家乡父老的悲惨情景，他难过得流出泪来。听课的同学都感到先生不仅学问好，而且富于正义感，是一位性情中人。当时冯先生还兼任中国艺术研究院学术学位评定委员会主任，他十分重视学术人才的培养，给学生硕士、博士学位论文的选题和写作提过许多中肯的意见。我的硕士和博士论文在写作过程中曾不止一次地向他请教，完成后又得到他的亲自审阅。我知道自己水平有限，冯先生从爱护出发，对论文作了充分肯定，他的热情鼓励增加了我坐冷板凳的信心。直至现在，我仍然用冯先生的方法来激励学生和自己，努力做到先生希望的那样，不骄不躁，勤谨踏实地治学从艺。

经过多年不间断的努力，我的章草稍稍摆脱了一点原来的稚拙，逐渐走上正路。令我感动的是，年逾八十的冯先生不仅在我首次举办书法个展时最早赶到中国美术馆留下现场签名，还亲自撰文加以介绍。和以前一样，他一面肯定我的努力，另一面又提出更高的希望。在评论中，先生阐发了自己的书学思想：学书法要重视读书学问，重视临摹古人，重视吸收今人，在读书和临摹中逐步提高书家的学养，形成个人风格；风格绝不是做出来的，风格是书家文化修养和艺术个性在长期实践中的自然呈现。每次重温这些话语，都会产生一种醍醐灌顶之感。

在我的心目中，冯先生既是一位待人宽厚的长者，又是一位诗人气质浓厚的学者，还是一位交游半天下、才情倾一世的艺术家。他投身学术之余，喜吟咏，擅书法，爱丹青，精摄影，富收藏，既读万卷书，又行万里路，以学广其艺，复以艺尽其学，致广大，尽精微，人与学与艺自然融合为一。先生著书三十三卷逾千万字，学术成就早有公论。其书画自成一家，成就亦颇引人瞩目。相比而言，我更欣赏先生的书法。我曾与许多同道说过，冯先生的书法充满了学者的文气和清气，这是许多专业书家所缺乏的。离休后的冯先生曾于2001年4月、2006年5月、2012年5月三次在中国美术馆举办个人书画展，我均有幸观摩学习。三次展览一次比一次丰富，一次比一次精彩，手札、对联、长卷、中堂、横幅、扇面应有尽有，形式多样，既显示了传统功力，又不乏探索性和创新性。一位年过八十的老人，以多病之躯坚持著述，同时还不忘泼墨挥毫，完成了那么多作品，这种勤奋和毅力着实令人感佩。

冯先生的书法，我更喜爱其晚年之作。这些作品如同老而更成的庾信文章一样，渐入佳境，自然老到，较之以往更多了洒脱从容，越来越见成熟和大气。小幅的行草扇面，如清风徐来，明快飘逸，章法、结体和用笔都恰到好处；而大幅的《正气歌》，气势博大，起伏跌宕，且又舒徐从容，优游不迫。《曹子建墓砖文拓本题记》将魏晋砖文拓本和先生自己的题记合成整幅中堂，古今映照，别见意趣。当然，先生晚年的书法成就是在早年学习的基础上取得的。50年前，先生曾冒险偷抄《红楼梦》，展品中的一件小楷《手抄庚辰本石头记第六十四回片断》即反映了这段历史。稍知书法者都明白，小楷小而难工，要写出灵动之意更难。先生的小楷规整大方而又自然灵活，墨笔的正文和朱笔的点评错落相映，自成章法。这是近年出现的刻意摹仿前人书札、手抄形式的作品所不能相比的，原因很简单，先生手抄的内容是为研究学问自然而然写出的，与那些为书法而书法的矫揉造作之书迥然不同。

如果进一步细品深玩，便会感到冯先生的作品是"功夫在书外"了。展出的书作多为先生自作诗文，记载着他行旅山川涉险求真的丰富阅历，也反映着他俯仰人寰嘤嘤鸣求友的深沉情怀。从1986至2005年的20年间，先生曾十赴新疆，三上帕米尔高原，登上喀喇昆仑山巅，寻瓦罕古道，穿越人称死亡之海的罗布泊，访楼兰古城，一路吟游，留下了大量诗篇。"老来壮志未消磨，西望关山意气多。横绝流沙越大漠，昆仑直上意如何。"这是先生赴新疆考察古代文化的实况；"柳枝折尽到阳关，始信人间离别难。唱罢渭城西去曲，黄沙漠漠路漫漫。"这是先生调查古阳关遗址的感慨。在先生所著《夜雨集》中，他说自己写文章有两个来源，一是读书，二是游历。其实，先生的书法也同样如是。

往事历历，旧情难忘。先生已去，我也临近退休之年。光阴荏苒，逝者如斯，回首来时路，几多欣慰，几多感伤。《兰亭序》有云：死生亦大矣，岂不痛哉！痛定思痛，我只能沿着先生指点的路继续走下去，尽我所能为中国文化的复兴略尽绵薄，或许这也正是先生所希望的吧。

本文原载于《红楼梦学刊》二〇一七年第四辑

本文作者：中国艺术研究院研究员

冯其庸先生与中国汉画研究

顾森

我是1978年第一届研究生，到中国艺术研究院后就一直没有离开，也快40年了。有人曾问过我，你在中国艺术研究院40年里最大的体会和收获是什么？我说我最大的收获就是在中国艺术研究院认识了一大批人，这些人都值得我学习。有年轻的，有中年的，还有就是老的知识分子。在我的成长、我自己提高的过程中间，一些老先生给我的指导非常重要。跟他们在一起，耳濡目染以及他们的言传身教，使我获益匪浅。这中间有三位老先生给我印象最深。一位是王朝闻先生，1909年（清宣统元年）生人，我们的导师之一。另一位是温廷宽先生，1919年生人。他们的一套治学方法和为人的品格，深深影响了我直至今天。还有一位就是冯其庸先生，他是1924年生人。他们三个不在一个年龄段。前两位我与他们是师承关系，我是学生，跟着他们学知识，在他们的指导下践习美术专业。冯老虽然不是我的老师，但是我们有很多年交往，跟他打了很多年的交道，算是同事，但是我从心里把他作为一个老师看待，对他执弟子礼。我非常注意他做学问的方法和对事情的处理。他的一些行为和他的做法也深深地影响了我。

我觉得冯老的品格最符合今天这个会的主题，就是文化自信、学术报国，在他身上充分体现了这一点。这一点反映在许多方面。今天来了许多先生，都有话要讲，我就挑一件事情来说：他关于汉画学会汉画研究这件事。为什么我要在这个地方提这件事情。这是冯先生倾注了很多精力做的事情。我有一件事非常纳闷，就是他在《风雨平生》里面一个字都不提，我觉得特别奇怪。他只是在谈到国学院时提了一句：还想成立一个汉画研究所。整本书就从头至尾不提这件事情。但是他花在这上面的心思实在太多，充分看出来他想做成一件事情的那种热情倾注和韧劲。

成立中国汉画学会是1987年在山东嘉祥"武氏祠发现200周年纪念会"上议定的。之后就推荐了四川、河南和山东的三位老先生负责筹办，筹办中碰到许多实际问题解决不了，最后他们商量还是交给北京。1988年他们一致决定交到北京让中国艺术研究院来筹办。就写信给我让我接手。我拿着信先找到美术所所长水天中，他同意由美术所承办并指定我代表美术所来操办此事。按程序再找到分管院长冯其庸先生。冯先生听完汇报后立即表态：好，我们来办。他还说，李一氓先生早就向他提到过汉画研究，说这个事情很重要。之后中国艺术研究院就写报告到文化部，正式提出申请成立中国汉画学会。

接下来我们从1988年开始，就不停地为成立之事奔波。许多具体事就不多讲，我只讲中间几件事情。第一，坚持汉画为一级学会的底线。"汉画"这个题目始终在文化部过不了关。文化部是办公厅审理，办公厅的同志始终觉得应该放在二级学会，应该放在别的一个学会里面去。冯先生很生气，他坚持这必须是一级学会，这是一条。文化部办公厅的同志不通过也不是要死卡我们，纯粹就是个认同问题，还有就是当时全国社团乱象丛生，导致国务院时不时发通知整顿。在我们坚持成立一级学会的情况下，办公厅的有关同志指导我们先开成立大会，把业务开展起来，慢慢等审批。这个事情僵持了很久，冯先生找了很多人，但是就过不了文化部的关。但冯先生说，我们的底线绝对不能让步，我们会慢慢做成这件事情。后来贺敬之先生到了文化部做代部长，他很认可汉画研究的重要性，就在中国艺术研究院的请示报告上批了几个字："题目小，文章大。"文化部通过了，很快民政部也就通过了。这已是1992年的事了。第二，关于会风学风。冯先生在研究院公务繁忙，身为会长的他不可能事必躬亲。中国汉画学会从初创到正式成立，我是作为秘书长兼法人来参与这些事情的，主要是协助冯先生来推动学会的工作。在我们一起筹办学会的时候，当时冯先生跟我说，学会建立之初最重要的是会风和学风，这是在中国红楼梦学会得到的教训。因为中国红楼梦学会就是因为开始没说好，没有说清楚，造成了很多的内耗。他说我们在建立新的学会之前，把会风和学风先说清楚，哪些可以做哪些不能做，如果违背这个请你离开，不要在这里面了。这个学会我们建立的一开始，就把这个事情说清楚了，就是要团结，搞学术，没有别的目的。就是提高学术水平和推动学术交流，在学术上有所追求；如果结党营私或者有各种私自的目的不要到学会里来。要图名图利有的是地方，不要到学会里弄，就这一条。后来发生的事应验了冯先生的预测。我们成立大会上刚刚成立选举了理事会和领导机构，果然就有人来争职位。这可麻烦了。我跟冯先生说："这个事情您先不要吭声，您是会长，我来处理，肯定会把这个问题处理得好。您相信我，您不要讲话。"冯先生因为他年纪也大了，动怒对他身体不好。开会时冯先生一直很安静地坐在那个地方。结果那个人说了一句话，说我成就多高，还有很多日本的、美国的国际友人与他交往等。如果他的身份不调到那个位置上怎么向他们交代。此话一出就坏了。冯先生拍案而起，很愤怒地说："你为什么要向他们交代？他们为什么不向我们交代？"当然后来这件事我们处理好了。从那以后在我们学会理事会就达成了共识：学术上允许各持己见，但对争名求利，坚决亮红灯。中国汉画学会成立二十多年来，理事会成员及领导成员多次更迭，都是自然、平和地完成。

我讲冯先生这件事情非常符合这上面的几个字，他对学术要求很严，而且他到国外讲学就是要宣传中国文化，这是他的基本原则。在汉画上他一直坚持一条，他认为汉画是比敦煌学还重要的学问。因为汉画综合性研究很强，而且是佛教未真正影响中国文化时的一种本土文化形式。他始终想把这个做大，作为最重要的学术任务来完成。

他到了人大国学院以后，聘了我去做人大国学院的教授和专家委员会委员，同时他在人大国学院机构预案中，就有成立一个汉画研究所的设置。就是为了这个目的叫我过去，去主持搞这个汉画研究所，建成中国乃至世界的汉画研究中心。这是他的目标，借国学院的东风，也有经费也有地点，这是他真正的打算。后来因为人事等各种原因，这事没弄成，冯先生对这件事情心里肯定烦。冯先生付出很多，我就不多讲了。

他对中国汉画学会的支持不遗余力。因为我们学会没有经费，当时国内的经济也不好，文化部门没有钱，很穷。学会的主要活动是双年会。开一个会当时大概要二三万到五六万块钱。但那时候不说二三万，就是几千块钱都找不到。为能开成会，冯先生每次不知道要写多少字给会议主办方（出经费的一方）。印象最深的是1989年9月在商丘开中国汉画学会的成立大会。那次我专门给商丘文化局局长讲，要字可以，但你要把关，只把那些重要人物的名单列出让冯先生写，不要累着他了。我就放心把事情交这个局长了。我就疏忽了一下，没有到现场去盯。结果这个局长有私心，拉了一份长名单给冯先生。听说那天晚上冯老写字写到很晚很晚，从此落下了腰疼的毛病。

2000年，他过了76岁，国家规定70岁就不能担任会长了。打报告到民政部申请冯先生继续担任会长，未得到批准。但我们中国汉画学会并未选举会长，就只设常务会长，会长的位置一直空着。2004年我们被民政部警告，如果再不选会长，就停你们的会籍，我才顶了这个会长。我们认为会长就只有一个，就是冯先生，我就是常务副会长。但是国家的规定不允许会长的位置空着，我就只好接上去了。到2015年我过了70岁，也把位置交出去了。我就说这个过程，中间有很多很多事，他付出的太多，包括他用他的字去向企业家换钱，叫企业家直接将钱打入学会账户；说服他的好朋友向学会捐钱等。

1995年我到美国交流，美国哈佛大学一位教授告诉我美国对中国艺术的基本评价和分类。他们把中国艺术分成四大块：青铜艺术、汉画艺术、佛教艺术、书画艺术。其中汉画是专门作为一块的。有很多学术群体，比如说哈佛大学、芝加哥大学、密歇根大学等一些大学专门有教授带汉画的研究生，一批人教出来，这些人分布到高校，如耶鲁大学、纽约大学都由这些研究生去担任教授。他们的学术研究情况跟我们不一样。美国有个亚洲研究会，会员遍布全世界。每次年会都有近千人参加。这个研究会有一个很重要的学术奖，一年颁发一个。密歇根大学的包华石（马丁·鲍尔斯）教授就因汉画研究专著获得过这个荣誉。从美国这个例子上，说明我国对汉画研究的认识和重视还有一段距离。而在汉画研究这个问题上，冯先生的定位很准，他的定位也是我们以后研究的最主要的依据。这个事情我为什么要提，就是在他的《风雨平生——冯其庸口述自传》中没有提到，我补充一下。以后我还会在文章中将更多的材料公之于世，让大家对他有更多的了解。冯先生有一个很重要的侧面，他做了很多努力，但是他觉得没有达到他的目的，就是汉画研究这一块。

本文原载于《红楼梦学刊》二〇一七年第三辑

本文作者：中国艺术研究院研究员

为欲长天舒望眼，凌云直上最高台

——冯其庸先生书画艺术的文化自信与家国情怀

孙熙春

我国著名的文化学者、诗人、书画家冯其庸先生逝世了，这是我国学术界、艺术界无可弥补的巨大损失！红学界可以说是失去了一面旗帜，失去了一位可敬的领航者！冯其庸先生在红学研究领域，尤其是关于《红楼梦》版本、曹雪芹家世等方面的成就，必将名垂青史！

冯其庸先生离休后，伴随着学术研究，其书画艺术创作也到达了一个高峰期。自1995年起，每值寒暑假，冯先生总是邀我到家中小住旬日，助其整理藏书、展纸研墨，我自是问学不断。2000年，先生正式纳我为入室弟子并赐书《劝学》加以勉励。此后，先生曾经命我助编《中国艺术百科辞典》之书法篆刻卷，校核16卷《冯其庸文集》，参编15卷本《瓜饭楼外集》等。在向冯先生问学的二十余年间，先生曾先后命我为其治印约百方。先生为写相关研究文章而到辽阳实地考察时，因我家在沈阳，往往命我相随。因相处日久，所以我对先生的书画创作及其理念，有一些粗浅的认识，敬作小文，聊慰怀想。

关于冯先生的书画艺术成就，专家学者论述很多，但有一个问题尚需深入研讨，那就是无论冯先生的书法还是绘画，均呈现出看似难以统一的，甚或矛盾的两种风格，即书法、花卉绘画的"率逸洒脱"与"古拙沉雄"；山水绘画的"极古雅"与"极新奇"。

文学史上陶渊明的两种诗风，无碍后世对其艺术高度肯定，但艺术史上两种风格作品的同时存在，往往会妨碍对作者艺术高度的正确认识与公允评价。或以"求平正、追险绝、归平正"的阶段论来解释冯先生书画创作的两种风格，但这种解读，对于先生的书法、花卉类绘画尚可说通，因为它们的风格变化确实是一个历时现象，而对于先生晚年"极古雅"的摹古、拟古山水画与"极新奇"的"西北宗"重彩山水画的同时出现，则似乎得不到合理的解释了。

冯先生一生追求"治学报国",书画艺术创作概莫能外。杨仁恺先生曾指出:"诗书画方面,是其庸教授一生学术活动不可分割的一部分。"这是解读与评价冯先生书画艺术的关键所在!

冯先生的书画艺术作品,是深入传统之后自信气度的展现,充溢其中的更有始终不变的家国情怀!这也正是先生晚年绘画作品以看似矛盾的两种风格同时出现在世人面前的原因,色貌虽多似繁花,肝胆却一如烈火。若从美学品格上说,先生的书画创作是由"优美"而"崇高",晚年则"优美"与"崇高"并举,抒写出了我国书法史上不多见的"庙堂之气",泼绘出了绘画史上更是少有的"盛世气象"!

一、冯其庸先生书画艺术的文化自信

(一)深入传统,走追本溯源之道路

冯其庸先生常说:"我们的祖国是一个伟大的国家,我们的民族是一个优秀的伟大的民族,我们有悠久的历史文化传统……作为中国人,千万不能轻视这个传统。"

冯先生的书法是从师法古人开始的,是有童子功的。先生曾与我数次谈及其学书经历,楷书从欧阳率更《九成宫醴泉铭》入,遍临大小欧之书,后又及《十三行》《黄庭经》,尤以文徵明《离骚经》着力较多。中岁庚辰本《红楼梦》的抄写,以及晚岁书赠杨仁恺先生的《心经》,均可看出先生楷书的路数、由来,稳而能逸,可以看出先生打入传统之深。

先生的行草书是"二王"一路,并且深受海上沈尹默、白蕉先生的影响,追本上用功亦颇深。在先生较早的行书作品中,我们更多看到的是满纸生风的快熟运笔和偶尔提按的特别强调,且不似晚岁多用浓墨,使得"率逸洒脱"的风格得以淋漓尽致地展现。这种风格的作品以草书对联"人烟寒橘柚,秋色老梧桐",以及行草书"自作度天山一号冰川诗卷"等为代表,健而多姿,学有本源。

与书法不同的是,严格意义上说,先生的绘画是从师法今人入手,继而上追宋元,外师造化的。这是另一种形式的追本溯源,即使从方法论上说也是。书画同源,有着深厚书法功底的冯先生,绘画创作一开始就能以行草之笔直抒胸臆也就不足为奇了。由花卉而山水,由近贤而先圣,笔墨渐趋沉雄,无论中间走过怎样的路程,最终先生在晚年,还是坚决地走上了"拟古"和所谓"极古"的创作道路上了。如《抚巨然秋山问道图》《临黄子久〈富春剩山图〉》《云雪图》《墨禅集十开册页》《水阁山村图》等,艺术风格上"极古雅"。

深入传统，走追本溯源之道路，给先生带来了书法创作上的自信，而晚年拟古山水画的创作，更是这种自信追寻的强化和再展现。

（二）去伪存真，展传统文化之真面目

冯其庸先生少年时读玄奘法师传，"遂仰之为师，虽万劫而不灭求学求真之心也！"学术研究求真知，艺术创作求大美，冯先生以"乘危远迈，杖策孤征"的精神、实践将二者融合起来，在书画艺术领域达到了"赤子"般的至善境界。

冯先生的《墨缘集》，相对集中地展现了其在书画艺术领域中的师友交往以及学术思考。与冯先生过从较多的师友知道，文集中大量的诗词赋最初就是以诗稿（或书法作品）的形式出现的。这里，一些文章之外的事情也有必要说两句：一是先生为人题书名、写序文，不论亲疏，只以学术水准、艺术水平为前提，一生鲜有例外；二是因为种种情由而不得不写的一些书画评论文章，宁可曲笔虚写也不说假话。这同样反映了冯先生在文化艺术认知上的自信，因其自信，故能去伪存真。

关于20世纪著名的"兰亭"论辩，冯先生告诉我说，他当时是赞同高二适、商承祚两位先生的观点的，但因友人告知此事背景才未厕身其中。但先生关于此事的思考从未中止，曾在《东晋元康元年蒋之神枢铭》拓本上数次题跋来表明自己的学术观点，参看其一：

> 谁道兰亭不是真，元康砖字亦晨星。
>
> 楷行却比兰亭早，六十年前已报春。

读者还可展看《曹子建墓砖拓本跋》《曹雪芹墓石精拓本题跋》等资料，当然，这样的书法作品都是可以当作学术著作来读的。

先生晚年的一些学术思考、观点还有借助我国传统毛笔批注的方式呈现的，有手批《石头记》甲戌、己卯、庚辰本（见《瓜饭楼丛稿》第17卷至第23卷）等。学术研究与书画的融合原本就是中国传统文化的固有形态之一，冯先生于此运用自如、恰到好处。

冯先生的诗卷、题跋（含绘画本身的题跋）、《石头记》批注以及"极古雅"的山水画创作，启示我们民族自身的学术传统、方式、方法，在某些领域依然有着强大的生命力！求真知，去伪情，让优秀的民族传统文化"复归于婴"，重现本来面目，是先生的深意，后来者不可不察。

二、冯其庸先生书画艺术的家国情怀

（一）乡关之思，写风雨平生之曾经

乡关之思在冯其庸先生的书法里或诗稿、或条幅、或题跋有颇多展现。据《瓜饭楼诗词草》所录先生最早的乡思诗作是1954所作《一别》七律，到2012年先生最后一次回到故乡无锡，作《九十回乡抒怀》（《瓜饭楼诗词草》收录诗词联至于2010年，故未收此诗）：

> 九十归来老病身，沧桑故国气氤氲。
>
> 遍寻邻曲朋侪少，望断高楼万象新。
>
> 梦里常存生死日，眼前尽是太平春。
>
> 年华逝去头成雪，坐对青山念旧人。

其间众多此类书画作品，不变的是先生长久以来对故乡浓得化不开的思念、关注、眷恋，变化的是越至晚年，先生的书风、画风就越发古拙沉雄，这是人书俱老的艺术规律使然。

冯先生的绘画作品里载录"风雨平生"内容的亦很多，堪称"画史"。"文革"中，冯先生突闻刘少奇主席遇害的消息，夜半愤极而作泼墨葡萄，并题写了陆游诗句"刘琨死后无奇士，独对荒鸡泪满衣"，诗句中暗藏刘少奇三字，而"荒鸡"，先生是借指"四人帮"说谎蒙骗人民之谎言。此画笔墨沉痛，悲愤满纸，与颜鲁公《祭侄文稿》相类，只是由于年代特殊，先生未落年款，并题"其庸夜深醉后"，但画面右上一枚"都云作者痴"的闲章不闲，又在提示着读者画中深意！

"天风海雨饱曾经"，如果详审冯先生诗集、书画集、山水画集、摄影集、年谱，就会发现国家以及个人命运的每一次起伏，先生都有书画作品纪实，抒写内心情感。这里我特别介绍先生两件作品：一是作于2008年汶川大地震后的丈二巨幅书作"天下归仁"并长跋，作品"昆仑直上"的超拔气象，动人心魄；二是2012年年底，先生书写"空谈误国殃大事，实干兴邦建小康"春联，小联大境界，家国情怀溢于言表。

（二）西部情结，绘盛世家国之情怀

早在1994年，冯先生在《瀚海劫尘》序中就说："伟大的中华民族必定会强盛！……全面开发大西北是其关键。"

先生十次西部壮游为世人所称，2006年春天，我于瓜饭楼中为先生治了一枚33字印章，"宽翁八十三岁三上昆仑之巅宿楼兰罗布泊龙城经白龙堆三垅沙入玉关至沙洲"，以纪其行。因为先生曾到人所未到，见人所未见，故其画笔下西部山水为他人所无！且看先生八十一岁时的一首题画诗：

> 三上昆仑亦壮哉，万山重叠雪莲开。
> 夕阳西下胭脂色，爽气东来白玉堆。
> 肃立千峰韩帅阵，奔腾万马奚官台。
> 问君曾到西天否？紫岫青峦逐眼来。

西部山水，迥异中原，"其色斑斓，其形奇谲"，自然不需要传统山水画的细笔皴、擦与染，若如此则只能得之古雅而必失之雄奇。"千剑森列，万笋插天"的奇险壮景，唯有饱蘸各种纯色的大笔方能挥洒出先生的西部情结，映照出先生的人生！

《金塔寺前》《龟兹玄奘取经古道》《问君曾到西天否》《古龟兹国山水》《祁连秋色》……这些重彩"西北宗"山水画，没有那样的经历、学养、情怀是不敢画，而且画不出的。

应该指出的是，先生晚年曾有过把"极古雅"与"极新奇"的两种山水画风打通的努力，九十岁时曾有重彩《秋山图》与《苍山万重皆锦绣》等几幅尝试作品。天不假年，先生把生命中最后3年的精力几乎全部付与了15卷本《瓜饭楼外集》的编著工作上，再无力气在绘画道路上精进了，不然，先生一定会带给我们更大的惊喜。后之视今者，于此不可不察！

行笔至此，冯先生虚龄90岁时完成的高近6米、宽2米多的《嵩阳古柏》巨幅水墨画跳入了脑海。记得画上先生题诗云：

> 汉唐盛世眼亲经，又见东方出五星。
> 昨夜嫦娥奔月府，红旗永驻九天青。

反复诵读着这首诗的同时，又一个画面映现脑海：

大约1996年年底，我与先生一同整理瓜饭楼二楼北书房时，发现一幅卷着的油画，先生为我展开说，这是汉代蜀地织锦护臂的临摹件，原件是在尼雅遗址的一处古墓中发现的，并指着上面八个汉隶文字"五星出东方利中国"，不断兴奋地叙说着……

冯其庸先生的书画艺术，始以才情入，终以境界胜！其所达到的艺术高度，已经有一代之冠冕的述评，也许先生书画气格问题讨论，亦是皮相。或许我们应该这样看：冯先生波澜壮阔的人生，本身就是令人仰止的、带有象征意味的艺术品！

笔者愚钝，不晓音律，强缀俚语，既作结语，亦志哀思：

江南才子，苦瓜育养。无锡国专，文采已彰。

纸贵京城，道德文章。立命红学，健笔纷扬。

滋兰树蕙，皆成栋梁。冯门立雪，庚辰难忘。

书画同参，酒胆微张。纵横上下，宽翁宏量。

流沙万里，一肩风霜。复兴国学，细详草堂。

文字归巢，河洛依仗。空谈误国，实干兴邦。

风雨平生，终归仙乡。古之坡仙，今之玄奘！

先生著述，名山所藏。先生法书，庙堂气象。

嵩阳古柏，气压汉唐。天下归仁，昆仑直上！

二〇一七年二月三日夜沈水孙熙春于益损斋之北窗下初稿

二月八日改定

本文原载于《艺术品》二〇一八年第一期

本文作者：沈阳大学文法学院中文系主任、副教授

人到黄龙已是仙

—— 忆念冯其庸先生

张 忠 义

冯其庸先生是我的前辈，我中年时即闻其名，2000年后经朋友介绍相识，十几年来虽只因事见过数面，但印象都极为深刻。

记得2009年，中国文物保护基金会为筹集文物保护基金举办了当代书画名家作品捐献义卖活动。为协助基金会工作，我陪同基金会同志一道去通州冯老家中。当我们说明希望冯老能捐赠作品参加义拍活动而所得款项将由国家用作文物修复基金时，他当即一口答应，盛赞此举利民利国，而且保证三天后交付作品。而当我们三天后再次登门拜见时，此画已悬挂在墙上，是一幅八平方尺的画，但未题画名，从内容看似是《富贵海棠图》。

海棠具有多种文化意义，中国历史上以海棠为题材的名画很多。此画画面彩墨交融，红绿衬映，果实饱满，枝叶鲜艳，虚实相间，水汽淋漓；右下题有"七绝"一首："青藤一去有吴庐，传到齐璜道已疏。昨夜山阴大雪后，依稀梦见醉僧书。"行书写就，笔断意连，自然流畅，一气呵成，并钤有"冯其庸印""宽堂""古梅老人""乐翁"四方印章，都是冯老的常用印。整幅画舒朗明快，潇洒飘逸，含义深邃，无疑是冯老精心之作，与徐渭的《墨葡萄图》有异曲同工之妙。感动之余，我向冯老表示义拍时不论价格多少，一定拍下此幅画作，既回报冯老仁爱之心，也为自己留下美好回忆。义拍时，该作品竞争激烈，我最终以全场最高价竞得。

如今冯老已然仙逝，再看此图，触景生情，唏嘘不已。所幸我还藏有多件冯老的其他书画、文稿、书籍等等，也算一大慰藉。

2012年7月，为纪念启功先生诞辰百年，由中国国家博物馆、北京师范大学等多家单位共同举办"启功百年遗墨展"。在面向全国征集启功遗墨时，有一件启功和冯其庸的《脂砚斋重评石头记汇校》书法题签，专家组已认为是真迹，但为确保无误，我直接求教于冯老。冯老马上回信，并作了相关说明："忠义先生大鉴：惠示，启功先生题签及拙题，都是原件。此书早已出版，五大册，今已绝版……"并钤盖"冯其庸印"一枚。此信毛笔小楷书就，称晚辈为先生，称求教为"惠示"，而通篇中"拙题"二字最小。冯老的认真、细致、恭敬谦虚之情跃然纸上。事后，我曾专程去国家图书馆查阅，《脂砚斋重评石头记汇校》由冯老主编，启老的题签用在外封上，而冯老题签则在内封。这又让我想起2006年文物出版社出版的《冯其庸书画集》中，他在后记内所写的"这部画集的出版，只是我书画习作的记录，我希望能对我国的传统书画更有感悟，使自己的学习能更前进"。在关于《红楼梦》的某篇文章中，他有这样的话："但我只是站在《红楼梦》的边缘，探头往里边望了几眼，还没有看清楚什么。"冯老乃当代大学问家、大艺术家，其谦逊如此，不能不令我辈汗颜。

2006年5月20日和2012年5月8日，"冯其庸书画展"和"冯其庸九十诗书画展"在中国美术馆开幕，这给我们提供了一窥冯老书画真迹整体面貌和发展历程的机会，通过对不同时期书法、绘画作品的学习研究，可以发现冯老的书画创作从未间断，愈老弥坚。其书法以行书为主，兼有楷、草。前代诸贤如"二王"、欧阳询、苏轼、张瑞图等的笔意依稀可见，多古趣却不拘死守，而是融会贯通、自成一体，形成了一种新时期文人书法清秀典雅、因境生态、自由自在、随心所欲的面貌。其画更是出于传统经典，远追青藤、白阳，上溯董、巨和元四家，近学吴昌硕、齐白石、刘海粟、朱屺瞻诸家，呈现了多种面貌——或花卉，或山水，或清幽淡远，或重彩浓墨，或含蓄内敛，或苍劲壮美，但都不失空灵感和书卷气。尤其他的晚年作品，更是气度不凡。"冯其庸九十诗书画展"中许多书画都是六尺整幅、八尺整幅，鸿篇巨制。其中一幅《嵩阳古柏》高近六米，宽两米多，只绘一株古柏，根深干壮、枝繁叶稀，苍劲挺拔、顶天立地。诗题："汉武东巡事已陈，司马史笔久封尘。嵩阳老柏今犹在，青眼看人万世情。"整幅画气吞如虎，具有强烈视觉冲击力和情感震撼力，为中国画史上前所未见。犹如一位老者，历尽沧桑而更风光无限。这正是冯老的自我人生写照！

绘画多题有诗词是冯老书画的一大特色。"感其况而述其心，发乎情而施乎艺。"冯老在游历张家界黄龙泉时作诗："人到黄龙已是仙，劝君饱喝黄龙泉。我生到此应知福，李杜苏黄让我先。"1998年，他在第七次新疆之行时作："看尽龟兹十万峰，始知五岳也平庸。他年欲作徐霞客，走遍天西再向东。"也就是在这一次，冯老再上帕米尔高原，于海拔4700米的明铁盖达坂山口找到了玄奘取经回国经过的山口古道，此古道为玄奘东归后1355年来第一次被发现。这一发现，轰动了海内外学术界，存疑了一千多年的问题得以解密。

冯老的诗无半点媚俗之意，更多率真浪漫之情；思接千古，横贯八荒，不忘初心，永葆童心；诗中有画，家国情深。这些诗虽然古意盎然，却都来源于冯老的真实生活，来源于他的万里之行和阅历无数，非有渊博知识、高深学养、历经沧桑、浪漫情怀而不能为，既是生命历程的记录，也是心灵感悟的写照。国学家钱仲联曾评价冯老："何人一手超三绝，四海堂堂独此公。"我以为，冯老诗书画"三绝"中应以诗词造诣最为称绝，最能展现冯老的文化水准和人格精神。

冯老知识渊博，所擅诸多领域对我来说都是门外汉，能陪冯老一聊的只有书画和收藏。冯老知道我是中国收藏家协会的，曾热情地向我介绍他门类广泛的藏品，并多次跟我讲，他收藏物件，从不考虑价格多少，只看是否有文化内涵，是否有学术价值，是否值得学习研究，随性随情，喜欢为好。对于书画作品，他也主张一定要从传统中来，书画同源，画要好，书法必须好。书画都必须寻根追踪，只有先学好传统，才能再紧随时代有所创新。要跪下学古人，站起写自己。而书画作品的高下优劣最终取决于作者的文化底蕴、学问修养和道德情操。他的这些教诲我深以为是，对我后来的书画鉴赏与收藏活动影响很大。每次与冯老对话，都能感到他的博闻强记、博大厚重，常使人有"如沐春风""与君一席话，胜读十年书"之感。

冯老不仅是红学大家，不仅诗书画"三绝"，还在历史、国学、文字、文物、考据、摄影等诸多方面成就斐然。可以说，凡有所学必出正脉，凡有所论皆成性格。他是典型的中国传统文人与现代思维、当代现实紧密结合、开拓创新的新型知识分子的优秀代表。他善于调查研究，不断攻克学术难题，曾获首届"中华艺文奖终身成就奖"和首届"吴玉章人文社会科学终身成就奖"，实乃中国当代文化高原上的一颗璀璨明珠，也是我辈后学"学海无涯"中一座永不熄灭的灯塔。

冯老多次强调"生活就是读书"，他也给我们留下数以千万言的著作。他曾写过一篇《我所认识的杨仁恺先生》，在该文结尾处写道："我写这篇短文，也只是以蠡测海，最多不过得其一勺而已。愿意更多地了解杨老的人，还希望直接去读他的书，因为只有观沧海而后能知沧海之大，只有登昆仑而后能知昆仑之高！"冯老之于我，亦如是。

本文原载于《中国艺术报》二〇一七年四月四日

本文作者：中国收藏家协会书画收藏委员会主任、书画鉴定家、收藏家

大红学家冯其庸的紫砂情缘

邓君曙

2017年年初，得知冯其庸先生驾鹤西归的消息时，宜兴市陶瓷行业协会正在考虑《江苏陶艺》《宜兴紫砂》两刊的合并事宜，因冯老是《宜兴紫砂》的顾问之一，《江苏陶艺》的刊名又是冯老书法的集字，说明冯老与宜兴紫砂、与陶都的关系非同一般。

当两刊合并甫定后，我在今年第1期《江苏陶艺》的卷首语中，代表杂志编辑部对冯老的逝世表示了沉痛的悼念。

冯其庸和顾景舟的友谊持续了半个多世纪

冯其庸先生是无锡北乡前洲镇冯巷人，幼时即喜欢读文史、学画、学诗词，还痴迷戏剧，曾参加了中国人民解放军，后被部队留在无锡市第一女中任教。1954年被调到北京，担任中国人民大学语文系教师。

1963年冯其庸先生被抽调到中宣部写作组。1975年国务院成立《红楼梦》校订组，冯先生被调入，经四十多年的努力，其著作等身、创办《红楼梦学刊》，成为蜚声中外的大红学家。

冯其庸先生是一位兴趣广泛、知识渊博的学者，除红学外，戏曲、文学、考古、摄影、诗书画等都有涉及，早年还喜欢听阿炳的二胡和琵琶演奏。对宜兴的紫砂也情有独钟，早在20世纪50年代初，他还在无锡第一女中教书时，宜兴在无锡老火车站附近开有一片紫砂店面，徐秀棠的父亲徐祖纯就在店里主事。

冯其庸和一个篆刻的朋友高石农都喜欢紫砂，便经常同去店里看壶。有一次碰巧遇到顾景舟来店里，在高石农的引见下，冯其庸结识了顾景舟。冯先生对顾景舟留下的第一面印象：人很瘦、斯文，谈吐不凡，古文底子好。之后不久，顾景舟还邀请冯其庸、高石农来宜兴游玩了阳羡山水，游善卷洞、赏国山碑、走古蛟桥、看文昌阁、观火龙吐焰……一路品陶论壶，让冯其庸先生感受到了紫砂壶背后的文脉气韵竟然是如此充沛丰厚，从此两人间的友谊延续了半个多世纪。

冯其庸手抄《红楼梦》的精神激发了顾景舟的创作热情

1957 年，顾景舟和任淦庭、朱可心赴京参加全国第一届工艺美术艺人代表大会。顾景舟还去拜访了已在中国人民大学执教的冯其庸先生，并对存世供春壶的真伪提出了质疑，认为是后人高仿，并非原作。这让冯其庸感到很惊讶，他也因此很佩服顾景舟，当时还建议顾景舟研究一下陆羽的《茶经》，这一场围绕供春壶真伪的探讨，在数十年后冯其庸的回忆中，仍觉得这是他俩共有的文化信仰所结下的缘分。

1959 年顾景舟再次赴京出席全国工艺美术艺人代表大会，又一次拜访冯其庸，当时冯其庸收藏了一把曼生壶，真伪难辨，便请顾景舟上手鉴别。顾景舟仔细看后，肯定地说，壶没有问题，是曼生的刻工，文气充沛，刀法老到。但壶不是杨彭年做的，因为，杨彭年的壶艺没有这么精到。这一席话给冯其庸最深的感受是，顾景舟对紫砂历代传器非常熟悉，了若指掌。

顾景舟一直要送一把壶给冯其庸，几乎每次见面，顾景舟总要跟他说："其庸啊，交往几十年了，我一直要送把壶给你，喜欢什么式样，你说。"有一次，冯其庸来紫砂工艺厂，在顾景舟工作室，顾拿出一把石瓢壶，说，今天你就不要客气了，这把壶你如果不拿，过几天别人就要拿走。冯其庸始终不肯收，说："顾老啊，拿你的壶就像夺命，我于心不忍。"为此冯其庸还曾赋诗二首，赠予顾老。

"文革"风暴中，这两位老友都受到了冲击。冯其庸的影印庚辰本《石头记》被造反派抄走，而且当黄色书展览了。他就私底下托人从图书馆借出一部庚辰本的影印本，从1967 年 12 月 3 日起，一直抄到 1968 年 6 月 12 日。他在夜深人静时，用好墨、好笔、荣宝斋的老纸，将整部《红楼梦》八十回全部抄完，有时抄到凌晨一点。抄完后，还写了一首诗："《红楼》抄罢雨丝丝，正是春归花落时。千古文章多血泪，伤心最此断肠辞。"

无独有偶，顾景舟也一丝不苟地在夜雨秋灯下手抄茶叶专家张志澄悄悄塞给他的一本紫砂古籍《阳羡名陶续录》。

1972 年 11 月，冯其庸结束了三年的干校生活回到北京，次年便悄然来探望顾景舟，冯其庸的到访令顾景舟大喜过望。冯先生将自己抄书之事告诉了顾景舟……这使顾景舟十分感动，顾景舟也将自己的抄写手稿拿出来给冯其庸看，冯看后，拍案称绝。顾景舟感慨道："我要开始做壶了！"不久顾景舟便创制了"上新桥""雪华壶"。 这不能不说是冯其庸手抄《红楼梦》的精神激发了顾景舟被压抑的创作热情。

冯老为多位紫砂艺人留下了珍贵的墨宝

1973年5月19日，组织上对被批斗的冯其庸也做出了"'文革'中没有任何问题"的结论，冯其庸被彻底"解放"了。在被分配到北京师范学院中文系（当时"人民大学"被解散）和被调到北京市委写作组之前，乃至20世纪80年代期间，冯其庸会经常到紫砂厂来看望顾景舟。每次来，求他墨宝的，要求在紫砂坯器上题字画画的人也很多，他也喜欢，来者不拒。据徐秀棠说："有的人是拿了一板盘的紫砂壶坯来请他题画，他也乐此不疲，反正也不收一分钱。"

他给顾景舟、徐秀棠、汪寅仙、高海庚、周桂珍、张红华等都写过对联、条幅，画过中堂。在紫砂壶器上有过书画合作。徐秀棠先生跟我讲述了几件冯老的往事：

徐秀棠女婿高振宇在日本留学，他于1993年3月回国后，在中国艺术研究院就职，当时无住房，冯老便将自己红庙住房中的书房腾出一角，让高振宇先住下来。这令徐秀棠、高振宇全家大为感动。

1995年，徐秀棠到北京。冯老弄了一辆车子亲自陪同徐秀棠和高振宇，到北京通州的张家湾去看古城墙，以及藏于当地镇政府的曹雪芹墓碑。此墓碑是1968年当地平坟地时，在曹家大坟挖出来的一块石头，上面刻有"曹公讳霑墓"几个字，左下角刻了"壬午"两个字。

1992年冯老去看了，他认为这块石头证明了《脂砚斋重评石头记》"甲戌本"上的"壬午除夕，芹泪尽而逝"，是可信的。这件事让徐秀棠感到冯老的研究精神确实可敬可佩。此行一路颠簸，尘土飞扬，有时路桥是危桥，为防意外，人还得先下来，等空车慢慢过桥后，人再上车，这同样给徐秀棠留下了很深的记忆。

徐秀棠先生还记得冯老对家乡、对江南的眷恋，他还特别喜欢宜兴的塌菜（宜兴话）、雪里蕻、竹笋，要是有人给他寄或带去一点，他会当个宝，赞不绝口……

1999年9至10月，为迎接21世纪到来，由江苏省工艺美术学会、陶艺专业委员会、南京博物院主办的"江苏陶艺展"，其会标是冯老在北京写好后寄来的。

2000年12月在上海图书馆、2015年6月在上海朵云轩，徐秀棠举办紫砂陶艺个展和

"十指参成"徐秀棠从艺六十周年大展时，冯其庸特地从北京寄来诗、联表示祝贺。

2001年5月周桂珍在北京珍宝馆举办紫砂精品个展，冯其庸专门题写了"工极而韵，紫玉蕴光"条幅表示祝贺；并为作品集题名、作序。他在序中深情追忆了他和顾老及英年早逝的高海庚之间的友谊，并分析了周桂珍制壶艺术上的几次飞跃。冯老对其"玉匏提梁壶"还做了精辟的点评。

2001年10月汪寅仙在北京中国工艺美术馆举办紫砂精品个展，冯老题赠了"紫玉之英"。汪寅仙在20世纪80年代左右，曾送给冯老一个紫砂水盂，他十分喜欢，一直置于案头，直到他离世。

冯老是一位多才多艺的大学者，为人立德，宽厚仁慈，关爱后学，一生追求学术报国，是一位真正勤奋做学问的文人，文人与紫砂的结合是紫砂文化的精神内涵。冯老与紫砂的结缘已有六十多年，他与紫砂的故事肯定还有许多，以上只是片鳞半爪，有些还是紫砂的题外话。

本文原载于《宜兴日报》二〇一七年六月十二日

本文作者：宜兴市第二人民医院院长

冯其庸的古梅情愫

孙满成

翻开《冯其庸年谱》（叶君远著，2015年6月出版）的第495页，这样描述："2008年7月1日，先生作诗题《梅花图》'城中早先探梅期，剩见篱头一二枝。零粉残脂也可惜，生香纸上慰相思。'"这张《梅花图》就是赠给我的，这是一张四尺对开的横幅作品，可以说是冯老梅花题材作品中的精品，其落款中还称我为"满成砚友"，对此，我好生激动，倍加珍惜。说起这张画便勾起我与冯老交往的十余年间，对冯老的古梅情愫的感怀。

这还要从冯老送我的这张《梅花图》的缘由说起：那是2008年6月21日周六，我携妻子又去拜谒冯老，在冯老会客厅的北墙上挂着一幅冯老所绘的《梅花图》，不时地吸引着我们的目光，妻子啧啧称赞画得好，这时冯老从外面进来，看到我们如此喜欢，便问道："喜欢的话，我给你们画一幅。"当时，妻子高兴得差一点儿蹦起来，孩子般不假思索地应声道："喜欢喜欢。"我略装矜持应和道："今年是我俩结婚二十周年，正求之不得呀！我们付润笔哦！"冯老连声回答道："不用不用。"就这样，冯老在7月1日画完题诗后，就通知我去取了。这一年冯老已经86岁高龄了，能如此欣然作画赠我，可见冯老对我们的厚爱！

说起冯老的画，除直追宋元的写意山水画之外的花鸟作品，以我之拙见，当属梅花最为精到，其梅花作品也件件精品，这缘于他钟爱梅花，酷爱赏梅更爱植梅，在京郊芳草园他的小院中，乔灌木和地被植物达几十种，可谓"三季见花，四季见绿"。每当早春二月，梅花独步傲雪，绽放枝头。冯老的心情也像这绽放的梅花一样，每到中午走出书房与卧室迎接春天的到来，欣赏着自己精心培植和移植院中的十几棵梅树，尤其是那几棵树龄达几百年的古梅，他是倍加呵护。

记得那是2013年3月23日，我有幸与冯老在他那十几棵古梅树旁一同欣赏着盛开的各色梅花，看蜜蜂穿梭着不时扑向花蕊，并欣然与冯老合影留念，并生出写一篇关于冯老与梅花情节的文章，今已四年过去了，冯老这位古梅老人却在丁酉年梅花盛开前驾鹤仙游而去，也带着他的梅花情缘而去……

冯老晚年号称"古梅老人"，他的常用印章有八十余枚，关于"梅"的印章就有六枚，"梅翁""连理缠枝古梅草堂""六梅草庐""连理缠枝梅花草堂""古梅老人""梅叟"是闲章中数量最多的。

作为晚辈，不揣浅陋斗胆详读冯老内心的梅花情节，我之拙见不外于冯老的传统文人学者情愫所在，冯老喜梅更爱古梅。文人喜梅可追溯到南宋时期范成大的《梅谱》序中语："梅天下尤物，无问智贤，愚不肖。"范成大开篇即以此点题，胸臆间对梅花喜爱溢于言表，到《梅谱》书成之时，南宋已达栽梅赏梅之热潮，已达到"呆女痴儿总爱梅，道人衲子亦争栽"的程度，梅花就此达到"百花至尊"之称谓。在园林构景中"一统天下"，更在于梅花兼有足以比德君子的风范与情操，时至两宋时期梅花在以其"寒芳独开""傲山有独妍"之特性，比拟处士的孤芳自赏，开启了梅花人格化，赋予其道德象征的审美进程，此后，人们竞相讴歌梅的精神格调，即出现了超凌百花的态势。

范成大在《梅谱》后序中又这样描述"梅以韵胜，以格高，故以横斜疏瘦与老枝怪奇者为贵"，也就是梅花之所以为珍品当以横斜疏瘦与老枝怪奇者为标志，古梅以幽峭苍劲为审美意蕴。读罢《梅谱》可知，范成大最瞧不起急功近利、短视浮躁的世俗气，以此比照冯老的人格魅力，与千余年前的范成大是何等的惺惺相惜。

说到植梅，古今以江南为盛，地处燕郊北方大地的北京，古梅并不多见，然冯老院中的十几棵古梅中竟有几棵树龄达三百年以上，是黄山脚下当地人从深山中移植到山下苗圃，已经驯化多年。近几年分别经冯老精选后移植到北京来的，并请苗木专家精心呵护移植到他的院中。

正所谓"人杰地灵"，从"已是悬崖百丈冰，犹有花枝俏"的早春二月到"菊残犹有傲霜枝"的深秋，冯老的小院中所有的植物可以说是"三季有花，四季见绿"，但院中最主打的还是早春二月里绽放依然的古梅。对此，我曾写过一篇《京东宅院一奇葩》(刊载于《中国园林》杂志2013年第3期)的文章，文章中这样描述过冯老院中的古梅树："在这寒意料峭的季节里，独步早春，彰显着刚毅精神和崇高品格，实可谓：'院中几棵古梅树，凌霜斗雪独自开。'"

今天，是冯老仙逝的"五七"之日，因没赶上参加中国人民大学举行纪念冯老的追思会，只好躲在我的"墨缘阁"斗室中回忆并挖掘我与冯老的梅花情愫，以此追思敬爱的冯老。近几天，北京的气候日趋温暖，时至早春二月，冯老小院中的梅花又该盛开了。过几天还要与往年一样去冯老的小院赏梅！然而，今年不同于往年，这让我想起唐代诗人崔护的《题城南庄》："去年今日此门中，人面桃花相映红，人面不知何处去，桃花依旧笑春风。"这诗里的桃花何尝不是那梅花？斯人已去！梅花绽放依然，亦如冯老的音容笑貌，笑迎春风祝福着我们，以其高尚的品格教诲着我们，以其刚毅坚强的精神引领着我们！

　　——以此深切悼念敬爱的冯其庸老！

丁酉年正月二十九日写于墨缘阁

本文作者：中国建筑装饰集团助理总经理、高级工程师

我与冯老的出版缘

阎晓宏

冯其庸老是当代著名大学者、红学家。我与冯老却是因出版而结缘。

2003年春天，原新闻出版总署图书出版司在中宣部出版局、财政部科教文卫司指导与支持下，在中旅大厦召开了《中华大典》出版工程论证会，邀请了社会科学、自然科学、文学艺术等各个领域著名专家学者，冯其庸老也应邀参加了此次论证会。

在论证会的茶歇期间，原新闻出版总署署长石宗源专门嘱咐我，他说："晓宏，冯老的一本书在出版上有点儿麻烦，你帮助协调一下。"

我尚不知是什么麻烦，赶紧安排出时间，在论证会期间约见到冯老，见面一谈，方知事情的缘由：冯老的一部作品交由黑龙江教育出版社出版，在个别文字编辑加工上，与责任编辑意见不一致，冯老与责编电话谈了几次，谈不拢，后来方知冯老遇到的这位责编也是很固执的。

冯其庸老面善慈祥，目光深邃，一头银发，但谈及所涉及文字修改事，冯老有些微怒，认为有些修改是没有道理的。

这是一件很小的事，但是考虑到冯老很重视此事，我专门请时任黑龙江教育出版社社长王晓明方便时来京，与冯其庸老直接沟通一下。

王晓明社长很快就专程来京，我们俩商量，考虑到冯其庸老住在通州张家湾，八十岁高龄了，不方便请他来市内，我们去拜访他，然后顺便在张家湾附近请冯其庸老和夫人夏录涓老师一同吃个便饭，电话征得了冯其庸老的同意。

我和王晓明社长如约赶到通州张家湾冯老家中。事情很简单，作者和责任编辑在文字处理意见不一致时，应遵从作者意见。因为作者是作品的主人，对作品不仅享有财产权、署名权，还享有修改权与保护作品完整性权。当然，文字内容存有法律禁止的、语言文字使用不规范的情况例外。冯老与责编之间的意见不一致，属于前一种情况。应当遵从作者的意见。王晓明社长讲清楚了意见，表明了出版社的态度，冯其庸老如释重负，很轻松、很高兴。这时已经快到中午十二点了，冯老说："中午我请你们吃饭。"

我跟冯老说："我们俩在来的路上，车被撞了，现在要去修车，只能改日另约您了。"冯老和夏老师送我们出门一看，一辆崭新的帕萨特轿车的尾部被撞扁了。

这一撞，到冯老去世十几年间，因出版与冯其庸老结缘，真是有说不完的故事，道不尽的衷情。

大概是21世纪初，冯老的又一本书《通假字汇释》遇到了一点麻烦（此书共两位作者，除了冯老，还有一位邓安生先生）。一天，冯老打电话给我，说有一件事情要向我请教，问我有没有时间，方便不方便，我忙说："有时间，您不着急，慢慢说。"冯老操着浓浓的无锡口音，把事情的原委从头至尾讲了一遍。我很快就听清楚了，情况不复杂，与冯老在黑龙江教育出版社出版的那部书的情况非常类似，也是与责任编辑在文字内容修改上存在纠纷，这是中央部委所属出版社，最终，冯其庸老决定放弃在这家出版社出版《通假字汇释》，改由北京大学出版社出版，北京大学出版社王明舟社长专门安排了一位资深的编辑部主任马辛民负责与冯老沟通，商谈有关编辑加工事宜。后来，我了解到这部书有二百多万字，出版后很受读者喜爱，读者群虽小，但属于常销书，经济效益和社会效益都好，最关键的是作者与出版社双方沟通融洽，合作愉快，都很满意。

经过《通假字汇释》这部著作和前面提到的书稿的出版，我对冯其庸老有了较深的了解。

我从事出版管理工作多年，协调过的书稿也很多，但类似冯老这两部书的情况却很少见，既不是出版社不愿意出版，也不是稿费以及书的印制发行等原因。这两部著作遇到同一个问题，就是关于书稿文字内容的修改，作者与责任编辑看法不一致。

按照著作权法，作者是作品的主体，是作品的权利人，作者对作品享有发表或者不发表、出版或者不出版的权利，还享有对作品修改或者不修改的权利和保护作品完整性的权利，当然，法律法规有禁载内容或者作品文字存在错谬的除外。

我了解，冯其庸老的这两部书都不存在这个问题。在这种情况下，书稿怎样修改，责任编辑提出意见，应与作者商量，但最终应该由作者来决定改还是不改，在作品修改问题上，责任编辑不应凌驾于作者之上。

一般而言，责任编辑的工作与作者是相向而行的，都是为了书稿的质量更好更高，只要责任编辑意见提得对、提得好，作者不仅欣然同意，而且会十分感激，甚至会结为挚友，这样的例子很多。

钱锺书先生的《管锥编》是由中华书局出版的，责任编辑是学者、出版家周振甫先生，钱锺书先生与周振甫先生因这部巨著的编辑出版结下了深厚的友谊，成为文坛和出版界的一段佳话。中华书局总经理徐俊在有关回忆文章中说："在钱锺书先生去世后，怀着敬仰的心情，我陆续整理了数万言周先生《管锥编》审读意见，还有钱先生写满纸边空白的批注，仿佛在聆听二位智者的对谈。"

2004年冯其庸老的又一力作《瓜饭楼重校评批红楼梦》出版问世，这部书出了三个版本，都很受欢迎。一个是2004年在香港天地图书出版社出版的海外版，五册盒装；一个是辽宁人民出版社出版的大陆精装版，上中下三册，印了好几万套；还有一个是浙江西泠印社与华宝斋联合出版的宣纸线装本，两函16册。当时，我已调任国家版权局工作，我们买了几套线装本《瓜饭楼重校评批红楼梦》，请冯其庸老用毛笔签名，冯老一边签名，一边听我讲这两套书的市场销售情况（当时，我还分工负责印刷与发行工作）。听说这两套书发得好，冯老很开心，突然间他问我一句："我的这本书给温家宝总理送一套不知合不合适？"我回答说那当然好了。之后，我给时任国务院办公厅三局局长张崇和通电话问他可不可以代为呈送，张崇和局长当即说没问题。与张崇和局长通完电话，我直接去了时任新闻出版总署署长、国家版权局局长石宗源的办公室，向他汇报了这件事，石宗源署长想了一下，他对我说："这个事不用麻烦崇和同志了，我转就行。"事后，我琢磨，宗源同志是新闻出版总署署长，由他转呈才是最恰当的方式。

时间不长，有一天刚上班，石宗源署长请我去他的办公室，一进门他递给我一封落款国务院办公厅的信函，我接过来一看，上面写着新闻出版总署转冯其庸先生，落款是温家宝总理亲笔签名。石宗源署长笑着对我说："这封总理的签名的信差点被咱们机要的同志退回去了，办公厅机要的同志说，新闻出版总署没有叫冯其庸的。"我曾在未升格前的原新闻出版署办公室当过主任，对石宗源署长的风格有些了解，他很幽默，并非真的是被机要的同志退回去了，他调节工作气氛时常会开个玩笑。这个是小插曲。当时，他办公室里还有其他两位外省新闻出版局的负责同志，大家都开心地笑了。石宗源署长收起笑容对我说："晓宏，今天你要亲自跑一趟，把这封信送到冯老手里。"当天上午，我把温家宝总理给冯其庸老的信送到冯老手中，冯老当时就拆开信封，站在屋里，拿着温家宝总理亲笔信来回看了好几遍。后来，冯老夫人夏老师笑着对我说："你送信的那天他正发烧着呢，看了信，精神好多了。"

2012年由青岛出版社出版的《瓜饭楼丛稿》堪称出版的又一佳话。

这套三十五卷巨著的出版，冯其庸老视其为一生的学术总结。冯老生前曾多次与我谈及这套书编辑出版的想法，他对我说："晓宏同志，这套书出来了，我就真正的轻松了。"冯其庸老是名家大家，想出版冯老丛稿的出版社不止一家，但是由于这套书规模大，特别是丛稿内容所涉及的学科领域多，编辑工作复杂、难度也很大。冯老鉴于他曾经在出版作品中遇到的问题，在选择出版社上颇费思量，在很长的一段时间里确定不下来。有一次，又和冯老聊到丛稿出版事，冯老提到了他熟悉的两家出版机构，我也尝试着问，"冯老，您是不是也可以考虑一家地方出版社呢？"冯老不置可否，没有回应我的话。

恰第二天上班，青岛出版集团的董事长孟鸣飞来访，他谈到了集团的上市计划，还特别谈到青岛出版社在出版高品质图书方面的成就和想法，我不经意地提及冯其庸老这套丛稿的出版一事，孟鸣飞董事长当时就说："冯老是国内著名的学者大家，他的著作多、影响大，出冯老的书可遇不可求，您能不能给我们牵个线，我们一定与冯其庸老合作好，出版好这套书。"

我心中没底，因为冯其庸老与我提及的两家出版社名气都很大。我跟孟鸣飞说："我只能帮你引见一下冯老，出版冯老《瓜饭楼丛稿》的事你自己去谈。"我和孟总开玩笑："看看缘分吧。"

没想到，冯老与孟鸣飞谈得很投缘，竟是一拍即合。很快，由冯其庸老提名，组成了《瓜饭楼丛稿》编纂委员会，以确保丛稿的内容质量，青岛出版社将丛稿列入重大出版工程，调集了最好的编辑骨干，在长达四五年丛稿编辑出版过程中，冯老曾三次专程前往青岛，同时还邀请了傅璇琮等专家学者，与项目编辑人员一起讨论编辑中遇到的问题。

因冯其庸老年事已高，青岛出版社的同志便多次穿梭于青岛和北京通州张家湾的冯老家中，我印象中，孟鸣飞董事长、刘咏副社长以及青岛出版社其他领导、有关编辑、印制发行人员专程到通州张家湾冯老家中研究讨论就不下几十次，除了丛稿内容文字的勘正，还包括版式设计、印装工艺等。我一同参加的也不下七八次。

2012年，这套凝结着冯其庸老毕生心血和成果的大型文集《瓜饭楼丛稿》终于出版发行了。冯老对丛稿的出版非常满意，冯老生前曾几次与我谈及此事，对孟鸣飞等社领导以及编辑、印刷、发行人员评价甚高，他说："这家出版社选对了，现在这样负责任、扎实细致而又善待作者的不多见了。"而孟鸣飞董事长事后跟我谈及此事，他说："我们向冯老承诺了的事情，就一定要把它办好，出版冯老这套《瓜饭楼丛稿》，对我们的编辑队伍也是一个锻炼和提高。"

　　这套《丛稿》的出版也促成了冯其庸老和青岛出版社的深厚情谊。2017年1月，冯老去世以后，孟鸣飞以及出版社的许多同志不仅专程来京参加冯老的追悼会，参加有关的缅怀活动，还不时地到通州张家湾看望冯老夫人夏渌涓老师。孟鸣飞董事长以及出版社的有关同志与冯老在《瓜饭楼丛稿》出版长达四五年的时间里，亦有许多感人的故事。我深知青岛出版社在丛稿出版前后所付出的辛劳，也曾和孟鸣飞董事长建议，很希望丛稿编辑、出版、印刷、发行工作的直接参与者能把这些故事，把这些故事的细节写出来，既有教育与启示意义，也能为出版史增添一段佳话。

　　冯老是学术大家，他待人十分宽厚，与人为善，从善如流。但是在治学方面，冯老极为严谨，往往为一个史实甚至于一个字，他会用极大的精力去考证，在考证的基础上进行分析研究，在没有确凿史料基础上，他不愿去做推论。冯老在总结他的学术生涯时说："我曾十赴新疆，三上帕米尔高原，查实了玄奘取经回归入境的明铁盖山口和经公主堡到达塔什库尔干石头城的瓦罕古道。之后我又穿越米兰、罗布泊、楼兰、龙城、白龙堆、三陇沙入玉门关，查实了玄奘自于阗回归长安的最后路段。前后二十年的时间，查证了项羽不死于乌江的历史真相。我的学术道路，是重视文献记载，重视地面遗迹的调查，重视地下发掘的新资料。三者互相印证，才作定论。"（见《风雨平生——冯其庸口述自传·自序》）

　　冯老的严谨认真是闻名的。记不得是哪一年了，我去张家湾冯老家中，见他正拿着笔在一本书上旁注，见我进屋，冯老抬头看着我，生气地说："现在实在是太不负责了，有一页上竟然有三个错字，这里很多都是常识性的错误。"我接过书一看，这本书不厚，十来万字，书中多处冯老的批注勘正。我即说，这真是太不像话了，再一看署名，这本书不是冯老的作品。我提出由我转给出版社修订纠正，但冯老却没有同意。熟知冯老的人都知道冯老一是待人极为宽厚，他的书斋名便是"宽堂"二字；二是冯老对大是大非从不含糊，对学术错谬嫉恶如仇。这件事让我感受到社会上与学术界对冯其庸老的评价是多么贴切。

　　冯老的严谨不光是对别人，对他自己更是近乎苛刻的严。有一次，我去冯老家，问夏老师，冯老最近又在忙什么呢？夏老师说，文化部周和平请他到文津街（原北京图书馆所在地）讲一次《红楼梦》，他正忙着写讲稿呢。冯老是公认的红学大家，他给人讲一次《红楼梦》还要写讲稿？那次授课我也去听了，冯老手拿着厚厚一沓八开大的讲稿走上讲坛，我坐得离他很近，发现冯老写出近二万字的讲稿，但他从头至尾，基本上没有看一眼，《红楼梦》的历史背景人物性格，冯老娓娓道来，丝丝入扣，博学深刻，逻辑严谨，而且特别生动，让我既领略到学术大家的风范，更对冯其庸老治学之严谨有了更深的印象。

冯老治学领域甚宽，不仅是红学，在国学、考古、训诂之学、诗词、艺术等多个领域都有很深的造诣，在这些领域，他都有当代罕见的学术成果。冯老著述甚丰，且绝大多数是个人专著，主编或与他人合著的都很少。有一本书是个例外，印象是《吴梅村年谱》，这本书第一版版权页注明：冯其庸、叶君远合著。实际情况是，叶君远先生是冯其庸老的学生，这本专著在撰写过程中得到冯老悉心指导与审校，叶君远先生坚持该书要与冯其庸老共同署名，还有一个情况，当时出版社对年谱类的书不甚感兴趣，提出如果冯其庸老是作者，便可以考虑安排出版。冯老为了使此书顺利出版，方同意共同署名，但是在此书第二版时，冯老坚决要求撤下他的名字。冯老说："书已经出版了，再版就一定不能再署我的名字了。"但是，叶君远先生和出版社均不同意，在这种情况下，冯老坚持在该书的后记中写了这样一段话："仲联师（钱仲联，笔者注）多次与我谈及梅村年谱时，频赠奖饰，还把他的赞语写到赠我的长诗中，足见老师的厚爱。但我要说的是，此谱是君远弟前后十多年辛苦所聚，我只是帮他收集一点资料，参赞一点意见，本来在书上署我的名字已是不妥，所以仲联师的热情奖赞，实际上也应是奖赞君远弟的。"冯老有卓然不凡的天分，更重要的是冯老的勤奋，从十几岁无锡专科学校开始，直至生命最后一刻，在长达七十多年的学术生涯中，他倾注了毕生心血，研究学术，追求真理，即使在"文革"这样的环境中，他也未曾一日止步。

我与冯老结缘，真是三生有幸。在与冯老交往的十几年中，开始是出版，之后延及到版权、红学、国学、书法甚至京剧。冯老书法造诣深厚，他说："我小时候，字写不好，买的书用铅笔先签个名，当时就想等我以后字写好了，我再签自己的名字。"看了冯老的《墨缘集》，才知他与王蘧常、朱屺瞻、刘海粟、高二适、沈尹默、谢稚柳、傅抱石、蒋风白、赵朴初、启功等大家的笔墨之缘。从他十几岁到临终，一支笔伴随冯老终身，他曾感慨地对我说："一支笔拿起来就放不下了。"然而，书法在冯老看来，与学术研究相比是放在比较次要位置的，他只是在研究或写作疲倦时，写写画画，调养精神。

冯老不仅治学严谨，学术硕果累累，也是性情中人，十分豪爽，身健善饮，八十岁高龄时，能登五千多米的帕米尔高原，白酒亦能饮几两。后来因腿疾，不便出远门，在张家湾静养。这段时期，我去得比较多了，一段时间没去，一通电话我便会说："冯老，好久没见了，很想念您。"冯老马上会操着他一口浓浓的吴语说："阎署长，我也很想念你。"每次如此。每次放下电话，我便会对工作人员说，这周一定要安排个时间，去看看冯老。

今年七月，我去看望冯老夫人夏菉涓老师，聊起这些事，我跟夏老师说："我与冯老交往的这些事，一本书也写不完，但是我学浅笔拙，连一篇文章也没写呢。"

冯老去世快两周年，与冯老交往中的许多事情，点点滴滴，挥之不去，铭记心头。

本文作者：全国政协文化文史和学习委员会副主任、原国家新闻出版广电总局副局长、

国家版权局原副局长

文化传承

——冯其庸的人生主线

柴剑虹

一个人的命运，总是和民族荣辱、国家兴亡密不可分。冯其庸先生的幼年、青少年时期，正是外寇疯狂侵侮，内乱动荡不止的年代。他目睹河山破碎、国破家亡的惨象，从小立志，追求强国富民之梦。之后，他在求学、参军、教学、从事学术研究与文艺创作的半个多世纪里，又经受历次政治运动的洗礼和十年"文革"浩劫的考验，云开雾散，沐浴改革开放的春风雨露，伴随西部开发的步伐，终于以自己非凡的成就为中华民族优秀文化的传承、发展、繁荣作出了杰出的贡献。

一个人的成长，与家庭抚育、学校教育关系极大，与文化传承息息相关。他生长于贫穷的"稻香世家"，自小要种田、挑担、车水、养蚕，干各种农活，艰苦生活的磨练成为他"人生第一步的教育"。同时，作为文化传承重要因素的良好家教也为他创造了学习文化知识的条件，上学、辍学、自学，像一颗良种在书的丰沃土壤里生根发芽成长，经过小学、私塾、中学、无锡工业专科学校和名校无锡国学专修学校的培育，又参与中国人民大学的教学实践，以及文艺界、学术界多位名师挚友的扶助、影响，终于成为根深干直、枝繁叶茂的参天大树。

冯老自幼喜读书，求知欲强烈，小学辍学期间，因为要参加农田劳动，常常是在夜间或清晨点着蜡烛看书，除一般学童要熟读的经、史类书之外，还读了《水浒传》《三国演义》《西厢记》等小说、戏剧类以及《古文观止》《唐诗三百首》《宋词三百首》《西湖梦寻》等散文、诗词类书，阅读面甚广，又"痴迷戏剧"，还找来《芥子园画谱》学习绘画。上初中时，丁约斋老师讲的"读书要早，著书要晚"一句话，对他之后读书深造启示甚大。冯老广结人缘，善于从交往的良师益友处汲取文史、艺术养分。他不仅与俞平伯、郭沫若、王蘧常、周贻白、钱仲联等年长学者，以及赵燕侠、袁世海、马连良、关鹔鹴、俞振飞、侯宝林等许多戏曲界著名艺术家，都有请教和切磋，即便是比他年轻许多的后辈晚生，他也乐于结识，做到倾心相待、全力扶助、不耻下问。我本人自研究生毕业时始识冯老之面，三十多年间不断亲身感受到冯老乐于提携后进而又虚心好学的精神，从中获益匪浅。

一个人的成就，虽离不开环境的熏陶和师友扶助，但更取决于自身的奋发图强。他自小生长于逆境，道路曲折坎坷，历经风霜雨雪，磨炼出发愤自砺的品格。自强不息、勇于探索的精神，可以说贯穿其生活、学习、工作的方方面面。自传里，"暗中受诬""险成右派""回乡见闻"等节以及"独立乱流中"一章都有生动的叙述。一个典型的例子是，1964年10月他被派到陕西长安县参加农村"四清"运动时，为深入了解古代历史文化，居然在繁忙的工作之余，利用有限的节假日时间，带领同事去实地考察周边的周秦汉唐文化遗址，并且撰写了一篇符合考古专业要求的调查报告，不仅留下了一份难得的珍贵资料，也体现了一个知识分子可贵的文化担当精神。特别是冯老自年逾花甲到古稀耄耋，居然十赴新疆、三上帕米尔高原，探求玄奘东归之道，又穿越罗布泊，进楼兰，过白龙堆，进入玉门关到敦煌，可谓艰苦跋涉，虽苦犹乐，创造了一个年迈学者深入西部边陲实地考察古代文化遗址的奇迹，诚如伟大诗人屈原《离骚》中所表白的"亦余心之所善兮，虽九死其犹未悔""路漫漫其修远兮，吾将上下而求索"。

一个人的性格，也必然会影响其一生的作为。他是"悲天悯人"的性情中人，爱憎分明，眼睛里容不得沙子，每辨是非曲直，决不退让、苟同、盲从，而有时却不免也会因同情而轻信；既能"不以物喜，不以己悲"，又豪情满怀，率性自律，独立乱流，不失方寸。这些看似矛盾，却是融汇统一于"以天下为己任"的通达人生观。尤其在身处逆境之时，他顽强、达观的性情，往往可以化解艰难险阻，走上顺畅之通衢。他对《红楼梦》作者的家世考辨、版本研究，曹雪芹故居、墓石的考证，以及项羽不死于乌江的考订等，便是这方面很典型的事例。自传中述及他和周汝昌先生在《红楼梦》研究中见解不同，尤其是1984年赴列宁格勒考察并洽谈影印列藏《石头记》抄本之事，二人产生若干矛盾。其实，许多人并不知道，正是因他当年的主动推荐，周汝昌才得以参与此行。记得当年奉李一氓同志之命，我陪沈锡麟到艺术研究院就赴苏人选征询冯老意见，他当时即毫不犹豫地提出"请周汝昌去"。书中没有提及此点，正说明了他的宽大胸怀。

在冯老心中，关心民生与重视文化传承密不可分。1999年，我所在的中国敦煌吐鲁番学会的学术集刊《敦煌吐鲁番研究》第四集"吐鲁番专号"出版经费欠缺，具体负责编辑该集的荣新江教授颇为焦急，我向担任学会顾问的冯老报告此事，他马上将自己刚得到的数万元稿费捐给学会，解了我们的燃眉之急。据我所知，2008年汶川大地震后，有人假冒慈善组织要冯老捐字画。冯老出于对灾民的关切与赈灾热心，未加思索一次就应允捐出书画数十幅之多，为此他不顾疲倦连日写字作画，因累而病住了医院。最近，青岛出版集团影印出版了冯老的《瓜饭楼钞庚辰本石头记》。冯老在病榻上看着这部劫后重生的奇书，不禁热泪盈眶。他又一次讲述了他为了保存这部《红楼梦》的早期珍贵抄本，如何在抄家毁书的"文革"于190多个夜晚冒着生命危险抄写此书的情形。自传里引述了他抄成此书那天写的一首诗："红楼抄罢雨丝丝，正是春归花落时。千古文章多血泪，伤心最此断肠辞。"正是他当时心境的真实写照。

在庆贺冯老寿开九秩那年，我曾写《贺新凉》词："瓜饭家世苦。幸乎哉，惠泉清洌，稻香粗素。大师慧眼识英才，夯筑文史基础。笔耕勤、丹青擅步。研读红楼六十年，性情人、椽笔评批巨。砺金石，沙难驻。古稀壮吟阳关赋。更三番、冰峰瀚海，绝域排阻。证得玄奘东归路，何惧扬鞭岁暮。吉尼斯、全新纪录。丛稿一编卷卅四，益求精、校订寒与暑。开九秩，迎玉兔。"笔拙辞疏，只是表达我对冯老的崇敬之心，也只能写出他对传承文化作出贡献之万一。现在，拜读了冯老的这本口述自传，通过这位文化艺术巨匠的风雨历程，可以让我们更加真切地感受到文化传承的艰苦卓绝，进一步认识文化自信对实现民族伟大复兴的重要性。

本文原载于《中国教育报》二〇一七年二月二十六日

本文作者：中华书局编审、中国敦煌吐鲁番学会顾问

冯其庸先生与商务印书馆的二十年

于殿利

来参加冯先生的追思会，令我感慨万千。说来自己都难以相信，因为就在今年的1月9日，我去看望冯先生时，看见他的身体状况还非常好，便很放心很踏实地离开冯先生府上，但是没想到那么快就听到了不幸的消息。

冯先生和商务印书馆交往实际上是在最近20年，也就是刚才吕（启祥）先生所说的冯先生退休以后，简单地可以分为三个阶段：

第一阶段，是冯先生主编的《中国艺术百科辞典》，这个工程是从1998年开始，到2004年我们出版完成。在这期间，冯先生到商务印书馆来参加发稿会。当时很有印象，因为那时我是发行部主任，负责冯先生这部书的发行销售，所以印象非常深刻。

第二阶段，就是《瓜饭集》的出版，这是冯先生的散文作品集，是励志之书、可供赏鉴之书。因为这本书的出版，冯先生2009年来参加我们的出版座谈会。

第三阶段，越来越丰富了，我们跟冯先生的交往和出版，大家看到的，包括《论红楼梦思想》《论庚辰本》，还有最后的《风雨平生 —— 冯其庸口述自传》。还有一件事我们一直在做，也是冯先生生前我接触他谈论最多的，就是《瓜饭楼外集》，一共15卷，在冯先生生前陆续修订，算定稿完成了，这套书我们想尽快安排出版。

最近几年我每年都去看望冯先生，从他身上，作为晚辈学到了很多的东西，有三方面感触非常深。

第一方面，是吕先生刚才说的学术报国，这一点我非常有感触。感触的原因是商务印书馆从创立之日起，从张元济先生进商务印书馆以来，便提出商务印书馆的使命就是学术报国，所以在这方面我们跟冯先生是非常志同道合的，这也是我们愿意出冯先生的书，冯先生愿意把他后期最重要的作品交给商务印书馆出版的非常重要的原因。在这个过程当中，冯先生身上展现出来的一种无论什么时候都不曾退却的学术报国之志，也激励着我们出版人不断以出版好书的方式来回报这个社会。

第二方面感触比较深的就是他做学问的态度，刚才李希凡先生说的求实精神。比如《瓜饭楼外集》，冯先生亲自指定排版公司，亲自审订装帧设计的打样，要求非常严格，就是一种完美的追求。另一本《风雨平生》就更是了，由于是口述，大家知道口述记录下来的东西离出版，离冯先生自己的要求、期待不知要差多远，所以冯先生自己改过不知道多少稿。最后这两年我去探望他的时候，他很高兴地说："我终于改定了这个稿子。"在这样的情况下，我们很幸运地在他生前把这部书出来了。还有就是他给我讲，去考察西域就是为了要实地调查玄奘取经返回的路线，刚才纪录片里也展示了，每每听到这些话的时候，我就觉得这是做学问应该有的态度，冯先生给我们树立了非常好的榜样。

第三方面我自己也是非常有感触的，就是冯先生的博学。吕先生用大量的篇幅，历数了那么多他与各个领域的顶尖人物的交往，实际上印证了冯先生在各个领域里杰出的成就。这就让我想到，我们这样的一个时代，是专家很多但缺乏大师的时代，作为出版人来说感受很深。我是学历史出身，往往会向远处去追溯，从古代的亚里士多德到达·芬奇，再到近世的康德、赫尔德，到我最近看的我们出的《德国天才》，就讲德国现代社会、现代学术、现代文化形成以后的各位天才，里面有段话特别打动我：所有用他们的思想改变了德国乃至世界进程的这些人物，至少每个人都拥有三个专业以上的学识，都不是仅仅埋头在一个领域里面。我说冯先生在这方面也给我们所有人树立了一个榜样，他也是这个时代的学界、这个时代的社会，所需要的这样一位天才。所以我说冯先生留给我们的可能是永远挖不尽的财富。

作为出版人来说，他们对冯先生最好的纪念就是尽快把《瓜饭楼外集》15卷本出版。借这样的机会，再次深深缅怀冯先生。同时感谢各位先生长期以来对商务印书馆的支持，也希望以后得到大家一如既往的支持，谢谢大家。

本文原载于《红楼梦学刊》二〇一七年第三辑

本文作者：商务印书馆总经理

我与轩辕曾一诺

——纪念冯其庸先生

赵德润

红学研究的学术巨匠

冯其庸先生长期从事中国文化史、文学史、戏曲史、艺术史研究，以《红楼梦》研究著称于世。著有《曹雪芹家世新考》《论庚辰本》《梦边集》《漱石集》《秋风集》等专著二十余种，并主编《红楼梦》新校注本、《红楼梦大辞典》等书。20世纪80年代初两度应邀赴美，在斯坦福、哈佛、耶鲁、加州伯克利等世界著名大学讲学。1984年，领衔到苏联鉴定列宁格勒藏《石头记》古钞本。曾获首届中华艺文奖终身成就奖、首届吴玉章人文社会科学终身成就奖。

国家主席习近平在《我的文学情缘》一文中，曾经回忆20世纪80年代初与冯其庸先生的交往。时任河北省正定县委书记的习近平听说中央电视台筹拍《红楼梦》，便计划在正定建造荣国府和荣宁一条街实景，为电视剧服务，又留下旅游资源。他找故宫博物院专家查到相关建筑图，请冯先生论证曹雪芹身世与正定之间的关系。而冯先生用史料中记载的曹雪芹的祖先是北宋开国大将曹彬，曹彬是真定灵寿（今属河北）人，说明了曹雪芹与正定的关系。央视剧组据此同意了正定的建议。于是，《红楼梦》顺利开拍，旅游项目当年收回投资。

冯先生是治学严谨的红学巨匠，他反对学术界的浮躁风气，对红学的守望有一种执着。几年前，他看到有的文化学者在"百家讲坛"讲红学偏离了学术，便一针见血地说，那不是红学，那只能算是"红外乱谈"。他和另一位红学巨匠周汝昌先生有过许多学术辩论，这些辩论提高了当代红学研究的水准。如今，两位里程碑式的人物都已作古，他们生前论著成了红学的财富和经典。

读万卷书　行万里路

中国文人素有"读万卷书，行万里路"的境界和追求，冯先生是真正的践行者。他认为，一本好书要仔细研读，慢慢领悟，把书中要义真正弄明白；同时要迈开双脚，把读书和调查研究结合起来。他说："这是我几十年养成的读书习惯，也是研究学问的方法和路径。"

冯其庸对中国西部历史文化和艺术有特殊感情和独到研究。他曾回忆说："文革"后，乃得九游西域，登昆仑之巅，历大漠之险，探居延之奇，寻黑城之谜，循丝路之踪迹，得玄奘之归路。于是益知学问之杳渺、吾生之有涯也。"2005年，他以82岁高龄第三次登上帕米尔高原海拔4700米的明铁盖达坂，为玄奘树立"东归碑记"。从米兰进入罗布泊至楼兰，穿越罗布泊，经龙城、白龙堆、三陇沙、玉门关到敦煌，冯先生所走路线，即是当年张骞西行和玄奘东归的古道。冯其庸探访玄奘取经古道，是一千多年来首次发现。这一发现，轰动了中外学术界。

冯其庸自幼研习书画，多年的学术修养和丰富阅历使他的文人书画自成一家。他的书画创作在"读万卷书，行万里路"中得到升华，创作的西部山水重彩斑斓，在画坛独树一帜，并出版了大型画册《冯其庸书画集》《冯其庸山水画集》。他曾先后四次在中国美术馆举办画展和摄影展，获得业界高度评价。84岁的冯其庸却写下自谦、自嘲的诗句："老夫八十尚孩童，西抹东涂太匆匆。"

名士风骨　家国情怀

2016年8月，中央文史研究馆《中华书画家》杂志刊登了冯其庸先生当年的《金缕曲·赠范敬宜学长兄》："犹记当年否？正西窗、长歌激越、满眼神州。逐鹿中原天下事，虎跃龙腾狮吼。共奋袂、榆关燕幽。谁识风波刬地起，有多少故人作楚囚。天地泣，鬼神愁。丈夫不解记细尤。莽昆仑，晴空万里，可以遨游。急驾巨龙腾飞上，此其时，莫迟留。哪顾得霜髻雪头。我与轩辕曾一诺，纵粉身碎骨誓相酬。君与我，共驱骋。"这是冯先生人生经历和家国情怀的真实写照。

冯其庸先生晚年在《自叙》中备述求学求真的经历和感悟。他幼时家境贫寒，祖母、母亲每常向灶而泣；24岁考入无锡国学专修学校，32岁任教于中国人民大学。在北京这个人文荟萃、宿学硕德积聚之地，得闻郭沫若、唐兰、胡厚宣等各学科、各学派诸先生之学,"多所仰止而益知其不足"。虽然曾因"白专道路""个人奋斗"遭到批判,然而"虽万劫而不灭求学求真之心也"!

冯其庸先生的远去,是中国文化界的巨大损失。他的家国情怀和治学思想,给后人留下了一笔宝贵的精神财富。

本文原载于《文明》二〇一七年第四期

本文作者:中央文史研究馆馆员、国务院参事室新闻顾问

我们是朋友

——追忆冯其庸先生

刘咏

2017年1月22日，农历腊月二十五，著名文化学者、红学家冯其庸先生以93岁高龄离世，这个不幸的消息让我感到意外、悲痛。

就在2016年的最后一天下午，我带着刚刚印制完成还飘着墨香的《瓜饭楼钞庚辰本石头记》，赶到北京通州冯老家里。没想到的是，这次见面竟成了我们的永诀！

那天，冯老刚刚出院。我打开木匣，选了带朱批的一册给他，老人家看到书突然哽咽了，不断重复着"感谢"两个字。我的心情顿时沉重起来，跟冯老交往这么多年，老人家都是精神矍铄、谈笑风生，几年前《瓜饭楼丛稿》定稿付印前，冯老还在青岛饮酒赋诗，也许这部手抄本承载了他太多的记忆与情感，也许冯老把这套书的面世当作一次相隔50年的会面……

2009年夏天，在外出差的我接到董事长孟鸣飞的电话，让我马上赶到北京，说总署领导要给我们引见冯其庸先生，冯先生有一套大书有意让我们出版，当时我很激动也很忐忑，连夜查阅资料做功课。见到冯老，他和蔼可亲地与我们攀谈了一会儿，就很快答应了与我们正式签约。事后，我从《大众日报》记者逄春阶采访冯老的文章里知道了冯老为什么如此爽快选择青岛出版社的答案。冯老说：开始人家劝我不要在青岛出版社出，意思是青岛出版社是个地方出版社，小出版社。我是不讲这些的，我就说，我是无锡农村出来的，我那农村比青岛小得多啊，什么大和小的问题啊。我们这次合作比较成功，关键是出版社的孟总，有远见，能办事。拿到这部稿子后，他们非常重视，也不计较鸡毛蒜皮的事。大家一说就成，自始至终，一直非常融洽。

当时，我们拿到这部沉甸甸的35卷《瓜饭楼丛稿》，压力可想而知。回到社里我们立即成立编辑项目组、《丛稿》学术委员会和编辑出版委员会，冯先生给我们推荐了著名编辑专家柴剑虹先生做我们的编辑顾问。犹如董事长孟鸣飞鼓励我们那样，冯先生把他一生的著述成果交给我们出版，是对我们的信任与支持，也是我们的荣耀，在我们编辑生涯里能编冯先生著述更是编辑们的幸运。

冯老学问博大精深，《丛稿》分文集、评批集、辑校集三大部分，1700多万字，内容丰富、体例繁复，且写作时间跨度长，既有以考论《红楼梦》及其作者曹雪芹家世为重点的文史研究论著、图录，大量叙人纪事、抒情感怀的散文、诗词和随笔类文章，以及中国古代文学史讲稿，又有对《红楼梦》几种主要版本的精彩而详赡的重校评批巨著，还有辑校、考订、笺证其他古籍的学术成果。此外，由于冯老历来强调实地考察，重视图像资料，与文字相得益彰的近2000张珍贵图片也成为《丛稿》的一大特色。全书既有简体横排，也有繁体竖排，随之也必然带来了全书形式、体例的复杂多样性。如何确定编校原则，使之既遵循学术规范，遵守相关语文法规，又坚持实事求是的精神，做到内容与形式的完美统一，就成为做书过程中几乎每时每刻都必须考虑和应对的问题。

冯老似乎感受到了我们的压力，2010年，年近90高龄的冯老来到青岛出版社，第一件事就是见编辑们，与编辑们谈治学、谈人生经历，讨论文集编辑工作中遇到的问题。大家把编校过程中遇到的问题与他老人家一一沟通，大至体例、结构、版式、封面，细至字句斟酌、图片增删、标点使用，冯老都不惮繁难，提出意见。编辑们提出的一些与现行编校规范不一致的字词用法，冯老和大家一起逐一分析，讲这些用法的出处与典故，讲"既要符合规范，又要兼顾中国语言文字表达的丰富性""要保留当时历史背景下文字的原始状态"等。冯老还把自己的电话告诉每一位编辑，让他们遇到问题随时沟通。记得当时每改一遍清样，我们都先把遇到的疑问集中起来请教柴剑虹先生，再把几大箱的清样送到冯老那里，他会对每一卷文字进行审读。记得文集里有两卷是《中国文学史稿》，原稿是依据冯老20世纪50年代的一个蜡版刻印的稿子整理重新排录的，因字迹不清给校对带来很大难度，我们校对了几遍，冯老一直感觉尚欠火候。后来，我们调整了另一位老编辑对稿子进行重新编校，冯老看到清样后高兴地给我电话：你们这位吴编辑把很多问题看出来了，很好啊，我到青岛要见见他。

这种融洽的交流让我们与冯老渐渐熟悉起来。冯先生出身贫寒，自小就深知人生勤奋耕耘的重要，无论是作为耕牧之童，还是置身学术之伍，他的勤奋保持了一生。他涉猎广泛，成就斐然，兼及文献、文学、红学、书法、摄影、绘画、考古、戏曲等。他的一生是耕耘的一生，也是收获的一生。

在编辑冯老文集的过程中，我们发现冯先生很多著述是夜以继日写成的，而且有的是在旅途中构思动笔，他的诗画创作则是在学术研究的间隙进行的。冯先生的夫人夏老师常跟我们说："老先生是个闲不住的人，90多岁了依旧是天天工作到深夜，天天有干不完的事。"

2011年秋天，浩大的文集编辑工程即将完成，冯老决定再次到青岛看望为文集的编辑付出辛劳的编辑们。记得那天晚宴冯老喝了一小瓶我们青岛产的71度琅琊台白酒，还即兴赋诗："碧海蓝天作远游，岛青人好似澄秋。感君意气浓于酒，高烧琅琊不及稠。"冯老解释说，按说青岛距北京并不远，但对我这个年龄来说，这就是远游啦。席间，我们敬冯老酒，祝贺《丛稿》付梓，一旁的夏老师让他少喝，他老人家兴致不减，郑重其事地说，这酒不能马虎，这酒要喝……

回京不久，老人家还把这首诗写成书法条幅送给我们。后来的每次见面，他老人家总是说："我选你们是选对了，你们集团是有担当有眼光的，你们不是生意人，这在现在是太难得了。"2012年《瓜饭楼丛稿》出版后，冯老又把《丛稿》的单辑、单卷的出版权签给了我们，并一再表示版税由我们定，他不提要求。2015年上半年我们把《丛稿》的单辑、单卷全部出版。

2015年10月，冯老将他50年前手抄的庚辰本《石头记》郑重交由我们出版，他老人家跟我讲了一个多小时关于这个抄本的故事，并写了两篇文章交给我，我明白，这是冯老一部"压箱底"的作品，他是要托付给信任的人去出版。

1966年"文革"之初，在中国人民大学任教的冯其庸先生成为首批被批斗对象，他收藏的影印本《庚辰本石头记》也被抄走。冯先生担心浩劫中这个珍贵抄本将会灰飞烟灭，红学研究之脉有断绝之虞。思前想后，他决定照原样再抄一部！在那种境况下，这是相当大胆而又危险的决断。当时只有晚上才允许冯先生回家。他想法托好友秘密借到一套庚辰本《石头记》，每天深夜等大家入睡后，即开始严格按照原著的格式逐字抄写。从1967年12月开始，到1968年6月抄毕，整整抄了7个月。为防再次被抄家，冯先生将自己的抄本转给妥实的朋友保管，直到"文革"结束才完璧取回。

虽然庚辰本《石头记》原本在"文革"中逃过一劫，未遭损毁，而冯先生的这个抄本却依旧有其特殊的内涵和价值。一位文史研究学者在那样一种险恶的境遇之中，为传承优秀的文化遗产，置个人安危于不顾，在深夜秉烛疾书，完成一部洋洋80万字名著的抄本，这在《红楼梦》研究史上也是绝无仅有的，这个"冯抄本"承载着一位红学家的爱国情怀与文化担当。

冯先生不仅是一位卓越的红学研究大家，在书法绘画创作上尤有相当精深的造诣。他认为书法要从学问中来、诗境中来。冯先生的小楷有深厚功底，从他这部《石头记》

抄本的书法风格分析，我们可以明显地感觉到，前边部分有明显的晋唐书风，后来转为他较为熟练的文徵明小楷风格，再后来则变为书写较为快速流畅的行书小楷。书风变化也与当时的环境、心境密切相联。这一切，都构成了这个抄本的艺术价值和收藏价值。

回想从编辑出版《瓜饭楼丛稿》至今8年时间，我们多少次奔波于北京、上海、扬州、常州，多少次与冯老交流、向冯老请教，这是我编辑生涯里无比充实的一段时光，也让我们更深地理解编辑这个职业的内涵，编辑工作让我们走近文化的高峰，是最好的学习，是最好的人生修为。

现在，我们仍保存着《瓜饭楼丛稿》35卷的近10次编校清样，整整两大书橱，每遍清样都记录着冯老、文集编委会成员以及编辑们的编校痕迹，这是我们出版社存之久远的财富。

1月11日下午，集团董事长孟鸣飞再次到北京看望冯老，冯先生紧紧握着董事长的手说："我跟你们已经不仅仅是出版社与作者的关系，我们是朋友！"这句话是那样质朴，却又那么令人动容。是啊，冯老，无论是作为一家出版机构，还是作为您的朋友，我们还有很多谈好的选题没来得及出版，把您老留下的巨大而丰盛的文化财富整理出版好，应该是对您老最好的怀念吧。

本文原载于《中华读书报》二〇一七年二月二十二日

本文作者：青岛出版社副总编辑

墨海风雨写人生

管士光

　　冯其庸先生离开我们已经有些日子了，过去与先生有关的点点滴滴常常出现在我的脑海里。

　　我是1982年跟随刘忆萱先生读研究生的，而当时冯其庸先生虽被借调到了中国艺术研究院，但他本人的身份却还是中国人民大学教授。因为刘忆萱先生身体不太好，冯先生对我便多了一份关照，我的课总是与先生的研究生李岚、徐甸和谭青一起安排。冯先生后来名气越来越大，我虽然从来不说是他的研究生，但实际上，我很荣幸，不仅得到了刘忆萱师的悉心指导，也得到了冯其庸先生的认真指教和帮助。在我内心，对冯先生的感情，与对我的导师刘忆萱先生是一样的，在我与冯先生单独相处时，我更喜欢称他为"冯老师"而不是"冯先生"。

　　往事如烟，往事又怎能如烟？脑海中闪过一幅幅值得记忆的画面，而怀念的冲动时不时地冲击着我感情的闸门，使我思绪万千，难以平静。每当这个时候，我往往会在书房里展开冯先生赐给我的三幅墨宝，一边欣赏，一边回忆着先生的音容笑貌……

　　冯其庸先生毕业于无锡国专，家境并不好，19岁还在田里劳作，但他一生勤奋，又聪颖好学，不仅成长为一位知名学者，同时也是一位知名的书法家和画家。记得那一年在中国美术馆开"冯其庸画展"，展出作品之丰富、题材之广泛、艺术追求之独特，着实让人们大吃一惊。在书法方面，他是当世文人书法的一大家，雅擅行草，"笔墨间自具醇正明洁"，为人们所称道。在我看来，冯其庸先生不是一般意义上的学者，而是一位有深厚文人修养的老一代知识分子的代表，其书法绘画的成就之高，在学术界可谓凤毛麟角。

　　冯老师最早送给我的是一幅《葡萄图》，作于1984年夏天。记得那年4月，按研究生学业安排，我与李岚、徐甸、谭青一起随冯先生出外游学，我们先济南而南京，又到了扬州和上海，然后又顺江而上，经武汉上三峡，前往重庆、成都等地，再经汉中、西安回到北京。一路上我们寻访古迹、拜访名家，收获实在丰厚。赏美景、见奇物，也是访学中令人愉快的经历。冯其庸先生一生有"好奇"的特色，对许多领域都有兴趣，比如收藏，除了一般的藏品以外，他对奇石情有独钟，遇到自己喜欢的就会尽量收纳。我们在游三峡途中寻访了当时刚刚为世人所知的"小三峡"。在小三峡，有一位朋友送给冯其庸先生一块造型奇异，很有特点的石头，冯先生几次抱起又几次放下，既恋恋不舍又为它的分量发愁。当时，我见冯先生这么喜欢这块石头，便自告奋勇，劝冯先生收下奇石，由我带回北京。冯先生看看我，没有多说什么，只是轻轻说了一句："那就谢谢你了！"其实这块石头并不很重，只是在长途旅行中，人们会有一种忌重盼轻的心理。对我来说，虽然麻烦一点儿，也并不是什么难事，我无非多了一件行李而已。这当然只是小事一桩，我并未在意。回来不久我去拜望冯先生，谈完了读书以及论文写作的事情以后，冯先生笑道："我从外地回来，画了一幅葡萄，送给你吧！"这真出乎我的意料，我高兴极了，忙双手接过画作，连连说："谢谢冯老师，谢谢冯老师！"我知道，这幅画作实际也表达了冯先生对我带奇石回来的谢意。一件小事，先生却挂在心上，并用特定的方式表达感谢之情，即使是他的学生，也并不忽略，这种行为中有多少值得品味的东西啊！回到家里，展开画幅，细细欣赏，只见一团老藤上点点葡萄，看似随手点染，但却充满生机，寓示着丰收的季节来了……左下角有"墨海风雨"四个大字，不仅有冯先生的签名，更有四方印章，见出冯先生的认真细致、一丝不苟。从此以后，这幅《葡萄图》就与我长相伴随，无论是红星胡同的平房还是东中街的简易楼房，以及以后大大改善了的比较宽敞的居所，我都会把这幅画挂起来。每当夜深人静，读书有些疲劳的时候，我都会站在画前，细细欣赏，这个时候我就会想到随先生去外地游学时的一幕幕往事，特别会想到冯先生一心向学的精神，想到冯先生对我的教导和鼓励，想到这些，我也就不敢过于懈怠了……

冯老师赐我的第二幅墨宝是一首行草七绝："老来壮志未消磨，西望关山意气多。横绝流沙越大漠，昆仑直上意如何！"这幅字苍劲有力，俊爽飘逸，洋溢着一种豪放慷慨之气。这首诗是冯其庸先生晚年十赴新疆归来后写下的名作，他用洒金宣纸写成斗方赠送给我，成为我非常喜欢的一件珍品，此时就悬挂在我住所的书房里。每次看到它，我都感到十分亲切和荣幸。

冯其庸先生不仅是著名红学家，更是一位兴趣广泛、研究领域开阔的学者。他晚年创建中国人民大学国学院，提出"大国学"的新概念，同时还十赴新疆，三上帕米尔高原，又穿越米兰、罗布泊、楼兰、龙城、白龙堆、三垅沙入玉门关，查实了玄奘自于阗回归长安的最后路段。我看过一些冯其庸先生十赴新疆的照片，有的是他骑马在山谷间跋涉，有的是他登上山顶后小憩，有的是他在黄沙一片里沉思……总有一种风尘仆仆的感觉。冯先生对自己高龄之时仍有十赴新疆的壮举颇为得意，第十次从新疆归来即写下这首名作，分送友人和后学，我有幸也得到了一幅。冯先生做学问，不仅重视文献记载，教导我们多读书；同时特别注意地面遗迹的调查，重视地下发掘的新资料。每当我欣赏冯先生这幅墨宝时，我都会把与冯先生相关的一些往事联在一起，这个时候，冯先生又笑着向我走来。我知道，冯先生还把这首诗赠送给了其他几位青年朋友，可见他对自己老年时的壮举有几分自豪和得意，颇有一点顾盼自雄的豪气。

冯老师送我的第三幅字的来历有点意思：那是一个初秋的早晨，已经有了些许寒意，天灰蒙蒙的。我像往常一样早起晨练，也许与这种天气有关，也许与近来与冯先生多次商量《红楼梦》校注本的修订工作有关，我突然想到了冯先生的两首诗。我印象中这两首诗都是在他抄完庚辰本《石头记》以后写下的（其实，我记忆有误，其中"红楼抄罢雨丝丝"是在此时所作，另一首"漫天风雨读楚辞"是"文革"之初所作，但两首诗意境相近，有时冯先生也写在一起，所以我记错了），不知为什么，我心为之一动，做了一件与我的性格完全不相符的事：在上班路上，我给冯先生打了个电话，表明想求先生一首诗，我只记得开头一句"漫天风雨读楚辞"云云。听了我的话，冯先生没有多说，好像也没有拒绝，我有些惴惴不安，觉得自己这样做有些鲁莽，太不妥当了！于是，有些自责，有些后悔……但是，几天以后，冯其庸先生竟派他的一个学生把写好的字给我送来了。展开欣赏，令人感叹，先生行云流水般的字体，还是那么熟悉而亲切："漫天风雨读楚辞，正是众芳摇落时。晚节莫嫌黄菊瘦，天南尚有故人思。"虽然由于我的小失误，不是我想求的那首与抄写《石头记》有关的诗，但可谓"失之东隅，收之桑榆"，仍然是一个值得庆幸的收获。近日，读卜键先生怀念冯先生的大作《昨夜大风撼户——冯其庸先生与"庚辰别本"的一段往事》，我才对这件事情的来龙去脉有了更清楚的了解……

冯其庸先生曾做过一件为人们称道的事：他在1967至1968年曾用了大半年的时间重抄庚辰本《石头记》。据冯先生对来访者讲，在1966年突然兴起的大抄家中，《红楼梦》也被作为"大毒草"遭到抄检，于是，他"想秘密抄一部，偷偷保存，以保全此书"（冯其庸《残梦依稀尚有痕》）。在1967年岁末，他精心挑选笔墨纸张，开始了秘密抄录工作，卜键先生在《昨夜大风撼户——冯其庸先生与"庚辰别本"的一段往事》中这样写道：

他对庚辰本的抄录，从目录、正文到眉批、夹批，一切依照原本款式，就连原书的错漏空缺和赘字，也一概照原样录写，丝毫不变。凡遇脂砚斋等人的眉批夹批，则照原书用朱笔，并尽量摹仿原字体格式，双行小字存原貌，一丝不苟。真不敢想象，在那个风雨飘摇的时代，先生竟能够如此沉静执着，如此心宇澄明。非有大信念、大定力者，孰能为此？孰敢为此？

在那样的环境中，冯先生为了避人耳目，通常是在夜深人静之时才作抄写，天天坚持，从未间断，用了大半年时间终于将庚辰本全部文字抄完，在最后一页写下："一九六八年六月十二日凌晨，抄毕全书。"后来，冯先生曾说过："我对这部抄本《红楼梦》真爱到如同自己的生命一样。"抄罢全书，冯先生意犹未尽，又提笔写下七绝一首："红楼抄罢雨丝丝，正是春归花落时。千古文章多血泪，伤心最此断肠辞。"读卜键先生的文章，我才明白冯先生在抄罢全书原来写了一首七绝，而我误以为写作于此时的那首"漫天风雨读楚辞"（第一句原作"漫天奉谕读楚辞"）是"文革"之初所作。这两首诗意境相近、感情相似，"众芳摇落"与"春归花落"同样写出了那个特定年代"凄风苦雨"的时代气氛，一并品读令人自然产生一种独特的感受。虽然我心中想的是那首"红楼抄罢雨丝丝"，而开口求的却是"漫天风雨读楚辞"，但我同样得到了一幅珍品，真值得庆幸，这个小小的失误并未留下一丝丝遗憾。

斯人已逝，冯先生永远离开了我们，但他那种自强不息、一心向学的精神永远活着；他老人家的谆谆教诲和热情鼓励总是响在我的耳边。夜深人静之时，我喜欢静静地品味冯先生这三幅书画珍品，这种时候，以往向冯先生求教的一幕幕往事总是会闪现出来，冯先生的音容笑貌仍然使我感到生动而亲切……

本文原载于《中国财经报》二〇一七年七月三十一日

本文作者：人民文学出版社原社长、总编辑、编审

从此门上再无冯老的春联

——缅怀冯其庸先生

逄春阶

2017年1月22日下午5点半，我从网上得到了著名文化学者、红学家、著名书画家冯其庸先生去世的消息，不敢相信，赶紧打电话给冯老的学生、大众报业集团业务总监叶兆信，叶先生说他正在北京冯老家里，冯老已于22日12时18分在北京逝世了，享年93岁。他还透露，2月5日在八宝山举行冯老遗体告别仪式。

我的脑海里过电影一般，想起了5年前春节前采访冯先生的点点滴滴，当时集冯其庸先生一生学术研究之大成的《瓜饭楼丛稿》正式由青岛出版社出版，计33卷1700万字。有专家评价丛稿："文史哲地，诗书画曲，领域之广泛，内容之浩瀚，研究之深入，给人以心灵的震撼。"

我采访了两个半天，对我的问题，冯老都很认真地做了回答。我写出了《冯其庸：丹心百炼见真醇》的独家专访。那次采访，印象最深的是，冯先生回忆了自己在76岁高龄登上帕米尔高原时的情景，他在海拔4700米的明铁盖达坂山口，发现了玄奘取经回国的山口古道。这一发现，轰动了中外学术界。

我清晰地记得，在大众日报招待所的二楼墙上，有冯老的书法作品《题嘉峪关》："天下雄关大漠东，西行万里尽沙龙。祁连山色连天白，居塞烽墩接地红。满目山河增感慨，一身风雪识穷通。登楼老去无限意，一笑扬鞭夕照中。"这是冯老作为学者型"行者"的生动写照。

我翻出我的采访本，上面记着冯老的话："我从小就有个习惯，说假话脸红，说不过去，做学问是给社会说话，你向社会说假话，你不觉得脸红吗？所以我写考证的文章，我必须要有可靠的证据；我写回忆的文章，我必须依据事实。"

我们那天还谈到了古诗词，冯老吟诵了陆游《老马行》中的名句："一闻战鼓意气生，犹能为国平燕赵。"冯老说这两句诗，经常激励自己在治学道路上跋涉不已。

采访还有个小花絮。冯先生说："在边疆哨所还有《大众日报》呢。"叶兆信帮冯老回忆，"那是1997年秋天，我陪冯先生到新疆考察。在某团的边防连队，一位连长自我介绍说，他是山东滨州的。在报架上看到了1997年8月3日的《大众日报》，有我编辑的半个版的'画廊'专刊。冯先生拿着报纸给战士们讲，这名字就是他。老先生指着我说着。"冯老还专门谈到，办报纸跟做学问是一样的，也是向社会说话，说话就要说真话，说实话。

我记得正采访着，中国艺术研究院的人敲门进来送春联（冯老曾任中国艺术研究院副院长），春联是冯其庸先生写的，印刷很精致。那是北京文化惠民工程，请名家写春联，冯老参加了。冯老书写的春联内容是："旧岁多佳事，新年大吉祥。"

采访完，我盯着映出满屋喜气的春联，想求一副贴，又不好意思开口，内心很忐忑。

跟冯老告别出来，我对陪同采访的叶兆信说出了心声。没想到叶兆信立即领我回去，直接跟冯老说了："逢记者害羞，想求您副春联呢。"冯老笑着说："哎呀，怎么不早说，你拿你拿。"鞠躬谢过冯老，我高兴地挑了一副。冯老说："多拿两副。"我又拿了一副。

这年春节，我就高高兴兴地贴上了冯老的对联。来我家串门的朋友很羡慕。我也很得意。

丁酉新年将至，又到贴春联的时节，想起冯老赠给我的春联，陡增伤感。门上再无冯老的春联，但冯老的风范会长存在我的心中，激励我好好做人和作文。

愿冯老安息！

重温经典，好好读一遍《红楼梦》，或许是对这位逝去的红学家最好的纪念；品味他的字和画，我们一起深切缅怀他！

本文原载于《大众日报》二〇一七年一月二十三日

本文作者：《大众日报》记者

清流远去

—— 怀念冯其庸先生

张昌华

冯其庸先生系无锡前洲镇人，是我所崇敬的前辈乡贤。我与先生的过从虽年久，然交少。在时断时续的二十多年的交往中，有两三件小事，难以忘怀。

20世纪80年代，我供职的出版社草创，大多数编辑同人多从基层调来，尚没有自己的作者队伍。我们找来一本中国作协会员花名册，将在京的江苏籍名人——抄录并联系，我这个草根缘此结识先生。冯其庸先生桑梓情深，对故乡的出版业热情支持，我的信他几乎每信必复，每求必应。他在复我的第一封信写道："来信收到，寄来扬州评话《武松》及《东方纪事》均收到。谢谢。属（通"嘱"，下同。编者注）撰散文，手头有《绿杨城郭忆扬州》一文，原拟由《散文世界》发，今已属其勿发，将复留存稿寄奉，请酌处。《东方纪事》办得甚好，祝愿她能茁壮成长，我近日即南行去温州，归拟返宁，如有时间当图晤面。匆匆不一一。"（1988年4月26日致笔者函）

接读先生来信和赐稿，我为先生的热情、诚挚而感动。他没有卖人情，说此稿是专为我们写的，坦诚相告此稿本为他刊而撰，今易主而已。那时出版业落后，铅排。我接稿后即编发下厂，正在一校时，忽又接先生来函："我于月初去温州前曾寄奉一稿，不知收到否？此稿原寄《散文世界》，因很久未得回信，连是否收到稿都未有信，值您索稿我即复印一份寄您，并通过李希凡同志属他们勿再发此稿（原稿是李希凡代为寄出的），不想忽接来信，说文章已发表，不日即将刊物寄来云云。这样，您处的稿就不能发了，只好请您撤下此稿，不知造成了您的困难没有？我定当于近期寄您一稿，以补前失，至请鉴谅。"

紧接着六月十日冯先生寄来了新作《大块假我以文章》，云"以补前失"。

此后，我俩的交往日渐多了起来，他途经南京曾多次约我晤叙。那时他居京华，寓张自忠路段祺瑞执政府旧址大院内，与我进京出差定点住宿单位中纪委招待所（今和敬府宾馆）一墙之隔，公干之余常到他府上请益，有幸目睹他挥毫泼墨的潇洒风采。情动之下，遂起"歹念"，回宁后斗胆写信试向先生求墨，不料先生雅兴大发，同时惠赐我一幅《秋风图》和一幅字。

1992年，我应某出版社之约选编《中国近现代名人手迹》一书，出版社希望请一大名人作序撑台面，我油然想到集诗文书画于一身的冯其庸先生，遂函请。先生一口承应，在审读了我的选目后寄来了长篇"序言"。数日后，又追一函，对我此前提供的选目提出中肯的意见和建议，信云："上次的名单粗粗看了一下，未及细核。去年中华书局出版《中华书局收藏现代名人书信迹（集）》一书，所收极广（楚图南即收），一可补您漏收，二可解决墨迹问题，望速找来一看，又所收清代名人里，记得有李莲英，我查《清代七百名人传》里也未收此人，我意还是不收为好。此《七百名人传》也可作为您的参考。如方便，分类以后的名单，希仍寄我一看，也许还可有一得之愚。'中华'书务必找来一看。又，先师王蘧常先生的墨迹，我处有极精品。可供选用。"

老派知识分子的敬业精神实在可贵。然而，天不作美，那"手迹"一书胎死腹中。我将此事电话告先生，他一笑了之。新千年，大概是在他的楼兰之行后，他途经南京，邀我去饭店晤叙。我觍颜应召，一见面，我便就"手迹"未能出版的事表示歉意。他见我尴尬的样子，摇摇手，宽慰我："不谈这个。"告辞时，我已出门，他忽然追了出来叫我："回来！回来！"我忙折回头，他将一只大信封递给我："一幅小画，留作纪念。"那一刻，我真不知道说什么才好，只有鞠躬致意。先生斋名"宽堂"，是堂之宽敞？非也。襟抱之广，有容乃大也。

一晃就是十多年。

我退休九年后，帮友人操持《百家湖》，某日忽发奇想，试着重拾那段与先生的旧谊。这时先生年已九十，仍热情回应。但听电话、写信均已不便，多由其夫人夏师母转达。试请先生赐文稿和画作。师母说，老先生体弱、事多，已写不动了；但邮来了画册供选用。2013年岁末与夏师母言谈中，师母说冯先生老家无锡办了个"冯其庸学术馆"，先生有篇名为《我的根在前洲》的即兴讲话发在《中国文化报》上，建议我有兴趣看看。我赶忙找来报纸，先生对故土的眷爱，对故乡前贤的尊崇，对晚辈的期望，尽显其中。我一时兴起，就擅作主张对该文中的一些时效性极强的句子做了处理，将原题易为先生文中的诗句《坐对青山忆旧人》，凡原稿更动处用红字标出，另打印一份更动后的文本一并奉先生，恳请他同意在《百家湖》发表，冯先生接到后甚觉不安，立即让夏师母来电话表示感谢，说让我费了那么大劲儿梳理讲话稿；继而又说先生觉得如再发表"不大合适"。我问为什么。师母说："老先生觉得不管怎么说仍是旧稿，有一稿两投之嫌。"我解释说现在的出版规定不存在"两投"一说，而且我们是内刊，读者层也不同……一会儿，夏师母回话，"老先生老派作风，喜自律，总觉得一文两用不大好，不过画作尽管用"。这番话令我想起二十五年前先生对《绿杨城郭忆扬州》一稿处理的认真劲来，我只能以恭敬不如从命而作罢了。令我感动的是他抱病写了篇《奇梅记》赐《百家湖》。师母告诉我，老先生腿怕冷，他是用毛毯铺在膝盖上写就的，之后又抱病为我的散文集《清流远去》题签。

2014年某出版社委托我为冯其庸编一本自传体散文选。我语先生，先生很高兴。我从先生皇皇十六卷文集中选出三十万字散文，冠《人生散叶》为题。毕，将目录呈先生过目，先生做了增删后敲定。可当他接到出版社的合同后，对合同中若干"霸王"条款，即书名最后由出版社决定十分不满。拒签，以遗憾告终。即令如此不快，他的十六卷文集再版后，仍签名寄我一套。

2016年11月，我将他的诗词用毛笔抄了十首逗他高兴。是时，他已不能提笔写字，请师母在《金陵留别》那首诗他的名字旁钤印寄我留念，谁知这一"别"竟成永别。

哀清流远去，祈雅韵长存。

本文作者：中国作协会员、资深编辑、江苏文艺出版社原副总编辑

冯其庸先生与"大众书画"

刘广东

2017年1月22日,冯其庸先生永远离开了我们。先生走后,我常常想到他、梦到他。当先生的忌日愈来愈近的时候,我写下了这篇怀念的文字。我之所以选定这个题目,是因为"大众书画"与冯先生有着极为密切的关联,在创办这个专刊前前后后二十多年的时光里,受到冯先生难以记述的教益。

经过长时间酝酿准备,《大众日报》编委会研究决定,"大众书画"专刊于1998年3月5日正式创刊。此前,负责具体筹备工作的王海清、叶兆信两位同志找我一起拟定,请冯先生写一篇发刊词,并由兆信同志联系。1998年2月中旬,冯先生把稿子寄来。我注意到,冯先生所用的题目是《创刊感言》,并用毛笔签名。这是非常精当的,比《发刊词》的标题更有特点、更引人关注,也更有史料价值。我还注意到,"感言"的文尾赫然写着:1998年2月15日凌晨1时。见此,我的眼睛顿时模糊起来,继而簌簌泪下,从心底感动了。在多数人早已进入梦境的凌晨,年高76岁的冯老还在为"大众书画"的事殚精竭虑,是他对《大众日报》的一片深情啊!

名为《创刊感言》,实则是一篇经典的发刊词,表现了冯先生匠心独运和高明的智慧。"感言"发表在"大众书画"专刊创刊号头版头条位置,短短1013个字,把创刊的宗旨、方向、目标任务等,讲得明明白白。关于创刊的宗旨,冯先生写道:书法、篆刻和中国画"是我国所独有,是我们的一种独特艺术";当代中国"书画篆刻特别红火,几乎是老百姓人人所爱""是国家和民族兴旺发达的一种象征……是一种民族自信心的表现,是民族自爱自豪的表现,我们应该特别珍惜这种感情"。讲得何其深刻到位!关于"大众书画"的创办方向和目标任务,冯先生认为,一定要"真正做到大众化,也即是为广大群众所热爱所拥有",既"要避免脱离群众",又要通过"面向大众的评论赏析甚至研究性文章""逐步帮助群众提高鉴赏水平";要认真贯彻"双百"方针,选登和提倡优秀佳作，坚持正确导向，他特别指出"导向是一种稳定的总趋势"。"感言"还谈到队伍建设，强调"特别是多注重中青年的作品，因为他们就是我们的未来"。冯先生炽热的爱国情怀、担当意识和全心全意为中华民族文化艺术的繁荣奋斗不息的精神，充溢字里行间，真乃"一片冰心在玉壶"，是实实的正能量，催人奋进。

"感言"发表20年过去了，至今仍有鲜活的生命力，是我们必须遵循的。重读"感言"，引起我对冯先生关心支持"大众书画"的更多回忆。

《大众日报》有着弘扬中国书画的光荣传统，一直在总编室设有"美术组"的编制，每周发一版美术作品，深得好评。1996年10月，大众日报社党委决定，在美术组的基础上成立了山东新闻书画院，报社党委常委为院长或副院长，其中的常务副院长具体分管画院的业务。山东新闻书画院是继《人民日报》神州书画院之后，全国新闻界第二家书画院，在省属新闻单位中则是第一家。"大众书画"专刊由山东新闻书画院具体承办，画院秘书长叶兆信同志任主编，每周一期，每期四个版，设多种栏目，以适应不同层次读者的需要。"大众书画"专刊一问世，便引起山东和全国美术界的关注，书画篆刻家纷纷不吝赐稿，书画爱好者们热情鼓与呼，成画苑一时之盛。我们不会忘记，这背后同样倾注了冯先生的满腔心血，现在我手头仍保存的《山东新闻书画院初步设想》和《山东新闻书画院章程》，就是早在1995年10月冯先生指导兆信同志起草的。

冯先生对《大众日报》有特殊的感情。我从20世纪90年代初认识先生，他每次到山东学术考察，总要到大众日报社看看，并为报社留下墨宝。大众日报社原党委常委会议室"泾渭看同流"八尺横幅行楷、招待所二楼中厅"一笑扬鞭夕照中"丈二横幅行草，都是先生所书。至今仍悬挂在新闻大厦北门大厅西墙的大型线描作品，正是当年冯先生指导兆信同志精心创作、冯老亲笔题写的"兰亭修禊图"巨制。还有，大众日报社每有重要庆典，冯先生都创作了精妙的书画作品以示祝贺。不仅如此，他还邀请全国的书画大家、名家如张仃、蒋风白、梁树年、常沙娜等向《大众日报》惠赐作品。这些瑰宝现今都由大众报业集团完好地珍藏着。

"大众书画"专刊是冯先生精心参与开发的一方画苑新土，他如同大众报人一样，殷殷期盼这方新土丰收累累果实。故此，先生经常为之输送营养，先后撰写了《梦里青春可得追》（谈张正宇、黄永玉、关良、华君武等书画家）、《博学宏通 显幽烛微——读启功先生〈论书绝句百首〉》（连载长文）、《我所认识的杨仁恺先生》《青春不觉老将至，富贵于我如浮云——戴行之画集续》等。这些名篇大大丰富了"大众书画"专刊的思想内涵，提高了学术品位，赢得阵阵掌声。创刊后的"大众书画"也成为冯先生每到新闻书画院必看的项目。他像老师阅卷一样，每期内容都看得很仔细，并提出改进意见，还不时向大家讲解书画知识，诸如"临"和"摹"的区别和联系、如何选择临摹善本、书画篆刻的流派和创作等。谈到书法，冯先生说：习书法一定选择书法史上最经典的书法大家及其最好的墨迹本或墨迹摹本，习《兰亭序》就要选"神龙本"即唐代冯承素的摹墨迹本。他还分析了"神龙本"作为最佳摹本的根据，令在场人茅塞顿开，大有"听君一席话，胜读十年书"之感。一次，冯先生乘火车到济南，在报社招待所草草晚餐后说：走，到画院写字去。先生边讲边写，幅幅出神入化，我看得目不暇接、激动满怀，回家后试写了如下一首题为《看冯其庸先生写字》的诗：

> 椽笔如神胜操手，纵横驰骋不能收。
> 千军万马奔腾急，十里百泉蜿缓流。
> 虎啸龙吟声烈烈，莺歌凤唱调悠悠。
> 天风吹起众仙舞，五岳三江尽和酬。

二〇〇〇年一月

次日，我去陪冯先生吃早餐，并呈上这首习作请先生过目，先生若有所思地说："先不要在报纸上发表。"我遵从了先生的意见，至今方刊于此。

1998年5月，冯先生在北京中国美术馆举办"冯其庸书画展"，提前给我寄来请柬。冯先生在电话里说，请兆信同志与我一块去，并命我在开幕式上致辞。我们按时赶到，只见展厅里人头攒动，耳闻一片赞扬声。我遵嘱在开幕式上做了简短发言，除表示祝贺外，主要谈了冯先生文人书画的特点。北京和全国那么多报纸和画院，冯先生为什么单单邀请《大众日报》的人致辞？我想，全因先生对这张有着光荣革命传统、连续出版时间最长党报的深情厚谊，也因对山东新闻书画院和"大众书画"专刊的关爱。

冯先生是当代在国内外具有广泛影响的中国著名学者、红学家，对我国文学史、文化史、戏曲史、艺术史、考古学、文物学、诗词书画等诸多领域的研究，均有重要建树，仅皇皇一套《瓜饭楼丛稿》就1700多万字！他2011年荣获"首届中华艺文终身成就奖"，2012年获"首届吴玉章人文社会科学终身成就奖"。山东新闻书画院、"大众书画"专刊能够在多年间屡屡得到这样一位巨匠的亲临指导，殊为难得，我自己更是为能够结识这位忠厚温良、博学谦和、热心助人和提携后学的高尚学人而深感荣幸。也正是这个缘故，我也常常因没能向冯先生学习更多的学问而悔憾。

2017年冯先生仙逝的当天，先生的忘年交、大众报业集团原党委常委、纪委书记、新闻书画院副院长王海清同志，写下一题六首悼诗，总题目是《遥祭冯先生》，现将其中的第四首抄录如下，寄托我们对冯先生的共同怀念：

难忘先生我社行，潇洒论报谈笑中。

经典指导书画义，非凡题书瓜饭情。

泾渭同流看世界，兰亭添彩傲泉城。

千禧祝福策骏马，扬鞭夕照今永恒。

二〇一八年元旦于日新书屋

本文原载于《大众日报》二〇一八年一月一十九日

本文作者：山东大众报业集团（大众日报社）原党委书记、社长、总编辑

红楼抄罢雨丝丝

——深深地哀思冯其庸先生

张建智

2017 年刚过去三个月，正是春光明媚、景物芬芳时光，我家窗口门前的各类花朵，均相竞放，一派湖光山色，令人应接不暇，犹李白所云"燕草如碧丝，秦桑低绿枝"之万象。但一想到去年曾惠泽于我的几位乡前辈先后作古，似乎春的东风拂不去悲从心来的一腔愁绪，为此我先后撰写了文字纪念他们，如周有光、陆谷孙、褚钰泉等。

近又有冯其庸先生，遂离我们而去，令我欲哭不尽，痛而忘饥。

一

2017 年 1 月 22 日，农历腊月二十五，著名文化学者、红学家冯其庸先生以 94 岁高龄离世。虽说前在和冯夫人夏老师通话时，告知"老先生近来身体不好！"但这不幸的消息真传来了，还是禁不住的哀痛。

记得先生九十岁高龄时，虽患足病但思路清晰，读书写作不辍。我时在电话中向他问好或谈些红学以及他近期的病痛、理疗、养生等。冯先生是著名红学家，一生重视《红楼梦》，研究卓有成就。特别是他在红学上对版本之鉴别，于红学脂评的研究上，可以说，他是那一代红学上最终的、最具成就的学者。特别是对红楼梦版本研究上，体现出了他一丝不苟的学人风格。1966 年，在中国人民大学任教的冯其庸先生，成为首批被批斗对象，他收藏的影印本庚辰本《石头记》也被抄走。冯先生担心浩劫中这个珍贵抄本，将临灰飞烟灭，他决定照原样再抄一部，在当时的境况下，这是相当大胆而又危险的决断。

当时，只有晚上允许冯先生回家。他托好友秘密借到一套庚辰本《石头记》，每天深夜，他按照原著的格式，逐字严格抄写。从 1967 年 12 月开始，到 1968 年 6 月抄毕，整整抄了 7 个月。这对他是漫长的岁月。为防再次被抄家，冯先生还将自己的抄本，转给他信得过的朋友保管。可想而知，于当年之情景下，这要付出多少沉重的辛苦！在那样一种险恶的境遇之中，为传承优秀的文化遗产，置个人安危于不顾，在深夜秉烛疾书，完成一部洋洋80万字名著的抄本，这在《红楼梦》研究史上，也是绝无仅有的事。

冯先生不仅是一位卓越的红学研究大家，在书法绘画创作上尤有相当精深的造诣。他认为书法要从学问中来、诗境中来。我们若从冯先生的这部《石头记》钞本的书法风格，可看到前晋唐书风，又具古吴文徵明风格，流畅的行书小楷。其书画，书法宗二王，画宗青藤白石。所作书画，为国内外所推重，被誉为真正的文人画。近十年，冯先生又重于潜心研究中国大西部的历史文化艺术，著有考证丝绸之路和玄奘取经之路的大型摄影图册《瀚海劫尘》，获得学术界的高度评价。

二

记得那年，我去北京，正是草长莺飞的三月，但北方冷空气时有袭来，总感春风刺骨的寒冷。一天，清晨四点多去潘家园淘书，然后，去通州张家湾冯其庸先生家。车到张家湾的街口，远远望去，西边还有几缕炊烟，身后那山影，越来越淡。淘书连早饭也顾不上吃，买几个馒头匆匆带进冯家。轻轻敲门，出来引进屋的是一位女士。穿过犬吠不断的那个园子，觉得这里的布局，仿佛是《红楼梦》里境物的象征，兴许这便是冯先生花了不少心血搬到张家湾的意蕴。

走进"瓜饭楼"，他们夫妇刚起来煮茶，看我们这副样子，夫人夏老师一边泡茶一边拿出可口的点心。围坐小屋，一边品茗，一边就谈开了《红楼梦》的话题。我向冯先生讨教了范锴（1764—1845）的生平事迹，谈及范声山于嘉庆年间刻印的一部红学著作《痴人说梦》。冯先生虽耄耋之年，但记忆力极好，说此书国图有藏，可帮我找，使我喜出望外。这是我乡前辈的红学著作，多年夙愿，很想一读。说到范锴，他是清代藏书家、文学家，原名范音，字声山，号白舫，别号苕溪渔隐、苕溪渔叟。浙江乌程（今吴兴）南浔镇人，贡生，有隽才，工诗词，好游历。性淡泊孤傲，却无意仕途，往来于淮扬楚蜀之间达30年之久。曾旅汉经营盐业多年，写下《汉口丛谈》史事笔记。甚刊刻了许多地方文献，如《苕溪渔隐诗稿》《浔溪纪事诗》等，总辑称之为《范白舫所刊书》。

我与冯先生闲谈中，他忽然说起有一件多年的藏品，是俞平伯先生手书的扇面墨宝，扇面上，俞平伯用楷书写下了一首七言古风《明定陵行》。此时斜坐在我旁边的冯先生，正喝着茶慢悠悠告我一个秘密，他说："唉，这墨宝非我所有，原是刘海粟生前所藏，后他儿子在上海开画展时，把这件藏品相赠予我！"冯先生的珍藏，原是从上海刘先生那里流出。缘于冯先生是国内知名红学家，收藏同是红学家俞平伯的东西，也是情理中事。"此件藏品在我处已久，我总想把它传至值得收藏之处。"冯先生又说，"俞平老这件墨宝，写得精妙，诗意深深，理应让它展示于世人！"

我见冯先生沉思着。就在这瞬间，我忽想到，俞曲园、俞平伯的故里，是在浙江德清，而历史上第一个研究《红楼梦》的戚蓼生，也是德清人。俞平伯墨宝，如能放到德清，应属完璧。

说起戚蓼生 (1730—1792)，于此附带一笔。戚于乾隆三十四年中进士，后在京刑部任职，仕途很顺，官至福建按察使。他曾购得曹雪芹80回本的《石头记》抄本，赞叹不已，为此写了一篇序。戚蓼生和曹雪芹可算同时代人，这序重要且写得好。俞平伯曾说："戚蓼生序……向来不大受人称引，却在过去谈论《红楼梦》的文章中，实写得很好。"戚蓼生为人洒脱、好谐谑，平时起居，不修边幅，但有理政才能，是典型名士派头。戚蓼生对《石头记》的写作艺术，推崇备至，他认为书虽只八十回，不宜再写续书。还说，《红楼梦》是没有写完，但想续写，定是很蠢的事。"尔后《红楼梦》刻印，由戚蓼生写序的《红楼梦》遂称戚本，它和程伟元的程本《红楼梦》，均属红学研究的重要版本。

"俞平老的墨宝，存放浙江德清，冯先生不知以为然否？"我对冯先生直说，"那里的博物馆，有专门陈列俞平伯先生的一些遗物，也有几件墨宝珍藏。"冯先生对此提议，很是喜欢，分手时对我说："容我身体好些，慢慢寻找出来！"

我把此事转告德清的领导。德清领导很重视，为此事亲自走访冯先生家。俞平伯墨宝，几经转折，终由冯先生亲手交给德清馆藏。冯先生这件多年珍藏，终亦回归了有红学渊源的德清。同时，冯先生雅兴不减，还特在俞书的扇面上，再用砵色楷书，写了如下的话："此俞平老手泽，由上海刘海老后人转赠，今即归之俞老纪念馆，得其所也。冯其庸记。"字迹清雅、劲秀。那"得其所也"四字，一派舍得和温情在焉。

世上事毕竟有缘，如今，让后人能永远欣赏到这精美的扇面，算是德清乡人之幸，也是大众之幸事。此可谓是一代红学大家，期盼地方发展红学研究的心声。足见冯其庸先生之大气。

三

再一说俞老手泽。因限于扇面空间，俞老手诗非全璧（见俞平伯《明定陵行》手迹）。俞老整首《明定陵行》尚有最后十句，未能写毕，故现把俞平老扇面手迹抄下，以让读者赏读研究，并可对照其墨宝遗物观摩。

大峪山前野殿荒，秋风飒然秋草长。悬梯斗下八十尺，眼中兀突金刚墙。

无端瑶阙埋黄埃，券拱三层迤逗开。只道千秋巩金石，那知弹指轻尘嚣。

宫车晏晚定陵路，世态云衣几朝暮。王侯万骑送北邙，难救君家一抔土。

赢得飞龙玉座寒，强携金盌出人寰。昭阳无福眠云母，犹戴珑玲九凤冠。

役民地下兴华屋，不意儿孙亡国速。金高未餍狂夫心，巢倾忍听千家哭。

远从涨海浮明珠，时向深山仆大木。妖书梃击尽奇谈，专宠争储皆乱局。

青史何曾判是非，牛山何必泪沾衣。南屯不落新欢笑，废垄残丘对夕晖。

漠漠土花翠钿路，沉沉烟烬鱼灯微。银泉山鬼悲狐兔，谁续梅村更赋诗。

今读俞平老之诗，看似明白，但意蕴深邃，情中有景，景外含情，读之不尽。如作白话翻译，诗意丢失。俞老作文写诗（包括五四后的白话诗）一向有行云流水，冠裳佩玉之风。而此诗，既写了明朝事，又蕴藉当世事。全诗怨而不怒，有余情，有余蕴，正是俞老"古雅蕴藉"之诗（梁遇春语）。

为深读俞平老此诗，我特地请教黄裳、邵燕祥两先生，同请教研俞专家孙玉蓉女史。他们均谈了自己看法。现顺录以下："俞老《明定陵行》，所用皆明十三陵故事，以及晚明宫中三案故实，无何秘典。不劳笺记也。"（黄裳，2009年3月20日信）据邵燕祥先生回忆，他说："俞平伯此诗所作应在1960年代参观时后感，因当时北京明定陵，刚对外开放可让人参观，其是十三陵最大的三座陵园之一。"孙玉蓉先生在给我的信上，也谈了对诗看法，她说："冯其庸先生为了丰富俞平老纪念馆的收藏，能够把俞平老的真迹，割爱转赠给纪念馆，这种高风亮节值得颂扬。对于俞平老的作品，少一点解释无妨，可以让读者自己去理解，见仁见智。俞平老的学问功底深厚，我们如果解释不准确，反而会找麻烦（孙玉蓉，2009年7月20日信）。

我读俞老之诗，无论古诗、新诗《西还》《冬夜》《忆》，深感耐读、回味不尽，别有一番幽默澹泊、蕴藉深邃、返璞归真之境界。我很想有专家学者再解读《明定陵行》诗，俞老究于何种心情，写下此诗；且有一奇望，俞老手书旧作时间，是1980年，是为"心正"同志所嘱而书，心正先生还在世吗？后如何又传入了刘海粟先生处。

但转念一想，也属之多余。我们与其费力猜谜而不能圆通，或说不能取得对俞诗完美解读，"就不如用这可贵的时间和精力干些别的。还可说得堂皇一些，那是孔老夫子推崇的，'不知为不知，是知也'"（张中行《锦瑟无端》）。

于是，我仿佛又回到了当年的古槐书屋，又回到了俞平老当年在这里写诗的情景："密重重的帘幕，尽低着头呆呆的想！"

四

冯其庸先生一生为人宽厚，爱憎分明，富有激情。他以"宽堂"为号，表达这种人格上的追求。对任何人总伸出手帮助，这是别的学人所难于做到之事。大到对他前辈，中到对他同学及同一代人，小到对一件小事，对一个普通平民草根文化人，总无微不至。这从两方面看，一是已有文字（他的文章）记录的，二是未记入文字的。后者之范围更广。对他同学同事，曾经历过坎坷人生者，他总主动去看望他们（不管路途遥远）。他不惜卖掉自己的书画，去帮助那些学红研红的协会。

我切身体会的，除上述这些，他对俞平伯故乡——德清县创办《问红》杂志，即伸出援手。当我提出俞平伯家乡，应办一大众化的红学刊物时，当我把此刊名定为《问红》时，即打电话请他指正，冯先生当即认为此题甚好，包含了多种意义，当即为此刊题词。我们即按他意出创刊号，当我们每一期出刊时，他总精心指导，稍有不足，他就来电指正。可以说如若没有他的帮助，此刊绝不可能成为今日红学界喜读之物，如今粉丝遍天下。这是在冯先生扶持下成长的。

于此，仅举两例，一是于2016年《问红》春季卷，当把冯先生《瓜饭楼丛稿》总序中，有关己卯本是怡亲王府抄本的发现，一段文字上出现错位、文字脱落。冯先生于病中即来电及时指出。这确体现出冯先生对学问认真的精神，我们愧对他之为学之道，真使我们无地自容。

1967年后，冯先生手抄《红楼梦》。一年后某雨夜，当他抄完最末章节：白茫茫一片大地，贾宝玉身着大红斗篷向贾政下拜，一僧一道将他带走，口中念道："我所居兮，青埂之峰。我所游兮，鸿蒙太空。谁与我游兮，吾谁与从。渺渺茫茫兮，归彼大荒……"搁下笔，他即赋诗："《红楼》抄罢雨丝丝，正是春归花落时。千古文章多血泪，伤心最此断肠辞。"当读此诗，真有鲁迅当年那种"新诗改罢自长吟"之感。

想不到的是，冯先生在他大病中，突然于2016年6月20日，为《问红》又亲手用毛笔，重抄了1968年6月23日凌晨抄毕庚辰本《石头记》，那首他终身难于忘怀的诗："红楼抄罢雨丝丝……"

那首千古绝唱的诗，我想，也许这是冯先生，于最后的生命时光，所亲手抄录的一首诗。因离他最后离世，仅只半年。冯先生最后抄的那首诗，颇值我们后人去研究寻思。因为，冯先生对那段最不平凡的抄红生活，他曾经说："我对这部抄本《红楼梦》真爱到如同自己的生命一样。"

这确道出了冯其庸先生的整个红学观：

> 曹雪芹的家庭和他亲戚家庭的遭遇是书中隐蔽的内容。整部《红楼梦》八十回，有很多写欢乐的场面，但是一种悲凉的调子一直没有变。

当今再无红学大家冯其庸先生，对他最好的悼念和哀思，我想，应是细细读他如同自己生命一般的对《红楼梦》研究的一系列留于人世间的所有文章，他曾付出生命代价的对中国艺术精神的不懈追求，以及他那在不平常的年代，于夜深雨中抄毕《石头记》后，书写下如天地、日月、生命、睿智一般的诗。

本文原载于《问红》总第十期二〇一七年四月号

本文作者：《问红》杂志执行主编

冯其庸与俞平伯以及德清的厚谊

朱炜

2017年1月22日，我国著名的文化学者、红学家冯其庸先生在北京逝世，享年93周岁。作为晚生，在缅怀冯先生的生平成就之时，也不免想到他与俞平伯以及德清的厚谊。

冯其庸，小俞平伯24岁，才名堪比昆仑，系一代红学大家，著有扛鼎之作《瓜饭楼重校评批红楼梦》。对于俞平伯，冯其庸一向是执弟子礼的，视之为前辈，自称后学。

冯其庸自幼家贫，抗战开始失学，然后下田种地、养羊，无粮可食，以瓜代饭。他的书斋号"瓜饭楼"，即为纪念以瓜当饭的苦难岁月。有一次，他偶然得到了《读词偶得》《清真词释》和《浮生六记》，前两部为俞平伯著作，后一部由俞平伯标点，但一个少年哪里知道俞平伯是何许人，却因之启蒙。1954年8月，冯其庸从无锡第一女中奉调北京中国人民大学任教，不久就赶上了批判胡适、俞平伯的《红楼梦》研究的运动。他在《剪烛集》之《哲人其萎我怀何如》中谦称："那时，我对《红楼梦》尚无研究，也不能置一词；但'运动'却迫使我学习，除认真读《红楼梦》之外，就是读当时报刊发表的文章。"他自云，对于俞平伯的红学所知甚少，虽读其书而未敢随人有所是非。而真正让冯其庸与俞平伯产生共鸣的，是在他手抄《红楼梦》以后。

因挚友陈从周的引荐，冯其庸曾几度造访北京三里河南沙沟俞寓，"我们到了三里河俞老的家里，俞老很高兴地从房间里一个人扶着墙壁慢慢地走出来，然后又从墙壁摸着椅子，再从椅子摸到八仙桌，然后一步步挪过来。并不是俞老眼睛看不见，眼睛是看得见的，他一边摸着墙壁椅子走路，一边还给我们说话，他说这样比别人搀着还要可靠，可以自己做主，不让人牵着走。"几十年的往事和家常，以及苏州老家的种种记忆，总之天南海北，三人谈得十分亲切有味。这之后，冯其庸有幸数得俞平伯馨欬。冯其庸著《解梦集》图版部分刊有俞平伯赠予他的两幅法书册页，系俞平伯的词作。冯其庸是很想请俞平伯写字的，但考虑到他年事已高，再去烦劳他，实在心里过意不去，故而迟迟没有提出请求，不想俞平伯竟会有此意外之赐，足见长者深情。

1979年4月，中国艺术研究院红楼梦研究所研究员王湜华陪同冯其庸拜访俞平伯。冯其庸后来回忆："我记不清为了什么事要去看俞老，怕干扰他，我先请王湜华同志先约定时间，俞老很快就写信给王湜华，说：'其庸先生有惠来之意，感谢，盼约良晤。匆复，即颂文安。平伯。'"是年5月，《红楼梦学刊》举行创刊座谈会，一直不愿在有关《红楼梦》的书刊或组织挂名，亦绝少肯参加这方面集会活动的俞平伯光临四川饭店参加座谈，实在是非常难得的事。那真是一次空前的盛会，茅盾、叶圣陶、顾颉刚、王昆仑、启功、吴组缃、周汝昌、冯其庸等悉数到场。一说俞平伯是应文化部副部长贺敬之的邀请赴会，何尝不能说是俞平伯从冯其庸等后辈身上看到了红学界新气象而主动出席。四届全国文代会期间，俞平伯出席了会议，冯其庸去看望他，老人非常高兴，还一起照了相。 1980年，中国红楼梦学会成立，俞平伯任顾问，冯其庸任副会长兼秘书长。同年6月，美国威斯康星召开首届国际《红楼梦》研讨会，俞平伯是被特别邀请的一位，冯其庸受大会的委托去面请俞平伯。俞平伯因年老体弱，不能与会，遂幽默地回应，"我一不穿皮鞋，二不穿袜子，这样子能去开会吗？"但还是录了旧作《题〈红楼梦〉人物》诗一首，托冯其庸带到会上。其间，冯其庸翻阅从康奈尔大学图书馆借去展览的甲戌本《红楼梦》原件，发现了过去影印本不曾披露的胡适、俞平伯、周汝昌的跋文，故抄录了下来，发表于《红楼梦学刊》1982年第三辑。

德国汉学家史华慈翻译了《浮生六记》德文本，与冯其庸商量请他写叙，冯其庸同时建议请俞老题"浮生六记"四字，印在扉页上。冯其庸果然玉成此事，可惜书寄来时，俞平伯已经逝世了。法籍华人陈庆浩要见俞平伯，也是冯其庸陪同一起晤谈，好不愉快。陈庆浩在《新编石头记脂砚斋评语辑校》的导论中，一再说明他的书是承俞平伯的《脂砚斋红楼梦辑评》而来。

俞平伯应该欣慰，冯其庸一生写下了四篇关于他的文字。1989年8月11日夜，冯其庸在北京冯寓瓜饭楼作《俞平伯老〈重圆花烛歌〉跋》，末云："猗欤俞老，学术皇皇。为颂为祷，既寿且康。" 1990年11月5日夜，在从临洮回兰州的旅途中，百感交集地写下《悼念俞平伯先生》。 1991年2月10日夜，又为《俞平伯周颖南通信集》写叙《语可诲人光可鉴物》。1998年3月19日，为《俞平伯全集》出版撰写文章以表祝贺，其后又亲自参加《俞平伯全集》出版座谈会，"有人问我对俞老有关红学的评价，我是后学，岂可妄评前辈。但新红学对旧红学是一次革命，是一次开创性的前进，这是人所共知的，这是历史的结论。要评价俞平老的红学，首先是承认这个基本事实。"

邓云乡，"上海红学四老"之一，夫人蔡时言是德清上柏人，与浙江大学教授汪家訸属亲戚。如此算来，邓云乡就是德清女婿了。邓云乡很喜欢俞平伯的曾祖俞樾的文字，在《读〈俞曲园日记残稿〉》中赞之曰"萧散有致""炉火纯青"，邓云乡的字里行间好像也能看到俞樾的影子。冯其庸曾求教邓云乡："你怎么能写那么多东西呀？"邓云乡答道："天天写，天天读。"这六个字，正是一个读书种子的自况，在学问面前，偷不得懒的。冯其庸乃评邓云乡："文章如泉源，不掘地而自出。"

冯其庸与俞平伯的故乡德清着实有缘。早在1986年，供职于莫干山管理局的卢前负责筹建莫干山碑林，向冯其庸发去征稿函，冯其庸寄来了《行书自作诗二首手卷》，"予慕莫干山之名已数十年，天下名山亦游之过半，而乃未至莫干山，可愧也，因以实话书之，山灵当能见谅乎。"整个碑林落成已是1991年了，卢前又去函求冯其庸为碑亭题名，冯其庸特请周怀民题额"墨妙亭"。 2004年，经德清县委宣传部部长张林华三顾茅庐，冯其庸慷慨捐出俞平伯手书扇面《明定陵行》，并用朱笔题识"此俞平老手泽，由上海刘海老后人转赠，今即归之俞老纪念馆，得其所也，冯其庸记"。成为德清县博物馆永远的馆藏珍品。德清诞生了戚蓼生、俞樾、俞平伯、徐曼仙等红学家，2008年县文联欲创办基层红学专刊《问红》，冯其庸闻讯，不顾年迈多病之体，欣然挥毫题写刊名，并寄愿德清建构一个"红学之乡"。时隔两年，《问红》由德清县图书馆续办，作为《问红》，既是对此的接续努力，也是对地方文化建设的一种丰富，目前已出八期，拟出冯其庸纪念号。

本文原载于《问红》总第十期二〇一七年四月号

本文作者：德清县图书馆馆员

冯其庸：笨功夫才是"真功夫"

顾学文

2017年1月12日，红学大家冯其庸在病榻上接受《解放周末》的专访。一句"我下的都是笨功夫"，概括了他一辈子的学术历程，也凸显了他对传统文化的一生挚爱。

10天后的1月22日，冯老在北京潞河医院安详离世，享年93岁。冯老的离去，不仅使我们痛失红学界的泰山北斗，也使我们痛失一位博学多才的文化大家。哀悼之余，重温冯老生前与记者的最后谈话，不禁感慨——最好的缅怀，或许就是让这种"笨功夫"精神永不消逝，让我们对传统文化的热爱与传承永存不息。

1月12日下午三点半，记者如约来到北京通州区张家湾冯其庸先生的家——瓜饭楼。

采访定在下午三点半，因为这时冯老刚午睡醒，是一天中精神最好的时候。

冯老的房间小小的，很暖。他半坐半卧靠在一张床上，见了记者，摸索着要戴上眼镜。他的幼女冯幽若拍拍他的肩，示意他不需要戴眼镜，他便把眼镜拿在手里，神情专注。

记者在冯老耳边"喊"话："冯老，我用几个晚上的时间读完了您这本厚厚的口述自传《风雨平生》。"冯老从枕头上很努力地抬了抬头，用清楚利落的声音说："好，这样我们才有对话的基础。"

用各个本子跟庚辰本对，一句一句对

张家湾是曹雪芹墓葬发现地。冯其庸择此地而居，最后又逝于斯，情深至此，令人唏嘘。

冯其庸以《红楼梦》研究名世，著有《石头记脂本研究》《曹雪芹家世新考》《论红楼梦的思想》等红学专著20余种，主持《红楼梦》校订工作，主编《脂砚斋重评石头记汇校汇评》《八家评批红楼梦》《红楼梦大辞典》等大型书系。

对于红学，他的一大贡献是钞本。

"我小时候就读过《红楼梦》，长大了也读，但真正开始研究《红楼梦》是在1974年，而且一上来研究的就是钞本。"冯其庸说。

那年10月，诗人袁水拍任国务院文化组副组长（相当于今天的文化部副部长）。他找冯其庸商量有什么有意义的事情可以做。冯其庸建议校订《红楼梦》——因为这么重要的传统经典，却一直没有一本真正经过认真校对的可靠读本。

第二年，《红楼梦》校订组正式成立，袁水拍任组长，冯其庸任副组长，并主持校订业务。

校订组碰到的第一个困难是：已发现的《红楼梦》乾隆钞本有十几种，其中曹雪芹生前钞本就有三种，它们分别是乾隆十九年（1754）的甲戌本、乾隆二十四年（1759）的己卯本和乾隆二十五年（1760）的庚辰本。校订究竟该以哪个本子为底本？

这个问题让来自全国各地的专家学者争论不休，校订工作陷入僵局。冯其庸提出用庚辰本，却招致激烈反对，因为曾有红学权威发长文否定庚辰本的价值，认为该钞本是多个本子拼凑起来的。有人甚至对冯其庸说："你主张用庚辰本？拿文章出来说话。"

拿文章说话，用证据说话，正是冯其庸的风格。

多年后，冯其庸在《风雨平生——冯其庸口述自传》中这样回忆："研究庚辰本，我用最笨的方式。我用各个本子跟庚辰本来对，一句一句对。"

所有四十一回又两个半回全部对完后，冯其庸发现，庚辰本的墨抄部分与己卯本的文字基本一样，连行款都一样：己卯本这一行多少字，庚辰本这一行就多少字；己卯本这一行有一个错别字，庚辰本这一行也有一个错别字，都是一样的错。最有意思的是，己卯本有一处底下有一句"此下紧接慧紫鹃试忙玉"。这是前一个抄手留给后一个抄手的记号，没想到，庚辰本的抄手抄书不动脑子，连这也一并抄了去。

在《红楼梦》十几种乾隆钞本中，只有己卯本和庚辰本的墨抄部分是完全一样的。发现庚辰本是照着己卯本抄的，在红学研究上具有重大意义——因己卯本已散失一半，只剩下四十一回又两个半回，庚辰本称得上是完整版的己卯本。

至于己卯本的价值，冯其庸与吴恩裕已于一年前发现。当时，冯其庸和吴恩裕在北京图书馆一个字一个字地查避讳、对笔迹，最终发现，己卯本与怡亲王府藏书书目一样，避"祥""晓"两字讳，从而考证出它是怡亲王允祥和其子弘晓家的钞本。乾隆二十四年（1759），《红楼梦》还没有大范围流传开来，怡亲王家要抄《红楼梦》，到哪里去找？最大的可能就是直接从曹家找原稿来抄，因为当时怡亲王正是管曹家的。雍正曾亲批曹家"诸事听王子教导而行"，王子即为怡亲王。己卯本的珍贵程度，由此可见。

"笨功夫"用下去，冯其庸心里有了底。1977年5月20日，他开始动笔写作《论庚辰本》，到7月23日写完时，原计划万字的文章，变成了10万字的书，也变成了第一部系统研究《红楼梦》版本的专著。

《论庚辰本》一出，校订组都心服口服，同意以庚辰本为底本校订；此书出版，也引起了国际红学界的关注，第一次国际性的《红楼梦》研讨会在美国威斯康星大学召开时，举办方特地发函邀请冯其庸赴美参加。至此，过去尚未受到充分重视的庚辰本被广泛认可。

在钞本的问题上，冯老的"笨功夫"远不止于此，他还完成了一项史无前例的艰巨工程——与季稚跃先生合作，历时十余年，把13种版本的脂砚斋评本全面汇集在一起，将各本竖行横列逐字逐句对校，并汇集全部脂评（含非脂评部分），于2009年完成了共计30卷册的《脂砚斋重评石头记汇校汇评》，使学术界有了一个红学研究的资料宝库。

做学问，第一是"无证不信"，第二是"孤证不立"。

考虑到《红楼梦》新校注本出来的时候，必须要有一篇序，文中一定要介绍作者曹雪芹，冯其庸便开始了对曹雪芹家世的考证。

这种研究，他使的还是"笨功夫"。

在冯其庸之前，有学者曾提出曹雪芹祖籍是河北丰润，后有人为之补充证据，认为曹雪芹祖父曹寅有两个朋友是丰润人，他们彼此称兄道弟，那曹寅也应是丰润人。

但冯其庸对此有疑问：称兄道弟或许只是一种社会习俗？

1963年，他曾在故宫的"曹雪芹逝世二百周年纪念展"上看到一件展品：《辽东五庆堂曹氏宗谱》。隔着玻璃，这本宗谱给冯其庸留下了很深的印象，但当时的他还没有开始红学研究。

如今要找这本宗谱，却因为当中经历了一场"文革"，展品不知所踪。

正在为难之际，有人提供线索：宗谱提供者家中还有一个底本。冯其庸兴奋极了，专程去找这位做面塑的曹家后人，借到宗谱后足足看了个把月，并在得到允许后，手抄了一份。

为了证实宗谱的可靠性，冯其庸从《清史稿》中找出了宗谱上有名字的二十几个人，其基本事迹和宗谱上所述完全一样。但谱上这二十几个人并不是同一时代的，"做学问，第一是'无证不信'，第二是'孤证不立'，我对自己做学问的要求是，一件事情要两条以上的证据才能论实。"冯其庸说。于是，他又开始查《清实录》。

当时，冯其庸的家在张自忠路上。那段时间，他白天上班，一到晚上，书房的灯就亮起来，常常通宵不灭。他每天看《清实录》，挨着年份，一本一本地看。忆起这段日子，他对记者说："我当时就想，我读过了，书里头没有，就死心了；如果没有全部读过就得出结论，我会睡不着觉的。"

一直看到天聪八年（1634），发现有一条实录："墨尔根戴青贝勒多尔衮属下，旗鼓牛录章京曹振彦，因有功，加半个前程。"曹振彦是曹雪芹第四代老祖宗，这是迄今为止官书记载的曹家历史中最早的一条，"原文我至今记得很清楚。"冯老说。

就在这时，辽宁博物馆的朋友写信告诉冯其庸，辽阳有一块《大金喇嘛法师宝记碑》，碑的后面有一连串题名，其中有曹振彦之名。"这给了我很大的鼓舞，我专门为这事赶到辽阳文管所，去库房看这块碑。光凭人家一封信，不看到实物，我不放心。"

看到了碑，冯其庸还不放心，他提醒文管所的同志找找看，会不会还有第二块、第三块。果然，一个月后，又在库房里找到一块《重建玉皇庙碑记》，虽然碑已经碎了，但"曹振彦"三个字还在。"在辽阳，曹振彦的名字两次出现在碑刻里，上面都有他的顶头上司，也有他的官职，还有他离职的情况。史料越来越多，我当时很高兴。"冯其庸说。

在辽阳，冯其庸的名头传开了，大家都知道有这么个人，到处在找与曹家有关的东西。于是有人跑来问他："有所小学的门外立着块大碑，叫《东京新建弥陀禅寺碑》，你要不要去看看？""当时我一听就很高兴，管它有没有，都得去查一下。"

碑很高，冯其庸向学校借了两张课桌垒起来，爬上去对着一排排密密麻麻的字，仔仔细细地查找，从中找到了三个姓曹的人的名字。回北京后与抄下来的宗谱一对，这三个人都是宗谱中三房里的人，曹雪芹那一房是四房。

辽阳之行，还有意外收获。一贯喜欢走山访水的冯其庸，看完碑后去了当地一处叫千山的名胜游览。"美景当前，我忽然悟到，曹寅的《楝亭诗钞》和《楝亭词钞》底下，都有'千山曹寅'，千山的主要位置都在辽阳，自称'千山曹寅'，这等于说是辽阳曹寅啊。"

至此，曹雪芹祖籍辽阳几乎是铁板钉钉的事了，但冯其庸还是"不依不饶"。"后来我又进一步想，这些都是考证出来的，有没有'曹振彦，辽阳人'这样的直接记载呢？"他想到，曹振彦在山西、浙江都做过官，于是，他查找山西和浙江的地方志，果然找到曹振彦名下写着"奉天辽阳人"。

从《清史稿》《清实录》上的记载，到辽阳碑刻实物，再到山西、浙江的地方志，为了考证曹家祖籍，冯其庸翻阅了几十种史籍、宗谱、方志和诗文集，甚至把五庆堂宗谱上的二十多人都查出了史料。如此费尽周折，仅仅起于对曹雪芹是丰润人一说的疑问，"我就是为了那篇序言要写得可靠、真实、有依据。"

一辈子，一部书。冯其庸用半个世纪的光阴研究《红楼梦》，最终花5年时间，融合了曹雪芹家世研究、《石头记》钞本研究、红楼思想研究、人物研究、艺术研究的全部成果，并吸收评点派的精华和其他红学研究家的成果，写成了《瓜饭楼重校评批红楼梦》。这可以说是他全部红学研究的总汇，是他一生心血所聚。红学家李希凡先生评价它"是在文本、文献、文化的相互融通中完成的""是现代红学最有系统的开拓性的研究成果"。

功夫还没练好，就想创新，不符合规律

红学大家的身份，并不能囊括冯其庸的全部。2012年年初，汇聚了冯其庸一生学术精华的1700万字、35卷册的《瓜饭楼丛稿》付梓出版，皇皇巨著，是对冯其庸完整学术生涯的总结和提炼。

出身贫寒的农民家庭，冯其庸的小学、中学，读读停停，他一边种地，一边自学，到处找书读。在读到《大慈恩寺三藏法师传》时，冯其庸被这位圣僧以万死不辞的勇气赴西天取经的精神所震撼，不知不觉在他年少的心里种下了求学求真的种子。

若干年后，这颗种子发芽、生长，最终促成了一次学术壮举。自1986年至2005年的20年间，冯其庸以古稀之年陆续完成十进新疆、三登帕米尔高原、两次穿越塔克拉玛干大沙漠等壮举，终在海拔4700米的明铁盖山口，找到了玄奘取经回国的山口古道。此古道为玄奘东归后1355年来第一次被发现，中国佛教协会原会长赵朴初赞冯其庸"做了我们没能做的工作"。

对冯其庸来说，实地考察也是一种"笨功夫"。在他的"人生总结"《风雨平生》中，冯老一而再、再而三地强调："我一向认为除了应该读书架上的书外，还必须读保存在地面上、地底下的各种历史遗迹和文物这部'书'……对于一切学术的结论，没有可靠的文献，没有可靠的实地调查挖掘，就很难做出确定的结论。"

从"四清"运动被派到陕西开始，冯其庸就在艰苦条件下开始了古迹考察之路。"当时纪律很严明，如果你当天出去不回来，要处分的。我去看神禾塬上的香积寺，怕回不来啊，就拼命地跑。"后来到了干校，他没把批斗当回事，却一到礼拜天就早晨四五点起来，步行去乘火车，到附近能够一天往返的地方去考察。

"我是不管到哪里，都能跟做学问联系起来的。"冯老说。项羽自刎于乌江是千百年

来的传统说法，但两次垓下调查，一次阴陵、东城及乌江调查，让冯其庸大胆提出项羽自刎于东城。"我去过东城多次，后来连东城遗址和城墙都发掘出来了，再结合《项羽本纪》等文字资料，项羽'身死东城'是无可怀疑的。"

耄耋之年，冯其庸出任中国人民大学国学院院长，创办"西域历史语言研究所"，提出"大国学"概念，将西域学纳入国学研究视野。这样的学术视野，离不开每一步踏实的行走。

不仅潜心于学问，冯其庸还寄情于诗书，结缘于翰墨。曾有人求教他学问与书法之间的联系，他说："我搞学术是下苦功夫，究根穷源，找不到证据不罢休。学书法也要有钻研精神，比如对《兰亭序》，我是反复研究的。藏在日本的《丧乱帖》在上海展出，我特地到上海去观摩。看，就是学。不仅要临帖，还一定要多看。年轻时我曾将喜欢的法帖张贴在家中门内，进门出门反复看，时间久了，就刻在心里了。"

"苦功是基础，功夫还没练好，就想创新，不符合规律。"冯老说。

诚哉如斯，笨功夫才是学术的"真功夫"。

本文原载于《解放日报》二〇一七年二月十五日

本文作者：《解放日报》首席记者

大哉乾坤内　吾道长悠悠

——文史大家冯其庸与《光明日报》

郭 超

　　"往事如烟似梦中，先生依旧笑谈雄。分明謦欬皆珠玉，谁信今朝转眼空。"这是12年前冯其庸先生怀念启功先生的诗作《哭启功先生》中的几句。如今，冯先生也遽归道山，曾经亲炙他的后学，也不免生出一如当年冯先生的感慨。

　　"80岁以后，还在买书、读书、求学问。80岁以后，还登山采风，行万里路。80岁以后，还参与创建中国人民大学国学院，并亲自设计了课程体系。"中国人民大学国学院教授孟宪实这样评价冯其庸先生。

　　孟宪实曾任冯其庸先生的助手，1月4日，光明日报"光明学人"版开年第一期，刚刚发表了他撰写的文章《冯其庸的"大国学"》。当时，冯先生已经卧病在床，文章发表后，还是第一时间找来阅读，说："写得不错。"

　　孟宪实没想到的是，1月13日他刚刚带着《光明日报》向先生讨教，仅仅过了9天，就收到先生辞世的消息。

　　冯其庸以红学研究闻名于世。在他之前，红学研究经历了以评点派、索隐派为代表的旧红学，以胡适、俞平伯为代表的新红学。从20世纪50年代起，红学逐渐向现代红学过渡，这其中的翘楚就是冯其庸。他在《重议评点派——〈八家评批红楼梦〉序》中，从11个方面介绍了评点派的研究成果，恢复了评点派在红学发展史上应有的地位。

　　对于《红楼梦》的研究，他曾自述主要做了三件大事：一是考证了曹雪芹家世；二是研究《红楼梦》的钞本；三是研究《红楼梦》的思想。

　　他让《红楼梦》研究重新"回归文本"。他主编《红楼梦大辞典》《脂砚斋重评石头记汇校汇评》《八家评批红楼梦》等，为人们研究文本提供重要参考资料。

　　他的《曹学叙论》概括并评述了自胡适发表《红楼梦考证》以来有关曹雪芹家史资料的收集、研究、争论等成果。他主持《红楼梦》的校注工作，前后历时7年。新校注本

《红楼梦》于1982年由人民文学出版社出版。

冯其庸先生还主编了大型学术专刊《红楼梦学刊》，从1979年创刊至今，由最初的季刊至现在的双月刊，从未间断。作为主要开创者和实际主编人，为此付出的心血和精力，可以想见。

冯其庸先生造诣精深，不仅限于红学方面，他还是博学多才的文史大家，在中国文化史、古代文学史、戏曲史、艺术史等方面，都卓有成就。

收藏家李经国曾经常到冯其庸先生寓所瓜饭楼小坐。"听先生忆往，听先生讲红学，听先生讲诗词，听先生讲篆刻，听先生讲汉画像石，听先生讲园林艺术，听先生讲紫砂工艺。"李经国经常为他的博学而惊叹，为他转益多师的治学态度而折服。

他集学者、诗人、书画家于一身。冯先生的画学青藤白石，而钟情石涛、石溪、石田、昌石，先生曾名自己的画室为"五石轩"。其画为大写意，笔法灵动，雄浑典雅，畅快而变化无穷，元气淋漓，情深意厚，无处不透露其才情和学问。1998年5月在中国美术馆举办了冯其庸先生书画展，取得了巨大成功。顾廷龙、启功、杨仁恺、周绍良、张中行、史树青、许 庐等著名学者、书画家、鉴定家都出席了开幕式，对冯先生的书法和绘画给予了极高的评价。

更为难得的是，冯其庸先生是地地道道的农民家庭出身，后来他自己称之为"稻香世家"。他所取得的一切成绩，都要靠自己的后天努力。杨绛先生曾经对他赞许有加。冯其庸曾回忆："我当年寄给杨先生的书是《瓜饭集》，其中讲到我是从农村自学出来的。杨先生对我说，你取得今天的成就比我们付出了更多，因为你完全靠自己苦读成才。我们读书，是生下来人家把条件都给我们准备好的。"

与众多学术界的老先生们一样，冯其庸与《光明日报》有着几十年深厚的感情联结。据本报记者张玉梅回忆，2014年春节前夕，冯其庸先生打来电话，很兴奋地说："奇事一件，我种的朱砂古梅，今年开成纯白雪梅，另一株连理缠枝古梅的新生枝开红、白两花。我拍了照片，还写了文章'古梅奇记'，你看可以在《光明日报》发表吗？"这篇图文并茂的文章后来刊发于本报当年5月25日《图像笔记》版。

冯其庸还多次为本报撰写春联。2013年春节，冯其庸先生为本报撰写春联"空谈误国殃大事，实干兴邦建小康"。2014年春节，他又为本报撰写春联"骏马追风扬气魄，寒梅傲雪见精神"。冯其庸先生的行书刚劲潇洒，深受读者喜爱。由于身体原因，近两年，老先生没能在春节时为广大读者贺岁，他也深为之憾！

冯其庸先生对《光明日报》颇为青睐，常常会将曾刊发过的文章，曾采访过他的记者一一道来，记忆力相当惊人。对于结集出版的学术书籍，他也第一时间同报社记者联系，在《光明日报》刊发消息，充分表明了他对《光明日报》的信任和看重。

"我认为，学术最根本的目的是追求客观真理，弄清历史事实的本来面目。学术工作者毕生应以追求真理为己任。真正的学者永远是一个跋涉者，一个求索者，正像杜甫诗中所说的：'大哉乾坤内，吾道长悠悠。'"这也可以看作冯其庸先生的夫子自道。

"'却顾所来径，苍茫横翠微。'现在，当我们回顾冯其庸先生三十多年来对红学锲而不舍的研究和他为红学事业所作出的杰出贡献时，这两句唐诗蓦地涌上心来，其卓越的成就正像那耸立着的翠峰千叠，已经成为红学史和文学史上永远的壮丽风景了。"中国人民大学教授叶君远如此评价。

本文原载于《光明日报》二〇一七年一月二十三日

本文作者：《光明日报》记者

相知五十年

李希凡

我和其庸同志已是50多年的老友，或者说最早还是半师之谊。1954年，其庸同志进入人民大学任教，我于1953年秋，从山东大学中文系毕业进入人大哲学班做研究生。事有凑巧，1954年暑假，人大学生会组织同学们进行暑期论文竞赛，当时我刚刚读完苏联小说《远离莫斯科的地方》，深为小说主人公巴特曼诺夫的坚毅性格所感动，就写了一篇评论参加比赛。其庸同志是评委，是他推荐了我这篇文章，评为二等奖，因此，可以说我们那时虽不相识，却已有神交了。1956年，新闻工作者协会举办学习讲座，其庸同志来人民日报社五楼小礼堂讲古代散文，我也是听课者之一。所以说，有半师之谊，是实实在在的。到了60年代，其庸同志已是我主编的《人民日报·文艺评论版》的作者了。

其后，1963年到1964年，我们又曾一起在林默涵同志领导下参加反修写作组。"文革"来临，各自经历了一番磨难，劫后重逢，我还得到了其庸同志亲自镌刻的一方印章。我记得，他送给我时，还说了一句："可惜右下角缺了一小块，但并不影响字体。"我很高兴，因为这是老友的深情厚谊，缺角也有纪念意义。70年代又在一起校注《红楼梦》，1986年至1996年，文化部又把我们一同调来接掌中国艺术研究院，最后工作到离休。

当然，使我们在思想感情上联系得更为密切的，是我们共同爱好的"红学"。1974年，在周总理的指示下，《三国演义》《水浒传》《西游记》《红楼梦》，都得到了重印。这时，文化部下属成立了"文化艺术机构"，袁水拍同志是领导成员之一。他曾向上建议，要校订注释一部恢复曹雪芹原作前八十回面貌的新版《红楼梦》，因为当时出版的《红楼梦》，仍然是所谓百二十回的"程高本"。那时，在红学界一般都认为"程高本"不仅后四十回是高鹗续写，他们对前八十回也有所篡改，进行校订注释，绝对是一项对广大读者有益的学术工程。上级批准了袁水拍的建议，就由袁水拍负责组织校订注释组，并从全国各高校调集《红楼梦》研究者来做这件事，袁水拍就借调其庸同志和我做他的助手——校订组副组长。能参加这项学术工程，无论对于其庸还是我，都是大喜事。很快，北京和各省大专院校都推荐了人选，也很快就开始了工作，并校注出《红楼梦》前五回，分赴各地区征求意见。

我之所以要特别讲这件事，一是因为这个校订组的工作，对近三十年红学发展，确实做出了一定的贡献。在开展红学研究方面培养了人才，参加校注组的同仁，几乎每一位都有《红楼梦》研究专著问世，有的已著作等身。二是这项工程完全是在其庸同志领导下完成的。因为我只在校订组工作了一年多，就被张春桥下令离开。那时，我虽是《人民日报》工作领导成员之一、文艺部的工作领导小组组长，却又是文艺部造反派的斗争对象。在他们的包围监督之下，无法正常工作，所以，我虽被他们逐出校订组，却不想回《人民日报》，就赖在校订组未走，而其庸同志有事也还找我商量。直到粉碎"四人帮"后，我才奉召不得不回《人民日报》，但半年后又成了被审查对象，又去"五七干校"，虽心系校订组，却已无能为力了。袁水拍更是早已成了审查对象。于是谣言四起，说校订组是"四人帮"的阴谋组织，有的单位还贴出大字报。其庸独立支撑着校订组，日子很不好过。校订注释《红楼梦》能有什么阴谋？有几位刚恢复工作的文艺界老领导，他们经历了"文革"的磨难，也反对"四人帮"，却也不支持校订《红楼梦》，使其庸同志的工作更加困难。我很感谢其庸同志，在此艰难时刻，正是他的奔走和坚持，得到了文化部和研究院贺敬之、苏一平、冯牧等同志的支持，让他继续完成这项任务。当时不少人已经调回去了，于是又向各地借调了一些人来，工作了一段时间，不久也因本单位的工作回去了，最后只剩下其庸等少数几位同志一直坚持到最后，终于完成了这第一次恢复曹雪芹原作的校订注释工程，1982年由人民文学出版社出版。截至去年夏天已发行四百万套。我们并不认为，当时的校注就尽善尽美了，但它毕竟掀开了现代红学研究新的一页，集中各种《石头记》手抄本，以庚辰本为底本，进行了恢复曹雪芹前八十回原作的努力。近几年曾接受读者意见，在其庸同志主持下，又修订了一次。新版《红楼梦》无论在广大读者中，还是在红学发展史上，都产生了重大影响，起了促进学术研究的积极作用。

《石头记》(《红楼梦》)诞生二百多年以来，评批很多，并形成了各种学派，其中不乏精彩的见解。但在红学史上影响最大的，还是"索隐派"旧红学和"自传说"新红学。胡适批评索隐派红学切中要害，但新红学完全不把《红楼梦》看成一部真实、深刻反映现实生活的伟大文学作品，而一口咬定，曹雪芹写的是自己的家事——是"感叹自己身世的"，是"为十二钗作本传的"，是"写闺友闺情的"。他们对曹雪芹和《红楼梦》的考证，虽做出了一定贡献，却大大曲解了《红楼梦》的历史内涵、时代意义和文学价值。1954年对新红学的批评虽有过火之处，却引领红学研究走上了回归文学之路。其庸的红学视野并不始于版本校订，在"文革"的苦难中他已开始抄录《红楼梦》并思考红学问题，以排遣无聊的时光，并有了他的研究规划了。

校订《红楼梦》，首先是选底本问题，虽有过一番争论，最后还是决定以庚辰本为底本，其庸写了《论庚辰本》，阐述了他的选择。不管怎么说，庚辰本是最早发现的比较完整的曹雪芹原作前八十回的抄本，其后他又写了《石头记脂本研究》《脂砚斋重评石头记》汇校。完成了对《红楼梦》版本的系统研究。尽管"汇校本"缺乏现代化的技术手段，那时只能靠一两个人的对照抄写，成书时出现了不少讹误，后来，他又与季稚跃同志一起，花了多年的时间，重新完成了《脂砚斋重评石头记汇校汇评》一书，不但改正了前书的错误，还集合了全部脂评（含非脂评）的评语，成为一部研究"红学"重要的工具书，也了却了他改正原汇校本错误的心愿。《红楼梦》的汇校本是红学版本研究中的一个新的开拓。

《红楼梦》的创作，当然与作家曹雪芹的身世经历密切相关。其庸在校订《红楼梦》时，就已经开始了对曹雪芹身世的文献考证和实际调查，完成了《曹雪芹家世新考》和《曹雪芹家世·〈红楼梦〉文物图录》两部专著。三十年来，其庸有关红学的系列著作自成系统，循序渐进，版本的校订和研究，家世的调查和考证，评批的整理和集成，其庸是学国学的，治学有朴学的求实之风，他并非为考证而考证，也不像新红学派一些学者为趣味而考证，他的考证是服务于作家和作品的科学论断，以便正确深入理解和解读曹雪芹这位伟大作家和《红楼梦》这部伟大杰作。其庸近年来出版的两部红学著作是《论红楼梦思想》和冯评本《石头记》，可以从其庸红学著述中看出，他是在文本、文献、文化的相互融通中完成的。这是现代红学最有系统的开拓性的研究成果。我以为，其庸的红学研究，虽继承了朴学的求实传统，却没有把小说作为考证对象，也没有把它看成是孤立的古已有之的文学现象，而是深入到小说所反映的复杂的社会现实，以及产生它的历史背景和时代思潮中分析和评价了曹雪芹和《红楼梦》对"传统思想和写法的打破"，这是现代红学研究中的马克思主义的观点和方法，也是科学的论证。

其庸在"红学"上的贡献，还不止在他的著作等身，开拓了红学研究的新视野。三十多年前成立的中国红楼梦学会，一直延续至今，开展国际国内学术交流，举办各种专题的研讨会，培养了一大批中青年红学研究者，中国红学会的工作，至少有二十年是他在支撑着。至于创刊三十多年的《红楼梦学刊》，更是他和几位青年同志一手操办创建的，至今在广大读者中间有着广泛的影响，成为学术研究的一面旗帜。这里有着我们共同的经历，使我感到歉意的是，在几次艰难的关键时刻，我都未能和他分忧。

其庸同志多才艺，不只书画创作独具风格，就是西部摄影作品集，那雄浑的气势，也令人震撼！即使在学术研究中，他的成就也不只在红学方面，他一生都是在中华文化大视野中拼搏、奋斗，有着多方面的建树，比传统国学更宽广。可惜这些领域，我都是无知无识，只能表示由衷的钦佩！

李经国同志编辑的《师友笔下的冯其庸》一书，为大家全面地了解、认识冯其庸同志的学术研究、艺术创作提供了很好的机会，因此我愿聊赘数语以为序。

二〇一一年四月

附记：

这是一篇旧作，本是在中国人民大学冯其庸先生从教六十周年纪念会上的一个发言，成文后就被李经国同志拿去作为他编辑的《师友笔下的冯其庸》一书的《代序》。

"人间正道是沧桑"，在其庸同志已赴仙界的今天，我认为再次"标榜"一下冯氏研究"红学"之路，不只是寄托自己的哀思，而且有益于说正当前红学的乱象。

二〇一七年五月二十八日

本文原载于《红楼梦学刊》二〇一七年第四辑

本文作者：中国艺术研究院原常务副院长、中国红楼梦学会名誉会长、

《红楼梦学刊》名誉主编、研究员

亦师亦友四十年

——长忆冯其庸先生

吕启祥

在中国艺术研究院的历史上，冯其庸先生曾出任副院长十年；作为文史学家、艺术家、红学家则从未下岗。他视野广阔、才华横溢，晚年不辞万难、十度西行的学术考察更令世人钦敬。

先生生前的最后时日，曾嘱我为其"口述自传"写评并接受"冯钞本石头记"的采访。我写成《风雨长途　笔底乾坤》[1]一文和"艺文双璧、文献至珍"的受访词，他是知晓和认可的，孰料未及发表，先生就溘然长逝了。自此，追思之绪绵绵不绝，数十年间颇有鲜为人知而令我铭记的往事。

平淡之中见真醇

自1975年6月我借调到《红楼梦》校注组得识冯其庸先生，至今已四十二个年头了。我和先生在同一年退休，即1996年我60岁，准点退休，其时先生73岁，离休。改革开放的新时期以来，我这一代人多数严格按时退休，对上一代则理应宽松，如我的师辈北师大郭预衡、启功、钟敬文诸先生，后二者终身不退，钟先生百岁尚在职。这里只说冯先生和我，四十年间的前二十年，我在先生领导下工作，后二十年，他依然和我保持着联系，直到生命的终结。

说"亦师亦友"其实并不确切。论学识，我够不上做他的学生；论交友，我和先生的各界友人也不在一个水平线上。他早年的研究生及人民大学国学院诸君，才是先生学问的传承者。至于交游，可以说国内以至海外学术界、书画界、文博界、出版界等许多名家巨擘都是先生的良朋挚友。我这样的普通人是不在此列的。

当然，我与先生同在研究所工作，以红学而论，对于先生深研的曹氏家世和早期版本我并无专攻，说到底，我只是先生所倡导和主持的红学基础工程的参与者和坚守者，之余有所著述亦受先生勉励[2]。也许由于我守分敬业，知所进退，先生对我有一份信任和尊重，退休后在放松的状态下几乎无话不可说。这样，我对于先生似乎有一种"无用之用"，即便在他境遇不顺心情不好时，也会给我拨个电话，以冀纾解或有所商榷。二十年中，电话超过四百次，多由先生打来，分量最重的一次是从最高处（4700米明铁盖山口），一次是从最危时（医院重症病房）打来，令我永远铭记。平时通话除学术外，多谈外出见闻艺文心得，也有对世态人事的感喟。在这"无用之用"中，"降温灭火"似乎还算有点作用。比如我劝过他和同辈学者不要争论长短，只正面阐述自己的观点即可；又如我提过不要去文史馆，你的书画文事已够忙，启功先生当馆长时曾邀他入馆，他果真没有去，当馆员是后来的事；再如，近年他出任人大国学院院长、中国文字博物馆馆长，我都劝他及时退任，年龄和身体已不适合。当然，许多事我说了也无用，先生有身不由己的苦衷。

退休之后，彼此居处很远，从我家到冯宅要换三种地铁两趟公交（或两头打车），单程约需三小时。一年之中，大抵去两趟。春天，先生会邀我去看花，院子里的西府海棠，从及腰长到比二层楼还高，见证时光的流逝。在这长时段中，我较多地感受到先生作为艺术家的一面，虽则我造访的次数稀少，但每去都仿佛是上了一次瓜饭楼艺术课堂，留下了难忘的印象。这里只能追忆一二。

先生是1996年移居京东通州张家湾芳草园的。我迟至1998年夏才初次往访，1999年5月第二次去。2001年6月24日，先生新得唐俑和良渚玉，让我见识；2002年4月16日，他邀我去院子里看牡丹，二乔姚黄等名品已开过，仍有数株精彩，深紫、纯白均很难得，有一株开花近三十朵。这天先生谈兴很浓，讲到出土竹简、文物流失等情，还出示了新填的《金缕曲》，忆及无锡国专，还告知明将参加国家图书馆《永乐大典》研讨会。2005年4月16日，一早去先生家观画，他出示中华善本再造的《苏轼》卷，还蛮有兴致地邀我看远道来的黄山古梅。隔了多年的2009年11月，他有诗相赠未裱，要我去看，一进书房即有一股楠木香气扑鼻而来，原来阔大的金丝楠木书案已就位。我略知它的来历，记得十多年前在扬州开会，参观汉广陵王墓出土的棺之外椁，材巨量多价廉，先生购得后请中央工艺美术学院明式家具专家陈增弼为设计制案，惜陈于2008年病故，后由其弟子继志以成。陈先生亦因冯老延请参与《红楼梦大辞典》编写而与我熟识。今我观此几案，稀其物亦念其情。每次去瓜饭楼总有让我难忘的节目。值得叙及的还有近年即2013年2月6日那一次，先生特地让我和老伴看了两种艺术品。一种是头天刚从沈阳裱好送来的巨画，须得在楼梯上才能展开，共三幅，一幅是较早画的山水，整幅水墨，只一间小房为红色；一幅是西部重彩山水；还有一幅是雪景，最大。另一种艺术品更令人想象不到，是前天刚从扬州送来的木雕屏风。楠木的香气我熟悉，眼前的楠木雕刻屏令人赞叹。一堂六扇屏两面均有雕刻，一面刻的是先生的"层峦叠翠图"，另一面刻的是先生的瞿塘石歌。我虽外行，但凭直感就觉得无论是材质还是字画及雕刻工艺，都较螺钿镶嵌的屏风显得高雅古朴，一是富贵气，二是书卷气。此屏仅雕工便需15万元，楠木材质和名家字画，其文化含量更非同寻常。先生说我运气好，碰巧了，我庆幸能如此近距离地观赏此艺术上品，只是自己修养太差。二十年中，能够来到瓜饭楼，受此艺术和学术熏陶，仅有屈指可数的几回。

我是先生周围登门很少的人，电话相对多些，但二十年平均下来一月不足两次，也不算多。就在这并不频密、其淡如水的交往中，见出了一种持久的、真醇的情谊；由此对先生为人为学有了较多的认知。并且由衷信服黑格尔老人的一句话，"熟知非真知"，我想问，熟悉冯先生的人们，真了解他吗？

学术报国情未已

以学术文化报效国家对冯先生而言是终生不渝的，达到了不分时段、不求回报、不计得失的境地。2010年先生从教六十周年，时任国家副主席的习近平致信中有"治学报国"的赞语，至为切当。

人们常说，退休了可以放缓节奏颐养天年；在先生则因摆脱了行政工作得以集中时间精力从事著述、书画、外出行走，做出的成果，甚至超出了退休之前。红学方面的多种重要著述如《论红楼梦思想》《红楼梦概论》（合著）以及百余万字的《瓜饭楼重校评批红楼梦》大型集成之著，都是在退休以后的21世纪完成的。西行考察有五次是在退休之后，支持创建人大国学院更是晚年的事。以上种种，人所共知，不再缕述。

这里只想做一些补充。举一个书画创作的例子，2014年我获赠《冯其庸画集》，由人民美术出版社出版。拿到此册不必说入眼"雾失楼台"的封面画作和高雅精致的装帧令人赞叹，翻开内里都是近作精品。我作了一个小小的统计，全册167幅，其中仅6幅为退休前包括五十年代和六七十年代所作，绝大多数即151幅为1996年退休后所作，尤可注意的是这151幅之中，有127幅是八十岁（2003）以后所作。这可以看作一个缩影，我们不能不惊叹冯先生进入老年以后的旺盛创作力。先生在电话中提示，此集中临黄公望一幅所用心力尤多，应注意看。惜乎我于书画未曾入门，虽逐幅认真看去，借重题跋，也只一知半解。但心中的确震撼，八十岁以后有如此数量的上品佳作，真不可思议。

不止于此，到九十岁他更开了"冯其庸九十诗书画展"，观展后给我留下最深的印象是"大"——大尺幅、大手笔、大意象、大气魄。岁月日增，先生气概越大，眼界越宽。这与他同期所作的学术文化贡献相辅而行，是他心境的艺术表露。自90年代起，先生开过多次书画展，出过多种大型书画集，从创作到布展，投注了大量精力财力，在友朋帮助下，他乐此不疲，这也是一种对社会的回报。

顺便说一下，先生的画册和展出以及一系列的学术著作，从未向所在单位或其他机构申请过费用。在研究院从未对冯著有什么投入，倒是他无偿奉献了难以数计的书画作品，对几代领导，有求必应。这与时下动辄大笔科研经费或资助出版，以至一篇文章也属某阶段性成果相比，形成鲜明对照。钱，并非不重要，而钱与学是不能交易的。如冯先生，重在奉献，不求回报，不愧是浊流中的一股清泉。还应提及的是，先生不谙电脑，他有个助手高海英，但不是公家配备的，是把一个从农村山里来的女孩子培养成了高水平的学术助手。

冯其庸的学术报国还有一个难能可贵之点，就是无怨无悔，虽历挫折横逆而不改其志。

学术报国之路并非是一条没有曲折坎坷的平坦之路，而是充满艰难险阻的风雨长途。过去如此，现在亦复如此。先生的自述忆旧及生前逝后的师友之文都证明了这一点，不再重复。这里只愿就个人的闻见感受以近年之事作为补说。

在改革开放的历史新时期，总体而言，先生心情舒畅，成果丰硕。但这一时期经济转型、社会复杂、物欲膨胀、金钱作祟，种种负面现象丛生，文化掮客、学术骗子并不鲜见。先生曾遭逢某些出版社（包括台湾和大陆）的骗局，亦遇到某些大款慕名要求买断他的展出作品，为之设立基金会云云，这些都被他婉拒，他坚决不卖画、不愿被市场绑架。然而作为文化界的名人真也防不胜防，花样翻新、假借正义的招牌往往难以辨识。2008年汶川大地震，先生忧心如焚，不顾病痛，勉力支撑，连续两天写字作画，连同积存的共46幅，交与前来赈灾的"慈善"机构，来者承诺拍卖后计约三百余万元全数捐献灾区。此后不久，接先生给我电话，痛心地说，他友人在某地见到这批字画有的已流入市场，多半是上当了，应急查是何人打此著名慈善机构招牌。先生嘱我勿声张。以后，听说破了案。这实在是他始料不及又无可奈何之事，自然深感悲愤亦做了善后处理，我未曾深问。但我看到，就在这一年，先生以丈二尺幅，大书"天下归仁"四字，赞颂当年奥运和救灾壮举，跋语有云，汶川大地震"全国军民万众一心，共抗天灾，众志成城，奋不顾身，此情此景，可歌可泣"。"予今八十又六，身经抗日大难，死亡多门，后复历经风雨，今乃际此仁德之世，能不有感于心乎？"先生不以自身所受不仁不义而障目，其爱民报国之心益发坚定高扬。

类此，还可举一显例。先生为唐玄奘取经东归古道立碑是件大事，中央电视台为此申报了重走玄奘之路的项目经费。这样一桩学术文化的盛事，理应尊重和照顾作为整个活动学术顾问已经82岁高龄的冯先生。2005年8月，先生立碑归来，23日我去看望，获悉这一项目约有千把万元的经费，可是在乘坐飞机前往新疆时，先生竟被安排在最后一排；到了那里，由于当地与先生关系很好，一切费用全免，先生过意不去又写了许多幅字还情。简言之，就是中央电视台出名，冯其庸埋单。经费都到哪里去了？令人费解。尤其不近情理的是，在海拔4700公尺的明铁盖山口上，高原缺氧反应不可避免，为保护带病老专家健康，理应尽量缩短时间以减少元气消耗；然而三个电视台竟轮番采访，对先生的身体造成很大损害。先生8月19日归来，次日来电话告诉我，高山反应犹可，唯三家电视台的连续采访实在受不了。（此行归来，先生特别是家人都说，"拼上身体，病倒了谁管！""大台身份，历来如此。"我以为，先生体质本来十分耐劳，如果周围尤其是那些掌权管钱者能够善待、珍惜学术老人，他本来可以活得更久、做更多的事的。）

尽管如此，在气愤和无奈之余，先生并不以个人的得失荣辱和健康受损为念，他牵念的是大局、是学术。如果有可能，他仍会再去新疆、去西部、去攀登。他和许多人一样，对周遭学术失范、艺术失魂、做人失德的负面现象深感忧虑，甚至深恶痛绝，但绝不会以偏概全、一叶障目。

环顾当下的知识界，杂音很多，抱怨不少，网络上手机上的负面消息广为传播，所谓"我爱中国，中国不爱我"或"不可爱"之叹随处可闻。在冯先生那里，我却很少听到类此抱怨。他历经风雨而不失望、不绝望、不观望。他不仅分清正邪，看到前进道路上的迂回曲折，而且不会把局部当整体，把暂时当长远，不会把领袖人物某一时期的错误失败等同于党和国家的性质宗旨。他相信人民，相信历史，对我党领导的民族复兴大业充满信心。因此，他的乐观不是盲目乐观，是历史的乐观；他的学术报国是无条件的、无穷尽的。这是中国知识分子中不可多得的极为可贵的品格。

转益多师不保守

先生逝后，有网络上发出一种议论，谓先生小学没毕业、无学历、缺少师承门派云云，闻之深感诧异。人们知道先生出身农家，自幼极度贫困，青黄不接以南瓜充饥，在艰难困苦的环境下渴求知识，坚持自学。有关此点杨绛先生说得好，她说我们这样的人，生来就是读书的，家庭为你准备了一切条件；而冯先生则不同，一切都靠自己艰难争取方能得来。事实正是这样，无锡和江南一带名门很多，书香门第出身的自幼得到上一代熏陶，饱读诗书，长大可以深造，可以留洋。而这一切都与冯其庸无缘，他要种田、插秧、挑担、戽水、养蚕、炒茶等。辛苦劳作之余，夜晚才有时间，没有书，只能借或辗转求索。书本里的那个精神世界全凭刻苦自励去一点一滴地拓展。

虽因贫困而几度失学，然而在抗战胜利后因禀赋优异和兄长支持，冯其庸终于获得了入读无锡国专的难得机会。这是一所颇具声望的文史专门学校，掌校的王蘧常先生对冯其庸爱护有加、寄望甚殷。这里名师云集，令他眼界大开。王先生精讲《逍遥游》，如同开启了《庄子》之学的钥匙；朱东润先生讲《史记》《杜诗》，明生死忧乐之大义；童书业先生的秦汉史讲稿即可成书；顾佛影、俞钟彦、冯振心几位先生同时开讲唐诗；吴白匋先生讲词，等等。在此后长达半个多世纪的学问人生中，无锡国专的教育烙下了深深的印记，先生在各种场合不断忆念，受益之深以至成为晚年创建人大国学院的重要参照。王蘧常先生作为海上名家人称当代王羲之，章草乃当世一绝，有《十八帖》长卷书赠冯其庸（王右军有《十七帖》传世），冯其庸终生以师事之。这难道不是师承吗？

然而，对一个学者而言，青年时代的学业只是基础，学习乃是终身的事。在冯其庸身上，我们看到了一个极其显著的特点，就是广交博纳、转益多师。他向名家巨擘学，也向普通人学；向前辈老人学，也向青年后生学。

21世纪初的2001年，先生出了一本《墨缘集》，顾名思义，由翰墨结缘、集结而成。书的装帧设计封面题签都由他亲为，图版有数十幅之多，琳琅满目。翻看各篇，一系列名家巨擘，令人敬慕，如刘海粟、朱屺瞻、王蘧常、赵朴初、启功、沈尹默、林散之、高二适、周怀民、唐云、谢稚柳、许麐庐、杨仁恺、傅抱石、侯北人、方召麐、池田大作、萧龙士、蒋风白、刘知白、张正宇、陈从周、华君武、黄永玉等。至2009年又出《瓜饭集》，内收忆郭沫若，哭钱仲联，怀念苏局仙、谢无量、张伯驹、顾廷龙、沈裕君诸前辈先生，以及怀念林默涵、冯牧、张光年等诸文艺界师友之文。在戏曲界，除拜识戏剧前辈田汉、周贻白而外，所交的著名演员不可胜数：盖叫天、周信芳、马连良、李少春、厉慧良、袁世海、关鹔鹴、赵燕侠、俞振飞、张继青等。近年更有饶宗颐、叶嘉莹、姚奠中、张颔等诸老。以上所举并不完备，已足可见出先生交游之广、层次之高。其文或怀旧忆昔，或仰慕赠答，或请益求教，或受托作序，无不记录了同各界师友的深情厚谊尤其是受教订交的渊源始末，正是转益多师的生动写照。

这里要特别强调的是，冯其庸与名家交往并非攀附而是真正的翰墨因缘、文字之交。以郭沫若为例，郭老于60年代之初研究《再生缘》，考其作者陈端生，苦乏材料。事有巧合，冯其庸自幼习字临帖，偶得陈云贞《寄外书》，爱其小楷，熟临能诵。陈云贞即陈端生，遭际坎坷，寄外即写给丈夫，文采书法均佳。郭老感谢冯其庸提供资料，因此有书信往来，晤面论学。笔者曾撰《再生缘》长文，熟悉相关资料和上述因由。郭老名高位重，论学谈艺却平易如友。又如启功是大名人，愿与冯其庸交往是因为在书画、碑帖、金石、文物等方面有诸多共同语言，启先生还专门造访冯宅，以为可称"瓜饭楼博物馆"，建议冯应画山水，并将所收藏品编集，不使淹没。这与启功的声名无涉，二人相互契合切磋，启功的识见之精、待人之谦，给予冯其庸莫大教益。

不但向名家学，也向普通人学，向后生晚辈的青年人学，这说明转益多师之"师"是广义的，不在名分而重实际。比方说，一般认为戏曲演员的文化水平不高，但先生从早年看戏时起，就把演员看作老师，说看戏"等于上戏曲史的课"，许多曲词来自古典诗词，舞台的动作和形象"等于把词句立体化了"，是"用行动来注释曲文"，大有助于理解古典文学，他常把剧本与演出对看，书面的文字就能读活读懂。在红学方面，新时期以来，不仅诸名家如王昆仑、叶圣陶、沈雁冰、俞平伯、吴组缃、吴世昌、周汝昌等均延为顾问，多所请益；而且并不知名的晚辈意见也十分重视，《红楼梦学刊》读者中多有此例。这里可举新世纪的一例：当《瓜饭楼重校评批红楼梦》出版后，湖南（娄底）一位中学教师对此百余万字的巨著仔细阅读，并着重从文字方面指误摘谬，拾遗补阙。冯先生十分重视，随即与之通话，请其重检。并在新版后记中郑重记写"全文请唐友忠先生重新标点"。见出先生虚怀若谷，诚恳地以并非名家的中学老师为师。

先生对于青年的爱护、奖掖、平等对待，有口皆碑。从凌解放到二月河的故事已广为人知，培养青年雕塑家纪峰和青年工笔画家谭凤嬛，也不必在此叙说。这里只想就20世纪八九十年代先生在研究院主持职称评审期间对青年才俊的赏识、推重略说一二。那时常有破格再破格的事，我常听得先生说起一批青年学人的名字，如戏研廖奔，影研丁亚平，音研田青，美研顾森、陈绶祥，等等。有一次，他兴奋地告诉我，你看廖奔的《宋元戏曲文物与民俗》，可与当年王国维《宋元戏曲考》媲美呵！随即为之推荐出版，并介绍他到加州伯克利大学访学。我闻之亦十分惊喜，先生如此评价当非虚言，青年同事如此才华真艺术研究之福。事实证明先生有眼力，这一批人已成中坚。他爱才惜才，尊重人才，每次书画展必请美研同事参加，他们毕竟内行，水天中、郎绍君诸位的评论他很看重，无论缺欠或赞扬都在点子上。顾森更是汉画学会他的接班人。某年他和田青的德国之行，又谈起田青佛教音乐的造诣。总之，以我有限的耳闻目见，先生是深深珍惜和倾慕研究院青年一代的。

他的爱才忆旧到晚年更甚，给我以极深的印象。他常常叨念才高早逝的挚友杨廷福和江辛眉，前者为唐律专家，后者为诗词才人；尤其是对住得近交往多的张正宇相知更深。有一次——已是2014年4月2日——前往看望，他半躺着向我滔滔不绝叙说张正宇，说："张老虽为人艺的舞台美术师，实在是个大天才，深不可测，妙不可言，任你什么难题只要找到这个美术老祖宗便可迎刃而解。可惜四人帮一倒便逝去了。"这天的话题就是张正宇，我听入了神，那些前所未知的情事都不及追忆。对无锡国专的老师亦回忆益发深细，也是在同年8月20日去探病，他听力早失，用助听器也很费劲，视物也模糊，尽管如此，却郑重送了我一本书，还题了诗，是《翠楼吟草全集》一厚册，据台湾原版复印装订的，只有很少几本。回家细检，书首有先生题诗并写"悼陈小翠师题其遗集，赠启祥老友，宽堂九十又二盲书"。[3] 这才知道作者是无锡国专时代的老师，陈小翠有当代李清照之称。九十开外老人的尊师、惜才、怀旧之情尽在其中。我拿着这本书，沉甸甸的，感受到了它的分量。

由上述种种可知，先生重师道却不拘执，贵传统却不迂腐，念旧怀故却不保守封闭。这里还要特别提及先生对传统文化的分析态度，对封建糟粕的批判精神。早在20世纪五六十年代从事戏剧评论时，先生就对戏剧中宣扬的封建道德进行了科学分析，指出忠孝节义在不同时期不同人群中其道德内涵并不相同，既有值得继承的精华，也有应当扬弃的糟粕。对《斩经堂》这样的古老剧目，固然赞赏其表演艺术的精彩，却旗帜鲜明地批判了其内容愚忠愚孝的封建说教。冯其庸极具说服力的文章得到了当时戏曲艺人和中宣部领导的充分肯定。这种对于传统文化清醒的理性精神，一直贯穿到他晚年倡导的大国学之中，开放、包容、有原则地坚守。环顾时下的国学热，那些盲目崇拜或否定传统者，都应从先生的文化定力和开放态度中得到应有的启示。

记得近年的一个除夕之夜，先生给我来了一个长电话，足有一小时，他忧心于日本军国主义复活的消息，忆及当年在老家亲历的日军暴行，屠戮亲人，狗噬同伴，奸污堂姐，自己也险被刺刀挑死，种种往事，刻骨铭心。往昔我也曾听他言及和在文中述及，但那天晚上讲得十分详尽而且心情激动。随即他和我治世界史的老伴讨论国际形势、评述美国霸权、期待中国复兴。我又一次真切感受到冯先生深厚的家国情怀早已升华，他关心时事放眼世界，他多有军界和社会各界朋友，常告诉我以富民强军、反腐倡廉的信息，发自内心的强大文化自信和中国自信，永远给人以正能量。

此生无憾亦有憾

以中国传统观念或当今学界前辈的寿数来看，冯先生算是高龄了。他对自己一生的著述业绩包括书画摄影作品，已经做了相当全面的回顾和总结，做得从容细致，即此而言，他是无憾的。

比如说，《瓜饭楼丛稿》三十五卷（含目录一卷，学术简谱一卷）已于2012年由青岛出版社整体推出。这套书稿从收集、编次、分类以至装帧设计纸张，先生都反复斟酌、周密安排，倾注了许多心血。毕生的文字著述，包括评批辑校都在其中，这是最大心愿也是一项学术工程，已告完竣。又比如说，《冯其庸年谱》已由早年及门弟子、人民大学叶君远教授长期积累、排比勘校，在先生指导下完成，计四十余万字，于2015年由中国社会科学出版社出版。其简缩版《冯其庸学术简谱》已入上述《丛稿》。叶君远教授所撰《冯其庸传》的简本作为"大家丛书"早在2010年已出版，详本的评传正在撰写中。

更令人欣慰的是先生家乡的"冯其庸学术馆"已于2012年正式开馆。学术馆的全部展品都由先生捐赠，回报桑梓为其夙愿。学术馆建设历时三年，其间先生多次同我谈及他的想法，决不要变成个人的纪念祠堂或死板陈列，它要接地气有生气，成为百姓特别是青年人的文化活动场所，也接纳各地各类文化活动和学术会议。几年来，学术馆的运转和发展生机勃勃，一如先生所愿。

2016年11月17日最后一次看望先生，他精神颇好，说"最近有三种书要出版，一定送给你们"。一为"口述自传"，他改了五遍；二为冯抄庚辰本石头记，青岛出版社大投入，很精美；三为《瓜饭楼外集》，待商务馆庆时出。以上前两种先生已等到。

先生的晚年可圈可点，西部学的开拓和国学院的建设，使先生夕阳之辉煌同于朝阳。这样的人生不仅无憾，而且大放光彩。

然而世事不能十全，岂能尽如所愿。遗憾有两种，一种是条件不许可，虽憾无怨；另一种是本应做到，却未能如愿。

前者我略有所知，比如在长期的交往中，先生流露过一种愿望，他很想走完取经之路的全程包括域外一段，想去佛教发源地的尼泊尔、印度看看。他有此类想法很自然，限于身体和其他条件不能实现亦在情理之中。

另一种则是对他此生用力最多、寄望最殷的红学之憾，这是实实在在、念兹在兹的憾事。作为新时期红学的掌门人和学术带头人，有两项基础工程影响深远，一为新校本，二为大辞典，都是集体成果。前者发行已达数百万套，虽曾修订三次而未称完善，且学术发展当与时俱进。此项工作本应传承，然先生觉得今之研究所负责人心不在学，他不放心，只能搁置。还有一项即为《红楼梦大辞典》，本指望接棒修订，二十年后却出了一个学术严重失范的增订版。2015年年初老编委提醒关注质量，为之补台，却因而遭难。为此，先生抱病在半个月内给我打来三十余次电话，要求逐一厘清事实真相。

对红学现状，他早有忧虑；如今，先生已抱憾而去，思之黯然。

此刻，想起了先生的诗句，又复感受到永不失望的薪火，借以结束此文：

> 风雨相摧八十年，艰难苦厄到华巅。
>
> 平生事业诗书画，一部红楼识大千。
>
> 七上昆仑情未了，三进大漠意弥坚。
>
> 何时重踏天山路，朔雪严冰也枉然。

完稿于二〇一七年三月初

注释

[1] 吕启祥《风雨长途 笔底乾坤——追思冯其庸先生》，为先生"口述自传"之书评，载《中国新闻出版广电报》2017年2月3日第4版；经修改删节刊于《红楼梦学刊》2017年第2辑；黄安年的博客/2017年1月22日发布 http://blog.sciencenet.cn/blog-415-1029298.html《艺学双璧 文献至珍》，见黄安年的博客/2017年1月25日 http://blog.sciencenet.cn/blog-415-1029760.html。《曹雪芹研究》将发。

[2] 先生曾不止一次就我的书或文赠诗，我有自知之明，皆视为勉励之语。

其一为《题吕启祥〈红楼梦会心录〉》，1991年6月5日。

开卷十年此会心，羡君真是解梦人。

文章千古凭谁说，岂独伤心是雪芹。

（本诗及一画成对，曾置于《红楼梦会心录》台北版及商务版书首。原作裱成立轴相赠）

其二为《读吕启祥论秦可卿》，2006年7月30日。

红楼奥义隐千寻，妙笔搜求意更深。

地下欲问曹梦阮，平生可许是知音。

（此诗为某报刊乐于引用，谓夫子自道；先生不悦，认为失其本意。事实是他读我2006年7月在《红楼梦学刊》发表的《秦可卿形象的诗意空间》一文后，口占电告。其后亦精裱相赠）

其三为《启祥自美来书问疾，适读重校红楼梦有感，诗以代束》，2008年3月27日。

万里多君遗鲤鱼，病来最忆故人居。

卅年疏凿原非梦，百口飘零本是书。

字里斑斑多血泪，风前落落尽丘墟。

我今会得芹溪意，剪烛同君再细梳。

（此为手卷，先生书写多次，满意后以绢底精裱装匣，一度遗失，失而复得，尤可珍惜。该手卷预留大幅
空白待题，观之怅然）

以上诸诗均见《瓜饭楼丛稿》，冯其庸文集第十六卷《瓜饭楼诗词草》第357、128、388页，青岛出版社
2012年版。原件均在我处。

[3]　题诗为：

生同后主是前因，词华翩翩薄少君。

已是声名传四海，可怜末路还同尘。

悼陈小翠师 题其遗集　赠

启祥老友

宽堂九十又二盲书

（陈小翠与南唐李后主同月同日生，故有首句）

本文原载于《红楼梦学刊》二〇一七年第三辑

熟知非真知

——其庸先生周年祭

吕启祥

一

"熟知非真知"是黑格尔老人的话。与其庸先生相识受教四十余年，不能不说是熟人，然而他的事业胸襟、精神世界我又有多少"真知"？年来随着先生的离去，自身反思重温、友朋怀念追思，如山峦层出，如波浪翻涌，先生的形象更趋鲜明、影响深邃广远。我愈益体会到"熟知非真知"此言的真理性，这样的感受今后会与日俱增。

记得2012年无锡冯其庸学术馆开馆，我曾前往，一个最为突出的感受是"气场"强大。参与者来自广阔的不同界别，涵盖学术文化艺术各个领域，有治国学、史学、红学、文学、敦煌学者，也有掌教育、文物、出版、图博的专家，还有书法、美术、摄影、工艺等创作家，更有佛学高僧和热心文化的企业家和军中豪杰。以年龄论则少长咸集。为此当时曾写过一篇短文表达此种感受。如今，在先生逝后又一次感受到了更为强大的气场，对先生的怀念、追忆、感恩、论析之文一波又一波地不仅在报刊上、集会上，而且在电邮上、微信圈内不断发出，极大地加深了我对先生的认识，反观我对素所"熟悉"的先生所知更显肤浅、狭小、片断化。先生是一本大书，想要尽穷是不可能的，只能说，几年来于"真知"之途走了一步，在此，略举数端以表认知的深化。

二

比方说，先生晚年倡导国学、出任人大首任国学院院长我是知晓的，他在电话中还常以创建之难、觅贤不易相告；但对他倡导"大国学"的宏阔视野和深长意义我所知甚浅。在先生逝后"大师垂范大国学"的诸多文章和学术活动中，我逐渐领悟到冯先生所提出的"大国学"即"新国学"的概念回答了新时期何谓国学和如何复兴的问题。首先，"大国学"包容宏富，既承继了传统国学的精华又适应了时代的需求。大量的地下发掘、出土文物、历史遗存极大地丰富了对传统文化的认识，统一的多民族的大国又必定要有开阔的视野，国学不应只是汉学，而应包括中华各民族的历史文化。其次，"大国学"的提出又和冯先生的治学特色密切相关，先生行万里路，他长期研读山川，融汇古今，特别是累次西行在冰山之巅、沙海之底，激发了他的思考，认定大西部的开发是中华复兴的必然，中华复兴包含中华大家庭各个民族的复兴。他悟到华夏大地源远流长天高地宽，国学作为中华民族的精神支柱，根深本固而生生不息。大国学之倡，充分体现了他的家国情怀。再者，先生是践行家，在课程设置、学术研究、人才培养、书画创作诸多方面不仅规划设计而且身体力行。国学院的西域所成立已十周年。最近为纪念先生，在多方协同下于无锡召开的大国学研讨不仅有理论阐述，还有汉学、藏学、西夏学、印度学、蒙古学、满学等多语种多学科的探讨，正是"大师垂范大国学"的最佳阐释，我亦由此深获教益。

又比方说，我知晓先生是书画家，也参观过他的画展和获赠书画集。但说实在的，这仅是冰山一角或浮光掠影，不知真味。年来从书刊和微信上见到王少石先生所发大量先生书画作品，许多都是精品、是性情之作，其时间多在八九十年代。"黄石轩"是宽堂为少石所题斋号，1989年留宿为书"寄庐"以志不忘。少石先生是书画篆刻名家，与冯先生交往近四十年，存书信二百余通。冯老早年就力促《红楼梦印谱》之成，曾七过宿州，多有诗画合作，"处世多为稻粱谋"就是一幅合作，"莫嫌少颜色，自有知音看"，这是宽堂题赠少石的画作，亦为我前所未见。我以为冯先生在与至交故友相处时、在放松状态下尽兴挥洒往往成为书画的上品精品，少石先生为冯老"知音"，故多有精品至宝。在书法方面还有件颇令我吃惊之事，那就是冯先生对唐双宁草书的激赏和称誉。冯先生是书家，看惯的是他的行书，他也爱诗，时常有题画之作或赠人，多为短章。也就是说我并不知晓他对草书的识见精到，其倾心赞叹令人震撼。先生逝后从瓜饭楼微信群上看到了唐双宁的悼念文章，顿觉眼界大开。唐先生作为一个业余书家精于草书，90年代经杨仁恺先生之介得识冯老，多所请益。20世纪初，当冯老亲睹唐双宁草书作品后，惊艳赞叹，谓见到了自己追求几十年的狂草艺术境界，夜不能寐，于2004年12月作《唐双宁狂草歌》，其序曰："予读唐君狂草，如少陵观公孙剑器舞，又如读太史公书项羽破秦军百万诸侯军山呼震岳，又如闻雷轰电掣，声光扫寰宇，复如听梧桐夜雨、二泉映月，其奥微处在微茫之间，当以神会也。"此作用古曲子歌行体，连用二十多个典故，结尾谓："君书独得天地造化灵秀气，只有山河大地五岳风云堪与相吞吐。"这样的抒发和笔墨在先生诗作中十分独特，或曰罕见。我是在《瓜饭楼丛稿》编集后方见的。由上二例可以见出，无论书法或诗作，平日所知，不过一鳞一爪，何来"真知"耶！

再比方说，先生的行走、考察、实证自以为也是较为熟知的，然而其广度和深度、影响和泽惠则远远不是我能想象的。近日，山东的朋友以《齐鲁大地的铭记》纪念先生逝世一周年，回顾先生数十年来屡赴山东各地的参观、访问、考察、点评、留题，亲临文化遗址或发掘现场，每到一地都有点石成金的建议，留下诗篇墨宝，更有对年青艺术人材的鼓励，既有准确的评论又有切实的指导。先生的心血智慧、浇灌和滋育了一方水土，让人铭记不忘。其实，何止是齐鲁大地，秦晋山川、中原大地、江南水乡等无不留下了先生的足迹，铭记先生的功德，更不用说尽人皆知的大西部了。笔者还曾写过一个天涯海角的先生行迹，诉说冯其庸的海南情结。足见先生不仅属于无锡，属于西部，他是胸怀天下具有文化担当的中国学者。

三

这里，我还不能不追述其庸先生对我国文博事业的关心、用心和忧心，其实，在他给我的数百次电话中很多与文博相关。他常常告知我最近有什么地下的新发现、某博物馆入藏了什么珍稀品等，兴奋之情溢于言表。1999年1月8日，他来电话说，西部沙漠出土文物中竟有"五星出东方利中国"字样，多么神奇，像吉谶。此语印象深刻，我记下来了。2005年5月27日他来了个长电话，除人大校长亲自请他出任国学院长这件大事通报我之外，还有两件事叙说甚详。一是他购得一块唐碑，以两万四千元成交，碑石很重，由12个小伙子合力才搬回家。二是他为故宫旧事撰文，内容是明代正德皇帝因观灯引发火灾焚毁宫殿，不得已下了罪己诏，明实录有记载。这个罪己诏是罕见的文物，可巧冯先生过去曾得到，并已捐赠给国家了。他还叙及在写散文，又为友人作序等事情。这个电话我追记竟有半页之多，还发了一句感叹，人究竟有多少潜力！2011年4月2日他在电话里说，他幸运地藏有一件仰韶陶器"敧"，橄榄形，初为实用器，可盛水，宜八成，多则溢。悬置若稍倾则水溢出，太满则翻，寓含满招损之意，后演变为座右铭。此器公藏有两件，分别在陕西和山西，私藏的此为唯一，此陶器为红色，乃仅见。这样详实的描述使我大长知识，虽闻如见。

冯先生不仅对某件具体的文物或某次近期的发掘随时关注，而且对全国各大博物馆十分熟悉。故宫博物院不必说，各地如陕博、南博、上博、沈博多有他的挚友，看过其中的珍品。他曾挺身为南博姚迁院长的冤案平反已广为人知，他将大西部摄影展图悉数捐赠陕西大慈恩寺积下功德。他同藏有汉画像石的安徽萧县等地渊源更深。在此，我还特别记起在2005年7月14日的一次通话中，他大谈简帛学，由此说到上海博物馆有这方面的专家，慧眼识珠，辨识得精品，从日本购进了一大批，对方欲拖延未遂。如此难得人才，时上海市委主管竟令其退休，致使事业受阻，精神失常，坠楼身亡。副馆长为瓷器专家，罹患癌症，上博危矣！沈阳博物馆杨仁恺老馆长已逾九十，患癌而不自知，仍去内蒙古考察。一旦倾倒，沈博危矣！我深感先生的痛惜和忧虑之情，心里想，先生对文博事业倾注的心力作出的贡献，恐怕不逊于红学吧。终究因为隔行，我的所知离真知尚远。先生逝后，我从一位收藏家的悼念中再次印证了这一点。

这位收藏家是以"东方瑰宝"闻名的李巍先生，数十年来专门收藏和研究金铜佛像。他忆及先生曾参观其展厅，钦服冯老对佛教文化和佛教造像深有造诣，对佛像的时代、造型和工艺都有精到评论。冯老对李先生向国家博物馆无偿捐赠22尊金铜佛像极为振奋，称之为汉藏佛教史上值得大书特书的壮举。为这批价值连城的国家一级藏品，冯老建议并推动在北京房山藏经洞附近建立一个金铜佛像博物馆，接着更促成了出版一册大型精美的汉英双语金铜佛图集推向海外，为汉藏交融中外交流竭尽全力。此前我对先生这方面的贡献毫无所知，虽曾在冯老瓜饭楼家中见过各种材质的佛像，只觉得是一种收藏兴趣，未曾料到他有如许宏大的心愿、作成如此功德的事业。如今领悟到先生是从文化传承和文化交融的高度来认识和研究佛教的，他倡导在人大国学院成立汉藏佛教研究所也立足于此。由这件事，我对先生的远见卓识和博大胸怀又添了一分真知。

四

回到红学，我虽身在其中而对先生深研的诸多领域和在各地的讲学交往所知也很有限。即便是先生的红学著述，自以为大多读过，其实不然。这里要特别提出《曹雪芹家世·〈红楼梦〉文物图录》这部书，此书早在80年代初由香港三联书店出版，我曾闻名借阅却始终未得，当时印数少似已绝版。几十年过去，当2011年《瓜饭楼丛稿》编集之际，先生将此图录修葺增订收入其中。此书搜集了先生在曹红研究中所见的历史文物和资料，依次包括辽阳部分、沈阳部分、北京部分、苏州部分、南京部分、扬州部分等各地的碑帖和遗迹图片384件。史籍谱牒等文献图片67件，书画、塑像、笔山、石砚、木箱等文物图片112件，版本书影167件，加上附录共收图片732件。以上数字还仅是初版的统计，未计入后来增入的部分。此著的可贵之处至少有以下几点：首先是体量大收罗全。在《瓜饭楼丛稿》的辑校集中，此书占了两卷，达五百九十多页，图片数量之多方面之广已如上述。编录的原则是从宽，即使真伪未定或学界已判为假者亦予收存，以供后人参照。足见编者的胸襟卓识。其次是时间早调查难。其中很多70年代实地拍摄的场景遗迹当时就寻觅不易，为实地寻访，先生一行备尝艰辛，一次路遇塌方，险遭不测。这些来之不易的场景今多已湮没、荡然无存，是不可复现的历史印记。笔者也曾去过其中某些地方，已难寻图中景象，何况今日，更遑论今后。再者，图录印制精良，老照片经行家修复，起死回生，又增入了新材料，整体胜过初版。最后也是最重要的一点，这个图录充分体现了冯先生治学的特点和优长，即将实地调查和书本知识结合起来。它生动地诠释了冯其庸"曹红兼治"的大红学理念。先生逝后，笔者将此"图录"细检，深感这批第一手材料的发掘整理编集出版乃空前之举，为新时期红学奠下了一块基石，堪称嘉惠后学的一项基础性学术工程，宜乎今之治曹红之学者珍惜与披览。

说到学术基础工程，影响最大的自然还是《红楼梦》普及本，发行已达数百万册。作为一个参与者和亲历者，在这里要补说一件先生晚年的事以见其拳拳之心。时间早已进入新世纪，人文普及本初版已超过二十五年，为了对读者负责，先生又亲自主持了该书的第三次修订。其时他年事已高，身体多病，又承担了人大国学院院长的重任，较前更忙，尽管如此，他仍亲力亲为，坚持做了许多校勘的基础工作。此前某出版社推出了一个新本，也以庚辰本为底本，谓人文本错讹很多贻害青年、流毒社会云云。先生闻此触目惊心，面对不实之词气恼激动，但并未因人废言，令参与修订者人手一套，细加研读。修订结束后先生很快起草了三版序言，我看后并不认可，以为序言应概括简约，从正面立言，不必涉及具体本子评论，当即大加删节并做了若干改写。在与修订主力胡文彬兄沟通后次日，即2017年8月18日同去瓜饭楼请示先生，先生不以为忤，依我所改。说实在的，先生是文章老手，却从未改过我的文字，我却斗胆大刀阔斧删改这样一篇重要序言。此番我做了一回"诤友"，先生能从善如流，给我留下了深刻的印象。而归根结底，是出于他对新校本的爱护，重大局、重长远，他相信这个版本会长久流传下去。当前《红楼梦》的本子早已多元，先生对此是持通达开放态度的，即脂本以外的各种本子都有存在的理由，读者可自由选择。但以庚辰作底本的人文本是否如有的名家所责其文字难通、谬误严重、破坏性格？后四十回是否不逊前文为雪芹原稿？则是大可讨论的。认真思考这些问题，珍惜先生主持和倾注心力的这一红学基础工程，使之不断完善，是后来者不可推卸的历史责任。

五

一年来，先生虽去而精神犹在，追思之中认识有所深化，归结到一点，仍是"治学报国"。在我看来，一位学者，即使毕生埋头书斋，也会以自己的方式奉献社会、报效家国；但就冯先生而言，其治学报国有鲜明的特点，即自觉性、实践性和前瞻性。他的贡献和影响，既在著述之内，又超出著述之外，广远深长。本文开头提到先生的"气场"，此刻不禁联想到了先生逝后的告别式，敬献花圈的当然有众多各界人士，而且竟然有中央政治局在任的全体常委和三代中央领导人以及三代总理。此事我们普通人当然不知道，家属事前亦一无所知。历来，敬献花圈是自愿的，对一位学人表示敬意出自衷心；如此齐全却很罕见，亦非偶然，可以深思。听说有人借此作柄，同所谓"官方""主流"相连，这种声音由来已久，对先生是并非实事求是的误解。事实是，冯先生与现今某些国家领导人相识都在他们处于基层之时，出于他们的主动请益而有些学术文化的交往；以后当其位高权重公务繁忙，先生守分自处，从不干扰。据我所知，有关领导的信件、合影照片等，先生都收藏家中，从不示人。至于拜年看望，是党和国家对老专家的关怀，冯老同于别位，并无特殊。况且，说到"官位"，冯先生的级别实在不高，不够资格住某医院，曾一度入住，出院需要自付医药费数万元。此点，我去探望时老先生夫妇如实相告。质言之，先生是一位无特权不特殊的学者，以学行世，治学报国。

任何名人也是常人。他们也有同普通人一样的喜怒哀乐、长短得失。鲁迅说看人要看全人，诚哉斯言。在我眼里，有时常觉冯先生与其说是学问家不如说是艺术家，他有浓重的艺术气质，是性情中人。性情中人于朋友之道尤其艺术创作是很适宜的，而论学主政则必须理性清明。先生律己甚严，懂得以理制情；但他酷爱艺术、素重交谊，情之所钟，有时未免感情用事。几十年来，曾经遇人不淑、上当受骗，或知人不明、失之偏颇，或追求完美，急于求成等。凡此，人都易犯，贤者亦不能免。我们不必苛求于先生，亦不必为先生讳。正因此，对于包括冯先生在内的名人大家，最好的评价就是实事求是的评价。先生生前，我没有写过什么，也许有某种避忌名人的洁癖；逝去至今则写过多篇，秉持的都是实事求是、真情实感。

如上所说，先生也有普通人一样的长短得失，看人处事或有某种片面性，对友朋同事有的较多地视其优长，有的则反之。就我而言，先生是看得过好、期望值过高了。早年间，他曾竭诚推荐我出任研究所、学会等职务，均为我固辞，今天看来，我本难胜任，是先生忽略了我的弱点和缺欠，可谓是另一种"熟知非真知"吧。然而，在学术上、写作上先生的厚望我却并未充分意识到。虽则我明白自己的著述离不开先生的鼓励和包容，却往往懈怠、不思进取。出乎意料的是在2010年之际的一次电话中，先生竟郑重而诚挚地说："你是未能尽才的，你应当多写，无论是人物，还是艺境，成本地写，像王昆仑那样……"这令我震动，也十分内疚。如果说，冯其庸的天分人所不及，那么他的勤奋刻苦，自己又学得了几分呢！

因此，在我对于先生的怀念中，带有深深的歉疚，而且是永远无可弥补的辜负和歉疚。

末了，仍愿以先生诗句收结此文。

秋老西风叶半椴，

霜藤满地走龙蛇。

何人识得先生笔，

只有青藤与苦瓜。

写于二〇一八年春节至清明之际

本文原载于《红楼梦学刊》二〇一八年第五辑

吾师虽离去，恩绪永缅怀

二月河

我与冯其庸交往的历史，现在很多读者都知道了。其实当年初次给冯先生写信时，我只是隐约地知道他是一位著名学者。究竟他在哪里工作，是什么职务，我一概是不了解的。

我当年在南阳市委宣传部工作，部里订购了全国很多杂志，有数十种的样子吧。为了寻找一个出版或写作门路，我把这些杂志全部摆放在长条桌上，依次一本一本地审视分析，最终我选中了《红楼梦学刊》。

我其实本就未打算终身泡在《红楼梦》这个学界里造出什么新的红楼论点。人生成功之路分成"硬着陆"和"软着陆"两种形式。像各位老师同学一步一步从小学走到大学毕业，沿着一条铺满鲜花的道路走向成功，叫"软着陆"；像我这样没有这个条件坐在高空飞机上，也不用降落伞，眼一闭跳下去，叫"硬着陆"。我的这种思维后来在几所大学里讲课时表述得很清楚：我想借用《红楼梦》这个平台实现自己"硬着陆"的梦想。第一，我在初高中时便喜读《红楼梦》，对《红楼梦》中的人物形象有一些纯读者的观察和思考，对这部书的结构和构思也有一些自己的想法，写这类文章觉得不至于太费劲。其次在当时，"文革"结束不久，按我当时的想法：老一辈红学家因对"文革"心存疑惧，未必能放得开写红楼论文，而新一代的红学新人有一个成熟的过程，这个杂志处的时期比较特殊。第三，《红楼梦学刊》是一本贵族杂志，一般读者不易投稿成功。在杂志上发表文章的多是大学老师，至少也是讲师。发表出文章容易为社会注目，杂志影响大，作者在社会上也就会有更大的读者群。在"文革"结束新时代诞生之时，这本杂志可能起到社会桥梁作用——事情就是这样确定下来的。

刊物定下来了，寄给谁？我依旧一片茫然。看了看刊物编委单子，除了李希凡，一个也不晓得，再仔细一点，发现评委里头有"常务"，常务编委名字的肩头划着一个 ※

字花 —— 这就是个标志。带加 ※ 字花的常委里，头一个便是冯其庸，名字就这样确定下来了。我当时考虑过李希凡，但我认为他可能是学刊的领导或学会的行政干部，未必管得着这些事务，而这时想起来了冯其庸的文名是极高的，同时也是什么大学的教授。当时什么也不懂，坐在办公室里充分发挥想象力 —— 稿子投给谁，更能引起重视，能更快地出来面世是第一位的事。冯其庸的名字就这样确定下来。

这里的描述还是慌乱了一点。应该说在确定《红楼梦学刊》为主攻方向之后，我立即将手头的一篇红学文章寄了出去。但半年过去了，既没有见到退稿，也没有回信，更不见稿子有发出的迹象。这时确认了冯其庸，我下了决心，一定要有个结果和眉目。于是在发出稿件《史湘云是禄蠹吗》的同时，我给冯先生写了一封信附上，意思是说：师者所以传道授业解惑者也，我今有疑，请老师开导之。我作为一个业余的红楼爱好者，写一篇万余字的文章是很不容易的事，但写出来了寄出去了不见回音，使我很困惑。这里我给老师再寄一份稿件请阅，倘凌解放根本就不可能在红学论坛有所建树，请老师垂赐几字，我即便不在这个领域有所作为，倘老师看我尚有一线之明，亦请先生告知几字，我便再在此更作努力。

这封信连稿子寄出一周左右，冯其庸先生的亲笔回信就到了。他写的信比我给他的信还要长。他说：解放同志，来信及稿件均已收阅，文章很好，显示出作者炼字炼句的功夫，结构也相当合理流畅，我已建议学刊发表。我意文章以坚实为好，其内如精金美玉，其外则富文彩，读来犹如汉书下酒也，我已建议您参加全国红楼梦学术讨论会，盼能届时一见以慰渴想云云。一律细毛笔竖版书写，甚合我的古文阅读习惯。

我确实十分高兴。虽然冯先生自己的经历和学术成果在我心目中依旧茫然，但我周围的朋友告诉我：这是一位文豪，毛主席曾经赞赏过他。在北京文界、学术界乃至全国甚至全世界都有一定影响的文人。能给你写这样一封亲笔信，是你有福。种种议论在我身边朋友中诵说，都是赞许冯先生的话，也有夸奖我的话，混在一处，很使我感慨激动。于是索性又写了几篇红学论文 —— 今天的学界仍称其为"探佚学"的文章，不停地寄往北京，寄给冯先生，连冯先生的爱人夏老师和他的家人都知道了我，并说"这个人很能写"。

"很能写"是不敢当。然而当年刚近不惑，心雄万夫的劲头和干活不怕累的体态支撑着我，又有冯先生这样的人称许和表彰，我如同写作癫狂了的人一样昼夜操作，写红楼论文，写随笔札记，查阅历史资料，一搞就是后半夜，朦胧睡醒便接着作……这是一生写作最勤最快最狂热的时期……实际上，这时我还不曾与冯先生有一面之缘。

1981 年就这样过来了。待到了 1982 年春夏之交，全国红楼梦学会第三次年会在上海师院召开。我作为正式代表参加了这次年会，这年我三十七岁。真的如我原本分析的那样，来开会的代表基本上都是大学老师，也是《红楼梦学刊》的作者。所意想不到的是这些人似乎都很年轻，不是我想象的那样老态毕现，说话言语诙谐便捷，一点儿学究气也没有，思维显得活跃灵动——我原来想他们不成熟，老红学家心有余悸，等等，根本就不是那个样子——冯其庸老师就坐在主席台上的中间位置一席——这是中国所有公共会场大家共同面对的规律。他是学会最高的领导。到这时我才知道他是中国红楼梦学会的会长。

会议的分组也是按大学所在地域分的，四川的、广东的、武汉的……都是这样：这样会议管理会方便一些。可是还有不在大学中教书的人，比如说我，南阳市委宣传部宣传科长——这个单位和职务在这样的会议上参会，怎么看都觉得"怪"。但分组下来，我还是去了我该去的组。各地来参会的新闻报道人员、刊物编辑和自由学术人大致都分到了这个组。

我当然坐在台下，而且是自由选位。我选了一处靠通道路边的位置，在主席团闭幕下台回宿舍的必经之路靠边坐下。一边审视打量冯其庸先生和其他要员，一边回思等会儿冯先生从这里经过，我该如何应对。

冯先生不似我想象的那样随和，那样亲切和蔼。他端坐主持会议，无一苟且应酬之言，无一无缘一笑，也不交头接耳与人随便言语，"这是个热水瓶性格"，当时我便做出这样的结论。以后多少年与冯先生接触，和冯先生所作所为对照，我没有改变过作如是想：热水瓶一样的伟人，激荡的精神，满腹的学问，充盈的智慧与热情，待人接物的亲切温馨都包容在他的严肃冷静和不动声色的外表之中，不深入接触，你是得不到的。但这些想法归根到底也只是一点想法而已。在那次学术会议中，我没有保留这个想法，却也没有再度深思它。

学术开幕式很快就结束了。在我的印象里这里的会议气氛和家里市委和单位会议的氛围不一样，人们发言很热烈，学术气氛很浓，直话直说，半点情面也不留。一位先生指摘另一位先生："你根本不是在研究朱批，你始终是在玩弄朱批！"这一类尖锐批评在我平常的会议中是根本听不到的。但这里的学人们似乎也只是听听，大家都很平静。待到中午会议结束，冯其庸和代表们一起离座开始退场，我立刻停止了一切想法，坐直了身子，等冯先生从我身边走过时，我便起身，鞠躬握手自我介绍。

"冯先生，我叫凌解放，来自河南南阳。"

"哦哦，好好！"冯其庸笑着和会上其他人招呼，一边对我说道，"你来开会，很好！"

然后他又放低了嗓门说道："这里人多，白天人杂，这样，我就住在 × 楼 × × 房间，吃过晚饭你到我宿舍来，我们详细谈谈。"说完便随人流退出去了。

大约晚七时多一点，我去 × 楼三楼拜会了冯先生。他那里有人正在谈话，我去了便不言语，坐在旁边听他们说学术、谈曹学种种是非观点。谈到八时左右，人们便纷纷离去，冯先生便让我坐他的对面，他也没说什么寒暄的话，一开口就说："《红楼梦学刊》是全国唯一的红学学术刊物，你投稿很多，积极性很高，这是我们欢迎的。但你必须明白全国的大学老师们共同维持这样一个刊物，不加节制连续刊载你的文章是不可能的。"他顿了一下，"不过我认为你还是可以持续不断地写一点红学论文，刊物可以适当载用，但更多文章要自行消化。比如写作一点专辑，刊出你的红学专著是比较合适的。"我忙说："我就是为这件事着急的，我是一名高中学生。在刊物界、新闻媒体编辑中一个稍微熟悉一点的人也没有。写出文章给谁？谁用？我找哪个来为我出专辑？"冯先生听了微笑："这件事我也想过，不须你自己费心，我来为你寻找出版社出版人。"我所日思夜想无门可入的问题原来先生早有打算。如果能出专辑，在出版社出书，何必纠缠"学刊"不放？我当时一笑说："有先生这句话，我的心就放下了！我在出版社毫无根底，也没有一个像样的出版朋友、编辑什么的对我稍加注目，写出来的东西无法处理，那还不是一堆废纸？"冯先生哈哈一笑说道："放心吧，我来处理，不会有什么问题的。"停顿了一下，他又问："你分组分在哪个大学区域？"我忙回答："我是南阳市委机关工作人员，和新闻媒体的朋友们分在一个组。"冯先生点头说道："这就对了，这个组里编辑、编导和出版社负责人多，你正好在这里抽空可以多交流一点。你的文章我已阅读了不少，我认为选择一个合适的方向，你搞文学创作的成功机会会大一些。你的文章文笔很好，是写作文学作品的手法，更适合这个门类。"这是一条重要信息，我当时立刻点头称是："我一定好好选择突破方向！"我们的谈话也就结束了。现在回想起来，一句废话也没有，一句无用的应酬话也未说，匆匆来，匆匆退回宿舍。

这个杂乱的小组的讨论，基本上是不扯红学会学术上的正事的。扯的都是社会传闻，某学者与某学者开始论战，谁和谁又言归于好，社会上电影界和电视界明星们出入碰撞之类。在我看来又新鲜又觉无用，谈论到第二天中午要散会时，有一位先生，他大概是哪个大学校务处的，在旁边说道："现在电视剧、小说都看不下去。康熙这个人八岁登基，十五岁庙谟独运智擒鳌拜，三次亲征准噶尔，六次南巡，帝王里头有几个人能和他比的？到现在没有一部像样的文学作品……"我就坐在他斜对面靠窗处，听了他这一段话，好似拨开了我身边眼前一片浓雾：我正在寻找对象呢！这不就是一个现成的公开机会出来了？于是我大声接了上来："这个题材的小说，我来写！"众人乱纷纷地在旁说笑："你写，你写，我给你出书！"——《康熙大帝》的创作动议就是这样提出来的。

本来这是一件想都想不到的好事，我整天日思夜想的就是有人肯于承担它的出版任务。现在这么多人一哄而起说给我出书，我理应兴奋激动。至少我应该询问一下大家的电话号码，这也是久久期待的事呀！可是没有去做。我被这个题目镇住了，我完全浸入在这个愉快里，其余该做的事忘得精光。

但这毕竟是我终生难忘的会议。不但跟着别的代表学到了新的红学知识，知道了红学会内部事业发展的规律，听到了冯先生对我还有对我的事业发展的想法和意见，还确立了自己创作的题目和方向，这些统统都是在会前想也没想象过的，而且我和冯先生的一些学生如张庆善、孙玉明等人都在会间熟悉，成了很要好的朋友。

当然在之后的工作和生活中，我又进入了文学界，由完全的不知名逐渐变成了中国作协的会员、全国作协的委员、主席团委员。从职务的重要性而言，比红学会似乎还要高一点，整个河南省的中国作协主席团委员也只有我一人而已。尽管如此，我还认为我的根子扎在中国红学界。每当来京开会，无论党代会还是人代会，我都把中国红学会看成自己的娘家。中国作协呢？待我也很厚道，中国作协也是娘家，但是是我的后娘家。我每来北京见了张庆善诸人，坐在一起，聊天谈掌故，说段子，谈故事，如同最亲的兄弟，热烈且不加设防，有什么顺口即出，而和其他人在一块儿尽管很讲礼貌、很讲究朋友交情，但每动一言语，总要做准备"防着不要说错了"——这就是亲娘家与后娘家的区分。

这次会议之后，我又在贵州召开的红学会上当选为中国红楼梦学会的理事。但这个时候我的主要精力已经放在了康熙身上：准备资料，收集康熙的有关民间传说；从清人笔记上阅读康熙年间的种种记载；在文化上多有一些准备；一边读，一边记录，一边整理，一边写。这应该感谢我有较好的古文水平，这些清代人写的文言笔记其实很好懂，有点类似我们今人在阅读的时候的旧刊物、旧报纸那样，也很容易记忆和吸取。在阅读过程中，有心得或收获，也可随时记录下来，甚至写成短文在报纸上发表，我在当地一些团体和文界朋友中已经有了一些知名度。

大约在1985年初夏，五月份左右，冯先生到南阳来了。南阳本不在他计划日程之中，他本是带着研究生到四川去的，中途在洛阳下了火车，南阳彼时没有火车站，冯先生坐公交车从洛阳到南阳，打电话告知了我，我当时的心情谁都能想象得到。我在南阳市委本就是负责外地文化人士来宛接待的，就是说，接待冯先生我连假也不用请，也不用告知哪位长官领导。我把冯先生师生两个安置在南阳军分区招待所，大致规划了一下他们在南阳的起居行程，便去见冯先生。

"你现在在干什么？"冯先生和我仍是无客气言语，他仍是他的热水瓶性格，无遮无掩直口直问，"这半年我一直在等你的稿子。可是连一篇也没有等到，也没有见到你有信来！"我赶快老实回答："这半年忙着写稿子，我记着老师的话，没敢再给学刊发寄——我写了三种稿子，现在正是站在十字路口，老师来得正好，我正要请教您呢！"我请先生安坐，我谈了我写作的情况和规划，"我写三种稿子，红楼梦的论文，掇红集，《康熙大帝》写了一部分。"

"你的红学论文不用拿来了，我前一段已经读过了，我知道你的水准。"冯先生说道，"掇红集是什么意思，是与红楼有关的文章吗？"

我赶快回答："掇红集是我自己读书和搜集资料时的心理与心态，'落红不是无情物，化作春泥更护花。'就是这个意思！"

"嗯，知道了。红学论文不用拿，掇红集我也不看，根据我的了解，你超越邓拓、吴晗、廖沫沙的可能性也不会很大——你把你的《康熙大帝》取来我看。"

《康熙大帝》当时已经写了十七万字的初稿。可是都是草稿，写得连勾带划，此转彼接，生人看生稿会很费劲，我嗫嚅了良久才回答说："我试试，连夜抄出十章给老师看，文字不好请冯先生原谅。"冯先生笑着说："好吧，你抄一抄会好看一点的。"

就这样，我连抄了十章，整齐理好送给先生。

冯先生似是一句废话也不曾有过。他立刻拍案表态："你的什么掇红集，还有你什么《红楼梦》论文都不要弄了，这样就好，这就是你的事业，写完后马上告诉我，我给你寻找出版社！"

冯先生在南阳连武侯祠也没有去，只是看了看张仲景祠堂，看了看汉画馆便匆匆离开了。我只有一句话，昼夜拼命干。除了《康熙大帝》，一切都放在了一边，一章连一章写、抄，天天如是终始不倦操作，十七万字的掇红集还有红学论文都放弃了。这样到年底，除夕夜华灯初放，街衢爆竹响起，《康熙大帝》第一卷"夺宫"便写出来了，我对老伴说："我的书这就出来了，我们的命运要发生一些变化了。"

命运确实发生了变化。但不是我想象的那样愈变愈好，而是越变越复杂越糟糕。早在五月份，冯其庸离开南阳之后，就有朋友把我在写《康熙大帝》这本书的消息传递到了社会上，不但是《解放军报》报道了"转业干部凌解放写作《康熙大帝》"的短消息发表了出去，河南黄河出版社知道后派了几名同志来南阳看阅《康熙大帝》稿件，确定是否出版。

今天谈这件事很轻松。可是在当时，我是市委宣传部的一般干部，知道这个消息等于油锅里扔进去了一块大石头，立刻引起了轩然大波。当时的部长是个小心眼，开始在部里给我难堪，开会时不指名地批评："有些同志不务正业，上班带孩子，用公家的稿纸写自己的稿子。"出版社来人，我去找他请假，他竟说："你要知道，一旦出书，你一个人一下子就是几千元稿费，这是一个叫人眼热心动的数字啊。"

确实是这样，当时我们那里不单是南阳市，即使在全省，1949年以来也不曾有过一部长篇小说出版，确实让人眩目。挣多少稿费我不知道，但那肯定也是我们日常生活中谁也不曾得到过的报酬！这是在出版社社长和我的责任编辑第一次来宛，我去请假时，他当面说的话。我当时心里很不愉快：本来这样的人和这样的事来到南阳从来都是我出面去应对去接待，我根本不用给你请假，自己就有权处理，只是这件事主在我，我才来找你，这和你说的那些稿费什么的有什么关联？在这种情况下，我对部长说："也就是这回事，我来请示一下，你如果见他们，我就安排；你如不见，我就单独处理、单独接待了。"说完我就去了。我和部长的矛盾公开化了。恰恰这个时期，《中国青年报》接到举报说：南阳卧龙岗管理不善，报纸要公开批评，派"小辣椒"来宛调查。部委会一个决定：派凌解放先去卧龙岗摸底！我知道他们什么意思，我应没有做错什么事，是他们有人想整我，送我到"不测之地"。苦恼间我把情况汇报给了冯其庸先生。先生倒也没说什么，只是在三五天里给我的回信是一副大大的对联：

浊浪排空君莫怕，
老夫见惯海潮生。

这个危急情况就硬扛过去了。我眼睁睁看他们挥着刀打上阵来举刀要杀人，可是《中国青年报》最终批评的是部里的领导。没等多久，我随省文联会议到鸡公山。从山上回来，小说清样已经到手了。就这样，《康熙大帝》的第一卷《夺宫》就出版了。

冯其庸当然是头一位看到书的人。虽然寻找出版社的事，我没拜托他，但是我还是认为冯先生是这本书的先导导师。他看到样书很快就来信深表祝贺，并且问我打算这部康熙写几本，我当即电话报告"写上、中、下三本"。

"那怎么能行呢，康熙这本书最少要四本！"

"好的，先生，我再调整一下，写出四本来。"

"书中的伍次友处理得很好。"冯先生换了话题说道，"但我不理解你的安排意图，为什么要这样做？"

这个题难答。我就是再说一车话也未必说得清楚，于是便在电话中委婉回答："他们的结果是我仔细想过的，学生不敢乱加臆造。"冯先生也就不再追问了。

1986年初夏，黄河出版社在郑州举办了《康熙大帝》一书的文学座谈会，来参加会议的除了河南省作协的一些朋友，省外、北京来的朋友仅仅冯其庸先生一人而已。

本文原载于《红楼梦学刊》二〇一七年第四辑

本文作者：河南省南阳市文联名誉主席

先生做事有硬骨头真豪情

唐双宁

冯其庸先生驾鹤西去了。

2017年1月22日大约下午三时左右，我在办公室刚批阅了一摞文件后，下意识地看了一下微信，突然发现一位书法界的朋友发来冯其庸先生去世的消息，立刻产生一种心如铅坠、茫然若失的感觉。数十秒后，冷静下来，赶忙又看腾讯、新浪和其他微信，当时还没有发出这个消息。我收到的消息是凤凰发出的。但我心里明白，这应该是真的，是真的……果然很快，先是自媒体，接着是网络媒体，开始陆陆续续报道冯老去世的噩耗……我赶紧给冯老那边的联系人发微信，询问详细情况，了解后事安排。因原已安排第二天上午去北京医院看王光英先生和到家里看邱晴女士，下午便径直赶到了冯老在通州的家，为冯老遗像鞠了三个躬，献了一束黄菊花，并到楼上看望了冯老的夫人夏老师……

冯老走了，我们国家失去了一位大师级的学者。作为酷爱中华传统文化的我固然十分悲痛，但我第一时间反应的主要还不是悲痛，而是悔恨，甚至是悔之不迭。因为元旦期间，我曾约了一位新闻出版署的朋友一起去看冯老，等到要去的前一天晚上，由于一件特殊的事情，只好将看望冯老的计划改到了春节前。冯老住在通州，去一次没有半天的时间是不够的，所以我打算把春节前各种繁杂俗务安排完，好好在冯老家坐半天。谁知就在春节临近的时候，老天偏偏就不给我留这么两天，不让我最后见上冯老一面，让我遗憾终生。老天呀，你太无情了……

我同冯老是20世纪90年代认识的。那时我还在辽宁工作，冯老出差到沈阳，经杨仁恺先生热情引见，我第一次见到冯老。这里多说一句，冯老和杨老都是学术界公认的大师级人物，和他们交谈简直就是享受，甚至可以说不由得你不兴奋。当然杨老也没少向冯老介绍我，大概也给冯老留下了很深的印象，所以我到北京工作后，即登门拜见冯老，后来也常有往来，经常受到教诲。其中令我最难忘的一次是叶嘉莹先生回国，我就请了冯老、叶先生还有文怀沙先生一起到我家做客。我的陋室一下子来了这三位老先生，自然是高兴不已。我不知天高地厚地高谈阔论，还拿出自己的书法作品展示，又就近请他们吃了一顿便餐。我未想到的是，第二天早上五点多钟，我的负责同冯老联络的朋友接到冯老电话（因为我当时没有手机），说看了我的作品后，回家的路上就有一种要写一篇评论的冲动，可回去后总感到写文章表达不尽他的意思，写诗词也表达不尽，在床上辗转反侧一夜没有睡好觉，最后用他家乡的古曲子写了一首《唐双宁狂草歌》。他说他追求了几十年狂草的艺术境界，但至今还未找到这种感觉，昨天看了我的作品，似乎找到了这种感觉，所以夜不能寐，最后一连用了二十多个典故写下了这首古曲子。冯老还说让他秘书先打印给我，他现在臂力有恙，等好些时一定要用毛笔为我写下来。第二年，也就是2005年，冯老不顾年老体弱，用了近半天的时间，用他珍藏了半个世纪的宣纸，为我写下了这首近二丈长的《唐双宁狂草歌》书法作品，原文是：

疾风劲草读君书，君书都是剑器词。忽如惊风飘白日，忽如鲸鱼破苍波。忽如羿射九日落，忽如大禹劈山斧。忽如长桥斩蛟龙，忽如高天射雁鹜。忽如电扫四海黑，忽如雷轰山岳舞。忽如苍苍微月出云海，忽如旭日东升万象呼。忽如秋雨梧桐飘落叶，忽如漫天风雪银装素裹万里江山瑞雪赋。忽如铁马金戈十面埋伏九里山，忽如破釜沉舟巨鹿大战诸侯毂觫壁上呼。忽如剑阁闻铃凄凉夜未央，忽如平沙雁落万鸥翔集霜天曙。忽如二泉映月哀弦回肠声声苦，忽如昭君出塞胡沙万里琵琶声急铁马驰。忽如澹荡春风三月天，忽如柳丝飘拂艳阳时。忽如梨花院落溶溶色，忽如江上闻笛千里月明倚栏思。

要之君书独得天地造化灵秀气，只有山河大地五岳风云堪与相吞吐。

予读唐君狂草，如少陵观公孙剑器舞，又如读太史公书项羽破秦军百万诸侯军山呼震岳，又如闻雷轰电掣，声光扫寰宇，复如听梧桐夜雨二泉映月，其奥微处在微茫之间，当以神会也。因为作狂草歌，略抒所感而已，不依韵律，一以吾乡音顺口为准（吾乡音多留古音，并存入声字），惟求适意，不足称诗也。

甲申岁末草，己酉岁首，大雪映窗时书，时方患病，臂力未复，不堪称书也。

冯老这种提携晚辈、奖掖后进的举动，当时令我的心情既欣喜若狂又错综复杂，因为这不仅坚定了我在书法的路上走下去的信心，说实话也满足了我的荣誉感或者说是虚荣心。因为我毕竟是搞金融工作的，书法毕竟是我的业余爱好。我清楚作为一名领导干部，你可以有艺术爱好，但"社会"不允许你"成名"。我们在进入艺术领域的前期，也确实有"借力"的一面，比如能接触到大师级人物，能发表一些作品，等等。我也认为，"高手在民间"，民间确实也有很多大家，但由于没有我们这个条件，可能就没有发表的机会，甚至苦斗一生最后默默无闻。但后期，我们也确实有被误解的一面，因为在美学知识还不普及，老百姓对"美"还缺少认知的情况下，许多人第一感觉会把你的艺术同你的职务连到一起。所以，当时社会对我的书法自然也是有毁有誉，微词难免。我虽然抱着躬耕在我毁誉由他的态度，但也不能完全脱俗，免不了有些怅然。在这种情况下，冯老写来这首古曲子，当然还有最早的杨仁恺先生，以及后来的启功先生、文怀沙先生、沈鹏先生、王学仲先生、姚奠中先生、饶宗颐先生、季羡林先生、刘艺先生、杨辛先生等前辈大师的鼓励和肯定，使我增加了在狂草书法高峰上攀登的勇气，也给了我向社会证明自己的"资本"（我当时确有此想法）。所以当时是五味杂陈心态下的对冯老的感激有加。我对外自谦说是前辈的鞭策、鼓励，心里其实是兴奋不已……须知冯老当年任中国人民大学系主任时，曾经有一位领导想要报评副教授，然而冯老就是不签字。后来人事部门领导亲自和冯老谈话，劝他宽限，他无奈之下签了字，却马上补签一句"我不同意"。这件事在冯老去世的第二天即被《光明日报》报道。而我相形之下却被冯老如此鞭策鼓励，怎不喜之过甚？又怎能不由衷地感激冯老的知遇之恩？冯老这首古曲流传很广，最近去看望沈鹏先生，沈老还提到这件事，并提起历史上李白写怀素的《草书歌行》。我有这个自知之明，赶忙同沈老说"那可是两回事"。但我感激冯老的心情是不言而喻的。

我同冯老还有过许多接触。一次冯老向我讲述考察西域三十六国的经历。受冯老感染，2007年五一休假，为书写王昌龄的"不破楼兰终不还"，我也沿着冯老的足迹到新疆塔克拉玛干沙漠中的楼兰古国考察，甚至险些命丧黄沙。回京后我向冯老汇报此事，冯老很是为我后怕，当时谈得很晚，我提出好好请冯老吃顿饭，并开玩笑说"给我压压惊"，冯老夫妇想来想去，认为最好吃的地方只是通州的"大鸭梨"，我也只好花了二百块钱请冯老夫妇吃了一顿"大鸭梨"。我每年都要去看冯老，行前都要先问一下需要带点什么东西。冯老对物质没有任何需求，追问之下只好说方便的话带点蔬菜杂粮吧。2014年南开大学为叶嘉莹先生举行九十周年华诞学术讨论会，邀我参加，我印象中叶先生同冯老同庚，当时好像是四五月份，也不知哪根神经触发，我突然就觉得一定要去看一下冯老。当时的潜意识就是怕见不到冯老了。从天津回京后的周六，我赶到通州，当时冯老已患腿疾，听说我来了，艰难地从楼上下来同我交谈，还将他的新作送我签名留念，题的是"双宁老友正"，我在旁边赶紧说我是您的私淑弟子，不敢称老友，冯老和一旁的夏老师却坚持说就是老友、老朋友……之后我又陪冯老到院子里散步，幸好我的秘书机灵，拍下了视频，留下了这一段珍贵的影视资料。此前有一次，我同陈雨露、范一飞二君安排冯老和黄达先生一聚，起因是二位老先生分别是国学和金融理论界的大师级人物，"文化大革命"前同在中国人民大学任教，后来人民大学解散了，二人因此四十多年未有见面。饭桌上冯老谈起"文化大革命"前他主持编写的《历代文选》，大意是毛主席把它推荐给了康生，康生要调冯老去中央，恰这时人大党委书记郭影秋调到新北京市委任书记处书记，也要调冯老过去。冯老说当时论荣誉地位，当然是中央名气大，但他选择去了新北京市委，结果没过几天，新北京市委也不复存在，冯老被揪回人民大学批斗……听到这些回忆，我赶忙示意范一飞用手机录下，也不知他是否还保留着……我当时就疑惑：这究竟是冥冥中的安排还是冯老的先见之明？

我还有一件愧对冯老在天之灵的事情。2004年我出差苏州，向当地人问起有无草圣张旭的遗迹，草圣故乡所问之人竟不知张旭为何方神圣，心中很是遗憾，便生出在苏州建张旭塑像及草圣祠的想法，分别致信沈鹏先生和冯老，内容如下：

沈先生大鉴：

余致力于草书创作十数年矣，多蒙先生面命，顽愚茅塞顿开，不胜感激之至。

愚以为，书法世界，林林总总，蔚为大观。书法诸体中，真如站，行如走，草如奔，无论从书写难度、抒发情怀、创造美感诸角度，草书皆乃书坛之顶峰；草书又大抵分为章草、今草、狂草诸类，狂草又为草书之顶峰。

狂草开山鼻祖吴人张旭与湘人怀素，并称颠张醉素，皆吾辈习书之楷模。僧人怀素、张旭再传弟子，三湘大地亦立碑铭志久矣；七品官张旭，每每酣酒大醉，以头濡墨，首创狂草，与太白之诗、裴旻之剑并称盛唐三绝。杜少陵诗赞"张旭三杯草圣传，脱帽露顶王公前，挥毫落纸如云烟"，可见其书坛之地位与水准。然就其史料，后人仅知其乃"吴郡人""字伯高""官至太子左率府长史"等，甚至连"生卒"亦不详；西安碑林仅存《肚痛贴》等少量遗迹供人观瞻，辽宁博物馆之《古诗四贴》尚有争议，其他更是寥寥。以张旭放达之情怀，郁郁一生，书坛之成就，史界之地位，实乃不公也；未能光大长史之精神，弘扬颠张之书艺，实乃吾辈之大憾也！

念及此，双宁食之无味，寝之难眠。为亡羊补牢计，拟倡议塑长史像于吴郡故地，此其一；其二待文献资料有增，他年亦可考虑建馆以为长久纪念，终了吾辈不了之情。此事未及深虑，不知先生以为然否？如蒙先生赞许，以先生山斗之望，盼领衔此事，吾则愿效犬马之劳，包括说服当地政府及社会贤达襄助等等，早日促成此事。倘如此，岂不善哉！妥否，盼复。

即颂

撰安

唐双宁顿首于甲申腊月未时草

冯先生大鉴：

余十年前假沈阳一寓与先生幸晤至今，每得先生教诲，受益无穷。更蒙先生作《唐双宁狂草歌》，以二十二典喻余之书法，羞愧有加，怎敢承担？又不啻奋蹄之后再加一鞭，怎敢懈怠？

余习书多习草书，尤喜狂草。狂草开山鼻祖张旭，与李白之诗、裴旻之剑，并称"盛唐三绝"；余以为其书坛地位不仅高于盛唐各家，亦在右军之上，遑论他人？然令人大失所望者，每每问及今人：张旭何许人也？摇头者十之有九，其故里亦未幸免，实乃遗古今之大憾！念及此，余痛心疾首，无以复加。为亡羊补牢计，余公暇忽生一策，拟倡议在苏州建一长史塑像以为纪念；他年之后，亦可再建碑林、纪念馆等，以为完善。此议已得地方襄助并得沈鹏先生赞许且附函于后；余亦拟邀钱绍武先生助阵。先生文坛硕望如山，倘能撰一碑文，述及长史之生平及此举之意义，岂不为龙填睛，功德无量焉？又先生与沈、钱二位同为吴郡人氏，并各自领域之泰斗，塑成之日，岂不当今之"三绝碑"耶？望先生万勿推辞，余当翘首以盼。另沈鹏先生意四六句为佳，请先生并酌。

临书神往，不胜——。

即颂

大安

唐双宁顿首于甲申残冬

不久，二位老先生分别回信，冯老的回信是：

双宁先生大鉴：

惠书奉悉，足下欲在吴中建张旭塑像，弟闻之欣喜无量，窃以为张旭传之撰著并书写皆应请沈鹏先生任之。沈先生今为中国书协主席，并擅草书，更兼长于诗文，此其最宜也。况亦属吴人，诸般无不巧合。至于其他各项不必尽求吴人，盖张长史当是全国书圣非吴地书圣也，故宜从全国求之。如请钱绍武先生雕塑，亦当以全国著名雕塑家请之，不以其为吴人而请之也。弟年来多病，不堪任事，惟求优游岁月而已，既承下问，敢不尽意，匆匆不一一。

敬问

近好

冯其庸敬复乙酉初七大雪映窗之时

沈鹏先生回信：

双宁兄热衷狂草，倡导狂草，今又发起建立张旭塑像于吴郡，诚书界之佳话，当代之盛举也。愚以为撰文倘出以四六句则更为古朴华美。而倡导者之名姓必不可湮没也。

甲申冬 沈鹏

收到二位老先生回信，我也开始为此奔走呼号。开始苏州方面也较为重视，并指定文化局局长同我联系，还拟定了几套方案，做了一些考察。无奈后由于我工作的变动，加之精力有限，苏州方面更是人员变动频繁，至今不了了之。今年春节去看望沈鹏先生，先生又提及此事，实是无言以对；而有朝一日冯老阴阳两界问起，更不知如何回答，只好盼老天假我以时日，当在退休之年拼将余力弥补此憾……

总之，要回忆的太多了，我为失去冯老可以说是痛心疾首，既有为中华文化失去一位泰斗级人物的深深惋惜，也有自身感情的悲痛欲绝。我不敢说"摔破瑶琴凤尾寒，子期不在对谁弹"，但冯老对我的知遇之恩，我是永志不忘的……

冯老，您走好呀……

本文原载于《金融时报》二〇一七年二月十八日

本文作者：十二届全国人大农委副主任，中国艺术研究院中国书法院特约研究员，中国金融文联、中国金融书协、中国金融美协名誉主席，中华诗词学会顾问，中国楹联学会名誉会长，中国书协会员，李可染画院名誉理事长、研究员。曾任原中国银监会副主席，中国光大集团党委书记、董事长

第一次与最后一次会面

——痛悼冯其庸先生

卜 键

其庸先生辞世那天，我一整天都在昌平小院读书写作，晚间开机，突见到幽若（先生二女儿）的信息："卜兄，我父亲今天中午12：18在潞河医院平静安详仙逝……"尽管已有思想准备，我仍深感震惊与痛殇，立即驱车赶往张家湾。六环路照例是黑黢黢的，沿途已见零星烟花，要过年了，而数日后就是先生93岁寿辰，文星陨落，从来都是如此匆遽！

就在此前六天，我刚经由此路去看望先生，握手长谈，他的听力与表述都有了问题，但思维几乎与往常一样清晰敏捷，怎知竟成永诀。这段路显得比往日要长，思绪纷乱，人生画面忽忽如云影风片，三十多年前与先生的第一次会面竟来在目前。

那是在1985年春间（已记不得确切日子），我在中央戏剧学院文学系读研，毕业论文是对明中叶文学家李开先的研究，祝师肇年特请冯其庸先生担任答辩委员会主席。我深感荣幸，却也只是由学校转去论文，觉得不便前往拜访。一日下午，正在图书馆二层看书，管理员过来说有人找，抬头看见蔼然一长者，想不到居然是其庸先生。先生时为中国艺术研究院副院长兼红楼梦研究所所长，年过花甲，先是爬四楼到研究生宿舍，然后又找到图书馆，令我惊喜踟蹰。我们就站立在小操场上交谈，记得先生对我的论文颇多鼓励，也问了几个关于李开先与《金瓶梅》的问题，说是下班路过，顺便想来见个面。先生住在张自忠路执政府院内，留下地址和电话，邀我方便时去家中聊天，真的有点儿受宠若惊。后来与先生相随日久，知道先生对许多学术晚辈都是这样的真诚相待。

当今存在的学界痼疾中，人情势利，学风飘浮，最是令人痛切，说来也与老一辈学人的渐渐离去相关。如鲁迅、胡适、傅斯年等前贤，才学风骨之外，各有一件件提携晚辈的故事，传为士林清话。其庸先生出身贫寒，一生执着于学术研究，对个中积弊感触极深，以故常尽力去推助一些年轻人。而蒙他知遇提携的晚辈并不限于治文史者，如青年雕塑家纪峰、篆刻家孙熙春、画家谭凤嬛、摄影家丁和…… 仅就笔者所知，就可以列出长长一份名单。又如高海英，原来是到他家中做保姆的，耳濡目染，由她帮助打字抄稿，渐渐显露出对文字的兴趣与能力，成为其庸先生的得力助手，而先生为其前程计，将她推荐给商务印书馆做编辑。每一个人的成才之路都是艰辛的，推助年轻一辈走向正确的学术或艺术之路也同样艰辛，常要花费极大的心力，付出很多时间和精力，或也要辗转求人，其庸先生乐此不疲。

朋友们聊天忆旧，常常怀念20世纪的80年代，大家沉潜于读书治学，关注新成果的出现并为之喜悦，不像当今之门派林立，带上一些研究生便以"某门"标称，非出吾门则视若不见，学术格局越来越偏狭零乱。我们也不会忘记，那时的学术期刊较少，发表不易。刚毕业时我并未奢望硕士论文能刊发，是先生推荐给陕西的《汉中师院学报》，近四万字全文一次发表，接着又交给人民大学报刊复印社"古代文学"刊载。他还敦促我就《金瓶梅》作者的研究写成专著，亲为作序和题写书名。不久后复亲自往中国戏曲学院协调，将我调至《红楼梦》研究所。再后来我的一些工作变动，或由先生举荐，或前往听取先生指点，耳提面命，谆谆善诱，一直到本人退休。而当我将这个消息告诉他，先生说："太好了！六十岁是做学问最好的年龄，你可以专心做研究了。"

其庸先生真的就是这样的榜样。他禀赋极高，又有惊人的勤奋刻苦，学术生涯起步很早，但大量的著述论文还是成于六十岁之后，锋锐不减，益见精醇。先生十赴新疆，深入踏访西域遗迹，也多在古稀之后。记得他曾向我盛赞王炳华先生有关尼雅考古的发现，代为约来文章，经我安排在《中华文化画报》上发表，引起国内外学术界的较大关注。而其庸先生经多次勘察踏访，登临山口，考证古迹，最终考定玄奘取经回国之路，对中外文化交流史和佛教史贡献甚多。这也是其庸先生的治学特色之一。通常的文史研究仅限于文本，而其庸先生则很早就关注地理、文物，将经典阅读与史地探索、文物考订结合起来。2007年我到中国文化报任总编辑，先生热情赐稿，如《项羽不死于乌江考》《大秦景教宣元至本经全经的现世及其他》等分量很重的长文，皆反响热烈，也提升了报纸的学术品位。报社同仁对先生敬重感念，社长孔繁灼兄几次提出请他给年轻编辑讲讲课，但当时先生已频频出现身体状况，又陷入编纂文集的繁累，未敢率然邀请。

后来职事匆忙，不能像以前那样经常找先生请教了，但大约一两个月便会到张家湾一趟。有时独自前往，有时与朋友一起，几乎每一次都有收获。印象很深的是去年初夏陪同邬书林兄的那次，先生拿出以楷书亲笔手抄的"庚辰本"，讲述"文革"期间一段往事，令我们极其感动。我归来写成《昨夜大风撼户——冯其庸先生与庚辰别本的一段往事》，病中的先生阅后，坚持到楼下画室，特为书写长卷相赠，誉为"巨文"，也让我心中不安。

与其庸先生的最后一次晤面聊天，是在今年的一月十七日。幽若打电话来，说父亲状况不太好，我即以最快速度赶到张家湾看望。其庸先生仍旧斜躺在二楼的那个白色软皮沙发上，仍然亲切地招呼"你来了"，但神情已极见衰倦。我带去了新著《天有二日——禅让时期的大清朝政》，他接过，又拿起放大镜检看封面与内文。我怕书太重，赶紧接过放在一边。这本书也是想请先生题写书名的，自己忙乱中浑浑噩噩，竟将上一本书《国之大臣》的四个字告诉海英，待章慎生老弟带给我，才发现是个乌龙（先生曾为题此四字），却再也不好意思劳烦先生了。最后阶段的其庸先生有时会出现恍惚和错搭，但心内是清醒的，看着封面书名若有所思，但先生未问，我也没敢说起。

先生赠以商务印书馆新出《冯其庸口述史》，我问"还能签名吗"，答曰"当然"，遂于病榻艰难签署。其间先生追忆往事，谈起当年亲自去中国戏曲学院商调我，却说成"我到幼儿园调你"。一侧担任"传译"的幽若小妹大笑，我则笑着解释该院有京剧科少年班，课余满院乱跑，很像幼儿园，先生亦笑。临别时，他握着我的手说："我身上到处都痛，我不行了，这是自然规律，生命规律。"我对他说："可能与冬季有关，坚持一下，过了年，到春天就好了。"我还说自己租住的昌平小院向北五公里，便进入西峪，初春满坡杏花，到那时接他去踏春……先生静静地听，眼眸中闪动的满是慈和。我并未想骗他，总感觉先生度过春节是没有问题的，未想一别竟成永诀，痛曷亟哉！

先生一生爱才，蒙其关爱提携之晚辈甚多，闻噩耗从全国各地赶来，从通州护灵至八宝山告别大厅。习总书记等中央领导送了花圈，多地举行了追思会，更有许多情真意切的怀念文章，亦堪告慰先生的在天之灵。

初稿于先生长逝之次日，夏六月改定！

本文原载于《红楼梦学刊》二〇一七年第四辑

怀念冯其庸先生

潘鲁生

丙申年岁末，我正在闽南地区进行民艺调研，惊悉冯其庸先生逝世的噩耗，先生的弟子叶兆信回信息说先生走得很安详。腊月二十七，专程赶到先生灵堂吊唁，寄托哀思，看望了夏师母，她深情地回忆冯先生当年对后生们的培养、器重、关爱和支持，先生关心我们学术的进步和事业的发展。往事如昨，冯其庸先生的教诲言犹在耳，如今百世隔音尘，祭香深拜，难抵悲怀。

冯其庸先生是文化大家，他研究曹雪芹家世、《红楼梦》脂本、红楼梦思想等红学问题，取得的成果在学术界产生了重大影响；他的学术研究贯通中国文化史、古代文学史、戏曲史和艺术史，有杰出成就；他是诗人、画家、书法家，以诗书画语诉肺腑衷肠，成高迈境界。芸芸众生，冯其庸先生的智慧学养是种天赋，为学问而生，成就了卓越的学术事业；世事沧桑，冯先生一路几经贫困不辍其志，多少磨砺坚守其心，"虽万劫而不灭求学求真之心"，书写创造的不只是艺术与学术的篇章，更有命运人生的分量和意义。

吾生有幸，求学路上得仰高风，冯先生孜孜不倦治学，至真至诚待人，指导教诲皆如春风，特别是对一个行进跋涉的后学来说，学问大家的鼓励、指导和示范是人生路上最宝贵的雨露恩泽。记得我1987年借调中国艺术研究院《中国美术史》编辑部当资料员期间，冯其庸先生担任副院长，他很关心我从事的民艺研究，常问及我调研的手工艺领域，就民间紫砂工艺曾进行过很深入的交流，并在工作生活各个方面给予关心和指导。印象最深的是，冯先生谈治学方法，讲勤奋读书与调查实践二者兼备、不可偏废，他说："知识有两个来源，第一个是历史的积累，将几千年中前人的科学成果保存下来，第二个是靠实践调查，不去调查你不会发现新的问题。"正如他累次西行，数去新疆，上高原，进沙漠，不避寒暑，实地考察，取得了汉唐文化宝贵的原始资料和学术成果。冯先生强调"勤奋是最为质朴又颠扑不破的读书之道",也强调"仅仅读书还不行,最好能与调查、实践紧密结合起来,求之于书,证之于实,在实践中检验知识、完善知识"。文史如此,民艺亦然,先生当年的教诲铭记在心,启示和鼓舞我们在民艺研究中不固守书斋,不盲从理论,踏踏实实走进田野,走进乡土生活,在真实的生活流里感知和理解民艺的生成创造和演变发展的规律,在老百姓过日子的悲欢寄托里把握和阐释我国民艺现世而朴素、平凡而广泛的美的理想、美的观念。冯其庸先生治学讲勤奋,他感慨没有经历过失学痛苦的人,很难体会到读书机会的珍贵,他常讲玄奘万难不辞求取真经的精神,"一辈子下真功夫、苦功夫",追求真知,正如他感慨"大哉乾坤内,吾道长悠悠",先生的榜样示范启示我们学术求索,守志养心,其间纵有艰辛,但有更多更深的喜悦和收获。

往事如烟似梦,如今回首历历在目。冯其庸先生以学养德行感染带动大家,其中既有一批批年轻的学生学者,也有扎根基层的文化工作者和民间老艺人。还记得我在1989年做民间纸扎工艺调研,当时冯先生在商丘主持召开中国汉画学会研讨会,特别邀请冯先生顺访了我家乡山东曹县,虽是短时停留,但对家乡的文化建设意义深远。曹县素有商代第一都之称,有深厚的历史积淀,冯先生对商代文化非常感兴趣,他走访了文物管理所,与文管人员进行了交流,详细了解文物保护的措施,共同探讨商代文化的研究路径,给当地政府和文物部门提出了非常有价值的建议。我家乡是戏曲之乡,冯先生询问地方戏曲的发展状况,与当地文化局交谈寻找戏文的发展脉络。冯其庸先生在曹县短暂停留期间,感受到书画之乡的热情好客,与最基层书画界人员交流,并将书法作品赠予当地的文艺工作者。曹县一行后,冯其庸先生又专程赶到济南,出席了工艺美院举办的《曹县戏曲纸扎艺术展》等学术活动。他不顾一路辛苦,为展览写了序言,出席了展览的开幕式并致辞。他在序言中写道:"纸扎艺术是一种古老的民间艺术,最早可见于《老子》。鲁西南以戏曲为主的纸扎艺术不仅具有浓厚的地方艺术特色,且可见戏曲传统及民俗。这是一种可贵的文化遗存。今年得以有关部门重视并予展览,希望能引起更广泛的重视,使这种艺术如同汉画等一样得以保存则幸甚。"在致辞中指出"这次展览的意义是让民间艺人走进了高等学府,让大学生看到了他们的民间工艺作品",对工艺美院传承民间艺术的办学理念给予高度评价,也对我坚守的民艺研究事业给予了莫大的鼓励。学术活动期间,冯先生两次到制作现场看望四位民间老艺人,特别关心他们的生活状况,对他们所扎制的地方戏曲的曲目进行了现场了解,对当地戏曲文化研究给予了悉心的指导,希望我们保护传承好民间传统工艺,其间还与陆懋曾先生、于希宁先生、孙长林先生等进行了学术交流。这是一次难忘的山东之行，冯先生调研的时间虽短，但留给山东的文化思考是长远的。

感怀教诲，心中有悲痛更有感动。冯其庸先生一直关心我们年轻人的学术成长，鼓励我一定要坚守民间美术研究这条道路。我借调研究院期间，他曾多次举荐我留北京在专业艺术机构从事研究工作。记得1992年我离开中国艺术研究院赴南艺读书时，冯先生在他家给我一席长谈，讲了许多做人做学问的道理，讲了从事民族民间文艺研究的重要性，讲了治学的责任与担当。1996年我回山东工艺美院之后，虽联系少了一些，但冯其庸先生一直很关心我从事的民艺研究，并在大学艺术教育与人才培养等方面给予指导。因为冯先生是穷苦家庭出身，他对我们这些地方借调的工作人员有着特殊的感情，给予了特殊的帮助和支持，当时的提携或许是一生难得的机遇，与先生短暂的交往却成了事业的又一起点。

人事苍茫，岁月愈长，经历的离别告辞愈多，这是我们无法摆脱的困惑。时不可逆，没能在先生疏朗康健时多见上几面聆听教诲，已是永远的遗憾。丙申丁酉交替，辞别旧岁之际，先生长行，心里更添寂寥。此时，在北方的冬夜里，重读先生之作，怀想音容，泪中含笑。正如先生在嘉峪关剪影的七律中所咏："天下雄关大漠东，西行万里尽沙龙。祁连山色连天白，居塞烽墩匝地红。满目山河增感慨，一身风雪识穷通。登楼老去无限意，一笑扬鞭夕照中。"

冯其庸先生走好。

本文原载于《齐鲁晚报》二〇一七年八月八日

本文作者：中国文联副主席、中国民间文艺家协会主席、山东工艺美术学院院长

毕生的追求　永恒的温度

——追思冯其庸先生

宋惠民口述　康尔平撰文

今年1月22日，著名红学家、文史学家冯其庸先生在京溘然长逝。噩耗传来，我一时不敢相信，也不愿意相信，脑子里满满的都是冯老的音容笑貌。几天过去，静下心时，理智告诉我，冯老真的是走了。那段时间，我的心情无比沉痛，国家从此缺少了一位学术巨匠、著名艺术家、知识分子的楷模，我则痛失了一位让我时刻崇拜景仰的前辈和忘年挚友。每每坐在画室或回到家中，翻看着先生的画册、摄影集以及赠予我的作品，睹物思人，不由自主地便会想起与先生交往的一幕一幕……

我"认识"冯其庸先生是在20世纪70年代末开始构思油画《曹雪芹》时。那时我刚刚四十四五岁，正是踌躇满志、想成就一番事业的时候。由于专业上的需要，我除了画画之外还有很多辅助爱好，喜欢读一些文学、历史方面的书籍。在读过的文学书籍中，最让我佩服和敬畏的当数《红楼梦》。它不仅被贵为中国古典四大名著之首，也堪称世界文学之林中的瑰宝，其深邃的思想、精湛的艺术魅力可以与莎士比亚、托尔斯泰的代表作品比肩。《红楼梦》中涉猎的内容可以说包罗万象，政治、经济、历史、文学、地理、建筑、园林、器物、书画、服饰、医药、茶艺、礼仪、风俗、饮食，等等，洋洋洒洒，满目琳琅；封建社会的吏治诟病、尔虞我诈和社会百态等，无不刻画得入木三分。在中外文学史上，对一部文学作品的研究能形成一门专学，且久盛不衰，当首推《红楼梦》研究。正是这个原因，我感觉到作者曹雪芹的与众不同，是一个很了不起的历史人物，称得上我国文学史上的巨匠。也正是由于这个原因，我萌发了想画曹雪芹肖像的想法和欲望。

从事美术专业的人或许都明白，要画好一个人的肖像不是一件容易的事情，尤其是画历史名人，不仅要形似，更重要的是神似；通过准确把握其形象特征，凸显人物个性，揭示其内心世界。想法有了，但怎么表现，怎样通过我的画笔与油彩，把当年生活在那个环境中的曹雪芹活灵活现地展现给人们，不仅让业内，而且让同样喜欢《红楼梦》

的大众读者能够认可，却成为一个难题。曹雪芹没有留下有关形象上的什么图像，世间流传的曹雪芹素描画像，也都是作者通过对其生活背景的了解凭想象呈现出来的，貌神各异。相当一段时间我找不到方向，感觉无从下手，于是便开始求教于相关资料，整天蹲在图书馆，看红学杂志和研究文章。渐渐地我走进了红学，继而成了红学迷，对《红楼梦》以及曹雪芹也有了很多新的认识。当时在我的心目中，冯先生是大人物、大学者、大专家，高不可攀。于我而言，接触红学，也就相当于间接接触了冯其庸先生，通过浏览揣摩先生很多有关红学研究的文章与观点，在精神上开始与先生对话。可以这样说，我对曹雪芹的认识，主要来自先生的红学研究成果及论证史料，如关于曹雪芹"素性放达、好饮，又善诗画，年未五旬而卒""举家食粥酒常赊""卖画钱来付酒家""喜画突兀奇峭的石头""晚年住在北京西山一带，生活上穷困潦倒"等引证诗句和相关描述，给了我很多启示。入秋时我又专程去了一次香山，满眼秋色，山石、老树、落叶，闭目凝神，脑海中便依稀有了些曹雪芹的形象与神态。从构思到创作，前后经历了5年时间，我于1984年完成了油画《曹雪芹》的创作。作品现为中国美术馆收藏。

为了适应学院教学需求，也是由于我对冯其庸先生在全国学界的重要地位及其个人学术成就的了解，于1995年，以学院名义聘请冯其庸和杨仁恺两位国内大家做学院首届客座教授。两位先生都是国内深受学术界尊崇的著名大学者，文化贡献是很多学者不可比的。尤其是我们这样的美术类艺术院校，最需要像冯先生和杨先生这样在文史、考古，尤其书画鉴赏方面有很高造诣的大家。聘请全国大师级专家学者做客座教授，这在学院还是第一次，是鲁美引进院外教学资源的一个良好开端。也正是由于有了这一层关系，我与冯其庸先生才有了更多零距离亲密接触的机会。

冯其庸先生先后四次来鲁美，为师生讲学，参加学术交流，看望老友。最初一次是1995年6月6日，先生来鲁美后，先是观看了学院多年珍藏的部分艺术精品，第二天出席院里专门举行的聘任仪式，随后作了"中国大西部的艺术考察"专题讲座。冯先生这次讲座可以说是鲁美这么多年来规格最高的一次学术讲座，会场座无虚席，连过道、楼梯都坐满了人。师生们被先生科学严谨的治学态度和亲力亲为、锲而不舍的务实精神深深感动了。2000年6月8日，先生再次来鲁美，以丰富的读书经历、厚重的文史底蕴，结合专业，融汇古今，为师生们作了以读书为主题的演讲报告，再次得到了现场师生们的一致好评。冯老两次来学院讲学，不仅仅传播了知识，无形中也为全院师生树立了一个优秀专家学者的典范，让师生们感受到了大家的风范和做学问的真谛，在鲁美教学史上也留下了闪光的一页。

　　在几十年与冯其庸先生的交往过程中，先生的精神深深感动着我，也时时激励着我。这时在我眼中、心中的冯其庸先生，已不再仅仅是停留在精神层面、高不可攀的大学者、大专家了，而是融入我的生活、有情有义、可敬可爱的尊者、亲者，我慢慢也称先生为"冯老"了。因此，我于2006年时，又萌发了想为冯老画一幅肖像的冲动。谁知想法提出后，冯老并没有立即应允。我知道冯老一向淡泊名利，处事低调；当时也曾有画家要为冯老画肖像，都被他婉言谢绝了。冯老始终认为自己就是一个普普通通、平平常常的学者，还没到让人画像的时候。几经说服，晓之以理，方才打消了冯老的顾虑，我当然知道这里面还蕴含着冯老对我专业上的一份关爱和倾情。

　　为冯老画像，看似容易做着难，因为很多人熟悉冯老，自然会对作品有更高甚至苛刻的要求。此外，冯老阅历丰富，一生的故事，一身的成就，相较画曹雪芹也同样有一个怎么画和从哪里入手的问题，而这些当时对我来说都还是不得而知的。冯老知道我的难处后，当即送我一部他的大西部摄影集《瀚海劫尘》和一些在田野考察时的照片。这些图片资料进一步丰富了我对冯老的感性认知，继而由感性认知上升为理性认知，最终触发了我的创作灵感，作品的人物特征与背景铺陈水到渠成般清晰地浮现出来：楼兰古城的三间房，荒野中的残垣枯木，魁梧挺拔的身躯，刚毅自信的神情，大红的羽绒服，走到哪挎到哪的相机。这些元素将构成一个整体画面，去刻画与呈现画中人不辞辛劳、不畏艰险、风尘仆仆、亲力亲为、求索真理的严谨态度和铮铮风骨。这，就是冯老最高贵的品格和最突出的人物个性。作品题名《冯其庸·流沙梦痕·楼兰》。

　　冯老肖像画的完成，了却了我的一桩夙愿。冯老的这幅肖像画是我创作的肖像画中进展最顺畅的一幅，是我怀着深厚的、真切的情感，充满着激情完成的。创作的过程也是我与冯老心灵对话的过程，自然也成为我内心里最为看重的作品之一。在中国美术馆举办画展时，冯老的这幅肖像画被陈列在展厅正中的醒目位置，不仅可以让参观者第一时间一睹冯老的风采，也承载着我对冯老的敬畏之心。这幅作品展后即刻被辽宁传媒学院美术馆作为"镇馆之宝"收藏了。

　　冯老长我13岁，无论是阅历还是做学问，都是我的前辈，我和冯老堪称忘年之交。世间有些人相互交往很多，但未必交心；我和冯老虽谋面较少，却颇有缘分，不仅性格投缘，话语言谈也很投机，不用刻意去做便心心相印，融合在一起了，为此我也得到了冯老特殊的关爱。每次学院有人去冯老那里，他都会关心地打听我的近况，托来人给我带回问候，可见冯老对朋友是时刻装在心里的。

　　2012年5月8日，中国美术家协会、中国美术馆、中国油画学会、鲁迅美术学院在中国美术馆联合主办了"诗心化境——宋惠民油画作品展"。这是80年代以来我油画创作成果的一次集中展示与回顾，是我唯一一次在中国美术馆举办画展，是我一生中最大的幸事。而同时让我感到幸运的是，由中国艺术研究院、中国美术馆、中国美术家协会、中国人民大学国学院、中国文字博物馆、鲁迅美术学院共同主办的"冯其庸九十诗书画展"，也同一天在这里拉开序幕。两个展览同一天开幕，且展厅是紧紧挨着的，真是巧合，真是缘分，对我来说也是莫大的荣幸。冯老不忘筹展过程中鲁美给他的帮助，在展览开幕式讲话中，多次提到感谢沈阳鲁迅美术学院。在展览过程中，冯老对我的画展也是格外关注，刘云山等中央首长和文化部的有关领导来看他的展览，冯老都会把他们请到我这里，同时看我的画展，让我发自内心地感激，当时的心情真是难以用语言来形容。其实，以往我的每次画展，只要先生知道的，都会亲自写来贺信。前些年，我和夫人陈桂芝、女儿宋冰岸、外孙刘宇博共同至厦门中华儿女美术馆举办画展，年近90的冯老还写了很长的一封贺信，给我们鼓励。每每和冯老相处，总会让你由衷感到温暖。

冯老和我同期举办的这次展览，是他在中国美术馆举办的第四次个人展览，也是他生前的最后一次展览，大部分作品是他近年来的新作。冯老从小就有画画的兴趣和天赋，对山水笔墨有特殊的感情，尽管家境贫寒，经常吃不上饭，后来考入苏州美专也不得不半途辍学，但用先生自己的话说，是"酷嗜书画""从小到老一直没有停止过作画"。冯老时常谦虚地把自己习书作画当作文章余事，有剩余时间方可为之。其实，冯老的书画已经达到相当高的境界，是真正的"文人画"。冯老首先是大学者、大文人，饱览诗书，学富五车。早些年他评介饶宗颐先生书画艺术时曾这样形容："凡文章未发之精华逸气，悉藉书画以发之。"冯老自己何尝不是如此呢？他在离休后的近20年间，专心于山水画的探索，尤其是从80岁到90岁这10年间，开始认真临摹宋元两代名人山水，临摹的同时还经常会去实地观察，从大自然中解密古人作画的笔法和意境；即便是临摹宋元山水，也从不忘记融入创新元素。展览中最具特色、最让人震撼的是冯老独具特色的西部大幅重彩山水画。这些重彩画是他20年间大西部考察经历与宋元山水技法完美融合的结晶，展现给人们的是先生另辟蹊径创出的属于自己的独特技法与风格。在冯老的笔下，西部真山真水随兴所至，山之巍峨、形之奇特、色彩对比之强烈，文心、诗情、画意，笔情墨趣，浓妆重彩，跃然纸上，给人以强烈的视觉冲击力和艺术感染力。看冯老的画展，是情操的陶冶，艺术的享受，心魂的震颤。

冯老是一位行走着的学者，凡事必亲力亲为。他先后十次去新疆，三次上帕米尔高原，深入罗布泊楼兰古城遗址，历尽千难万险，破解了玄奘研究史上一个千古之谜。为了论证曹雪芹祖籍，他几次来辽宁的辽阳实地考证碑记，并查阅《八旗通志》《八旗满洲氏族通谱》等大量历史文献，以此为佐证，澄清了事实，还历史本来面目。冯老学识渊博，多专多能，红学、考古、古代文学史、戏剧史、艺术史、古代园林与建筑等，凡所涉猎，样样精通；数十年田野奔波与呕心沥血，留下千万字的等身著作，毕生的理想愿望都算是完成了。

冯老热爱生活，具有朴实而高洁的生活情趣和健康广泛的爱好。无论是赋诗、作画、写字，还是文玩赏鉴、文物收藏、园艺侍弄，均追求一种境界，而且颇有品位。在传统文化方面，冯老更是古往今来，广泛涉猎，积聚了深厚的底蕴和功力，可谓通才。走进冯老的院中、家中、书房、卧室，也就如同走进了冯老广博充盈的精神世界；他的兴致与珍爱无处不在，他已经把整个生命与思想融汇到了自己工作生活的每一寸空间。每一个角落，不掺兑半点杂念。

冯老拥有高尚的品格和仁爱之心，为人处世始终保持平和的心态，谦和、豁达、厚道、低调、心若止水；与冯老交往中，很难看到他玩世不恭，说三道四，抱怨牢骚。冯老从不放松学习，每天坚持读书、写日记、习书作画，笔耕不辍。冯老还有良好的家风，夫妻和睦，举案齐眉；他的夫人夏录涓老师同样是平易近人，待人热诚、周到，处事低调，从不张扬，备受人们尊崇。

追思冯老，让我不由得想起了著名诗人臧克家的那首诗——《有的人》："有的人活着，他已经死了；有的人死了，他还活着……"从冯老身上，我看到了一位中国知识分子的高风亮节和道德情操。冯老的一生是求索的一生，奉献的一生，闪光的一生；他用毕生的追求为世人留下了不朽的篇章和永恒的温度。

二〇一七年五月二十一日

本文原载于《艺术工作》二〇一七年第六期

本文作者：鲁迅美术学院原院长，辽宁省美术家协会专家委员会名誉主任，

鲁迅美术学院名誉院长、荣誉终身教授；

辽宁省文化厅原副巡视员、国家公共文化服务体系建设专家库专家

忆冯其庸师三二事

季稚跃

1978年，我将《也论〈脂砚斋重评石头记〉（十六回本）的底本正文》一文投寄《红楼梦学刊》编辑部，三月余未见回音，估计是"不拟刊用"。于是，斗胆向主编之一的冯其庸先生写信，自我推荐，不久，就收到冯先生的回信：

> 来信收到了，我刚从南方回来，前几天还在上海，可惜我回来后才读到您的来信，因而去找出文章读了两遍，我是极赞成您的论点的。我在一年前也做了您所做的全面校对的工作，并且将正文和批语都列成了对比的表格，结论与您完全一样，即甲戌本底本是一个很早的本子，不可轻视，文字上留下了不少早期钞本的特征。您的这篇大作我读后十分高兴，决定在学刊发表。

正是冯先生的决定和支持，使我增强了业余研究《红楼梦》的信心。

1982年5月，我在上海江辛眉教授家初次见到冯先生；最后见到冯先生是在2012年12月9日"冯其庸学术馆开馆庆典"期间。在这30年中，我一直得到先生的教诲和关照。每当我在研究中有所发现，第一个就会向冯先生讨教，先生总是很高兴，要我将写好的文字寄去。当我在研究中有偏差，先生在信中会及时提醒：

> 尊文已读过，生平考有新见，文中引扶乩大段文字皆可不必。红楼梦中一段，也不必引原文，其余稍有涉及迷信者，亦应慎重文字。

我本体弱多病，常蒙冯先生惦记和关心：

　　来信及稿昨日收到，久不得消息，时在念中，知患病，殊念。

一次，冯先生知道我心脏也不好，又关照我"吸点氧"。

冯先生不但对主编的《红楼梦学刊》精益求精，注意识拔人才；而且尽力协助地方院校学报办好《红楼梦》研究专栏，曾几次嘱咐我为他们写稿。冯先生已经离我们远去，但先生的教诲是永存的。

二〇一七年五月于沪上

本文原载于《红楼梦学刊》二〇一七年第四辑

本文作者：同济大学教授

古镇张家湾的三重追念

——纪念冯其庸先生

聂玉泉

2017年1月22日，当代国学大师冯其庸先生在北京市通州区潞河医院安详辞世，享年93岁。冯其庸先生生前对中国传统文化的传播和发展做出了巨大的贡献，深得社会各界的敬重和爱戴。如今，距离冯老先生逝去已有一年半的时间，在此期间，张家湾镇党委、政府按照冯老先生遗愿，在文化领域不断探索，深入研究，推动古镇文化事业逐步崭露头角，让冯老先生学术思想光芒在张家湾这片沃土悄然绽放。在此，张家湾镇党委、政府代表全镇人民对冯其庸先生致以崇高的敬意和诚挚的感谢。

因为曹雪芹的一段家世，张家湾与冯老先生结缘，且有幸为冯老先生提供一隅下榻。冯老先生是张家湾建设的文化大使，是张家湾文化前进方向的引路人，为推进张家湾地区各项事业发展发挥了难以估量的巨大作用，做出了不可磨灭的突出贡献，值得张家湾镇人民永远铭记。

缅怀冯老，回忆点滴，最终凝聚成对冯老先生的三重追念：追念冯老先生格物致知的治学精神，追念冯老先生苦心孤诣的治学态度，追念冯老先生胸襟宽广的治学担当。

一悼冯老先生亲涉考察，探究曹石

红学文化曾是张家湾一颗深藏的明珠，正是冯老先生用格物致知的严谨治学精神得以让这颗明珠光芒闪耀，使张家湾被越来越多的人所知晓，极大地提高了张家湾文化吸引力和社会知名度。

早在1981年，冯老先生就来到过张家湾，实地查看与曹雪芹有关的当铺、码头等遗址。1992年，曹雪芹墓葬刻石出土后，冯老先生更是多次来到张家湾实地考察古城、曹家染坊、坟地等遗迹，探究墓石当时的出土情况，通过对照古籍资料，对墓石得出了初步结论，为破解曹雪芹墓葬之谜奠定了坚实的基础。后来，冯老先生因为一方曹石，更是放弃了市区舒适便捷的生活环境，毅然搬到了张家湾居住，并且一住就是21年。

基于对曹雪芹墓葬刻石的初步研究，在同年召开的红学研讨会上，冯老先生先是细数了《江宁织造曹頫覆奏家务家产折》《江宁织造曹寅奏谢复点巡盐并奉女北上及请假葬亲折》《懋斋诗钞》等文献资料，又结合曹石上所刻的"壬午"，最终认定曹雪芹在壬午年葬在张家湾。这一论断引起了与会专家学者的激烈争论，可谓"一石激起千层浪"，会后冯老先生将有关墓石真伪的论争全面客观收集起来，汇编成《曹雪芹墓石论争集》一书。而出土墓石的张家湾也成为红学研究的一方重镇。正如冯老先生所说："全国任何地方，都无法与张家湾比。"此次研讨会开启了张家湾关于红学研究的大门，红学文化自此成为张家湾乃至通州区的重要历史文化资源。

二悼冯老先生下榻"瓜饭"，苦心孤诣

对冯老先生的第二重追念，则要从冯老先生的书斋——"瓜饭楼"说起。张家湾镇党委、政府有关同志曾多次前往冯老先生在张家湾住处拜访，古色古香的院落，书房里摆满了书籍和书法绘画作品，书架、几案之上，还摆放着雕塑、印章等，琳琅满目，仿佛是一座小型博物馆。而这座书斋，冯老先生起名"瓜饭楼"。听冯老先生说，幼时家里生活拮据，多亏了邻居常常抱南瓜接济，为了怀念这段以瓜代饭的苦难生活，故为书斋起此名。

在张家湾居住的这段岁月里，冯老先生远离喧嚣都市，静坐书斋，潜心研究，苦心孤诣，笔耕不辍。也正是在这里，冯老先生出版了汇聚一生学术精华的文化经典——《瓜饭楼丛稿》。这一套传世之作，洋洋洒洒35卷册，共计1700万字。

红学家吕启祥老师说：冯老在张家湾的这20年，是冯其庸的幸运，反过来说，也是张家湾的幸运，这个缘分很值得珍视和探讨。这种缘分让张家湾得以守护冯老先生，为老先生创造一处清幽安宁的环境。而冯老先生在张家湾这方净土，既潜心研究国学文化，也不时指引张家湾发展方向，福佑文化前行。

纵览冯老先生一生，我们深感老先生涉猎广泛，绝非"红学家"一词可以概括。冯老先生身为书画家，在艺术领域造诣颇深；冯老先生还情系西域，从1986年到2005年，先后十入新疆调查玄奘取经之路等。可以说，先生是近现代的文化守护者，是真正的国学大师，为弘扬中国传统文化做出了突出贡献，充分体现了中华泱泱大国的文化自信。

三悼冯老先生心系张家湾，助力涅槃

冯老先生一生学术造诣极高，但并非"两耳不闻窗外事，一心只读圣贤书"，他不仅满腹经纶，耄耋之年更心系一方百姓，关心张家湾发展之路，提出了很多富有建设性的意见建议，实是让人敬佩之至。在张家湾居住期间，冯老先生就像一座灯塔，吸引多位文化名人到此，为张家湾的发展带来前所未有的机遇。

在冯老先生的指导与帮助下，张家湾镇打造了"一馆一像一亭"平台，按照"文脉、文象兼生并蓄"的模式，建成了张家湾博物馆、曹雪芹巨型铜像、归梦亭及红学文化绿色走廊等一批文化景观。

张家湾博物馆中有关曹雪芹家世等红学方面的展陈就是在冯老先生的指导下布置完成的。老先生专门为"红楼追梦"录制了讲解曹雪芹与张家湾渊源的视频，并嘱咐学生任晓辉先生全力协助建馆。作为张家湾博物馆红学顾问，任晓辉先生一直秉承老师严谨的治学精神，对红学部分的展陈内容进行全面把关，为参观者最大限度地还原当年的历史真相。

冯老先生另一位学生纪峰先生也跟随老师的步伐来到了张家湾。纪峰先生善于制作塑像，后拜冯老先生门下，受老师点化，进一步将创作从形象向神似转变。在老师的指导下，他对曹雪芹铜塑小像进行反复修改，最终使得塑像的神韵、姿态等方面均与史料记载最为契合。现矗立于萧太后河畔的曹雪芹巨型铜像，就是曹雪芹小像的放大版。冯老先生不顾身体不适，亲自为铜像题词。

时代变迁，曹雪芹下葬之地的精确位置已不可寻，为了让全国红学爱好者能有一处凭吊之所，冯老先生建议在萧太后河北岸修建归梦亭。一座题写有"万古不磨石头记，千秋永载曹雪芹"的归梦亭包含了先生的诸多深意：这里是曹梦阮入土安葬的地方，是他归梦的地方，同时也是《红楼梦》梦起的地方。冯老先生告诉我们，对照张家湾有关史料记载，《红楼梦》中许多鲜活的生活场景应该就取材于这里，比如，林黛玉出场时下船的地方，应该在张家湾通运桥附近的客运码头处。

2015年，在冯老先生的大力支持与积极促成下，张家湾镇召开了"曹雪芹与张家湾"红学学术研讨会，围绕"读'红'会心谈""曹雪芹与张家湾"两大主题，近40名红学界专家学者从不同角度阐述自身的红学研究成果，进一步阐释曹雪芹与古镇张家湾之间的历史渊源。九十多岁高龄的冯老先生坚持到场参会，并在会上"一锤定音"，确定曹石为真，最终奠定了曹石在红学研究中的学术地位。

在冯老先生身上我们看到了他对文化建设、对中国红学事业发展那种锲而不舍的追求精神，让我们深受感动的同时又由衷敬佩。在老先生的见证下，张家湾镇政府与中国红楼梦学会、北京曹雪芹学会共同签订了合作框架协议，将张家湾确定为两个学会的学术研究基地，从此，全面启动了张家湾红学研究计划，打开了红学研究的新局面。

冯老先生逝世后，张家湾镇痛惜失去伯乐的同时，认真整理冯老先生留下的红学研究成果，充分汲取老先生的理论营养。2018年6月，张家湾镇与中国红楼梦学会在镇文化艺术博览苑举行了"冯其庸学术思想研讨会暨冯其庸研究中心"揭牌仪式，冯其庸红学研究中心正式挂牌建成。研究中心设有"冯其庸与张家湾图片展"，向每一位来访者讲述冯老先生与张家湾的这段伯乐相马之缘。

站在新的历史起点上，我们将秉承冯老先生的思想精神，让冯其庸红学研究成果融入地方发展建设中。我们将立足于自身历史文化资源禀赋，牢固树立优先发展文化艺术产业的发展思路，不断加强研究红学文化在当前时期的延伸和实践探索。我们将完善镇域规划，以张家湾古镇建设为龙头，充分融入红学文化、运河文化理念，进行科学有序的开发建设，让古镇张家湾重现昔日盛景，在推动张家湾转型升级过程中实现"凤凰涅槃"。

我们坚信，冯老先生的风范将被张家湾人民永远缅怀，冯老先生的精神将在张家湾这片土地永世长存。

二〇一八年七月

本文作者：中共北京通州区张家湾镇党委书记

我是家乡人民培养成长的

——冯其庸先生的故乡情结

冯有责

冯其庸是无锡市惠山区前洲塘村冯巷人，1924年2月出生。他30岁离开无锡客居京华。在离开故乡的漫长岁月里，他心中始终眷恋着养育自己的这片故土。大半个世纪过去了，故乡旧貌无存，但冯其庸的故乡情结丝毫未改，根深蒂固的乡心乡情历久弥新。家乡人民也时常怀念他，诉说他浓浓的乡情和赤子之心。

一、讲《水浒传》

冯其庸家境贫寒，年轻时曾三度失学，但他求学心切，把读书看作是他生命中最重要的事。冯巷一位81岁的老人冯菊海回忆说："三男（冯其庸小名）读书很用功，白天跟着大人耕作歇息时，总是一个人捧着书在树下读着。晚上他窗前的灯总是很晚才熄灭。他看书后，常常讲给我们听。一到晚上，我们总是到他家门口，听他讲《水浒传》。"这位老人还说："三男记性很好，有些诗词、小说的章回他都能背诵。一次，村上一位比三男大几岁的冯圣祖看《水浒传》遇一生字，便去请教三男。三男一听就告诉他，这字在《水浒传》第几回第几页上，应当念什么。"家住上海、85岁的冯汉清老人回忆说："三男讲《水浒传》，十分生动，简直与说书一样。'武十回''鲁十回''林十回'等，虽然过去那么多年了，我还是记忆犹新。我曾给他写过一封信，他是个大学者，可他不嫌我文化水平低，用毛笔给我回了信，并约我如若去北京，就去'瓜饭楼'坐坐，使我感动得永生难忘。"

二、回乡见闻

20世纪60年代初，正是三年自然灾害之际，农村一片凄凉景象。1962年1月底，冯其庸得知母亲病重的消息。2月3日，他回到了阔别近8年的前洲冯巷老家。那天，他是下午从无锡乘轮船回家的。在轮船里，他听到不少前洲人在议论家乡人吃不饱肚子，用东西外出换米等情况。他到家一看，得知母亲病得严重也是因为饥饿吃糠咽菜所致。第二天，一条蛔虫从母亲嘴里窜了出来，他即明白母亲是受蛔虫的影响，就去购买"驱蛔灵"给母亲服用。很快，他母亲排出来很多蛔虫。二三天后，他母亲的病情好转了。这次在家待了十几天，他一家一家探望老人，看望少时的同窗。他看到右边邻居冯兆泉（族中叔叔），因为饿得不能动弹，心里十分难过。他又看到左边乡邻寿康（冯其庸堂兄），因家中无米，常以"紫云英"充饥，得了"浮肿病"……冯其庸调查了冯巷及周边自然村的一些现状。十多天后，他怀着沉重的心情，带着乡亲们的期盼，回到了北京。不久，他把一份《回乡见闻》调查报告呈交了中国人民大学党委，调查报告得到校党委、北京市委及有关部门的肯定和重视。1982年11月，冯其庸受家乡之邀，在前洲大队印染设备厂会议室作了长达两个小时"关于中国古典文学与《红楼梦》"的讲座。讲座结束时，他把20年前写的《回乡见闻》的前洲和当今前洲作了鲜明的对比。他说："一个人不可能对家乡没有感情！我在故乡的土地上流过汗，经历了20多年的风风雨雨……我对家乡充满信心，充满希望。"1984年11月26日，他回乡参观后，书写了"看到家乡的发展，就是看到了祖国社会主义的美好前景"的题词。冯其庸每次回家，总要探望乡邻。他说，乡情是永远割舍不掉的。

三、锦绣园记

前洲是冯其庸的家乡，因地势低洼，经济落后，一直是无锡县最贫穷的乡镇。1970年年初，前洲大力兴修水利，大办乡镇工业，摆脱了贫穷落后的面貌。1983年前洲成为全国首批亿元乡；1984年起，前洲的经济总量连续多年位居全国乡镇榜首。为此，地方政府于1986年动工建造了占地面积26亩的苏州古典园林式的公园，取名"锦绣园"，园名由冯其庸题写。1989年10月7日，冯其庸回家乡参观锦绣园时，家乡领导请冯其庸撰写"锦绣园记"，冯其庸当即应允。第二天一早，他打来电话，让我去取已撰写好的"锦绣园记"，我即去他下榻的无锡县第二招待所，将"锦绣园记"取回交给家乡领导。兹录"锦绣园记"如下：

吾乡前洲，南屏龙山，北倚长江，东峙鸿皋，西接平畴。太湖卫其前，君山拱其后，中间良田千顷，稻菽连云，桑麻荫浓，鱼沼水深，诚东南之乐土，人间之沃壤也。然在古为湖泽，称芙蓉湖。宋明之间始堰堤为田，称杨家圩，而地势低洼，其形如釜，周高而中凹，水不得泄，于是水涝频仍，民不得食。忆予幼时，年年水灾，秋冬历春，皆以瓜菜为食，民未尝知饱餐之乐也。洎乎近岁，乡之贤守，倡为水利，数经艰难而水患除，再经经营而乡镇工业起，於是骎骎而前，蒸蒸日上，为举国乡镇之冠矣。嗟乎，地仍其地，而苦乐前后有如天壤之异，人定胜天，事在人为，信有征矣。今乡之贤守，集父老人民之意，复创为斯园，亦衣食足而后知礼义之意也。环视吾乡，山川如画，前程似锦，乃以锦绣为名焉。爰作歌曰：龙山之阴，太湖之阳。猗欤前洲，物阜民康，乃建斯园，与民休养，崇阁巍巍，清流汤汤，四时佳卉，流连景光。凡我妇子，乃颂乃扬，亿万斯年，永葆其昌。

寥寥三百余字便把前洲由穷而富的历史变迁和锦绣园宜人景象，表达得淋漓尽致。时隔不久，冯老亲笔书写的4幅4尺整纸的"锦绣园记"，由他的夫人夏菉涓女士专程送到了家乡。"锦绣园记"勒石于园中，乡人看到冯其庸深厚的学养和博大的胸怀，无不为之赞叹！

四、游览阳山

冯其庸十分钟爱家乡的青山绿水，多次在他的散文和诗词以及画作中透露出对家乡的怀念。他76岁时，作画一幅，画面是梅花、太湖和三山，并题诗一首"一别故乡五十年，梦魂常绕太湖边，蠡园月色梅园梦，又似春云到眼前"。2009年3月29日，冯其庸在灵山参加世界佛教论坛的第二天上午，由家乡党工委书记莫治中和我陪同参观了鸿山遗址博物馆。下午，惠山区副区长计佳萍、前洲街道莫治中书记和我又陪同他去游览阳山。那几天，正值桃花盛开，"阳山桃花节"正在筹备中，刚到阳山镇，就见游人陆续不断，汽车无法上山。冯其庸与区、街道领导下车，在桃花丛中合了影。后由阳山镇党委书记吴立刚派人来引路，汽车才一直开到阳山顶上。冯其庸站在阳山高处，看到满目桃花盛开，游人如织的景象，十分欣慰，不禁吟诵起诗句。他还说："今后待我有空时作一幅'大美阳山'的画。"第二天，冯其庸作了《己丑上巳，游阳山，值桃花节，开花似锦，为题四绝》，诗曰："一片红霞烂似云，桃花十里最迷人。春风春雨三番后，斗大蟠桃醉寿君。阳山卅里桃花阵，崔护重来已隔生。满眼红霞天地醉，挥毫欲写桃花行。阳山游罢到狮山，天地沉浮醉梦间。春夜桃花太白序，我来续写咏桃篇。灼灼桃花乱似云，红霞卅里醉芳芬。桃花人面非崔护，去了刘郎有后人。"冯其庸还为阳山镇题写了"中国阳山桃文化博览园""阳山国际旅游生态休闲农庄"。

五、致信母校

家乡的教育事业一直是冯其庸关心的。他曾多次到母校前洲中心小学、前洲中学参观，多次为学校校庆、新校舍落成赋诗祝贺。他说："学校的图书馆一定要办好。"由此，在20世纪80年代后期，他作为主要倡议者，倡导"向母校捐书"活动。

1982年年初，前洲中学高中学生给冯其庸写了一封信。当年4月29日，前洲中学收到了冯其庸的回信，在信中他勉励师生说："希望大家认真读书，珍惜时间；时间就是生命，生命是不能浪费的！"师生们读了冯其庸的信，深受鼓舞，一致表示要珍惜时间、勤奋读书、提高教育质量。冯其庸还为前洲中学题签"认真读书、珍惜时间"。

冯其庸不仅就读于前洲中心小学，还两度执教于该校，始终对母校充满着深情，长期关注并关爱着母校教育事业的发展。2009年是前洲中心小学百年华诞，当年10月20日，前洲中心小学四年级学生给远在北京的冯其庸寄去了一信。12月29日，冯其庸给孩子们写来了一封热情洋溢的回信，嘱我务必亲手转交给校方领导。他在信中说："亲爱的前洲中心小学的同学们……我与你们是真正的同学，不过时间有先后而已……"信上还对同学们提出了三点希望：第一是要从小立志，要有远大的抱负和理想；第二是一定要吃苦；第三是要关心别人，并在信尾落款："你们的同乡人冯其庸。"虚怀若谷的襟怀和殷殷之情跃然纸上。前洲中心小学把立志放在第一位，在学校广场西侧建了立志文化墙，把"立志励行，树德修能"作为学校的教育宗旨。

六、甄别文物

在中国第一历史档案馆和南京博物院陈列的前洲出土的"罪己诏"和"五件楚国青铜器"，都与冯其庸有着密切关联。

1972年10月，前洲塘村周巷村民在"周坟园"整田平地时挖出了一口棺木，内一男尸完好无损，见光不到两小时就风化了。生产队长周发泉在尸体旁发现了一个黄袋，袋子内装有一份古文件，便将其交给了前洲中学谭寄荷老师。后来，谭老师把这一文件交给了我，托我寄给北京的冯其庸。冯其庸认定这是一件明正德皇帝的"罪己诏"，具有重要史料价值。他当即带着原件去故宫博物院鉴定。当时处于"文化大革命"中，故宫没人接收。冯其庸只能把原件带回家中保管。直到1996年，中国第一历史档案馆邀请冯其庸参加唐文治先生捐赠日记的活动。他想起这份"罪己诏"，就无偿捐给了中国第一历史档案馆。经专家鉴定，这是一份明武宗朱厚照颁布的"罪诏"，是迄今为止我国发现年代最为久远、保存完好的"罪诏"实物。《历史档案》1997年第二期刊登了中国第一历史档案馆征集到明正德九年皇帝的"罪己诏"的信息。2010年6月，冯其庸据此写下了《明正德九年"罪己诏"考及其他》，刊于《中国文化报》和《紫禁城》。

1973年12月中旬，前洲村在高渎湾兴修水利时，村民挖出了五件青铜器，其中两件有铭文，都存放在仓库里。同年12月30日，前洲中学谭寄荷老师闻讯后，用铅笔把铭文拓了下来。1974年1月27日，谭老师把拓片给了我，让我寄给冯其庸，请他鉴定一下。第二天我就邮寄了拓片。冯先生看见拓片的文字后，初步断定为战国楚器，就把拓片交由时任故宫博物院副院长唐兰鉴定，唐兰先生也确认是战国时期的青铜器，但需见到实物。约在1977年年初，这批青铜器运到了北京，唐兰先生确定为2300多年前战国时期楚国的青铜器：鉴（盛水器）、豆（盛食器）、匜（注水器），具有重要的历史价值。古文字专家李学勤、李零、刘雨于1980年在《文物》第八期发表了考古论文《论无锡前洲器群》《楚郏陵君三器》。1981年6月，冯其庸在征得前洲村同意后，将这批青铜器无偿捐赠给了南京博物院。

七、捐赠藏品

冯其庸对故乡，有一股浓得化不开的深情。2012年经过为期三年的筹备，"冯其庸学术馆"在其家乡前洲落成。开馆之前，冯老将一生珍藏无私捐赠故里。他说，自己的名字也只是一个符号，"这个学术馆将我与家乡无锡连在了一起。"

这座学术馆，确实将冯其庸与故乡联系在一起：他将自己收藏的文物、手稿、字画、著作、西部摄影作品等无偿捐赠予学术馆。其中28件重达5吨的石刻集中展示了从汉朝、南北朝、唐朝至宋、明时期的各类汉画像石、佛造像等，具有很高的历史、艺术价值。"这些石刻辗转各地，最后在无锡前洲落地生根，我很放心。"学术馆五个展厅"稻香家世""艰难学程""翰墨余香""瀚海孤征""佛缘遗迹"都是冯老自己命名的。展厅无不直观地、形象地、全方位地展示出冯其庸先生集学问家、诗人、书画家、摄影家于一身的丰采，体现出"纵横百万里，上下五千年"的气概和"文化自信、学术报国"的情怀。2012年9月25日，九旬高龄的冯其庸不顾年事已高，又一次回到家乡，亲临每个展厅，再次对每段文字、每件手稿、每张图片认真推敲。开馆前一天，冯其庸为馆内年轻讲解员认真讲述每件展物背后的故事，希望让有细节、有故事的展品带着艺术生命的活力，走进每一位参观者心中。

倾尽毕生珍藏，以一座学术馆回归桑梓。近年来，冯其庸继续为学术馆捐赠物品，不断充实馆藏，先后又捐赠了宋、明青花瓷，西夏、内蒙古印章，书画作品，手稿等若干。2016年12月1日，学术馆收到冯其庸从北京运来的汉、唐文物5件，其中1件用汉代阴沉金丝楠木独块制成并刻有他的题词的条案尤为珍贵。冯其庸学术馆开馆至今，已经举办各类文化交流活动40多场次，接待国内外宾客近7万余人。冯其庸学术馆已被评为国家AAA级旅游景区，并被中国人民大学国学院授予"教学科研永久性实习基地"称号，同时授予"江苏省廉政教育参观点""无锡市社科普及示范基地""无锡市对台文化交流基地""惠山区爱国主义教育基地"等称号。冯其庸学术馆不仅是无锡市的一张文化名片，更是无锡地区弘扬中华传统优秀文化的一个阵地。

八、根在前洲

"我的学术起点在无锡。我的治学、艺术创作、考订文物古籍的道路，均发端于此。"这是冯其庸在2012年12月8日学术馆开馆前一天媒体见面会上讲的。冯其庸发表的第一首诗、第一篇文章，都与无锡息息相关。1942年在青城中学就读时，无锡《锡报》上发表他的《浪淘沙》词两首，此后又发表了散文《闲话蟋蟀》。1947年，他在无锡国专学习时，利用暑期招生在江阴调查了江阴人民反清斗争的史实。同年10月23日他撰写的《澄江八日记》这篇调查报告就发表在《大锡报》上。他在国专学习时，完成了"蒋鹿潭年谱考略"，这是他在无锡国专的毕业论文，后来出版了《蒋鹿潭年谱考略》专著。

"我是地地道道的前洲人，是无锡的山、水、土地养育了我，我做学问的基础是在故乡形成的。我一辈子不能忘记这里——我的故乡。"2011年12月13日，冯其庸得知自己将获授中华艺文奖终身成就奖，亦知故乡"冯其庸学术馆"将落成，感赋一绝，以告故乡父老亲友："桃花春水绕吾庐，一别故乡六十余。今日虽承天外奖，依然耕牧是真吾。"2014年中秋节前，我正在北京，见证了离开故乡60年的冯老以录音方式，向千里之外的家乡百姓致以节日祝福的过程。他说："任何时候也不要经济好了就不勤俭、不刻苦、不努力，积累财富是为全体百姓而不是为了个人。我们还要继续往前奋斗。祝家乡父老中秋节快乐！"2017年1月10日，学术馆副馆长沈晓萍去探望冯老时，用视频录下了他对家乡思念的录音。他说："我非常想念家乡。我还一直想要回去再看看。现在看是困难啦。希望家乡越来越好，祝愿家乡父老都很好。我是家乡的人民培养成长的。"

　　冯其庸先生已远去，但他对故乡的深情永远铭刻在家乡人民心中，家乡人民永远怀念着他。

本文原载于《红楼梦学刊》二〇一七年第三辑

本文作者：无锡冯其庸学术馆名誉馆长

三谒瓜饭楼

王能宪

一月二十二日（农历丙申腊月廿五），我在江西老家突然看到友人的微信，中央电视台的新闻截屏：著名红学家冯其庸去世！

我立即转发了这一消息，并写了如下一段话：

> 去年一月二十七日，我去瓜饭楼看望冯其庸先生，时隔一年，冯老仙逝，人去楼空，令人唏嘘。回想去年我将冯老题写书名的拙著《万里行记》奉送给他，冯老一页一页翻阅，交谈一小时有余，而如今天人永隔，怀想无尽……

瓜饭楼是冯其庸先生的书斋名，其寓意是铭记父母之恩，不忘根本。因冯先生出身农民家庭，童年生活艰苦，常常吃不上饭，只能以南瓜充饥，故名。冯先生常常回忆幼年求学的经历，母亲节衣缩食供他上学，但迫于生计，加上兵荒马乱，还是一再辍学。因此，这个书斋名可谓辛酸而悠远。冯先生的许多著作，包括诗词、散文、《红楼梦》批评乃至书画作品，都用"瓜饭楼"来命名，青岛出版社出版的1700万字35卷本的冯老的各类文集，总称《瓜饭楼丛稿》，另有15卷本的《瓜饭楼外集》即将由商务印书馆出版。

冯老晚年一直居住在京东通州的一栋小楼里，我不确切知道冯老是否曾给这栋小楼命名，楼中似乎也不曾看到冯老或哪位名家题写的什么匾额，但我心中早已认定这便是"瓜饭楼"了。

这瓜饭楼并不大，上下两层，第一层是会客室、画室和厨房、餐厅等，第二层有书房与卧室等。房前有一个较大的院子，有草坪、花木和果树，围墙外还有竹子。这些与主人的学识修养和生活情趣当然是浑然一体的。

冯老是当今文化界的泰山北斗，来瓜饭楼拜谒老先生的无计其数，其中既有宿学鸿儒，也有各级领导；既有同事朋友，也有慕名而至的不速之客，据说冯老从不拒之门外，有些不曾谋面的后学还与冯老成了忘年之交。

我第一次拜谒瓜饭楼，是我到中国艺术研究院工作之后。按惯例，每到岁末年初，办公室都要安排院领导分头看望老同志，包括退下来的院领导、延安和抗战时期的老革命、著名专家学者等。那次看望冯老，院办事先联系好了，还有老干部处的同志陪同，那时候冯老身体尚好，也很健谈，我们在客厅里聊了挺长时间。

我带了自己的两本书请冯老指教，一本是我的博士论文《世说新语研究》，另一本是我的演讲集《文化建设论》。没想到冯老说，你的博士论文我早就买了，并顺手从书架上抽出此书，我捧在手上，只见书上画出一道道红杠，还有冯老的批语，当时令我激动万分。冯老说，他也喜欢《世说》，并说他与我导师袁行霈先生很熟，都是中华书局的顾问。冯老还夸我的博士论文写得好，不愧是名师出高徒。

当时，冯老也给我赠送了他的著作，有他多次沿唐玄奘取经路线考察的摄影图集《瀚海劫尘》及其他几种，并将印制精美的《瓜饭楼重校评批红楼梦》托我转交给一位领导同志。

第二次拜谒瓜饭楼，是陪同文化部一位领导去看望冯老。这位领导同志主要就文化艺术方面一些重要问题倾听冯老的意见，冯老坦率地谈了自己的看法。

后来，冯老的身体状况不是太好，经常住院，我通过冯老多年的助手、院老干部处章慎生了解冯老的近况，或者捎上一声问候。前几年冯老在305医院住院，我还去看望过一次，发现冯老身体并无大碍，头脑清醒，思维清晰，还不断写文章，报刊上常有或长或短的新作问世。

最后一次拜谒瓜饭楼，就是文章开头提到的2017年1月27日。那是一个冬日的晴天，上午10点多，我与几位朋友一道来到了瓜饭楼。冯老的夫人夏老师告诉我们，冯老行走已不太方便，她把我们带上二楼。冯老半躺在沙发上，身上盖着厚厚的毛毯，窗外的阳光照射进来，给人以暖意融融的感觉。

这次我是专门来给冯老送书的。多年前，我就请冯老给我的散文集《万里行记》题写了书名，这是我陆陆续续写的几十篇出国访问的游记，因为工作忙，一直没顾得上出书，直到退休后才整理出版。同时出版的还有我的自选集《忘机斋文集》，我将这两本书一并呈送冯老。我走上前去，握着冯老的手说明来意，冯老有点耳背，夏老师则在一旁充当"翻译"。冯老拿起我的书，一页一页翻看，不时予以评点。

同行的还有北京四观书院的院长周易玄先生，这位被誉为"国学神童"的年轻人，自学成才，26岁在清华大学出版9卷本的《国学旨归》，近年来在北京创办四观书院，大力弘扬中华民族优秀传统文化。当我向冯老介绍周易玄时，冯老夸赞他年轻有为，并称他与自己年轻时的经历有些相似。后来，周易玄还请冯老题写了"四观书院"的院名和院刊《经世致用》的刊名，写得苍劲有力，完全不像90多岁的老人所写，这也算是奇迹了。

不知不觉我们与冯老交谈了一个多小时，我们担心冯老太累，怕影响他休息，就赶紧与冯老和夏老师告辞了。

丙申岁杪，在院里遇上章慎生，我询问冯老的情况，他告诉我冯老刚出院回家，并问我近日《光明日报》有一篇关于冯老的文章，如能找到他就给冯老送去。以前常有这种情况，冯老要找什么文章和资料，章慎生就来找我，我找到之后他就给冯老送去。可这次我告诉他，退休后报纸没有了。但心想，等到来年春暖花开的时候，约他一道再去看望冯老。讵料世事无常，春节期间我在江西老家突闻噩耗，只能对天长叹，遥祝冯老一路走好！

写于二〇一七年二月十日

本文原载于《传记文学》二〇一七年第三期

本文作者：中国艺术研究院原常务副院长

送别冯其庸先生

王春瑜

今年2月5日上午，我去八宝山参加冯其庸先生遗体告别仪式。

当我走到他的遗体前，看到他冰冷、瘦削的面容，禁不住泪如泉涌，失声痛哭。我承认我是性情中人，容易动感情。但回想这些年来，我向亲友遗体告别，痛哭流涕，也仅一次，即向我的大哥、参加新四军盐阜抗日根据地工作的离休老干部王萌（1921—2012）遗体告别。其庸先生认识我大哥，他们曾在20世纪80年代初一起去大丰县白驹镇考察《水浒传》作者施耐庵故里遗迹。我大哥八十大寿时，其庸用红纸写了很大的寿字，上书"王萌大兄八十华诞"，下书"宽堂冯其庸敬贺"，并盖名章、闲章各一方。我大哥很珍视与其庸先生的友情，将这幅字影印在他的集子《艺文枝叶》中。

事实上，几十年来，我一直视其庸先生如兄长，倍加敬重。他首先是我的学长。他毕业于江南名校"无锡国学专门学院"（简称无锡国专），是继清华大学研究院后，最著名的培养经学、史学研究人才的名校。我在复旦大学历史系求学时的业师周谷城教授、周予同教授都曾在该校执教，唐兰、马茂元、汤志钧等著名古文字学家、唐诗专家、中国近代史专家，都出自该校。其庸先生年长我15岁，论学术渊源，实在是师出同门，是我的老学长。

我在上海有位情同手足的患难之交杨廷福教授，他是隋唐史、玄奘、中国法制史专家，也曾在无锡国专就读，后又在复旦大学中文系求学，于1984年辞世。1977年春，廷福学长被借调到北京中华书局，参加季羡林先生主持的《大唐西域记》的注释工作。1979年春节期间，我被调至中国社会科学院历史研究所，从事明史研究。他很快来看我，并带我去拜访他的好友、中国人民大学中文系冯其庸教授。其庸热情接待我，并关照其夫人夏大姐请我俩吃饭。那时，我一人在京，其庸说，欢迎你常来，而且在吃饭时间来，虽是便饭，但必有好菜好酒，我们边饮边聊。我后来去过多次。

其庸是《红楼梦学刊》主编。我写了一篇《论曹寅在江南的历史作用》，从邮局寄去。他收到后，很快就给我来信，说："连夜快读，有些论点，为前人未曾道。我已签上佳评，转送其他编委。"此文很快发表了。1979年春，我差不多花了整整一个月时间，遍查史籍，写了一篇《万岁考》的杂文。我将文章请本单位的两位领导审阅，他们看后，都劝我"文章太尖锐，冒的风险很大，不要拿出去发表"。我将此文寄给其庸先生看，他很快给我来信，说："大稿已拜读，痛快淋漓，可浮一大白。按理就这样发亦无不可。"这对我是个很大的鼓励。后来，我将此文交给社科院内刊《未定稿》主编李凌、责编王小强，他俩看后，刊在最新一期《未定稿》上。发表后，各省社联刊物纷纷转载，后来《历史研究》主编丁伟志刊登此文，被香港《大公报》转载，影响越来越大。

其庸先生虽也到外地考察，包括到新疆实地探看玄奘去印度取经之路，但大部分时间，毕竟是在书斋的冷板凳上度过的。1989年春天，刘海粟来京期间，特地去看望其庸先生，当场挥笔画了一幅巨松送给他。其庸在画上当即题诗一首："百岁海老自由身，绘就巨松气连云。亿万同胞齐奋起，不信神州会陆沉！"（按：记忆所及，也许个别字有出入。）刘海粟读后，连连称赞，说："此画我不再送人，自家珍藏。"此画现藏于刘海粟纪念馆。

别了，其庸兄长！希望你在天国里，与杨廷福兄衡文角艺，畅论古今，把盏和诗，"不知东方之既白"。

本文原载于《问红》总第十期二〇一七年四月号

本文作者：中国社会科学院历史所研究员

一纸书简　满怀深情
——重读冯其庸教授书信札记

俞乃蕴

冯其庸老师仙逝以后，我心里总是空荡荡的。取出冯老生前书赠的条幅，我把它挂在客厅里，以释悲怀。诗云：

> 人到黄龙已是仙，劝君饱喝黄龙泉。
>
> 我生到此应知福，李杜苏黄让我先。
>
> 题黄龙寺（一九九二年）五月二十日

我坐下来想想往事，又翻阅了与冯老来往的书信，共得十余件，略作整理如下，有的还附加了注释。

> 手书收到，知您到京开会，极为高兴，望来叙谈。我仍住原处，星期天在家，其他时间可于晚上来，嘱作书画，当无问题，待重感冒愈后，即可为作也。合肥还有熟人来否，朱泽同志来否，甚念，望告不另。顺问好！
>
> 冯其庸（一九七九年）十一月二十六日
>
> 我于29日起在西郊集中学习十二大文件，早出晚归，为期十天。（冯又及）

> 俞注：过了两天，我去了铁狮子胡同1号，旧地重游，感到非常熟悉而又亲切。

冯老见到我很高兴。我简单地说了一下毕业以后的情况。冯老问我："刘海粟先生可来了？"我说："来了，我在电视上看到他了，住在哪里不知道，我回宾馆打听一下就告诉你。"冯老说："我写封信给海老，你先去联系一下，他原来打算和我合作一幅画。"这时，冯老就开始写信了，我就顺便浏览书房里那些琳琅满目的书籍。一会儿，"八行书"写好了，我也没有看，就朝上衣口袋里一放，回到宾馆一看，真的傻眼了。信的大意是，海粟大师钧鉴，欣闻命驾京华，今特请乃蕴兄专程拜谒，云云。我诚惶诚恐，深感不安。

第二天，我去京西宾馆拜谒了海粟大师。那是一个套间，外间坐了几个人等待海老会见，海老夫人夏伊乔正陪他们聊天。我一进去，就呈上冯其庸的"八行书"。当时，海老已年逾九旬，耳聪目明，气色很好，正伏案看什么材料，他一边看信，一边问我："冯先生和您是……"我说："冯老是我的老师，他教我中国古典文学，从先秦一直讲到明清，前后四个年头，我们师生很熟悉。""啊，你是人大中文系的？"刘海老问我。我说："在50年代，人民大学还没有中文系，我是新闻系的，冯先生是新闻系中国古典文学的老师。""啊，那您是冯先生的高足了。""不敢当，冯老是名师，我非高足，是三千门弟子，不是七十二贤人！"刘海粟听罢笑起来。

刘海粟盛赞冯其庸，说道："冯先生是大学问家、书法家、诗人、画家、红学家，文章好、字好、画好，人品更好。"他还说，"本来我约他合作一幅画的，看来，这次不行了，明天我就要回南京了，飞机票也买好了，请您跟冯先生说说，很抱歉，下次再找机会合作吧。"

1993年11月4日，刘海粟、冯其庸在香港刘寓"海粟阁"合作了一幅泼墨古松，此系后话了。

当天从京西宾馆回来的路上，我想海老赞扬冯先生"文章好、字好、画好，人品更好"，真是知人论事，剀切精到！

　　惠书及拓片收到甚久，值我外出未即复，今明日又要到南京去，并于16日左右去阜阳，施同志或能见到，当面谢厚意，然此乃足下之力也。我奔波甚忙，恨无暇再去合肥耳。我25日到12月1日在南京开会，12日即回京，便望通问，如去函施同志处，请为谢谢，不另。顺问好！

　　　　　　　　　　　　　　　　冯其庸（一九八三年）十一月十二日夜

　　俞注：施同志即曾任《安徽日报》副总编辑施培毅同志，时任中共阜阳地委常委、宣传部部长，曹氏墓碑拓片是施公托人代劳的。大约半年后，冯老特地写了一个条幅，嘱我转赠施培毅同志，以表谢意。

您好！书悉，我正在病中，嘱书，草草写就，请查收，不另，问好！

冯其庸（一九九三年）三月七日

（信中另附为我新著《迎客松下录》的题签。）

寄来新茶，甚佳，谢谢。我自去年十月以后，时在病中，至今尚未大愈，但已基本好转，可勿念，匆复不另。问好！

冯其庸（一九九三年）五月十七日

您好。寄来剪报及信均已收到，前次寄来大作和剪报，也均收到。您的文笔极好，希望您继续写下去，退下来后，更可专心多写一点。我身体不好，还有冠心病、心绞痛，时时发作，现又增加了传导阻滞，这是危险的病，有突发的可能，医生要我立即停止工作。我已打了多次报告，可能最近能批准让我退下来。（下略）

冯其庸（一九九六年）一月二十八日

多次承寄书，至为感谢，因事冗未有奉报，歉歉。兹奉寄拙展请柬，聊寄想念而已。匆匆，不另。

冯其庸（一九九八年）五月十五日

俞注：当时，我正在北京探亲，住在百万庄，又是偶过中国美术馆，也没望一望美术馆门前立的广告牌，毫无所知。此信是寄到合肥的，等我回来后看到请柬，才知道画展是在中国美术馆于5月上旬举办的，失之交臂，懊悔不已。此后，我先后读到《冯其庸书画展巡视》《红学家冯其庸书画誉京城》等报道，略知书画展的盛况。

乃蕴弟，来信刚收到，我正要去机场，立即命笔写了一幅。我去新疆要于下月初回来，怕忘记了，谢谢您代我送书。周维敩多年不见。临行整装，匆复草草，不另。

冯其庸（一九九八年）八月十五日

俞注：当时我在新华书店偶见冯老新著《落叶集》，便买了两本，另一册寄给了中共湖北省委宣传部周维敷学兄。

您好，谢谢您的贺卡和诗作，得知朱泽同志去世，不胜伤悼。一直说要给您写字的，也记不得是否写了，现执笔作画（注：即《梦中黄岳图》），聊存记忆而已。匆匆不另。问好。

冯其庸（一九九八年）十二月二十八日

来信收到。尊文甚好，略改数处，供参考。诗甚好。我在病中，不能多叙，请谅。嘱书勉以应命而已。不另，问好。

冯其庸（二〇〇一年）九月十日

俞注：我曾将拙文《人生得一良师足矣——走近冯其庸教授》（修改稿）寄呈冯先生阅示。此稿曾发表于《人物》杂志2001年第12期。2002年春节电话拜年中，冯老谈到，他有位老友来访说："这篇文章写得实在，很像你。"冯老感到很宽慰。事后，我又看到叶君远在《冯其庸传》中，还引用了该文300多字。

来信收到，承关注，谢谢。我身体一直不大好，主要是两腿乏力，走不动路，加上其他疾病，总是做不了事，嘱题签随函寄上，请收不另。

附诗甚好，极有诗意。问好！

冯其庸（二〇〇七年）十月七日

俞注：我的《山川吟》诗文集将出版，特恭请冯老题签。

走笔至此，心情难以平静。我抚摸着、翻阅着《冯其庸文集》34卷皇皇大著，看看20余年往来信札，掩卷遐思，真是浮想联翩：

——以冯老耄耋高龄，叩问罗布泊，远去楼兰、龙城，穿越沙漠，跋涉冰川，寻觅唐僧东归路线，不断印证《大唐西域记》的记载。这在人间有几？

——从红学研究的书斋里走出来，远去辽阳、苏州、京郊等地实地考察，始终循着一条辩证唯物主义认识论的思想路线与思想方法，在红学研究上，登上了新的高峰。这在人间有几？

——著作等身，誉满学林，曾多次受到毛泽东以及学界权威的赞誉。一字之褒，荣于华衮，可他既不以此抬高身价，也不故步自封，而是不断给自己出难题，争攀学术上一座又一座巅峰，开拓一个又一个领域。这在人间又有几?

我叩问黄山苍松、质问浩荡长江，它们都默默无语，但我却似乎听到松涛阵阵、江水滔滔，都是那么激荡、震撼，又是那么超越、昂扬。

我想，这就是冯其庸教授。

本文原载于《光明日报》二〇一七年六月十五日

本文作者：安徽省政协原副秘书长

三峡七百里　一上一回新

—— 冯其庸先生的三峡情结

魏靖宇

　　往事如烟，我与冯其庸先生的交往转眼之间就已近30年的时间了。冯其庸先生以研究《红楼梦》及中国文化史、古代文学史、戏曲史、艺术史等方面饮誉学术界，并在耄耋之年由青岛出版社出版了《瓜饭楼丛稿》30余卷，1700万字，可谓著作等身，是当今名副其实的硕彦名宿。学术之余，先生兼擅诗词、书法和绘画，书法宗二王，画宗青藤白石，后专攻宋元山水，且鸿篇巨制，别具神韵，所作书画为国内外所推重，被誉为真正的文人画。

　　冯先生以"宽堂"为号，正体现了他为人为艺宽厚、宽博、宽广的精神追求。在交往之中，冯先生的博学、厚道、实在与真挚以及他对学术老而弥坚、永不懈怠的态度和提携后学、奖掖新人的风范，给我以极为深刻的印象。让我无论是生活还是学习上都受益匪浅，回想起来，诸多往事依然历历在目，特别是他进行实地考证的三次三峡之行，更是记忆犹新。其艰辛而富于回味，冯先生常用杜甫客夔州的诗句"一上一回新"来形容，说是一回有一回的收获。

　　我与先生相识，是在20世纪80年代。1984年春，时任中国人民大学语言文学系教授的冯先生，率研究生第一次来三峡考察，在奉节停留五日。奉节，古称夔州，位于瞿塘峡口，自古就是东出四川的必经之路，也是历史上人文荟萃、兵家必争之地。李白、杜甫、刘禹锡、白居易、陆游、王十朋、苏东坡先后在此做官，或流寓夔州，留下大量诗篇，故有诗城之美誉。特别是杜甫的夔州诗《秋兴八首》为千古律诗之典范，影响最大。

　　冯先生到奉节重点是考察杜甫夔州诗。当时，我是县文工团的美工。县里安排我陪同冯先生一行登白帝、观八阵、游瞿塘。凡是与杜甫有关的地方都实地考察。东屯稻畦百顷，瀼西果园飘香，浣花溪村妇捣衣声声，杜公祠内小学童诵声朗朗，西阁高斋遗址依稀可辨。品读杜甫夔州诗，时隔千年，恍惚就在眼前。冯先生做学问，重在实地考证，从不纸上谈兵、泛泛而论。凡杜甫当时足迹所到之处，他都一一亲临其地，根据资料和诗作进行推演和印证。通过这次陪同考察，我深感冯先生治学之严谨。

扁舟入瞿塘，风高浪急，其险仍不可测。滟滪堆虽已炸掉，但"不知滟滪在船底"，稍有不慎，人船俱毁也是司空见惯的事情。扁舟入峡，与杜甫当年入峡几乎没有区别，是十分惊心动魄的生命体验。今人乘豪华游轮进出三峡，高峡平湖，风平浪静，于如此之境界前人何曾梦见，可谓天壤之别也。我常常入峡寻觅瞿塘奇石，惯经风浪，收藏亦多。冯先生自称有石癖，临别时我便以一枚瞿塘石相赠。先生爱不释手，作《瞿塘石歌》七言排律一首，并手书行草长卷以赠。其歌曰：

> 魏生遗我瞿塘石，色似青铜声如铁。
>
> 叩之能作古钟鸣，以手摩挲瘢千结。
>
> 我昔三过瞿塘门，双崖壁立半入云。
>
> 昼无日色夜无月，唯觉天风海雨挟鬼神。
>
> 仰视悬崖几欲倒，怪兽下扑势啮人。
>
> 对此不觉心胆裂，轻舟如箭犹嫌钝。
>
> 俯视雪浪如山立，奔腾万马作坚阵。
>
> 忽然怒吼阵脚乱，巨浪搏击双崖根。
>
> 崖根怪石如蹲虎，或起或伏状狰狞。
>
> 雪浪过处万头动，咆哮如雷裂夔门。
>
> 我幸轻舟疾如电，倏忽已过白帝城。
>
> 回看双崖合一线，惊定犹有未归魂。
>
> 昔闻太古之初众水西来会瞿塘，一山横截难东行。
>
> 千村万落成泽国，蛟龙鱼鳖皆相庆。
>
> 忽然大禹经此过，一斧劈开瞿塘门，
>
> 群山见之骇目惊心皆辟易，从此大江东去奔腾澎湃万里无阻梗。
>
> 当年大禹斧凿处，遗迹斑斑尚可寻。
>
> 君不见瞿塘峡口滟滪堆，乃是禹斧溅落之遗痕。
>
> 我今得此瞿塘石，扪挲拂拭贵奇珍。
>
> 忽睹石上瘢痕处，隐隐尚可辨斧斤。
>
> 始知此石亦是神禹之所遗，今我何幸得此亿万斯年之奇品。

只恐俗世难久留，夜深还作蛟龙遁。

一九八四年八月十五日夜一时半

一九八五年元旦之夜十二时改定

在《瞿塘石歌》之前，还有一段文采飞扬的诗序：

　　一九八四年三月二十五日，予率研究生李岚、徐匋、谭青、管士光外出作学术调查，历济、泰、邹、鲁至南京，访六朝遗迹，四月十五日去武汉，二十日至荆州，访纪南城遗址，盖即楚之郢都，亦即屈原《哀郢》之"郢"也。屈子《离骚》，光照日月，衣被千载，百世而下，予尚能得其踪迹，徜徉其故城，不胜低徊留恋之感。二十五日至宜昌，参观葛洲坝，游三游洞。晚登轮去奉节，即古夔州也。二十六日，竟日行三峡中，两目不暇给。时值暮春，夹岸山色如青螺，如翠黛，恍如置身于画图中矣。薄暮抵奉节，留五日，遍访杜甫所居地，登白帝城，探瞿塘峡之险，睹滟滪堆之遗迹，复环奉节沿江城堞，其南门今仍曰"依斗门"，盖取杜甫"每依北斗望京华"句意也。在夔识胡焕章君，胡君治杜诗甚细。复识三峡树根雕作者魏靖宇君，承赠树根雕两件，及瞿塘石两品，其一出自八阵图内，其一出自瞿塘峡中。予观其势嶙峋，其状诡怪，如经鬼斧神工。因念此石实造化之所遗而世人之所弃也，感而长歌，以抒积怀云尔。

一九八五年元旦之夕，其庸补记于京西宾馆

中国作家协会第四次会员代表大会会所

　　冯先生手卷我至今视为拱璧，其书法笔酣墨畅，一气呵成，既有苏黄之意味，又得董赵之神采，尤其是内容与形式相得益彰，文气扑面，观者无不称羡。

　　1994年，白帝城博物馆兴建竹枝词碑园，身为白帝城博物馆馆长的我，想到竹枝词碑园书法作者大都是一时名宿，尚需一位有真才实学且德高望重之人作序，方能服众，起到锦上添花的作用，于是，专程到北京恳请冯先生为碑园作序。冯老念及旧情，居然毫不推辞，很快就将一篇洋洋洒洒的绝妙好辞展纸挥就了：

　　巴渝竹枝词，诗之国风，词之九歌也。昔仲尼删诗而存国风，屈原作辞而定九歌。故知圣人重俚言而辞祖珍乡音也。夫三峡形胜自古而然，歌辞流丽亦随惊波，自顾刘以还，为世所重，梦得并创为联章，雅俗悉称。遂使歌词腾踊，万世相沿。今沧海桑田，三峡安流，而巫峡猿声，瞿塘惊涛皆不可闻见矣。魏君靖宇，笃古之士，乃谋建竹枝词碑园，使在昔巴渝之歌得与金石而同寿，盖世书家之迹，映清流而长存也，予故乐为之序云尔。

甲戌酷暑宽堂冯其庸撰并书　时年七十又二

冯先生这篇文章为白帝城博物馆竹枝词碑园增色不少，到此一游而又爱好文艺之人，往往会不由自主地停住脚步，静心而读，无不为冯先生的才学而景仰。

90年代初，冯其庸先生时任中国艺术研究院副院长，第二次到三峡考察，重点是屈原故里和巫山十二峰下神女庙旧址。随行的是冯先生的两位学生。冯先生让他们随行，一来可以照顾先生，更主要的是让两位年轻人增长见识，在实践中学习。如今他们都专业有成，其中一位叫纪峰的，已经是有名的雕塑家，客居北京，至今仍受冯先生的指点和关照。

我邀请了三峡文化学者郑文燮先生一道，在湖北宜昌去迎接他们，然后，我们一行五人先到了秭归香溪。香溪，因王昭君浣洗而得名，发源于神农架，溪水清澈透底，与长江的浑浊形成鲜明对比。从香溪再到屈原故里，要徒步通过一个名叫七里峡的深谷。七里峡道路崎岖，隐天蔽日，不见曦月，而一旦出峡，则良田如镜，豁然开朗。恰似陶渊明笔下的桃花源，郭沫若题写的"屈原故里"牌坊映入眼帘。大片绿油油的稻田散发出清新气息，阡陌纵横，蛙声一片，使这里显得更加宁静。四周山峦起伏，山脚处点缀几间农舍。冯先生和我们同住在一户农家，简陋而干净。香喷喷的大米饭、腊肉、咸菜可口味美，在这个生长屈原的名叫乐坪里的地方，让我们足足地领略了一番世外桃源的风韵。

在乐坪里，冯先生不禁由衷地感慨，对我们说："观此地山水形势，是出大诗人的地方！"到了秭归的屈原纪念馆，冯先生诗兴大发，即兴挥毫写道：

江上孤城故国哀，千年又吊屈原来。
怀王失道亲群小，空费先生百世才。

这幅自作诗书法条幅已镶嵌在纪念馆碑林之中。

冯先生下一个目标是巫山神女峰，而从秭归到巫山神女峰对岸的青石洞，客船不会停靠，也没有码头停靠，我们只好乘坐当地叫作支农船的一种机动小船，人货牲畜混装，沿途停靠，是专为峡江两岸的山民服务的。船上有几条木板凳，我们让冯先生坐下休息，湍急的江水声，混杂小船的发动机声，猪羊乱叫，人声嘈杂，根本无法安神。这一年冯先生已是67岁的年纪。

小船不停地摇晃颠簸，又不停地靠岸起锚。停停走走，上上下下，天色渐黑，船夫说要晚上十点才能到青石洞。

正在大家恍惚疲惫之时，突然有人大喊："青石洞到了，快下船！"我们一行人昏头昏脑，提着行李就往岸上跳，还没站稳，小船就急忙忙掉头开走了。恰逢夏季长江涨水时节，原来青石洞前较平坦的停船地方被淹，这时只好在离青石洞几公里的岸边强行停靠。我们下船之后，只觉漆黑一片，伸手不见五指。前是绝壁，后是滚滚长江，立即陷入无路可走的险境。幸好跟我们一起下船的有两位家住巫山十二峰上的山民，并有一个亮度明显不够的小手电筒。我们只好求助他俩，请他们扶着冯先生前行，我们小心翼翼跟在后面，连爬带攀，来到青石洞，依然惊魂未定，已经是夜里十二点，万幸遇到这两位山民。这次巫峡历险至今想来犹觉后怕。

青石洞有几户山民，多以弄船打鱼为生。我们一行人住在谭大嫂家里。她的丈夫常年在外驾船，谭大嫂凭自己的精明能干，在青石洞开了一个家庭小旅馆，不少北京、上海甚至海外的书画家、摄影家，都是她家的客人。谭大嫂后来也因此声名远扬。

第二天，我们都因前晚赶山路，腿脚酸痛，又加旅途劳累，决定休整一天。冯先生更是双腿肿胀无法行走。谭大嫂家大门正好对着神女峰，冯先生只好坐看神女。对面云烟缭绕，门框宛如画屏，倒也另有一番风情。

在青石洞三天，冯先生带我们考察了神女庙等遗迹。原来神女庙里有神女塑像，并嵌有宋玉的《神女赋》《高唐赋》等名篇。可惜今已荡然无存。

从巫山来到奉节白帝城，时值盛夏高温，我尽量将冯先生安顿好，但当时房间里都没有空调，一个吊扇在空中摇摇晃晃，冯先生暑热难当，夜不能寐，索性起床，光着臂膀在我的画室泼墨挥毫，写梅花、荷叶各一本。随后又随手拿起一本刊物，上有陈老莲句："何以至今心愈小，只因以往事皆非。"冯老说好联，即提笔书此以为纪念。

在奉节时，时任县委书记何事忠将冯先生接到县委二招。何书记是学中文的，重视地方文化，与冯先生谈得很投机。冯先生那时候酒量不小，半斤八两不在话下，酒酣时诗兴大发，索纸挥毫，在场每人一幅。我记得那天晚上冯先生写了十几幅四尺整张的书法。

2007年夏，85岁高龄的冯其庸先生携夫人夏涓涓到三峡考察。与前两次溯江而上不同，这一次冯老是应原成都军区屈政委的邀请，从成都经过重庆再到奉节，由湖北宜昌返回北京。冯先生这次重点考察的是三峡大坝蓄水后三峡变化以及库区历史文物的保护抢救现状。这也是冯其庸先生六十花甲之后三到三峡。由此可见他对三峡的关注程度。

在奉节，冯先生考察了"大唐田夫人墓记碑"的出土地点。"大唐田夫人墓记碑"明确记载了田夫人葬于赤甲山（即今子阳山）。一直以来，关于杜甫寓居夔州所居之处，有三、四、五处之说，其中赤甲宅争论最大，冯老几次考察都强调要重物证。该碑的发现，证明了杜甫赤甲宅诗："奔峭背赤甲"中所指的赤甲山就是今子阳山。这对杜甫夔州诗所提到的赤甲山、白盐山以及赤甲宅的认定提供了珍贵的实物资料。

冯老还参观了瞿塘关遗址博物馆。站在烽火台遗址，冯老极目远眺，放眼四周，不尽长江滚滚来，赤甲、白盐、瞿塘、白帝尽收眼底，不禁感慨万端。冯老认为，三峡蓄水后最大的变化，在于由动变静。冯老感叹我筹资兴建的瞿塘关遗址博物馆，挥毫写巨幅水墨葡萄以为纪念。题诗一首并跋曰：

> 青藤一去有吴庐，传到齐璜道已疏。
> 昨夜山阴大雪后，依稀梦见醉僧书。

> 丁亥暮春予三游瞿塘，初到瞿塘关遗址博物馆，观是馆之文物形胜之奇，实乃天下第一馆也，濡毫留墨，以为他日重游之记。冯其庸八十又五。

返京后，冯先生又作《题瞿塘关》七律二首并书之以赠。现已上石，嵌于瞿塘关遗址博物馆内：

（一）

> 烽烟鸟路瞿塘关，虎踞龙蟠巨壑间。
> 万马奔腾大江涌，千峰壁立云岩顽。
> 瞿塘自古华阳钥，滟滪从来绛阙觹。
> 天险而今成幻境，蓬莱三岛俱等闲。

（二）

> 三到瞿塘景物鲜，平湖水碧绿如莲。
> 夔门壁立依然在，白帝城周水拍天。

千古烽烟成故垒，万年相续有巫仙。

如今赤甲山前过，短碣凭君读杜篇。

丁亥春予受魏君靖宇之邀，三游瞿塘。距昔日与君扁舟于夔门之下匆匆数十年。予老且衰矣，因为赋二律，以存纪念云耳。冯其庸八十又五并书。

2012 年秋，中国美术馆举办冯其庸九十诗书画展，这也是冯老第三次在这里举办展览。我专程赶往瓜饭楼表示祝贺。冯老欣然为白帝城托孤堂撰写丈二长联一副，文辞与书法相得益彰，功深力厚，人书俱老：

鼎峙力薄，连营策短，幸尚有良臣可托付；

三顾恩深，两表衷长，恨出师未捷身先亡。

这些年来，有赖于交通的方便，我经常往返北京，成了冯先生家中的常客，常去亲近先生。一是向他请教文物考证以及书画方面的问题，二是受他之托，收集三峡地区新近出土的文物资料，供他研究之用。冯先生的书画，由于有深厚的传统文化根基，又有长年积累的笔墨功夫，深得二王及宋元人的笔法和青藤、八大、吴昌硕、齐白石的意趣，作品饶有金石味和书卷气，十分耐看。去年，我将好友熊少华的《熊少华写意花鸟册》带给他看，他看后连声感叹，说地方还是有人才，随即取笔题写道：

笔墨不在多少，在乎有无意趣。观熊君之作，笔简意繁，格高韵古，是为难得。虽世人不知，亦不减其高格也。且惟其不求人知，方不为俗流所淹耳。

宽堂冯其庸随记，壬辰立冬日

后来我几次去他家，《熊少华写意花鸟册》始终都放在他的座位旁边，可见他真正是一个重视人才、不以名分见高低的忠厚长者。

冯老治学既广又深。恰如王世襄先生所作"宽堂可容万象；名庸杰出千秋"一联的评价。他于红学、文史、戏剧、古文字、考古，乃至石刻造像、古陶瓷以及民间艺术均有涉猎，可谓"纵横百万里，上下五千年"。近年来，冯老又对明青花民窑器物产生浓厚兴趣。当我告诉他，奉节民间散落不少明代民窑青花瓷器，具有很高的审美价值，冯老便委托我征集并加整理。冯老九十高龄，依然老骥伏枥，乐而不倦。作为后学之辈的我，又岂能懈怠？冯老信任我，我只好承诺下来，尽力协助他完成好这项工作。

本文作者：重庆市人民政府文史研究馆馆员、白帝城博物馆原馆长

流沙梦里两昆仑

——怀念冯其庸先生

韩金科

2017年元月22日，农历丙申年腊月二十五日，星期日，晴。

晚上8时许，我从法门寺回西安长庆坊，刚进北门，上海博物馆王运天先生打来电话急告："冯老西去了！"我心里一震。上月10日，我在北京三〇五医院看望冯老，谈到他与法门寺、玄奘大师、大慈恩寺、大兴善寺、护国兴教寺、玉华宫、玉华寺、长安佛教等之间的渊源。他神清气顺，一段话一篇文章，一口气一桩历史事件，清清楚楚，明明白白，都可成文，整理出版。他怎么这样说走就走了呢?！我望着北京方向，仿佛望到了通州张家湾芳草园冯老柴门柴院柴屋的家……

1998年11月，法门寺迎来对外开放十周年纪念。首届法门寺唐文化国际学术研讨会在西安举行，中外学者400多人与会，印度、尼泊尔驻华大使出席。一年之后，铜川玉华宫召开第三届玄奘研究国际学术研讨会，同样是这两位大使出席。我没有想到，可望而不可即的著名大学者、大红学家冯其庸先生坐在主席台上，作起了报告。他以一篇《玄奘之路》的学术论文，给与会者上了一堂生动活泼的历史课。大家听后深有感触，称赞不已。会后，我请冯老来法门寺考察，谈论间提到法门寺文化研究在文学方面的突破，应有法门寺的电影和电视连续剧。冯老说："作家二月河是我的学生，他的《康熙大帝》《雍正皇帝》等专著筹拍多集电视连续剧，我说说看，他可否涉足法门寺历史题材的创作。"冯老平易近人，谈吐深入浅出，给人启发，给人智慧，我只觉相见恨晚。

后来，我去北京，专程赶往通州张家湾芳草园拜访冯老。柴门一开，是一个农家院子，冯老与夏师母在堂屋接待我。我们谈了许久，冯老为我作了画，题了诗，我感激之至。从此，我知道了冯老的瓜饭楼，知道了从无锡到北京瓜饭楼的风雨历程。

2000年，冯老"冯其庸教授发现·考实玄奘取经路线暨大西部摄影展"在上海图书馆举行，这是一次以影像的形式向当今社会宣讲玄奘伟业、玄奘精神的文化行动。人们从冯老展现着坚忍不拔气概的摄影画面中，与千年之前的玄奘之路接上了头，受到了深刻的启发和教育。

七年过去了，2007年5月19日，冯老的"玄奘西行之路摄影展"在新开的北京首都博物馆展出，我有幸参加筹备。这次展览题材甚是宏大，气势磅礴、角度奇特，尽现千年之前玄奘大师西行取经入荒漠、渡流沙的历史场景，观之使人惊心动魄，感人肺腑。其中西去境外部分为上海摄影家丁和先生之作——冯老在历史舞台上扶携同道后辈的精神亦让人感动。摄影展举行了隆重的开幕式，为新开的首都博物馆壮行色。北京大学、清华大学、中国社会科学院、中国人民大学、中央民族大学、中国艺术研究院、中国佛教协会、中国佛教文化研究所、西安大慈恩寺、全国红学界等社会科学界、佛教佛学界著名专家学者和高僧大德出席，时任国务院副总理马凯以学者的身份入会。冯老讲述了自己七上昆仑的经历和感受，他的心声感人至深。冯老翻越天险，跋涉千山万水，历经沙海劫尘，以高超的摄影技法再现玄奘西行之路，探讨玄奘的事业、学识和精神，深厚的学术氛围使摄影展别开生面，这是一部鲜活的《大唐西域记》！

在展览筹备的一个晚上，中国艺术研究院的领导和专家们与冯老座谈。有人问冯老《水浒传》和《西游记》艺术手法的区别，冯老随口说了一句，前者是实相，后者是意相。我惊叹于冯老的大道简出。有人告诉我，冯老身兼中国红学会、中国艺术研究院、中国人民大学国学院等单位的领导职务，正在完成《瓜饭楼重校评批红楼梦》这一巨著。他曾支持电视连续剧《红楼梦》的拍摄，说这是迄今为止《红楼梦》最大的普及。我庆幸自己结识了这么一位博大精深、平易近人的大学者。就是在这次展览会上，来自北京的老一辈学者与西安大慈恩寺方丈增勤法师的交谈，促成我在其后筹备的西安佛教文化研究中心上班，并有了在这个平台上多次拜谒冯老并与之交往的机会。

此前此后，我多次去北京通州张家湾镇的芳草园，在瓜饭楼与冯老促膝长谈，因为西安佛教文化研究中心主要任务是弘扬长安佛教文化，而玄奘大师就是长安佛教和佛教文化的总代表。在冯老的指导下，我们在作"弘扬玄奘精神，发展唯识（宗）学"（许嘉璐语）的文章，并以此为中心，筹备首届长安佛教国际学术研讨会。这次会议得到国家宗教局、中国佛教协会和省市等有关方面的大力支持，印度、尼泊尔驻华公使、大使及来自十多个国家的社会科学界、佛教佛学界300余名专家学者、高僧大德出席会议。2009年10月27日晚，在庄严的大雁塔前举行1800人参加的隆重的开幕式，冯老在主席台就座，亲眼看到长安秦腔演绎的《玄奘归来》，同时参加了中央电视台多集电视专题片《玄奘西行》首发式。第二天上午，首届长安佛教国际学术研讨会的重要活动——"玄奘西行求法足迹摄影展"开展仪式在西安大慈恩寺内隆重举行。冯老与全国人大常委会原副委员长许嘉璐、陕西省人大常委会副主任黄玮、陕西省政协副主席张伟、中国社会科学院荣誉学部委员黄心川教授一同为展览揭幕。

"玄奘西行求法足迹摄影展"选取了冯老在多次重走玄奘路的旅途中拍摄的68幅反映西域风光、佛教文化的珍贵图片。当年八十有六的冯老从20世纪80年代起至1998年七进新疆，旁及河西走廊，对西北之汉唐文化，特别是唐代高僧玄奘的取经之路进行了实地考察，最终发现确认玄奘从印度取经回国入境之古道，距当时玄奘回归时已有1355年，且在这中间一直无人能找到这条回归之路。这一发现对研究汉唐以后各个朝代对外交流有着重大贡献。人们在参观时眼前常会浮现出玄奘当年取经的状况，几乎每一幅图片都能给人以感动，让人重温玄奘精神而振奋不已。

为了给玄奘大师家庙留下永恒的纪念，冯老将展览全部图片和他写的玄奘西行大著《瀚海劫尘》装了一卡车，留给了大慈恩寺。

2009年10月28日下午，本届会议举行"长安佛教世纪论坛"，由著名学者、西北大学名誉校长张岂之教授主持。冯老与全国人大常委会原副委员长许嘉璐先生、中国社会科学院荣誉学部委员黄心川教授、中央民族大学藏学研究院名誉院长王尧教授、中国人民大学佛教与宗教学理论研究所所长方立天教授、北京大学宗教研究所所长楼宇烈教授、中国佛教文化研究所所长杨曾文教授、陕西省社会科学联合会主席赵馥洁教授等八位学者登上世纪论坛，纵横论道，慷慨激昂。他们从不同角度畅谈长安佛教，与来自全国各地的300多名专家学者分享自己的学术观点，同时也为长安佛教的发展树起一面充满希望的旗帜。"长安佛教世纪论坛"堪称首届长安佛教国际学术研讨会的制高点。

冯老以《流沙梦里两昆仑》为题，展开了演讲。他特别指出："这次大漠之行，是为了确证玄奘法师到达于阗后东归的路线。据《大唐西域记》的记载，法师到达于阗后，其东归的路线，是先经尼壤（今尼雅），再东行入大流沙（今塔克拉玛干大沙漠），再东行至沮末地（今且末），再东北行至纳缚波（今罗布泊），"即楼兰地，展转达于自境"（《大慈恩寺三藏法师传》）。从上述文字的指向来看，很明显他是从尼壤经罗布泊、楼兰而走上东归的大道的。因为在楼兰的西北就是我们前几天去过的营盘。营盘是联结玉门关至西部的一个交通点，至今从营盘向西，直到库车，还有十多座汉代的烽火台，这等于是西去的路标。沿此道东南行，经龙城、白龙堆、三陇沙则就是入玉门关的古道，也就是历史上张骞通西域的古道，也就是玄奘法师经楼兰入玉门关的古道，现在则是我们从龙城、白龙堆回来的道路。所以此行最大的收获，是根据文献，经实地调查，证实了玄奘从于阗东归的路线。反过来说，如果玄奘法师不走此道，那么他何必深入沙漠如此之远，他的指向为什么会是纳缚波、楼兰等地。所以，通过这次大漠之行，终于确证了这一段长期未能确证的玄奘法师东归的最后路段。玄奘法师取经路线的探索，是有深厚的学术内涵的，光靠文献的记载而不作实地的调查考察，便不能弄清问题。我现在虽然是将文献的记载与实际的调查结合起来了，而且也得出了与文献记载相一致的考察结果，但需要考察调查的何止于此！所以我对明铁盖的调查和对尼壤、纳缚波、楼兰、营盘、龙城、白龙堆、三陇沙、玉门关的调查，也还只是这项调查的尝试。顺便还要说一点，玄奘出玉门关是唐玉门关，其地址是在今安西的双塔堡，现在已被埋入水库。但玄奘回归所进的玉门关，却是现今矗立在沙漠里的与汉长城连成一体的汉玉门关。因为这是张骞通西域的古道，也是从西域回归的必经之道。这一点，也可算作是这次调查的意外收获。"

冯老生动地讲述了自己在第八次即最后一次深入新疆对玄奘大师取经路线进行实地考察时，发现了玄奘从印度取经回国入境的古道的亲身经历，并表示，玄奘大师舍身求法的精神与佛教所提倡的慈悲、平等一样，是佛教的一种重要的精神，应该发扬光大。

"流沙梦里两昆仑"，冯老的胸怀像昆仑一样宽广、博大。2011年11月25日，西安大兴善寺同时举行大雄宝殿落成、佛像开光、宽旭法师升方丈座庆典。作为唐代密宗祖庭，这里举行首届大兴善寺与唐密宗文化国际研讨会。大兴善寺庄严佛土，一派兴旺景象。为了这次重大的佛教国际学术文化活动，冯老为新建成的大雄宝殿题写了"光大法门"的巨匾，与他往日题写的"心清即禅"巨匾交相辉映，道出了佛教唐密法门的真谛。我到芳草园瓜饭楼，向冯老陈述、请求另一件事：宽旭法师要升座了，想在丈室挂一个宽堂的匾。宽旭法师想以"宽堂"之名，借助冯老的光辉弘法利生。这样说出去，我心里忐忑不安，因为冯老的号为"宽堂"，在海内外是何等地位、何等影响啊。没有想到，冯老不假思索，摊纸即书，"宽堂"两字，气势磅礴、神采飞扬，令我非常感动。

2012年12月9日，冯老老家无锡修建的"冯其庸学术馆"开馆庆典，我到会祝贺，更想拜谒冯老。开幕式上，冯老没有一字讲稿，他用方言讲述了老家对他的养育之恩，讲述了无锡国专对他的教育之恩，讲述了他从无锡走出去的经历。在这个学术馆里，他以自己的学术文化成果向家乡人民汇报，他还要为家乡人民做更多事，回报家乡人民……

此后五年间，我多次去芳草园，冯老一天天衰老，却仍然一天天地坚持着为家乡、为社会、为人民做事。他一次次住院，一次次说服医生出院回家，审稿、改稿、定稿。2016年9月，也就是在冯老离世的前三个月，我去芳草园。当时，他已不能自己下床，更不能下楼了。他半靠在床头的被褥上，怀里支撑着写字板，床边摊开一部部他的专著，手头正在校正商务印书馆即将出版的《风雨平生——冯其庸口述自传》。这种景象，20世纪60年代的《县委书记的榜样——焦裕禄》里有过，70年代《周总理》里有过，而今，40多年过去了，竟见于冯老现实生活中！

冯老走了，他的身后是1700多万字的著述。仅《瓜饭梦丛稿》就是他一生学术精华的汇集，内容包括《冯其庸文集》（十六卷）、《冯其庸评批集》（十卷）和《冯其庸辑校集》（七卷）三大部分共三十三卷。学术文化界有人这样说："冯老研究红学的名气太大了，掩盖了他的其他才华。他在诗歌、书法、绘画、摄影方面都是大家。""他是学问家、艺术家、旅行家，等等，却又不止于此，三者往往是叠合的、交叉的，分割开来就失去了冯其庸。"我还要说，冯老是社会活动家。社会科学界、佛教佛学界、文学艺术界的专家学者、高僧大德、作家艺术家都与他相处得其乐融融，情深谊厚。仅我所见，他为季羡林先生塑像；他与宜兴紫砂大家徐秀棠先生，还有国学大师饶宗颐先生等过从甚密；仅在上海，就有中青年专家王运天、李维伦、汪大纲、丁和等人与他相交甚厚。

20年间我对冯老的认知，只不过是冰山一角，还是借助法门寺之缘。我能认识这位国学大师，是我天大的幸福；但他西去了。2月5日，我去北京八宝山为冯老送行，呈上一联心中的话：

> 百年铸经典，出神入化红楼梦，斯人为圣；
> 万里渡流沙，含辛茹苦玄奘路，冯公是佛。

眼前的八宝山上，满是冯老的身影。我再三鞠躬，心中是冯老的教诲和牵挂。转身行走在人流中，人们痛失冯老，同时发出这样的议论。

人们很怀念冯先生，除了痛感其离世之外，最大的悲伤可能正是来自眼下阅读的难以持久、经典的难以传承。尼尔·波兹曼在《娱乐至死》中说，赫胥黎担心的是人们在汪洋如海的信息中日益变得被动和自私，担心真理被淹没在无聊烦琐的世事中，担心我们的文化成为充满感官刺激、欲望和无规则游戏的庸俗文化。娱乐至死的年代，有多少人见到厚厚一部《红楼梦》，不就望而却步了吗？

我又是一震，我向上海的朋友发信，我要买齐冯老的全部著作，我读，儿孙们读，儿孙们的儿孙们读……"子子孙孙无穷匮也"！

本文作者：法门寺博物馆研究员

未入师门受师恩

——宽堂（冯其庸）辞世忆赠书

屈全绳

冯其庸先生乃余毕生仰视的文化巨人。自1993年有幸在新疆疏勒攀慕先生至其作古，曾多次当面聆听先生启迪，亦蒙先生抬爱并厚赠墨宝。今日得暇，仔细整理先生十年前馈赠的书籍，目睹先生亲手赠余《诗韵》与《诗韵合璧》两书，仿佛还能感受到先生当年的风采。该两书分别为上海古籍出版社和上海书店出版社出版，均为竖排繁体字版本。先生为求此两书，托人四处查询，最后还是从网上购得。先生赠书时曾谆谆教诲：一旦把这两本书读通了，"诗于闲忙皆可得"。

2006年年初，余将历年学步之吟结集出版，定名《关山远行集》，敬奉先生赐教作序。先生不顾年迈，与夫人夏教授分头披览拙集，不日即撰成《金戈铁马入梦来》一文作序。序后赋诗两首："昆仑一别十三年，又到诗城拜杜仙。怪道诗思清如水，原来心底有灵泉"；"横刀跃马儒将风，壮志如山气似虹。屈大夫和辛弃疾，雕弓词笔一般同"。写完意犹未尽，遂以四尺宣纸录拙诗一首："八月十五月色昏，朔风恃狂卷沙尘。龙城飞将今又是，金戈铁马立国门。"余写阿拉山口哨卡这首诗，意在描述我边防将士气吞万里如虎的雄风，但依格律衡量却乏善可陈。先生听我在电话里叹喟，又告之曰：写诗不要因词伤意，新诗不标明律诗、绝句，就不用硬套平仄，古代名家有些诗也不是每一首都合乎格律的。先生此次高论使余受益良多，之后吟咏，力避再犯"为赋新词强说愁"的毛病。

收到先生墨宝后，我同夫人孙兰难禁喜悦，欣赏良久。这幅行书笔锋遒劲，铁画银钩，力透纸背，显然是先生的愉悦之作。看到先生的序言，我在电话中激动得语塞。高兴自不必说，只是觉得先生对拙诗褒奖有过，余诗岂敢攀比辛词，敬请先生将第二首诗收回。先生告之："新边塞诗不必套老路子，新边塞诗新就新在写了古人没有去过的地方，写了古人没有写过的感受，这是比较而言，这个看法是不会引起质疑的！"先生一言九鼎，余不便执着，但至今受之有愧、却之不恭的心结仍未打开。

翌年七月，南远景同志陪先生首登峨眉山归来，谈及登山感受及两部韵书，先生对远景一路关照有加深表谢忱，并赐墨宝赠之。其后兴致不减，又捉笔在赠余的《诗韵》扉页即兴题写七绝一首："初上峨眉第一峰，万山环列迎衰翁。飞泉百丈松合曲，此是人间极乐宫。"是年先生已八十又五。

恍惚间十年飞逝，而今睹物忆翁，不胜唏嘘。余诗未见长进，先生却驾鹤西去。悲呼！哀哉！忆昔至此，谨借李商隐诗步先生韵以寄追思：

> 竹坞无尘水槛清，相思迢递隔重城。
>
> 秋阴不散霜飞晚，留得枯荷听雨声。

二〇一七年十月二十四日

道德光华温润玉　文章和气吉祥花

——送别冯其庸先生

沈卫荣

上周五我刚从北京回到无锡不久，就收到一位朋友发给我的一条微信，说"冯先生身体不好了"。我一边回信说："老先生挨过这个年估计没问题吧？"一边想着过完年回到北京马上就去探望先生。不曾想到，两天以后的周日下午，我就收到了冯先生女儿幽若发来的微信，说先生已于"今天中午12:18在潞河医院平静安详仙逝"。此时我正走在无锡甘露乡野的田埂上，一下被这不幸的消息怔住，呆立在江南冬日阴湿的寒风之中，难抑的悲伤和不舍涌上心头。

一阵恍惚，我仿佛看到冯先生就站在我的面前，像平常一样带着慈祥的微笑看着我。一激灵，我惊讶冯先生怎么那么快就进入中阴境界了呢？难道他想在西行之前，以意识身，再一次无拘无束、自由自在地遨游世界？近两年中，我不止一次地听他念叨着要重回故乡，惜终未成行，这是先生的心头遗憾。现在，先生终于摆脱了多年腿脚不便之累，可以随心所欲地去他想去的任何地方了。而他想去的第一个地方一定就是故乡无锡，可是，先生的家乡前洲离这甘露还有三四十里地呢？甘露是师母夏老师的故乡，莫非先生西行前，也想顺路到他岳母家看看？冯先生，前洲人为有您这样一位好儿子而自豪，甘露人为有您这样一位好女婿而骄傲，凡无锡人都以你为荣，您老人家走好啊！

当我写下以上这段文字时，我想冯先生此时又一定已经离开了他深爱的故乡，开始独自前往他梦牵魂系的西域遨游了。一位不世出的江南才子，却如此地钟情于西域的山水文化，这早已经成为中国学术界、文化界的一个传奇了。冯先生曾经十下西域，最后一次出行时虽已年逾八旬，却依然像年轻人一样风餐露宿于罗布泊中。他一生留下了大量有关西域的诗文、摄影、绘画和学术作品，还领天下风气之先，倡导大国学理念，将西域研究纳入国学范畴，推动了中国西域历史语言研究的发展和进步。除了故乡，冯先生最想去的一定就是广袤和壮美的西域，他大概还想再一次踏着玄奘大师的足迹，走一遍连接东西文明的丝绸之路。冯先生，像你这样的上根利器，本可超越中阴，直接成就的，在你回到故乡、走过西域之后，现在你可以放心地一直往西走了，那条路直达阿弥陀佛的净土——西天极乐世界！

余生也晚，有幸得识冯先生则更晚，至今也不过十一二年的事。然而，冯先生却是我一生的贵人！要不是冯先生于2005年年底招我回国，给我创造了一个十分难得的学术平台，真不敢想象今天的我又会在世界的哪个角落里漂泊？海归十余年间，如果说我在学术上、教学上略有所成的话，则全赖先生对我不遗余力地提携和关心。昨晚从一位无锡朋友的微信上看到，仅在十几天前她去探望冯先生时，先生还对她提起了我，说"他是个了不得的人，学问很好，当年特意邀请他回来担任西域历史语言研究所所长，培养了很多人才"。我知道，这样的话，先生对很多人都说过，每次听到朋友们向我转述先生这样的话时，我都忍不住会脸上一阵阵的发红，惭愧不已。每次我都把先生这些诚挚的话语当作是先生对我的勉励和期待，让我在治学、处世时都不敢有丝毫的疏忽和懈怠，总想着要努力地把先生嘱咐的每一件事情做好，绝不能辜负了先生对我的一片殷切期待。

这十余年间，我已记不清到底有多少次曾前往先生位于京郊通州芳草园的瓜饭楼中去拜访了，总之每当我有新的学术成果问世，我都会想在第一时间去向先生汇报，每当有了新的学术想法和计划，我也都会想在第一时间听到先生的指示和支持，而每次与先生见面都如沐春风，每每得我所愿，尽兴而归。很多年间，不管我们西域历史语言研究所或者汉藏佛学研究中心有什么重要的学术活动，先生都会不辞辛劳地从通州赶进城内参与，并即兴发表讲话。他那一口标志性的无锡普通话听起来总是那么的自然、亲切，那么的条理清晰，给了我们很多的愉悦、鼓舞和启发。

实际上，我初识冯先生时，他就已经年逾八旬，但以后的近10年间，时间对于先生好像是静止的，除了腿脚越来越不灵便以外，先生的思想一如既往的清晰、活跃，他的容颜和神情也都没有很大的变化，我一直相信冯先生会比季先生更加长寿的。直到2015年秋，当我结束在德国一年的学术访问回国后去瓜饭楼探望先生时，才发现先生真的是老了，不但已经不良于行，而且还近乎失聪了。以前先生习惯于在楼下坐着和我们说话，不温不火、娓娓道来，此时却只能在楼上躺着见我们了，说话时又生怕我们听不见而大声喊叫着，让我们每次都不忍待太久，生怕连累他太疲倦了，而先生却总是觉得言犹未尽，每次都恋恋不舍。

而在2015年之前的这10年间，先生完全不像是一位年已耄耋的老人，他一直孜孜不倦地在忙着撰写他的学术论文、创作诗文和书画作品，并整理、出版自己的学术著作，学术热情和工作效率之高，都是我等年轻人所望尘莫及的。2012年，当他的有三十五卷之巨的文集《瓜饭楼丛稿》由青岛出版社出版以后，我们都以为他从此要放慢脚步、颐养天年了。没想到随后的几年内，90岁高龄的先生还是一本接一本地整理、出版他的各种类别的著作，所以我每次去见他都满载而归，至少会得到他刚刚问世的一种新著。

由冯先生创办的中国人民大学国学院成立以来的这十余年间，经历了不少的风风雨雨，但先生始终是国学院的一面旗帜，甚至可以说是中流砥柱。他为国学院的成长呕心沥血，鞠躬尽瘁，一个人就撑起了国学院的半边天。若没有他的大国学理念与作为学术和文化大家的表率作用，若没有他的人格魅力和巨大的社会影响力，很难想象国学院能够得到社会如此之高的认同以致发展壮大到今天这样的一个规模。冯先生倡导的读万卷书、行万里路的学术理念，始终是国学院师生秉持的办学方针。如果我们今天要来回顾国学院这前十年的历史，那么冯先生绝对是这段历史上最大的一个亮点。

虽然，先生的外表就像是一位慈爱的邻家老爷爷，可他的道德文章却赋予了他掩饰不住的风采和魅力，见者无不如春风扑面。国学院所有的老师，不分专业，都敬仰这位德高望重的老院长；所有的学生，不分男女，都热爱这位和蔼可亲的老爷爷。不久前，我在微信上看到网友张贴的一副李鸿章题写的对联，叫作"道德光华温润玉，文章和气吉祥花"，非常喜欢，愿引为人生追求的最理想境界。今天，我想若用这副对联来形容冯先生一生的道德文章那是多么的贴切啊！他可真的是道德如玉，文章似花啊！只可惜如今我再不能让冯先生亲自来题写这副对联，给我留下一个可以天天直面观修的千古念想了。

与先生交往的这十余年间，我们每次见面谈的似乎都是学问上的事情，可事实上我对先生学问惟有高山仰止的崇拜感，与先生交往的十余年间我感受更多的是那份浓厚的乡土和乡亲之情。蒙先生厚爱，我曾敬陪《冯其庸文集》编委之末席，翻阅过先生一生精彩作品中的很大一部分，先生学问之博大精深给我留下了不可磨灭的印象，而先生作品中凸显出的那股诗酒豪气和那份诗情画意更是我等望尘莫及的。冯先生六艺皆精，而我却一门不通，故绝不敢说我与先生在学问上有师生之谊，我与先生在学术上的差距也绝不是可以用"隔行如隔山"这句话来搪塞的，其中透出的更是一种学术传统的断裂。冯先生传承的是以无锡国专为标志的产自江南的优秀文化和学术传统，他在红学研究上的学术成就和他在诗词、书画等方面的杰出才艺使他成为名闻天下的一代文化艺术大家，而这一切都离不开家乡文化传统自小对他的熏陶。作为先生的一位后辈小老乡，我由崇拜冯先生的学术和才艺，进而也对养育了我们的江南故土有了前所未有的亲切感和敬重感，更为今天的江南已经丢失了这种优秀的人文传统而难过。

从2005年秋第一次踏进瓜饭楼开始，我就是先生的铁杆粉丝。虽然我对书画艺术没有专业品鉴能力，但人若问我当今天下书法谁是第一人，我一定会毫不犹豫地说是冯先生，因为先生的书法作品中散发出了浓郁的江南文人气息，圆融了温婉、灵动、俊美和洒脱等多种江南才人独有的气质。人若问我当今天下画家又是谁堪称天下第一，我一定也会毫不犹豫地说是冯先生，因为冯先生画中凝结的西域山水的磅礴和壮美之气是我在别人的画作中从来没有见到过的，先生笔下的一串葡萄、一束山花都透出别样的西域风情，看着让人生起无尽的欢喜。曾经在先生出版的一本书画集中见到过他题写的"长江有天堑，江南出才子"一联，字迹异常遒劲有力，让我眼睛一亮，并深为之感动。这大概是向来十分朴素、低调的冯先生难得在自己的艺术作品中显露出江南才子的那份自信和豪迈之情，而他的这份情怀也令我神清气爽，感觉与有荣焉，虽不能至，心向往之。记得有一年春天，我回无锡参观了阳山桃园，看到满山遍野盛开着的桃花，美得让人心醉。回北京后我向先生提起，先生说他早就有这个心愿，想画一幅阳山的桃花回馈无锡的乡亲。从此，我就一直憧憬着冯先生笔下的阳山桃花将是一幅如何绚丽多姿的江南美景啊！只可惜，冯先生的这个愿望终究也未能实现，这幅绝妙的江南胜景图也只会永存于我无尽的憧憬之中了！

我有缘与冯先生交往的这十余年是先生的晚年，虽然就在这些年中先生经历了佛家所说人生四苦中的三苦，但我觉得先生的晚年是幸福的、圆满的，甚至可以说是辉煌的。先生倡导的大国学理念和创建的中国人民大学国学院和西域历史语言研究所，是他晚年对中国学术发展的一个重大贡献。先生晚年亲自编定、出版的各种学术文集和艺术作品集，完整地呈现了他一生的学术和艺术成就，以言以德均足以垂范后世、光耀千秋。先生一生有教无类，诲人不倦，故门下弟子众多，且都是当今学界、艺术界的俊秀之士，他们常常随侍先生左右，既问道问学，也嘘寒问暖。待先生垂垂老去之时，师母夏老师和二位孝顺的女儿又时刻陪伴着他、呵护着他，不舍昼夜，让先生始终难舍这人间的至爱亲情。或云人生不过如此，能像冯先生这样在人世间潇洒地走上一回，那可真是天大的福报！

2016年八月下旬，在无锡市惠山区政府的支持下，中国人民大学国学院在无锡前洲"冯其庸学术馆"组织召开了一场规模盛大的"国学与丝绸之路历史文化研究国际学术讨论会"。会议开幕前，我礼请季羡林先生的学术传人、北京大学教授段晴老师到前排就坐，可当时怎么找也找不到她，好不容易在会场最后一排的一个角落里找到了她，却见她泪流满面。我忙问："段老师，你怎么啦？"段老师哽咽着说："你们无锡人真好！为冯先生建了那么好的一个学术馆！你看看我们季先生，啥也没有！"段老师说得不错，无锡人好，冯先生是我们无锡人的骄傲，无锡人敬爱冯先生。但我想说"冯其庸学术馆"的建立更是因为冯先生好，是因为冯先生的无私。冯先生一生勤奋，创造了难以计数的学术和艺术作品，他收藏的图书和各类文化艺术品、古代文物藏品也异常丰富，可以说冯先生自己和他的瓜饭楼连在一起就是一座中国传统文化的宝库。而冯先生又是一个那么无私的人，他从来不把他积毕生之力创作和收藏的这些文化宝藏视作一己之私产，而是慷慨地把它们奉献给社会。早在他于2008年退任中国人民大学国学院院长之时，他就已经把他的全部藏书无偿地捐赠给了国学院的图书馆。随后，冯先生又把自己创作和收藏的大量摄影、书画等艺术品和文物藏品，无偿捐献给了他的家乡无锡市前洲镇。家乡人民为了珍藏好这些宝贵的传统文化遗产，永久地展示冯先生的学术和艺术成就，发扬光大冯先生传承的学术传统，专门在前洲古镇上建造了一座"冯其庸学术馆"，于2012年冬正式开馆。这大概是继香港的饶宗颐学术馆之后，国内绝无仅有的一座为尚健在的著名学者建造的学术馆。目前，冯其庸学术馆不但已经成为前洲古镇最醒目的一个文化景点，而且也是整个无锡最有高度的一个文化坐标。

冯先生今日乘愿西行了，可冯先生的精神常在，风范永驻。愿先生的道德文章垂之久远、光照后人！

本文原载于《上海书评》二〇一七年一月二十七日

恩师教诲足千秋

叶兆信

一

我的恩师冯其庸先生，是我国文化界的著名学者，著名红学、国学、文史大家。而严格地说，我乃是冯先生作为中国著名书画家的学生。

恩师冯先生走了，先生对我30年的教诲永存。他对我的言传身教，就像无价之宝，让我珍藏；就像指路明灯，引我登攀；就是对中国书画艺术的发展，我认为，也有着不朽的借鉴意义。

1987年1月7日，中国艺术研究院系列丛书《中国美术史》的编写会议在北京昌平石化疗养院召开。我在潘鲁生同志的引荐下，以青年画家的身份应邀参加了这次会议。也正是这次会议，让我结识了久仰的书画"优美、崇高"而又"古雅、新奇"的冯先生，并孕育了冯先生和我的师生缘。

那时，我从青岛工艺美术学校毕业刚过六年，已从原单位山东省工艺美术研究所调到山东省委机关报——《大众日报》任美术编辑。会议期间，我把自己精心创作的地毯图案和其他线描作品送《中国美术史》的主编王朝闻先生指导。王先生看罢，又把我的作品介绍给了从中国人民大学调到中国艺术研究院担任副院长的冯先生。

冯先生看了我的作品，非常高兴，当即鼓励我说："我们现在缺少的，就是这样的作品。兆信你很年轻，能坐下来搞出这样出色的东西，很让人惊讶。"当晚，先生又邀我到他的房间交谈，既交代会议事项，更纵论书画发展。初次相识，转眼就是两个小时，真让我感动不已。当我大胆地提了绘画与工艺美术结合，发展线描的问题时，先生和蔼可亲地打着手势，兴致勃勃地给予指点，"线描是中国传统的东西，应当发扬。现在有一种现象，就是不重视传统，只想出些'新'的，岂不知'新'也从传统中来，你一定注意。青年画家要沉静，要注重传统，不要随波逐流。一定要珍惜青春时光，要有毅力克服困难，刻苦用功，持之以恒"。

先生金石言，如春风化雨，润我心田，让我看到了先生对艺术发展见解的高屋建瓴，看到了先生对艺术规律的准确把握，看到了先生对痴迷艺术的青年人的热情鼓励和殷切期望。为了实践好先生的教导，我和潘鲁生同志合著了《中国佛教图案集》。冯先生亲自给我们审稿，并题写了书名。此后，我每年都面见先生五六次，甚至更多。每一次他都不吝赐教，给我讲书画传统，讲历史典籍，给我"批改作业"。他还特意亲切地对我说，"艺术上要做一个有心人，不要刻意追求炒作的虚名，而要实事求是地选好自己的路，扎实奋斗。你的图案、线描已有了好的基本功，下一步要继续突破，努力争取五年一小变，十年一大变"。

先生的教导不断点燃着我心中的向往。

二

1998年10月20日，我在山东工艺美术学院举办了"叶兆信线描图案画展"，汇集展出了我潜心创作的80余幅线描画。冯先生闻讯专程从北京赶来，一边看，一边称赞，"很见功夫，大有长进"。第二天一早，他又高兴地为我书写观后感言，只见他不假思索，即笔走龙蛇："以极精极细之心、极静极稳之情、极坚极毅之力、极锐极微之针、极彩极丽之丝，写祥龙嘉凤之鳞羽，猛虎斑豹之毫毛，而无一笔之失；如沧海洪波、洞庭银𬶮，万千涟漪，环环相生，环环相续，而无一环之差。此等功力，如花开天成，云出无心，直是化工之笔。吾不得不赞叹之，感佩之，念颂之。夫以此等精神，世间何事不成，何业不就，岂独图绘也哉！"

我大受鼓舞。先生的感言，凝练、精美、形象，既肯定我的精细功力，又表达他的惊喜之情，更期望我能把这样的功力、手法发扬开来，把这样的精神、毅力坚持下去，向更高的目标迈进。冯先生回到北京，又写了《万千涟漪一线成》的文章，发表在1999年3月26日的《人民日报》和2000年3月3日的《中国青年报》上，称赞我娴熟运用线条的作品，倡导锲而不舍、一丝不苟的精神。先生还在他的《墨缘集》中选了我的图案作品，并称"真正是出类拔萃，无可比拟，反映了一种坚韧不拔的精神，反映了一个求精求细的程度"，鼓励我相继创作出《兰亭修禊图》《普天同光》《姨母育佛图》《五星出东方利中国》等一批大型的线描画，均代表着我的奋斗之变，得到先生的题字肯定。自此，先生形成了他的习惯，只要看到我的作品有超越，他都要亲自题字，就像老师为学生看作业评一个嘉奖的"优"。我想，这正是他的高师之道。

2004年9月24日，冯先生中止了他的西部之行回到北京，第二天专程赶来济南，出席我在山东省美术馆举办的画展。先生在开幕式的讲话中说："线描画是我国由来已久的一种传统绘画形式，从东晋的顾恺之，到唐代的吴道子，再到宋代的李公麟，一脉相承。后来中断了相当长的时间。而兆信同志对线描的积极探索，就正是对这一艺术形式的最好的传承。我对他的这一执着追求精神和坚韧毅力是很赞佩、很支持的。"先生第一次把我的线描画创作提到"传承"的高度，大大坚定了我"大突破"的信心。

三

就在先生正式接收我为他的学生那天，他郑重地赠我几十部书，每一部书上都题字："叶兆信贤弟存读"。我的激动、喜悦之情难以用语言表达，只能恭敬地表态，我一定好好读、好好学，不辜负先生的教导。而冯先生对我说，"中国文化源远流长，博大精深，是早已被证明了的。唯多读书才能多通晓，才能不断提高自己。我在《往事回忆》一文中说了自己的苦衷：我没有上过大学，主要靠自学。读书有个诀窍，读最难懂的书，反复读，慢慢就得出窍门来了。意思也不是一次就能全懂得，随着时间的推移就一点点明白了"。

先生还说，"我很喜欢你的为人、画品和不怕吃苦的精神。你一定要好好读书，要有古人忘我的学习精神。我30岁时编的《历代文选》，毛主席曾称赞好得很，推荐给领导干部读。你也应该认真去读。就像我当年读书那样，坚持每天都读，随身携带，随时随地读，这样久了，从古到今就通了，心中也就有数了"。

先生一席话，如醍醐灌顶，给了我读书的坚韧毅力。我也开始每天都读书，读先生编的《历代文选》，读唐诗宋词和美术、书法理论等。先生不断地电话、书信指导："读书最忌急躁，最忌表面的理解，这样的读书只能一知半解，而一知半解的知识是没有多大用处的，有时还往往要误事。而心急，急于求成，就必然流于浅尝即止，甚至自以为是，这是读书的大忌。认真说来，读书是桩苦事情，必须经过'苦'的阶段，才能渐有创获，才能有所'乐'。"一定要脚踏实地地读，只有"读"，而后才能有所"悟"，只有"悟"，而后才能有所得，才能生出新意来，才能进入新境界。

冯先生还一再对我强调，书读得少了，书本知识必然少，无从融会贯通，无从援古证今，也就不能充分开发智力。为了督促我的读书学习，冯先生为我购买了部分美术理论方面的工具书，又指导我一定要不惜4万元买下《故宫藏画大系》和《中国美术全集》，并说从先秦到清，所有的艺术精品都在其中了，这对学习借鉴很重要。于是我听从了先生的话。如今每当翻阅此书，眼前就展现出一望无垠的精湛画廊，心灵就像跨越了千年的岁月，对我的艺术创作真的发挥了很关键的作用。

四

2000年7月的一个青岛之夜，海风透窗，涛声伴随。先生的兴致很高，就我个人情况谈读书的问题讲得更为透彻。他十分恳切地说，"就你的艺术创作而言，基础有三个，一是书法的基础，二是绘画的基础，三是读书的基础，三个基础中相对来讲，你读书的基础还不如前两个。目前当务之急就是摆脱冗杂的事务，在读书上下功夫，作突破。腹有诗书气自馥。这基础打不好就进不了更高的境界。你如果在读书的基础上再努力，就会更上一层楼。现在有的青年画家达不到高境界，原因就在于读书少"。

先生的话振聋发聩。不料，他又话锋一转，提出要我打好国学功底的问题。他说："我还主张你读一些中国经典的书，如《论语》《孟子》《荀子》和《古文观止》等。我甚至觉得小学、中学也应该开设这些课程。有的文章你当时不一定懂，但时间移，年龄长，经验积累，渐渐就懂了。我年轻时读《古诗十九首》，有些诗句似懂非懂，我也不求甚解，因为当时也无法求甚解，但是读久了，读熟了，有时也能自己领悟。有一次我在地里锄地的时候，脑子里想着'胡马依北风，越鸟巢南枝'的句子，忽然悟到这是写思乡之情。胡地来的马，依恋着北方吹来的风；越地来的鸟，筑巢也要择南面的枝，因为可以稍稍近家乡一点。只有长大了，有了经历，才能悟到这样的内涵。"

先生作为蜚声中外的红学大家，对于我务必读好《红楼梦》的问题，更是特别给予指导。自认识先生后，他赠我许多《红楼梦》的不同版本和汇集研究成果的著作，并对我说，《红楼梦》是一部具有深广文化内涵和高度思想内涵的奇书，是中华民族五千年传统文化思想的最高综合和体现。读好这部书，对于有志于成为优秀书画家的人来说，是很有意义的。"我希望你一定要反复地读、深入地读，对于你的艺术创作来说，必将大有裨益"。

先生的宏论，都在我的读书实践中逐步得到印证。

五

为了充分开发我的艺术潜质，培养提升我的为人之本和书画创作水平，冯先生还高度重视和尽力为我实施"看就是学"的方针。他说，"我年轻时，诸健秋老师看了我画的画，称赞我有灵感"。诸老师知道我家里贫困，就叫我到他的画室看他画画，老师说"看就是学"。看人家怎样做，你就明白了。特别是在一些境界高的大师身边，不必告诉你怎样做，他的一举一动就是给你示范。这是另一种形式的读书。为此，冯先生有时给我介绍，有时领我拜访众多的名人、名家，如刘海粟、刘杭、启功、朱屺瞻、亚明、唐云、蒋风白、赵朴初、顾廷龙、季羡林、周怀民、杨仁恺、吴祖光、新凤霞、许 庐、袁世海、张仃等，每一位先生都是一部大书，都让我读到了书本上读不到的学问，给了我做人和从艺的莫大教益。

1998年2月13日，冯先生带我去拜望画家黄永玉。黄先生先是领我参观他的画作，又引我们走进客厅，围坐在一起，像久识的朋友，谈往事、说绘画。冯先生说，黄先生传统绘画功力深厚，题材也广泛。他的荷花，淋漓、素雅、灵动、姿态各异，有传统水墨画的特征，又有油画厚重多变的特点。我明白这是冯先生引导我从黄永玉的画作中吸取营养。又说到黄永玉在艰难困苦的情况下，始终保持乐观态度的人生哲学。"文革"期间，黄先生全家被赶到一间很小的房间里，墙壁上没有窗户，他就画了一个很大的玻璃窗，画了窗外的蓝天白云，山花烂漫。黄先生说，"人都应该客观地看待自己、看待痛苦，保持乐观的心态，所以，我从来不画灰暗的画，只表现美好的东西"。他的话令我久久深思。

2010年10月9日，冯先生借我到北京的机会，又领我去拜访许 庐先生。他和许先生互相敬慕，谈笑风生，携手走进许先生的"竹箫斋"共同作画。许先生还诙谐地说："兆信你可要看仔细了！"随即他们各自挥毫，精美画作渐渐呈现。谈笑间，许先生的竹箫秋菊，澄澈奔放；冯先生的大写意葫芦沉稳潇洒，真可谓笔笔有学问，色色见功力，让我在他们炽烈情谊交融的陶醉中，领略到大家的风采、真功与画作的诗境、意趣，为我的国画创作带来深刻的启迪。

六

"中国传统书画，一定要先写好，再画好；画好易，写好难。所以，一定要把书法提高上去。你书法练到今天这个地步，已属不易，但还需要进一步培养，开阔视野，广泛吸收历代书法名家的精华。"这是我陪同先生出发的又一个夜晚，先生推心置腹的教诲。

为了让我更好地提高，冯先生送我多本书法书籍。最为珍贵的是《思古斋旧刻黄庭兰亭合册》、珂罗版精印和上海有正书局发行的《周文清藏北宋未断本圣教序》、日本影印的茧纸《丧乱》五帖等。其中《周文清藏北宋未断本圣教序》是一本泛黄的老本，是冯先生早年临过的本子，如今冯先生送给了我，并在扉页上写了赠言：

> 此北宋未断本圣教序，予早岁学书都藉此本，今匆匆六十年矣。右军此帖于楷书中寓行书，于端静中寓遒劲意，学书者苟能致力于此，必有所成。今此帖赠兆信吾弟，预卜其有成也。

寥寥数语，给了我强烈的震撼。我暗自下决心，决不负先生赠言。此后，冯先生又领我到启功先生家拜访。启先生说："有的媒体上宣传青年书法家真、草、隶、篆样样精通，不妥。"冯先生则指出："这样宣传是误导。应该引导青年人在一门字体上下功夫，在此基础上攀登更高的高峰。"冯先生对我的教诲，常常是这样吉光片羽式的，话不多，但句句中的，让我牢记在心。

最让我难以忘怀的是1997年5月18日到北京拜访先生时，带去我的书法习作请求指点。先生看后直言不讳地指出："你书写走笔过快，应沉下心来，干任何事情浮躁是不行的"。随后，先生为我题诗："'学书如参禅，十年破一关。待到穷尽处，心花在眼前。'此予学书之经过也，书赠兆信贤弟印证。"

冯先生就这样认为学书没有捷径，唯多看、多练而已。且不说他临《圣教序》每年无数遍，观其遍临唐代传世诸碑帖更多，在"文革"期间用小楷抄写《红楼梦》，就可知其功力之所在。如果一定要请教冯先生书法问题，他总是说："先临几十遍。"他还介绍说，启功先生每天都临一遍《兰亭》。我大为惊讶，启功老这样的大师都一天临一遍《兰亭》，我们做学生的不是更应该这样吗？冯先生说，"现代书法要开朗、飞跃、生动。我们要比前人写得好，书法要具有前人的法度、时代的精神、个人的特性。千百年来名家辈出，形成悠久光辉的传统。后人有作，既不可能无视传统，也不可能无所创新"。又说，"书法要有书韵"，"我们遍临历代名迹，并非斤斤求合于古人面目。我们追求的是能近其神明，变化于前人法度之中，自写其胸中奇逸"。真可谓句句精辟。

七

先生作为师之典范的魅力，就这样表现为善于洞悉学生的真情，既及时激励学生的长处，让学生不断获得成功的喜悦，又针对学生自身的弱项，不断给予最恰当的引导。

一天晚上，冯先生又以自身为例，以聊天的方式，对我说起了写文章的问题。他说，"我小时候写过的文章，依次都背诵，文言文、白话文都能背。这样的习惯给我带来很大好处，既能看出修辞有没有问题，又能明白文章是否通顺。初中一年级的时候，丁约斋老师教我们写文章，每次都嘱咐，写好的文章，自己必须读三到五遍方可交卷。我对这一规定，特别赞成。读初中前，一直学写文言文。我喜欢边写边念。每写完一篇文章，自己就背得出了。读初中后，写的是白话文，但我的习惯不改，也照样反复读，甚至能背。我自己觉得文章多读几遍，有些不必要的字词，自己就会感觉出来；意思好不好，畅通不畅通，也可以通过自己的阅读有所发现，所以至今养成了习惯。自己写的文章，总要反复读五到十遍，就是给人写信，我也总要重读一到两遍，看看有没有落字，话说得妥不妥。我自己觉得这是一个非常有益的习惯。其实这一点，过去鲁迅就说过。可见这确是一条宝贵的经验"。

"学写文章也有一个过程。经过了这么一个过程，到后来就能做到自己想怎么写，就怎么写，得心应手。表达自己的思想，不仅要畅通，而且要精到。一个真正的画家必须把文学修养提上去，文章会写了、能写了、写好了，画的面目也就上去了。要制定一个计划，日积月累，求自我提升，永远不能停留在一个层次上打转转，要一直坚持不断地向前走，向上提升。古代的大画家没有一个不是这样过来的"。

冯先生说，"要想把文章写好，就要善于学习、借鉴。我青年读书时，《共产党宣言》影响很大，我反复读。共产主义这样伟大的思想，就用这样薄薄的小册子，表达得那样畅快、明白，反复读，给我的启发很大。再如古文《史记·项羽本纪》，文章的开头由东往西，到进了咸阳，推翻了秦朝，项羽自称为王；以后又由西往东，到了现在的蚌埠停下，就是一个这样的线索"。

冯先生说，写文章一定要有自己的目的，写什么，怎么写，要搞清楚。写好文章都是通过自己在刻苦磨炼中得来的，一定要过这一关，过不了写作关就是一个不健全的人。想迈步前进，可这只"脚"却走不了。有的画家就是这样不完整，画画还行，但字写得就是不行，字写得可以了，文章却又不行。一幅好画如不能题上有味道的诗句，真是欠缺，真是遗憾。要慢慢地充实自己，把自己的"无知"改成"有知"，"不懂"改成

"懂"。人最重要的器官是头脑，写文章也要有头脑，做到思路清晰。"当然，写文章也要有"不达目的不罢休"的精神，就像我曾经有过的带病校对书稿时的体会，望着大堆的排印稿，有如万里长途，望不到尽头，又像是一座高山，抬头见不到山顶，真有路长人困之感。但是，尽管如此艰难，只要我缓过气来，又满怀信心地奋力以赴"。"对你来说，也是一样，有了这样的精神才能戒除浮躁，才有可能把文章写好"。

在此期间，先生还就我参与编绘的《中国历代图案器物集成》一书指出了应注意的事项；还就我《中国诸神图集》一书的出版提出了指导意见。先生的要求总是那样信手拈来，而又条分缕析，指点精准，为我编书、著书提供了很好的遵循。

八

冯先生是"读万卷书"的自觉践行者，又是"行万里路"的严谨笃学人。在他的"行万里路"中，多次带我随行。他说，行路少了，局促于一隅，见闻隘陋，如吴牛之喘月，蜀犬之吠日，人以为常者，他以为奇，自然就会处处碰壁。先生精辟的见解与"行路中"随时随地的言传身教，开我心智，美我心灵，让我受益无穷。

1997年8月30日，我随冯先生和夏师母一起登上北京至乌鲁木齐的班机，开始先生的第七次西部之行。抵达的第二天上午，他就与当地的专家进行探讨。冯先生激动地说，"我向往中国大西部的一个重要原因，就是我坚信伟大的中华民族定会强盛！而强盛之途，除了改革、开放、民主、进步等，全面开发大西部是其关键。从历史来看，我们国家偏重东南已经很久了，这样众多的人口，这样伟大的民族，岂能久虚西北？回思汉、唐盛世，无不锐意经营西部，那么现在正是到了全面开发大西部的关键时刻。因此我们应该为开发大西北多做点学术工作，多做点调查工作"。在古丝绸之路的遗迹处，他畅谈中国历史上的开放，展望未来国家发展西部，有可能再创"新丝绸之路"的辉煌；抵达克拉玛依，他看遍百里油城，抒发胸中豪壮，在看到一口40多年的油井还在开采，并有碑用蒙古、汉两种文字刻"第一口油井"的时候，高兴地为市里题词"中华民族富强之源"。先生那高瞻远瞩的目光、强烈的社会责任感和发展西域文化的胆识、魄力，都表达着一个中国优秀学者的伟大心志和坚韧毅力，深深感动着当地的专家和干部群众，也深深启发着我自觉打好思想素质的根底。

在前往伊犁的路上，冯先生说，前几次来已经充分考证玄奘取经就是走的艾比湖，然后到伊犁，停了几日通过霍城，一直向西走的。来到霍城的惠远乡，冯先生又给我介绍，惠远曾是文化名人荟萃之地。清代的洪亮吉、祁韵士、林则徐、邓廷桢等都是谪居这里的名士。历史、地理学家徐松的《西域水道记》和《新疆赋》就在此脱稿问世。林则徐的日记、诗抄、书信等，也在这里多有留存，可见人民群众记住了他。先生对我说，一个地方就是一本书，这本书里的知识在书中是体会不到的。在书本上你查到的是历史，当你到达现场的时候才能知道，当时的历史背景和地理位置，这样就有了一个全面的了解，才是真正地学通了。

冯先生就这样一路行，一路品评，一路思索，一路摄影，一路作诗、作画、写字，抒发他那"看尽龟兹十万峰，始知五岳也平庸"的胸怀视野，表达他对当地军民热情欢迎的谢忱；启发我书画创作的激情与技艺，教育我努力培养书画家应有的情操和气质，指导我认真思考自己的线描画与西域壁画的融合，为我此后在泰山和济南白云洞等地成功探索大型的传统壁画奠定了坚实的基础。

先生还多次带我游历江南，引导我认真体会大江南北书画的不同风韵，并结合实际，对我的小写意国画作精心指导，在构图、用笔、用色、题跋、用印等关节处为我传授"真经"，并告诉我，"画'小写意'有你的优势，一定要博采众长，多下功夫"。

九

冯先生教导我，个人的进步、突破，还要体现在自己的实际工作中。任何一个优秀的导师对在职学习的学生，都应该率先支持他们做好本职的工作。先生为师育人的宽阔胸襟和超人智慧，常令我心潮澎湃，感激万千。

1998年4月15日，报社决定创办《大众书画》专刊，由我担任主编和新闻书画院秘书长。冯先生很是高兴，先是高度评价《大众日报》在全国省级党报中第一家创办这样的书画专刊，适应了改革发展新形势和人民群众的需求。同时先生又把大力支持我做好专刊的创办工作，作为他为师的分内之事。

《大众书画》创刊之初，先生给我打来电话，具体谈了他对办报的几点想法。他说，开头必须准备三期有分量的稿子，各版都要有专人负责，版面设计要大方。古代的书画作品要少，现代的要多，文章每期要有名人撰稿。他可以负责写一篇《创刊感言》，作为发刊词。他在创刊感言中说："听到《大众书画》创刊的消息，十分高兴。""这些年来，书画篆刻特别红火，几乎是老百姓人人所爱，这是一种好现象，是国家和民族兴旺发达的一种象征。无论是书法、篆刻和绘画，都是我们的民族精神、民族文化的反映，老百姓人人热爱民族的文化和艺术，这是一种民族自信心的表现，是民族自爱自豪的表现，我们应该特别珍惜这种感情。"接着，冯先生在文章中就画刊的大众化、画刊的导向和重视作品的评论赏析，以及重视中青年的作品等问题作了鲜明的阐述，表达了著名学者、著名书画家对当代书画新闻宣传的独到见解。其后，先生还在《大众书画》上发表了《梦里青春可得追》，谈黄永玉、张正宇、关良等人；发表了《博学宏通 显幽烛微——读启功先生〈论书绝句百首〉》一文，经连续多期刊登，引起强烈反响，显现了《大众书画》的学术品位。在之后的多期中，先生积极筹约稿件，介绍画家，又陆续发表了《我所认识的杨仁恺先生》《青春不觉老将至，富贵于我如浮云——戴行之画册序》等，得到读者的喜爱。先生说："要对画刊信心十足，要让中青年和部分老年爱好者来读。很深的文章尽量少发，多发表一些像启功老先生这样档次的作品。这在当代是有目共睹的，能引起广大读者的共鸣，也能起到扩大发行量的作用。"在21世纪到来之际，冯先生还赋诗寄语："百年一瞬驹过隙，新纪长鸣到眼前。我欲披风追日月，千山万水着先鞭"，祝愿《大众书画》在新世纪扬鞭策马，越办越好。同时为我的书房题名"仰圣斋"，激励我在齐鲁山水人文的陶冶中继续奋斗。

十

90多岁的先生，依然在关注和提携我这个学生。他多次提议要我到先生的家乡江苏无锡的冯其庸学术馆举办一次画展。可我因考虑是否能为先生的学术馆添彩而犹豫再三。2014年3月，我终于下决心去落实先生的要求，在先生的学术馆举办了"望岳思攀——叶兆信画展"。我的想法是，先生就像东岳泰山，而我仰望泰山，要时刻想着步步登攀。先生高兴地派他的两个女儿——冯燕若、冯幽若一起出席画展的座谈会，代表父亲表示热烈祝贺。画展持续了一个多月，得到了先生家乡父老乡亲的肯定，也得到了先生的称赞。

2016年的初秋，我带着为济南白云洞编绘创作的巨幅线描壁画稿赴京看望先生。先生非常高兴，好像忘记了自己的病情，极为仔细地、认真地审看了我的壁画线描稿。他说，"结构严谨，线条流动；千余人物，和谐布局；各种喜庆元素，自然恰当。现在确实没有多少人在做这样传统的事情""等我身体再好一些，就给你题字""此画将来如考虑捐献，非国家博物馆不要出手"。先生的话，再次给我以极大的鼓舞。

2016年9月15日，我收到了先生次女冯幽若的短信说，"叶大哥，你老师硬撑着身体，给你的大画题字了。这也是你老师他，今生最后的墨迹了"。我的泪水夺眶而出。

2017年1月18日，我坐在先生的病榻前，先生紧紧地握着我的手，久久，久久没有松开。我也从先生久久凝视我的目光里，读出了关爱与期待。

2017年1月22日，我的恩师冯其庸先生安详辞世。我在巨大的悲痛中，按照我们山东人的习俗规矩，做到了学生应该做的一切，然后我痛定思痛，自觉化悲痛为力量，开始了落实先生三十年教诲的新构思。

2017年8月10日，"志在传承 ——叶兆信画展"在济南开幕，展出了先生生前最后给我题字的长46米、高3米的壁画巨制《碧霞元君生日大庆典》和先生为我题字的其他所有作品，大获成功。

成功来自先生对我的殷切教诲，成功也彰显着先生永远引领我奋斗的教诲，足以留韵千秋。

本文作者：山东大众报业集团高级编辑、山东省新闻美术家协会主席

我与冯其庸先生半个世纪的交往

陈原

冯其庸先生谢世了，享年93岁。2017年2月5日上午，在八宝山告别厅，我随着人流缓缓经过安卧在那里的冯先生身旁，再次回首半个世纪的往事，难免神伤。

厉慧良成了李慧娘

我是冯先生的晚辈，因为当年同住北京张自忠路三号（铁狮子胡同一号）的缘故，"近水楼台"，于是，从少年时代开始，冯先生对我就有了一份照顾之恩。

铁狮子胡同一号，简称"铁一号"，这是中国人民大学的教职工宿舍，也是我生长的地方。"文革"前，身为人大语文系的老师，冯先生常常在报刊发表评论文章，戏曲、话剧、电影、古典文学等，涉及广泛，名声在外，陆定一赏识冯先生，郭沫若与他也有交往。

"文革"爆发那年，四十出头的冯先生自然难逃挨批的命运，罪名就是"黑秀才""黑笔杆子""文艺黑线人物"。"文革"后，冯先生曾送我一部《春草集》，其中汇集的都是他过去所写的艺术评论，以戏评为主。我不知翻了多少次，总想学学冯先生的评论手笔。

1961年，老作家也是老革命的孟超创作了新编昆曲《李慧娘》，一时间好评如潮，《人民日报》称其为"一朵新鲜的红梅"，廖沫沙还写下《有鬼无害论》，传诵一时。但时隔两年，《李慧娘》和《有鬼无害论》都遭到猛烈批判，从中隐隐听到了"文革"逼近的号角声。冯先生评过鬼戏，也论过《李慧娘》，但1966年他的一项罪名却令人啼笑皆非。他与武生泰斗厉慧良交往多年，感情深厚，曾撰文评说厉慧良的表演功夫，不料，却被革命群众的"大字报"说成是"无耻吹捧李慧娘"。

1969年底，我们全家与人大的老师们一起下放江西余江县的五七干校。我们兄弟三人住在锦江镇，父母则在几十里外的刘家站劳动，一个季度只允许回锦江镇一次。为了看望双亲，我曾多次骑着自行车，翻越山丘、涉水跨河，赶往刘家站。可在干校，男女分开，我的父母相隔也很远，我常常是在父亲这里住几天，又去母亲那里看看。

当年，我父亲住在一座村庄的小学教室里，与他同住一屋的就是冯其庸先生，我称呼他为"冯伯伯"。我和父亲挤在一张床上，与冯先生的床板仅隔着一张课桌。父亲告诉我，这位伯伯文章写得好，还能诗、会画。教室被矮墙一分为二，白天，外面的课堂有十来个小学生在唱歌、背语录；夜晚，父亲、冯先生和另一位人大老师，在里间就着马灯读书、写信、闲聊。

那时，知识分子常被人嘲笑"四体不勤、五谷不分"，久而久之，这似乎成了铁打的事实。因而，当我听周围的人总夸我父亲南瓜种得好、冯先生懂种田时，便觉得奇怪。晚上，冯先生对我父亲发牢骚：我家本来就是种田的，从小下地，白天干农活，晚上在油灯下读书。耕读是中国人的传统，知识分子多数来自农村，谁说知识分子四体不勤、五谷不分？我父亲回应说，他的老家也在乡下。另一位老师则说，他父亲虽说是开铺子的，但他自幼就和伙计一起当学徒，起早贪黑，天天干活，全家人都没闲过，怎么就不属于劳动人民了？"耕读"一词，我从冯先生那里第一次听说。

有位人大老师的孩子一天到晚调皮捣蛋，特别难管教，连他的父母都要弃之不理了，五七干校就让我父亲代为教育。不料，那孩子拿走了冯先生的照相机、我父亲的钱和粮票，连同其他几位老师的东西后，便消失得无影无踪。那台照相机可是冯先生的宝贝，他常常是走到哪里拍到哪里，在五七干校的3年里，他曾经趁着假期，游览了附近的名山大川，留下一张张风景照。于是，我父亲赶紧向干校请假，他想，这孩子揣了相机、钱和粮票，恐怕是跑出去玩了，这次定是上了庐山。

父亲一路追赶，果不其然，终于在庐山找到了那孩子，因为没有介绍信，他被山上的派出所扣下了。当孩子被带回干校后，冯先生一看照相机完好无损，顿时喜笑颜开。

吃过他煮的阳春面

五七干校撤销后，冯先生和父亲都回到了北京，冯先生常亲切地招呼我去他家坐坐。那时人民大学已经不存在了，我父亲这位专教档案管理学的教师，被分配到北京师范大学图书馆采编组。采编组都是些精通多国语言的老先生，因为历史问题不允许走上讲台，只能窝在图书馆里，双臂戴个套袖，整天钻进书堆编目，而我父亲就成了唯一的壮劳力，蹬着自行车，负责四下采购图书。

有了这种便利，我也常常拿着北师大图书馆的介绍信，跑到位于琉璃厂的中国书店内部服务部看书、买书。线装书《于湖居士文集》《韩昌黎集》《苏东坡集》《经籍纂诂》《经传释词》《十三经注疏》等，都是我在那时积攒的，最便宜的也就5毛钱。买到好书后，我必定先去冯先生处请教，他旁征博引，向我传授阅读的入门知识和相关背景。苏东坡为什么赞誉韩愈"文起八代之衰"？冯先生为此向我讲解了半天"骈四俪六"，最后，他还一再叮嘱我，对骈文也要一分为二，形式之美不可排斥。

我下农村插队后，大约有3年没见到冯先生，而他也被调到国务院文化组，参加校订《红楼梦》，任校订组副组长。这个校订组的组长和另一位副组长，与我后来就职20多年的《人民日报》文艺部也有关系——组长袁水拍曾当过文艺部主任，而副组长李希凡在我进文艺部时任副主任。

改革开放后，我考上了人民大学历史系，有机会便去听冯先生的大课，大多是关于《红楼梦》的。可这部名著我只读过两遍，而毛主席说过，读了三遍才有发言权——看来，我与红学真是无缘了。大学毕业后，我被分配到人民出版社，冯先生听说后，为我写了一张便笺，将我引见给人民出版社副总编辑范用先生，当时三联书店归人民出版社管，算是一块副牌子，由范先生负责。范先生看过便笺后，谦逊地说冯先生可是大学者，而自己才是个小学毕业生，冯先生引荐的人，一定不会错。他说我实习一段后如果有意，不妨落脚在三联。

在人民出版社工作时，冯先生筹办了一家文艺评论刊物，让我去参加了几次聚会，在座的多是冯门弟子，个个学有专长，只有我是个"白丁"，但他还是有意要我将来进入这家刊物当编辑。

但我最终还是于1985年调进了《人民日报》文艺部。此后，与冯先生的往来更多了。蓝翎、李希凡这两位当年因《红楼梦》而大名鼎鼎的人物都在文艺部，蓝翎后来还任文艺部主任。他们和文艺部的姜德明、徐刚等文化名人，都是冯先生的好友。

在报社，我负责文艺报道，知道冯先生喜欢看戏，也爱结交戏曲界，便时常将一些戏剧新秀介绍给他。浙江昆剧团的武生林为林正当红，来京演出《挑滑车》后，我和他一同去看望冯先生，冯先生亲自下厨炒菜，还为我们煮了阳春面。

在铁一号红一楼丁组五层冯先生的书房，看他写字、作画、吟诗，可谓一大享受。这间12平方米的房间，两面墙的书柜一直到顶，中间是一扇南向窗户，那时的北京高层建筑极少，从那扇窗户可以极目远望。窗前摆着冯先生的书桌，也是堆积如山，但冯先生总能从中腾出空间，手起笔落，一气呵成。他画的葡萄，他的书法，承蒙他的偏爱，都曾赠我，他送我的一本本著述的扉页上，也留有他的墨宝和印鉴。

"宽堂"里的红学家

那时的《人民日报》，别看只有八个版，但一言九鼎。副刊的老编辑刘梦岚找到我说，你可以写写所认识的老一辈文化名流啊。我岂敢推辞，先写了北京师范大学的黄药眠先生，又写了冯先生，题为《"宽堂"里的红学家》。拙文这样描述冯先生：

> "宽堂"，是冯先生用以命名书斋兼卧室的雅号，而所谓的"宽堂"，实际上既窄又小。八个摆满经史子集的大书柜，一张重叠交错地置放着文房四宝和文稿的书桌，加上一个行军床，使屋内除了一条可容人侧身而过的小通道外，别无余地。
>
> 中国红学会会长、《红楼梦》研究所所长、大学教授，竟挤在如此狭小的地方著书、披览、休息、会客。然而，冯先生就在这间"宽堂"里，完成了《春草集》《逝川集》《梦边集》《论庚辰本》《曹雪芹家世新考》《蒋鹿潭年谱考略·水云楼诗词辑校》等数百万字的学术著作。
>
> 冯先生深爱着他的"宽堂"，但他并不死守书斋，总要花一些时间出门走走。他并非寄情山水，而是希望通过实地考察来做学问。有段日子，为了研究项羽，他特意访问了安徽和县，还考察了乌江。在车里共颠簸了九个多小时，一路上只用一个小烧饼充饥。
>
> 当然，冯先生目前的精力主要还是放在"红学"的探讨上。几天前有一篇文章刚刚杀青，题目是《重议评点派》。文中对李卓吾、金圣叹以来的评点派，主要是《红楼梦》的评点派进行了全面的分析。他认为，评点派在历史上的功绩不可低估，有许多值得借鉴的地方。但在相当长的时间里，对评点派却是一棍子打死，这是不公允的。实际上，今人研究的关于《红楼梦》的很多问题，如版本、家世、结构、层次、人物论、后四十回内容等，评点派已有论述涉及，而且有不少见解颇具深度，我们应该认真地总结。

"走遍天西再向东"

冯先生调任中国艺术研究院副院长后，还住在铁一号，有时在大门口相遇，便和我沿着进门后的缓坡边走边聊，还告诉我他最近又在研究什么。

记得有两次他的兴奋之情溢于言表。一次是他与人合作的《朱屺瞻年谱》出版，随后送了我一部，还嘱咐我去上海出差时务必拜望朱先生，言语间可见他对朱屺瞻老人的敬重。一次是告知我，他即将踏上玄奘取经之路，问我有无兴趣同行。他那时已年过花甲，而我尚不到而立之年，但我听说那一路的艰辛后，没敢上路，只能暗自佩服冯先生的体魄和精神。

"看尽龟兹十万峰，始知五岳也平庸。他年欲作徐霞客，走遍天西再向东。"冯先生20年间曾十几次赴新疆考察，有几次回来后，还专门邀我欣赏他一路的摄影作品。他的摄影作品不但记载考古所得，也大量记录当今的社会变迁与风风雨雨。

当冯先生的家搬到位于红庙的文化部专家楼后，房子终于变宽敞了，而且就在《人民日报》隔壁，我有时还被文艺部派到冯先生府上取稿、送报。当范敬宜调任《人民日报》总编辑后，冯先生在报社里又多了一位老同学，他们都曾受业于无锡国专。范敬宜去世时，冯先生写下"哭范敬宜学长兄"，同窗深情跃然纸上。

仅仅说冯先生是红学家并不确切，其实他的研究与爱好极其广泛，这从他等身的著述中即可看出。1980年代，冯先生的力作《蒋鹿潭年谱考略·水云楼诗词辑校》问世，为此我斗胆在《文艺报》撰有一篇短文评介。冯先生对诗词把握之准、对考据用功之勤，在这部大作中可见一斑。早在冯先生读初中时，他就对《水云楼词》爱不释手，这成了他读词的入门书，以至于先学词、后习诗。

1948年在上海读书时，冯先生大大泡在合众图书馆里，并得到顾廷龙先生的关照，他还出入福州路的诸多旧书店，搜集到《水云楼词》的各种版本，从那时起，就动手撰写《蒋鹿潭年谱》初稿。在冯先生看来："蒋鹿潭的词，在有清一代，特别是在咸丰时期，实在是一位大家。"《蒋鹿潭年谱》定稿清抄本在"文革"初被抄走丢失，然而幸运的是，《水云楼词》的各种版本、《蒋鹿潭年谱》的最初稿本却逃过一劫，这让冯先生的研究成果在劫后终于出版，得偿夙愿。

转眼间，与冯其庸先生相识将近半个世纪，他对我的启蒙之恩、提携之力，我永远不忘。如今，冯先生已归道山，更引起我的无限思念之情。

本文原载于《人民日报》（文艺版）二〇一七年二月九日

本文作者：自由撰稿人、专栏作家、文史学者

瀚海寻梦

——追记冯其庸先生

丁 和

2017年正月初七，我从上海飞赴北京为冯其庸先生守灵，初九参加了告别仪式，在八宝山与数百名各界人士一同向冯老作最后的道别。在回上海的航班上，我不禁翻看起电脑里有关冯老的图片文件夹。这里面记录了我和冯老十几年的交集，从相识到同行；从欣赏到谆谆教导。往事历历在目，他对我的关爱也余温还在，心痛惜别之情久久萦绕……

冯老曾说过，他一生经历过三次生死大劫，均逢凶化吉，言语中皆是庆幸和感恩。他童年凄苦不堪，三餐不继，以瓜为饭，却苦读诗书，执着钻研，终成一家。他是国学家，是做大学问的人，虽常说自己农民出身，却有着非同一般的眼界和境界。他秉承老一辈学者踏实研学的作风，另一方面又践行了"读万卷书、行万里路"的追求真知卓学的精神。用冯老自己的话说，他喜欢在游历中读书，读一部文化、历史、山川、地理、政治、经济综合在一起的大书。在我眼里，这种眼界与抱负与1400年前的玄奘取经如出一辙。玄奘取经是为了求真知、求真理；冯老做学问则怀的是一颗拳拳报国的赤子之心。在20世纪80年代，冯老把研究的目光转向祖国的西北部。他坚信，祖国的繁荣富强离不开西北部的崛起，而西北部的发展，首先要着力于该地区历史文化的探索。于是从1986年起之后的20多年，冯老身体力行，十次前往大西北进行学术考察。他三上帕米尔高原，两越塔克拉玛干大沙漠，并绕塔里木盆地整整走了一圈。至于玄奘取经之路、丝绸之路，以及西域的重要历史文化遗址，南北疆的特异地貌、特异风光，也一一走过。经多年考证，冯老在海拔4700米的明铁盖达坂发现并确认了玄奘取经回国的山口古道，立碑为记。他后半生为祖国西北，尤其是丝绸之路上的西域，拍摄了数以千计的图片。而这，恰恰是我所熟悉的冯老，背着相机的、有着西域情怀的冯老。

2005年秋，我在冯老的力荐之下，得到了和他一同进入罗布泊考察的机会。此行毕生难忘。那年冯老83岁，在旁人看来这个年纪即使是做休闲观光之旅也是不合适的，他却执意要征服这片死亡之海，探访楼兰古城。他是要圆梦。入秋的罗布泊早晚温差20多度，白天酷热，只能穿一件衬衫，太阳晒得厉害，只有躲在车背后的阴影下才能舒适一些；夜晚寒冷，军袄棉裤必须齐齐上阵。在这样的环境下，冯老每天穿了脱、脱了穿，要换三次衣服。戈壁上地形崎岖，一上路就是几个小时，冯老始终坐在副驾驶座上。我想，这是为了争取更好的视野，更近距离地接触罗布泊吧。冯老有一奇，令我十分诧异，在罗布泊如波浪颠簸的行进里，在无甚可看时，他能迅速进入打盹的状态，作见缝插针的休息。真是我们大多数同行都做不到的！这想必是他多年游历磨炼出的本事了。当然，这般强大的心理素质也委实令人钦佩。还记得他当时带着两台相机，三个镜头，可谓长枪短炮、装备齐全。相机，他是不假他人之手的，始终挎在自己胸前，右手总是紧紧握住机身，仿佛随时警惕着，怕漏了什么值得记录的珍贵影像。胶片同样也是自己卸自己装。在土堆上、帐篷里，他随时和专家学者们交流探讨。冯老谦虚提问，听得很仔细，然后结合他的学识给出可能的提示。入夜，年轻人在累了一天后都沉沉睡去了，冯老却还在灯下做着一天的笔记。这样的日子，整整17天。冯老不但坚持下来了，而且状态奇佳。而在进罗布泊之前，他还在感冒并患有口腔溃疡。正如冯老爱人夏老师常常说的，"他一到新疆就什么病都没了"。听的人都明白，这无非是心无旁骛、全神专注的缘故。其时冯老已向中央提送了报告，建议在中国人民大学国学院成立西域研究所。西域历史语言研究所于2007年成立，并得到中央拨付的研究资金1000万元。这是冯老对西域和丝绸之路的又一功德。

冯老晚年痴迷西部文化、丝绸之路和玄奘取经之路。他以摄影为工具，记录和展现了他的学术研究，出版多本大型摄影图记。虽不是专业摄影，他的图片却别有内涵，有的有着水墨般的意境，有的透露出磅礴大气之势。这一切都是建筑在真实反映被摄物现状的基础上，考实为主，兼有抒怀。他的摄影作品载有丰厚的历史文化，取景、用光，展现了他毕生研究的独特视野和思想总结。这是几千张站在巨人肩膀上的珍贵影像！所以我说，冯老是文人摄影、学术专题摄影的范例！

有缘结识冯老，也是由于我的西域摄影作品吸引了冯老的目光，获得了他的赞许。他丝毫不因他的大家身份而高高在上，而是着意提携我这个学术门外汉。在他的指点和不断鼓励之下，我一步一步走上了西域文化摄影之路。在2006年，他向央视力荐，硬是为我争取了一个重走玄奘之路的名额。在冯老不遗余力的帮助下，我做出了《流沙梦痕》《玄奘取经之路》《德藏新疆壁画》《古代龟兹石窟壁画》等专题。犹记得2007年，见我已经在西域文化摄影上小有所成的冯老，把我的《玄奘取经之路》展览极力推荐给北京首都博物馆，为我一手操办了影展的重要事项。以致开展前几天，他累到神志恍惚，住进了医院。冯老对我辈晚生的关爱和支持，这点点滴滴的恩情，终身铭刻我心。其实，这何尝不是冯老对于西域历史文化、对玄奘精神的宣扬传播做出的鞠躬尽瘁的奉献！

记得2016年12月初我在北京参加全国文代会，抽空去305医院探望病中的冯老，好像还是昨天的事。未想到这是最后一次的相见。冯老精神欠佳却兴致甚浓地说着他最近正在做的文章。提到我2016年在中华艺术宫的古代龟兹石窟壁画展览，他很激动。他为我始终不懈地拍摄西域而感到欣慰，为我的每一件成就感到由衷的高兴。他推脱自己的功劳，反复说："这是你自己的努力和创造。"他还关切询问着上海的一些老友近况，让我代他问好。我在床前跪握他的双手，忆起往昔，二人感动得几近落泪。

短短一个多月之后，冯老匆匆驾鹤离去，留下他的学术精神和无数的著作，留下他对祖国山川土地，对于国学的热爱，也带走了他未完的西域梦……他说："将来如果我身体好，我还要去楼兰，去走帕米尔到和田的路，把玄奘取经之路真正走通。"此刻，想必冯老是在继续寻梦西域的旅途上了吧。

二〇一七年二月七日于甘南

本文原载于《文汇报》二〇一七年二月十日

本文作者：著名摄影家

作别冯其庸先生

丁亚平

2017年2月5日上午，参加冯其庸先生告别仪式之后，这位文化老人的事迹、著作和他信仰的精神就像放电影似的在我眼前一一闪现。冯其庸先生从小喜欢书画，喜欢金石篆刻，更喜欢读书。冯其庸先生说，人生就是一个书架，生活就是读书。他还说："读书能使人聪明，启人智慧，读书是自我造就自我成才的唯一道路。"此语诚然，告诉人们应该做什么，如何生活，成为什么样的人。

冯其庸先生一生追蹑前贤，自标胜地，他的文字生涯，充满智慧与灵韵。早年他由家乡调入中国人民大学，教授、研究中国古典文学、古典戏曲，后来成为著名红学家和中国文化史学者。他的研究生活整整有70年之久。

30多年前我入读大学中文系，对读书充满强烈的渴望。搜求古文读本学习中国古代文学，冯其庸先生编的《历代文选》是当时能找到的几种中最好的，给我留下极为深刻的印象。那是1978年下半年，记得我刚从学校图书馆借阅《历代文选》不久，适逢校庆，学校邀请一些名家分别来做演讲，其中有肤色黝黑、完全不像学者反倒像一个老农的"胡风事件"当事人舒芜，还包括作为校友的作家徐迟、翻译家朱雯、文艺美学理论家胡经之等。我没想到的是，讲学者中，还有刚由美国讲学归来的冯其庸先生，这让我感到激动。冯其庸先生在学校礼堂做演讲的那天，我早早占了位子坐在第一排，听得非常认真。冯先生温文尔雅，他那带无锡口音的普通话，让我有种亲切之感。

多年后，我被分配到中国艺术研究院工作，来了之后才知道，冯其庸先生是中国艺术研究院的副院长。开始一段时间，和冯先生并无交道。后来因事有机会到他办公室。去了之后才发现，他的办公室挂满他的书画作品。冯其庸先生是一位公认的考据型的著名学人，在《红楼梦》研究方面成就卓著，使得一般人知道他是一位红学家，其他方面的才能与成就所知不多。那次在他的办公室里，我坐了一会儿，一边欣赏着他的画，一边听他说着业余写写画画的故事。他的作品，可谓画外隐而画内自显，可抒独思，亦自有感写来。我向他说起多年之前他到我读书的学校来讲学让我对读书有了新认识的事，他听了对我勉励了几句，让我好好读书、做研究。

和他见面一时难免紧张。他嘱我读书，自是回复他一声然诺。几年里，我闭门读书，如处世外，同时，还抽时间把研究生毕业论文整理成一本16万字的书，后来在素未谋面的上海文艺出版社的编辑林爱莲老师帮助下，这本题作《一个批评家的心路历程》的书出版了，这是我自己的第一本书。之后，我还接连出了几本书。也许是因为所出著作的缘故，我被院学术委员会两次破格评聘为副研究员和研究员。当时冯先生是我们院学术委员会的主任，副主任则是田本相先生，没有他们力辨和推荐，我自己不会那样幸运。冯先生去世，让我涌起对前辈师长更深的感念。

冯其庸先生退休之后，专事艺术与学问，游历山川，观察沧桑，根据感受来写、画、摄影，从事研究工作，尤其完成于十进新疆考察及游海南归来后的作品，笔意劲峭，山水寄情，平固自有活气，可谓文心独具。而他赴西域，登上4700米的帕米尔高原，进入明铁盖达坂山口，考实玄奘取经东归入境古道，不仅沿途拍摄了众多极具文化艺术价值的照片，更收获"迄今为止最具说服力的玄奘行踪考察成果"，还在明铁盖达坂山口树碑为记。这个壮举，在我看来其实也可归结到他的学问和底色。历史即文化。王元化先生说的"精思所积，荒径渐开"，正显示了冯其庸先生对文化与时间感受的气质和道路。

晚年的冯其庸先生沉潜于书画创作，有一次他在中国美术馆举办书画摄影展时，我和商容都去了，当时年幼的晗晗还给他老人家献了一束鲜花。展厅里的作品，让人们见识了他作为大师级的艺术家的风采。人们观赏着他的作品，揣味他的艺术探索与文化态度，心里都很感佩。

记得有一年，他忽然托人送给我他专门给我的一幅画和一幅字，上面题了对我鼓励的话，这让我受宠若惊。记得他曾对我说过，他创作的书画，"勉勉强强"过得去的留下来，画得和写得不好的，丢掉。看他送我的字和画，觉得书香飘动，书画风格清灵。受托送过来他字画的朋友，说冯先生对这两幅作品他自己很满意。细细看去，轩举儒缓，意境淡远，书卷气非常浓，作品充盈着的飘逸笔意和文化气息深深吸引、感染着我。其中的一幅《秋风图》，系他代表性的笔墨，颇能体察其心迹。他的绘画作品，如《流光图》《秋风庭院》《天涯游客》《秋风小院》，他的行书扇画及自作诗条屏等，较多地与秋结缘，对秋日秋风（"秋风不相待"）永思长吟，显示一种阅读时间、俯瞰时间、感受时间的丰富意味。

时光如流水。追思冯其庸先生，想到老一代远行的文化人构成各种形态的"集体传记"，会成为我们反观对照并不断缅怀与挖掘的对象，不禁心生敬仰。

本文原载于《红楼梦学刊》二〇一七年第四辑

本文作者：中国艺术研究院电影电视艺术研究所所长、研究员

怀念国学大师、红学大家冯其庸先生

石楠

很多年前，我就有个念想，写一篇和冯老交谊的文章。可至今仍未如愿。冯老仙逝后，这个愿望更为强烈，可是一坐到电脑前，心情就难以平复，总有种不真实的感觉，以为冯老离世的消息是个误传。没法成文。去年11月末，我趁到北京出席中国作家协会第九次全国代表大会之机去看他，他虽已卧床，但状态还不错，思维敏捷，语言清晰，说话逻辑性很强，还跟我聊起了40年前的事，我们紧握着手，聊得很开心。告别时，我们相约，五年后的第十次中国作家代表大会时再相聚。不曾想到，一个多月后的今年元月22日12时许，他那颗伟大的心脏停止了跳动。看到这则消息，我无法相信，我的这位忘年老友去了天堂。哀伤久久地伴随着我。他的音容笑貌仿佛就在眼前。

买书赋诗

我和冯老的相识，可谓一段文坛佳话。它源于我的一本书。1988年7月，人民文学出版社出版了我的第二部长篇传记《寒柳 —— 柳如是传》。1989年夏天，冯老在徐州出席《金瓶梅》国际学术讨论会后，到南京、扬州等地参观，逛书店时，买了一本。小作打动了他，他是大学者、艺术家，也是诗人，他写了首诗，抒发他的读后之情并用宣纸写成条幅。当时与他同行的有个自称是安徽人的人，自告奋勇地请求冯老将赠我的诗幅交他，他负责转交给我。可我没有收到。

三年后的1992年，我才收到这幅珍贵的礼物。却不是他在苏州写的那张，而是重新写的，送它给我的人，也非自称是安徽人的那个人，而是安庆石化厂工会的一位先生。冯老买书赋诗托人带给我的故事就是这位先生告知我的。他是因中国石化总公司庆祝成立十周年，抽调到北京总公司参与筹备画展，快要结束的时候，他跟随一位北京同行去拜望冯老。闲谈中，冯老得知他是安庆人，就问他可认识我。他说认识。冯老就将他在南京买书苏州赋诗的故事说了，他颇觉奇怪，都快三年了，石楠怎么也没有给他一个反馈。他们就问冯老："那人叫什么名字？"冯老说："不知道，他是自告奋勇要带的，也就没问，我还附上了一张名片呢。"他和同去的朋友几乎是异口同声地说："那人肯定没有交给石楠。这位先生一定非常喜爱您的字和诗，贪污了啊！"冯老当即说："我再给她写一张，你一定要亲自交到石楠手上。"那时我虽然知道冯老是红学大家、国学达人，可别的则一无所知。我只是刚刚迈向文坛的一个新人。通过这件事，我觉得我一下就认识了他，觉得他是位真正的书生，一个纯洁的学人，一个爱才惜才怜才的艺术家，一位真诚的诗人。我非常珍爱冯老的馈赠，将这帧诗幅挂在我客厅的墙上，搬进新居后，移挂到我内室的小客厅中。这首题作《咏寒柳》的诗我也烂熟于心：

> 读君新著意难平，
> 一树垂杨万古情。
> 我亦虞山拜柳墓，
> 短碑荒草卧纵横。

中国社会科学出版社于2015年6月出版的《冯其庸年谱》中也有记载。"1989年。7月1日，连日来于旅途中读石楠小说《寒柳》颇多感触。……4日，……。读《寒柳》毕，感赋一诗：'读君新著意难平，一树垂杨万古情。我亦虞山拜柳墓，短碑荒草卧纵横。'"

真诚扶助

我们开始了书信往来。冯老是来信必复，对待后学晚生关怀备至。当他得知我正在创作《沧海人生——刘海粟传》，毫无保留地给我寄来他所拥有的有关海老的照片、手迹等资料。1994年新春，我告知他这部55万字书稿完成的消息，他高兴不已，当即写信给我，问我给了哪家出版社。我说，是稿是上海文艺出版社社长、总编辑江增培先生的约稿，我已将稿寄给他们了。他立即建议我再出个台湾版，他认识一位台湾出版商。我有些忐忑，犹豫地说："稿子已给了上海，而这部书稿是他们约写的，我若再给台湾，有一稿两投之嫌。"他说："一本书在大陆和台湾同时出版是可以的。你跟上海方面沟通一下。"我觉得他说得有理，就与江增培先生相商。江老师对作者同样是关爱无比的资深编辑，他说我的书稿他看了，排印出来就有60多万字，太长了，原稿他们复印一份给我，给台湾出繁体竖排本，叫我将原稿拿回来删一删，最好能删节到40万字之内，便于读者接受，他们出简体字本。我真是幸运，在文学之路上遇到了这样的恩师。我将这个消息转告了冯老，冯老高兴地说：太好了。

春节后不久，海粟老人从香港回到上海。3月16日，是海翁的百岁生日，上海市人民政府委托上海市文化局在虹桥宾馆为海翁举办百岁诞辰庆典。我作为《刘海粟传》的作者和友人，受到邀请。冯老也是受邀嘉宾。这是我和冯老的第一次相见。冯老和我被安排在不同的住地，但我们事前有约，一到上海就联系。他的一位学生接我到他下榻的地方，他刚午休起来，精神很好。尽管是首次见面，一点没有陌生感，也没有任何客套，他第一句话就是："书稿带来了没有？台湾地球出版社的魏老板也来了，他要出你的《沧海人生 —— 刘海粟传》。约好我们在庆典上见面，你当面将书稿交给他。"他嘱咐我，"签合同时得留个心眼，你得找他要点定金"。

这是我所没想到的。在我的出书经历中，稿酬都是在书出版后，出版社才付给作者的。想都没想过，出书前还可以要求付定金。我觉得书还没出就索要定金不大好，就说，开不了那个口。他认真地说，"这没有什么不好说的。我对这个人也不很了解，也是通过别人介绍认识的，书稿交给了他，万一他不守诚信呢。到时你到哪里去找他"。

第二天，来自海内外的500多位嘉宾相聚在虹桥宾馆嘉庆堂，那隆重热烈的场面让我大开眼界。冯老找到我小声说："等会儿我们提前走。"宴会进行到高潮时，冯老招呼我出去。我悄悄离开宴席，走到大门口，冯老在一辆小车边向我招手。他向我介绍了魏老板。我们同乘车到魏老板下榻的饭店。在魏老板豪华的客房里，冯老对我们说，"我已介绍你们认识了，我的任务完成了，接下来你们直接谈"。魏老板拿出一份事先准备好的合同让我看。我最关注的就几项：付酬方式、样书数量、出版时间。合同上写着以版税形式支付稿酬，他给我百分之十版税；样书送50本；出版后30天内支付。想到了冯老的提醒，就说，我不要版税形式付酬，我要求以美元一次性付酬，并要求付一半的定金。最后商定稿酬为21000美元，他说没带那么多钱，只能付3000美元定金。

1994年10月，我收到出版社出版的两本《沧海人生 —— 刘海粟传》繁体竖排本样书。从此，那个姓魏的出版商就消失了一般。写信、邮件不复，打电话不接，冯老也找不到他，若非冯老的提醒要了3000美元的定金，我的损失就更大了。后来，我请台湾资深作家张漱涵先生帮我追索，才得知他为了赖账，申请破产了。我只好收回版权。

我跟冯老的第二次相见，是在一年后的常州。也是与海翁有关的一次活动，好像是常州刘海粟美术馆第二期工程竣工开馆。我们还结伴在那里寻访了一些历史遗迹。我受益多多，冯老丰厚的历史和文学修养让我钦敬不已。冯老与我谈到了他与海粟老人的交往和情谊，说他和海翁相遇于黄山，他到香港时与海老合作画画，谈海老的为人。他回北京后，将他曾刊发在香港《明报》上的长诗《天末怀海翁》写成手卷送我留念。

1996年，我出席中国作家协会第五次全国代表大会，并被选为全国委员会委员。冯老也参加了大会，他来到我的房间，给我这个后学以真诚的鼓励，并把我介绍给他的朋友们，向他们推荐我的书，说我传记文学写得好，以至于像老李准这样的大作家都来找我写传。冯老还将我领到专程来大会拍摄文学大家的大地摄影工作间，向工作人员介绍我，给我拍了很多好照片。他们还为我和冯老拍了合影，这张照片，我很珍爱，用在《石楠文集》的第一卷上。

我在撰写《百年风流——艺术大师刘海粟的友情与爱情》一书的过程中，又得到冯老的真诚相助。他是海翁的朋友，理所当然要写进去。在我们的交往中，我虽然知道一些他们交往的细节，但要成篇，还得补充内容。这需要采访。可外出采访，我有很多困难。我请冯老为我提供资料。他很快挂号寄来了一篇万字的复印稿，是他写的一篇他和海翁交谊的文章。对我说，"你尽可用。照抄也没问题"。收在这部书中的《携手绘丹青》一文，内容就来自冯老的《我与艺术大师刘海粟》，我只是以我的口吻、我的文字来改编了一下而已，实则是冯老的文章。这部写海翁亲情和友情的书稿，被我另一位朋友、资历深编辑郭先生看上，他为这部书稿倾注了很多心力，编辑得非常好。可主审担心市场，迟迟没有付印。冯老知道后，叫我抽回来寄给他，他将书稿推荐给了文化艺术出版社总编辑卜键先生，该书很快就与读者见面了。

书香满屋

我与冯老的第四次见面，是在第六次中国作家代表大会期间。在去北京前，我就打电话给他，说我想研究他，请他为我准备一些他的作品和资料，散会时带回来。他说，这次他不是代表，不能在会上相见了。而他家已搬到了通州，离主城区很远，去他那里很不方便。我说，早就想上他家认认门，拜望师母，安排好了哪天去，给他打电话。我在安庆走之前，就与安庆驻京办事处程主任打了电话，请他帮我要辆车。我利用大会讨论的时间，跟我们安徽代表团请了一天假，去探望老先生夫妇。他接到我要去的电话，很高兴，并说资料已准备好了，还给我画一张梅花。冯老的画，除了见到他在香港与海翁合作画画的一张图片，还从未见到过，真让我喜出望外。记得那天是2000年12月22日，大会的第三天。驻京办的小张开车来接我去通州张家湾芳草园。那时还没有导航，我们也没有手机，找了很久，直到下午两点多才找到冯老家。

冯老的家是幢单门独院，他曾跟我说过，是通州张家湾开发区首批开发的别墅，房屋构造简单，就像乡村两层直开间的结构，我没在意，是四开间还是五开间，除进门厅左手边的客厅处，右手边和楼上中间有过道隔开，印象是房间不很大，但很多。门厅里到处放着文物，墙上也是，就像一座收藏丰富的博物馆，客厅在楼下，与饭厅厨房相连。冯老和夏师母见到我很高兴，将我们迎进客厅，客厅的地上放着一只大纸箱，师母指着它对我说："这是老先生给你准备的资料，忙了一天呢。"我先看画。我的眼睛一亮，苍劲的梅桩上，是一簇簇盛开的红梅，灿烂极了。画上题句"读到梅花就觉香，石楠同志存正"。我仿佛就闻到了一股淡淡的幽香了。我情不自已地说："老先生的画让我醉了！"我收起画，就翻他送的著作，他和海翁一样，只要是送我的资料和书，都一一签上名或字。在箱子里还有只紫砂壶，我拿在手，师母解释说："是老先生不久前开画展时送朋友们的纪念品，上面的字老先生题的。"冯老接上说："我知道你来不了，还是给你寄了请柬。这壶是给你留的。"我被感动了，说了声谢谢，将紫砂壶放回纸箱说："我想参观参观您这博物馆。"夏师母微微一笑："没什么值钱的东西，可都是老先生搜集来他的宝贝，你尽管看。"

除去客厅、画室、厨房这些生活空间，楼上每个房间分门别类地陈列着的都是书籍和文物，有的陈列着研究佛学的书籍文献，有的是研究《红楼梦》的资料和书籍，有的是碑帖拓片，整屋整屋的，摆放得整整齐齐，过道和走廊里随处都是无法归类的文物。满屋书香，真正的书城学府，让我流连忘返。两个钟头以后，天暗了下来，若不是司机提醒我不早了，我还不想离开。我们将沉甸甸一箱书搬上车，满载而归。当然也没赶上会上的晚餐。

永远怀念

从这之后，我跟冯老就没有再聚，直到去年岁末。在这长长的十几年中，我也多次去京开会，不是老先生不在北京，就是老先生正在为某个选题闭关研究，他又是个极其仔细认真的人，只要是要拿出去发表出版的文字，他都要反复斟酌推敲，直到满意为止。即将付梓的校样，他必得亲自校审，可想他那数千万字的文集，得多少个日夜，他的身体累垮了，下不了楼还在没日没夜地工作，时日于他太珍贵了，就是在与疾病搏斗的同时，他仍然天不亮就开始工作，晚上极晚才休息。他是位真诚的学人，他对所研究的学题极其认真负责，为了论证《玄奘取经东归入境古道考实》，他踏遍了浩瀚的戈壁滩，他寻到了帕米尔石头城，去到了帕米尔高原明铁盖山口，他在确认了明铁盖山口是玄奘取经东归古道后，在那里立下了碑照。他就是那样一位忠实于历史、忠诚于学术的学人。我不忍心打扰他。

但老先生对我的写作还是很关心的，不时将他新出版的著作赠我，他对我之所请，无不是有求必应。2004 年，我打电话给他，请他为我的《石楠文集》题签，很快就收到了他寄来的《石楠文集》的题签，横竖各一张，为小作增色不少。2005 年，我的第二部散文集《寻芳集》出版，又是他为我题写的书名。2007 年，我写信给他，说我迁入新居，终于有了一间独立的书房了，我的电脑桌面前一面墙空着，请他为我写幅字，尺寸为150 cm × 40 cm。他二话没说，我很快就收到了墨宝。他担心有人认出是他的字，会丢失，特地请学生到离他家很远的邮局寄的挂号。这帧珍贵的墨宝，写的是李白《将进酒》的开头两句："黄河之水天上来，奔流到海不复回。"落款"石楠同志　冯其庸八十又五"，笔力刚健，气势磅礴。可见老先生那天心情、身体状况皆很好。我能领会老先生对我的期望，光阴一去不复返，要珍爱每分每秒，现在能做的事就应抓紧去做，不要等到想做却又做不了的时候。

我一直有为老先生立传的愿望，也早就在做这方面的准备，他送给我的著作，大部分读过，也在思考，如何构造，可就是还没有列入写作日程的决心。也许，我以为老先生健在，我随时都可以去向他求教，做补充采访，加之又拥有他丰富的文字资料，不用急；也许，我的创作选题排得太满了，就拖了下来。老先生却从未跟我提过此事。当我完成《中国第一女兵——谢冰莹全传》时，我想再也不能拖了，打电话给老先生说，我准备着手写他的传了，要去听听他的建议，做补充采访。老先生却说："你也七十过了，我估计你对我那些学术研究很难深入进去，那些东西写起来更是枯燥无味，那将是件暗无天日的苦旅，就别费这个力了。我人大有个学生跟了我很多年，对我的行踪都有记录，将来整理出个年谱就行了。你若对我的艺术有兴趣，写点小文就很好。"

知我者，冯老也！我迟迟未能将他的传列入写作日程，这是其主要原因。为人立传，第一要素就是要熟悉传主所从事的工作，起码不能讲外行话，而我随着年岁日高，精力、记忆力日渐衰退，冯老研究涉猎盛广，红学、佛学、书画、考古、文字等，门类很多，我要进入其中，力难从心。冯老的话，释去了压在我心头的重负。我由衷地感激老人家对我的理解。但我未能了却这一心愿，有负老人对我的厚爱。可老人对我却一如既往地关怀，在他离世前的93岁高龄之年，还给我寄来了为我题写的"石榴书屋"书斋名和我的第三本散文集《心海漫游》书名。

他是那样地体谅我，可我未能了却这一心愿，成了我终生的心头之疼痛，想起心里就不是滋味。冯老有颗宽阔博大的心，装着满满的大爱和真诚。他对学问的真诚，对读者的敬畏，对朋友的宽宏大爱，他伟大的人格魅力，是永垂不朽的，我永远怀念他，他永远活在我的心中！

本文作者：中国作家协会名誉委员、安徽省作家协会名誉副主席、安徽散文家协会名誉主席、安庆作家协会名誉主席、安庆师院兼职教授、铜陵学院客座教授

音容从此隔秋风

——冯其庸先生杂忆

罗 丰

著文怀念冯其庸先生，我心乔意怯。得识冯先生时，先生已至暮年，亲炙之日不多，交往时日有限，顶多十余年。而先生门生故旧甚众，自觉不须劳我等传转先生盛德于万一。不过，先生于我有知遇之恩，知交数人鼓励将所知所见写下，与人分享，不致烟消云散，亦属分内之事。

正月初九，大家怀着悲痛的心情送冯其庸先生最后一程。中午，孙家洲教授邀参加冯先生告别仪式的朋友聚叙。席间，家洲兄以一封冯先生亲笔信见示。信有三页，行草书写在印有"瓜饭楼"字样的"宽堂白笺"上，相当讲究，时间是2005年11月3日，并加盖"冯宽堂"红印。

信中内容与我有关，家洲兄时任中国人民大学国学院常务副院长，冯先生指示他全力邀我入职人大国学院，并多有谬奖。睹物思人，又勾起我万千思绪，激动不已。人民大学要办国学院，冯其庸先生担纲，要在大范围内物色人员。承朋友厚爱，在冯先生面前荐我，先生认真，买一本小著读后，觉得此人有可造之处，便延揽我加盟。以现行体制，仅凭一部书或一篇文章就赏识提携他人于牝牡骊黄之外，让人恍若隔世，是件相当不容易的事。受宠若惊的我初心萌动，走进通州张家湾瓜饭楼，聆听冯先生教诲。

后自度思量，我久居僻壤，闲适有年，对纷繁的京华生活心存畏惧，便以不情之由拂先生之美意。现在看来，本来就不算用功的我，并无经得起挥霍的天才，先生错爱也没有让我发奋淬砺，更上层楼，反而慵懒之态日现。先生见我志不在此，不以为忤，未再勉强。对于我的愚钝之举，先生虽对他人表示遗憾，但在我面前却从未流露出一丝不快，雅量可感。我的粉笔生涯，还没开始就胎死腹中。

说来在此之前，我与冯先生还有一面之缘。1988年10月中，我在一家博物馆做事，白天接到通知，晚上有重要人物参观。上灯时分，博物馆拥进一队人马，为首的便是冯其庸先生。依我性格，要人来访，并不会主动凑前。上面说冯先生是专家，我又对馆里文物熟悉，尾随左右，以便备询。那晚，冯先生看得很仔细，也真的问了一些简单问题，亲切和蔼，给大家印象很好。参观完后，我以一本小册相赠，冯先生客气地请我签上名字，并称作序者金维诺教授是他多年的老朋友。

冯先生来过之后，当地很多人家中挂起了先生的字。多年后，向冯先生提及，称记得此事。

当然，我知道冯其庸的大名是更早以前的事了。

1979年五六月间，我在固原师专中文系读一年级。学校在乡下，每周回家，除图书馆借书外，新华书店也是要逛的地方。那时的书店，前面是一排玻璃柜，摆放的是新进重要图书，其他书都在后面的架子上。喜欢书的人都伸长脖子用尽全力巡视架上图书，当有六七成把握要购买时，才壮起胆子喊一声营业员，请他拿书来。如果频繁换书，无从购买，遭白眼是难免的。我则没有这样的困扰，胖大的营业员虎林，我很熟。那天我踱进书店，他便拿起书架上的一本薄册子向我推荐："这是本新来的书。"接过一看，《论庚辰本》，著者冯其庸。那时可供选购图书确实不多，买了。粗略读过一遍，觉得一部小说还有这样复杂的版本问题，之后即束之高阁。

这还不是故事的全部。随着自己文学兴趣的锐减，原有文学类书籍处理很多，尤其是搬至省城后，多数文学书都被留在老家，只有为数不多的几本当作纪念品，装入行箧之中，其中就有《论庚辰本》。后又数次搬家，前几年检视书架，这本薄册子映入眼帘。一日，尾玉麒兄拜访先生，携此书呈冯先生。当冯先生得知我十几岁时购得此书，非常高兴，当即写了一段跋语："此三十年前旧作。此书出，学界方知此本的珍贵价值。""此书为旧迹难得也。""题签为香港大公报名记者老作家陈凡所书，今已故去，书此为念。"题签信息，原书并未标明。我不太了解冯先生的学术经历，这才获知《论庚辰本》是冯先生的第一本学术著作。《论庚辰本》出版，于冯先生事体颇大，学界方知冯其庸，先生也从此转向严谨而深入的学术研究。

说来惭愧，刚认识冯先生时，先生便以三大本《瓜饭楼重校评批红楼梦》相赠。而我竟然从小不喜欢《红楼梦》，虽十多岁时就读过，也知伟人说要读四遍，但完全没有感觉。获赠瓜饭楼本后我曾试图阅读，又失败了。对经典小说的偏见，实际反映了我对文学只能抱有遥远的兴趣。

虽然与冯先生交往有年，但我们之间并无学术交流讨论。不，确切地说有过一次。一年我们要召开丝绸之路讨论会，邀先生参加。适逢先生有病，需静养，未能与会。冯先生问到会议内容，他对玄奘回程取道路线颇有研究，著有专文。只是就玄奘至凉州（今甘肃武威）如何取道长安，询及于我。武威至长安的道路，我倒有过几次考察，所以率陈己见。玄奘至沙州（今甘肃敦煌）时，上表唐太宗，太宗知其将近，敕文逢迎。玄奘知后，加快行程，走的当然是国家驿道。尤其是凉州至长安一段，武威至靖远，渡黄河，经宁夏海原、固原、平凉、长武、彬县路程，较武威、兰州、天水、宝鸡一道要短。冯先生点头称是，支持这种说法。

冯先生知我半百之后开始习字，便细心指导过几次，说书法练习，先要读帖，再要研习笔法。他观察到他老师王蘧常写字时，笔杆始终在转动，便问老师为什么转捻笔杆，老师夸奖道，你这就看对了。不过，我没看见冯先生写字时转笔的幅度，可能动作很轻不易察觉。又说，起笔落笔是结字的关键，要多看墨迹。在说到章法时，冯先生称要注意齐头平足，尤其要照应字与字之间的距离，写到倒数第几个字时，就应关注到字的大小问题，不能等到最后两字。研墨时要向一个方向转，怎么才算研好，用墨块中间一划，看两面闭合速度，就知道研好没有。洗笔时不能完全洗干净，要留余墨粘住笔尖。说着拿起笔，先用舌尖将笔舔湿，用门牙将笔尖轻轻咬开，再行濡墨。又说，现在毛笔的质量已经不太好，从王羲之到赵孟頫时代，毛笔是可以传世的。他在"文革"前曾见到一位姓谢的老书法家（名字没听清），常去琉璃厂修毛笔。

冯先生能诗善画，尤其字得学问之厚养，书宗"二王"，又习得"董字"洒脱，疏落有致，仿佛天成。看来冯先生在笔法上渊源自有，应得高人之亲传。在冯先生的切实指点下，我也用功练习，不敢懈怠。

一日，我写一册千字文，呈冯先生过目。先生不以我字幼稚，鼓励有加。本只想请先生封面题签，不意先生提笔书跋。先生研墨，手执墨块，一手执袖口一端，顺时研转，几圈之后，蘸墨挥毫，不假思索。跋云：

> 书法之道，存乎一心。笔锋倚仄，任其自然。求之过深，转成拘执。临池尤贵读帖，要使古人之字存我心中，则下笔之际，古今浑然，毋烦强求矣。读罗丰兄书帖，深合古意，因题数语，以志盛怀。
>
> 壬辰小雪后　宽堂冯其庸谨志

并加盖闲章、名章等四印。先生示范书写过程也是把笔教我，使我真正受益匪浅。

冯先生关爱后辈之硕德，使我难忘，每每有机会，就去瓜饭楼受教。岁月使冯先生慢慢地老去，见客的地方也由原来的一楼转至二楼，卧床难起，耳聋重听，要通过师母夏老师的转述才能交流。据说只有在天气晴好时，家人才会扶冯先生去阳台上晒晒太阳。面对北京望不远的天空，我想这样的机会一定有限。

去岁春4月初，最后一次带着冯先生慎重的嘱托，心怀不安地告别瓜饭楼。离开芳草园时，细雨霏霏。

今年的冬天似乎来得迟，去得也晚。

冯先生辞世的消息是一位年轻朋友传来的。心中虽有无限的悲伤与不舍，但毕竟年过九旬的老人，诸病缠身，如大风中的一盏孤灯，风起灯熄。对于这一天，先生也有诗云："梦里常存生死日。"先生终生与梦有缘。

人在楼里，他在梦里。

本文原载于《文汇报》二〇一七年三月十七日

本文作者：宁夏文物考古研究所所长

大师的品格

康尔平

2002年，好友延奎兄打来电话，托我为冯其庸老先生寻购两本书，是早些年辽宁地方出版的。记得其中有一本是有关碑拓研究方面的，大连出版社出版的，很遗憾书名已记不得了。

我当即联系大连文化局的朋友，请其帮忙。自然，由大连出版社出版的那本书很快就寄过来了，据说是在出版社的库房中翻到的。还记得，尽管大连的朋友说不要钱，我还是按照定价寄去了24元钱。而另一本却始终不得踪影，甚至找到了省内几家较大规模的图书馆。不管怎样，买到了一本，也不算让朋友失望。

按说，给冯老先生买书的事情应该就这样过去了。可让我万万没有想到的是，两个月后，延奎兄打来电话，说冯老给我写了一幅字，他已经装裱上画框了，让我有时间去取。延奎兄说："我也没想到，老先生看了你给买到的书非常高兴，一定要给你写一幅字，是他几年前为一幅画作题的一首诗。"那一刻，我被深深感动了。先生高居"文史大家""红学大家"之尊，事务繁忙，惜时如金，竟为一个不知名的小辈帮忙买了一本书而费心劳神，其待人处事可谓至善至诚至周，不能不让人心存感念。

冯先生写的是一首七言诗。诗云："荒江独坐是底人，烟云两袖弄冰䗶。平生不识丝纶钓，只送清流到浊尘。"书体为行书，隽秀洒脱，神清气朗。诗后有题款，上款曰"尔平先生两正"，下款属"冯其庸"三字。引首处钤朱文斋号章"乐翁"，落款后钤朱白相间"冯其庸印"，又朱文"宽堂"；印章与正文及题款朱墨映衬，相得益彰。冯先生一向为人宽厚，以"宽堂"作号应该是意在表达自己在人格上的信守与践行，时时自省自警，让人肃然生敬。十几年来，我一直把冯先生赠予的墨宝挂在办公室，为的是天天能看到。看到它，就会想到未曾谋面的冯先生，敬畏之心就会油然而生。

两年后的2005年，延奎兄从冯先生那里带来了辽宁人民出版社出的《瓜饭楼重校评批红楼梦》，上中下三巨册，洋洋160万言，封面是先生亲笔题写的书名。全书用朱墨双色套印，正文为黑字，评批为小号红字，无论是装帧还是印刷都堪称精品。从凡例中得知，这套以庚辰本《脂砚斋重评石头记》为底本，以甲戌、己卯、列藏、蒙府、戚序、杨藏、郑藏、甲辰、舒序、程甲等各本为参校本的《瓜饭楼重校评批红楼梦》，是冯先生几十年来研究、评批《红楼梦》全部成果的集大成之作，书中红字评批所占篇幅比例可见一斑；用业内权威人士的话说，"是《红楼梦》众多版本中一部内容完善、制作完美的全新版本，是一部全面重校评批、权威阐释解读《红楼梦》全部内涵的文化巨著"。自然，这套书在我诸多藏书中，被我贵为"善本"，成为心爱之物。

时隔不久，冯先生的第一本画册——《冯其庸书画集》由文物出版社出版了。延奎兄按照先生的意愿带给我一册，要我转赠给辽宁省图书馆收藏。省图书馆回赠先生收藏证书，以为感谢及永久的留念。

2009年时，延奎兄又从冯先生那里给我带回了一本由商务印书馆出版的《瓜饭集》。这是一本散文集，封面是先生的一幅写意秋风图，颇具田园气息。高高攀缘着的枝蔓上，是错落有致的大小两片殷红的枝叶；两叶之间垂生着一只墨绿色的大葫芦，朦胧中似有淡淡白霜覆面，让人满目生秋。翻开内封面，几行先生亲笔题字映入眼帘："尔平先生指正，冯其庸敬赠，己丑二月。"这又让我心头一热。我想，也或许先生还记得沈阳有个替他买过书的无名小辈，更或许就是我的这位延奎兄替我向先生索求了这本新出版的集子和先生的题字。无论哪种情形，都足以让我感动不已。

这本集子收录了冯先生40余篇散文随笔及序言跋语，多是20世纪末21世纪初所作，包括对童年生活的回忆、对游历过的地方的怀念、对师友的眷念。当时忙于工作，只是简单翻检，未及卒读，这本《瓜饭集》便让我放入书橱，束之高阁；现在回想起来，实在有愧于赠书之人。倒是退休以后，始得一篇篇逐字逐句细细读来，如雨露禾苗，润物无声。我由衷喜欢先生对童年生活的那一段段回忆，因为那里有他千丝万缕的乡愁，那里有伟大无私的母爱，那里有师情亲情友情，那里有先生的拳拳初心。

在《永不忘却的记忆》中，冯先生谈到了自己的老师对自己做学问的教诲："上初中时，丁约斋老师曾告诫我们，写好了作文自己必须读三遍到五遍，才许交上去，最好能背诵。由此养成了我的一个习惯，无论写什么，写完后总要读好多遍，即使是后来写很长的论文，我也坚持反复读。我自己想，自己写的文章如果连自己都不想再读，那别人是一定不会感兴趣的。后来我读鲁迅的书，才得知鲁迅先生也是这样的。"

在《我的母亲》一文中，冯先生感悟到："天下最伟大的爱是母爱，天下最无私的爱也是母爱。我就是从我母亲的身上，深深体验、感受这种伟大的、无私的、寸草春晖般的爱的。"讲到母爱的无私，先生讲述了这样一件令他刻骨铭心的事情。三年困难时期，家里来信说母亲病了。到家后看到骨瘦如柴的母亲，他不禁失声痛哭。原来医生说母亲的病弄不清楚，哪知先生到家的前一天，母亲嘴里忽然吐出几条大蛔虫。于是把他带回去的"驱虫灵"给母亲服下，母亲一连几天腹泻出的全是蛔虫。母亲知道先生快走了，就嘱咐他两件事，其中一件是："我为了抚养你们，曾经借了一些高利贷的债，现在政府是不许放高利贷了，可当初如果没有这些高利贷我是养不活你们的，你们就只有饿死。现在长大了就不认账了，这样的事我不能做。你仍要依当时言明的高利贷连本带利给我还清，否则我没有面目见人，何况借钱给我们的都是村上的劳苦人。你只要给我把全部债还清了，我就死也瞑目了，这就是你对我的真正的孝！到我死的时候，你不回来也不要紧，我仍旧会很高兴的！"遵照母亲的嘱托，到1965年时，先生用了三年时间，把母亲当年借的高利贷全部还清了，了却了母亲多年来困扰纠结着的一桩心事。

在《大块假我以文章》中，冯先生谈到了读书："我特别喜欢读书、写字和作画，每当下地干活刚刚回来，连脚上的泥都顾不上洗，就走到房里写字或读书。我经常早读和晚读，早读就是早晨四点钟左右醒来后，躲在帐子里点了蜡烛读书，一直到天亮起床后下地劳动，干早活。晚读就是晚上秉烛读书到深夜。""总之，十来年的种地，也等于我上了十来年自修大学。我觉得书籍是一个广阔天地，什么知识都可以从书本里找到。我常常拿着书到地头去读，或者在放羊时、割草时读，因为总有休息的时候，这就是我读书的机会。"

等等，等等，难以一一列举。从冯先生的这些回忆中，我看到了一位一生刻苦勤奋、笔耕不辍的先生；看到了一位治学严谨、求真务实的先生；看到了一位胸襟坦荡、识情重义的先生。

冯先生走了，一代大师走了。每每看到先生的墨宝及书籍，想到先生用等身的著作和高洁的风骨为后人筑起了耸入云端的精神丰碑，我都恍惚觉得先生没有离去。他仍然活在人们心中，用毕生的热度，温润着后学们的心灵；他站在高山之巅，用坚韧高洁的品格，烛照着后学们前行。

二〇一七年三月二十四日

愧对冯其庸先生

苗怀明

我在求学成长的过程中，曾得到过许多前辈学人的关心和提携，冯先生是其中的一个。虽然与先生直接的交往并不多，只有为数有限的几次，但每次都印象深刻，对其提携和关爱之恩，一直心存感念，从他身上看到了前辈学人的胸襟和情怀。

这个题目已经萦绕在脑海中十几年了，其间曾有几次想动笔写出来，直到冯其庸先生去世后才下决心形成文字。

事情要从1998年我博士临毕业前一年说起。

我硕士、博士阶段的专业方向都是元明清文学，重点在中国古代小说，但结识冯先生并不是因为专业问题，而是为了找工作。那时候我还是一个未出校门的年轻学生，冯先生则是早已名满天下的大学者，他主持校订的《红楼梦》印数超过500万册。尽管早已拜读过先生的多部大作，但一直没有当面聆听教诲的机会。得以结识冯先生，还是经过朱玉麒兄的介绍，他和冯先生是往来密切的忘年交。那时候临近毕业，一边忙着撰写毕业论文，一边四处奔波找工作。当时工作已经相当不好找，尤其是留在北京，正在焦头烂额、没有着落的时候，玉麒兄偶然提起，说他听冯先生说中国艺术研究院红楼梦研究所那边可能需要人手。

听到这个消息后，很想去试一下，遂请玉麒兄帮助引荐，托他将自己发表过的几篇小文章转呈冯先生，请其指教。本来是病急乱投医，没有抱什么希望，没想到冯先生读过小文之后，对我还算满意，并很快付诸行动。当时红楼梦研究所虽然需要人，但没有进人指标，要进去也不是那么容易的。为此冯先生亲自出面，找文化部相关领导说明情况，经过一番争取，这才算是获得进人指标。考虑到这份工作收入太少，冯先生还托朋友帮我租了一间房子作为住所，房租很低；还说到时候可以参与《红楼梦学刊》的编务工作，每个月会有一点补贴。先生如此热心帮助一位素未谋面的年轻人，且考虑得如此周到，当时激动的心情已无法用感谢一词来描述。

随后，玉麒兄带我去拜访冯先生，去的是先生在通州张家湾那边的住所。那时候先生身体状况还不错，基本上是他讲我听，内容主要是指导我如何做学问，将来如何在单位工作，并问了我个人的一些情况。见面的时间虽然不长，但印象深刻，除了冯先生的谆谆教诲外，还有其满屋子的藏书与字画，真是大开眼界。当时冯先生的《石头记脂本研究》一书刚出版，他还签名惠赠了我一本。

事情进行得非常顺利，工作算是基本定下来了。此后好事多磨，起了变化，当然责任全部在我，无可推卸。由于个人的原因，尽管已经找好工作，但经过反复思量，觉得还是离开北京为好。于是在冯先生帮助联系工作的同时，我又私下里联系了南京大学中文系，准备去做博士后。博士后的事情很快就定下来了，我决定南下，把自己的想法告诉玉麒兄。玉麒兄随后转告冯先生，冯先生的反应是可以想象到的：他听到之后非常生气，觉得受了我们的骗，说我们利用了一个老年人的善良。弄得玉麒兄很是难过，我自然是更为愧疚，一是觉得对不起冯先生，二是觉得对不住玉麒兄，让他因为我的事情受到连累，影响他与冯先生的关系。

后来冯师母帮我们开脱，说年轻人有自己的想法，除了学业，还有生活上的顾虑。两个年轻人虽然做事莽撞，但情有可原。经过劝说，冯先生止住了怒火，勉强接受了我们的道歉。现在想来，当时真是太年轻了，也太鲁莽了，考虑事情不周全，没有顾及别人的感受。如果当时将自己的想法如实说给冯先生，和其商量一下，让他帮助拿拿主意，也许能找到一个比较妥善的解决办法，比如先到南京大学中文系做一期博士后，两年后再回北京工作之类，至少让先生有个思想准备，不会觉得那么突然。但世间没有后悔药可吃，事情已经这样发生了，不仅让冯先生白忙活一场，而且还浪费了一个珍贵的进人指标，内心除了愧疚，还是愧疚。至今见到张庆善先生，他每次都会半开玩笑地批评我，说我当年不够意思，"放了红楼梦研究所的鸽子"。

这种愧疚是终生的，也是无法弥补的。1999年7月，我到了南京大学，师从俞为民先生做博士后。稍后，卜键先生在南京大学申请博士学位，毕业论文答辩的时候请冯先生做答辩主席。这也是我最后一次见到冯先生，在答辩之前，我很忐忑地上前打招呼，他只是对我点了点头，没有说什么。我心里满是愧疚，也没敢再多说什么。

2005年，我读到《胡适遗稿及秘藏书信》一书所收胡适与周汝昌的往来书信，发现书信内容与周汝昌先生的相关回忆反差极大，颇有感触，遂写了一篇长文，回顾两人之间的交往，还原一段历史事实，并谈了自己的一些看法。小文初稿写出后，因话题重大且相当敏感，心里没底，便呈送几位自己信得过的学界前辈，请他们帮助把关，其中包括我的导师张俊先生、南大中文系的董健先生、江苏社科院的萧相恺先生，还有一位不愿意透露姓名的老先生。虽然知道冯先生与周汝昌先生之间曾有一些不愉快的误会，但为慎重起见，还是想听听他的意见，经和玉麒兄商量，遂也给先生寄了一份。

冯先生看到小文之后，并没有急于表态，而是先问我《胡适遗稿及秘藏书信》一书的情况。因该书印量很小，不容易看到，他想购买一套，核实一下相关资料。等费了一番周折，看到原书之后，他才提出自己的意见。先生看得很仔细，批改虽然不多，但都很中肯，主要是对小文字句的不妥之处进行批改，比如笔者认为胡适与周汝昌两人是"争吵"，先生改为"争执"。再比如笔者指出从建国之初到"文革"这段时间里，周汝昌在谈到胡适时说了一些严厉指责乃至谩骂的话，其中有一些违心的成分，先生将"违心的成分"改为"政治因素"。对这些批改意见，我大多采纳了。

小文征求了几位学界前辈的意见、修改过几次之后，在《新京报》发表，后又收入《风起红楼》一书，在社会上引起较大反响，其中有正面的鼓励，也有反面的批评，周汝昌先生的家人为此要起诉我，差点引发一场官司。小文发表后，我从网上看到一些批评，说我的目的是为了出名，受人指使，动机不纯，为某人充当打手之类，对于这些指责，我一概不予理会，因为这些人并不了解情况，大多为想象臆断之辞，不值得回应。冯先生不因为我当初的草率鲁莽而介意，反而热心帮助我修改文章，至今想起，仍感动不已，内心的愧疚又增加了一分。

此后因冯先生年事已高，身体也不太好，不忍心打扰，就再没有和他有直接的联系，只是不时从一些朋友那里或报刊、网络上得知先生的消息。每见先生有新出的大作出版，或购藏拜读，或在自己主办的中国古代小说网上进行推介。2010年，适逢冯先生米寿之喜，相关单位举办庆祝活动，准备出本论文集，玉麒兄帮忙征集论文，我奉上小文一篇《红学史上的关键一环——论近代红学研究》，算是为先生祝寿。论文集名为《国学的传承与创新：冯其庸先生从事教学与科研六十周年庆贺学术文集》，厚厚两巨册，不知先生是否注意到我那篇收录在红学研究新视野专辑中的小文。

转眼到了2017年1月，有位朋友想出一本书法作品集，托我求先生题写书名，被我当即婉言谢绝，一则是多年没有联系了，不可能因为求字的事情冒昧打扰先生；二则是听说先生身体很是不好。谁知此事刚过两天，就听到先生仙逝的消息，深感悲痛，第二天在自己所办的古代小说网微信公众号上发布一则先生新书《风雨平生：冯其庸口述自传》的消息，以表感激和悼念之情，当然也有埋藏在内心深处十几年的那份愧疚。

我在求学成长的过程中，曾得到过许多前辈学人的关心和提携，冯先生是其中的一个。虽然与先生直接的交往并不多，只有为数有限的几次，但每次都印象深刻，对其提携和关爱之恩，一直心存感念，从他身上看到了前辈学人的胸襟和情怀。这份基于感激的愧疚将永远留在心底，作为对自己的鞭策和激励。

本文原载于《文汇报》二〇一七年三月十七日

本文作者：中国红楼梦学会常务理事、南京大学文学院副院长、教授

一缕精魂在心怀

徐菊英

2017年元月22日，冯其庸先生在他虚岁95岁生日之前的4天非常安详地走了。在冯老生前多次来到的我工作的北京大观园里，依然能看到冯老当年留下的许多印迹，他的音容笑貌、言谈话语依然不时出现在我的眼前、回旋在我的耳畔，也依然能够感受到冯老的气息，领略着30多年来他对北京大观园的呵护和关爱。

1985年，大观园初创。一天，听说来了很多红学家，我也跑去看。在施工现场，有人告诉我："那就是著名红学家冯其庸。"只见人群中央的他，身穿灰色中山服，腰板挺直，正在仔细聆听其他人的介绍。现在推算那年先生60周岁刚过，看上去正是年富力强。正是有了像冯老这样的一群学识渊博、执着敬业的专家学者的大力帮助，才造就了这座被许多游客誉为"人间仙境"的北京大观园。

1986年，开园在即，"北京大观园"匾额曾想请国家领导人题写。当时的中央领导人认为，大观园内牌匾、题刻众多，内涵深邃，最好还是集古人字吧。因此，现在大观园里的很多匾额就是集字的成果。集字有集字的好处，却也失去了特色与灵动，也需要一些当代书法家的作品。当我园找到学术声望与书法成就都很高的冯老时，冯老并未推辞，铺纸泼墨，一挥而就。几十年来，北京大观园的门票和众多宣传品上的标识，一直沿用着冯老的题字，"北京大观园"这五个字，清秀苍劲，潇洒传神，每一位来大观园游览的人，都会留下深刻印象。

2003年，大观园筹备红楼文化艺术展。我们曾向中国红楼梦学会会长张庆善汇报展览计划，当冯老听了张会长详细介绍，展陈中有一块长一丈二、宽八尺，表现大观园十大景观的易水巨砚时，并且看了红楼易水巨砚的照片后，十分高兴，欣然命笔，题写了一首绝句：

题易县红楼巨砚

补天遗石錾红楼，一部红楼返石头。

鬼斧神工何处有，萧萧依旧易水流。

诗后还作了题记："易县以巨石刻红楼巨砚，举世无双，则红楼历劫又归石头矣。适雪芹逝世二百四十周年，书此为纪。癸未夏日。宽堂 冯其庸，八十又一。"

后来这首绝句镌刻在这块巨砚上，可谓珠联璧合，锦上添花，很多游客前来观赏时，都会特意在这方巨砚前驻足，细细品鉴。不久，"北京红楼文化艺术博物馆"挂牌，又是冯老再次命笔，题写了馆名，沿用至今。

2004年，纪念曹雪芹逝世240周年纪念活动在北京大观园举行，世界各地几十个国家和地区的专家、学者会聚北京大观园酒店，80岁高龄的冯老即席发表了热情而立意深远的演讲。但谁也没有料到，这竟是冯老最后一次来到大观园。

我每年都会和同事还有一些红学家到冯老家看望，因此，见面机会并不少。2016年12月17日，我和吕启祥先生、黄安年老师一同专程看望病中的冯老。那天，冯老的气色很好，我们聊了有一个小时，临走时冯老对我说："等我好些，给你写一幅手卷，留做纪念。"我心里很是感动，说："冯老，谢谢您，等您病好了再给我写。"出了门，黄安年老师对我说："冯老要给你写手卷这句话，说了三遍！"万万想不到的是，这竟然是我和冯老见的最后一面！

2017年元月16日，我给冯老送去他十分钟爱的水仙，心里计划着花期，应该在冯老生日时正好绽放。这次怕打扰冯老静养，我悄悄放下水仙就走了。谁能想到，六天后，冯老就和我们阴阳两隔了！

2017年元月23日，也就是冯老仙逝的第二天，冯老的小女儿幽若发来微信："菊英，你送来的水仙昨天已经绽放，我放在了父亲的遗像前，望他在回家的路上有花香相伴……"

我想，这是我们共同的心愿：冯老，鲜花为您而绽放，您回家的路上，都会有花香相伴……

二〇一七年五月八日于秋痕轩

本文原载于《红楼梦学刊》二〇一七年第四辑

本文作者：中国红楼梦学会理事、北京大观园旅行社总经理

冯老，永远的丰碑

申 国 君

2017 年 1 月 22 日，冯老走了。

走得特别安详，因为他完成了所有的心愿。

一个贫苦农民的孩子，几度失学，凭着"虽万劫而不灭求学求真之心"的顽强意志，完成学业，成为在红学研究、文史研究、戏剧评论、书画艺术多方面都取得了斐然成就的学术艺术大师；60 岁以后到 83 岁，又十赴新疆考察，登明铁盖山口，穿罗布泊腹地，探古楼兰遗址，重新发现玄奘取经东归古道和确证入长安前的最后一段路程，写下了他学术生涯的精彩华章。

我第一次见到冯老，是 2012 年 5 月 8 日参加在中国美术馆举行的"冯其庸九十诗书画展"，当时能见到冯老，就已经是福分了。同年 12 月 9 日到无锡参加"冯其庸学术馆开馆庆典"，我第一次亲聆冯老讲话，感受一位学术大师、文化巨人的朴素谦逊和赤子情怀。

2013 年 9 月 30 日，是我终生难忘的日子。那天，我和巴易尘先生一起，专程到"瓜饭楼"拜访冯老。在冯老的学生、青年雕塑家纪峰先生的引荐下，我们见到了冯老。当时我刚编写完《冯其庸画传》初稿，想聆听冯老意见。冯老说，《画传》我看了，不妥之处我已经提出来了，修改后可以正式出版。冯老的夫人夏菉涓教授，也对《画传》给予了温情的认可，说写出了冯老的主要方面，抓得较准，写得很朴实，适合学生阅读。为了让我更好地完成《画传》，临走夏师母还送给了我《师友笔下的冯其庸》等书籍。我深知这是冯老和师母对我的爱护、信任和鼓励。

巴易尘先生还特意向冯老介绍了我，说我正在读《红楼梦》，还写了两本小书。在我向冯老请教时，巴易尘先生端好了相机。冯老看要照相，特意向我靠了一下，这让我受宠若惊，感到在我看来一位不矜而庄、不厉而威的大师，一下子成了长辈亲人。这份情意和情怀，让我想到了他的学生纪峰——安徽界首农村玩着"泥巴"长大的孩子，冯老收为文化弟子，带他游历见识；想到了从河北滦平大山里走出的青年画家谭凤嬛，成为冯老爱徒，给了她多少鼓励、指导和提携。也理解了他们为什么在冯老走时，一直热泪长流。

这份情意和情怀，足可温暖我终生。

2014年3月2日，我们再次到"瓜饭楼"看望冯老。夏师母说，这几天冯老身体不适，医生嘱咐要静养、少接触外人，只是一位中央领导来看望刚走。看我们来了，夏师母上楼听冯老意见。很快师母告诉我们，冯老同意见我们。

我们见到冯老时，冯老正倚靠在沙发上，腿上搭盖着绒毯，满脸倦容，正在工作。看我们进屋，招呼坐下。交谈中，冯老说，出版社最近要为他出一套书，他必须亲自把关。他还说："其实每个人都是一样的，就看你努力不努力！"这话成了我永远的座右铭。

纪峰先生说，冯老的书，从整体创意到每一个字的细节设计，冯老都是这样亲自把关的，把该出的书都出完了，放心了，才走的。他为自己、为文化一直"把关"到最后。

我有幸在叶君远先生的全力支持下编写了冯老的《画传》，又经冯老同意由中华书局编审柴剑虹先生加工后正式出版，成为一本得到好评的普及读物。

因为编写《画传》，我有了学习冯老的绝好机会。我不会忘记，80年前那个瓜菜充饥、13岁不到便辍学成为家里的全劳力，不顾深夜水乡蚊虫叮咬，挑灯苦读的男孩的身影；不会忘记，工作之余，关起门来读书到深夜两三点钟，宿舍的灯光总是全校最后一个熄灭的治学态度；不会忘记，要读尽"天地间大书"，60多岁以后的20多年里十赴新疆，以雄心万丈的气概和老而弥坚的意志，过居延，涉弱水，寻玉关，登昆仑，探冰川，越大漠的玄奘精神。冯老也因此成了我心中永存的文化圣地和精神丰碑！

有这文化在，我心灵就有力量；有这精神在，我生命就有光辉！

感谢冯老。

冯老——走好！

本文作者:《冯其庸画传》编著者、中国红楼梦学会会员、内蒙古作家协会会员

齐鲁大地的铭记

——纪念冯其庸先生逝世一周年

叶兆信　王海清

著名学者，著名红学、国学、文史大家，著名书画家、诗人冯其庸先生远行，已是周年时光。先生的音容笑貌宛在，先生的学术伟业永存。在这纪念先生逝世一周年的时候，我们作为山东省委机关报——《大众日报》的两个报人，尤其难以忘怀的是先生多次莅临山东访问考察的情景。先生那高度的文化自觉、文化自信，先生那忠实继承和奋力弘扬中华优秀传统文化的伟大心志、大家风范，都闪耀在我们心中，闪耀于我们齐鲁大地。

一

我们永远记得，深谙齐鲁文化精髓的先生一踏上齐鲁大地，总是豪情满怀，总是深入探究。每到一地，都有人们对先生热情诚挚的欢迎；每到一地，都有先生"点石成金"的高见。

1991年5月，先生风尘仆仆，来到临朐山旺化石的发掘现场。他从堆积如山的硅土中，捡起上有树叶、青蛙、昆虫等各种类型的化石，翻来覆去，仔细比较，看了又看。先生说"距今一亿八千万年，呈世界之奇观。精心挖掘，精心保护，精心开发，可谓意义重大"。先生的见解得到文物部门和现场发掘者的高度评价。

1993年8月，先生又一路东行，过蓬莱，经烟台，上牟平，到威海。一路行进中，先生几次停留观景，心旷神怡，举目城乡面貌，赞不绝口。当看到烟台农村的农民别墅一幢幢、一排排的时候，他高兴地说："太令人振奋了，美国也不过如此。这是改革开放的成果，也呼唤着改革开放的继续深入啊。"来到刘公岛上参观，先生在丁汝昌、邓世昌等十位水师将领的蜡像前肃立，对丁汝昌拒绝敌酋劝降、自杀殉国的气概表示非常敬佩。他说，"这样的教育对于每一个中国人都是很有必要的，特别是少年儿童。这是爱国教育的好教材，应该充分运用好，充分宣传好"。先生的沿途点评和诚恳叮嘱受到当地领导机关的高度重视。

1994年5月，先生又来到济南郊区的道家文化遗址深入考察。面对古柏参天、殿堂破旧的遗址，先生看得十分认真，不时默默思索。先生说，"道家学说对中国传统文化的形成和发展有着很大的影响。这些遗址留存尚好，离市区又不远，应该好好修复，争取早日对游人开放"；还对陪同的领导同志说，"你们曲阜有儒，济南千佛山有佛，济南郊区有道，这很难得，应该好好保护，好好修葺，发挥好它们传承民族优秀文化的重要价值"。其后，先生又转道对济南龙山文化城子崖遗址、古佛像、古摩崖，对日照莒县大汶口"日云山"刻画符号等，进行了精细研究，然后郑重提出保护好、修复好古迹，发展好旅游业的建议。在济南南部山区唐代大佛的研究中，先生还不顾山坡陡峭、荆棘丛生，攀缘直上，对大佛的保护完好连呼"真真幸运"，又认真判断了大佛的年代、风格，并提出重视保护古迹和做好地方志撰写、研读的问题，获得当地政府和人民群众的充分肯定和热情赞扬。

处处体现着先生的长远目光，处处体现着先生的深邃学问，处处体现着先生求真求实的治学精神和亲力亲为的执着品格。先生的考察给山东经济、文化强省建设带来的有益启示，而今大都早已变为现实，并以崭新的面貌呈现着深厚文化底蕴的光彩，吸引着国内外宾客络绎不绝的观光游览，也理所当然地、生动地诠释着先生当年作为中国文化界优秀学者的使命担当。

二

先生是知识渊博的学者，又是才思敏捷的诗人和驰名中外的书法家。齐鲁大地永远不忘，先生每一次山东行，都一路留下他潇洒沉稳的墨宝和豪迈瑰丽的诗篇。

先生在山东的诗作留墨，记载着他的行踪，抒发着他的情怀，展示着他对齐鲁文化的精深理解与阐释，也表达着他对我国博大精深的优秀传统文化的尊崇与传承。择其要者，我们觉得大体可分为这样三类：

一是赞美沿海风光、山乡新貌，讴歌改革开放大潮带来的深刻变化。

譬如，《烟台即兴》："海头潮水到蓬莱，处处风光如画裁。最是青天碧海夜，潮声雄似万马来。"譬如，《莱阳路上》："春色阑珊不可寻，梨花落尽梅青青。多情最是莱阳道，万树槐花伴我行。"再如，《游锦绣川口占》："锦绣好山川，风光处处妍。山深藏古佛，水碧养鱼鲜。梨花春满谷，红叶秋连天。游人若到此，忘返更流连。"……

二是凭吊题诗古迹，评说历史人物、史实，抒发豪情感慨。

譬如，《东阿吊曹子建墓》："黄河一曲水东流，八斗才高半土丘。我到鱼山心怅触，诗人终古一穷囚。"《嘉祥题武梁祠石刻》："平生倾倒武梁祠，万里云山梦见之。今日古碑亲睹面，千年犹接汉威仪。"《题临朐山旺化石》："云程万里到青州，来读石书万卷稠。众妙之门何处是，山旺一叶史悠悠"；《题广饶孙子故里》："文章孙子十三篇，六国纵横失四边。万古江山时世改，先生妙算万千年。"《威海宿瀛洲宾馆》："汉武秦皇事已遥，三山海外不能招。因风昨夜过东海，一宿瀛洲到碧霄。"还有令人很是感慨的《游荣成成山头天尽头，有胡耀邦同志题辞》："行至天尽头，海天一望收。秦皇鞭石处，丞相有题留。斯人今已矣，斯事亦千秋。更有肝胆子，遗墨令人愁"。还有很让人感悟陶醉的《题泰山并秦皇无字碑》："黄海东来第一峰，秦皇巡狩独崇封。至今无字碑犹在，卓立中华大国风。"《题泰山桃花峪摩崖石刻》："玄门题壁愧岱宗，无字碑铭大国风。爱煞桃溪松径好，瘦藤布履上云峰。"……

三是题赠个人，表达情谊，表达诗人的评价、见解。

譬如，《题柳子谷画家》："万水千山笔墨精，中华儿女作天兵。凭公绝代无双笔，留得千秋万世名。"题赠诗作给个人者，既有退下来的省里的老领导，又有一般的同志、基层的朋友。譬如，书赠山东省原省委书记梁步庭同志的《泉城赠梁步庭大兄》："百年风雨饱身亲，眼见沧桑变古今。胸怀有容天地阔，一双青眼付来人。"再譬如《青岛赠孟鸣飞、刘咏二兄》："碧海蓝天作远游，岛青人好似澄秋。感君意气浓于酒，高烧琅琊不及稠。"《赠曹县李同岭送牡丹》："劳君千里送花来，倾国倾城手自栽。待到明年花开日，共君花下醉一杯。"……

先生的诗作立意高远，气势壮阔，感情浓烈，体现着先生深厚的国学修养和潇洒、娴熟把握的旧体诗之神韵。同时，先生还在山东各地椽笔点睛，题写了若干雄浑壮观的摩崖石刻，如宁阳"神童山"、泰山"颂泰山并秦皇无字碑"和"玄门"、临朐"归云峰记"、济南白云洞"洞天福地"、烟台"磁山地质公园"、济宁"汶上宝相寺"和"肥城玉都观"等。此外，先生还为孔子诞辰2555周年山东书画展书写了"学而第一"，为山东大学百年校庆、青岛科技大学六十年校庆等题字、题诗等。这一切都为齐鲁文化宝库的丰富发展增添了光辉的篇章，也体现了先生作为中国文化界优秀学者诗人和书法家的倾情奉献。

三

先生作为蜚声中外的红学大家，五十年著书，成就卓越。所以先生齐鲁之行的话题中，自然少不了对古典文学名著《红楼梦》思想艺术成就的推崇，少不了对山东红学研究的关注和支持。

1994年8月，第七届全国红楼梦学术研讨会在山东省莱阳举行。早在筹备期间，先生就豪情满怀，亲自前往联系。研讨会开幕后，先生全程出席，并发表高见，还在会议期间与山东省的红学专家、教授共同切磋，结下了深厚的情谊。先生在与山东读者的交流中，还把热心的读者称为"红友"，有时还热情书赠有关《红楼梦》的诗作，真是令人赞叹叫绝。

先生在山东回答读者问及的怎样读《红楼梦》的问题时说："读《红楼梦》分一般性的阅读和研究性的阅读。就是一般性的阅读，我也强调一定要反复读。书中的诗词都应该能背诵。古人说，读诗千遍，其义自见。这句话的基本精神，也适用于读《红楼梦》。当然我不是要人们去死抠'一千遍'这个形容性的数字。但只有多读，才能深得教益。"

1998年3月，先生欣然接受山东省齐鲁电视台的专题采访，再次把读《红楼梦》的意义阐发得淋漓尽致。先生说，《红楼梦》是一部具有深广文化内涵和高度思想内涵的奇书，是中华民族五千年传统文化思想的最高综合和体现。学习研究《红楼梦》有着重大现实意义，是丝毫不容怀疑的，但不能采取立时见效的态度。这就譬如用药，有的药是补药，久服才可以见效。如果患急病而用滋补缓药，当然劳而无功。如果患虚弱症而用补药，事久就必然有效。《红楼梦》是药中之大补，当治文化虚弱之症，久服必然有效。所以学习《红楼梦》的现实意义，首先在于提高人们的文化艺术修养，提高人们的思想精神境界，提高全民的文化素质。

先生又强调，学习研究《红楼梦》的现实意义还应该从发展的、广阔的视角来看，从培养21世纪人才的角度来看，才是从根本意义上看到了它的现实意义。除此之外，还有具体可资借鉴的方面。学习研究《红楼梦》，一是学习曹雪芹对传统文化的刻苦学习和创造性的继承；二是可以使我们进一步认识到，一个优秀的作家必须有进步的世界观，必须站在进步思想的前列，必须有战斗的精神和勇气；三是《红楼梦》还告诉我们，一个优秀的作家必须熟悉生活，深入生活，拥有生活；四是告诉我们，艺术要创新，作品要求精。

先生面对记者讲的话，精辟、深邃、发人深省。专访片播出后，引起很大反响，得到广大《红楼梦》研究者、读者、文学爱好者的如潮好评，为山东省普及古典文学名著《红楼梦》，进而弘扬中国优秀传统文化发挥了引领的作用，充分体现了先生作为著名红学大家所具有的独特魅力和超凡水平。

四

熟稔先生的山东人不会忘记，先生作为我国著名的书画家，其自觉热心提携后学的伟大精神。他在山东考察期间，曾对多位青年艺术家给予热情鼓励，悉心指导，深刻反映着他作为优秀文人艺术大家的博大胸怀和高师之道。

1993年，山东齐鲁书社准备为青年篆刻家范正红出版篆刻集，收录其14岁到28岁的篆刻作品500余方。先生精心看了这位青年人的作品，当即慨然答应作序，并给予高度评价。先生在《范正红篆刻集》的序言中说，"予观近世篆刻，虽未离秦汉而新意更浓，且趋向于周秦汉唐篆之砖刻瓦当，以及印章之外之古文字，结构用笔力求疏散自然，初看似非经意之作，细看则别有天趣；盖风行水上自然成文也；吾观范君所作正复如此，且为此中之翘楚"。范正红教授现执教于山东财经大学艺术学院，是山东省书法家协会副主席、篆刻委员会主任，早已是山东篆刻艺术的领军人物。

2001年，先生又为齐鲁书社出版的《金圣叹评改本绣像水浒传》作序，同样高度热情地鼓励青年艺术家周峰。先生在该书序言中说："有周峰君者，幼嗜水浒，游于梁山，画笔天纵，豪情独迈，誓继龚、陈之业，为水浒英雄作新图，以弘扬其浩然正义之气。其有言曰：不求一笔之奇，不求一画之巧，刻意于真实与虚幻、动态与静态之相生，注重于构图之张力及画面之情韵，使笔下之众生相既富传奇色彩，又具生活气息。既具粗犷豪迈之气度，并斩钉截铁之力量，又洋溢着风神各具、天真自然、凝练古澹、超迈萧散之逸气。"对周峰同志淡泊名利、潜心探研的敬业精神及艺术成就给予高度赞扬，提携其不断进步、不断提高，成长为山东大学的教授。

先生在热情提携后学的过程中，既有及时的鼓励，又有准确的评说，还始终贯穿了他对书画界实际的深刻认识和积极倡导，不断为青年艺术家指明奋斗的方向。2004年9月24日，先生中止了西域之行专门赶来济南，在山东省美术馆"叶兆信画展"的开幕式上致辞。他在祝贺兆信画展成功，肯定兆信成绩，感谢山东各位前辈、各位领导和广大参观者对兆信同志的支持以后，集中讲了三个方面的期望。一是尊重传统，继承传统。他说，兆信同志所从事的线描画，是由来已久的一种传统绘画方式，最早从东晋的顾恺之，到唐代的吴道子，再到宋代的李公麟，一脉相承，但这一艺术已经中断了相当长的时间。而兆信同志在这方面探索继承，先生很赞成。美术界应该倡导尊重传统，继承传统，不要只是崇拜外国的东西，而把老祖宗的东西丢到一边。二是画无止境，注重创新。中国画是无穷无尽的。现在还在的许多前辈画家，都在创造自己的新的境界。我们后辈的、年轻的同志更要努力，争取不断创出自己的新的辉煌。三是扎扎实实，下苦功夫。从兆信同志的线描画来说，他的毅力非常坚强，功夫下得很深。有志于攀高峰的同志，就应该这样力戒浮躁，稳得住心神，经得住诱惑，一丝不苟地下苦功夫，自觉做品德高尚而又艺术精湛的艺术家。先生的话高瞻远瞩，既是对兆信同志的期望，也是对广大青年书画家的期望，直到今天，依然对促进山东省乃至全国书画艺术的创作繁荣有着重大的现实意义，充分体现出先生作为优秀学者、著名书画艺术家的高远目光和精神境界。

五

先生是视野壮阔、涉猎广泛的学者。他的山东之行也让我们深刻体会到，他的红学、国学成就卓著，文史、考古极有建树，且诗书画精湛高美，自领风骚。同时我们还坚定地认为，先生对新闻宣传，特别是对当代书画艺术的新闻宣传，同样有着独到的深刻见解，让我们牢记在心，令我们高山仰止，并引以为难得的激励和鞭策。

1998年4月15日，我们《大众日报》决定创办《大众书画》专刊。先生闻讯很是高兴，先是高度评价《大众日报》在全国省级党报中，第一家创办这样的书画专刊，适应了改革发展新形势和人民群众的需求，随后又为《大众书画》写了《创刊感言》。他在这篇"感言"中指出，"这些年来，书画篆刻特别红火，几乎是老百姓人人所爱。这是一种好现象，是国家和民族兴旺发达的一种象征。无论是书法、篆刻和绘画，都是我们的民族精神、民族文化的反映。老百姓人人热爱民族的文化和艺术，这是一种民族自信心的表现。我们应该特别珍惜这种感情"。接着，先生在文章中就画刊的大众化、画刊的导向和重视优秀作品的评论赏析等问题，作了鲜明的阐述，并特别指出，"应该重视发表名人的书画，但也要重视中青年的优秀作品，因为他们是书画艺术的未来"。此后，先生还在画刊上发表了《梦里青春可得追》，谈黄永玉、张正宇、关良等人；发表了《博学宏通 显幽烛微——读启功先生〈论书绝句百首〉》一文，经连续多期刊登，引起强烈反响，显现了报纸画刊的学术品位。先生则对我们说，"要对画刊信心十足，要让中青年和部分老年爱好者来读。很深的文章尽量少发，多发表一些像启功老先生这样档次的作品。这在当代是有目共睹的，能引起广大读者的共鸣，也能起到扩大发行量的作用"。先生还对我们说，有的媒体在宣传某青年书法家时，称其真草隶篆样样精通，这是误导。应该引导青年人在一门字体上下功夫，在此基础上再攀登更高峰。先生的一系列指导，对搞好书画艺术的宣传有着很强的针对性。他分明就是一位高水平的办报专家，想借此以影响书画界的老中青艺术家和画刊的忠实读者共同努力，推进书画创作的健康发展。

先生不仅高度重视、准确把握书画艺术的新闻宣传，而且十分关注我们报社事业的发展进步。他曾对我们说，《大众日报》是中国报业史上连续出版时间最长的党报。现在的报纸也是对山东经济社会文化等各个方面重要信息的最权威的汇集。关注你们的报纸，也是关注山东。再说，我们学者的职责，是对社会说真话。你们记者的职责，也是对社会说真话。我们的事业也是相通的呢。先生的见解和风范，真是精辟而又感人肺腑，并化为对大众报业集团（大众日报社）的关怀备至，感情弥真。在我们努力办好《大众书画》的日子里，大众日报社原党委书记、总编辑、山东新闻书画院院长刘广东同志，一直高度重视先生为办好画刊提出的宝贵意见，一再要求我们认真领会，认真落实，并在与先生的不断交往中，探讨学问，谈书论画，结下了深厚情谊。先生在北京举办"冯其庸书画展"时，特邀刘广东同志出席开幕式，并代表新闻单位致辞，充分体现出先生对大众日报社和山东新闻书画院的重视与关爱。现任大众报业集团（大众日报社）党委书记、董事长、总编辑傅绍万同志，多次前往瓜饭楼看望先生。先生总是热情赞扬，深情鼓励，话语间充满对集团（报社）新时期事业发展的关怀与支持。多年来，每逢报社有重大活动，先生都或写字，或作画表示祝贺。先生逝世后，报社的同志说，我们没有忘记，也永远不会忘记，先生为我们书写的"泾渭看同流"的大幅长条书法，曾在报社的会议室里熠熠生辉；先生为我们书写的"一笑扬鞭夕照中"的丈二自作诗，曾在报社招待所里获得广泛赞誉；先生为我们题写的大型线描画"兰亭修禊图"，依然在新闻大厦总服务台后面的墙上金光闪烁；先生为我们书写的毛主席词句"横空出世，莽昆仑，阅尽人间春色"所表达的对报社事业的肯定与祝愿，正鼓舞着今天的大众报人，为实现新形势下集团（报社）事业的转型发展，开拓奋进。而今，先生为报社挥毫泼墨的身影仿佛还在我们眼前，先生为报社绘就的"葫芦图""葡萄串"累累硕果，正召唤着我们在新时代、新征程上，实现新目标、新作为。

先生的风范与情怀永在我们心中！

先生的风范与情怀，永远闪耀于齐鲁大地！

二〇一八年一月于济南

本文作者：山东大众报业集团（大众日报社）高级编辑、山东省新闻美术家协会主席；

山东大众报业集团（大众日报社）原纪委书记、高级记者

椽笔点睛风光好

——济南白云洞巨幅摩崖观后记

王海清

近年来，几次有机会到济南历城区的青龙山白云洞游览，每每为这个不断整修中的道家文化园风光所陶醉。特别令人感到有收获的是，可以在这里就近仰观，或者登高远眺我国著名学者，著名红学、国学大家冯其庸先生生前领衔诸位专家、学者，椽笔书写的若干巨幅摩崖，并领悟其对于整个景区所具有的"画龙点睛"的意义。

摩崖是镌刻在山石上的文字，也是我国传统文化的组成部分。据设计者介绍，冯其庸先生之所以能为济南白云洞书写摩崖，实乃有缘深深。

1994年5月，冯其庸先生正莅临山东考察。这天，他在兴致勃勃地察看了济南南部山区和市区北郊的古迹遗址后，心情十分振奋。他对陪同的同志说，"山东曲阜有儒，你们济南千佛山有'佛'，今知济南郊区还有'道'，并且离城区不远，很是难得"。"道家学说对中国传统文化的形成和发展有着重大影响，应该重视道家文化遗址的保护和整修。这对于全面继承和弘扬传统文化，对于发展旅游事业，都是极好的事情"。

冯先生的精辟见解，在当时可谓高瞻远瞩。而对此真正率先深刻领会，并在后来积极付诸实施者，正是如今"济南白云洞重修工程"的决策者——济南"山东金宇公司"的老总们。2005年5月，该公司深为社会主义文化建设高潮的兴起所感召，主动以高度的文化自觉，认真考察了此处原有的、始建于元代末期的白云洞道观遗址，为保护国家文化遗产，弘扬传统文化，积极奉献社会而决策："承租青龙山，重修白云洞。"得到政府、有关方面和当地群众的支持。

2008年夏初，山东金宇公司的老总陈庆新怀着敬仰之情，带着重修工程中关于制作摩崖的设想，专门到北京拜访了冯其庸先生。冯先生十分高兴。他与陈总亲切交谈，论道家文化精髓，谈重修工程方案，并高度赞赏在青龙山峭壁上镌刻摩崖的意见。他热情地对陈总说："我先给你们写，然后我再给你们引荐，帮你们邀请更合适的学者、专家给你们支持。"言罢，他即起身，溶墨，挥毫，为济南白云洞书写了"洞天福地"和"云洞清音"双幅、八个大字。其高尚情操、渊博学识和非凡书法之魅力，让陈总惊喜万端，感奋不已。随后，他们即按照冯先生的指教，相继求得了其他学者、专家的摩崖题字，经精心设计、精心施工，完美地将其刻上石壁，一举成为蕴含道家文化要义，引领重修工程步步进展的文化壮景。

冯其庸先生书写的"洞天福地"，刻于景区的最高点，气势磅礴，撼人心魄，乃是整个景区的主标题。下面是中国书法家协会原主席、当代著名书法家沈鹏先生书写的"弘道立德"，风格别具，神采飘逸，揭示着整个景区的主旨。伫立这两幅摩崖字下的平台环顾，俯瞰，可见"青龙"静卧，绿谷默迎，三殿耸立，双楼、一亭呼应。六座仿古式建筑，皆巍峨壮观，错落有致，展庄重、典雅风采，掩映于绿树繁枝之间。特别是两座正殿，飞檐隐隐，立柱闪闪，装饰考究，气派不凡，与别具特色的新建殿、亭和辅楼互为映衬，充溢着道家文化的氛围与气韵。整个景区的规模、水平、气象，皆前所未有，实为可享人与自然和谐相处和体味、探索中国道家文化精华传承之佳苑胜地。

冯其庸先生当年引荐的著名国学大家、教育家、书法家周退密先生书写的"瑶台仙境"，刻于前后两座正殿之间石壁，沉稳、俊美，诱人神往，可引导人们进殿瞻仰拜谒，同时领略传统壁画、神仙雕塑与匾额楹联三者完美结合的中国庙宇文化之新特色。

绘于首座正殿上层南、北两壁的《群仙朝圣》壁画，既气势宏伟，又细微精准。置身画前，似见云雾缭绕的天宫，似见虚无缥缈的仙境，似见群仙朝圣的舞姿，似见众仙赐福的神情。嵌于首座正殿下层南、北、后三壁的《碧霞元君生日大庆典》，则更是传统壁画继承创新的宏幅巨制，似可带我们身临其境，去光顾和感悟清康熙三十年间仙君庆生的盛况和流韵。这两幅壁画的作者是冯其庸先生的学生、国内线描高手、著名画家叶兆信。其线描作品曾被冯先生收入自己的文集。此次，先生仍然为学生审看草图、画幅，提出修改意见，一再殷切叮嘱，"一定要静下心、沉住气，下苦功、出精品"，并在病榻上为该壁画题字。

位于首座正殿下层的碧霞元君塑像，慈眉善目，服饰考究，流光溢彩；塑于该殿上层的玉皇大帝真像，气贯长虹，栩栩如生，云绕祥瑞，皆为著名彩塑家黄伟先生的大作，显示着当代彩塑艺术发展的新水平。正是经过了黄伟先生的精心塑造、成衣、装扮，瑶台仙境的主人们才得以今日之雍容华贵、和蔼慈祥、威严庄重的新姿容，迎接着白云洞的客人。

以上壁画、塑像的珠联璧合，还与殿内殿外的匾额、楹联之名家书法和谐统一，一起为我国庙宇文化的继承和发展进行了积极探索，生动展示着"瑶台仙境"的华彩。

摩崖"道法自然"，由冯其庸先生当年特意引荐的国学大家、教育家、书法家姚奠中先生书写，沉稳庄重，发人深思。据介绍，姚奠中先生是章太炎先生的学生，对道家文化的研究有很深的造诣，所以将他书写的"道法自然"刻于青龙山石壁的显要之处，是最为合适的。也正是基于道法自然这一重要道义概念的引领，决策者、策划者才很好地贯彻了"保护与新建相结合"的原则，既呵护了青龙山之原有风貌，保留了历史见证的断碑残迹，修整了白云洞旧有道观之遗存，又新起了殿、楼、亭等应有的建筑与设施，大大提升了整个景区的水平：跨谷建起的廊桥，姿雅貌美，陪荷伴竹，连接两端原有山坡之绿，汇成无边翠微，让人赏心悦目；别致的茶楼顺应自然，依山拔地，给凭窗远眺摩崖壮景和观画、听琴，提供了幽雅环境，让人心旷神怡；更有历经近700年风雨洗礼的20多棵古柏树苍翠峥嵘，守望满山茂密植被，蔚为高树低丛、繁花茂草和睦相处，自由竞长之大观，让人流连忘返。这一切，都为人们参悟"道法自然"带来有益的启迪。

著名古文字学家、考古学家张颔先生，也是冯其庸先生当年诚恳引荐的。他生前书写的篆书"甘露"，考究，老到，蕴含象征，刻于"三清观"——天生之白云洞内的滴水泉边，极为得当。不少敬香"三清尊神"的人们，都会转而凝望滴水泉，听叮咚作响，看水滴如甘露，汇聚为清澈见底、微漪荡漾的碧潭；再见潭水涌流殿外，随势成瀑，如霖雨遍洒人间，很好地展现了著名书法、篆刻家王进家先生书写的清代人所作的白云洞诗句"霭霭英英相后先，穿云忽上白云巅。春郊方待一犁雨，便可为霖润大田"的意境，同时很好地诠释着冯其庸先生特别提及的著名学者、教育家饶宗颐先生书写的老子"上善若水"的名句和济南著名学者、教授徐北文先生所作所写的"云洞"之名诗。顺着曲折幽静的山路行走，随时还可见奇树、异石、别洞与繁茂绿枝所掩映的道家名言的摩崖。著名诗人、作家田遨先生书写的"广种福田"，著名书法、篆刻家王运天先生书写的"抱元守一"等，可很好地启发我们领悟老子有关修身的教义。美国中华艺术学会会长、著名画家侯北人书写的"仙源"等，则吸引我们执着攀登，去寻觅仙人的踪迹。还有著名文字语言学家、书法家、篆刻家蒋维崧先生书写的"眉寿"，书画家叶子先生书写的高"寿"，规范，大气，都似在祝福人们健康长寿，引人驻足凝思。

冯其庸先生书写的"云洞清音"，将镶嵌于即将兴建的景区山门大牌坊之门楣，其笔力遒劲，端庄秀美，堪为行书之典范，与先生的"洞天福地"上下呼应，随时引导人们走进大门，寻芳探幽，聆听风笑、树歌、鸟语、泉唱和诵读道德五千言的悠悠和鸣。

椽笔点睛，风景独好。蓝天、白云、绿山、幽洞，衬托着摩崖壮景，承传着庙宇文化，传递着道家文化的哲学意蕴。这就是冯其庸先生领衔书写摩崖的济南白云洞新景区风光的主题。相信这个新景区在全面建成后，必将以自己的特色，追随祖国所有名山胜景相伴发展，为绿遍、美遍神州，为弘扬传统文化，倾情奉献。

冯其庸与扬州红楼宴

洪军

提起冯其庸，人们就会想到《红楼梦》和红学研究，冯其庸先生是以红学研究闻名于世的，曾担任中国红楼梦学会会长、《红楼梦学刊》主编等职。毫无疑问，冯其庸先生是当代最具代表性、最具影响力的红学家，他著述等身，学富五车，他的许多著作文章都是新时期红学发展标志性的成果。冯其庸先生在曹雪芹家世研究、《红楼梦》版本研究、《红楼梦》思想艺术研究等方面多有建树，更难能可贵的是，他对于红楼饮食文化的研究也极富成果，是扬州红楼宴的倡导人，推动了扬州红楼宴盛极一时，留下了许多佳话。

冯其庸先生因《红楼梦》研究而结缘扬州。自1971年起到2004年，他十多次来过扬州，考察红楼梦与扬州的历史渊源关系，组织参加《红楼梦》学术研讨活动。其间我也曾参与接待过，陪他品尝过红楼宴，聆听过他的高论，给我留下了深刻印象，至今历历在目。今年1月，冯先生驾鹤西去，但他在推动扬州研发红楼宴、推广红楼饮食文化方面所做出的历史性贡献令人钦佩，应当发扬光大。

热心提议扬州研制红楼宴

回顾扬州红楼宴的起源，首先要追溯到冯其庸先生1975年为校订《红楼梦》的扬州之行。时值烟花三月，冯先生由南京取道扬州，住在西园饭店，第一次向时任西园饭店经理杨礼莘同志建议搞"红楼菜"，杨虽表示赞同，却未有行动，杨礼莘经理工作变动后，由丁章华同志接任，亟商研制"红楼菜"之事，自此开始，西园饭店拉开了开发红楼宴的序幕。

冯其庸先生的建议并非无的放矢，而是有其充分根据的。

首先是基于《红楼梦》与扬州深厚的历史渊源关系。以冯其庸先生为代表的红学家们认为，扬州是《红楼梦》的故乡。冯老曾多次考察扬州，即以1975年来扬州为例，他考察了曹寅当年在扬州刊刻《全唐诗》的天宁寺，游览了康熙皇帝南巡时住过的行宫高旻寺，研究了曹寅当年在扬州的住所（原新华中学）内的石碑，察看了传说曹雪芹曾泊船的瓜洲古渡等。通过这次系统的考察与研究，加深了他对扬州的了解。他说："曹氏结缘扬州，始于曹雪芹之曾祖父曹玺和祖父曹寅。特别是曹寅，以兼任'巡视两淮盐务监督御史'的身份长驻扬州，多次在扬州承办皇差，接送御驾，并奉康熙之命，在天宁寺设立'扬州诗局'，刊刻《全唐诗》，最后病殁于维扬。"《红楼梦》作者曹雪芹是曹寅之孙，曾随其父、叔父在江宁织造府生活了十多年，曹家在扬州的许多事情肯定对曹雪芹产生过影响，以致在曹雪芹的笔下，扬州方言土语屡见不鲜，《红楼梦》描写的许多人和事都和扬州有着极其密切的联系，处处散发着扬州气息。冯其庸先生认为，曹雪芹和《红楼梦》"都与扬州有着血肉般的关系"。

其次是基于红楼菜属淮扬菜的考证和认知。许多研究《红楼梦》饮食的学者统计，曹雪芹在这部巨著中，以三分之一的篇幅写了有关饮食的活动，涉及的各式菜肴、汤羹、饮粥、点心、水果、茶酒等，有100多种，这些都散见于书中各个章回，并没有完整的食谱和菜单。据专家们考证，书中所出现的荤素菜肴及汤羹大多与扬州有关，其名称、制法等都与淮扬菜相同，其特色基本是一致的，许多名馔佳肴至今还在扬州流传，如曹家所进年货中有"风鹅"、刘姥姥品尝的"鸽子蛋"、凤姐吃的"清蒸蟹"等。所以冯其庸先生一直坚持"红楼菜就是扬州菜的体系"，而这已经被红学家们所公认。在他看来，"在中国的古典小说中，无论是短篇或长篇，讲饮食到如此精而雅的程度，除了《红楼梦》之外，没有第二部"。其所以能够如此，冯其庸先生说："这与作者的家庭生活是分不开的，而这样的家庭生活与曹寅的饮食文化修养同样是分不开的。"从表面上看，曹寅只是江宁织造和两淮巡盐御史，但实际上他上通康熙皇帝，下结大批文人遗老，在诗酒文宴之余，特别讲究饮食文化，他还编有《居常饮馔录》，被收入《四库全书》，足见曹寅确实是一位饮食文化的精研者。冯先生还说，"除了以上两个分不开外，还有一个分不开，这就是与扬州分不开。因为《红楼梦》里许多精致菜肴，都是淮扬菜系，有一部分菜至今扬州还很风行，这是大家可以验证的"。

至于扬州"红楼宴"之名由来，则首次见诸1988年6月新加坡《联合早报》。冯其庸先生率《红楼梦》文化艺术展团赴新加坡，向扬州外办提出将西园饭店研制的红楼菜汇集成宴，随团出访狮城表演。市外办负责同志随即率领扬州西园饭店、扬州迎宾馆四名厨师出发，到达新加坡烹调红楼宴。由此，这个名称被红学界、美食界权威人士所公认，并录于书，通行于世。

精心指导扬州开发红楼宴

扬州"红楼宴"这株饮食文化新苗刚刚破土而出，就得到了冯其庸先生的垂爱和精心呵护、培育，在冯老牵头组织下，中国红楼梦学会、《红楼梦学刊》几次将全国性的红楼梦笔谈会、座谈会、研讨会放在扬州召开，共研《红楼梦》，同商红楼宴，真可谓"好雨知时节，当春乃发生。随风潜入夜，润物细无声"。

1990年3月，《红楼梦学刊》在扬州召开《红楼梦》笔谈会，会议由冯其庸先生主持。会议有四项议题，其中对扬州红楼宴的品评和研讨是其重要内容。许多红学家对《红楼梦》研究了几十年，但他们当中专门研究红楼饮食文化的并不多，因此红楼宴研究理所当然地成了大家比较关注的新课题。为了让与会代表对红楼宴有所了解，会前西园饭店在红楼厅专门备了红楼宴以供品尝，分成四个部分上菜：第一部分为"大观一品"，以三个色彩缤纷、造型美丽的拼盘组成，实际是一组观赏菜；第二部分为"贾府冷碟"，共十道小吃，其中有四道菜，即糟香舌掌、胭脂鹅脯、枸杞蒿秆、美味茄鲞，都是在《红楼梦》家宴中出现过的；第三部分为"荣宁大菜"，如"白雪红梅""老蚌怀珠""姥姥鸽蛋"，"酒酿清蒸鸭""羊肉桂鱼""葵花野鸭""清蒸鲥鱼""笼蒸螃蟹""文思豆腐""乌鸡人参汤"，道道菜都源于红楼小说，都有故事；第四部分为"怡红细点"，如"晴雯包"、银丝面、松瓤卷、如意饺、天香藕、栗粉糕等，造型玲珑剔透，精致美观。研讨会上，冯老首先对扬州开发红楼宴的起因、条件、进展与所产生的影响做了阐述，西园饭店的经理对红楼宴的菜肴的出处、典故和文化做了介绍。讨论会上，气氛热烈，各抒己见。与会代表完全同意冯老的这样几个观点：一、红楼菜是淮扬菜的体系。二、红楼菜要发展。红楼菜源于《红楼梦》之书，但不能囿于原书，还要根据菜的体系来加以发展和补充。许多红学家在发言中指出，全国不少地方都在制作红楼宴，红楼宴可以百花齐放，百花争艳，但红楼宴经过扬州厨师的反复研究和认真实践，现已形成了相当系统的红楼宴体系。他们认为，正宗的红楼宴在扬州，这毋庸置疑。红楼宴研讨会召开当日下午，时值扬州迎宾馆红楼餐厅落成，冯其庸先生和与会代表都出席了落成仪式，冯老还为红楼餐厅剪了彩。

1992年8月，经冯其庸先生发起，中国艺术研究院、中国红楼梦学会在扬州召开了红楼宴专题研讨会，20余名红学界、美食界知名专家学者参加会议，其中有李希凡（时任中国艺术研究院常务副院长）、王利器（《中国烹饪》杂志顾问）、王世襄（中国文物考古专家）等。此时，红楼宴已经名扬中外，但冯老对此并不感到满足，认为应该百尺竿头、更进一步，要把扬州红楼宴推向更高、更新阶段。这次会议的议题是红楼宴的成因、特色和前景。专家学者们围绕议题畅所欲言，专家学者们认为，中国的饮食文化是中国古老文化的重要组成部分，扬州红楼宴就是文化，而且是一种高层次的饮食文化。扬州推出的红楼宴是一个继承，也是一个创造，是对红学研究的一次升华。与此同时，专家学者们提出了许多宝贵意见。关于红楼宴原料问题，专家们认为，选好料是保证红楼宴质量的关键，应少用或不用冰冻原料。会上对红楼宴菜单也做了研讨，他们认为，作为大宴、高档次宴席，红楼宴必须有一个基本菜单，这份基本菜单的菜目应以《红楼梦》书中所写的菜馔名称为主，体现红楼宴道道有出处、道道有文化。当然菜单也要随着季节的变化而变化，进行适当调整，以体现红楼菜特色。对于红楼宴的上菜程序和食法，专家学者们认为，红楼宴有30余道菜肴和点心，甜咸相间，哪道菜先上，哪道菜后上，哪道菜接哪道菜，必须有个基本顺序，既考虑饮食的节奏，又调节宾客的口味。冯其庸先生还特别强调了怎么吃法问题，他说，有的菜分开吃，有的菜就不能分开吃，现在几乎所有的菜都是分开吃，这有没有必要？当然分开是讲卫生，但红楼宴有些菜实在不能分食，分食就会影响效果，是否做到有分有合？他举了个三套鸭的例子。三套鸭是红楼宴里的名菜，家鸭、野鸭、仔鸽三位一体，味道不错。外层是家鸭，中层是野鸭，里层是仔鸽，装在盘里有一个完整的鸭的形象，这道菜应一层一层地品尝。采取分食的方法，家鸭、野鸭、仔鸽混在一起，用《红楼梦》里一句话"谁解其中味"呢？因此，三套鸭的分食效果是不好的，一定要让大家自己动筷子，这样才有味道，才有新鲜感。专家学者们还认为，红楼宴的餐具和环境必须相互配套，餐厅环境、陈设要古朴典雅，要有红楼味、文化味，要让人感到进了餐厅就如同进了大观园。有了《红楼梦》的大环境，再来品尝红楼宴的美味佳肴，气氛就大不一样了，给人一种高层次的饮食文化的艺术享受。

这次研讨会期间，西园饭店安排了红楼宴，让与会者品尝。紧接着，冯其庸先生组织分别于1992年10月、2004年10月两次在扬州举行"国际《红楼梦》学术研讨会"，都设了红楼宴招待与会代表，同品佳宴、共话红楼，专家学者们的宝贵意见和建议对提升扬州红楼宴文化品位起了重要作用。

悉心在海内外推广扬州红楼宴

扬州红楼宴横空出世，引来红学界、美食界和各方人士好评如潮，饮誉海内外。这既在意料之外，也在情理之中，这与冯其庸先生悉心推广是分不开的。可以毫不夸张地说，冯老在引领红楼宴走出扬州方面做到了亲力亲为，尽心竭力，不遗余力，做了富有成效的工作。

借助《红楼梦》文化艺术展览活动，积极推介扬州红楼宴。由冯老邀请，扬州红楼宴走出去的第一站就是新加坡。这次是随中国红楼梦艺术展团赴新加坡参展的，人员都是《红楼梦》研究的知名学者和电视连续剧《红楼梦》的主要演员及相关专业人员。在记者招待会上，专门介绍了扬州红楼宴。红楼宴烹调技艺表演在新加坡闹市中心的一个高档酒家举行，这次在新加坡的精彩的烹调表演，历时半月，烹调200余桌，一时倾倒狮城，风靡南洋，轰动了新加坡各界人士和红学爱好者。新加坡电视台、电台、报纸做了广泛的宣传，《联合早报》赞美红楼宴是"珠玉纷呈，荤素莹秀""金浆玉露，浓郁吐芳""红案白案，各有一绝"。1989年岁末，又应冯其庸先生的邀请，扬州红楼宴随中国红楼梦艺术展赴广州参展。开幕当日中午，在广州东山宾馆举办了红楼宴，以招待四方嘉宾，冯老席间发表讲话，隆重推出扬州红楼宴。随后，应艺术展组委会之邀，制作红楼宴的厨师在广州松林酒家做了烹饪技艺表演，并举办了红楼宴新闻发布会，在羊城迅速掀起了扬州红楼宴热。《南方日报》《羊城晚报》《文化参考报》和省、市电视台集中进行了报道，认为扬州红楼宴"用料精，做工细，色、香、味、形俱佳"，"每道菜点都能讲出一个故事或一段来历"，再现了18世纪中国的"诗礼簪缨之族，钟鸣鼎食之家"的饮食风貌。1990年夏，在举办十一届亚运会期间，经冯其庸先生牵头，中国艺术研究院和北京大观园管委会联合举办了红楼梦文化艺术展，由扬州西园饭店厨师先后在大观楼酒家、首都宾馆表演了红楼宴烹调技艺，中央电视台等新闻媒体进行了录像和现场采访，进一步扩大了扬州红楼宴在北京的影响。正是在冯其庸先生的帮助下，扬州红楼宴走出了扬州，走向了全国，走向了世界。

亲自为扬州红楼宴撰文题诗，大力宣传红楼美食文化。随着扬州红楼宴的问世，歌吟和撰写扬州红楼宴的诗词文赋和专著也应运而生，这些都是非常宝贵的饮食文化财富。冯其庸先生为之倾注了很多精力，通过写文章、作诗题词，为扬州红楼宴鼓与呼。1985年，扬州外办编写了《古城扬州》一书，冯老为之作序，这篇序文发表在1987年第四期《散文世界》上。冯老在序文中首次写到扬州红楼宴："人们常常喜欢说《红楼梦》里的菜肴，我认为红楼菜实在是扬州菜的体系。"这一观点为扬州烹调红楼宴提供了理论支持。1988年秋，冯老下榻扬州西园饭店，兴之所至，诗情澎湃，在宣纸上挥笔写下了《题扬州西园饭店红楼宴》诗："天下珍馐属扬州，三套鸭子烩鱼头。红楼昨夜开佳宴，馋煞九州饕餮侯。"1989年，时值秋日，冯先生在扬州小住了几天，重游了瘦西湖、平山堂、何园等名胜景点，令其心旷神怡，挥毫成章，写下了《秋游扬州》一文，其中写到了扬州红楼宴，充分肯定了西园饭店和扬州迎宾馆研制的红楼宴，"其聪明处就是：第一不死掉书袋，第二，重点在好吃，其次才是好看"，"既能认真研究书本又能不拘泥、不执着于书"。这篇8000字的文章在《人民文学》杂志上发表。1990年，冯老专为江苏《美食》杂志题词"红楼美食 文化瑰宝"，并正式刊登。1991年春夏之交，冯其庸先生写下了《关于扬州红楼宴》一文，发表在《中国烹饪》杂志上。1997年，扬州迎宾馆"红楼餐厅"建成，冯老为该餐厅题诗作画，其中的"山珍海味红楼宴，竹露梅霜翠庵茶"一联，高度概括了迎宾馆红楼宴和红楼茶点的文化品位。扬州为编纂《扬州红楼宴图册》，特邀冯其庸先生为主编，冯老不顾年逾古稀，欣然领衔，亲自安排图册的设计、组稿、摄影、印刷等项工作，并撰文作序，许多红学家、美食家也都为图册题诗作画，全册诗书画印，相映成辉。《扬州红楼宴图册》的问世，凝聚着冯老的心血，是扬州红楼美食文化的结晶，是令人回味无穷的美食佳作。

大师远去，音容宛在，红楼学术，思想永存。由冯其庸先生倡导研发的集红楼美食文化大成的扬州红楼宴，在新形势下仍应传承发展，使这朵最具有文化品位的奇葩开放得更加绚丽。

本文原载于《红楼梦学刊》二〇一七年第四辑

本文作者：江苏省扬州市市委原副书记

忆昔感今念冯公

丁章华

2017年元月22日午饭后，打电话给冯先生，想提前给他拜个早年，提前祝他生日快乐。因先生是小除夕夜腊月二十九生日，到时电话很难打进，所以，我一贯提前一周电话送祝福。先生总是十分开心地和我在电话中聊上一阵儿……可这次电话无人接听，再打夏老师手机也不通，心中一阵不安。遂联系上红学会任晓辉同志，被告知先生于当天12:18分驾鹤西去。闻此噩耗悲痛不已，后悔没有早几天打电话，再能听一听先生的声音；后悔没有再去看一看先生。

翻阅与先生交往30多年的记录，面对先生赠我的各种书籍画册，感慨万千！往事历历在目，教诲萦绕耳际。难忘共商红楼宴，难忘江村食河豚，难忘探访水云楼，难忘同寻芸娘墓，难忘泛舟瘦西湖……太多的回忆，太多的思念，谨记下冯先生在扬州活动的点滴，以此感恩先生，怀念先生。

天下珍馐属扬州

1987年6月，冯先生打电话告诉我，他将于1988年夏天率团赴新加坡举办"红楼梦文化艺术展"。新方要求红楼宴表演团随行。先生希望扬州能承担烹制红楼宴的任务。说实话，当时外办下属的西园饭店、扬州迎宾馆，还没有做过一次完整的红楼宴，只是尝试做过几道红楼菜点，要完成这项任务不容易。但冯先生认为，淮扬菜系是中国四大名菜之一，而《红楼梦》书中所描写到的饮食又主要是扬州菜的体系。书中提到的糟鹅掌、火腿炖肘子、豆腐皮包子等都是常见的淮扬菜。何况曹家世居扬州和南京，对扬州的饮食习惯自然熟悉，扬州师傅做红楼宴应该是完全胜任的。

为了不负先生之托，我们花了近一年的时间进行研制，外出考察调研，聘请专家论证，举办菜品品尝会。其间，冯先生多次来到扬州指导，最终确定了赴新加坡表演的菜谱，从西园饭店和扬州迎宾馆挑选最有实力的厨师，由时任外办主任姚伟鼎先生率团赴新表演。

扬州红楼宴首次亮相新加坡就获得了成功，当地媒体做了广泛而大量的宣传报道，盛赞红楼宴"道道有出处、道道有文化"，盛赞红楼菜"金浆玉露、浓郁吐芳、胶洁凝齿、温醇清香"。红楼宴一时轰动了新加坡，订座者络绎不绝。主办方为此挽留表演团，在新加坡延长了20天。

赴新成功表演红楼宴为艺术展增光添彩，为扬州菜传播美名，也使冯先生十分高兴。当年11月份，先生又到扬州时挥毫写下了这首诗："天下珍馐属扬州，三套鸭子烩鱼头。红楼昨夜开佳宴，馋煞九州饕餮侯。"这是对红楼宴的赞美，也是对扬州菜的赞美！

此后，这首诗被广泛应用于扬州各类美食书籍之中，而每次走出扬州、走出国门举办美食表演，在设计的宣传画册和宴席菜单上一定会有这首诗。

先生为了帮助扬州开发推广红楼宴倾注了满腔热情。他两次在扬州组织红楼宴研讨会，邀请国内著名学者王利器、王世襄、邓云乡、周绍良、李希凡等光临扬州，为红楼宴建言献策；他两次在扬州主持召开"国际红楼梦研讨会"；两次在北京组织红楼宴品尝会。在先生的推荐和关心下，红楼宴走出扬州、走出国门名扬四海。正如先生在为《扬州红楼宴》作序言时所说："1988年夏，予率团赴新加坡举办'红楼梦文化艺术展'，西园饭店、扬州迎宾馆亦应邀赴新加坡举办红楼宴。彼邦人士遂以为盛世，宴无虚席，红楼宴声誉大震。一时泰国、马来西亚、中国台湾地区等地皆有来品尝红楼宴者。西园饭店、扬州迎宾馆载誉而归。1989年，复有'广州红楼文化艺术展'，西园饭店、扬州迎宾馆又应广州松林酒家之邀，在穗举办红楼宴。一时红学界、文化界、影视界人士纷纷赴穗品尝，皆相称道，以为天下美味虽不尽于此，盖亦在于此矣！此红楼宴之第二盛事也。1990年9月，亚运盛会在京召开，中国艺术研究院与北京大观园在京联合举办'红楼梦文化艺术展'，邀请西园饭店、扬州迎宾馆共赴京华举办红楼宴，设席大观园。一时声动京华，争相传语曰：红楼宴回归大观园矣！连续一周座无虚席。京华人士盛赞曰：盛筵难再不可失也。维扬风味红楼情韵，萃无此矣！扬州红楼宴三经盛会，遂誉满海外、声动京华，且方兴未有艾也。"

此后，扬州红楼宴又多次应邀赴新加坡、比利时、澳大利亚、德国、日本、美国等国和中国香港、中国台湾等地区表演，好评如潮。

至90年代中期，红楼宴已形成了一套比较完整的饮食服务体系。从菜谱、菜单、餐厅设计，到服务程序的规范，乃至服装、用品、音乐、环境的配套都别具一格。

冯先生在"扬州红楼宴研讨会"上曾说过："我觉得西园饭店、扬州迎宾馆做出的红楼宴是高水平的。我为他们题了字'正宗红楼宴'！这个正宗红楼宴是西园饭店、扬州迎宾馆的大师傅搞出来的……"

"十月维扬故园秋，满堂佳客说红楼。多情最是西园主，盛席华筵宴未休。"这是先生在1992年10月"国际红楼梦研讨会"期间写下的，此后又多次到扬州主办各类红学活动，邀请众多红学家、文史家、美食家相聚扬州，为红楼盛宴留下了上百首诗篇文章。

江城两度话红楼

2004年10月10—12日，"国际红楼梦研讨会"在扬州召开。这是继1992年10月之后，在扬州第二次举办的红楼盛会，也是进入新世纪后红学界的第一次国际性学术会。此外，还同期举行了纪念曹雪芹逝世240周年的会议。来自美国、法国、荷兰、马来西亚、新加坡、日本、韩国等国和中国台湾及香港等地区的中外代表130余人与会，其中包括著名红学家冯其庸、李希凡、赵冈、梅节，著名作家二月河等。

这次会议的主题是"红楼梦与世界"，对宣传扬州，弘扬中国传统文化起到了积极的作用；对扩大扬州的国际影响，打造"文化扬州"起到了极大的推动作用。

会议期间听说曹寅碑仍在瘦西湖月观的后墙中，可惜当年参与施工的工匠已辞世，冯先生希望到现场去查看。两次去现场，虽经工人师傅在月观的棋室后墙点凿探寻，仍然没有发现。月观一带古建筑较多，又是瘦西湖著名景点，不可任意凿墙钻孔，影响古建筑结构，曹寅碑寻而未见，成为红学和曹学的一大谜案。但毕竟扬州有人曾经见过，或许将来有可能再现，也可能永久湮灭。冯先生说，曹寅碑在扬州绝不是空穴来风，一定事出有因。还嘱咐我继续关注，一有消息尽快告诉他。

寻找芸娘墓也是冯先生在这次开会期间提出的想法。早在1975年，先生就到扬州寻访过芸娘墓。当时是由扬州行署副专员钱承芳同志陪同的。那次虽然跑了很多路，但未能找到，而先生却坚信这位悲剧女性的埋骨之处一定在扬州。也就是那一次在扬州，先生考察了"一庙五门天下少，两廊十殿世间稀"的天宁寺。这正是当年曹寅在扬州主持编刻《全唐诗》的地方。当发现天宁寺损坏，侧屋正要被拆时，先生立即向钱承芳专员建议："这是一段历史，这是一处古迹，这是一笔不可多得的财富，万请保护！"钱副专员当即答应，并拨款整修了天宁寺，遂使这份珍贵的古典建筑得以完整保留。

在我的记忆中，先生每次到扬州常会提及芸娘，总希望有一天能找到她的墓。先生说，他从小就爱读《浮生六记》，作者沈三白笔下的芸娘是一位非常可爱的、富有中国古典美的女性。沈三白与芸娘俩人的爱情平凡却甜蜜。即使在贫困潦倒时沈三白仍不失乐观，不流世俗，而芸娘的心灵手巧、聪慧善良，更使他们的二人世界妙趣横生、活泼雅致，充满了诗情画意。他们曾寓居于扬州小秦淮大东门桥畔，靠卖画为生。最终芸娘因病去世，葬于扬州西郊金匮山下。

这次去寻芸娘墓，先生好像有预感，一路上不停地说："芸娘墓一定就在扬州，一定会找到的！"我和扬州文化学者韦明铧、报社记者孟瑶等陪同先生，先是开车，后是步行，边走边问，请教了好几位当地农民，有的说不知道，有的说听说过。在一个小村落停车后，又打听了几户人家，还是没有结果。我们都劝先生回去休息，毕竟已经走了两个多小时了，但先生执意坚持继续寻找。此时，恰逢一位老大娘出门洗菜，我们随即上前打听芸娘墓的事。老太太说："就在东边啊！我家老头子原来还守过墓。"冯老一听，随即请出老先生陪我们去现场。芸娘墓已无踪影，只剩下一片空地，可以想象当年的墓还是很有气势的。据老人介绍，墓被平了，当时还挖到了一些随葬品。其中，有一个戒指，上面还刻有"芸"字。至此，冯老感慨不已。一位载入史册的美丽女性，身前身后如此凄凉，希望有一天重新修复芸娘墓，让人们凭吊。

这次会议仅三天，先生除了主持大会参与研讨，还精心指导我们策划了一场红楼盛宴。2004年10月12日晚，以红楼宴作为闭幕晚宴，将扬州迎宾馆的万芳园布置成红楼厅。厅内翠竹萧萧，琴声悠悠，衬以金陵十二钗画像（这是冯先生请谭凤嬛女士专门绘制的，还亲自为每幅画题了诗）。巨幅红楼夜宴图格外醒目，使人如临大观园。红楼厅门前12位姑娘身着古装，手提灯笼，迎候宾客。尤其是隆重的击鼓鸣锣仪式令人耳目一新。红楼盛宴奉献给宾客的美味佳肴使出席者终生难忘。他们盛赞红楼宴魅力无穷、情趣无限，盛赞红楼宴"佳肴只盍天上有，馔金炊玉尽珍馐"。扬州红楼宴为大会画上了圆满的句号，也让朋友们记住了扬州——这座与《红楼梦》有缘的城市。

当晚，会议代表们在迎宾馆茶楼举办书画笔会，先生率先挥毫写下了"大千俱是梦中人"。随后，我陪先生和夫人在园内散步。先生说："这次会议开得很成功，代表们都很满意。我又有机会二访小金山，再寻芸娘墓终有结果。"回到住处后，先生仍意犹未尽，又提笔赋诗：

江城两度话红楼，四海嘉宾聚一州。

多谢殷勤东道主，红楼宴罢论曹侯。

红楼一梦假还真，世事烟云过眼尘。

只有真情传万古，年年岁岁新更新。

红楼盛宴古今无，陆海山珍亦枉诹。

多谢主人神妙手，一盘茄鲞压天厨。

红楼宴好淮扬秋，指点江山觅故侯。

幸有天宁寺仍在，寺前尚有御码头。

红楼一梦梦正长，梦里曹寅字里藏。

忽报小金山下路，当年画石尚留墙。

此诗当时是写在迎宾馆的信笺上的。拿到先生手稿，我即着人送至茶楼，大家看到先生的诗篇更加情绪高涨，品茶论红楼，挥毫赞扬州，留下了不少优美的诗篇。

细雨春江食河豚

我在《扬州与红楼梦》一书的序中曾写过："我与红楼梦有三缘——书缘、事缘、人缘。"其中的人缘就是我与冯其庸先生的缘分。现在回想起来，还总与食缘有关。

70年代末期，冯先生到扬州，总是下榻在当时的西园饭店。一是因为西园的环境美，二是那里有他的许多好友，当然西园的菜特别好吃也是一个重要因素。

记得冯先生特别爱吃扬州狮子头，西园的大师傅熟知他的口味，总是将狮子头煎成双面微黄，再入砂锅文火慢炖。春天配河蚌，夏天加菜心，冬天放笋片，秋天就做成蟹粉狮子头。冯先生总是先吃菜，再用汤泡饭，总也吃不厌的。还有一道菜是腐乳炝虾，先生认为这道菜西园做得最入味，配着洋河大曲，更是妙不可言。冯先生在许多文章和诗词中夸赞扬州菜清淡适口，做工精细，风味隽永，超凡脱俗，是有文化的美食。先生对扬州美食情有独钟，对宣传扬州美食更是不遗余力。他为《淮扬饮食文化史》《扬州小吃》等餐饮专著题写书名，为扬州留下了大量的诗篇和文章，还请启功先生帮助题写了"扬州三宴"。

1989年先生曾四次到扬州，在他的散文《秋游扬州》一文中描述了四下扬州的美好感受。在先生的笔下，扬州是美的化身，扬州一年四季到处都是美。也就是这一年，先生在扬州几次提到苏东坡食河豚的事，并说如果此生不得食河豚就不得做诗人了。1989年年底，先生给我来信时又提道："扬州实在使我太怀念了，当然离开了人光有物是不会如此的。不知河豚是几月最好？我如能抽得出时间，一定去做完这件最有意义的事。"先生还跟我说过，他和亚明先生同时随军过长江，又同在无锡共事，曾相约仿古人"舟行长江捕河豚，把酒烹鱼享美味"，惜亚明先生已故去，为憾！

为了却先生心愿，庚午三月初一这一天我和家华、为民同志陪同先生去吃河豚。先生是名人，请他吃河豚我们有压力。思之再三，请我父亲的老友安排在泰兴永安镇江边的迎宾楼。店虽小，但做河豚有名气、有经验。

一下车，先生就兴致勃勃地拍摄江边风光，又要求去厨房看活的河豚，还拍了不少照片。入席后，店家送上两大盆秧草烧河豚，还给每人盛了一碗米饭。当值的大师傅先吃了一块鱼，又喝了两口汤，再介绍了河豚鱼的做法和吃法，就招呼大家开吃。刚欲动筷，先生说："如此天下美味，无酒何以尽兴？"店主忙过来解释："先生，按规矩我们这里吃河豚是不饮酒的。因为鱼中毒的感觉是嘴发麻，如果喝了酒，就分不清是酒麻还是毒麻了。又听说您老是初次吃河豚，就更不能饮酒啦！"先生听后哈哈大笑道："不是说拼死吃河豚吗？敢来吃就不怕，有酒才尽兴！"话说到这份儿上，只好上了瓶花瓶洋河酒，正是先生喜欢的。接下来，喝着酒，吃着河豚，鲜嫩爽滑的鱼肉、胶质浓厚的鱼皮、雪白似乳的鱼白、碧绿鲜香的秧草，先生皆一一细品。最后，以鱼汤泡饭结束了午餐。用餐过程中，先生除了讲"好吃，真好吃"以外，几乎没有多余的话。放下筷子，意味深长地说："难怪苏东坡说值得一死。"回城时，一路春雨潇潇麦苗青，桃花艳艳菜花黄，先生双目凝视窗外一言未发，仿佛仍在回味河豚的美味。后以诗记之："浪迹江湖六十春，放翁老去更销魂。此身合是诗人未？细雨春江食河豚。"先生在这首诗的跋中专门记道：俚语云，不食河豚不算诗人，东坡有"正是河豚欲上时"之句，故予每恨不得食河豚也。顷来扬州，适当其时……其味之美，无与论矣！此予生平食河豚之始，虽未可以此充诗人，却不可不记之以诗。

此后，我又在家中请冯先生品尝过一次河豚。那次是我婆婆做的河豚烧青菜，专门从靖江带到扬州，恰逢先生从上海来扬州，为《扬州红楼宴》一书的出版做最后的修改和定稿。先生听说我要请他在家里吃河豚特别高兴。因我知道先生爱食甲鱼，清炖甲鱼汤是他的最爱，故提前一天做了准备。当天的晚餐就是一鱼一汤配米饭，外加糖醋洋花萝卜、双黄鸭蛋、蓑衣莴笋，简简单单的一顿家常饭。先生吃得十分高兴，说是第二次吃河豚更觉滋味不一样，青菜比鱼更好吃。告别时，冯老握着我先生的手，动情地说："我的胆子大，不怕河豚有毒，敢吃。你们胆子也不小，能在家里请我吃河豚，敢为！此乃性命攸关之事，不是真心朋友是不会这么做的，我得以诗记之。"故后又有诗云:"濛濛细雨湿江村,烟草凄迷欲断魂。一事平生堪自足,江村三月食河豚。"

三月初尝河豚味,十月又品三头宴,对于冯先生也是第一次,自然多了一份惊喜。开席之前,家华同志介绍了吃三头宴的口诀:"扒猪头香喷喷,不问厨娘问老僧。狮子头刀切成,不用筷子用调羹。鲢鱼头大如灯,精华之处在鱼唇。"席间亦聊了许多扬州美食的趣味逸事。先生对西园大师傅们精心准备的清炖蟹粉狮子头、浓汤拆烩鲢鱼头、冰糖扒烧整猪头赞不绝口,大发感慨:"扬州人就是有文化,每道菜都有故事。扬州的大师傅就是有能耐,普通的鱼和肉经他们妙手烹制,即成天味。吃在扬州名不虚传!"多年以后,我在一把紫砂壶上发现了冯先生题写的诗:"木落天清作远游,广陵秋色浓于酒。西园试罢三头宴,始识奇珍在扬州。"这应该是先生品三头宴后而作吧!

溱潼初探水云楼

2004年6月,冯先生专程到南京就10月份在扬州举办"国际红楼梦研讨会"一事向江苏省委领导作汇报后,又到扬州就会议的准备工作做了商量。先生一到扬州就跟我说,这次要抽个时间去探访一下水云楼旧址。时任扬州市政协副主席夏泽民先生帮助做了安排。

6月26日上午,我和左为民同志陪同冯先生和时任中国红楼梦学会秘书长张庆善一同前往溱潼,镇党委书记肖洛平同志接待了我们。

"莫道江南花似锦,溱潼水国胜江南。"这是一位诗人对溱潼古镇的赞美。溱潼古镇地处江苏省里下河地区,位于盐城、南通、泰州三市交界处,长江水系与淮河水系在此交汇,是中国历史文化名镇。此地四面环水、环境宜人,每年清明节举办的"溱潼会船节"被誉为"天下第一会船"。每年会船节这一天,绵延100多平方公里的篙船、划船、花船、贡船、拐妇船吸引着数万游客前往观光。

我们一到溱潼,冯先生顾不上去游览著名的溱潼美景,便冒着烈日酷暑实地考察了水云楼旧址;又乘船探访了当年水云楼周边的遗迹。一路上,先生告诉我们曾看过《东台县志》中的"溱潼水云楼图"。当年的水云楼天光云影、楼台耸立、树木扶疏、风帆远近,景色十分雅致。水云楼上雕梁画栋、古意盎然,这里曾是许多文人雅士相聚之地。他们在此品茗饮酒、赋诗作画。晚清著名词学家蒋春霖先生曾寓居在此十年之久。这位"天涯倦客"词中所说"乡心寄雁,泛宅依凫"的地方就是溱潼镇的"水云楼"。水云楼在中国文化史上发挥了极其重要的作用。先生在谈到原来水云楼中曾珍藏的名人书画时更是惋惜不已，他说这些是多么珍贵的文化财富！还随口吟出了郑板桥的对联："得来湖水烹新茗，买尽吴山作画屏"，又提到明代吏部侍郎、海陵才子储罐在水云楼上读书，见楼前碧波清静、风光秀丽的迷人景色，他触景生情出了上联："一眼观三湖湖南湖西湖北口"。然而，储罐冥思苦想久而不得下联。先生笑问："各位可否一试？"我等面面相觑，摇头无言。先生说，这个几百年前留下的孤联后来让一位溱潼名士巧对上了："孤舟荡双桨桨起桨落桨高低。"一行人皆惊讶先生超凡的记忆力，更敬佩他谦虚好学的精神。

接待我们的肖洛平书记介绍，现在水云楼已荡然无存了。楼内众多珍贵文物除部分在抗战时期遭劫外，大多毁于"文革"期间，少量流入民间。之后，水云楼被拆，但是听说楼上那片能发光的琉璃瓦被粮库工人收藏起来了。镇里正在规划重建水云楼，希望到时能寻得这块琉璃瓦，让它重放光彩。听闻此言，先生十分高兴。

大家乘船在湖中转了一圈，唯见湖水清清、芦花飘飘，名楼已无踪迹。先生说，《水云楼词》是他最爱读的一本书，对他的一生影响很大，期待名楼重建之时再来溱潼！

当日的午餐安排在镇政府的职工食堂，主人盛情烹制的菜点既新鲜又具地方特色。白如明珠的鱼圆，红如珊瑚的虾球，清澈如水的甲鱼汤，菜田里现摘的鲜嫩时蔬，简单的烹制手法，食物自身的真滋味令人停不下筷子。最后一道水果是当地的特产——水瓜，清甜无比，大家从未尝过。餐毕，先生说今天吃的才是真正的美味佳肴，返璞归真的滋味最宜人。

午餐后，主人请先生留下墨宝。先生沉思片刻欣然挥毫，在一张四尺整张的宣纸上游龙舞凤写下了十个大字后，让人拿纸来！主人竟说就备了一张纸，赶紧派人再去买。好在商店就在附近，很快就买来了宣纸。这也是少有的趣事了！从没见过写了一半等纸到再续写的。后来主人告诉我，能接待冯先生他们十分荣幸，原本只指望先生留个墨宝，不敢奢望先生写太多，没想到……

记下这段趣事，也记下先生为水云楼留下的墨宝："水云真词人，一书传万卷。"并附跋——予读水云楼词垂六十年，近始知楼在溱潼。今携丁章华、左为民、张庆善诸同志访水云楼，则烟水依旧而名楼荡然，不胜沧桑之感。望名迹重建，再传后世尔！

2006年5月4日，溱潼镇举行"水云楼重建落成暨蒋春霖铜像揭幕仪式"。冯先生致信祝贺，高度评价了蒋春霖在清代词坛上的重要地位，称赞溱潼镇复建水云楼是一件功不可没的善事。

西湖虽瘦要题诗

冯先生每次到扬州，只要有时间总喜欢去瘦西湖。在先生的眼中，瘦西湖四季皆美景。瘦西湖是诗，瘦西湖是歌，瘦西湖是画，瘦西湖的美雅秀天成、不假雕饰，完全是诗人本色。

1989年，先生曾四访扬州。大明寺撞钟迎新年，瘦西湖上泛舟行，西园秉烛看琼花，片石山房做旧游。我有幸陪同先生在扬州的活动，亲身感受到先生对扬州的一片深情。

大明寺辞旧迎新撞钟活动是扬州的传统节目。扬州是鉴真的家乡，大明寺的钟与苏州寒山寺的钟一样闻名遐迩。每年都有全国各地的朋友专程来参加活动，还有不少来自日本、中国香港、中国台湾的客人。1988年的除夕之夜，我们陪着先生拜谒了鉴真纪念堂，参观了大明寺的西花园，接着就排队等候。除夕之夜的23时59分开始倒计时，农历新年的第一分钟开始撞钟。随着钟声敲响，每个人心中都期待着来年的幸福吉祥。先生说："我今天撞的钟声似乎比别人响，我希望我们的国家繁荣富强，人民安康。我也希望多得到一份吉祥。"

在这次活动中，先生还结识了一位日本朋友——田边公志。这位朋友来自日本唐津市，多年致力于中日友好，为扬州与唐津两市的友好交往作出了积极贡献。后来，先生还为田边公志先生作诗一首，书法赠之，令田边公志先生万分感动，视之为珍宝。这首诗是这样写的："田家少闲月，边城多欢声。公车频往来，志在结和平。"

1989年10月2日，先生又到扬州。这一次花了半天时间游览瘦西湖。虽然已经是多次游览，但这秋天的景致依然令先生陶醉。瘦西湖的水、瘦西湖的桥、瘦西湖的柳，还有瘦西湖的楼台亭阁无不引发先生的感慨。就连一般人眼中的田园风光，在先生的眼中也是满满的诗情画意。

在他的散文《秋游扬州》中，先生这么写道："不知不觉已穿过了二十四桥的桥洞，这边的景色更显得清幽。不仅瘦西湖显得更纤细，更婀娜，而且疏林黄叶，断岸古柳。在右手的田边还有一驾牛车，正在草亭里转圈。左手的菜畦里都是整齐的豆棚，上边翠生生的藤蔓开着紫色的扁豆花，大片大片的紫扁豆已垂满架。而我们的小船却已被湖面碧绿碧绿并且长出水面5寸多高的茂密的水草包围住了。水草开着鲜艳的、生气勃勃的黄花，远看好像一对对炯炯有神的眼睛在望着你。我骤然进入了这样的境界，几乎怀疑自己是武陵渔人误入了世外桃源。我们面对着这广阔的大自然，清新朴素的田园风光，扁舟欸乃一直到了平山堂下。至此，我才真正游玩了瘦西湖的全程，真正欣赏了瘦西湖的特殊风味。这半日的游程使我得到了最大的收获和满足。"

后来在一次重游瘦西湖时，我又提到先生描写瘦西湖田园风光的这一段，并说如能就此意境作一幅画、题一首诗，一定很迷人。先生笑言："那应该在游船上，或在瘦西湖的月观中作画。"此后，我和先生都一直记着这件事。2004年10月，扬州举办"国际红楼梦研讨会"期间，我和先生约定会议期间要组织一次书画笔谈会，地点就选在瘦西湖的月观，邀请10位著名红学家、书画家在月观品茶观菊，书画瘦西湖，而且说好先生一定作画题诗，但此梦未能圆。因先生在大会期间多有操劳，又为探访曹寅碑和芸娘墓多次奔波，身体欠佳。毕竟是82岁的老人了，为了他的健康也不忍再让他辛苦。但先生答应，下次只要到扬州一定会了此愿。

然而先生自2004年10月一别，就再没有到扬州，但先生心中是记着这件事的。一次我去他北京通州的家中看望，又提及书画瘦西湖之约，先生说："我欠你一次笔谈会，画还没画成，但诗我已写了。"原来，就在游览瘦西湖的第二天，先生就写下了下面的诗篇："秋在扬州廿四桥，青山绿水也魂销。夜来只待嫦娥到，万里轻纱一曲箫。我是寻秋杜牧之，扬州月满恰来时。箫声莫怪太幽咽，廿四桥头玉女吹。行到听秋廿四桥，芦花翻白蓼花娇。秋声秋色知多少，一路诗情满画桡。"这首诗后来被收在《冯其庸文集》中。在先生的眼中，瘦西湖就是一幅水墨画，一卷山水图，总会令人深深陶醉。

2003年5月2日，先生到扬州重游瘦西湖，为瘦西湖题诗：

> 西湖虽瘦要题诗，诗到西湖月上时。
> 影里西湖分外瘦，飞燕不敢比新姿。

这次到扬州也是为了2004年10月在扬州举办"国际红楼梦研讨会"做准备。先生做任何事情都十分认真细致，每次在扬州开会，他对会议的来宾名单、日程安排、会议纪念品等都要亲自把关。记得当时大家商量再制一套紫砂茶壶和一枚纪念"曹雪芹逝世240周年"的银币，光是为了壶的三种款式就反复研究了好几次。大家提出了多种方案，最后请先生定夺。先生说："还是再制一套壶吧，题字可以用'扬州旧梦'。既然在扬州开会，一定要有扬州元素。扬州是一座与《红楼梦》有缘的城市，而绿杨城郭的扬州旧梦是耐人寻味的。"大家觉得特别好，由此忆起1992年"国际红楼梦研讨会"的纪念品，也是先生亲自设计的紫砂茶壶，壶身题词为"红楼梦长"，配以潇潇修竹，十分雅致。一份纪念品先生都如此用心，可见先生做事的风格，更可感知他对扬州的一份真情！

后来设计的这一套壶，也是先生选定的款式。纪念币上的题词、图案，都是先生审定和提供的。壶身一侧是先生的书法"扬州旧梦"，另一侧先生用寥寥数笔画出了他心中的绿杨城郭。

先生对扬州真的是情有独钟。他常说，扬州到处都是美，而瘦西湖就是扬州美的化身。虽然2004年以后先生再没有到过扬州，但我坚信先生是一直念着春雨迷濛的烟花三月，念着西园饭店庭院里的琼花仙子，念着个园的万杆修竹，念着瘦西湖月观前的中天月色，更会念着朋友们的深情厚谊……先生是深深热爱着、怀念着这座绿杨城郭的。

冯先生仙逝后，我一直惦着要去看望他夫人夏蓁涓女士。2017年5月3日，我又来到北京通州区张家湾芳草园那座熟悉的小院。院内的古木枝繁叶茂，鲜花娇艳欲滴，叠石挺拔俊秀，它们似乎也在悄悄向我诉说对先生的思念之情。

夏老师拉着我的手，进入"瓜饭楼"会客厅，一切陈设依旧。我向先生的遗像深深鞠躬，不禁一时哽咽。夏老师说："老冯，扬州的朋友来看你了，还带来了你喜欢的扬州特产。"转身又对我说，"坐吧，别难过了，老冯走得很有尊严！一切都如他所愿。他病重期间，我和两个女儿一直陪伴着。老冯一辈子忙于事业，很少与家人团聚，对女儿们从未讲过亲热的话，而这一次不止一次地说：'两个女儿是我一辈子的宝贝！'孩子们也非常孝顺，一切都顺着他的心愿，又在无锡老家为他选好了墓址。"听到这些，我心中宽慰。先生是有福气的，最后的时光他不寂寞，身后之事也办得隆重。先生的长眠之地又与"冯其庸学术馆"遥遥相望，先生在天国可以继续他的追梦之旅了！

2004年以后，我每年都来到这里看望先生。每次都是在"瓜饭楼"陪着先生和夏老师喝茶聊天，有时一聊就是一两个小时，聊得最多的是扬州的历史文化，是扬州红楼宴。我每次都会请先生再访扬州，他总是说："我很想再去！"就这样一次次见面，一次次邀请，可先生永远有忙不完的事，扬州之行就一直未能如愿。

但是，我相信，扬州始终在先生的心中。因为这里有他喜欢的湖光山色、春花秋月，这里有他推崇的文化古迹、红楼盛宴，这里更有朋友们的深情厚谊。这次我带来了朱家华同志的新作《冯其庸与扬州》。家华同志是先生在扬州的老友，先生数十次到扬州几乎都是他陪同照顾。这本书真实记录了冯先生在扬州的故事，记录了冯先生与扬州朋友的情意。尤其是，书中附录中先生给扬州朋友的信函忠实再现了先生为了宣传扬州，为了扬州红楼宴的研发和推广倾注的热情和心血。夏老师翻看着《冯其庸与扬州》，感慨地说："老冯跟扬州真是有缘啊！这些照片和信函太珍贵了。"

在那扇古朴的院门前，夏老师向我挥手告别的一刹那，我仿佛又看到了先生熟悉的身影。他的笑容依旧慈祥，他的声音依然亲切。泪水再一次模糊了我的双眼……先生，多么希望您在世上多留几年，再写一写、画一画您心中写不完、画不尽的扬州。

愿先生天国安息，我们永远怀念您！

二〇一七年五月二十三日于北京

本文原载于《红楼梦学刊》二〇一七年第四辑

本文作者：中国红楼梦学会理事、江苏省扬州市原外事办公室主任

满树梅花万古香

——追忆恩师冯其庸先生

谭凤嬛

又来到梅花草堂，院中景物依然，园中梅花正含苞待放。看着这雅致的院落和这熟悉的一切，先生的音容笑貌，再次浮现在我的眼前。

老师生前最爱这个园子，更爱这园中的老梅。

知道先生喜爱梅花，南方的朋友想方设法帮他先后移来了六株古梅，其中一株连理缠枝古梅是他的最爱，这棵梅树已经有几百个年头了。得到这棵梅树，先生欣喜异常，一连为这难得的古梅作了好几首诗，并自号为古梅老人，还特意请孙熙春兄刻了一方"古梅老人"的印章，斋名也由原来的"且住草堂"改为"梅花草堂"。那段时间，先生画得最多的就数梅花了。每次说到梅花，都劝我去他的无锡老家赏梅，说："梅花开放的季节你一定要去赏梅花，真的非常美，去看了对你画的画非常有好处，在老家时我每年都去。大诗人吴梅村的墓就在梅园。"

先生也爱竹，园子里的竹子是离休那年从恭王府的"天香庭院"移来的，他说"天香庭院"的竹子长得太密了，该梳理了。刚好张家湾这边的新居还有空地，于是挖了一些过来。有了竹子，这个江南风格的小楼不但建筑结构，就是环境也更有江南气息了。记得他给我讲过的一个故事，说竹子这种植物与别个不同。有一个人，家里只有一片山地，别人都种树、种菜，卖了可以换钱，可是这个人却弄了种子，撒向地里，种了竹子。可是一年到了，地上什么都没有出。第二年到了，还是什么都没有，村里人纷纷嘲笑他，赶快种菜吧，好好的地浪费了。他也不理会……到了第五年春天，人们吃惊地发现他的地里像是一夜间钻出来满山遍野茂密的竹笋……原来这五年的时间里，竹子在地下生根，把整个山的地下连成了网，把根扎实了，才从地面上钻出来。这就像我们人一样，平时要默默地积累自己的知识，总有一天，会破土而出。

先生出生在南方，虽然一生中大部分时间在北方生活，骨子里却一直有南方情结，吃的永远喜欢南方菜品，家里的饭菜也都是南方口味。家乡的客人来了，先生总会很高兴，还一口乡音和他们谈话。先生是个感恩的人，有时我会把家里种的南瓜挑品相好的给他抱过去，他看到南瓜非常高兴，像见到老朋友一样。如果看上的，也会摆在桌案上，说："小时候是南瓜救了我的命，如果没有南瓜，我早就饿死了。"先生的斋名"瓜饭楼"，即是纪念小时候的这段经历，取不忘以瓜代饭之恩。

老师的心胸宽广，过去在张自忠路居住时，房屋窄仄，却自号"宽堂"。残酷的"文革"运动期间，第一批被揪出来批斗，他对夏师母说："我不会自杀的，我还有很多事情要做，你放心吧！"于是白天挨批斗，晚上偷偷抄写《石头记》一书，还写下"心中别有欢喜事，向上应无快活人"的对联勉励自己。先生经常教导我："遇事不要斤斤于一时，要从大处着眼，向长远看。心无旁骛，做自己喜欢的事就好了。"

先生为人谦虚坦率，初画大山水画时，偶尔会遇到颜色怎么能染匀，胶怎么调的问题，会打电话给我说，有一个问题需要"请教"你。如果我请教先生的问题他不清楚时，他也会直接说："我也不知道，不过我可以帮你请教懂行的专家。"老师的记忆力超强，常教导我平时多看、多读，说："书读多了，画中就会有书卷气，不入俗流。古人说的书中自有黄金屋，是有一定道理的。还要多读诗词，读多了，慢慢地领会了，就能学着写。"他还亲自到书店选了《汉魏六朝诗选》《唐宋词选译》《宋词赏析》等书送给我，说这都是他当年读的版本，让我有时间就多读。聊到诗词时，先生随口即可背诵出几十年前读过的《花间集》欧阳炯写的序，并由衷赞美"写得多好"，虽然"年龄大了，记性已经不好了"，也依然能引经据典，信手拈来。先生心胸开阔，坦荡磊落，对不同的学术观点就事论事，从不会进行人身攻击，也不会因为其他原因改变自己的观点。

老师对自己要求很严格，平日里刻苦勤奋，每天的事情再多，也会利用晚上的时间做完，80多岁高龄还经常忙到凌晨两三点。常常是夏师母一觉醒来，发现半夜了，先生还在忙着。即使住院检查身体也随身带几本书，以便不做治疗时翻看，还说："我这么大的年龄了，剩下的时间不多了，要做的事情很多，不能白白浪费时间。"先生学识渊博，做学问、搞研究一贯讲究求真务实，有根有据，因此常常把游历变成了实地考察，而同行前往的朋友都能够受到裨益。先生70多岁重拾摄影，80余岁学宋元山水画，均认认真真，一板一眼，有始有终，从未因为自己年高而降低要求。先生常对我说："做一件事，务必求彻底，坚持做好、做完，不能半途而废。"所以，即使在耄耋之年，十去新疆，不畏坎坷，依然能最终寻得玄奘东归路，满意而归，画上了完美的句号。

老师做事严谨，一丝不苟，务求尽善尽美，每次出版书稿都亲力亲为，再三校对。

若是有些许差错，必念念于心，与出版社相约，叮嘱再版时一定要更改过来。《瓜饭楼重校评批红楼梦》出版后，他不但自己一字一句地再读，看有没有疏漏和不妥，还一再嘱托我们，如果发现错别字或有疑问的地方，一定要第一时间标注并告知他。

先生极富同情心，有一副宽厚仁慈的侠义心肠，只要他得知朋友有困难，都会想方设法，热情相帮。即使是不熟悉的人有难相求，他多半也会慷慨解囊，单是委托我寄出的字画就不计其数。给学校、各种纪念活动或寺庙的题字，他从不会拒绝，甚至也有一些给素不相识的人。有朋友提醒先生，里面会不会有骗子，先生说："如果是真的有难处，就是做了件好事。"汶川地震时，先生听到消息，不顾病体，整整写了一天，共计几十幅字都无偿捐给了灾区。

先生惜才、爱才，无论何人，只要肯用功，肯用心学习，先生都不惜花费时间精力去帮助提携，尤其是家境困难的人，他更是特别关照。他常说："人才是自我造就的。我就是农民，小的时候家里很穷，上不起学，我就自学。放羊回来顾不得洗脚就去读书。我父亲不高兴，说读书有什么用。我母亲就很支持我，想办法借钱给我交学费。"

对我而言，先生是老师，但更像慈父。当年我源于一堂《红楼梦》烙画屏风与先生结下师生缘，从此被老师领入了红学的大门。自拜识先生，常去请教，老师对我多有教诲。开始我对自己的画还没有信心，先生说："你有悟性，有灵气，难得的是你会构图，又勤奋，只要你好好努力，再过十年，或者五年，一定会有所成就！"为了帮助我提高绘画技艺，先生亲自修书给老朋友晏少翔老，请他授教，并把《瓜饭楼重校评批红楼梦》一书——老师非常看重的插图交由我来完成。20多年来，我的点滴进步都离不开老师的鞭策和鼓励，我能学有所用，亦是先生所赐。每次举办《红楼梦》人物画展，老师都事无巨细地帮我筹划，写信祝贺或题词鼓励，让我时时都能感受到他的关怀爱护。2016年赴维也纳举办《红楼梦》主题画展，临行前，我到先生家里告别，老师殷殷教导，说："你这次展览意义重大，你把中国传统文化传播到欧洲，把《红楼梦》文化带出国门，让世界人民了解中国传统文化，也了解《红楼梦》，你是个文化使者！艺术是相通的，欧洲人民一定会接受你、喜欢你的作品！祝你展览成功！"在维也纳，我通过微信把展览实况传递到师母的手机上，请师母把信息转告先生以分享我的喜悦。维也纳《红楼梦》主题展览原定展期11月17日至12月9日，后因主办方奥中友协的要求而一再延长至12月21日。从维也纳回来的当天，师母便打来电话，说："找个时间快过来吧，老先生一直盼着你呢！"

每每想到这些，我都抑制不住眼中的泪水。

先生常说："要走传统的路，传统就是根，你要扎在根上，几千年留下来的东西都是精华。要学习古人，总有一天你会发现我说的是对的。"

古人说："宝剑锋从磨砺出，梅花香自苦寒来。"先生爱梅，曾作诗云："闻道梅花誉国芳，冰肌玉骨斗严霜。洪荒历尽千千劫，赢得人间第一香。"如今先生走了，但是先生在梅花草堂给予我的言传身教，已经化作六株梅花，香满人间，在未来的岁月里，陪伴我一路前行。

二〇一七年二月七日含泪写于京东桐荫书屋

本文原载于《红楼梦学刊》二〇一七年第二辑

本文作者：工笔画家

伤心却在潞河滨

——怀念宽堂恩师

纪 峰

一个人肃立在摆满鲜花的灵堂前，看着照片上宽堂师（冯其庸，号宽堂）和蔼的笑容，恍惚间好像又回到从前在他身边的日子，27年的谆谆教诲，又怎能忘怀！

1990年5月，不满18岁的我第一次到北京张自忠路人大红楼宿舍宽堂师的家中，宽堂师看了我做的雕塑照片后，说："你的传统雕塑人物塑得很有灵气，有天赋，适合走民族传统的雕塑路子。我们中华民族有那么多丰富多彩的传统雕塑艺术，都是了不起的，需要有人去继承发扬。如果你去学西洋雕塑就会重新开始，挺可惜的。你要是愿意学习民族传统的雕塑艺术，我可以介绍你在韩美林先生身边学习，同时解决生活问题，还可以利用节假日来我这里学习文化知识。"就这样，在宽堂师的帮助下，我又幸运地加入艺术大师韩美林老师的工作室，开始了我的人生新阶段。当时我激动地跪在地上给宽堂师磕了一个头，从此我们就结下了师生之缘。直到宽堂师去世前不久，老人家还清楚地记得此事。

冯其庸先生著作等身，学术成就体现在很多领域，令人高山仰止。尤其在《红楼梦》研究上，是"红学"界的泰斗，《曹雪芹家世新考》《曹学叙论》《论庚辰本》《论红楼梦思想》等学术论著，对研究《红楼梦》和其作者曹雪芹都具有深远重大意义，为后来的学者们做出了治学求真的榜样。

有一天，宽堂师告诉我："就用你的雕塑感觉试着创作曹雪芹的塑像，我帮你做学术指导。"我当时不懂曹雪芹，对《红楼梦》也知之甚少。宽堂师就找出有关《红楼梦》的书籍让我先读，又为我讲曹雪芹的形象性格特征：其人身胖，头广而色黑，嗜酒狂放，谈吐风雅，善游戏。曹雪芹生前好友敦诚有一首题雪芹画石诗："傲骨如君世已奇，嶙峋更见此支离。醉余奋扫如椽笔，写出胸中磈礧时。"宽堂师还专门写了送给我，帮助我理解曹雪芹的精神面貌。在宽堂师的教导下，我开始走进曹雪芹的世界。

1992年中国国际《红楼梦》学术研讨会在扬州召开之前，宽堂师让我创作一个曹雪芹塑像做会议纪念。我当时创作了曹雪芹的一尊卧像，还上了颜色。宽堂师看过之后，认为像做得还好，但不太适合会场摆放，最后决定让我再创作一件曹雪芹浮雕像。在反复创作和修改期间，宽堂师在章慎生的陪同下两次到我的住处做指导。有一次，还专门写信来指导我：

纪峰贤弟：

今日你去后我又仔细看了雪芹塑像，我感到这塑像还是好的，问题出在你上的黑色不好，使人物的神采显示不出来，不知颜色还可改否，我想身上衣服仍用黑色，头部和手能否改为青铜色，旁边的石头改为赭石色，下面的地改为土色，这样可能会好起来。我九号上午到家，十二号离京，此次因是汽车去，就带浮雕像罢。浮雕做得很有气势，其实四周不用边框更好，一用边框就减色不少，不知能否去掉？你的创作和学习我是极为满意的，书法进步也很快，望你加紧读书、学习，我对你抱有极大的希望。十月九号下午你一定来我家。至盼，匆匆不一一问好。

冯其庸 十月四日晨

浮雕像修改完成后，翻制成石膏，做了仿青铜色，宽堂师在浮雕像上为我做了题识："雪崖作于京华，1992年10月。"

1993年春，北京大观园要为曹雪芹立一尊铜像，宽堂师让我也创作一个小稿试试，争取入选，当时我真是不敢想。在宽堂师的鼓励下，我更加认真、深入地研读《红楼梦》的有关资料，查阅清乾隆年间的服饰、发型、社会背景，曹家兴衰过程中不同人物的命运，用心去感受曹雪芹与时代的关系，他的思想变化等。两个多月的日思夜想，几次的动态的修改，表情神采的刻画，一尊高90厘米的曹雪芹的坐像塑造完成。曹雪芹坐在石头上，身着长衫，左手拿书，右手抚石，二目远望，是曹雪芹著书思想的瞬间神情。翻制成石膏模型后，我拿到宽堂师位于红庙的家里请宽堂师指导。没想到宽堂师见到塑像激动地评论说：塑出了曹雪芹的神采和文人气质，他要带去给专家看。当晚留下我一同吃饭，他还喝了酒，也让我喝了一点酒，能看出他很高兴。然后告诉我说："你在人物雕塑上多下苦功夫，多加紧读书、学习，提高书法、绘画方面的素养，加上你的艺术天赋，我为你指导，你的将来会大有成就。"宽堂师的教导、鼓励、赞赏，为我画出了一幅美好的前景。尽管这次塑造的曹雪芹坐像没被大观园选中，但是，有了这次创作曹雪芹的经历，让我开始喜爱上了《红楼梦》和曹雪芹，为我日后创作曹雪芹的艺术形象积累了宝贵的经验。

1993年夏，"中国红楼文化艺术展"组委会组织有关《红楼梦》的美术工艺品、绘画、服装、图书文献、演出等。展览现场需要一尊曹雪芹的半身胸像，就委托我来创作。由于曹雪芹形象资料传世太少，只有凭据他生前的好友敦诚、敦敏兄弟纪念雪芹的诗中去体会人物的神韵风采、思想境界。为了挖掘曹雪芹的精神世界，我几乎是废寝忘食，夜里做梦与曹雪芹见面，醒来马上把梦中的曹雪芹的印象记下来，可能是日有所思夜有所梦，我好像着了魔！连续塑造了几个胸像，最后一气呵成了比较满意的泥稿。请来宽堂师和几位红学家来看，大家都认为塑出了曹雪芹的神韵。宽堂师在泥稿上题写了敦诚的诗："傲骨如君世已奇，……写出胸中磈礧时。癸酉大暑 雪崖敬造 宽堂题。"浇铸成青铜像后，在香港举办的"红楼文化艺术展"现场展出，在铜像的底台上，宽堂师又书写了"满纸荒唐言，一把辛酸泪。都云作者痴，谁解其中味"。铜像至今还陈列在北京香山植物园曹雪芹纪念馆内。

在宽堂师的学术指导下，我不断地探索曹雪芹的塑像、头像、胸像、站像、坐像，十数次的创作中，遇到困惑，心中难免急躁不安，缺乏信心。有一次我的情绪被宽堂师发现，他把我叫到面前，给我讲一个人要想做一番事业，不可能一帆风顺，做学问就要忍住寂寞，持之以恒，吃他人不能吃的苦才行。"我研究《红楼梦》35年了，才有些成果，我还要继续研究下去，年轻人遇到困难着急都是很正常的。"老师的一席教导点醒了我，做学问是一辈子的事，做雕塑也是一辈子的事。随着时间的前进，我对世界的认识、人生的感悟也越来越深刻。穿越时空的神交，使我对曹雪芹的人生变迁也理解得越来越深。

有幸遇到宽堂师，注定我与曹雪芹有缘。

北京通州张家湾古镇漕运码头潞河之滨曹家祖坟附近，发现了曹雪芹墓石，据宽堂师考证是曹雪芹墓地所在。1996年，宽堂师迁居在张家湾芳草园。2000年我追随宽堂师也居住到临近芳草园的皇木厂，至今已将20年。2015年夏通州区政府委托我为京杭大运河最北端的漕运码头张家湾古镇创作曹雪芹铜像。十数次的创作，20多年对曹雪芹的研究、感悟、积淀，心中的创作冲动像熔岩在地壳内酝酿，待时喷发。三个多月夜以继日地工作，一座高4.5米、宽5米的曹雪芹铜像得以完成，2015年8月15日终于竖立在漕运古镇张家湾，据说是目前国内最大的曹雪芹铜像。宽堂师为铜像题写"曹雪芹先生像，冯其庸九十又三敬题"。还题写了纪念曹雪芹的诗三首，分别刻在铜像底座的四周，为雕像生色不少：

一

草草殓君土一丘，青山无地埋曹侯。

谁将八尺干净土，来葬千秋万古愁。

二

迷离扑朔假亦真，踏遍西山费逡巡。

黄土一抔埋骨处，伤心却在潞河滨。

三

哭君身世太凄凉，家破人亡子亦殇。

天谴穷愁天太酷，断碑一见断人肠。

红学家李希凡、胡文彬、张庆善诸位先生到现场参观了曹雪芹铜像，认为铜像充满了生活气息和真实感，好像看到曹雪芹正在写作的状态，令人感到是真人而不是雕塑。宽堂师听到各种对铜像的认可、肯定、赞赏后叮嘱我："曹雪芹是世界上最伟大的文学家，他的伟大巨著《红楼梦》是人类共同的宝贵精神财富，是研究不完的宝藏，是部百科全书，你还年轻，有很长的路要走，艺术无止境，你要加紧刻苦学习，不可懈怠。中华民族优秀的传统雕塑艺术，浩如大海，需要你们年青一代继承发扬，共同努力开创新时代中华雕塑艺术的新高峰。"这是宽堂师对我们年轻学子的希望和嘱托！我又怎能忘记！

如今宽堂师走了，他到另一个世界与他的师友、知己刘海粟先生、王蘧常先生、徐邦达先生、启功先生等文学艺术大师们继续研究探讨他喜爱的文学艺术；他去追随玄奘法师，印证取经的古道山口；他最想去拜访的应该是曹雪芹先生，因为他们是知音，有许多的迷梦要搞清楚……

几缕青烟飘绕在宽堂师的遗像前，泪水再次流淌满面，祝愿恩师去天堂走好……

丁酉年正月十六日于漕运古镇张家湾

本文原载于《红楼梦学刊》二〇一七年第四辑

本文作者：雕塑艺术家

听红学家冯其庸说"金学"

曹正文

光阴似箭，转眼间红学家冯其庸先生逝世快一年了（冯其庸于2017年1月22日仙逝于北京，享年93岁），日前我重读他赠送的签名本，以及他为拙著写的序言，不由回忆起与冯老五次见面的情景。

五见冯其庸

冯其庸先生以研究《红楼梦》而闻名于世，他是中国著名的文化学者，今天阅读量最大的《红楼梦》普及本（人民文学出版社1982年版）就是由他亲自主持校注出版的。冯其庸不仅是中国当代最有影响力的红学家之一，同时，他又是一位"金学家"，金庸武侠小说在中国当代文学史上取得的声誉（金庸85岁当选中国作家协会名誉副主席），与冯其庸先生对金庸作品的研究与推崇有关。

我与冯其庸先生的交往，是先闻其名，后见其人。我于20世纪80年代后期开始从事中国武侠小说研究，1990年由学林出版社出版了章培恒先生作序的《武侠世界的怪才——古龙小说艺术谈》，1991年又完成了《金庸笔下的一百零八将》。章培恒先生阅完全稿后说："冯其庸先生写过一篇《读金庸武侠小说》的文章，他对金庸武侠小说研究很深，你可请他提提意见。"

我便把原稿寄给了在北京的冯其庸先生。两周后，我欣喜地收到冯其庸寄还的原稿，并附了一篇序言。他在序中不仅详尽评论金庸武侠小说的特点与风格，还写道："正文兄的这本书是专门研究金庸小说人物的，我曾读过他的一部分文章，包括他写的《古龙小说艺术谈》，我觉得他的分析中肯而精要，能引人入胜，也能发人深思，可以说是阅读金庸小说时十分有用的辅助读物。"我当时读了十分汗颜，也相当感激冯其庸先生的厚爱与鼓励。

《金庸笔下的一百零八将》于1992年由浙江文艺出版社出版，三年后又由学林出版社出版，前后印了五万余册。

我与冯其庸先生的第一次见面，是在1994年中国武侠文学学会在北京成立之际，当时由南开大学校长宁宗一教授任会长，金庸、冯其庸任名誉会长，我作为常务理事赴北京参加会议，与冯其庸先生见了一面，未及畅谈。

第二次是在1995年，中国武侠文学学会举办"中国武侠小说"评奖，我赴京担任武侠小说评委，并专程拜访了冯其庸先生，听他谈了怎么会研究"红学"与"金学"的一些经历。这次访谈，约有两个多小时。

第三次是在1996年11月11日，海宁市举办《金庸研究》首发式暨"金学"研讨会，金庸、冯其庸，还有金庸初中时的老师章克标先生与全国一些研究武侠小说的教授、学者一起在海宁开了会。在酒宴上，我向冯其庸先生敬了酒，也只谈了几分钟。

第四次是在2009年，北京举行中国武侠文学学会第三次大会，我当选为副会长。我去北京开会后，去北京通州区芳草园拜访了冯其庸先生，向他请教了武侠小说研究与评论的有关问题。

第五次是在2010年，我去北京组稿，再次对冯其庸先生作了访谈。

以研究"红学"闻名

冯其庸生于1924年，名迟，字其庸，号宽堂，是江苏原无锡县前洲镇人。他自述，自幼家贫，失学，读小学与中学均未能毕业，后来考入苏州美专，又因家贫而离开学校。冯其庸后来将其书斋定名"瓜饭楼"（刘海粟题字），就是为了不忘少年时常常以瓜代饭的苦难生活。24岁时，冯其庸从无锡国专毕业。他因喜爱美术，于是潜心学习书画，他的书法和绘画都很有造诣，后来又成为汉画像砖的研究者。承他为我主编的武侠文学期刊《大侠与名探》题字，又赠我一幅他画竹的立轴。

冯其庸年轻时除醉心书画艺术，还对中国传统文学十分热爱。他说："我在小学与初中时就读了《论语》《孟子》《史记精华录》。"冯其庸曾谈到他在读无锡国专时所接受的中国古典文学的课程："我记得要学通识课与选学课。通识课有《国学概论》《文字学》《版本目录学》《中国哲学史》《西洋文学史》《中国韵文选》《音韵学》。而选学课有《老子》《论语》《孟子》《左传》《吕氏春秋》《史记》《汉书》《昭明文选》。其中由朱东润教授开设的《史记》课与'杜甫'专题讲座最受学生欢迎。朱东润先生会在课堂上朗读重要的课文与诗文，朗朗上口，声情并茂，引人入胜。"冯其庸说到这里，感叹了一声："那时的读书真让人入迷！"

我问起他怎么会研究"红学"，冯其庸说："我于1954年调入中国人民大学，当时我住在铁狮子胡同1号，这是中国人民大学的教职员工宿舍。除了上班，我业余时间喜欢读一点古典文学，并爱写点戏剧评论文章。当时我看了孟超先生写的新编昆曲《李慧娘》，觉得这个戏不仅编得好，也演得好。我对戏中的武生演员厉慧良本来很熟，便写了一篇戏评发表在报上。结果到了1966年，我就被贴了大字报，批判我吹捧鬼戏。"

冯其庸接着又说："后来我被迫下乡去了江西农村'五七干校'。因为批判知识分子'四体不勤，五谷不分'，我被命令下地去干农活，因为我从小就是个农民，干农活一点不差，那些批判我的人都瞠目结舌。"冯其庸说到这里，哈哈一笑。

"五七干校"后来没了，冯其庸也回到了北京。他当时去了北京师范大学图书馆采编组工作，他说："我当时钻在故书堆中编书目，在这段时间，我得以重温了不少传统古籍，对《红楼梦》，我又读了好几遍，并有机会把历年研究《红楼梦》的文章仔细看了一遍，如胡适、王昆仑、周汝昌对《红楼梦》的研究与评论。"

冯其庸因爱读《红楼梦》，后来参加校订《红楼梦》，并任校订组副组长。改革开放后，冯其庸回到中国人民大学，他先在中文系任教，后任中国艺术研究院副院长、中国红学会会长、《红楼梦学刊》主编。他先后出版了《曹雪芹家世新考》《论庚辰本》《石头记脂本研究》《落叶集》《瓜饭楼重校评批红楼梦》等专著。

冯其庸说："我与《红楼梦》这部书的结缘，首先是以研究考证作者曹雪芹家世入手，并仔细比较了《红楼梦》几个不同的版本，弄清楚了曹雪芹祖籍在辽阳的文物证据。其次是我对《红楼梦》的几个早期抄本有了新的发现，在庚辰本与甲戌本、甲辰本与列宁格勒藏抄本、程甲本的比较中，我作了反复研究，识真辨伪。第三，我找到了《红楼梦》的民主思想价值与艺术价值的某些特点。"

戏称"金石姻缘"

对冯其庸先生的访谈，主要内容以金庸的武侠小说为主，他当时笑着对我说："我一边研究《石头记》（指《红楼梦》），一边却酷爱读金庸的武侠小说，我曾戏称自己有了'金石姻缘'。"他还相继出版了《评批〈书剑恩仇录〉》《评批〈笑傲江湖〉》等研究金庸武侠小说的著作。

在冯其庸先生的书斋中请他谈武侠，不由让我想起20世纪80年代中期，尽管"武侠热"已在神州大地涌动，但对于武侠小说，不少文学评论家皆不以为然，我记得当时只有章培恒与冯其庸首先对金庸小说给予了高度评价。我就这个问题请教了冯其庸。

冯其庸想了一想，舒展了一下眉头说："武侠小说属于中国的俗文学，从文学范畴所言，金庸的武侠小说与《水浒传》《三国演义》《西游记》都归属于俗文学，有人看不起俗文学，当然可以见仁见智。但在中国四大古典经典小说中，只有《红楼梦》归属雅文学。《水浒传》《三国演义》《西游记》都是从话本演变而成的通俗小说。依我看，俗文学占了中国四大古典小说的四分之三，你总不能不承认吧？《水浒传》《三国演义》《西游记》有这么高的文学地位，金庸的武侠小说为什么在文学史上没有地位呢？"

冯其庸喝了一口茶，又说："当年读金庸小说时，我与查良镛（金庸）先生并不认识。开始我只是把金庸小说当作消遣来阅读的，但读着读着，才发现金庸的武侠小说博大精深，实在是好看，而其文学价值也大大超出了我的预计与想象。我一连读了好几部，几乎常常是通宵达旦，一读就放不下来，于是我在1986年2月写了一篇《读金庸的小说》的文章。我在文章里不仅认为金庸武侠小说有很大的艺术感染力，而且金庸小说反映的历史生活面、社会生活面都非常之广阔。在金庸的作品里，各式各样的鲜活人物都有，他要写的社会不是单一的而是复杂的，他的小说所起的作用也不是单一的。因此我赞成对他的小说应作些认真研究，既然中国有那么多爱好金庸武侠小说的读者，我们应引导读者认识和理解金庸小说中积极的思想内容与艺术成就。有位朋友提倡研究金庸小说，称之为'金学'，我觉得这位朋友的见解，是有道理的。"

谈到金庸小说的艺术价值，冯其庸这样分析："金庸是当代中国第一流的小说家，他的出现，是中国小说史上的奇峰突起，他的作品将永远是我们民族的一份精神财富。我以为金庸小说的情节结构，非常具有创造性。在古往今来的小说结构上，金庸创作的武侠小说几乎达到了很高的境界。第一是庞大，情节一泻千里，又纵横交错。第二是紧张，我第一次读他的小说，经常是夜以继日，手不释卷，因为他小说中的情节紧张到扣人心弦，迫使你无法不读下去。大约正因这个原因，金庸小说销售上亿册，而且爱读金庸小说的读者来自社会各个阶层（上至大学教授、专家学者，下至平民百姓、工人农民），并波及海外。有人说，只要有华人的地方，就会有层出不穷的'金庸迷'。这种现象，是值得我们研究的。"

冯其庸又指出："金庸武侠小说与清末民初的武侠小说的不同之处在于，金庸将深刻的人生哲理与深厚的东方文化内涵，灌注于神奇而浪漫的武侠故事之中，并使其文字的文学性上升到了新的高度，在陶冶人类情操的同时，又给人以知识性上的极大满足。金庸笔下的人物，如萧峰、段誉、令狐冲、郭靖、黄蓉、胡斐……皆有血有肉，个性鲜明。"

最后，我们谈到了金庸小说的意境与其作品所表现的地理阔度。冯先生说："这也是金庸武侠小说的高明之处。他写北国风光，大漠孤烟，冰天雪地；他又写江南山水，小桥流水，幽壑鸣瀑。或是古洞藏谱，或是萧寺隐侠，或是明月洞箫，或是花香剑影。而其作品的地理背景，我也亲自到过，如大西北的甘凉大道、天山、祁连山、华山、恒山、五台山、泰山、衡山，以及太湖、钱塘江、灵隐寺、悬空寺，正是祖国的这些壮丽的大好山水，使金庸武侠作品气势雄浑而意境深远。"

冯其庸号"宽堂"，书斋也称"宽堂"（冯其庸前后有两个书斋，即"瓜饭楼"与"宽堂"），其实这只是一间十余平方米的房间，因堆满了书，所以并不宽敞，但冯其庸的心胸却很宽大。他为人宽容大度而又有容纳海量的襟怀，不仅容纳了四卷《红楼梦》的精华，而且容纳了金庸十四部武侠小说的精彩。

本文原载于《文汇读书周报》二〇一八年一月八日

本文作者：文学评论家、小说家

深深怀念冯其庸先生

井绪东

冯其庸先生是我国当代最有影响的学术大家，他不仅因著有《曹雪芹家世新考》《论红楼梦思想》等红学专著20余种，主编《脂砚斋重评石头记汇校汇评》《红楼梦大辞典》等《红楼梦》研究著名于世，而且在中国文化史、古代文学史、戏曲史、艺术史等方面的研究也卓有建树；晚年尤其对中国大西北的历史文化艺术情有独钟，耄耋之年十赴新疆等地进行实地考察，推动了我国西域历史语言学等学科的发展，获得了学术界的高度评价，荣获首届"中华艺文奖"终身成就奖。

冯其庸先生生前多次到过贵州，1985年贵州省红学会刚成立不久，在中国红学会支持下贵阳召开了全国红学研讨会，会议吸引来数十名全国知名红学专家，收到近百篇红学论文，冯其庸先生和我国红学界领军人物周汝昌、张毕来、胡文彬等，也不远千里前来参加会议。其泱泱盛况，让贵州省红学界人士至今难忘，让我们贵州的红学研究之路一开始便呈现出欣欣向荣的景象。作为中国红学会副会长兼秘书长（后当选会长），冯先生对地处祖国西南一隅的贵州，能够集聚一批红学研究人士，成立了专门研究《红楼梦》的省级学会，给予了高度的评价。他与贵州省的红学研究先行者们建立了深厚友谊，尔后数十年间，书信往来，诗文唱和不断。他以一个文化学者的宽仁厚德，关注并指导着贵州红学的前进之路。2013年11月，中国红学会在河北廊坊举行"纪念伟大作家曹雪芹逝世250周年大会暨学术研讨会"。我和曲沐老师、吴学梅女士受邀出席，在会场走廊上遇上了冯先生，老人家精神矍铄、谈笑风生，相互介绍后，冯先生深情地提起当年在贵州的日子，关怀地一一询问起吴美渌、葛真、赵荣、何大堪等贵州老一辈红学研究者的情况，对贵州省红学会30多年来的坚守、发展和进步给予高度的肯定。

冯其庸先生对贵州的山山水水眷爱有加，他曾经在一篇回忆文章中写到，贵州的"山水之奇，令人惊心怵目""宛然如曾看过的一幅石涛画稿""奇妙壮丽，不可名状""这一次我把黔西、黔东走了一遍，只觉得如入石涛画册，非复俗世，当时曾有诗云："一路看山到米家，青螺十万尽轻纱。婵娟不是羞人面，舞罢霓裳髻子斜。山回路转翠重重，扑面青葱十二峰。今代画师谁国手，丹青泼向黔西东。"文中冯先生表达出对贵州山水风光深深地喜爱与眷念。

而今贵州的山水依旧，冯先生却驾归道山。大师虽逝，风范长存。我们贵州的红学界同人们，将永远学习铭记冯先生的治学态度和求学精神，在《红楼梦》研究的道路上奋力前行。

本文原载于《红楼》二〇一七年第一期

本文作者：贵州省红学会会长、贵州省文联原副主席

魂兮归去　风范永存

——悼念文化大家冯其庸老师

宋科炳

得知冯其庸老师跨鹤西归的消息，不胜怆然之至。我认识冯老师，始于1985年10月。那时，由中国红楼梦学会主持召开的"第五届中国红楼梦学术研讨会"在贵阳召开，中外红学家和红学爱好者200人与会。会上冯老师当选中国红学会会长。在这次学术讨论会上，冯老师报告了他受文化部指派，率领一个工作组前往苏联科学院东方研究所列宁格勒分所商讨影印出版手写本《石头记》的经过。当这珍贵的国宝影印本《石头记》回到北京后，他写了一首诗以志不忘："世事从来假复真，大千俱是梦中人。一灯如豆抛红泪，百口飘零系紫城。宝玉通灵还故国，奇书不胫出都门。小生也是多情者，白酒三杯吊旧村。"

会议期间，他对贵州的经济社会发展和文物古迹非常关心，常向我们询问。当他得知织金打鸡洞（现在的织金洞）的奇特景观后，安排时间专门前往考察，还题词留念。会议结束后他应邀前往湖南怀化参加中国韵文学会的一次会议，并想顺道考察传说中葬于岑巩县马家寨的陈圆圆墓，贵州省红学会派我和另外五位同志陪同考察并送他到怀化。行进途中，我们游览了舞阳河、镇远古城、青龙洞、飞云崖。到达岑巩后，由县委宣传部副部长黄透松陪同，前往水尾镇马家寨考察陈圆圆墓。他是第一位亲临现场考察陈圆圆墓的著名专家、学者，从此展开了全国研究陈圆圆及其葬身何处的浪潮。当我们到达马家寨时，别有一番景象：在一个不太高的山岭前面的广阔的原野上，住着100多户700余人，均姓吴，自称是吴三桂的后代。一栋栋木柱青瓦房，错落有致，疏密适宜，俨然是旧社会的望族群居之处。寨子两边，各有一群立有石碑的古墓，多为清代早中期所葬。传闻中的陈圆圆墓，就在墓群中。坟堆几乎成了平地，杂草灌木丛生，墓前一块陈旧的石碑很小，但字迹依稀可认，碑文为楷书，当中一行较大的字为"皇清先妣吴门聂氏之墓席"，左边刻的时间是"大清雍正六年岁在戊申仲秋吉立"。单凭墓碑，不能确认就是陈圆圆墓。认为是陈圆圆墓的，对碑文"吴门聂氏"有测字解释，富有文物鉴别经验的冯其庸教授未置可否。但我问他陈圆圆墓及其墓碑为什么这样小、这样不显眼时，他说，如果是真的，在当时的政治环境下，就只能是这样。两个墓群中的许多碑文，均记载着吴氏事略，但未看到书有吴三桂多少代的字样。陪同考察的黄透松同志向我们详细介绍了他在马家寨调查访问的情况，并用测字法测出"吴门聂氏"就是"陈圆圆"的隐语，马家寨住的就是吴生的后代。冯老师和我都作了记录，并访问了寨子上的一些老百姓，还对几块墓碑拍了照片。

考察了陈圆圆墓后，我们一行驱车玉屏午饭后稍事休息，立即开车送冯老师去湖南怀化。快到芷江时，天色已晚，在板栗河渡口因上游储水发电，水浅不能开船，需要等到晚上九点才能行船过渡。我们担心怀化的代表们着急，租了一只小船渡我过河，到芷江邮局给韵文学会秘书处打电话，请派车来接冯教授。八点钟，水涨船高，我们的车子刚从渡船上开到对岸前行不久，怀化的车子开到，把冯教授接走，我们夜宿芷江招待所，次日乘车返回贵阳。

冯老师是一位学识丰厚、平易近人的著名文史家，中国人民大学教授，国学院首任院长，曾任中国艺术研究院副院长，中国红楼研究会会长，中央文史研究馆馆员。他现在的居所名为"瓜饭楼"，著有《瓜饭楼重校评批红楼梦》、三十五卷本《瓜饭楼丛稿》，其中十五卷本《瓜饭楼外集》。他原住北京市张自忠路3号中国人民大学宿舍，书房兼客厅，十分窄小，只有12平方米，但却命名"宽堂"。1987年暑期我到北京参加由中国艺术研究院举办的《红楼梦》讲习班，到府上拜望他，只见两面墙壁摆着8个装满经史子集的大书柜，一直顶着天花板。进门对面是一扇向南窗户，当中是一张长方形实木大书桌，上面陈列着文房四宝和正在阅读的书刊，专供冯老师阅读、写作及书法、绘画。楼板上也堆放着各种书刊，还摆着一张困倦时休息的行军床，空地极少。我问冯老师，这样窄的书房为何命名"宽堂"？冯老师笑着说，只要心宽，什么都装得下，天空、海洋、世间的一切事物，房子虽窄，但它在我心外，我就可以按我的想象去实现我的奋斗目标。聊了一阵之后，我就提出了想创作电影剧本《陈圆圆》的事。冯老师立即插话说，"好啊！陈圆圆是一个了不起的女人，对明清之交的影响很大，写好了，使人们对崇祯皇帝、李自成、吴三桂、多尔衮都有所了解。但历史剧一定要尊重历史，切不可胡编乱造、哗众取宠。你要写这个剧本，一是要熟悉那段历史，二是要吃透陈圆圆这个人物，她的传记有好几种，但主要是吴梅村的《圆圆曲》最可靠，因为他们是同时代人，不可能造假。你有这个决心，就好好把她写出来吧"。

在冯老师的鼓励下，我回到贵阳后，就列出了书目和资料名称，天天到省图书馆古籍文献部抄写有关陈圆圆的传记和各种资料，贵州几家图书馆都没有的，就写信给冯老师求援，他接信后就从中国人民大学图书馆或北京图书馆借出复印寄给我。经过两年的资料准备和两年多的写作修改，终于在1989年完成了电影剧本《陈圆圆泪洒煤山》的创作，并于2007年与另外两个电影剧本一起由贵州大学出版社出版发行。

冯老师是一位辛勤治学、热忱服务的专家学者，凡是人们对他的要求，他都是有求必应，不让求者失望。在贵阳召开的第五次全国红楼学术讨论会结束的10月21日晚，冯老师刚从考察打鸡洞回到金桥饭店，会议工作人员请他用大宣纸题字留念，他不顾两天考察和长途行车的疲劳，兴致勃勃地拿起笔来，从晚上九点开始，站着作了3个小时的书画，十分高兴地题赠给围桌等候的30多名书画爱好者。当他问我要写什么内容时，我说老师从苏联列宁格勒接回手写本《石头记》影印本时写的那首诗非常好，就请给我写下吧。我把这幅字裱装好后，不想挂在书房，一直把它珍藏在书柜里，准备传之后代。我们去岑巩途中，第一天晚上住在施秉招待所，县的领导和一些干部向冯老师索求书画，他十分高兴地作到深夜，满足了每个人的要求。在岑巩县委宣传部，他又不辞辛劳地作出书画十多幅相赠。20世纪八九十年代，我每次去北京，都要到府上拜望冯老师，向他请教文史方面的一些问题，他都作了回答。21世纪开始，他迁入通州新置华屋"瓜饭楼"，我们就没有再见面了。但每年春节，我都要寄贺年卡问候。原计划今年的春夏之交去北京时，一定要去通州住所拜见他。哪知天违人愿，冯老师已撒手西归。他学而不厌、诲人不倦的师德师风，是一切教师的楷模。他对我30多年的指教与友情，将永远铭记在我心中。

本文原载于《红楼》二〇一七年第一期

本文作者：贵州《红楼梦》研究学会理事、贵州省作家协会会员

大器晚成　学者风范

郑铁生

2011年入秋我对冯老进行了访谈。在此之前，为了准备访谈提纲，我集中一段时间重读了冯老的代表性红学论著。当时给我的震撼，至今都深刻难忘。归纳起来主要是三方面：

第一，1974年从冯老抽调到文化部《红楼梦》校订组算起，到1977年发表第一部红学著作《论庚辰本》，引发了他日后对《红楼梦》脂本的全面研究。1980年完成《曹雪芹家世新考》，而后不断增订，创立了曹雪芹家世"辽阳说"，仅仅五年多的时间，就构建了他个人学术体系的核心，开创了当代红学研究的最新学术成果，可以说冯老以后数十年的红学论著都是在这个基础上的丰富和发展。同时也奠定了他在当代红学史上的地位。正如张庆善所说："冯其庸先生是当代最具影响力的红学大家"，"冯其庸先生在曹雪芹家世研究、《红楼梦》版本研究、《红楼梦》思想艺术研究等方面多有建树，他的许多著作文章都是新时期红学发展标志性的成果"[1]。

第二，冯老全身心开始研究《红楼梦》，已是50岁开外的人了，之前虽然手抄录过《石头记》，但还没有显现在红学研究上有多深的造诣。假如按照人才发展的一般规律来审视，他已经超过人才创造的最佳岁月。但也不尽然，齐白石60岁以后变革自己的画风，人们称之"衰年变法"，一举登上中国画的巅峰。冯老50岁以后短短数年学术成果像井喷一般，进入创作的高产期。60岁以后连续出版《脂砚斋重评〈石头记〉汇校》《八家评批〈红楼梦〉》《曹学叙论》《红楼梦概论》《论红楼梦思想》等，大部头的著作连续推出都是在85岁之前。这在当今学术界也是不多见的。

第三，1979年至1980年，不到两年时间他主持完成三件事，即红楼梦研究所和《红楼梦学刊》的创建是1979年一年之内完成的，第二年就成立了中国红楼梦学会，时间如此集中地完成了红学事业的几件大事，这在当代学术史是罕见的。20世纪八十年代初，一个思想解放的历史机遇给全国的学术团体带来了勃勃的生机，中国古典小说四大名著分别先后成立了国家一级学会。学会是群众性的学术团体，虽有常设的挂靠单位，但因是松散型的全国组织，也只能做一些沟通学者、组织会议、编辑通讯等服务性的工作，仅此而已。如果一个学会有几位学术造诣高的又热心学术事业的人，那么这个学会的学术活动就搞得很活跃、人气很旺、学术成果很多。冯其庸先生作为中国红楼梦学会的领头人，不仅具有其他学会的优长，而且还具有其他学会没有的优势，形成红楼梦研究所和《红楼梦学刊》与中国红楼梦学会三位一体的格局，把学科建设的思维和做法带到了中国红楼梦学会的创建之中，创造出一系列有别于其他学会的实绩，这是他和中国红楼梦学会的独特贡献。

我将以上对冯老的感知概括为八个字：大器晚成，学者风范。所谓大器晚成，喻指学术权威，承前启后地支撑起了当今人文的某一领域；所谓学者风范，是指有社会责任感、有担当意识。这两点应该说是学人的最高境界。

一、强烈的学术意识和勤奋的精神铸就"大器晚成"

冯老著作等身，大器晚成，是他强烈的学术意识和勤奋的精神铸成的，而这又是长期学术实践和砥砺造就的。

强烈的学术意识首先表现在学术眼光和文化自觉上。叶君远《冯其庸传》和冯老口述自传都记载着一件事，1974年下半年国务院文化组副组长袁水拍找冯其庸商量做点文化上"有意义的事情"。冯老审时度势和出于文化的自觉，提出整理《红楼梦》校对本。他对袁水拍说："毛主席对《红楼梦》这么重视，这么称赞，而《红楼梦》又没有一本真正经过认真校订的可靠的读本。你提出来，组织一个班子重新校订《红楼梦》，肯定会批准，而这部书如果校订完成，那就是文化上的一个大工程。"[2] 冯老之所以有这种学术眼光和文化自觉，是和他长期在中国人民大学从事教学和研究《红楼梦》分不开的，也是他对《红楼梦》的研究价值、研究对象和研究现状的深明洞达，知道哪些是处女地，哪些有学术价值，哪些还有开拓的空间。这件事的成功，可以说是一个打开当代《红楼梦》研究事业的重要节点，而且校注组像个大熔炉，为当代红学的繁荣冶炼出一批人才。

强烈的学术意识还表现在问题意识上。材料是史实，而问题是史识。一个具备了基本学术素养并有过科研实践的人，只要他认真阅读和思考，都会捕捉到一些或大或小的问题点。也就是通过对材料的筛选、诠释、解读，力争得出一些更接近事物本真而又具有突破性的判断，力争具有原创性和重构性。冯老是一个有心人，带着问题意识不放过任何蛛丝马迹的线索，捕捉新材料。他多方寻找《辽东五庆堂曹氏宗谱》，经研究发现了曹雪芹家族五代的族谱。通过《清实录》《大金喇嘛法师宝记碑》的碑文，揭开曹振彦是正白旗，从龙进京，是辽阳人。以后又得到两篇《曹玺传》，基本廓清了曹氏家世。几乎所有的资料并非新出土的或者新发现的，而是久置他处无人问津的材料，一旦遇到有问题意识的学者，就会从中发现新的素材，获得新观点。比如两篇《曹玺传》早就存放在地方志里，如果不是冯老有心，多方打探，也很可能至今沉睡在档案文库中。

强烈的学术意识和勤奋的精神相结合，就会撞击出巨大的创造能力，就会产出丰硕的成果。冯老60岁到85岁推出那么多著作，不得不钦佩冯老的勤奋。他在《八家评批红楼梦》"后记"中自述："校书是一件苦事，我是每天夜里校的，通常我总要校到深夜一两点，有时第二天清早起来复看一下最后的几页，往往会发现因为精力不济或眼花，有些字就漏校了……当时我的身体实际上已经是勉强支持了，心绞痛时发，严重时一天发作三次。这样的情况持续有一个多月，但我的校改工作一天也没有停止，有时常常是嘴里含着速效救心丸工作的。我望着大堆的排印稿，犹如万里长途，望不到尽头，也像是爬一座高山，抬头见不到山顶，觉得十分吃力，真有路长人困之感，但是尽管如此艰难，只要我喘过气来后，我又满怀信心地奋力以赴。"说这话时冯老已是87岁的高龄了，仍有老骥伏枥、志在千里之雄心。又如在新疆考察西域古国遗址、玄奘路线时，常常汽车开在没有路的沙漠上，颠簸得人五脏六腑如翻江倒海，难受极了，一天下来，感觉骨头都颠散了。年轻人都趴在床上不想动了，而冯老却在记笔记，一写就是大半夜，有时写下一千多字。这是多么坚韧的毅力和勤奋的精神啊！

二、从红学专家到走在"大国学"路上

纵观冯老一生治学的道路，其研究的对象最突出的是两大范畴：红学和西域文化。由于研究对象的不同也显现出不同的治学特征，无论研究内容还是研究方法都属于中国传统优秀文化，也就是国学。冯老为了消除对国学传统的看法，他提倡弘扬"大国学"。

红学研究当然是"大国学"题中之义。新红学研究方法深受清代乾嘉学派的影响，凭借考证出成果最多。解放后新红学考据方法在当代依旧是重要的研究方法，像周汝昌、吴恩裕、吴世昌等红学大家，不管对他们的学术研究的长板与短板如何评价，但取

得的令人瞩目的成果都是以考证见长，这大概是毋庸置疑的。冯其庸治红学虽然较全面，如叶君远《冯其庸传》所指出："冯其庸的这些红学著作，有的属于文献整理，有的是对于曹雪芹家世的研究，也有的是版本研究和对于文本的思想与艺术的研究，有的侧重于考证，有的侧重于理论和审美的探析，林林总总，几乎涉及红学所有最基本最重要的领域……"[3] 但给人留下最深刻记忆的、被学术界所公认的，也是贡献最大的还是曹雪芹的祖籍、家世和版本考，这正体现了冯老在当代运用乾嘉学派考证之法研究红学。

瞿林东先生在《18世纪中国史学的理论成就·序》中指出："18世纪的中国史学以其著名史家严谨的治学态度和缜密的历史考证，久负盛名，其影响所及直至于今。当时的考据也有弊病，那是考据末流所为……故就整体与主流来看，18世纪中国史学的历史考证之学，实是中国史学优秀遗产的一个重要方面。"[4] 胡适在五四新文化运动之中，适应民主和科学的新思潮，在《红楼梦》研究中引进和运用乾嘉学派的考证方法，灌注在新红学之中。他认为："中国旧有的学术，只有清代的朴学确有科学精神。"虽然乾嘉考据学存在烦琐考据的弊端，然而"汉学家的功夫，无论如何烦琐，却有一点不烦琐的元素，就是那一点科学的精神"[5]。冯老年轻时期受教于无锡国专和上海无锡国专，那里聚集着一批国学功底深厚的大家，给他影响至深，他晚年深情地回忆当年王蘧常先生讲《庄子》、童书业先生教先秦史、顾佛影先生讲唐诗、葛绥成讲地理学，回忆王蘧常先生等介绍他认识词学泰斗龙榆生、戏曲名家赵景深，还认识了书画大家白蕉等，都是中国传统文化艺术的灌输和熏陶，所以冯老说："这些情节回忆起来，对我是无形中的一种教育和提高。"

西域文化也是"大国学"。冯其庸先生从60岁到80岁一直醉心于西域文化的考察，不畏艰险，跋涉万里，孜孜以求，以获真知，践行了"读万卷书、行万里路"的千古名言。玄奘是贞观元年（627）夏天西行，第二年8月到达印度。贞观十九年（645）从印度回国，到冯老重新确认玄奘往返路线，已经过去1350多年了。这中间历经唐、宋、元、明、清、民国和新中国诸多时期，又有多少学者研究玄奘取经的著作，都因为西域自然环境艰险，人迹罕至，而没能亲历其境，或语焉不详，或留有空白。可见真正践行"读万卷书、行万里路"也绝非易事，因为它不仅仅是不畏艰险等这些素质，还涉及一个思维和方法的问题。早在一百多年前，丹纳《艺术哲学》就提出了影响文学艺术的三大因素——种族、时代、制度，以及与此相关联的地域、环境、风俗、语言、政治、军事等重要条件。考察历史文物更是如此，冯老在考察玄奘返程路线时，雇佣放羊人当向导，询问地理沿革、风土俗情等诸多问题，解决了许多书本上不能解决的问题。

三、学者风范是一种担当责任、社会责任

笔者作为高等学校的教师，三十多年来主攻中国古典小说名著。特别是担任中国三国演义学会副会长兼秘书长以后，亲历了中国三国演义学会发展历程。同时，在20世纪九十年代末，又投入《红楼梦》的研究，和红学结下不解之缘，成为中国红楼梦学会理事，对中国红楼梦学会也有了解和认识。因此，在各个学会的发展状况的对比之中，对冯老的学者风范，也就是他为中国红楼梦学会所做的贡献体会更加深刻。

冯老在《风雨平生——冯其庸口述自传》中说："中国红楼梦学会成立以后，我们的宗旨是把全国研究《红楼梦》的学者，团结在一起，大家认真地把《红楼梦》研究当作一件重要的长期的学术工作来做，当作一门艰辛的学问来做。中国红楼梦学会的成立，还有之前红楼梦研究所和《红楼梦学刊》的创建，对《红楼梦》的研究，起了非常大的推动作用和引导作用。""这三件事对《红楼梦》研究的推动非常大。"[6] 从冯老的叙述中可以看出，这三件事从时间上来说，是一个连续的创建流程。从领导核心的构成来说，冯老是红楼梦研究所第一任所长，《红楼梦学刊》他是第一任主编，中国红楼梦学会的成立由他倡导，他任学会副会长兼秘书长，这三个机构始终以冯先生为核心。除了历史机缘为他们提供得天独厚的条件而外，以冯老为首的红学专家一开始就主动地把握了话语权。创立红楼梦研究所，打造常设的学术平台，不断提升红学研究的水准。创立《红楼梦学刊》，把握好学术话语阵地，坚持正确的红学研究方向。抓好一系列学术基础建设工程，如校注《红楼梦》，领衔编著《红楼梦大辞典》，编写《八家评批红楼梦》等，惠及当代，泽被后世。总之，只有掌握话语权，才能带着学科建设的思维和做法创建红学事业。

这一系列的创建活动显示了冯老是一位有社会责任感和担当责任的学者，是一位有大家风范的学者。在他的带领下，把握时机，召开了国内外很有影响的学术会议，团结了全国老中青红学研究专家，迎来了解放后第二次红学大的发展机遇，如刘梦溪所言："如果说在红学史上，索隐派和考证派曾经各领风骚，尤其考证派长期居于红学的主流地位，那么，1978年至1987年这十年，则基本上是小说批评派的天下……因为文学批评不断借鉴和吸收新的文学观念和批评方法，使小说批评派红学拓宽了视野，可以建立批评的多种方法和多种途径。"[7] 也就是说红学的春天到来了。80年代改革开放释放的空前的生机，使当时红学研究十分活跃，涌现出一大批小说批评派著作，如张毕来的《漫说红楼》、蒋和森的《红楼梦概说》、王朝闻的《论凤姐》、徐迟的《红楼梦艺术论》、刘梦

溪的《红楼梦新论》、张锦池的《红楼十二论》、周中明的《红楼梦的语言艺术》、徐扶明的《红楼梦与戏曲比较研究》、陈昭的《红楼梦谈艺录》、傅憎享的《红楼梦艺术技巧论》、白盾的《红楼梦新评》、曾扬华的《红楼梦新探》、杜景华的《红楼梦艺术管探》、周书文的《红楼梦人物塑造的辩证艺术》、吕启祥的《红楼梦开卷录》，等等。

冯其庸先生逝世了，而他创建的红楼梦研究所、《红楼梦学刊》与中国红楼梦学会三位一体的格局，对于红学事业的发展、红学人才的培养都起到了不可估量的影响，而且随着时间的推移，可以越来越清楚地看到这种潜在的巨大的影响。

注释

[1]　张庆善：《红楼内外的冯其庸先生》，《光明日报》2017年2月7日。

[2]　冯其庸：《风雨平生——冯其庸口述自传》，商务印书馆2017年版，第227页。

[3]　叶君远：《冯其庸传》，江苏人民出版社2010年版，第82页。

[4]　罗炳良：《18世纪中国史学的理论成就》，北京师范大学出版社2000年版。

[5]　《胡适文存·清代学者的治学方法》，首都经贸大学出版社2013年版。

[6]　冯其庸：《风雨平生——冯其庸口述自传》，商务印书馆2017年版，第272页。

[7]　刘梦溪：《红楼梦与百年中国》，河北教育出版社1999年版，第305页。

本文原载于《红楼梦学刊》二〇一七年第四辑

本文作者：天津外国语大学教授、中国红楼梦学会学术委员会成员、北京曹雪芹学会副会长

冯其庸周至行

张长怀

2017年1月22日，著名文史学者冯其庸先生走完了93岁的人生历程，安详离世。回想起18年前冯老游历周至的景况，先生的音容笑貌仍历历在目，牵人缅怀。

1999年春天，76岁高龄的冯老先生在陕西参加完一次学术活动后，由他的一位朋友陪同，专程来周至进行文史考察，我有幸随往。

冯老的同行人员告知此行目的：1998年10月仙游寺出土10枚佛舍利后，冯老十分关注，意欲一往。冯老还有两处想去的地方，他知道周至的楼观台有一通唐代大书法家欧阳询的隶书《大唐宗圣观记》碑石，想一睹为快；他早就听说周至的大秦寺出土过《大秦景教流行中国碑》，想考察究竟。于是，我们便确定了楼观台—大秦寺—仙游寺的考察路线。

在《大唐宗圣观记》碑前，冯老如获至宝，兴致颇高，看得十分仔细，不时触摸碑石，连连发出感叹。他说，这是一通国宝名碑，国内仅存，一定要好好保护和研究。碑文云："宗圣观者，本名楼观，周康王大夫文始先生尹君之故宅也。以结草为楼，因即为号。先生禀自然之德……韬光隐耀，观星候气……北面请道。二经既演，八表向化。大教之兴，盖起于此矣……"冯老不无感慨地说："这，就是一部楼观简史啊！尹喜和老子的踪迹、道德经和西升经的诞生、道学与道教的传承、宗圣观与大唐皇室的联系，一目了然！"他还说："欧阳询的隶书，书风险劲锐拔，结构严密无懈，深得海内外书法界推崇，日本最具影响力之一的《朝日新闻》刊头四字，就是从此碑拓制的，其中"朝""日""闻"三字系碑中原字，"新"字由碑文中的"亲"字和"斯"字各取一半拼接而成。"听了介绍，我们对冯老知识的渊博和记忆的超凡钦佩由衷。

冯老健步如飞地攀登到楼观台老子祠的高台之上，举目西眺，遥见山雾中隐隐约约的大秦寺古塔，便急急简化了游程，驱车大秦寺。

很遗憾，车到大秦寺山前时，大雨滂沱，道路泥泞，难以攀爬，只好作罢。冯老向闻讯赶来的大秦寺文管所副所长仔细询问了《大秦景教流行中国碑》的情况后，说道，《大英百科全书》《中国百科全书》均将此碑列为专门词条，并指出其出土于周至大秦寺，可见，此碑、此塔文物价值非同凡响。紧接着，他还给我们讲述了一个鲜为人知的故事：民国年间的中国科学院院长向达，多次被国际学者问及景教碑和大秦寺的情况，他不知详里，深感愧疚。于是，回国后专程赴周至考察探询。几经寻访，均无所致。正当他心灰意冷，准备打道回府时，偶遇牧童，寻访至此，不胜欣喜。后来，向达先生将此游所感撰成专文，在国内外报刊发表。冯老说，自己在中华人民共和国成立前就已拜读过此文，并对周至大秦寺心慕已久。说到兴头上，冯老不顾年迈雨骤，情不自禁地吟诵起了苏轼的《大秦寺》诗："……忽逢孤塔迥，独向乱山明。信足幽寻远，临风却立惊……"

让冯老最感快慰的地方，要数仙游寺。

我们径奔仙游寺原址。此时雨住云淡，风清气爽。冯老站在黑河岸边，详细询究了狮山、象岭、龙潭、虎穴、玉女洞、马融石室、盛姬墓、法王塔、逼水塔、喇嘛塔、大雄宝殿的具体位置和来龙去脉，并反复确认了白居易写《长恨歌》以及苏轼在玉女泉制符调水之处的确切位置。老人深为这里的碧水蓝天、翠峰古塔所动，兴味盎然，感慨而言："只有身临其境，才能真正体会到'客远红尘丛中，到此俗缘尽了；堂开白云窝里，从兹觉岸齐登'的韵味啊！"

冯老在仙游寺出土文物展室驻留时间最长。工作人员几次催他吃饭，他说："饭可以天天吃，但瞻仰佛舍利的机会可不是天天都有呀！"他边看边问，并不时笔记。冯老那种严肃认真、一丝不苟的为学精神，深深地感动了在场的我们。

临别前，文管所所长王殿斌向冯老赠送了一套仙游寺出土的碑石拓片。老人连声说："这很珍贵！"并表示，待到复建工作完成后，他要回赠一套宋代佛经给仙游寺。回到北京的当天深夜，冯老在电话中告诉我："我从晚饭后到现在，一直在欣赏从仙游寺带回来的碑石拓片，越看越喜爱，越看越兴奋，真是爱不忍释、夜不能寝啊！你们一定要把原碑保管好，不可轻易打拓！"

不几日，冯老托人专程送来了他题赠仙游寺500余字的诗文墨宝，文曰：

己卯三月二十八日，予与友人同游仙游寺。此唐白乐天作《长恨歌》处也。寺建于隋开皇年间，至今已一千四百余载。近因避水患，迁至左边高处，因得启法王塔地宫，乃现佛祖舍利。此继法门寺佛祖真身灵骨之重现，为又一大盛事也。夫佛骨舍利次第现世，实国家昌盛祥和之征也。地宫中有石函，周以线刻乐舞人物，则盛唐画风也。塔基东侧复得吴道子人物石刻一件。道子，开元间人，此塔于开元间重修，则道子原笔之所刻也。道子真迹世已无存，今重出此刻，无异重见道子真面，且东坡已有题评云：其顾瞻俯仰睢盱哆冶之状，非吴道子莫能至。又云：道子实雄放浩如海波翻当其下，手风两快，笔所未到气已吞。今此画恰如其评。又世云：吴带当风。则此吴带之最也。地宫藏隋碑舍利塔下铭，碑为典型之隋代书法，且刻手高妙，而未经摩拓，故字口生辣，笔锋刀锋两锋俱存，较之曾经摩拓而失去锋棱者，不可以道里计也。隋碑背面之唐舍利塔铭，以行书入碑，此太宗温泉铭之遗也，且书体极似温泉铭。其无字崇字则宛然兰亭圣教。此亦太宗崇尚王字之遗风也。予一日而得拜观四宝，实生平之大幸也。为之欣喜无量，感谢莫名，因拜题所盛云尔——《题仙游寺》：众峰错落列锦屏，曲水萦回碧玉青。想见当年白学士，一篇长恨满旗亭。

冯老对周至的情感，溢于言表，字字珠玑；冯老的周至之行，途短情长，人去弥珍！

本文原载于《西安晚报》二〇一七年二月二日

本文作者：周至县人大常委会主任、作家

我在冯其庸学术馆

——追思冯其庸先生

沈晓萍

距离冯先生离开我们一年多了。这段时间中，各大报刊不停地有来自学术界、红学界、艺术界等社会各界的追思文章发表。中国人民大学、中国艺术研究院、中国红楼梦学会也都分别开展了"大师垂范大国学——冯其庸先生追思会""文化自信学术报国——冯其庸先生追思会""一卷红楼万古情——冯其庸先生追思会"的追念冯其庸先生的活动。每一篇文、每一句话都是大家对冯先生的无限怀念，当我读着每一个字，倾听每一次追思活动中的发言，心中的感念之情总是不断涌现⋯⋯

我在冯其庸学术馆工作，每天关注、学习的就是冯其庸先生的著作以及他所涉猎的众领域内容，为众人讲述他的瓜饭人生、他的治学报国、他的学术担当和文物收藏。从我踏进学术馆的那天起，冯先生就是一个精神的标志，他所经历的事情、他所撰写的文章、他所讲过的每一句话都在我的脑海中反复流转，转化为对他的所识，介绍给所有人。

先生走后，迟迟没有动笔，是不敢动笔，怕自己的文字过于拙劣难以表现冯先生的博大，更是因为沉浸在学习冯先生以及他过世后那种复杂的状态中，难以用只字片语表达。今天，容我细细回忆这几年向冯先生请益的点点滴滴，略拣讲述。

拜识冯老，很晚，从2012年9月开始⋯⋯

那一年冯先生共回家乡两次，一次是9月下旬，冯先生与夏奶奶到学术馆看馆里的布展情况，第二次便是2012年12月7日至9日，而这也是他最后一次回家乡。从此以后，冯老回乡的念想便只能保留在一次次的回忆以及两位女儿、家乡人的转达中了。

去瓜饭楼

第一次去瓜饭楼是2013年4月27日。一早，在不远处喜气的鞭炮声中来到冯先生北京通州张家湾的家中。

随着大门的打开，庭院中繁花似锦，摇曳身影的海棠迎面而来，"石破天惊"的巨石也巍然耸立，在阳光下焕发着光泽。此时南方的花都已开而始谢，而这里却是正盛时，北京这样的城市居然也能独享南方小院的风韵。

夏奶奶热情爽朗的声音围绕着我们进入瓜饭楼中。

因为提前到来，进门时正好看到冯老从楼上下来，便有机会陪同冯先生去房子东边的餐厅用餐。早餐很简单，一小碗清粥、一个鸡蛋。在吃早饭之前他还要吃药，药是用粥汤服下的。夏奶奶说："年纪大了，胃口也变得很小，原来能吃很多的。现在还不能喝牛奶，不容易消化。你看他现在吃的也就是鸡蛋和粥，偶尔再吃两粒枣子。"因为我就坐在旁边，冯老一边吃早饭，一边关心地问我什么时候来的北京？还问我有没有到北京的故宫博物院等去看过？他说故宫博物院的美术馆还是值得一看的。很快，冯老就用完早餐去客厅就座，我发现从门厅到客厅的地板居然被走出一条磨得发白的"路"了。

坐下来后，冯老便对我讲解工作中遇到的问题一一做释，说得有些累了，便由夏奶奶带我上楼参观书房。木质楼梯、各种石刻佛像，还有夏奶奶温暖的乡音，等等。这些让我对瓜饭楼的印象是：令人惊讶的丰富藏书、简单朴实的日常生活、平易近人的二老，这些都出乎我的预想。待了很久，下楼告别时，冯先生正在接一个电话，他没有多说什么，只是在挂完电话后更加虚弱了。我不由心里一怔，冯先生有这么多烦扰，或许这还只是其一罢。

跨出瓜饭楼的一刹那，我脑海中冒出了一首打油诗："瓜饭楼中春知晓，一碗清粥两颗药。来宾多少路明了，一通电话见烦恼。"心中默祝：二老，保重！

要多写文章

以后的每年都有多次机会拜望冯先生。2014年7月18日，《无锡日报》"天下无锡人"栏目想去采访冯其庸先生，我与孙昕晨等日报记者一起前往瓜饭楼。客厅中，冯先生亲切地接待了家乡人，并提道："昨天就是杨绛的生日，我们通了电话，她的耳朵不是很好……"记者在冯先生的娓娓而谈中进行了"天下无锡人 —— 专访冯其庸先生"的采访，冯先生说了很多，从年少时的贫苦到对现在无锡的发展给予了很大的肯定，也对文化无锡提出了殷殷期望。不禁感叹，耄耋之年的冯老对家乡是如此关心。

采访完后，冯先生的女儿幽若老师拿出一份稿子，让我到冯先生身边，我一看，惊讶得说不出话来，随之而来的一股暖流涌上心头。冯先生在我写的文章《冯其庸与"江南二仲"》上进行了细致的修改。冯先生说："我和夏奶奶知道你来都非常高兴，跟有责也说起想让你来。我看了你的文章，印象很深，你只要认真地读书、不断地写作，你会自我成长的。"

冯先生对文章中记录的王蘧常与钱仲联老师的先后顺序进行了调整，并在文章上方用红笔备注："王蘧常比钱仲联长8岁，钱先生一直对王先生亦师亦友亦同窗，此文应调整，王先生在前。"除此之外，冯先生还增添了一些文献中查不到的内容，如他与钱仲联老先生入院的那段交往细节等都一一备注写在了文章空白处。冯先生是仁慈的，他的女儿也是宽厚的，我只是馆里的一个成员，冯先生却毫不吝惜地给予悉心的指导。

回来后过了很长一段时间，我把这篇文章整理成稿，在报纸和"宽堂书屋"上进行了发布。虽然工作之余的很多时间给了"宽堂书屋"，但在间隙中，我谨遵冯先生所言："文章一定要多写、多读"，也在静下心努力中。

宽堂书屋

2013年年初，当微信公众平台还未被大众所熟知时，出于对新生事物以及网络的敏感，我便开始琢磨并在网上申请了"宽堂书屋"的微信公众号，当年命名时就想着，如果把冯先生的那么多文章逐篇发布，但凡有手机的人都能看到多好，这么想也就这样去做了。没有文章的电子稿，就把冯先生的文章逐字逐句打出来，一边学习一边完善把文章一篇篇发布到网络。

在努力制作了两年多后，"宽堂书屋"有了一定的关注量，也受到了很多关注，幽若老师把这一情况也告诉了冯先生。2015年5月，邮箱里收到高海英发来的一篇文章，同时我接到了冯先生的电话，他说："小沈，手机上的'宽堂书屋'我看到了，很好。让海英发了一篇文章给你们，这篇文章是我今年3月份写的，是年谱上的一篇序《度尽劫波见光明》，你们可以发一下。"带着接到电话后的满心感动与激情，马上编辑那篇文章。后来，虽然因为微信自动识别"文化大革命"等敏感词汇而被拒发布，但冯先生的这通电话中的鼓励与肯定令我终生难忘。

"宽堂书屋"除了文章，后期又有了一些书画、诗词的展示以及活动介绍等综合性的内容，也把学术馆的各项活动做了更广、更全面的推广，这些又考量提升了制作者对文字、版面布局等的要求，所有的空余时间也都用到了"宽堂书屋"上。今天的微信公众号也逐渐成为媒体宣传的重要途径。2017年1月22日，冯先生过世，在无比的悲痛中，彻夜难眠，在"宽堂书屋"上发布了很多各界人士的悼念文章，有时整个晚上就是在制作，整个人在悲痛的情绪中难以调整。也是在那个过程中，忽略了之前眼睛曾动过角膜手术的事实，眼症急发，在医生的严令下，不得不放下所有关于屏幕的工作。逐渐恢复后，"宽堂书屋"还在继续，发布的数量不会像之前那样频繁，但会在质量上努力提高。"宽堂书屋"不仅是宽堂书屋，它包含的是冯其庸学术馆人对冯先生满满的景仰、感谢和怀念之情……

这些地方你一定要去走一走

2015年11月，因为参加纪峰先生的雕塑展，又有幸去瓜饭楼探望二老。那一次，冯先生跟我说了很多，他给我介绍了王蘧常及他自己的字画，如何鉴别真假、印章等等，其中主要的是他希望我能多出去实地调查。他说："我又看了几篇你的文章，我觉得你是个可造之才，我发现多指点指点你会发展得很快，后来你又写了吗？你还不光要写我一个人，你还要写别的。另外我跟有责讲，有责身体不好那你们就去，附近的几个地方，项羽的几个地方就在安徽，路也不远，去按照我的文章实地调查一下，这样你的感受就不一样了，对你做学问也大有好处。一个是历史文献、一个是实地调查、一个是地下发掘，三个方面都要考虑到。有的地方没有发现，你实地调查还是有效的。还有新疆，这些地方有机会你们还是要去走一走……"

从第一次见冯先生，我便是以一种虔诚之心拜见，因为他是大家，又是一个高龄的老人，每次便用心去记录他所说的每一句话。那一次拜访完冯先生，我用几天的时间把他工作生活过的地方走了一遍。按照他书中记录的地方，去寻找人大的西郊校区、张自忠路的小屋以及恭王府做过红学研究的四合院……一边走一边脑海中涌现着1954年冯先生从无锡这个城市只身一人去北京，在北方初秋的凉意中写下"一别故乡三万里，归心常逐白云飞。酒酣始觉旧朋少，梦冷正怜骨肉微。月上高城添瘦影，风来塞北薄秋衣。茫茫南国秋风起，日暮高登望子归"诗作的情景。11月末的北京已是雪花飘扬，这也让我更好地体会了他当年的心境。在临近回无锡的前一天，我接到了冯先生的电话，他希望我能去瓜饭楼说一说这几天的所见，我应邀前往。听完汇报后，冯先生又叮咛交代："回去之后要多读书、要多进行实地考察。"

冯先生是一部大书。每一个了解冯先生的人都说他了不起，更是不容易，他自身的坚忍不拔、坚持奋进，他更会鼓励后学，把这种精神传播给所有的人。

家乡的学术馆

冯其庸学术馆开馆4年半，每年的接待量有数万人次，而且影响力越来越大，广泛开展系列国学教育和文化展示交流活动，这些都离不开地方领导的高度重视、冯先生众弟子的支持和冯有责书记的耐心指导。以叶兆信、谭凤嬛、纪峰等艺术家带头的各类展览每年逐增，更有沈卫荣、朱玉麒、荣新江等众教授不辞辛苦到学术馆开展专业讲座，为地方文化发展助力。2016年8月，由中国人民大学沈教授负责联系组织的"国学与丝绸之路历史文化研究研讨活动"在冯其庸学术馆开展，活动数日，在前洲这一方小小土地上来了多个国家100多位学界著名学者开展各领域研究活动，引起了很大的关注和反响。2017年1月10日，当我在北京冯先生那里汇报活动情况时，虽然他的听力和视力已急剧退化，很多话都由幽若老师大声转述，但他听完后是满意的，更是欣慰的。

今年5月份，由张庆善会长负责牵头的"一卷红楼万古情——冯其庸先生追思活动"到无锡学术馆开展的前夕，受无锡市台办的邀请，我代表冯其庸学术馆外出讲座，讲座的内容是《红学大家——冯其庸》。这几年在各个学校开展不同年龄阶段的讲座和每周在中学开展的《红楼梦》（人民文学出版社出版）阅读活动成为我的累积，赴台讲座也做了充分的准备。讲座最后，当屏幕上呈现了1998年冯其庸先生在台湾"中央广播电台"的题字"抽刀断水水更流，两岸交流情深手足"的图片作为结束时，获得了热烈的掌声。此时的我，为能够成为冯其庸先生学术成就传播者深感荣幸。

在市、区台办的支持下，冯其庸学术馆将进一步积极开展两岸文化交流合作，在未来，为促进两岸关系、增进两岸同胞心灵沟通出一份力。相信，冯先生若在，也会开心的。

冯先生走了，但他还在：他的著作一本又一本地不间断呈现；他的字画、书籍在夏奶奶和他女儿的安排下一一送至人民大学、学术馆；他的弟子们在各个领域不断创造出卓越成就；学术馆不断显现出文化传承的重要性……当睿智的思考穿透精神的领地，优秀传统文化得以继承弘扬，文化氛围和文化发展水平得以提高，"虽万劫而不灭求真求学之心"的形象不再是一幅遥不可及的画面，他将以一种力量向世人展开自强不息、执着奋进的人生启示，在芸芸众生的心中留下难忘而坚定的印记。

本文原载于《无锡日报》二〇一七年六月三十日

本文作者：冯其庸学术馆副馆长

冯其庸与"江南二仲"

沈晓萍

冯其庸在一生之中有过许多师友，其中尤以与"江南二仲"的感情最为深厚。在长达四五十年的岁月间，冯其庸与他们亦师亦友，问道求学，为当今的学术界留下了一段佳话。

有一种境界：独上高楼，望尽天涯路

"江南二仲"之一的王蘧常以章草、学问、文章闻名，于汉简、汉陶、汉砖、汉帛中的有益因素都一一汲取，加之深厚的古文字功底和学问修养，将之冶于章草之中。王蘧常所创立的美学形式是前无古人的，所以郑逸梅先生称其为"天才"，其章草书法也是从成熟走向别树一帜。识者评其章草特点："无一笔不具古人面目，无一笔不显自己的精神。"其章草书法艺术"博取古泽，冶之于章草之中，所作恢宏丕变，蔚为大观"。书法界则更称颂为"古有王羲之，今有王蘧常"，推崇备至。

王蘧常，字瑗仲，是冯其庸在无锡国专时的授业恩师。冯其庸当时在无锡国专就读期间，王蘧常正是学校教务主任，常往来于上海、无锡之间。1946年春，冯其庸作为学生代表向学校提出了关于教师方面的一些要求，王蘧常倾听了他们的意见并作了认真处理，使学生得到了满意答复，因此王蘧常先生对冯其庸留下了极深的印象。1947年，解放战争形势发展很快，学生运动也非常紧张，当时冯其庸被国民党列入黑名单，求助于王蘧常先生，王老师叫他立即到上海，于是冯其庸就因此到上海进入国专沪校就读。在国专沪校，冯其庸有机会听王蘧常讲课，当时王蘧常讲的是《庄子》，冯其庸听他讲其中的《逍遥游》。冯其庸说："老师讲课从来不带课本，从正文到注释全是背诵，而且与我们带的《庄子集释》一点不差，重要的是他疏解了各家的注疏后，往往出以己意，发人深思。"所以那一学期，一篇《逍遥游》没有讲完，但他却启发了冯其庸治学的门径，使冯其庸领略到那种"独上高楼，望尽天涯路"的学问境界。

在上海时，冯其庸除了听老师讲课外，更大的收获就是可以常在王蘧常老师身边，听他闲谈，听他对诗文的见解，看他挥毫写字，无形中也给了冯其庸深刻的感染。冯其庸特别喜欢诗词，王蘧常便给他诗词方面的熏陶，还特地写信介绍他去看望词学泰斗龙沐勋先生；冯其庸研究蒋鹿潭诗词，王蘧常又写信给顾廷龙先生，请其提供方便，让冯其庸去合众图书馆查阅资料，冯其庸的《蒋鹿潭年谱》便是在合众图书馆写成的。此外，他还拜见了著名的大词人、大画家陈小翠先生，陈小翠也是上海无锡国专的教授，是最负盛名的女词人。还有大漠诗人顾佛影先生、秦汉史专家童书业先生、大书法家白蕉先生等。

冯其庸离开上海后，一直保持与王蘧常的通信，特别是在"文革"中王蘧常还不断去信，并从冯其庸其他的朋友如故宫博物院的唐兰、商务印书馆的周振甫处打听他的消息。后来周振甫告知王老师，冯其庸除了挨批斗外，没有参与任何活动，"独立乱流中"，王蘧常非常高兴。王蘧常给冯其庸写的众多信件，冯其庸一一完整保存，在上海展览王蘧常的书法时，摊开来占据了半个展柜。

在冯其庸眼里，王蘧常是大学问家、大诗人，又是书法大家、章草圣手。外界不大了解他在书法上的高深造诣，但当代真正的书画大家却是极为推崇王蘧常的书法，如谢稚柳就非常钦佩王老，称他的章草已是王草，是空前绝后之作。而在日本也盛传两句话："古有王羲之，今有王蘧常。"1989年10月，王蘧常在90岁高龄完成了致冯其庸的《十八帖》。《十八帖》从书法来说，是王蘧常书法的极致，冯其庸展读再四，其书风似《平复帖》，但苍劲过之，从文章来说，酷似《十七帖》。冯其庸说，王蘧常不仅是诗人，而且是文章家，抗战中曾写《吴子馨授传》，还写过不少激动人心的抗日诗歌，与钱仲联写的抗战诗歌合出为《江南二仲集》，盛传一时。而王蘧常写《十八帖》之前，又作《杨仁恺先生传》，文章也是掷地作金石声。

有一种诗情：古雅纯净、衣钵相传

除了王蘧常先生以外，冯其庸还有另一位老师，那便是与王蘧常并称为"江南二仲"的钱仲联。钱仲联以博闻强记、学富五车而著称，是《全清词》《续修四库全书》《全宋诗》的编纂者，中国古代文学理论学会顾问，苏州大学终身教授。

钱仲联的祖母翁端恩，是大学士翁心存之女、两朝帝师翁同龢之姐，擅长诗词，乃一代才女。钱仲联之母沈氏，亦为清代著名诗人沈汝瑾之妹。钱仲联的诗词，黄炎培曾大赞"其骨秀，其气昌，其辞瑰玮而有芒！"钱仲联所做笺注涉猎古典文学的方方面面，博通群集，由专而博。冯其庸在求学无锡国专之时，于1946年春拜钱仲联为师，并举行了正式的拜师仪式。在此后的四五十年间，冯其庸始终尽弟子礼，极为恭敬。

"文革"期间，钱仲联将自己的《陆放翁全集注》稿本交给上海中华书局编辑所，却因当时的政治环境未能出版，连书稿也不知下落。冯其庸知晓后，赶紧托人觅得并归还钱老。1973年，钱老一度生活困窘，想托冯其庸将此稿廉价出让给图书馆，以解燃眉之急。冯其庸力劝钱老打消此意，另想办法解决问题，因为他深知此书的学术价值，觉得绝不能草率处理，否则一旦损失将无法弥补。钱老接受了他的意见，数年后此书终于出版，而它也成为钱老代表性的学术成果之一，成为研究陆游基础性的一部力作。

除此以外，冯其庸经过一段时间的考证，到苏州邓蔚终于找到了吴梅村原墓地，并想捐资重修吴梅村墓，并为主碑作记。修建完成后他与钱老一起去邓尉石壁山看吴梅村墓，请钱老填词以作纪念。钱老填《贺新凉》一首，冯其庸即随钱老原韵和作一首，一时传为佳话。

2002年9月，在钱仲联老先生95华诞之时，冯其庸请他的学生纪峰到苏州为钱老造像。因钱老年事已高不能久坐，纪峰每天只能工作一个多小时，经过四五天，塑像完成。这座铜像放在钱老先生家的客厅中，钱老极爱此像，每天晚上睡前，必用毛巾把像盖上，还总不忘对自己的雕像说："我去睡觉了，你也睡罢。"足见钱老对此像的珍爱。

冯其庸为造像题了一首诗：

> 诗是昆仑郁苍苍，文是黄河万里浪。
>
> 平生百拜虞山路，今日黄金铸子昂。

冯其庸觉得此诗不叶律，所以寄给钱仲联老先生看看是否可以，没想到钱老随即回信：

> 其庸学人撰席：久懒疏候，忽奉五月八日赐函，欣慰无涯。已入初夏，想贵恙当日趋康复。承赐铸铜像并惠诗，诗佳甚，受之实不敢当，感荷隆情在心，上月贱体亦卧床两次，挂盐水瓶，幸得痊愈，年事已高，势必如此也。匆匆，复谢。

2001年，仲联先生得了癌症，入苏州医院开刀，起先他并不知道是癌症，手术后一周他知道是癌症后，立即要求回家，说有事要做，医院拦不住他，他让保姆用轮椅推回去了。回去后，他尽一天一夜之力，写了一首700字的长诗赠冯其庸，写完后叹一口气说："从此我的事情都做完了。"冯其庸知道后，马上赶到苏州去拜谢他，并告诉他患的是结肠癌，只要切除后就没有问题了，后来钱老真的好起来了，大家都很高兴。不想一年后，癌症又复发了。

2003年10月21日，冯其庸再去苏州看望钱仲联老先生，同去的还有两位朋友，钱老看到他们非常高兴。钱老定要将沙发让出来叫冯其庸坐，冯其庸连说万万不可，便侧坐着与他说话。此时钱老的声音已然很轻，他说：严迪昌也是癌症，很重。冯其庸便有意把话题引开，说已读到先生校理的《钱牧斋全集》，印得很好，资料也极全，完成了一件历史任务。钱老说他自己的全集也要出，但量太大，要分几次出版。此时的钱仲联话声更低，冯其庸便下意识地握着他的手，钱老对冯其庸说自己的手已经很冷，没有一点热气了，都已经穿上棉裤了。冯其庸赶紧说："你是老年人，快百岁了，与年轻人不能比，好好休养就会好起来的。"而此时钱老的眼里已满含泪水。

冯其庸向先生告辞时，钱老坚持要送，冯其庸一行人苦辞不得，钱老让家人扶着他送到门口，冯其庸向先生鞠躬而别。走出门时，冯其庸的眼泪已经夺眶而出了，他心里万分难过，晚上彻夜难眠，伏枕写下两首诗：

> 二〇〇三年十月二十一日，重过苏州，再拜梦苕师。时师患癌症已扩散，甚清癯，犹兀坐待予至，低眉细语，不忍闻也。

一

秋老姑苏又一过，金阊门里拜维摩。

拈花丈室凄然语，使我心头泪暗沱。

二

先生老矣癯且清，兀坐低眉一古真。

拜罢维摩挥泪别，重来能否见先生。

2003年12月4日下午，远在北京的冯其庸接到苏州钱金泉的电话，得知钱仲联先生去世。冯其庸听到后如受猛雷袭击，不禁失声痛哭。按理他是一定要去苏州送别先生的，可当时的冯其庸却因患带状疱疹住在了305医院，根本不能下床。这时钱金泉又告诉他，钱老住进医院后没有几天，就吵着要回来，并说："冯先生要来看我，我一定要回去接待。"回去后整整四天，钱老连梦里都在喊冯其庸的名字，直到去世。听到这些，冯其庸更是伤心欲绝、痛哭流涕，恶病缠身的他在悲痛中伏枕拟下一副挽联并请人代写后放在钱老灵前，联语云："噩耗飞来，正病榻支离疑是梦，梦也难收痛泪；流光倒去，算师恩半世般般真，真情万劫不磨。"之后，冯其庸每次疱疹疼痛过后就思念钱老，并写了多首缅怀恩师的诗作：

一

归去先生天地哀，江山从此失雄才。

孟公一去蔡州空，五百年间不再来。

二

先生归去天地秋，万木无声只低头。

我识天公悲切意，奇才如此不可求。

有一种师恩：如父如兄，愈久弥醇

在冯其庸与两位恩师的交往中，还有很特别的事。当年在无锡国专的时候两位先生都曾经把自己的书法作品赠给他，他一直小心地珍藏。王蘧常老师赠的是两副对联"天际数点眉妩翠，中流一画墨痕苍"；"莫放春秋佳日去，最难风雨故人来"。当时王老师未带印章，写完后无章可盖。过了40年，冯其庸特意带到上海，请老师加盖印章。王蘧常老师看到自己40年前的墨迹，不由感慨万分，不仅加了印章，还题了长跋。1946年钱仲联老师赠的是一阕词《八声甘州》，50年后冯其庸把词带到苏州拜见钱老。钱老屈指一算，已然经历了半个世纪的风风雨雨，可当年的墨迹却还完好如初，叹息良久，在词上加了长跋……这样的书法作品，足以见证师生间长达半个世纪的深厚感情。

两位恩师相继去世后，冯其庸悲痛难以言表，写了众多诗词、文章寄托哀思，我们也可以从他这一篇80岁高龄时写的一段话中感受到他对老师感情之深：

我于1946年拜梦苕师为师，同年又见到了王瑗仲先生，1948年正式从瑗仲师学诸子学，从此与两位恩师再也没有间断过往来，现在两位恩师都走了，只有此时我才真正体会到"江山空蔡州"的滋味。"江南二仲"是学界泰斗，平时能见一位已不容易，我却有幸早在近六十年前就拜两位先生为师了，这是老天对我的恩赐，可惜我资质鲁钝，终有负于两位名师的栽培，真是愧对先生。

"也就是从现在起，我的恩师都不在了，从此再也没有如父如兄的长辈来教导我督责我了。我当永远记住恩师的教训，他们的治学和为人，永远是我的榜样，他们的人虽然走了，但他们的典型却会在我心里永存！

本文原载于《江南晚报》二〇一四年八月十七日

求学事略

——受教于冯其庸先生

泰祥洲

2017年1月23日，忽闻冯其庸先生去世的消息，我如受五雷轰顶，不禁失声痛哭。我受教于先生30年，温言教诲，尚在耳畔，点点滴滴的记忆，一时俱来目前。正月初六，我和朱振华相约，来到张家湾告别恩师，在先生家中临时搭建的灵堂前向先生叩首告别，这里原本是冯先生的会客室，而今已是人去景异。身体虚弱的师母闻听我和振华来了，在女儿幽若和海英的搀扶下特地从二楼蹒跚走下楼梯，拉着我和振华的手，喃喃回忆着先生最后的日子，"老先生最近几个月都不能下楼了，还是坚持每天校稿，他的日记一直写到临终前五日，眼看着他最后几天是写不动了，只记下今天有谁到家里看我"。我泪如泉涌，悲伤难抑，思绪沉浸在师母的话语中，不断闪现着冯先生在过去30年间教我读书写字的情景。

我和冯其庸先生初次见面是在1987年。

1986年，我到北京读书，启蒙恩师胡公石先生托好友柯文辉先生教我学习古文，柯先生先是教授我读《诗经》，然后是一些清代文献，不久，柯先生就引我拜见冯其庸先生。柯先生说，"在冯先生面前我对古代文献的理解如同票友，要打下基本功，你要好好向冯先生求教"。

之后我差不多每月都带书法作品和读书笔记找冯先生，每次冯先生都悉心讲解，先生常提醒我，字要每天坚持练，读书还要花时间从先秦两汉的文献开始。面对古奥艰涩的《尚书》《左传》等先秦文献，我一直没有下决心用功，时间如梭，转眼就到了毕业时间。

1990年我大学毕业，那一年在京读书的大学生绝大多数都遣回原籍。我去先生家道别，先生焦急地说："你要想读书或者发展事业最好不要回宁夏，我帮你想想办法，看能不能先留在北京。"没过几天，冯先生告诉我说："一位好友请了中央美院退休的裱画师崔玉润成立裱画工作室，我推荐你过去学习工作，你可先去跟随崔师傅学习裱画的基本功，有了治生之道，我再帮你联系精通古画修复的师父教你学习修复宋元古画。古人讲艺不压身，你学门手艺比回家乡当教师更有意义，有时间就多读书。"1992年谢稚柳先生来京，告知冯先生他刚刚给以修复宋元古画名震海内的李振江师傅题写了"振雅斋"堂号，先生旋即拜托谢稚柳先生介绍我拜北派装池大师李振江为师。我跟随振江师父五年，不仅学到揭裱古画的技术，还得以一窥宋代绢本绘画的修复和画法秘诀，这一切，都赖于冯先生的指授。学习揭裱期间，冯先生不断提醒我要勤做笔记，在冯先生的提点下，我尤其关注中国古代书画材料，并与文献相印证，20年后我在材料与画法上能够与古人默然相契，有所会心，莫不归功于此时打下的基础。于此基础之上，我又致力于重构10—12世纪中国全景山水的理想范式，亦莫不归功于此。

入室弟子和书单

1992年初夏的一天，我和中华书局的好友朱振华去先生红庙寓所，因为装池事繁，我疏于读书习字，已经有半年没有去见先生了，先生虽言辞温厚，但心中略有不悦，当场也未加责怪，而是特地嘱咐我次日再去。第二天下午，我带着书法习字骑车赶到冯先生家时，他穿着一件白色衬衣，正在阳台上画桌前挥毫作画，见我来了，特地从几张新画的葫芦中选出一张最好的，题上"《秋风图》为晓阳作"。他翻着我的习字，随即说道："我给你示范一张，你要仔细看我执笔的动作和运笔的笔迹。"他当即写下"柳枝折尽到阳关，始信人间离别难。唱罢渭城西去曲，黄沙漠漠路漫漫。晓阳仁弟嘱，冯其庸"。写毕他说："行笔要懂得使转、提按，学行楷要多临帖，不要写碑。"我在先生的指导下，提笔试写了数幅，慢慢体会到了先生金针度人的精要之处。

先生旋即引我到书房，拿出一套刚刚出版的《八家评批红楼梦》，翻开扉页为我题写："晓阳贤棣存阅，冯其庸赠，一九九二年七月"，我知道"贤棣"用以称入室弟子，看到先生这样不弃，心中既愧且喜，题完字，先生说："无论工作多忙，读书和习字是不能耽搁下来的，我最近还收了一个学生叫纪峰，我给他起个字叫雪崖，你喜欢叫祥洲也好，我为你们两人专门开列个书目，一边读书，一边习字画画。自古画家易至，学人难至，学人而兼画家，成者寥寥。"

冯先生拿起一个旧信封，在背面一边写着书名一边给我解释："读书不仅要读懂，更重要的是要知道为什么会有这些书的流传，通常人理解中国的学术浩瀚无边，其实精髓全在先秦两汉，你去王府井中华书局读者服务部买中华书局出版的《中国文学史参考资料》丛书，包括先秦、两汉、魏晋南北朝和隋唐，除此以外，再去王府井书店找沈复沈三白的《浮生六记》、明张岱的《陶庵梦忆》和《西湖梦寻》。你回去通翻一遍，下次你带《两汉文学史参考资料》来找我。"先生又强调说，"中国的历史很长，但真正重要的文献就是先秦两汉，后来人文章写得好离不开用典，几乎所有的典故都出自先秦两汉，所以说师当师其源，早期文献读懂了，往后看很容易。先秦两汉文献犹如高山大川，必先登临，才能观全局"。

"看古人文章不可不读史，你可以将《二十四史》先秦两汉部分结合《中国文学史参考资料》一起读，在历史的框架下，逐渐会形成你的思想和见识。"我问先生，先秦文献和沈复、张岱是否同时学习，他说："是的，读书就是为了写文章，今天用白话文，文章要写得优美简朴，沈复和张岱虽是晚明人，文字很接近白话文，你写文章要尽量体会学习他们的表述方法。古人说：士先器识而后文艺，想要扩充器度、增长见识，最好的办法就是读书。"

我至今仍然悉心保留着冯先生给我的书单，回忆起柯文辉先生引荐我时讲的话，才体会到读书求学，正确的门径是多么重要，更加感激作为通才大家的冯先生，对一个初入社会，毫无根底，空有莫名之志和向学之心的年轻人的关爱和提携。

不知师资传授则不可议乎画

我拿着书单如获至宝，在好友朱振华的帮助下，很快就买齐了这些书。一日晚间去先生红庙家中，在书房里，先生说："拜师学习和学校教育有很大的不同，学校里都是严格按教学大纲和进度讲，无法深入，拜师学习就是每个问题都要钻研透彻，有问题就问，老师会把毕生所学毫无保留地传授给学生，就是古人说的师资传授。张彦远说'若不知师资传授则不可议乎画'，也是这个意思。学问画艺，都有源流，薪传火续，代代相传，因而绵延不绝。"

作为入室弟子的第一次课是在先生红庙家中书房里，他翻到《史记·报任少卿书》说："我早年跟随朱东润师读《史记》，这篇《报任少卿书》朱老师都能背过，你回去先抄写三遍，下次来谈谈你的心得。"先生还为我讲解了他研究《史记》的心得。

第二次上课，我先将抄写的《报任少卿书》递给先生，他拿起一只红色铅笔，仔细地指出我抄写中繁简字体的错误用法，让我汗颜得无地自容。

接着他让我讲了自己对任少卿和司马迁的认识，冯先生说："我给你第一堂课讲这篇文章，就是想告诉你，人生会有各种各样的波折和际遇，无论遇到什么情况都不要放弃，古之立大事者，不惟有超世之才，亦必有坚韧不拔之志。你大学毕业在北京做个裱画学徒，千万不要自卑，坚持学习，遭际将成为上进的台阶，技道兼修，前路必然更加宽广。"他还说，"这篇文章的精华所在是司马迁提出的'究天人之际，通古今之变，成一家之言'。你一定要立大志，肯吃苦，将来一定能找到你安身立命的方向。"现在回想先生的谆谆教诲，深深为他的远见所折服，也为他对我的关爱所感动。

我初抄书，虽是抄写三遍，不免潦潦草草像是完成作业，先生看在眼里也不点破，他说："抄书是读书的捷径，传说苏东坡能过目成诵，但他读《汉书》还要抄写三遍。我真正体会到抄书的重要性是抄写《红楼梦》，'文革'时，我担心《红楼梦》就要遭受'灭顶之灾'，所以借来庚辰本，天天夜里偷偷抄写，半年时间，我把整部《红楼梦》八十回全部抄完了，才对《红楼梦》有了深刻的认识，奠定了我研究《红楼梦》的基础。"冯先生还说，"除了抄写，熟读也十分重要，我幼时读《古诗十九首》，有些诗句似懂非懂，读久读熟了有时会忽然领悟，一次，我在锄地时看到天空鸟飞过，想起'胡马依北风，越鸟巢南枝'，忽然悟解这是写思乡之情。"冯先生还嘱咐我若喜欢读诗，苏东坡是他最喜欢的，建议我也要常读。

先生又引用苏东坡诗句"旧书不厌百回读，熟读深思子自知"来勉励我。

自那以后，我养成了抄书的习惯，凡是读先秦文献，必先抄过几遍，这给我后来完成博士学位论文《仰观垂象——山水画的观念与结构》也打下了坚实的基础。近些年画山水画，我在跋文中也常抄录一些心有所悟，与画意相通的先秦典籍，以为点题，这和冯先生当年的教诲是分不开的。

我最初是用钢笔抄书，先生说以后都要用毛笔抄书，既读书又练字，他转身从书房走到阳台的画案上翻出几支上海老周虎臣笔庄的写卷小楷笔，和一本《文徵明小楷七种》递给我，他说："我前几天去上海，特别去找这种小楷笔，小楷要学钟繇，抄书用文徵明体比较容易掌握，这本字帖和这五支笔你先拿去用，记得如果发现好用的毛笔，要赶快回去再多买几支备用，就怕明年笔毛不同了，写起字的手感会很不同。"我始终记得先生的提点，现在凡遇制笔良匠，试用得手，都是一订百支，分送师友合用。

第二年，即1993年的春天，一次我到先生家上课，见冯先生和一个年轻人面对桌上一尊曹雪芹泥塑小样相谈正欢，看见我来了，冯先生对我说："这位就是我常提起的纪峰，以后你们两人可以约在一起随我读书。"之后，我们时常在冯先生家中见面，互相鼓励、支持和学习。

转益多师是我师

冯先生还特别鼓励我要行万里路，寻访更多的名师，汲取学术营养。学习装裱期间，我喜欢临摹古画，常拿给先生看，有时他会随手在画上给我题上几行字。一次在先生家和纪峰一起翻看《傅抱石画集》，冯先生说："我平生学画有两大憾事，第一是未能拜识白石老人，第二是未能拜识傅抱石先生，都是因为不敢轻易去打扰前辈，待到两位大师先后逝世，才使我感到大错铸成，永不可识矣。现在还有很多学养深厚的老先生健在，你们有机会一定要想办法登门求教。能够看高手作画，会让自己的技艺增长神速。读书也是一样，遇到大学者就不要轻易错失求教的良机。"

90年代初，冯其庸先生出差，有时也会约我同行，几次冯先生的刻意安排，让我也有机会能和朱屺瞻、唐云、杨仁恺等先生有数面之缘，这与我后来走上专业绘画的道路有着密切的关系。几次我和柯文辉先生去江南，他都叮嘱："大胡子和朱季海、吴藕汀、钱君匋、沈子承等海上名家关系甚密，见到他们，求教一两个问题，都是一生幸事。"

自此以后，我每有所学，不管是天文学、考古学、物理学或是书法绘画，无论历尽多少周折，都要向自己景仰的先生求教。我在清华博士毕业后，选择以艺事为终生奋斗的领域，每办画展冯先生都很关心，每次我将画册送给冯先生，他都仔细翻阅，和我探讨，提出真诚的建议，时常让我有醍醐灌顶的收获。

《先秦文学史参考资料》的第一篇是《盘庚》。起初我试图硬读，但总是不求甚解，只好请教冯先生，他说："《尚书》我讲不了，你下次去苏州可向朱季海先生求教。"1993年春天，我有机会停留苏州几日，季海先生花了一天的时间，在双塔公园的茶馆以考据学的方法为我讲解了《尧典》开篇"聪明文思"四个字，临行朱先生让我等在观前街路口，他取了自己刚刚点校的《南田画学》，翻开扉页，为我题写了"学而不及，唯恐失之"八个字。回京赶紧转告冯先生，他说："乾嘉学派的考据学功底极其深厚，朱先生送你八个字是发现你底子太薄，将来有机会我们一起补补《尚书》这门功课。"

2006年1月，我选了两锭乾隆朱墨为先生祝寿，告诉先生说自己周围不少好朋友想学习《尚书》，他说："你们真想学，我就请扬州大学的《尚书》专家钱宗武先生来教你们，前次我去扬州和钱先生探讨《尚书》，他说《尚书》只能师资传授，我想请钱先生按过去私塾的教法，来京深入讲授一段时间。"钱先生在京为我们授课一个多月，每天晚上三个多小时，只讲了《尧典》、部分《禹贡》和《盘庚》，终让我明白了章黄学派衣钵传人的治学方法，其间冯其庸先生以83岁高龄时常过来旁听钱老师讲课。回想起来，真为冯其庸先生治学之严谨扎实而感到深深的敬佩。

行万里路、读万卷书

1995年年初，先生为了《瀚海劫尘》一书的出版，数次往返上海和北京。一次，我陪他同乘火车去上海博物馆找王运天先生取新印好的书，火车上，他一直翻阅着样书，不时和我谈起《瀚海劫尘》的成书缘起，"过去九年，我考察了西部边陲的很多历史遗迹，不到现场，你很难体会古代文献的记载，比如唐诗有'西出阳关无故人'的句子，你真正到了阳关，才知道阳关是占有一夫当关，万人莫开的险要之地，出了阳关，真叫是：唱罢渭城西去曲，黄沙漠漠路漫漫"。自1986年起，冯先生先后十进新疆、三登帕米尔高原、两次穿越塔克拉玛干大沙漠，实地踏看了玄奘取经在中国境内西行和东归的全部路线。

先生嘱咐我要珍惜出差路上读书的经验，他说："顾炎武出门都用骡马载书跟随自己，到了重要关隘，就派人打探详情，凡是遇到和过去书本记载不同的，就立刻找书考证，这样读书才能活学活用，而且一生都不会忘记。"

先生特别注重讲历史文献的学习和实地调查结合起来，他说："有些字面上我无法确知的东西，往往实地调查后就明白了。"他曾以《史记·项羽本纪》为依据，调查其所记载的地名及其地理位置，调查过项羽的出生地"下相"、古盱眙、东阳城、鸿沟、彭城、垓下、灵璧和定远的东城、阴陵、虞姬墓，又到乌江做了调查，结合史料写下了《项羽不死于乌江考》，尽管这个问题引起了学术界很多质疑的声音，但都是从文献本身来反驳的，针对这些冯先生告诉我："学问学问，就是要结合实际地理情况去考证，你发现了问题，就不要怕遭受质疑，待将来新的考古材料的发现，一切都会真相大白。"

除了学问之道，先生更感染我的是他的生平抱负、学术精神与人格魅力。

2014年，我在澳门民政总署画廊举办个展，并出版了《仰观垂象》画册，回京后，我带着画册去先生家汇报。彼时先生卧病在床，已多日不下楼了。我呈上画册，先生先是斜倚床头翻看，少顷，示意我扶他去沙发，茶几上的放大镜是他校书所用，他拿起放大镜，一边逐页细看，一边问我，哪些是我抄录的，哪些是我自己写的，我遂一一指出，先生又吃力地一行行看我写的跋文，看了一会儿，先生搁下放大镜，喟然长叹，说："现在你画也好了，字也好了，可惜我的眼睛不行了。"我听了心头一酸，真有木叶摇落，肝肠摧折，悲从中来之感。先生又说："我还欠你一篇文章，我的学生，我都给他们写过文章，唯独还没给你写过。"

先生走了，回忆起过去30年，先生给予我的实在是太多太多，我无以报答，仅仅以初拜先生门下时，先生教我的书法《题古阳关诗》作为结尾吧："柳枝折尽到阳关，始信人间离别难。唱罢渭城西去曲，黄沙漠漠路漫漫。"

本文原载于《艺术评论》二〇一七年四月二十九日

本文作者：清华大学美术学院博士、画家

泪千行　归可期

——怀念我深爱的冯其庸爷爷

章佩芷

我的记忆最深处，有一张写着许多字的信笺，上面的铅笔字迹是一位老者的书写。章佩芷，字涵芳，这是我出生那一天就拥有的名字。为我起名字的这位老者名唤冯其庸，号宽堂，是中国著名的红学家、国学家、文史学家、文艺理论家、教育家、诗人、画家、书法家、摄影家。

缘分总是很奇妙，章佩芷这个名字随着我16年的成长与冯其庸先生紧紧相连。

从我说话记事起，就一直叫他——"冯爷爷"。我们有这样的缘分是得益于我的父亲。1988年父亲认识冯爷爷，到现在快30年了，他们之间情如父子。父亲多次给我讲述过他随爷爷辗转于陕西、四川、甘肃、新疆等地；入塔克拉玛干大漠腹地，览古胡杨林奇景。父亲讲述的这些经历，让每次我去张家湾那幢充满江南风格的冯爷爷家都备感温馨，有着无尽的亲切感。

家中收藏着冯爷爷赠送的书籍和字画，每次和父亲一起欣赏时我都轻拿轻放。看见爷爷的画就像是走进大千世界，画中景物，让我可以沉浸在白雾茫茫的流水飞瀑中，漫游在鸟啾虫鸣的盈盈山林中，畅想在与自然相依的清净山屋里；爷爷的书法有着无与伦比的大气豪放，又在每一笔之间透出淡淡情感，细细品味，浸透着他经历过的漫漫人生。冯爷爷的专著中有不少是关于《红楼梦》的，那是他一生所爱。初中时接触《红楼梦》，还无法理解它丰富、深层的含义，如今再读这部沉淀了近300年时光的《红楼梦》，仅从那第一回便已触发我的思考，我知道，推开"红楼"的大门，一定会有许多我未知的故事等待着我去探寻。

每年小年夜的时候，与冯爷爷一起聚餐并为他庆祝生日是我最愉快的。每每爷爷对我笑的时候永远是那样的慈祥，还有夏奶奶温柔地唤我："我可爱的小金豆子。"每一次我给爷爷敬茶时，他都会鼓励我说，"努力学习，不断前进"。冯爷爷这句话到现在我都不会忘，它早在我的心底里蒂固根深。

人一旦长大，陪伴家人的时间会越来越少。上了中学后和冯爷爷见面的时间少了，但我依旧尽力腾出时间去看望他，不浪费每一次见面听爷爷讲授的机会。2016年8月，我收到一〇一中学高中录取通知书以及在国内知名作文大赛获得一等奖的奖杯，第一时间我就让父亲带我去看冯爷爷，因为他是我心中最想告诉的人。那天坐在爷爷身边，他与我讲了很多。透窗而入的阳光照在靠躺在沙发里的爷爷身上，他的嘴唇微微有些干涩，"……为什么称大脑为脑海呢？因为它像海一样宽广和深邃。你一定要把读的书，全部装进自己的脑海，这样才能把书本上的知识全部化成自己的"。爷爷抿了抿嘴唇，继续说着"……文学的道路是没有尽头的，路漫漫其修远兮，吾将上下而求索，不断努力，充实自己，继续往前走"。爷爷对我说的这些我将永远都不会忘记。那天回到家，父亲感慨地对我说，爷爷病愈之后从没见他说过这么多话。

我是幸运的，冯爷爷不仅胜似我的家人，更是我的良师益友。在《历代文选》一书上爷爷亲笔题字：佩芷小友惠存。另外一套《瓜饭楼西域诗词钞》书中也留下了：佩芷小友存念。这简单的寄语让我更加敬爱冯爷爷，他对我寄予的厚望是我要以最完美的结果去报答的。

2017年元旦，北京的初雪给芳草园披上了一层白色的轻纱。这次看到爷爷的身体已不复去年我见他时那样好了，可他依旧鼓励着我："文学，是没有尽头的。不断努力，你会发现其中的奥秘。"那天不知是时间的驻足，还是上苍留给我的慰藉，我陪了爷爷许久，看着他双眼时而闭上时而又睁开，那被时间所侵蚀的脸庞依旧透露着慈祥的笑容，从未改变。我默默铭记冯爷爷对我说的这句话。心中想着再多陪他一会儿，但时间终归没给我再一次看望他的机会。

1月22日下午从学校训练后回到家，即从母亲口中得知冯爷爷12时18分仙逝。陡然之间，眼泪就流满脸颊，我感受到从未有过的孤单无助，眼前浮现的满满是爷爷慈祥的面庞。我呆坐在椅子上，手机掉在地上我都没有意识去捡。直到现在我都不敢相信陪伴我16年的冯爷爷，我最亲爱的爷爷离开了我。

93岁的冯爷爷，经历了中国历史上最动荡的年代，五年级被迫辍学，生活在日本人刺刀下与生死擦肩而过，那是一种不可想象的恐怖，历经千难万险走进无锡国专又不得不面对贫困现实。中国人民大学那小小的讲桌似乎凝住了历史的脚步，挺立的身影讲述着中国繁荣的国学。

1998年8月在帕米尔高原明铁盖达坂山口，玄奘赴印度取经东归古道在76岁高龄的冯爷爷不顾严寒和风沙亲身探索中被发现，"玄奘取经东归古道"八个雄劲的大字至今留在茫茫高原上。《红楼梦》——世间再无一人会像冯爷爷一样如此珍爱。从最早的《春草集》到现在刚刚出版的《瓜饭楼抄庚辰本石头记》，冯爷爷的一生早已将《红楼梦》嵌入灵魂，随着时间的轨迹逐渐融合在一起。"文革"期间爷爷怕《红楼梦》全书被毁，点灯熬夜手抄了整本书。《红楼梦大辞典》与《曹雪芹家世新考》数以千计的日夜编纂。记录冯爷爷的口述自传《风雨平生——冯其庸口述自传》成书后，爷爷慈祥地与我和父亲愉快交谈的情景，历历犹在眼前。

对冯爷爷，再多的话永远都是说不完的。所以，请给我最后一次机会唤您一声冯先生，给我最后一次机会再唤您一声冯爷爷。我能够做的就是永远记住您对我16年的关爱、鼓励和赞许，坚持在文学之路上实现我的梦想。听爷爷的话练习写诗，写一首冯爷爷与我都满意的诗。我也会完整读完《红楼梦》，循着爷爷的脚步探寻它的奥妙，这也将会是我一生所珍爱。

"看尽龟兹千万峰，始知五岳也平庸。他年欲作徐霞客，走遍天西再向东。"我似听到爷爷说："我这次要去较远的地方，行程早已定好，时间会很长很长……"我再无法控制抑制已久的泪，任由它随意滑落。望着冯爷爷远去的背影融进那与天相接的荒漠中，孤寂的大雁排成行飞过，胡杨林无怨无悔地伫立在枯地中。冯爷爷身上挂着相机，身穿着大红色的棉服，从容舒朗的面颊迎着经年的风，徒步穿行在茫茫大漠中。遥望天山美景，手握如椽之笔，似要书写鸿篇巨制。蓦然间，爷爷的身影隐没在风中，我再也无法寻觅……

爷爷，爷爷，您看见了吗？ 您的藏书楼前院子里的腊梅已绽放，暗香远飘。繁茂的海棠树也已密藏香蕊，渴望着"月下芬芳伴醉吟"。还有那围墙边根生的高节青竹依然坚劲。爷爷，爷爷，别离开我太远。我等着您走完这次远行的旅途后再回到温暖的瓜饭楼里，我还想听您再讲一讲《红楼梦》。

丁酉正月初三于家中，正月初六改毕

本文原载于《中华文化画报》二〇一七年第五期

本文作者：北京一零一中学学生

后记

在冯其庸先生逝世两周年之际，《瀚海梦痕——冯其庸先生纪念文集》的出版，我们不只是为了记录下冯其庸先生去世以来大家对他的思念、缅怀，也是为了人们永远纪念、缅怀、研究冯其庸先生保留一份珍贵的资料。纪念文集主要分三个部分：第一部分是冯其庸先生各个时期的照片，许多照片都是第一次发表，极为珍贵；第二部分是冯其庸先生逝世以后各有关单位、友人的唁电、唁函、挽联、挽诗；第三部分是纪念文章，内容包括对冯老的缅怀、追思，对冯老的红学成就、大国学的贡献以及多方面艺术成就的评价，等等。

这本纪念文集图片、文字都比较多，又要赶在冯老去世两周年时出版，时间比较紧张。而冯老去世以后纪念文章非常多，有些发表在网络上，我们无法都搜集齐全，有遗漏在所难免，敬祈原谅为盼。个别文章收集到纪念文集中，我们一时无法联系到作者，也望相关作者与出版社和主编联系，我们将赠送纪念文集，以示感谢。

冯其庸先生是中国艺术研究院终身研究员。冯老去世以后，中国艺术研究院的领导和有关部门对安排冯老的后事及相关纪念活动非常重视，并将"冯其庸先生及其学术成果的收集与整理"列入重要课题，从各个方面给予了很大的支持。

文化艺术出版社的领导对出版纪念文集十分重视，积极推动编辑出版工作顺利进行。责任编辑表现出令人敬佩的专业精神，从封面设计到版式设计精益求精，在这么短的时间里高质量地完成了纪念文集的出版。

李希凡先生生前非常关心这本纪念文集的出版，由于年事已高，不能再写纪念文章了，同意将他的文章《相知五十年》放到纪念文集中，表达对老朋友的深深思念。吕启祥先生对这本纪念文集的出版花费了很大心血，从内容的选择、目录的编排等都给予了悉心的指导。

在文集的编校过程中，高海英女士参与了校对工作，并帮助核实了许多文章细节，其他参与校对工作的还有何卫国、王慧、李虹、李晶、张晓磊、张明明。另外，中国艺术研究院图书馆、冯其庸学术馆、中国人民大学国学院都对本文集的工作开展给予了热情支持。

在冯其庸先生逝世两周年之际，谨以这本纪念文集表达我们对冯老的深深思念。在此谨对为纪念文集出版付出心血的各位朋友表示衷心的感谢！

张庆善 孙伟科

二〇一八年十一月十三日于北京惠新里